정부에 대해 풀리지 않는 16가지 의문

정부의 두 얼굴

염오봉 지음

박영사

"거지같아요. 너무 장사 안 돼요."

재래시장에서, 음식점에서, 중소기업에서 수많은 사람들이 정부를 향해 이렇게 외친다. 정부가 나서서 돈을 풀어 경기를 살리고 약자를 보호해 달라는 민초들의 아우성이다. 과연 정부에게 그런 능력, 아니 의지가 있을까? 거의 매일 터져 나오는 정권 차원의 부정부패 사건, 정치인과 공무원들의 안락한 철밥통, 부실한 국책사업들의 끼리끼리 눈먼 돈 잔치…… 이런 악순환에도 불구하고 대다수 국민들은 그래도 정부가 무엇인가를 해 줄 것이라 꿈꾼다. 서구 국가들이 이미 오래 전에 쓰레기통에 폐기한 케인즈이론이 유독 한국에서는 팔팔하게 살아 대중을 선동한다. 한 술 더 떠 정당이 특정 지역을 식민지처럼 독점 지배하고 그 지역민들의 애향심을 화폐로 바꿔치기하는 지역주의 샤머니즘이 판을 친다. 한국에서 정치는 거대한 수익구조이다. 좌파와 우파 정치집단이 대중들의 감성을 착즙하여 여론몰이에 성공해 권력을 잡으면 영혼 없는 공무원들은 수많은 규제법령들을 만들어 정치 권력의 수익 창출에 서비스한다. 물론 여기에는 권력 창출에 기여한 시민단체와 정치낭인과 같은 날파리들이 검은돈의 유통망에 숟가락을 들이댄다. 버스와 택시 요금의 결정에서부터 유치원과 어린이집의 급식 납품업체 선정에 이르기까지 온갖 경제활동에 정부가 비집고 들어와 완장차고 지배해 버리는 이유는 여기에 있다. 대중들은 팽창일변도의 공무원 수와 나라 빚에 분노하면서도 정작 그 흔한 납세저항 한 마디 외치지 못한다. 그래도 정부에게 기대는 수밖에 없다는 패배의식이리라.

조선왕조 500년을 관통하며 독버섯처럼 커져버린 정부에 대한 패배의식은 4차 산업혁명이 몰아치는 21세기에서도 대한민국 국민들의 심장을 장악하고 있다. 방부제조차 부패한다는 나라, 대한민국. 왜 우리는 이토록 정부의 무능과 부패에 무기력하고 정부에 대한 환상에서 깨어나지 못하는 걸까? 모든 선거 때마다 단골 메뉴로 등장하는 '정권심판' 구호에 귀가 솔깃한 이유는 뭘까? 이건 대중들이 정부에 대해 왜곡된 믿음을 갖고 있기 때문이다. 좌파가 집권하면 노동자들이 이득을 얻고, 우파가 집권하면 부자들이 이득을 얻을까? 호남과 영남으로 갈라져서 특정한 정당에 몰표를 주면 그 지역민들이 이득을 얻을까? 결코 아니다. 정부는 노동자도 부자도 그 누구도 아닌 정치인과 자신들의 이익을 위해 존재한다. 로빈 후드는 없다. 거북하지만 이게 진실이다. 이제 우리는 정부가 대중을 어떻게 가난으로 몰고 가는지 그리하여 정부의 노예로 길들이는지 그 음모를 낱낱이 파헤쳐야 한다. 필자는 정부에서 관료로, 정당에서 정책참모로 일한 오랜 경험을 내밀한 언어로 녹여내어 변종 바이러스처럼 복잡한 정부의 비밀코드를 해독했다. 정부의 숨겨진 얼굴을 찾아내기 위한 미로를 나서며 역사, 철학, 경제학, 행정학의 지혜들을 나침판으로 사용했다. 그래서 이 책은 세상을 전혀 다른 눈으로 꿰뚫어보는 역발상의 미학으로 여러분을 안내한다. 가난은 당신 탓이 아니다. 더욱이 정부의 부패는 당신의 정치적 무관심 탓이 아니다. 정부란 것이 원래 그리되어 먹은 것일 뿐이다. 그렇다면 해결책은 단순하다. 정부에 대한 환상을 깨는 것이 그 첫걸음이다. 당신이 정부에게 일자리를 만들고, 가난을 구제하며, 공정을 실현하기를 기대하는 한 당신은 결코 가난의 늪에서 헤어날 수 없다. 정부의 두 얼굴을 벗기는 것은 그래서 당신의 행복을 지키는 유일한 길이다.

　　정부란 무엇일까? 시중에는 경제, 경영, 재테크 서적들이 "부자 되세요"라며 독자들에게 속삭인다. 그러나 종합부동산세 폭탄 고지서에 놀라고 온갖 정부규제에 시달리며 몇 푼의 정부보조금에 목매달면서도 정작 정부를 알려고 나서지 않는다. 정부란 광화문 네거리에 서 있는 박제된 청사건물이 아니라 공룡처럼 살아 움직이는 생물체(organism)이다. 영화 속 '괴물'처럼 변이를 일으키고, '기생충'처럼 숙주를 죽음으로 내몬다. 그래서 이 정부를 통제하고 길들이지 않는다면 우리 모두가 파멸에 이를 것이다. 필자는 오랜 세월 동안 행정학을 공부했고 정부와 기업에서 일했음에도 정부는 늘 수수께끼였다. 정부가 왜 그런 어처구니없는 정책을 만들고 나라 빚을 남발하며 규제를 무한정 늘리는지 그 원인을 명쾌하게 밝히는 일은 험난하다. 그럼에도 이 가시밭길에 과감히 나선 것은 우리에게 정부는 피할 수 없는 운명이기 때문이다. 거부할 수 없다면 차라리 껴안아라. 이렇게 필자는 정부를 부둥켜안고 정부의 난해한 비밀코드를 하나하나 해독했다. 그러면서도 행정학이나 경제학 교과서를 전혀 읽어보지 않은 고등학생, 대학 신입생과 직장인 수준에서도 편안하게 읽을 수 있는 일상의 쉬운 말로 풀이했다.

최근 '실업지옥'을 상징하듯 공무원 시험에 도전하는 청춘들이 수십만 명에 이른다. 그런데 공무원을 선발하는 국가고시에서 행정학이 선택과목으로 시행되는 것은 참으로 모순적이다. 전쟁터에 나설 병사를 뽑으면서 사격 능력을 무시하고 영어 성적으로 선발하는 것과 무엇이 다르단 말인가? 다행히 2022년부터 9급 공무원 시험에서 현행 선택과목이 폐지되고 직류별 전공필수과목제가 실시된다. 따라서 행정직류를 지원하는 수험생들에게 행정학은 필수과목이 되며, 더 나아가 행정학은 합격을 결정짓는 열쇠가 될 것이다. 또한 정부가 어떻게, 왜 그렇게 움직이는지를 이해한다는 것은 공무원으로서 수많은 갈등에 대처하는 무기가 될 것이다.

필자는 본서를 집필하는 매순간 스스로 지식의 한계를 절감했다. 그야말로 글을 쓴다는 것은 피를 말리는 작업이라는 말이 가슴에 와 닿았다. 그래도 이 책을 통해 정부에 대한 치열한 논쟁을 독자들과 전개할 수 있다는 기대감에 마음이 설렜다. 마치 한 편의 드라마처럼, TV토크쇼처럼 재미와 살아있는 지혜를 찾아 나선 긴 여행이었다. 필자는 이 여행길에서 포탄이 빗발치는 전쟁터의 르포 기자처럼 행정·경제 이론과 정부의 현장을 있는 그대로 보통 사람의 시각으로 알리려고 했다. 그래서 이 책은 소설이 아니지만 픽션 못지않게 현실의 사회를 알아가는 재미를 맛볼 수 있게 안내할 것이다. 세상에서 가장 쉽고 재미있게 정부에 대해 말하는 책을 쓰고자 했던 무거운 짐을 이제 내려놓는다. 그 평가는 독자분들께 맡기면서...... 본서가 나오기까지 물심양면 지원해 주신 박영사 출판사의 임직원분들께 깊은 감사의 마음을 전한다. 그리고 오랜 시간 글 감옥에 갇혀 지내던 필자를 묵묵히 곁에서 지켜주었던 아내에게 이 책을 바친다. 이제 '정부의 두 얼굴'에서 독자 여러분의 정부에 대한 의문을 한 방에 해결하자!

분당 영장산 자락에서....

염 오 봉

정부의 두 얼굴
정부에 대해 풀리지 않는 16가지 의문

제1부 정부의 탄생 비밀을 찾아서 ···

제1장 '공공의 적'은 진정 누구인가? ·································· 4
     – 국가론, 시장과 정부

제2장 영화 '로보캅'은 현실이 될 수 있을까? ···················· 39
     – 공공재의 허와 실

제3장 왜 미세먼지 문제는 해결되지 않는가? ···················· 62
     – 집단행동의 딜레마

제4장 죽을 때도 줄서서 죽어야 하나? ···························· 85
     – 규제정책과 지대추구행위, 독점

제5장 행정학은 잡탕인가, 과학인가? ···························· 117
     – 행정학의 역사, 과학성과 기술성

제6장 여전히 행복이 성적순인 나라인 이유는? ················ 144
     – 논리실증주의와 통일과학의 꿈

제7장 내가 보는 현실이 진짜일까 가짜일까? ················ 170
     – 포스트모더니즘의 세상보기

제8장 나는 인형의 집에서 벗어날 수 있을까? ················ 196
     – 신제도주의가 보는 정부

제2부 포식자 정부 ···

제9장 정부는 왜 커지기만 할까? ······································· 226
    – 공공선택론의 폭로, 인사 · 재정제도

제10장 부자의 돈을 빼앗아 빈자에게 주는 것이 정당한가? ··············· 256
    – 행정이념, 정의론, 재분배정책

제11장 민주주의는 어떻게 조작되는가? ······························· 285
    – 투표의 역설, 정책결정, 관료제와 권력, 재정민주주의

제12장 최저임금 인상의 효과를 놓고 왜 싸우는가? ····················· 318
    – 인과관계, 성과평가

제13장 공무원은 왜 철밥통이 되는가? ································· 352
    – 관료제, 조직구조, 인사제도의 허점

제14장 왜 나랏돈은 눈먼 돈이 될까? ·································· 380
    – 정책분석의 한계, 재정제도의 허점

제15장 공짜 버스와 택시가 시골길을 달리는 이유는? ····················· 411
    – 지방자치의 허상

제16장 국가가 부도날까? ·· 441
    – 재정적자와 국가부채, 부실한 권력통제장치

색인 / 471

참고문헌 / 474

정부의 두 얼굴

정부에 대해 풀리지 않는 16가지 의문

1부

정부의 탄생
비밀을 찾아서

제 1 장 '공공의 적'은 진정 누구인가? - 국가론, 시장과 정부
제 2 장 영화 '로보캅'은 현실이 될 수 있을까? - 공공재의 허와 실
제 3 장 왜 미세먼지 문제는 해결되지 않는가? - 집단행동의 딜레마
제 4 장 죽을 때도 줄서서 죽어야 하나? - 규제정책과 지대추구행위, 독점
제 5 장 행정학은 잡탕인가, 과학인가? - 행정학의 역사, 과학성과 기술성
제 6 장 여전히 행복이 성적순인 나라인 이유는? - 논리실증주의와 통일과학의 꿈
제 7 장 내가 보는 현실이 진짜일까 가짜일까? - 포스트모더니즘의 세상보기
제 8 장 나는 인형의 집에서 벗어날 수 있을까? - 신제도주의가 보는 정부

'공공의 적'은 진정 누구인가?
국가론, 시장과 정부

'공공의 적'은 진정 누구인가? 범죄자, 정신병자 혹은 재벌이 공공의 적일까? 2002년에 개봉된 영화 「공공의 적」은 이런 의문에 답을 찾아 나선다. 이 영화는 1997년 외환위기 이후 처참하게 무너져 내린 서민들의 삶을 코믹하면서도 섬세하게 그려냈다. 돈 없고 힘 없는 그야말로 흙수저 대표 선수급의 강력계 말단 형사 강철중은 치졸하고 사악한 범죄 집단을 일망타진하기 위해 열악한 근무 환경 속에서도 사명감 하나로 치열하게 싸운다. 형사가 정의의 사도인 것에 반해, 펀드 매니저 조규환은 괴기한 악마로 그려진다. 부와 명망을 거머쥔 조규환은 상대방의 사소한 실수나 말다툼 때문에 사람을 잔인하게 죽이고 심지어 돈 때문에 부모를 살해하는 사이코패스다. 지독한 형사와 악독한 범죄자와의 처절한 싸움은 결국 정의의 승리로 끝난다. 그러나 우리는 현실에서 이런 모습이 낯설다. 정의가 항상 이긴다는 가설도 거북하지만, 정상과 비정상의 프레임에서는 얄팍한 노림수가 엿보인다. 영화는 '정부(경찰)는 정상이고 범죄 집단은 비정상'을 외친다. 그러나 이 영화는 범죄 집단이 만들어지는 사회적 구조에 대해 천착하지 않았다. 오히려 선과 악의 대립은 본질적이고 영원하다는 믿음을 관객들에게 설파한다. 그래서 강철중 형사가 피의자 조규환을 검거해 심문하는 과정에서 조규환은 "사람이 사람을 죽이는데 이유가 있나?"라고 대꾸한다. 냉소적이면서 허탈감을 자아내는 이 말은 사실 지극히 역설적이다. 열심히 일하면 부자가 될 수 있고 모든 움직이는 것에는 이유가 있는 세상에서 우리는 살고 있다. 이것이 자본주의와 근대국가가 말하는 설화(narration)이다. 하물며 사람이 사람을 죽이는데 이유가 없다니. 결국 '악은 악하기 때문에 악이다'라는 단선적 논리로 영화는 끝난다.

우리는 '정상'은 선한 것이고 '비정상'은 악한 것이라 믿는다. 그러나 이런 믿음은 인류 역사에서 그리 오래되지 않았으며, 심지어 누군가가 음모로 조작해 낸 가짜일 수도 있다. 인간 사회에서 정상과 비정상의 구분이 보이지 않는 손에 의해 의도적으로 만들어지는 구조를 파고든 학자가 프랑스 철학자 미셸 푸코(Michel Foucault, 1926~1984)다. 그는 저서 「광기의 역사」(1961년)와 「감시와 처벌」(1975년)을 통해 사회에서 정상과 비정상이 만들어지는 배타의 원리를 규명했고 정신병원과 감옥 등은 근대국가가 이런 배타를 실행하기 위한 사회적 장치라고 주장했다. 이성(raison)이 비이성(draison), 즉 광기와 범죄를 배제·감금하고 침묵시킨 일련의 역사적 과정은 가히 폭력적이다. 광인, 즉 미친 사람은 누구일까? 사람은 누구나 마음 깊은 곳에 광기를 지니고 있다. 화가 나면 욕을 하거나 폭행을 저지르고 심지어 살인을 한다. 그래서 광기는 범죄와 밀접하게 연관된다. 이런 광기와 범죄에 대해 사회와 권력이 대응하는 방식은 시대에 따라 변해왔다.

사실 중세시대까지 '광기'는 사랑, 질투, 분노처럼 사람의 여러 가지 마음의 한 형태였다. "미치도록 사랑한다.", "영화광" 같은 말처럼 광기는 마음이 사람의 본성에 더욱 가까이 다가서는 과정이다. 광기는 일종의 '동물적 야성(animal spirit)'으로, 더 나아가 상상계의 초월적 존재가 광기를 통해 드러나는 일종의 신의 축복이라고 여겨졌다. 광기는 곧 사람이 신으로 이어지는 '접신'의 다리였다. 그래서 중세에는 광기는 누가 죄인이고, 누가 악인인지 알 수 있게 해주는 지표 역할을 했다. 한국에서도 예전에는 무당이 굿을 하면서 신내림 받는 것을 '접신'이라고 하며 신성시했다. 이처럼 사람이 신에게 자신을 내맡기려는 오래된 집단 증후는 오늘날 '감성'이 '실재(육신)' 위에 군림하여 도덕적 초월로 내딛는 한국 사회구조를 잉태했다. 한국 정치판에서 가난, 성폭행, 신체장애 등의 개인적 인생 이야기(story)를 '인재 영입'으로 포장해 대중에게 아편처럼 주입하여 표몰이 하는 '감정착즙'이 그토록 강력하고 범람하는 이유는 여기에 기원한다. 중세 유럽에서도 광인들을 대상으로 '접신'과 비슷한 풍습이 있었다. 바로 '광인들의 배'가 그것인데, 사회에서 격리된 광인들을 흐르는 물로 정화해서 강 길을 따라 저 멀리 떠나보내는 풍습이었다. 이 풍습은 고대 그리스 신화에서 그 모습이 발견되었고, 15세기 르네상스 시대에는 유럽의 라인란트강과 플랑드르 지방에 수로를 따라 떠다니는 '광인들의 배'가 실제로 있었다. 그리스도교에서 물은 '성수(聖

水)'라고 해서 종교적 정화에 사용되며, 이런 전통은 힌두교와 이집트의 고대 종교에서도 찾아볼 수 있다. 이처럼 중세에는 광기를 인간의 마음이 동물성에 의해 파괴되면서 신에게 다가서는 비극적 서사로 그려졌다. 이 당시 광인들의 항해는 단순히 광인들을 사회에서 추방하는 '격리'의 의미만을 갖는 것이 아니었고, 기이한 지식을 숨기고 있는 미지의 환상의 세계를 향해 물을 매개로 나아가는 절대적 통과 의례였다. 그래서 중세까지 광기는 인간의 비밀스러운 야수성을 간직한 매혹적인 모습이었고 또 다른 '앎'의 상징이었다.

그러나 르네 데카르트(René Descartes, 1596~1650)가 오직 이성을 통해서만 진리체계를 구축할 수 있다는 '이성주의'를 활짝 열어젖히면서 역사상 처음으로 광기는 비이성적인 것으로서 국가가 통제하는 대상이 된다. 16세기에 이르러 각종 문학에서 '광인들의 배'가 다시 등장하는데, 이때 광인은 더 이상 동물성에 의해 서서히 파괴되어 어둠 속으로 사라지는 비극적 서사가 아니라 인간의 숨겨진 욕망을 들춰내 도덕적 결함을 보여주는 비판의 대상으로 등장한다. 광기는 인간의 사악함과 터무니없고 잘못된 지식에 대한 징벌로 간주되었다. 더 나아가 광기는 이성이 신으로 나아가기 위한 도구이고, 더 높은 지혜로 올라서기 위한 계단이 되었다. 이제 이성이 광기를 완벽하게 지배해버린다.

고대국가에서 중세봉건제까지 동·서양 모든 지역에서 범죄자는 만인이 보는 앞에서 잔혹하게 처형되는 것이 관례였다. 공개된 장소에서 망나니의 칼춤으로 죄수의 목을 쳐내는 잔인한 형벌은 강력한 군주의 권력을 과시하여 피지배층에게 공포심을 심어주고 지배를 더욱 강화하려는 의도가 내재되어 있었다. 그래서 근대 이전까지 범죄자에 대한 격리 수용을 위한 감옥은 보편적인 수단이 아니었다. 폐쇄된 공간에 격리하는 처벌은 나병, 성병 등 환자들에게 집중적으로 이루어졌다. 나병은 흉측한 모습과 전염성의 오해 때문에 인류 역사상 처음으로 '격리'라는 사회적 통제가 이루어졌다. 그러나 중세시대 사람들을 공포와 혐오로 몰아넣었던 나병은 15세기경 거의 사라졌다. 이에 따라 유럽 도시 외곽의 나병 환자 격리시설이 텅 비게 되었고 이 공간들을 재활용하고자 구빈원으로 탈바꿈시켰다. 17세기까지 구빈원(General Hospital)은 단순히 빈자를 돕는 자선기관이 아니라 허가, 지시, 재판, 체벌, 징벌 등 반(半)사법권을 가진 행정기관이면서 격리시설이었다. 한마디로 구빈원은 감옥이었다. 이 구빈원에는 범죄자, 광인, 빈자가 한데 섞여 수용되었다. 이처럼 근대 국가는 광인을 환자인지 범죄자인지

구분하지 않고 범죄자, 성병환자와 함께 감금하고 쇠사슬로 속박하여 인간으로 취급하지 않았다.

중세시대까지 범죄자에 대한 가혹한 신체 처벌(교수형 등)이 보편적인 대응기제였지만, 근대시대가 열리면서 그 효용성에 대한 의문과 개인주의 사고방식의 확산으로 보다 세련된 형벌 시스템이 고안되었다. 근대국가는 범죄자를 감옥에 가두어 두고 강력한 규율을 통해 훈련시켜 사회로 복귀시키는 효율적 관리기제를 만들었다. 얼핏 보면 징역형이 공개적 신체 처형에 비해 더 인도주의적인 제도로 여겨진다. 그러나 그 내면을 들여다보면 징역형은 국가가 죄수에게 일련번호를 매겨 죄수의 신체를 규율·통제하는 촘촘한 감시망으로써 죄수의 인간성을 말살하는 억압기제다. 범죄의 개별성이 사라지고 획일적인 공간에 고정된 시간 동안 감금하는 징역형은 결코 범죄의 재발을 막을 수 없다. 그럼에도 국가가 징역을 보편적인 형벌로 격상시킨 목적은 끊임없이 발생하는 범죄를 진압하면서 권력 내부에서 자행되는 범죄를 은폐하고, 시민들을 엄격한 규율 아래에 굴복시켜 권력을 강화하기 위해서이다. 감옥이 학교, 병원, 교도소와 비슷한 구조를 갖고 있는 이유는 여기에 있다.

빈곤 역시 중세까지의 신비로움은 사라지고, 근대시대에는 그 자체로 하나님의 징벌이자 하나님의 품으로 돌아갈 수 없는 수행의 과정으로 여겨졌기에 빈자는 사회적으로 처벌의 대상이 되었다. 16세기 종교개혁의 주창자였던 장 칼뱅(Jean Calvin, 1509~1564)은 인간의 신에 대한 구원은 미리 결정된 것이라는 '예정설'을 주장하면서 세상에서의 삶을 신이 내린 과업(mission)으로 받아들이라고 설파했다. 신으로부터 구원받기 위한 인간의 강렬한 세속적 활동이 부(wealth)를 만들 것이기에 빈곤은 신의 징벌일 뿐이다. 이런 칼뱅의 가르침이 영국으로 전파되어 순결한 정신과 근면·절약을 신조로 하는 청교도(Puritan)들이 탄생하였다. 당시 영국에서 헨리8세가 이혼문제로 가톨릭교(Catholic, 구교)와 단절하고 성공회(국교회)를 만들었는데 청교도들은 성공회의 교리에 반대하여 이후 메리 여왕과 엘리자베스1세 여왕에 의해 잔혹한 탄압을 받았다. 1620년 신앙의 자유를 찾는 청교도 35명, 일확천금의 꿈을 품은 상인 65명과 선원 등 총 102명의 순례자들이 메이플라워호를 타고 신대륙으로 건너갔고 마침내 지구상에서 가장 풍요로운 나라, 미국을 건설했다. 이런 세상에서 부자는 이성의 승리인 데 반해, 빈자는 사회에 통합되지 못한 비이성의 낙오자로 주홍글씨가 새겨져 제거의 대상이 된다.

17세기까지만 해도 '정신의학'이 형성되지 않았기에 광인은 범죄자와 동일하게 처벌의 대상이 되었다. 데카르트에겐 오직 이성만이 진정한 앎으로 인도하는 다리이고 그가 기획한 이성의 사유체계 안에서 광기는 존재하지 않았다. 이제 근대국가는 광기를 저 멀리 초월적 세계로 떠나보내는 것이 아니라 그것을 환대하고 자기 안에 들여놓아 규율한다. 그리고 그것은 17세기 유럽 전역에서 등장했던 '대감호(le grand renfermement)'를 통해 실현되었다. 1656년 왕은 파리에 구빈원을 설치하라는 칙령을 내렸고, 파리 시민의 1%가 넘는 약 6,000명의 사람들을 구빈원에 감금하였다. 여기에 감금된 범죄자, 빈곤자, 광인에게서 보편적인 신비로움은 제거되었고 '무질서'라는 딱지를 붙여 통치의 대상으로 탄압했다. 이제 광기는 이성의 발굽 아래 놓이고, 국가에 의해 통치의 문제로 재단된다. 결국 광기는 결코 의학적 진보가 이루어낸 성과가 아니라 이성의 탈을 쓴 국가가 만들어낸 통제의 메커니즘이다.

이와 같이 광인은 시대에 따라 다르게 인식되고 그에 따라 다른 대우를 받았다. 푸코는 스스로 질문한다. 도대체 누가 광인에 대한 인식과 대우의 기준을 만드는가? 그는 이에 대해 '권력이 만든다'라고 답한다. 즉, 권력은 제도화된 지식을 도구삼아 '광인, 범죄자, 성적으로 비정상적인 자'들을 병자로 몰아낸다. 필자도 어린 시절에 마을에서 악귀를 물리치고 복을 기원하는 굿을 벌이는 장면을 자주 보았다. 그 당시에 굿판을 주관하는 무당은 많은 사람들에게 존엄한 대상이었다. 그러나 자본주의와 과학주의의 시대정신이 확고하게 자리 잡은 오늘날 무당은 돈 버는 데 전혀 도움이 되지 않는, 그리고 비이성적이어서 허무맹랑한 주술가로 인식된다.

현대는 자본주의와 민주주의가 시대정신으로 자리 잡고 있다. 물론 이런 시대정신을 만들어내는 장인 역할을 제도화된 지식인들이 충실하게 수행한다. 자본주의 시대에서 돈을 벌지 못하는 사람은 무능력함을 넘어 사회에서 '쓸모없는 존재'로 낙인찍힌다. 그래서 노숙자는 단순히 돈이 없는 사람이 아니라 사회에 부적응한 비정상적인 자들이므로 사회에서 격리 수용된다. 돈이 모든 것을 결정하고 돈의 유무가 정상과 비정상을 나누는 기준이 된다. 이 시대정신을 확산하기 위해 지배 집단은 가난의 문제를 개인의 무능력 문제로 치부해 버리고 사회 구조의 문제를 애써 외면해 버린다. '왕따', '열정 페이', '사이코패스'의 개념들은 모든 문제를 개인의 문제로 환원시킨다. 왕따는 청소년을 정상과 비정상으로 구분하고, 열정 페이는 유능한 승자와 무능한 패자를 가르며 사이코패스는 사회에 순응하는 선한 성격과 사회에 부적응하는 악한 성격을 단절한다. 결국 비정상의 문제는 개인의 이성이 타락해서 빚어지는 철저히 각자의 문제일 뿐이다. 그러면 왜 우리는 이런 사회적 비정상을 만들어내는 권력과 제도화된 지식을 외면하는 것일까?

　　푸코의 관점에서 사회는 거대한 정신병원이다. 의사는 환자를 정신병자로 진단하면 그 환자를 감금하는 처방을 내린다. 그러나 의사가 환자를 정신병자로 낙인찍는 행위는 한 꺼풀 벗겨보면 지배자가 피지배자를 감시하고 처벌하는 메커니즘 그 이상도 이하도 아니다. 그 사례로 「ADHD」가 있다. ADHD는 영어로 'Attention deficit hyperactivity disorder'의 약자이고 우리말로 '주의력결핍과잉행동장애'라고 불린다. 쉽게 말해 '산만한 병'을 뜻한다. 많은 부모들이 자신의 자녀가 '산만하여 공부에 집중하지 못한다'고 염려한다. 과연 산만한 성격이 질병일까? 사실 ADHD는 1950년대 학교에서 발견되었다. 그 당시 산만한 아이들은 평균적인 활동량보다 더 많이 자극에 반응하는 성격상 특성으로 치부되었다. 그러나 의학이 발전함에 따라 산만한 아이는 ADHD라는 정신질병을 앓는 환자로 규정되고 치료의 대상이 되었다. 많은 역사가들의 연구에 따르면 원시시대에 수렵채집을 위해 산과 들에서 떠돌아다니는 유목민이었던 인류는 매우 산만한 성격적 특성을 가졌지만, 점차 농업이 주된 산업이 되어 정착생활을 하면서 산만한 성격이 퇴화해 버렸다고 한다. 수렵채집 시대에는 맹수의 공격 등 수많은 자연의 위협에 대응하여 살아남기 위한 필수적인 무기였던 산만한 성격이 산업화 시대에는 주어진 명령에 순응하는 인간형에 불필요한 성격으로 여겨졌다. 그래서 국가는 산만한 성격을 이성의 영역에서 벗어난 '광기'의 일종이기에 사회에 위험하다는 이유로 정신병으로 범주화해 사회에서 배제한 것이다. 이런 배제는 특히 학교에서 버젓이 자행된다. 주입식 암기와 문제 풀이를 통해 시험에서 높은 점수를 얻는 것만이 최상의 배움이라는 기준을 국가가 만들었다. 산만한 성격을 가진 학생은 이 기준에 정면으로 배치되기 때문에 국가는 이런 학생을 '문제아'라는 낙인을 찍어 열외시킨다. 그래서 마치 덫에 걸린 동물이 탈출을 위해 필사적으로 몸부림치듯, 학생들은 자기 내면에 깃들어 있는 산만한 유전자를 삭제해 버리려 몸부림친다. 산만한 성격이 나타나는 자녀들에게 호통치고 체벌하는 부모들의 공격은 이 배제와 일탈을 더욱 가속화시킨다. 이처럼 모든 사람들이 국가가 만들어 놓은 '산만해서 비정상인 학생'과 '산만하지 않아서 정상인 학생'이라는 분류에 따라간다. 이 분류는 국가에게 학생들을 지배하는 효율적 장치가 된다. 결국 정상과 비정상의 구분과 배제는 사회에서 지배자가 피지배자를 감시하는 제도이며 그 본질은 철저한 권력화 현상이다. 이런 배제의 장막 뒤에 숨은 권력을 간파하고 이에 도전하려는 교육가들이 미국에 있다. 바로 미국에서 시도되고 있는 「헌터 스쿨(Hunter School)」이다. 헌터 스쿨은 산만한 성격이 질병이 아니라 원시 수렵 사회에서 사냥꾼들이 위험을 극복하는 창의적 정신 기제였다는 가설에 근거해 아이들에게 내재된 창의성을 발굴하는 교육을 운영한다. 배움의 본질이 화석화된 지식을 기억 속에 차곡차곡 쌓아놓는 것일까? 원시시대에 사냥은 생존을 위한 노동이면서 창의적인 놀이이기도 했다. 이 놀이들을 통해 사람들은 새로운 것을 만들어 내었고 이를 통해 인류는 발전했다. 헌터 스쿨은 놀이가 곧 배움이라고 갈파한다.

한국에서는 어떨까? 지금 SNS 상에는 얼굴이 못생긴 사람은 '사회적 공해물질'이라는 공공연한 비난 댓글이 범람한다. 20대 청춘들이 돈 벌어서 가장 먼저 투자하려는 대상이 성형수술이다. 잘생긴 자와 못생긴 자를 구분하여 한 쪽이 다른 쪽을 배제하는 악순환이 반복된다. 이것은 개인이 타인을 감시하고 처벌하는 권력의 한풀이다. 끊임없는 사회의 자기검열이 횡횡하는 이 시대에 과연 누가 진정한 정상이고 비정상인가?

이제 푸코의 주장이 현대 자본주의 속에서 살아가는 우리 사회에 주는 울림을 조금이라도 염두에 둔다면 이 영화의 설정은 지극히 비사실적이다. 악은 악하기 때문이 아니라 사회에서 그렇게 규정되었기 때문에 악으로 배제된 것이다. 그리고 공공의 벗을 자임하는 형사는 이런 병자들을 사회에서 소외시켜 지배하는 권력놀이의 공범자일 수도 있다. 공공의 적이 진정 누구이든 간에 공공은 우리 사회에서 큰 가치를 지닌 영역이다. 정부가 사용하는 권력을 굳이 '공권력'이라 말하고, '공무집행방해죄'는 왠지 모르게 엄청난 범죄로 여겨진다. 세금을 회피하는 행위인 '탈세'는 비정상의 끝판왕 정도로 여겨지고, 비록 합법적이라 할지라도 병역면제를 받았던 정치인과 직계비속은 그냥 '재수 없음'으로 낙인찍혀 버린다. 이처럼 우리 사회에서 '공공'은 정상과 비정상을 가르고 약자를 지배하는 도구로 자리 잡았다. 더군다나 이 '공공'을 정부가 독점하고 있다. 대다수

사람들이 '공공을 지키는 공정한 심판관(referee)'의 자격을 오직 정부에게만 부여하기 때문이다. '공공'은 영어로 'public'인데 그리스어 'pubes'에서 유래한 말이다. 'pubes'는 '육체적, 정신적으로 성숙한 사람들(maturity)'이라는 뜻과 '다른 사람과의 관계에서 그들의 이익을 돌보는 사람들(care with)'이라는 뜻을 내포한다. 따라서 '공공'은 '성숙함, 배려함' 등의 특징을 가진 사람들이 '함께 돌보는 행위'를 말한다. 이에 비해 '정부'는 영어로 'government'인데 이 말은 '일정한 영토 안에 있는 사람들을 권력적으로 지배하는 행위'를 뜻한다. 이처럼 '돌본다는 것'과 '지배하는 것'은 명백히 구별되는 것임에도 정부가 공공을 독점하는 현실은 아이러니하다.

그러면 진정한 공공의 모습은 어떤 것일까? 어쩌면 일정한 자격과 능력을 갖춘 시민들이 공동체의 의사결정과 집행에 참여했던 고대 그리스의 폴리스정치가 공공의 원형인 듯하다. 국가가 사람들을 돌보는 것과 지배하는 것을 포괄하는 독점의 실체로 처음 등장한 것은 그리스시대였고 그 논리적 근거의 원천이 플라톤(Platon, 기원전 428~348)이 쓴 「국가론(The Republic)」이다. 플라톤은 우리가 감각적으로 경험하는 이 세계는 변화하지만 이 세계가 전부가 아니라 여기를 넘어선 불변의 세계가 있다고 본다. 그럼 감각 세계의 밖은 무엇인가? 소위 이데아이다. 이데아란 사람이 감각할 수 없는 진실의 세계를 말한다. 사람이 감각할 수 없는데 그런 이데아의 존재를 어찌 알 수 있을까? 여기 종이 위에 삼각형을 그려보라. 사람마다 제각기 다른 크기와 모양의 삼각형을 그릴 것이다. 그런데 사람들은 이 모든 그림들을 삼각형이라고 말한다. 그 이유는 사람이 보이지 않는 원래의 삼각형, 즉 이데아를 갖고 있기 때문이다. 여기서 플라톤은 한 걸음 더 나아간다. 감각 위에 이성이 존재한다고. 그래서 이성이 영혼을 통제해야 한다고. 이런 논리는 국가로 이어진다. 사람들이 현실에서 보는 폴리스들은 진짜 국가가 아니다. 저기 어딘가에 이상 국가가 있다. 이 이상 국가는 세 개의 계층으로 나누어지는데, '지배자 계층, 군인 계층, 생산자 계층'이 그것이다. 결론적으로, 사람들이 각자의 탁월한 덕에 따라 그에 맞는 역할을 담당하여 지혜, 용기, 절제의 덕이 조화를 이루면 그 국가나 사회는 정의롭게 된다고 그는 주장했다. 하지만 이 조화는 용기와 절제가 이성(지혜)에 의해 통제받고 있는 상태이다. 인간의 영혼이 이성에 의해 통제받아야 하는 것처럼 국가체제 역시 지혜로운 사람에 의해서 다른 계급들이 통치받아야 한다는 것이다. 따라서 이는 지혜를 소유하고 있는 철학자들이 군인과 생산자 계층을 통치해야 한다는 결론으로 이어진다. 지혜와 진리를 사랑하고 추구하는 참된 철학자가 통치하는 나라. 이곳에선 공산주의와 민주주의가 공존한다. 철인이 통치하고 수호자는 재산과 가족을 공유하고 작은 보수를 받으며 오직 국가만을 위해 살아간다. 그래서 동서양을 막론하고 홍길동과 로빈훗 같은 이상국가(정부)의 꿈을 사람들은 끝내 버리지 못하는가 보다. 천길 물속을 들여다보고 은하계 반대쪽을 향해 우주선을 쏘아 올리는 현대과학의 절정 앞에서도 사람들은 이데아를 부정하지 않는다. 아마도 인간의 감각세계를 넘어선 저쪽의 세상이 얼핏 보이기 때문일 것이다.

구름이나 번개, 유리 파편, 겨울철 유리창에 서리는 성에, 비바람에 시달려서 꼬부라진 소나무, 바다 속의 아름다운 산호, 남해안의 복잡한 해안선 등등 우리를 둘러싸고 있는 자연계는 이데아의 또 다른 모습을 보여준다. 이렇게 다양한 모양들 안에 어떤 공통성이 존재한다면? 이것이 망델브로(B.B.Mandelbrot)가 발견한 프랙탈(fractal)이다. 그는 지구 위에 있는 수많은 해안선에 어떤 규칙성이 존재한다는 사실을 발견했다. 겉으로는 꾸불텅꾸불텅해서 알 수 없는 모양이지만 수학적으로는 어떤 유사성이 있다는 것이다. 그러면 해안선의 모양은 인간이 정확하게 측정할 수 없는 이데아의 세계가 아닐까? 이처럼 프랙탈이론은 지금까지의 과학으로 이해할 수 없었던 우주의 불규칙한 현상들 속에 숨은 질서를 찾고자 한다.

지금 우리는 국가나 정부가 거부할 수 없는 절대적인 존재라는 믿음에 전혀 의심을 가지지 않는다. 그러나 사실 지금 우리가 생각하듯 절대적인 존재로서의 '국가(nation)'와 '정부'가 현실화된 것은 그다지 오래되지 않은 1648년 「베스트팔렌조약」에서 비롯된다. 그 전까지 국가와 정부는 하룻밤 사이에도 만들었다가 없애버릴 수도 있는 힘없는 존재였다. 특히 중세 유럽에서만 해도 국가나 정부는 허약하고 불안정한 존재였다. 신이 지배하던 중세 천년! 16세기까지도 유럽은 '크리스천돔(Christiandom)'이라는 개념 하에 로마교황청과 신성로마제국이 권력 정당성의 근원이자 유일한 공식권력이었다. 이를 제외한 모든 세력이나 사람들은 교황으로부터 권력의 정당성과 합법성을 인정받아야만 그 권력의 존속이 가능했다. 즉, 교황의 말 한 마디에 세속의 정부는 언제든 물거품처럼 사라질 수도 있었다. 지금 우리는 국가가 우리를 절대적으로 지배하고, 우리는 국가를 자유롭게 탈퇴할 수 없다고 생각한다. 그러나 중세시대 천 년 동안 사람들은 왕이 통치하는 국가보다는 교황이 지배하는 크리스천의 문명세계를 자신이 진정 소속된 '내집단'이라 믿었다. 이런 현상은 지금 중동지역에서 무슬림(Muslim)들이 이슬람교(Islam)의 문명세계를 기점으로 거대한 '내집단'을 형성하는 것과 같다. 전 세계 약 17억 명의 무슬림들은 그들이 속한 국가와 민족이 무엇인가와 상관없이 무함마드(Muhammad)에 대한 모욕을 자기 자신에 대한 모욕으로 받아들이고 분노를 폭발시킨다. 하지만 중국에서 대규모 반정부 시위로 수많은 사람들이 탱크에 짓밟히는 천안문 사태가 발생했을 때 한국인들이 분노를 느끼고 시위에 참여하지는 않는다. 역시 미국에서 인종차별에 항거해 흑인 폭동이 일어나도 아프리카에서 흑인들이 시위를 일으키지도 않는다. 그만큼 오늘날 거의 모든 사람들은 국가와 민족을 자기가 속한 집단으로 믿고 동일시한다. 그러나 중세시대 유럽에서는 국가는 배타적 영토 지배권을 갖지 못했고, 매우 복잡한 위계질서를 가진 귀족들의 연합체와 비슷했다. 그래서 유럽 사람들에게는 '국가 정체성'이 없었고 오직 신이 지배하는 거대한 문명세계와 그 안에 속한 작은 장원에서 영주, 기사, 농노로서 '지역 사회 정체성'을 가졌다. 국왕이 존재하였지만 국왕은 여러 영주들 중에 조금 더 힘이 센 자에 불과했기에 언제든지 무너질 수 있는 불안한 존재였다.

그러면 신성로마제국이 무엇일까? 신성로마제국은 고대시대 이탈리아 반도에서 시작된 로마제국이 아니며 이와 전혀 관계없는, 서류상으로만 존재하는 나라였다. 고대 로마제국이 동로마와 서로마로 분열된 이후, 동로마는 비잔틴제국이 되고 서로마는 멸망했다. 동로마교회의 수장은 비잔틴제국의 황제가 되고 이 황제가 서로마교회에 영향력을 미치려고 하니 서로마교황청이 꾀를 부렸다. 과거 로마제국의 이름을 따서 독일어로 'Heiliges Römisches Reich'라 하고, 이를 영어로는 'Holy Roman Empire(신성로마제국)'이라 하여 아주 그럴듯한 페이퍼 제국을 만들어서 방패막이로 삼은 것이다. 이처럼 교황의 의도가 성공할 수 있었던 것은 당시 유럽의 세력 분포 때문이었다. 로마제국 멸망 후 프랑크 왕국이 현재의 독일, 프랑스, 이탈리아 지역의 광범위한 영토를 기반으로 존재했다. 이 프랑크 왕국이 843년 베르덩조약, 870년 메르센 조약을 통하여 동과 서로 분열을 거듭하고 역사 속으로 사라진 후, 동프랑크 왕국 지역에서 게르만 부족들이 모여 광범위한 통합국가를 새로이 만들었다. 이 통합국가의 초대 왕 하인리히 1세의 뒤를 이은 오토 1세(Otto 1, 912~973)는 이탈리아 귀족들의 위협을 받은 요한

12세 교황이 지원을 요청하자 이탈리아로 쳐들어가 교황을 보호했다. 이에 교황은 962년 오토 1세에게 로마의 황제라는 칭호와 함께 황제 대관식을 거행함으로써 신성로마제국의 성립을 공표했다. 이때 교황과 오토 1세가 비준한 조약에서 오토 1세는 교회에 대한 수호의 역할을 명시했고 교황은 서품 전에 독일 황제에게 충성 서약을 이행해야 한다는 것을 규정했다. 이처럼 종교와 권력이 서로를 보호하는 체제를 구축하여 교황은 황제를 교회의 지배 하에 두려 했고, 역시 황제는 교회를 지배한다는 사실을 대외에 알려 통치 수단으로 이용하려 했던 것이다.

그러나 황제와 교황은 끊임없는 패권전쟁을 벌였다. 그 대표적인 사건이 1077년에 발생한 '카노사의 굴욕'이다. 역사서에는 교회의 성직자 임명권인 '서임권'을 둘러싸고 황제와 교황이 대립한 사건이라고 나와 있다. 그러면 왜 성직자 임명권을 놓고 교황과 황제가 싸우는가? 당시 성직자는 유럽 권력의 실세집단이었고 이 집단에 자기편을 더 많이 심으려는 알력은 극에 달했다. 지금도 대통령이 측근을 주요 요직에 임명하는 문제로 여야가 극단적인 대치를 벌이지 않는가. 교황 그레고리우스 7세는 교회 개혁을 외치면서 세속 군주들이 독점했던 성직 임명권을 탈환해 오려고 시도했다. 그러나 신성로마제국의 하인리히 4세는 어린 나이에 황제에 올라 권력이 불안한 상태에 놓여 있었기에 극렬히 반대했다. 성직자를 봉건제후로 임명하여 그들의 사후에 봉토를 환수함으로써 효과적으로 통제할 수 있는 이권을 황제는 빼앗길 수 없었다. 마침내 황제는 제국회의를 소집해 교황을 폐위한다는 결의안을 통과시켰다. 이에 대해 교황이 황제를 파문해 버리면서 파국에 치달았다. 신이 지배하던 중세시대에 교회의 신자 자격을 박탈한다는 '파문'이란 사형선고와 같았다. 다급해진 황제는 교황이 머물던 카노사성으로 달려가 추운 겨울날 성문 앞에서 3일 밤낮을 지새우며 무릎 꿇고 용서를 빌어야만 했다. 이처럼 교황의 말 한마디에 국가가 간판을 내려버리던 시절이었다. 6~15세기의 중세 유럽은 '봉건제도' 위에 세워졌다. 이 봉건제도의 핵심 특징은 군사적으로는 '주종제', 정치적으로는 '지방분권제', 사회경제적으로는 '농노제(장원제)'였다. 왕과 신하가 '주군(보호자)'과 '봉신(유력자에게 안전과 생계를 위해 몸을 의탁한 자)'이라는 '주종관계'를 맺고, 주군은 봉신에게 토지를 하사하는 대신 봉신은 주군에게 군사적 충성을 다하는 계약관계이다. 이처럼 왕이 지방에 직접 관리를 파견하지 않고 영주가 농노의 노동력을 기반으로 독립된

'장원'을 만들어 해당 지역을 자율적으로 통치했다. 주군과 봉신은 평등한 계약 관계였기에 언제든지 파기할 수 있었고 영주에 의한 지방분권적 통치를 했기 때문에 왕의 권력은 매우 약했다. 그러기에 국가는 매우 불안하고 허약한 존재였다. 따라서 교황과 황제의 싸움, 황제의 자리를 둘러싼 제후들의 싸움, 국가 간 영토싸움 등등 유럽의 국가들은 수많은 전쟁의 늪에 빠져들었다. 싸움에서 진 국가는 곧장 사라지는 소위 파리 목숨의 신세였다. 이 당시 현실 세계에서 국가라는 명칭을 사용하는 세력들이 다수 존재했지만 모든 국가는 대등한 지위를 향유하지 못했고 배타적 주권도 인정받지 못했다. 세속의 권력이 확대되면서 로마 교황청과 군주들과의 대립 및 투쟁은 자연스럽게 격화되어 나갔다. 신성로마제국이 영토 확장의 야욕을 불태우면서 주변 국가들과의 전쟁은 빈번해졌고, 왕위 계승을 둘러싼 음모는 끊임없는 내전을 야기했던 것이다. 이후 나폴레옹이 1806년 독일을 정벌할 때 신성로마제국을 강제로 없애고 서류상으로도 지워버렸다. 비록 사라진 영광이지만 신성로마제국은 독일의 팽창주의적 민족주의의 상징이 되었다. 히틀러가 '과거의 영광' 차원에서 제3제국을 염원했던 것도 모두 신성로마제국의 흔적에서 유래한 것이다.

　　카노사의 굴욕 이후 권력의 무게 추는 점차 교회에서 국가로 이동해 갔다. 성직 임명권을 탈환하여 간 교회가 급속히 부패의 길로 빠져들었기 때문이다. 천당행 티켓을 돈 받고 팔아먹는 유명한 '면죄부'가 이때 남발되었다. 이에 반발해 종교개혁이 일어났고 개신교와 결탁한 세속의 군주들은 교황을 공격했다. 교회와 국가 사이의 치열한 권력 싸움은 16세기에 이르러 파국을 향해 내달렸다. 16세기 후반부터 17세기 후반에 걸쳐 유럽에서는 거대한 종교전쟁의 소용돌이가 휩쓸고 지나갔다. 네덜란드의 독립전쟁, 프랑스의 위그노전쟁, 독일의 30년전쟁 등 수많은 크고 작은 종교전쟁들이 신이 지배하는 중세사회, 즉 거대한 단일 위계사회를 붕괴시키고 있었다. 이 당시 종교개혁으로 위기를 맞이한 카톨릭 교회가 안으로는 내부개혁을 추진하면서 종교재판을 강화하는 역주행을 감행하였고 이에 맞서 개신교가 세력을 급속히 확장하면서 두 세력이 충돌하였던 것이다. 이 충돌의 절정은 '30년 전쟁(The Thirty Years' War, 1618~1648)'으로 터져 나왔다. 쇠락했지만 여전히 힘이 남아 있던 가톨릭과 종교개혁으로 탄생한 신흥세력 개신교는 '초국가적 정체성'을 가지고 있었고 17세기 유럽의 여러 국가들은 이 두 세력으로 나뉘어 처참한 싸움을 벌였다. 이 전쟁은 약 800만 명이 사망할 정도로 인류 역사상 가장

▼ 그림 1-1 중세봉건사회 → 절대왕정국가 → 근대시민사회

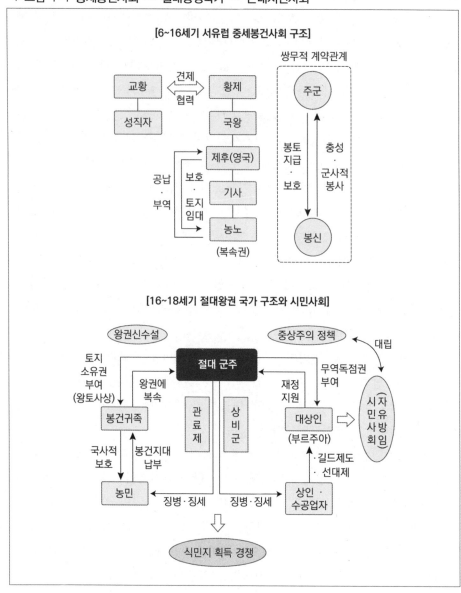

[6~16세기 서유럽 중세봉건사회 구조]

[16~18세기 절대왕권 국가 구조와 시민사회]

처참한 전쟁으로 꼽힌다. 전쟁의 시발점은 종교분쟁이었지만 시간이 흐를수록 종교적 색채는 점차 엷어졌고, 유럽 대부분의 국가들이 영토 분쟁에 휘말리면서 국가가 자국의 이익을 고리로 힘을 강화시켜 나갔다. 결국 봉건주의의 보루인 교황세력과 자본가 계급의 보루인 민족국가 간의 피비린내 나는 30년전쟁에서 자본가

계급이 승리했다. 그리고 이 싸움으로 신성로마제국은 전 국토가 황폐해지고 인구가 1,600만 명에서 600만 명으로 감소하면서 실체가 없는 국가로 몰락했다. 16~17세기에 유럽을 휩쓴 종교전쟁의 약 100년이 넘는 긴 세월 동안 유럽을 대혼돈으로 몰아갔던 종교전쟁이 끝나고 유럽의 국가들은 마침내 1648년에 '베스트팔렌 조약'에 서명하였다. 이 조약을 계기로 국가는 어떤 권위의 간섭도 받지 아니하고 절대 주권(absolute sovereignty)을 갖게 되었으며, 국가는 인간 위에 그리고 인간 이전에 존재하는 선험적 물질(things)로 자리하게 되었다. 이제 국제사회의 기본 단위는 국가가 되었고, 각 국가는 불가침의 주권을 가진 서로 대등한 존재로 여겨졌다. 각 국가와 세력의 안정, 공존과 다원성을 지키는 것이 국제 정치의 제1의 원리가 되었으며, 제국의 통합이나 종교적 통일의 출현을 방지하기 위해 각 국가 간의 세력균형이 보편적 체제로 추구되었다. 이렇게 '국가'라는 '리바이어던(Leviathan)'이 출현했다. 촘촘한 행정 조직망이 비인격적 권력을 수단으로 국민 개개인의 일상 모두를 세밀하게 지배하는 근대 국가는 분할된 영토와 단일한 국민(민족)을 근거로 강력한 내집단으로 자리 잡았다. 이제 국가적 정체성은 그 무엇으로도 깰 수 없는 초월적 믿음으로 자리매김한다. 이처럼 교회의 속박으로부터 벗어난 국가의 탄생을 정당화한 대표자가 홉스(Thomas Hobbes, 1588~1679)다. 홉스는 저서 「리바이어던」(1651)에서 '만인의 만인에 대한 투쟁(bellum omnium contra omnes)' 상태에서 사람들이 스스로의 안전을 지키기 위해 사회계약을 맺어 국가라는 절대적 권력을 만들어낸다고 주장했다. 리바이던은 구약성서 욥기 41장에 나오는 바다 괴물의 이름으로, 인간의 힘을 넘는 매우 강한 동물을 뜻한다. 홉스는 '국가'라는 거대한 창조물을 이 동물에 비유했다. 홉스는 국가 주권의 절대성을 인정했지만 자기 보호를 위협받을 때 신민이 주권자에게 복종하지 않을 자유를 인정하여 국가 권력의 쌍무 계약적 성질을 강조했다.

그렇다면 왜 개신교(Protestant)의 승리가 곧 자본가 계급의 승리라고 말할 수 있는 것일까? 이에 대한 해답의 단초를 막스 베버(Max Weber, 1864~1920)가 「프로테스탄티즘의 윤리와 자본주의 정신(The Protestant Ethic and the Spirit of Capitalism)」(1904)에서 말한 '자본주의의 발전과 종교의 관계'에서 찾을 수 있다. 그는 자본주의가 개신교가 우세한 지역에서 발전했고 더욱이 개신교 중에서도 칼뱅주의가 우세한 지역에서 더욱 발전했다는 사실을 관찰했다. 그 이유는 부의 합리적 축적이라는 자본주의의 정신과 칼뱅주의로 대표되는 개신교의 윤리가 정합성을 가지기 때문이다. 칼뱅주의는 예정설을 기초로 하여 현세에서의 직업적 성공이 내세에서의 구원을 확인하는 유일한 방법임을 설파했다. 윤리적인 노동을 통한 부의 축적에 대해 긍정적인 입장을 취하고, 금욕주의에 기초한 근검절약하는 생활을 강조하는 칼뱅주의적 개신교 윤리가 서구에서 자본주의의 발전을 이끌어낸 진정한 동력이었다고 그는 분석하였다. 이런 그의 분석은 당시 국제적으로 사회주의 운동이 급속히 확산되던 시점에서 자본주의의 정당성을 찾아야 한다는 절박감에서 나온 측면이 강하다. 칼 마르크스(Karl. Marx)가 노동자가 만들어낸 잉여가치를 자본가가 착취한 결과로 자본주의가 형성되었고 '이윤율감소의 법칙'에 의해 결국 자본주의가 몰락할 수밖에 없다는 「자본론(Das Kapital)」(1863)을 발표하여 사회주의 세력의 바이블(Bible)로 떠오르면서, 이에 대해 자본가의 입장에서 반박이 필요했던 것이다. 그러나 수백 년간 그의 가설을 금과옥조처럼 여겨온 자본주의 내의 수많은 학자들은 국가가 자본가를 위한 설계도 없는 바벨탑이었음을 고백하고 있는 것이다.

프로테스타니즘과 자본주의의 관계

16세기 루터(Martin Luther, 1483~1546)와 칼뱅(Jean Calvin)을 주축으로 한 유럽의 종교개혁자들이 가톨릭교의 부패에 '반항(protest)'하여 이루어낸 기독교(신교) 사상을 「프로테스탄티즘(Protestantism)」이라고 부른다. 프로테스탄티즘은 오직 개개인의 신앙에 의해서만 신에 연결되며 성서만이 종교적 기초라고 믿는다. 칼 마르크스는 「자본론」에서 "상품생산자와 노동자가 사적 관계로 맺어지는 자본주의 사회에서 추상적 인간이 예배를 동반해 시민사회로 발전하기에 가장 적합한 종교 형태가 프로테스탄티즘이다."라고 지적했다.

신의 대리인 교황의 권력을 밀어내고 그 자리를 차지한 근대국가는 「절대국가」라는 모습으로 나타났다. 절대국가는 '가부장주의(paternalism)'를 사상적 무기로 장착했다. 가부장주의는 '온정적 간섭주의'라고도 말하는데, 부모가 자식을 양육하듯 정부가 국민 개개인을 돌봐주고 개인의 의사결정에 개입한다는 사상이다. 여기에는 국민이 미숙하며 스스로 합리적인 의사결정을 할 수 없는 존재라는 전제가 깔려 있다. 16세기 이후 유럽의 절대왕정들이 가부장주의 이상을 실현하기 위해 사용한 국가운영 전략은 「중상주의(mercantlism)」 정책이었다. 이

것은 당시에 국가의 부(wealth)를 극대화하는 최상의 전략으로 여겨졌다. 당시 유럽은 농업과 가내수공업이 산업의 주축을 형성했고, 돈을 버는 주된 수단은 무역이었다. 특히 중국의 명나라와의 국제 무역을 통해 큰 이익을 남길 수 있었다. 당시 동양과 서양 모두 금과 은이 주된 통화수단으로 자리 잡았기 때문에 더 많이 수출하고 덜 수입하는 무역을 통해 금과 은을 국내로 많이 유입시킨 나라가 부유한 경제를 누렸다. 이처럼 왕실이 중심이 되어 더 많은 금을 획득하기 위해 국가의 살림살이를 꾸려나가는 것이 중상주의였고, 이를 위해 유럽 절대왕정국가들은 치열한 식민지 쟁탈전으로 치달았다. 식민지 전쟁에서 가장 중요한 도구는 군대였다. 전쟁은 돈을 먹는 하마다. 식민지 전쟁에서 승리하기 위해서는 적국보다 더 많은 돈을 쏟아 부어야 한다. 그래서 식민지 쟁탈전에 뛰어든 국가들은 돈, 즉 금을 얻기 위한 무한 경쟁을 벌였다. 이런 식민지 경쟁 대열에 다소 늦게 뛰어든 지각생이 바로 '독일'이었다. 당시 독일은 오랜 세월 동안 분열상태가 지속되다가 1871년 빌헬름 2세와 비스마르크가 보불전쟁을 승리로 이끌고 350여 개의 작은 나라로 분열되었던 독일제국을 통일한 상황이었다. 이런 상황에서 독일은 대외적으로는 식민지 개척을 확대하고 대내적으로는 효율적으로 관료제와 상비군을 운영할 필요가 있었다. 예나 지금이나 통치자에게는 통치 전략을 컨설팅해 줄 브레인들이 필요하다. 그래서 절대국가의 왕들은 이러한 국가 통치에 필요한 노하우를 가르쳐줄 전문가들을 곁에 두고 키웠는데, 이들을 '관방학자'라 불렀다. 이 관방학자들이 왕에게 행정적 기술 및 지식을 전수하기 위해 만든 학문이 바로 '관방학(Kammeralism)'이었다. 관방학은 '행복촉진주의적 복지국가 사상', 즉 "국민들의 모든 행복과 복지는 국가로부터 나온다."라는 믿음에 그 기초를 두고 있었다. 국가가 개인의 행복을 결정한다. 그러니 개인은 국가를 위해 희생해야 한다는 논리가 여기서 나온다. 그러나 관방학은 절대군주의 통치술이라는 한계를 극복하지 못했고, 1789년 프랑스 대혁명 이후 유럽 전역에서 왕권을 견제하기 위한 법치주의의 요청에 따라 점차 행정법학에 그 자리를 내어주었다. 관방학이 쇠퇴하면서 국가가 마치 부모처럼 국민을 돌보아야 한다는 관념은 힘을 잃어갔다. 이러한 절대국가의 붕괴를 만들어낸 원동력은 중세 장원경제의 몰락과 근대 '자본주의'의 등장이라는 거대한 물결 때문이었다.

'자본주의(capitalism)'는 자본이 주인이 되는, 즉 자본을 위해 움직이는 게임이다. 역설적으로 대한민국 헌법 또는 그 어떤 법률에도 '대한민국은 자본주의를 채택한다'라는 규정은 없다. 그 대신 우리 헌법 전문에서는 '자유민주적 기본질서'라는 말을 사용하면서 헌법 제119조 1항에서 "대한민국의 경제 질서는 개인과 기업의 경제상의 자유와 창의를 존중함을 기본으로 한다."라고 규정하고 있다. 이처럼 자본주의라는 용어를 헌법에 규정하지 않고 '자유, 민주, 개인, 창의'와 같은 어정쩡한 말로 에둘러 표현한 것은 자본주의라는 말의 역사성과 정치성 때문인 것으로 보인다. 어찌되었든 '자본주의=시장경제'라고 말해도 틀리지 않는다. 그런데 자본주의의 의도적인 설계자는 없다. 마르크스(K.Max)는 자본주의의 탄생에 대해 "자본주의는 아주 많은 행위들의 예상하지 못한 결과(unanticipated consequences)이다. 사람들은 인간을 왜곡하는 구조인 자본주의를 만들고 싶지 않았지만 결과는 그렇게 나타났다."라고 말했다. 자본주의는 권력자나 엘리트가 아닌 장터의 보통 사람들이 자신의 욕망을 쫓다가 우연히 찾아낸 삶의 한 방식이다. 따라서 그것은 어떤 시대에 살았던 사람들이 그 시대의 삶의 조건을 극복하기 위한 시도였다. 자본주의는 지극히 역사적 산물이다.

자본주의는 시장을 통한 거래, 광범위한 임금 노동자의 존재, 사적 소유권의 인정 등 3가지를 핵심 요소로 한다.

첫째, 자본주의의 핵심은 '시장경제'이다. 시장은 상품이 교환되는 유·무형의 공간이며, 수요와 공급이 만나는 곳이다. 아주 오랜 옛날부터 인간은 노동을 하고 그 과정에서 창출된 남는 물건(잉여)을 다른 남는 물건(잉여)과 교환했다. 남는 물건(잉여)의 양과 종류가 늘어나면서 이런 다양한 물건을 교환하기 위해 그 가치를 정확하게 측정하고 물건의 교환을 매개하는 수단이 필요했고 이를 위해 만든 것이 바로 '화폐(money)'이다. 처음에는 사람들은 교환수단으로 조개껍데기, 쌀과 같은 물품을 화폐로 사용했다가 점차 귀금속인 금, 은을 화폐로 사용하게 되었다. 그러면 이런 화폐가 끼어드는 교환은 물물교환과 무엇이 다를까? 물물교환에서는 교환하는 당사자 그 어느 쪽도 이윤을 얻기 어렵다. 물건과 물건을 직접 맞교환하는 과정에서 당사자들은 자신의 물건의 가치를 최대로 올려 평가하기 때문에 교환의 성립도 이루어지기 어렵고, 설사 어느 한 쪽이 이윤을 남겨 교환이 이루어졌다면 이런 물물교환은 다시 일어나지 못하고 일회성으로 끝나버리게 될 것이다. 이처럼 물물교환은 교환행위의 지속성과 정기성을 보장하지 못하고 이윤의 획득도 어려운 '반시장적(market-unfriendly) 행위'이다. 그러나 화폐가 끼어든 교환행위에서는 교환의 당사자들이 얻으려는 이윤이 화폐

라는 형태로 추상화되기 때문에(즉, 이윤이 실물이 아니므로 눈에 보이지 않는다) 이
윤을 얻기가 쉬워진다. 특히 시장이 발전하면서 사람들은 더 이상 소비하고 남
은 물건(잉여생산물)을 교환하는 것이 아니라 시장 자체를 위한 생산을 하게 되
었다. 이처럼 시장 자체를 위해, 즉 화폐와 교환하기 위해 만들어진 물건을 '상
품(commodities)'이라고 부른다. 이 상품과 화폐의 등장으로 상시화(일반화)된 시
장이 기존의 봉건주의 시대의 자급자족적 생산체제를 붕괴시켰다. 이처럼 중세
후반기에 유럽에서 상업자본이 성장하면서 '시장이 일반화'되어 '상업자본주의'
가 출현하였다.

▼ 그림 1-2 **자본주의와 국가의 발전 단계**

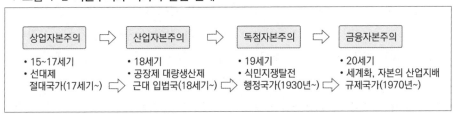

'시장이 일반화'되기 시작한 것은 11~12세기 중세 중기 유럽에서 성곽을 중심으
로 시장이 정착되면서부터이다. 중세시대의 유럽은 왕, 교회, 수도원이 토지 지
배를 기반으로 가장 포괄적인 자급자족 경제의 이상을 지향했다. 그러나 왕, 귀
족과 성직자들은 사치품에 대한 수요를 시장을 통해 해결해야 했다. 또한 시장
형성의 이면에는 1000년경부터 이루어진 농촌 인구와 농업 생산력의 급격한 증
가가 있다. 이로 인해 창출된 잉여 농산물을 교환하기 위한 시장이 11세기 유럽
전역의 도시에서 집중적으로 만들어졌다. 특히 서유럽에서 12세기 후반에 직물
공업을 중심으로 '선대제(putting-out system)'라는 수공업 생산방식이 등장했다.
이것은 상인(putter-out)이 각각 독립된 작업장과 도구를 지니고 있는 소생산자
들에게 원료나 반제품, 도구 등을 먼저 지불하여 제품을 생산하게 하는 방식이
다. 예를 들어 경영자인 상인은 영국, 프랑스, 이탈리아 등에서 온 양털을 사서
직모공에게 임금을 지불하고 양털로 실을 만들게 한 후 베틀을 가지고 있는 수
공업자에게 넘겨 원 모직을 생산하게 하고 비용을 지불하며, 다시 다른 수공업
자에게 넘겨 정련 과정을 거치게 함으로써 완성된 최종 생산물을 시장에 판매했
다. 따라서 이 과정에서 상인은 생산 과정을 통제하고 임금노동관계를 심화시켰

으며 자본의 크기를 확대했다. 이것이 선대제가 자본주의와 상품 화폐 경제 발달 과정에서 중요한 계기가 된 연유이다. 이러한 선대제의 발달과 함께 물물교환경제에서 화폐경제로의 전환이 촉진되어 독일 제국에서 1000년경에 은화를 대량 주조했고, 금화 또한 11세기 이래로 에스파니아에서 사용되기 시작해 13세기 전반기에 금은화 양본위제도가 시작되었다.

　1990년대, 구소련의 붕괴 이후 사회주의 정치체제를 갖고 있는 많은 나라들이 시장경제를 도입하고 있다. 중국에서는 시장경제를 상당히 성공적으로 운영하는 것으로 평가된다. 물론 중국 공산당 일당독재의 폐해를 전혀 감안하지 않은 반쪽짜리 평가라는 한계가 엄연히 있다. 최근의 홍콩의 자유화 투쟁은 이를 여실히 증명한다. 유고슬라비아는 야심차게 'worker's management(노동자 자주관리제도)'를 설계해 추진했지만 처참한 실패로 끝났다. 북한에는 지난 1990년대 고난의 행군을 거치면서 자본주의 사회에서와 같이 상품을 사고파는 시장(일명 '장마당')이 광범위하게 확산되어 있는데, 2018년을 기준으로 북한에서 공식 인정한 '장마당'의 수는 436개이다. 소련의 붕괴로 인해 북한에서 배급제가 무너지면서 일반 국민들이 생필품을 구하는 채널로 사용되고 있고, 이를 통해 큰 돈을 축적한 일종의 자본가가 등장하고 있다. 국가마다 다양한 시장 설계 실험이 시도되었고 그 성패는 나라마다 다르다. 결국 21세기 세계화 시대에 시장을 어떻게 설계할 것인가 하는 문제는 정부에게는 중요한 '과업'이고, 기업에게는 중요한 '기회'가 된다.

---

worker's management(노동자 자주관리제도)

티토(Josip Broz Tito, 1892~1980) 대통령은 1953년에서 1980년까지 35년 넘게 유고슬라비아연방을 이끌면서 반소련 노선의 독자적인 공산주의를 채택하면서도 국가에서 관료를 내려 보내 기업을 운영하기보다는 노동자들의 노조가 직접 회사를 경영하는 노동자자치관리제도로 기업들을 운영하였다. 이 방식이 1950~1960년대까지는 잘 운영되었지만 시간이 갈수록 노동자들은 회사수익 대비 임금 부분의 비율을 끊임없이 올려버렸고, 기업경쟁력이 떨어지면서 결국 이 제도는 실패로 끝나게 되었다.

　다음으로 '광범위한 임금노동자'는 인클로저 운동의 등장과 시기를 같이한

다. '인클로저 운동(enclosure movement)'은 1,500년대 초 영국의 플랑드르 지방에서 모직 공업이 융성함에 따라 양모 값이 천정부지로 뛰면서 영국 귀족들이 대대손손 땅에서 생계를 이어온 농민들을 내쫓고, 이 땅을 밀밭에서 양 방목을 위한 초지로 바꾸면서 농민들이 거리의 부랑자로 내몰렸던 사건이다. 당시 영국의 법은 매우 냉혹해서 농민들이 자신의 고용주를 만나지 못해 매를 맞거나 배고파서 저지른 단순 절도죄로 처형당하기도 하였다. 토마스 모어(Saint Thomas More, 1478~1535)는 저작「유토피아(Utopia, 1516년)」에서 이 당시 영국 농민들의 처참한 생활상을 풍자하면서 "양들이 사람을 잡아먹는다."고 비판했다. 이성의 부흥을 부르짖던 르네상스 시대에 유럽 한복판에서 벌어지는 귀족들의 농민에 대한 잔인한 학살극을 바라보던 토마스 모어는 이런 모순의 세상이 지긋지긋해서 세상 그 어디에도 없는 "유토피아" – 6시간만 노동하는 나라, 사유재산을 폐지하여 공동생산·공동분배의 사회주의 나라, 주민자치제로 주민이 주인인 나라, 여가와 독서를 즐기고 마음대로 교육받을 수 있는 나라 – 를 꿈꾸었는지도 모르겠다. 그는 영국 기득권층을 향해 비난의 화살을 퍼부었고 당시 농민들의 상황을 개인의 불행이 아닌 사회적 잘못으로 규정했다. 인간의 탐욕이 이성을 억누르고 포효할 때 유토피아는 없다. 이런 점에서 인간의 탐욕 위에 바벨탑을 세운 주류 사회과학은 유토피아의 대척점에 있다. 인클로저 운동은 18세기 이후에는 산업혁명으로 농산물 수요가 급증함에 따라 공유지와 미개간지를 중심으로 대규모 경작이 이루어지는 농업혁명으로 진전되었다. 특히 영국 의회에서 19세기에 일정한 조건만 갖추면 울타리를 만들 수 있도록 하는 법률을 제정하여 이 시기에 영국의 거의 모든 땅에 울타리가 쳐지며 사유화된 경작지가 중심을 이루게 되었다. 두 차례에 걸친 인클로저 운동을 통해 영국에서는 지주, 자본가, 임금노동자의 세 계급이 형성되어 이른바 자본주의적 생산관계의 성립을 촉진시켰다. 영국의 농업인구 비율은 1750년경 약 70%를 구성했지만 1831년에는 24.6%, 1851년에는 21.7%로 급감했고 이렇게 농지에서 쫓겨난 농민들은 대부분 임금 노동자로 일하게 되면서 공업에 필요한 값싼 노동력이 풍부하게 제공되었다. 영국이 그러했던 것처럼 오늘날 세계적인 도시화 현상은 탈농화, 도시집중화를 유발하며 저임금 노동자를 양산하고 있다.

셋째, 근대적 '사적 소유권'의 인정은 중세의 관념적 종말을 의미했다. 신이 지배하는 중세시대에 유럽 사람들은 신이 부과하는 의무를 다한 대가로서 대대손손 살아온 땅에 대해 권리를 향유했다. 신의 세계에서 인간은 흙으로부터 창조되었기에 땅의 일부였으므로 인간이 땅을 완전히 소유한다는 관념은 성립할 수 없었고 단순히 점유할 뿐이었다. 크리스천 문명에 소속되어 '선택받은 자'라는 믿음을 지녔던 중세 유럽인들은 켜켜이 내려오는 장원 공동체의 관습에 자신의 삶을 '복속(subjugate)'시켰다. 그것이 하느님의 세상으로 가는 길이었다.

그러나 근대시대에 자기가 노동을 해서 외계에 만들어 놓은 물건과 토지에 대해 타고난 권리로서 소유한다는 개념이 탄생하면서 전혀 다른 세계가 열렸다. 이것은 노동을 통해 얻어진 물건을 획득해서 부(wealth)를 축적하는 행위가 신에 대한 소명을 다하는 것이라는 프로테스탄티즘의 믿음으로 이어진다. 중세까지 노동은 신의 율법을 어긴 인간에게 내려진 징벌이거나 공동체의 오래된 유습으로 여겨졌다. 그러나 근대 이후 노동은 인간이 자신을 물질이란 형태로 외계에 실현하는 창조적 행위로 격상되었다. 따라서 사람이 노동의 결과물인 물질과 이를 창조하기 위한 도구인 토지를 배타적으로 지배할 수 있는 '소유권'을 갖는 것은 정당하다. 이처럼 우리가 내 땅, 내 집이라는 믿음을 갖는 것은 역사적으로 근대 이후 300여 년밖에 되지 아니하는 짧은 궤적을 갖고 있다. 인클로저 운동으로 오랜 세월 동안 토지에 복속되어 있던 농노들이 토지로부터 이탈되고, 토지가 배타적인 소유물로 인정되었다. 특히 자신이 만들어낸 외계의 생산물이 오로지 배타적인 소유물이라는 관념은 자본주의 성립에 원동력이 되었다. 그래서 근대적 소유 관념을 철학적으로 합리화하려는 노력이 17세기부터 사회계약론자들에 의해 집중적으로 시도되었다. 특히 영국의 정치철학가 존 로크(John Locke, 1632~1704)는 1690년 「시민정부론」에서 사유 재산은 자연권이며, 미리 합의한 사회적 책무를 수행하는 조건으로 교회나 국가 같은 권위 기구가 승인한 특혜가 아니라고 주장했다. 모든 인간은 자연 상태에서 대지와 그 안의 생물을 공유하지만 자신의 신체만은 배타적으로 소유한다. 따라서 사람이 자신의 신체를 움직이는 노동을 통해 얻어지는 물건은 온전히 그의 재산이 된다. 당시 영국의 신흥 자본가계급인 젠트리(Gentry)들이 로크의 「시민정부론」을 필독서로 여긴 데에는 이런 이유가 있었다.

토지가 사람의 배타적 소유물이 될 수 있다는 관념은 인클로저 운동으로 탄생했다. 중세까지 사람은 옛날부터 땅의 일부분으로 여겨졌으나 인클로저 운동으로 인해 처음으로 부동산의 형태로 땅이 사람의 일부분일 수 있다는 발상이 정당화되었다. 영국에서 인클로저 운동의 초기 단계에서는 폭압적으로 진행된 공동체의 파괴 때문에 인클로저를 금지하는 법령을 만들기도 했지만 그 법령의 시행자가 젠트리 계층이었기에 무력화될 수밖에 없었다. 그래서 18세기 이후에 는 영국 의회가 인클로저를 명문화한 법령으로 만들면서 토지를 개별 사유지로 나누어 시장에서 사고 팔 수 있도록 토지 소유권의 확립이 이루어졌다. 이에 따라 토지는 사유재산이 되었고, 그리스도교의 위계질서 안에서 살아가던 사람들의 행동을 지배했던 '복속 관계(the right to subjugate)'는 '소유 관계(ownership)'로 바뀌었다. 이처럼 근대적 소유권의 개념은 영국의 지역적·산업적 특성에 따라 시작되었고 상당히 인위적으로 만들어낸 측면이 강하다. 그래서 자본과 토지 등 생산수단의 대부분을 개인이 자유롭게 소유하거나 처분할 수 있는 '사적 소유권'의 보장 제도는 국가마다 다르며, 그 보장 수준이 자본주의의 발전 수준과 비례한다. 오늘날 자본주의 사회의 경제적 풍요는 개인들의 사적 소유권 보장에 의해 만들어진 것이다. 그러나 한국 사회에서는 '소유'에 대한 부정적 관념이 상당히 강하다. "적게 가질수록 행복하다.", "소유가 만악의 근원이다."라는 생각이 범람하고, 특정 정치세력이 '토지국유화'를 노골적으로 주장한다. 거의 모든 사람들이 더 많은 재산을 소유하기 위해 더 많은 노동을 하면서도 이런 회의석 관념이 뿌리를 틀고 있는 이유는 소유물을 획득하는 과정이 정당하지 못한 '불공정함'에서 연유한다. 자본주의 사회가 어떤 이론에 의해 만들어진 것이 아니듯 소유권의 개념도 어떤 이론적 근거에서 출발한 것이 아닌 지극히 역사적 산물이다. 사적 소유권의 폐지와 평등사회를 외치는 공산주의가 이론적으로는 완벽해 보이지만 결국 인간을 파멸로 이끄는 이유는 인간의 본성에 어긋나기 때문이다. 인간은 경쟁을 통해 남과 다르게 더 가질 수 있을 때 치열하게 노동하지만 '함께 일하고 함께 소유하자'는 구호 하에서는 나태해진다. 헤겔(Georg Wilhelm Friedrich Hegel, 1770~1831)은 인간이 소유하는 대상에 늘 나타난다고 주장했다. 예술가가 남과 함께 그림을 소유한다면 그 누구도 영혼을 불태우며 그림을 그리지 않는다. 인간이 더 많은 소유물을 통해 자신의 인격을 드러내려는 욕망은 이론이기 이전에 자연법칙이다.

17~18세기 산업혁명에 따른 산업자본주의의 물결은 근대 유럽을 뒤흔들었다. 이 물결은 고루한 관방학과 중상주의를 밀어내고 그 자리에 고전경제학과 야경국가관이 올라섰다. 근대 이후 유럽 사회는 토지를 소유한 귀족 계급, 생산

수단을 소유한 부르주아 계급, 노동을 파는 임금노동자 계급 등의 3대 계급으로 재편되었다. 시민혁명을 통해 구체제가 무너지고 부르주아 중심의 신세계가 활짝 열렸다. 과거 절대군주에게 컨설팅 서비스를 했던 관방학자들이 있었듯이, 새로운 시대의 주역 부르주아 계급에게는 그들의 정당성을 옹호해 줄 컨설팅이 필요했다. 그래서 아담 스미스를 선두주자로 한 고전경제학자들과 존 로크를 중심으로 한 사회계약론자들이 등장했다. 재산과 교양을 갖춘 새로운 계급으로 등장한 부르주아 계급이 귀족이나 노동자에 비해 우월해야 하고 정당한 것인지에 대해 경제적 관점으로 이야기한 것이 고전경제학이었으며, 정치적 개념으로 풀어낸 것이 사회계약설(social contract theory)이었다. 자유로운 시장이 국가 부의 극대화를 달성하리라는 복음이 지배하는 상황에서 정부가 해야 할 일은 거의 없다. 자유롭고 활기찬 시장의 안전을 지키기 위한 국방과 치안이 정부에게 부여된 유일한 임무다. 바야흐로 자유방임의 시대였다. 근대경제학의 창시자인 아담 스미스(Adam. Smith)는 「국부론(An Inquiry into the nature and causes of the Wealth of Nations)」(1776년)에서 다음과 같이 말했다.

> "그러므로 모든 개인은 자신의 자본을 국내산업에 유리하게 고용하고 그럼으로써 어떤 산업이 그 산업의 생산물이 최대가치를 실현하도록 자원을 사용하기 위해 자기가 할 수 있는 모든 힘을 기울이게 되는 것이다. …(중략)… 그런데 이 경우, 다른 경우와 마찬가지로, 그는 '보이지 않는 손(invisible hand)'에 이끌리어 자신의 의도와 아무 상관없는 하나의 목적을 증진하게 된다. 사회적으로 볼 때 개인의 의도가 공익과 아무 상관없다고 해서 그것이 더 항상 나쁜 것만도 아니다. 자신의 이익을 추구함으로써 개인은, 그가 진정으로 공익을 증진하려고 의도한 경우보다 흔히 사회의 이익을 좀 더 효과적으로 증진한다. 나는 공익을 위한다고 열성적으로 무역에 뛰어든 사람이 사회에 별다른 유익을 준 예를 전혀 알지 못한다."

아! 너무도 명쾌하지 않은가? 지금부터 약 250년 전에 스미스는 시장의 진실을 너무도 확실히 꿰뚫어 보고 있었다. 공익을 표방하는 것이 진정 공익을 증진시키는 것이 아니다. 공익은 시장 자체의 메커니즘에 의해 만들어지고 향상되는 것이다. "정부가 공익을 독점한다."는 명제는 더 이상 진실일 수 없다.

스미스가 시장 논리로 근대 국가의 탄생을 합리화했다면, '사회계약론'은 정치의 언어로 새로운 세상을 디자인했다. 많은 학자들이 사회계약론을 민주주의의 원형을 설계한 것이라고 설명하고 실제로 많은 사람들도 그리 믿는다. 그러나 사회계약론을 자세히 들여다보면 그것은 민주주의를 위한 것도 국가 이전에 인간을 설정하려는 것도 아닌 자본가의, 자본가를 위한, 자본가에 의한 가설에 지나지 않음을 알 수 있다.

사회계약론자들은 야생, 즉 자연 상태의 인간을 가정했다. 자연 상태에서 인간은 자기 보전을 위해 투쟁하고, 순수하게 이기적인 동기에서 행동한다. 이런 본래의 권리는 하늘이 부여한 권리이다. 그러나 모두가 자연권을 행사하면 자신이 원하는 것을 타인으로부터 빼앗아도 좋은 전투상태에 빠져든다. 홉스가 말한 '만인의 만인에 대한 투쟁'이 바로 그것이다. 이런 모두가 모두의 적이 되는 싸움터에서 개인의 생명과 재산을 보호하는 것은 불가능해진다. 따라서 사람들은 이 자연적 본능, 즉 자연권을 전면적으로 행사하는 것을 포기하고 사회계약에 기초하여 창설된 국가에 위임한다. 이는 폭풍우에 휩싸여 조난된 배에 탑승한 승객들의 처지와 같다. 생존 투쟁을 위한 정글 상태에서 모두는 국가가 이 싸움을 종식시켜 줄 것이라고 기대한다. 국가가 만든 법률, 제도, 도덕 등은 결국 개인의 사유 재산을 보호하기 위한 것이다. 이처럼 사회계약론은 개인의 자연권을 보호하는 것을 최우선으로 하는 '자유주의(liberalism)'를 탄생시켰다. 17~18세기 유럽에서 봉건왕조 속박에서 벗어나기 위한 시민혁명이 영국, 프랑스, 미국 등에서 전개되면서 사회계약론이 시민혁명에 사상적 근거를 제공하였다. 특히 존 록(J.Locke)의 '국가는 자유로운 시민들의 계약에 의해 수립된다'는 사회계약론이 자유주의의 사상적 기초가 되었다. 자유주의는 '근대 입법국가'에서 자본주의의 확립에 따라 시민계급이 사회의 주도적 계층으로 성장하면서 이성에 대한 무한한 믿음과 이를 토대로 한 자유에의 숭배를 지향하는 이데올로기이다. 이처럼 시민계급의 봉건적 전제권력에 대한 저항의 무기로 등장한 자유주의는 시민계급의 '재산의 자유'에 초점을 두었다. 개인이 돈을 벌기 위해 재산을 이용할 권리를 보호해야 하며, 이상적인 정부는 그런 권리를 행사하는 데 도움이 되는 법과 제도를 제공하는 최소한의 기능에 멈추어야 한다는 '자유방임(laissez faire)'에 기초한다. 18세기경에 영국을 중심으로 한 산업혁명과 과학기술의 급속한 발전에 따라 기존의 상업자본주의는 공장제 대량생산체제를 기반으로 한 '산업자본주의'로 급격히 전환되어 나갔다. 이때 산업자본의 자유로운 이윤추구 활동을 위한 환경을 제공하기 위해 자유방임이 핵심 경제정책으로 자리 잡았다. 그래서 정부가 시장에 개입하여 국민을 키워낸다는 중상주의는 더 이상 설 자리가 없다. 민주주의는 투표의 자유 등 자유권과 평등한 권리를 지향하지만 시민혁명 시대의 자유주의는 모든 사람에게 동등한 권리를 부여해야 한다는 아이디어에 반대했다. 그래서 여성이나 가난한 사람들에게 투표권을 부여하지 않았고, 정부의 인위적인 소득재분배정책을 반대했다.

양지가 밝으면 그만큼 음지도 어둡다. 19세기경부터 영국, 프랑스 등 선진 자본주의 국가들은 시장 확대를 위해 남미, 아프리카 등 해외에 식민지를 개척하고 거대기업들이 시장을 지배하는 '독점자본주의'로 급속히 치달렸다. 이런 식민지 쟁탈전에는 흑인을 고릴라에 비유하는 것처럼 인종 사이에 유전적 우열이 있다는 인종주의가 그 배경에 깔려 있었다. 또한 자본주의의 성장은 경제적 풍요를 가져왔지만 한편으로 노동착취와 빈곤문제를 야기했다. 이런 '독점 자본주의'의 치명적 약점을 파고든 것이 칼 막스의 공산주의 이론이었다. 1848년 프랑스 2월혁명 직전, 30세의 칼 마르크스와 28세의 프리드리히 엥겔스가 공동으로 작성한 「공산당 선언(Manifesto of the Communist Party)」은 "한 유령이 유럽을 배회하고 있다—공산주의라는 유령이."라는 첫 문장으로 시작한다. 세상에서 성경 다음으로 많이 읽혔다는 『공산당 선언』만큼 인류에게 영향을 끼친 고전은 없을 것이다. 특히 "지금까지의 모든 사회의 역사는 계급투쟁의 역사이다."라고 천명한 제1장의 첫 문장은 실로 명쾌함만큼이나 자본주의의 폐부를 꿰뚫었다. 역사상 무수히 많은 순교자를 낳았던 「공산당 선언」은 다음과 같은 말로 결연히 끝맺고 있다.

> "지배 계급으로 하여금 공산주의 혁명 앞에서 전율케 하라! 프롤레타리아트는 이 혁명을 통해 잃을 것이라고는 쇠사슬밖에 없다. 그리고 그들이 손에 쥐게 될 것은 전 세계이다. 만국의 프롤레타리아트여, 단결하라!"

1789년 프랑스 대혁명은 하층민의 지지를 등에 업은 쟈코뱅당이 주도하여 로베스피에르의 공포정치까지 이어지면서 사회주의로 거침없이 질주했다. 쟈코뱅당은 루이16세를 파리 광장에서 단두대의 이슬로 처형하고, 봉건적 조세 폐지와 물가 통제 등 평등주의 정책을 단행했다. 약 80년이 넘도록 엎치락뒤치락하던 혁명이 결국 나폴레옹의 등장으로 막을 내렸지만 평등을 향한 열망은 꺼지지 않았다. 1917년에 러시아에서 볼셰비키 혁명으로 최초의 공산주의 국가가 출현했다. 1945년에는 광활한 중국 영토가 모택동이 이끄는 공산 깃발 아래 통일되었다. 공상적 실험에 그쳤던 공산주의가 바야흐로 현실로 나타난 것이다.

공산주의 확산에 위기를 절감한 유럽 국가들은 이에 대한 반격에 나섰다. 바로 「복지국가(welfare state)」의 꿈이었다. "일하는 자, 국가를 위해 일하였으니 그 이후는 국가가 책임진다!" 이 슬로건이 복지국가의 모든 것을 말해준다. 복지국가의 기원은 1890년대 독일에서 수립된 사회보험제도로 간주된다. 사실 국가의 복지사업이라는 것은 저소득층, 부적응자 등에 대해 시작했다기보다는 노동자에 대한 것에서 시작했다. 그만큼 노동자, 즉 프롤레타리아 혁명에 대한 위기감이 컸다. 비스마르크의 사회보험이 대표적인데 이것이 히트를 치면서 유럽과 아메리카 대륙을 휩쓸었다. 19세기에 유럽 국가들은 장애인, 아동, 노인 등 일명 '부적응자'를 사회에서 필요 없는 자로 규정하는 분위기가 팽배했다. 민간 차원의 복지에서 커버하는 것을 묵인하긴 했지만, 굳이 돕지도 않았다. 다만 아동에 대해 미래의 일꾼을 위한 국가사업으로 인정했다. 이런 배제된 사회계층들도 1인 1표의 보통선거제가 확대되면서 복지제도의 대상으로 편입되어 갔다.

미국이 복지제도를 도입하기 시작한 결정적인 계기는 1929년에 발생한 대공황이었다. 1945년에서 1975년까지는 '복지국가의 황금기'였는데 이 기간 동안 많은 나라에서 산재보험, 질병보험, 노령연금, 실업보험, 가족수당 등의 복지제도가 실행되었고, 개인적 사회서비스와 공적부조제도도 확충되었다. 또한 복지 수혜자도 거의 100%로 확대되어 보편화되었고, 국가의 복지비 지출도 국내총생산(GDP) 대비 20~30% 수준으로 증대하였다.

그러나 1970년대 초반 브레튼우즈 환율체제의 붕괴와 석유 파동으로 인한 스테그플레이션(stagflation)의 장기화로 복지국가는 위기에 부딪혔다. 복지국가는 심각한 재정적자에 빠지게 되고 복지국가의 중요한 정책인 완전고용을 포기하게 된다. 1980년대 미국과 유럽 국가들은 인플레이션을 억제하기 위하여 통화확대를 억제하고 재정을 축소하면서 복지프로그램이 축소되기 시작하였다. 이때 복지국가의 이론적 기반이었던 케인즈주의(Keynsianism)가 붕괴되고 이를 대체하기 위해 신자유주의(neo-liberalism)가 등장하였다. 20세기 이후 세계화의 진전에 따라 국제무역과 자본이동이 확대되면서 자본의 수익률이 증가하여 자본이 산업을 지배하는 '금융자본주의'가 심화되고 있다. 신자유주의는 세계화와

'금융자본주의'의 사상적 뿌리이다. 신자유주의는 국가개입의 축소를 주장하는 자유방임주의(laissez-faire)나 보수주의 철학과 다르다. 신자유주의자들이 가장 우선순위를 두는 것은 그들의 부를 극대화하려는 것이며, 그들이 신봉하는 것처럼 보이는 자유시장은 목적이 아니라 그들의 부를 극대화하기 위한 수단에 불과하다. 신자유주의의 대표적인 정책이 감세정책인데, 이것은 정부의 자의적인 재정정책일 뿐이다. 이처럼 신자유주의는 전 지구적 시장 개방, 즉 세계화를 통해 노동의 보호를 기치로 내건 복지국가의 점진적 와해를 진행하고 있다. 영국에서는 1979년 철의 여인 대처수상이, 미국에서는 1980년 레이건 대통령이 전면에 나서 지휘봉을 잡았다. 특히 철의 여인, 대처수상은 과감했다. 대처는 영국병을 치유하기 위해 노조의 단합을 통한 단물 빨기에 젖어 있던 노동계에 전면전을 선포했다. 그녀는 노조의 파업을 강경 진압으로 끝장냈다. 심지어 석탄 광부들의 파업에 군대를 동원하기도 했다. 당시 영국의 광부 노조의 폭력 시위는 전쟁을 연상케 할 정도였다. 영화 「빌리 엘리어트」는 이 당시 영국의 한 탄광촌을 배경으로 다뤘다. 광부의 아들, 빌리는 우연히 마주친 발레 연습 장면을 본 후 발레리나의 꿈을 꾼다. 그러나 가난한 빌리의 꿈은 빈곤의 벽이 가로막고 있었다. 탄광이 파업 중이라 돈벌이가 없던 아버지는 노조의 비난을 감수하고 탄광으로 일하러 간다. 어제까지 노조에서 큰아들과 함께 사측에 반대하며 극렬하게 저항하던 그는 빌리를 위해, 어쩌면 천재일지도 모를 작은 아들의 미래를 망치지 않기 위해 돈이 필요했던 것이다. 발레를 통해 자유로 비상하고자 했던 빌리, 아들의 비상을 위해 자기를 버리고자 했던 아버지. 이들의 눈물겨운 애정은 신자유주의의 이기심을 녹여내었다.

신자유주의가 행정의 언어로 등장한 것이 '신공공관리론'이다. 이들은 작은 정부와 민영화의 기치를 높이 들고 무능하고 부패한 정부에 수술용 칼을 들이댔다. 그래서 나온 것이 책임운영기관제도나 정부재창조운동이었다. 그러나 정부를 기업처럼 탈바꿈하는 것은 남자를 여자로 바꾸는 것만큼 어려운 일이다. 그래서 나온 대안들이 '거버넌스(governance)'와 '신공공서비스론'이다. 거버넌스는 현대판 플라톤이즘이다. 정부에 시민정신, 참여의식, 공익과 같은 공동체적 가치들을 이식하자는 것이다. 그리고 정부가 지닌 권력의 칼을 무력화시키고 공동체의 운전수로서 역할을 다 하도록 하자는 것이다. 그래야 모든 것의 장벽을 없애고, 무한 경쟁으로 내몰리는 세계화의 전쟁 속에서 정부도 살고 국민도 산다고 본다. 정부가 해야 하고 할 수 있는 것은 '지배와 통제'가 아니라 '조정과 협치'이다. 거버넌스의 본질은 권력의 분산과 참여에 있다. 시민들의 자발적 참여와 협력에 의해 사회적 자원을 나누어가는 공동체주의가 거버넌스의 기반이 된다. 궁극적으로 정부가 독점한 공공의 영역을 시민사회와 나눌 때 진정한 공공의 이상향이 실현될 것이다.

그러면 학문적 관점에서 국가란 무엇일까? 이에 대한 답을 찾기 위한 논쟁은 2천 년이 넘는 역사를 갖고 있다. 그 큰 흐름을 구분해 보면 유기체적 관점과 기계론적 관점이 대립한다.

첫째, 정부에 대한 「유기체적 관점」은 국가나 정부는 하나의 생명체이며 구성원인 개인은 세포와 같다고 본다. 공룡과 같이 살아 움직이는 생물체는 그 자체가 존재의 목적이 있다. 정부는 공공의 안녕과 질서라는 존재의 목적을 달성하기 위해 강제적인 법규범을 사용한다. 쥐라기파크 안의 공룡은 온순하지만 여기를 벗어난 공룡은 사람들에게 공포의 대상이 된다. 정부도 평화와 폭력의 두 얼굴을 가지고 있다. 마치 프랑켄슈타인처럼. 이 관점의 기원은 플라톤으로 거슬러 올라가고 이것은 근대시대에 들어서서 칸트(I. Kant)와 헤겔에게 이어진다. 칸트는 인간의 정신을 이성의 고등법정으로 치켜세웠다. 그러나 헤겔은 칸트가 정신과 현실을 다른 세계로 이끌어 간 것에 반대했다. 그는 인간의 정신이 변증법적 발전을 통해 절대정신으로 승화되며 가장 완성된 단계가 국가라고 보았다. 사람은 작은 틀인 가족의 구성원으로서 자신의 정체성을 가지며, 이때 가족은 개인의 생각의 틀이 된다. 현모양처라는 관념은 이 가족의 틀에서 생겨난다. 이 틀이 확대되어 모든 사회구성원들에 대하여 우월적인 집단으로 창조된 것이 국가이다. 근대시대에 법치주의, 인권 등의 시민정신이 생겨날 수 있었던 것은 근대국가라는 토양이 있었기 때문에 가능했다. 한옥에 살면 한복을 입고 갓을 쓰면서 '논어'와 '맹자'를 읽으므로 이런 경험을 통해 보수적인 생각이 자리 잡는다. 이와 달리 현대적 아파트에 살면 양복을 입고 머리에 염색을 하고 스마트폰으로 SNS를 하므로 진보적인 생각이 자리 잡는다. 이처럼 국가는 집처럼 특정한 시간을 공유하는 개인들의 삶을 자기 자신의 내부에 새기고, 이것이 사회 전체적으로 모여 시대정신을 만든다. 이 시대정신이 곧 국가이며 국가가 개인들의 삶을 결정한다. 이것이 바로 그 유명한 "미네르바의 부엉이는 황혼이 저물어야 그 날개를 편다."는 말의 의미다. 사회는 단순한 개인의 합이 아니라 그 이상의 실체이다. 헤겔의 이런 절대적 존재로서의 국가관은 후세에 집중적인 비판의 화살을 받는다. 그의 사상이 독일 나치정권에 정당성을 부여했다는 점에서 특히 비난은 집중되었다. 그러나 헤겔은 국가를 이런 것이라고 보았을 뿐 이것이 당위이며 이것을 인간 스스로가 의도해야 한다고 보진 않았다. 공산주의의 경우는 자연스럽게 실현되어야 했을 이 과정을 인위적으로 의도하려 했기 때문에 실패한 것이다. 마르크스는 프롤레타리아 독재에 도달하면 관료, 군대, 경찰 등 자본주의 국가의 독재기구들을 해체하고 노동자 독재에 의해 국가를 소멸시켜 나갈 것이라고 주장했다. 그러나 북한과 중국에서 보여주는 국가는 경찰이 인민을 물샐틈없이 통제하는 공안통치의 끝판왕일 뿐이다.

유기체적 관점은 19세기 독일에서 게르버(K. Gerber), 엘리네크(G. Jellinek) 등의 학자들에 의해 국가를 주식회사 같은 독립된 '법인'으로 보자는 '국가법인설'로 이어졌다. 18세기 프랑스 대혁명 이후 최대의 과제는 군주의 자의적인 권력 행사를 법의 통제 아래에 두는 것, 즉 '법치주의'였다. 법치주의는 한마디로 '모든 정치는 법의 밑에서 행해져야 한다'는 말이다. 이런 이상적 국가의 모습을 현실에서 구현해 내기 위한 방법론으로 처음 등장한 것이 '국가법인설(＝국가주권설)'이다. 이것은 법치주의를 실현하기 위해서 군주의 통치 권력을 입법, 사법, 행정으로 나누고 모든 권력기관을 국가라는 실체, 즉 법인의 부속 기관으로 만들어 버리자는 아이디어였다. 따라서 법의 창설은 어떤 개인이나 권력 단체가 하는 것이 아니라 국가라는 법인 자체가 한다. 여기에서 통치권의 자의적 행사를 방지하기 위해 정부의 기능을 입법, 사법, 행정으로 나누자는 3권분립론이 도출되었다. 이런 관점에서는 행정은 정부 기능 중에서 입법과 사법을 제외한 나머지 기능이라고 본다. 그러나 이들의 주장은 프랑스 대혁명의 여파가 독일까지 밀려오는 것을 막아보려는 상당한 정치적 꼼수로 제기된 측면이 강했다. 당시 독일의 지배계층은 프랑스나 영국처럼 시민들이 주도하는 시민혁명으로 체제전복이 이루어지는 것을 두려워했고, 무너져가는 군주의 절대 권력과 새로이 등장하는 시민권력 사이에서 타협점을 찾으려 했다. 그래서 위로부터의 개혁을 통해 군주의 권력과 시민사회 권력을 모두 국가라는 법인에 포함시키는 논리를 만든 것이다.

국가법인설이 가지고 있는 최대의 논리적 결점은 실제로는 권력자가 법을 만들기 때문에 사람에 의한 지배, 즉 인치의 한계를 벗어나기 어렵다는 사실이다. 이 점을 강하게 비판한 사람이 켈젠(H. Kelsen)이다. 그는 국가를 '있는 그대로 순수하게' 볼 것을 주장했고 마침내 '순수법학파'라는 물줄기를 형성했다. 그는 국가는 본질적으로 사람들이 합의한 '강제력(규범)' 그 자체라고 주장했다. 이런 강제력은 그 크기에 따라 위-아래의 구조로 서열화된다. 이렇게 단계적 구조의 국내법 질서체계가 곧 국가이다. 이처럼 국가는 곧 법질서 자체라고 볼 경우 초월적이고 형이상학적인 국가 개념은 부정된다. 따라서 그에게 절대적이고 불변적인 '자연법' 같은 것은 그저 뜬구름 잡기나 말장난으로 치부되었다. 켈젠은 유대인이며 오스트리아 빈 대학에서 교수를 역임했고, 비인학파의 논리실증주의의 대표적 학자로서 독일 히틀러에 의해 추방당해 1940년에 미국으로 건너가 버클리 대학에서 국제정치학 교수로 활동했다. 미국에서 법은 논리적인 것이 아니라 선험적으로 존재하는 자연적 질서, 즉 자연법(common law)으로부터 나온 것이라는 관점이 지배적이다. 이런 미국에서 그가 일생동안 비주류 학자로서의 외로운 길을 걸었던 것은 그만큼 자연법을 신봉하는 미국 주류 법학계의 벽이 높고 험했기 때문이다.

국가가 하나의 생물체처럼 사회의 여러 이익집단들을 '조합'으로 구성해서 사회를 일사분란하게 통합해 나간다고 보는 코포라티즘의 관점은 매우 독특하다. 코포라티즘(corporatism, 조합주의)은 현대 자본주의 사회에서 국가를 하나의 기업 같은 유기체로 바라보는 관점이다. 코포라티즘은 사회 내에 국가, 기업가, 노동조합 등 3자들이 존재하며 자본과 노동자를 대표하는 이익집단들이 임금과 고용의 주요 문제를 대표해서 협의하는 국가체제이다. 역사적으로 코포라티즘은 중세 유럽에서 기능적 단체인 조합(corporation)에 그 구조적 연원을 두고 있다. 따라서 경쟁보다는 전통적 끈으로 연결되었던 길드의 전통을 계승하는 속성을 내포하고 있다. 20세기에 들어서서 현대 산업사회에서 대중민주주의가 위기에 직면하고 자본주의가 극심한 경기불안에 빠져들면서 자유보다는 안정을 추구하는 사회분위기가 형성되었다. 특히 자본주의의 발전에 따라 계급 간 갈등이 심화되고 시장실패가 확산되면서 국가가 경제에 개입하는 현상이 보편적 현상으로 자리 잡게 되었다. 이에 따라 각 이익집단들이 단일적이고 위계적인 전국 규모의 이익대표체계를 형성하고 일면 국가이익을 대변하면서 그 대가로 특정 범주에 한하여 이익공동체의 욕구를 독점적으로 정책과정에 투입하는 이익대표방식이 확산되었는데 이것을 '코포라티즘'이라고 부른다. 슈미터(Philippe C. Schmitter)는 코포라티즘이 제도화하는 방식에 따라 사회코포라티즘과 국가코포라티즘으로 구분하였다. 사회코포라티즘(신조합주의)은 1970년대 석유파동으로 인해 복지국가의 한계에 직면한 독일, 스웨덴, 노르웨이 등 유럽 국가들이 영·미계의 신자유주의에 대응하여 만들어낸 이익대표체계이다. 신자유주의가 공공부문의 민영화와 노동시장의 유연화를 추구하는 데 반해, 사회코포라티즘은 완전고용목표를 포기하지 않고 노·사간 사회적 합의를 통합하여 임금 인상 억제와 고용 안정을 추구한다. 이 과정에서 다국적기업과 주요 산업조직은 국가와 긴밀한 협력관계를 형성하고 경제·산업정책을 만드는 데 핵심적 역할을 한다. 따라서 국가의 정당성과 기능은 전적으로 조합에 의존하게 된다. 이에 반해 국가코포라티즘은 남미 등 개발도상국에서 나타나는데, 국가가 권위적으로 사회집단에 침투하여 조합이 국가의 보조기관으로 종속화되는 강압적인 이익대표체계이다. 이런 나라에서는 노동계급과 자본계급 간 상호대립이 강해서 국가가 노동을 통제하고 자본축적을 주도하여 국가 스스로 기업화되는 현상이 나타난다. 이처럼 코포라티즘은 각 나라의 정치사회적 환경에 따라 다양한 형태로 나타나며, 계급 간 대립을 조정 및 통제하여 자본주의의 지속과 성장을 가능케 하는 사회구성원리이다. 코포라티즘의 사상적 전통은 고대 그리스의 정치사상에 뿌리를 두고 있으며 로마법, 중세 자연법 그리고 뒤르켕, 토크빌과 같은 현대 공동체 철학 등으로 이어져왔다. 특히 영·미계에서 핵심정치원리로 자리 잡은 다원주의(pluralism)는 국가를 단순히 '경쟁적인 이익집단들의 집합체'로 간주하고 사회변화의 종속변수로 인식하기 때문에 복잡한 산업사회의 문제를 해결하는 데 한계를 드러냈다. 현대산업사회에서 국가는 사회의 다양한 집단을 제어하며, 집단의 이익, 경계 설정, 규칙, 유인들을 위해 외부적으로 존재한다. 이런 상황에서 개인에만 초점을 둔 다원주의, 사회의 계급 구조에만 초점을 둔 네오마르크시즘에 대한 대안으로서 등장한 코포라티즘은 국가와 집단 간의 관계를 통해 국가의 정책결정을 분석하는 독특한 모형으로 자리 잡았다.

둘째, 정부에 대한 「기계론적 관점」은 정부가 사람들이 어떤 필요에 의해 만들어낸 도구나 장치에 불과하다는 생각이다. 기계는 부품을 조립해서 만들어지며 언제든지 해체될 수 있다. 이와 마찬가지로 국가는 기계처럼 조립과 해체가 자유롭기 때문에 구성원을 초월한 어떤 실체란 없다. 따라서 당연히 개인이 국가에 우선한다. 이 관점은 이념적으로 '우파적 관점(자유주의)'에 기원을 두고

▼ 그림 1-3 유기체적 정부관과 기계론적 정부관

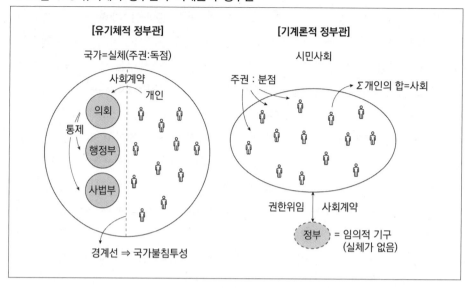

있고, 이론적으로는 제도적 관점에 기초하고 있다. 국가는 국민의 공공복리를
위한 필요한 일들을 수행하고 이에 필요한 비용을 공공의 부담으로 해소하는 공
적 기제의 총체를 의미한다. 이러한 관점에서는 국가와 시민사회가 명확하게 구
분된다. 근대국가가 15~16세기 유럽에서 정신적인 영역과 제도적인 부분들을
모두 예속화시키면서 포괄적인 권능과 책임을 가진 조직체로서 출현한 점에서
확인된다. 이런 생각은 자유주의에 근거하며 근대의 사회계약설과 현대의 정치
적 다원주의로 이어졌다. 다원주의적 국가론은 정치권력이 여러 집단에 분산되
어 있다고 보면서, 국가 주권의 유일성을 부정하고 주권을 복수적인 것 또는 가
분적인 것으로 파악한다. 국가 권력은 수많은 이익집단들이 분할하여 소유하는
것이다. 다양한 집단들이 자신의 이익을 내세우고 대립 및 갈등하는 과정에서
국가는 분쟁을 조정하고 타협을 중재하는 중립적인 조정자 또는 공정한 심판원
으로서 규칙을 설정하고, 그 위반에 대해서는 제재를 가하는 역할을 수행한다.
따라서 모든 개인이 동의할 수 있는 공동선은 없으며, 개인들 간의 원만한 합의
도 존재하지 않는다고 전제한다.

　　정부가 유기체이든, 기계장치이든, 우리는 어쩔 수 없이 정부에게 공익을
추구하도록 요청해야 하는 구조에서 산다. 자연 상태에서 자기 보호를 위한 자
연권을 가진 인간이 자연권을 마음껏 행사한다면 공멸에 이를 것이 자명하다.

우리가 니힐리즘으로 함부로 내딛지 못하는 이유가 바로 여기에 있다. 국가는 계획이고 신념이다. 그러나 이 계획과 신념이 어떤 결과를 가져올지는 순전히 인간 개인의 몫이다. 그래서 국가는 공익을 추구하고 개인은 사익을 추구한다는 이분법은 위험하다. 거의 매일 터져 나오는 권력형 비리사건을 바라보면서 정부가 공익을 추구한다는 믿음은 산산조각 난다. 이런 괴리를 채우는 길은 정치가 도덕을 회복하는 것이다. 그런 점에서 조지 레이코프(George Lakoff)의 책 「도덕의 정치」는 큰 일깨움을 준다. 현실에서 보수주의는 냉혈한이고 진보주의는 망상주의자라는 비난이 엇갈린다. 이런 비난에 대해 조지 레이코프는 보수와 진보의 근저에 깔린 도덕적 기초를 말한다. 보수는 도덕적 권위에, 진보는 감정이입에 서 있다. 즉 보수는 자기 절제의 미덕을 가져야 하며, 진보는 타인의 고통에 대해 공감능력을 가진다. 이처럼 보수와 진보가 각각 독특한 도덕적 뿌리를 지니는 이유는 이들이 학문적 이론으로 만들어진 것이 아니라 다분히 역사적 산물이기 때문이다. 원래 우파와 좌파는 프랑스 대혁명(1789~1799) 당시 루이 16세를 몰아내고 창설된 국민공회에서 온건적인 개혁을 주장하는 지롱드파가 의회에서 의장석을 기준으로 오른쪽 자리에 앉고, 급진적인 개혁을 주장하는 자코뱅파가 왼쪽에 앉은 데에서 유래했다. 이후 1917년 볼세비키 혁명으로 소비에트연방공화국이 성립되면서 우파는 민족주의자나 보수주의자를, 좌파는 사회주의자를 의미하게 되었다. 진보의 원류였던 자코뱅파는 이후 사회주의 혁명을 목표로 했던 마르크스주의자와 케인즈경제학을 근거로 '큰 정부' 주도의 사회개량을 추진한 리버럴파(자유주의파)로 이어졌다. 보수주의의 원조는 에드먼드 버크(E. Burke, 1729~1797)라고 평가된다. 그는 1790년에 「프랑스 혁명에 대한 성찰(Reflections on the Revolution in France)」이라는 논문을 발표해 당시 프랑스 혁명의 폭력성에 대해 비판했다. 프랑스 대혁명은 구체제를 타도하고 평등을 이념으로 새로운 세계를 건설하겠다는 야심찬 계획으로 일어났지만 4,000명이 넘는 반대자가 사형당하는 야만성을 그대로 드러냈다. 자코뱅파는 사회를 기계처럼 해체해서 새롭게 조립할 수 있다고 보았다. 그러나 버크는 사회는 개인이 이성으로 부쉈다가 재건할 수 있는 그런 기계가 아니라고 주장했다. 그는 이성을 무기로 신세계를 연다는 꿈은 망상에 불과하다면서 불완전한 이성의 한계를 질타했다. 사회가 오랜 세월 동안 지켜온 전통, 즉 가족, 국가, 민족 등의 제도를 수호하기 위해서는 지배층의 도덕적 권위가 전제되어야 한다고 보았다.

▼ 그림 1-4 좌파와 우파의 이데올로기 비교

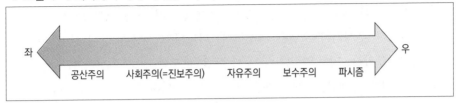

▼ 표 1-1

구분	보수주의	진보주의
도덕적 기초	엄격한 아버지상, 경쟁과 자기규율, 개인주의	자애로운 아버지상, 보호와 관용, 공동체주의
시장과 정부	최소한의 정부(야경국가), 유기체적 정부관	적극적인 정부(큰 정부), 기계적 정부관
행정이념과의 관계	간섭이 없는 소극적 자유, 기회의 평등과 경제적 자유 강조-형식적 평등(소득·부나 기타 경제적 결과의 평등은 경시)	자유를 열렬히 옹호-무엇인가 할 수 있는 적극적 자유, 국가(정부)에로의 자유, 결과의 평등 증진을 위한 실질적인 정부 개입 주장
선호정책	• 사회개혁의 한계 강조, 소외집단 지원 정책에 반대(복지정책 대상 집단의 도덕적 해이를 혐오) • 조세 감면 또는 완화(공급중시경제학, 통화주의) • 경제적 규제 완화, 시장 지향 정책	소셜디자인 강조, 빈곤층, 소수민족, 여성들을 위한 기회 확보 및 확대를 위한 정책을 선호 조세제도를 통한 소득재분배(케인즈경제학). 공익 목적을 위한 정부의 경제적 규제 선호

그러나 이런 보수와 진보가 한국으로 건너와서는 탱자로 변해 버렸다. 한국에서 보수와 진보는 역사적 원류에서 일탈하여 파퓰리즘의 동원장치에 불과하다. 보수주의에는 '기득권, 독재, 인권탄압'의 이미지가, 그리고 진보주의에는 '종북, 위선, 노동투쟁'의 이미지가 덧씌워져 있다. 보수에는 희생의 정신이 없고 진보에는 절제의 정신이 없다. 그래도 한국에서 진보주의가 상대적으로 더 강한 응집력을 가졌던 것은 소외계층의 나눔에 대한 갈망이 컸기 때문이다. 이것은 한국 사회가 파이를 나누는 데 인색했던 역사와 함께 파이를 나누면 더 커질 것이라는 기대감에 근거한다. 그러나 작금의 정치 상황은 '개판(開板) 5분 전'의 개연성을 보여준다. 넓은 장터에서 많은 사람들이 땅바닥에 앉아서 서커스를 보고 있는데 관중의 중간에서 몇몇 사람들이 서커스를 더 잘 보려고 일어서면 뒤에

앉아 있던 사람들도 덩달아 일어서게 되어 결국 모두 서서 보게 되는 참담한 결과를 초래한다. 이것이 바로 '개판'이다. 보수건 진보건 모든 정치세력들이 권력을 잡아 거대한 부패의 카르텔을 형성한다. 너도나도 뇌물을 향해 일어서는 모습은 개판을 닮았다. 평등을 빙자해 공짜 돈을 살포한 진보도 개판이고, 성장을 빙자해 불공정을 은폐한 보수도 개판이다. 1997년 외환위기 이후 우리나라에서도 신자유주의로 대변되는 보수주의가 시장을 장악하고 있다. 그러나 정치적으로 보수 세력이 득세하는 것도 아니다. 보수주의에는 권력의 전제화에 항거하는 과거의 강인한 모습이 사라지고 그저 추상적이고 자의적인 과거의 이미지에 기대려는 나약함이 드러난다. 오히려 진보주의는 적폐청산, 반일반제국주의, 민족끼리, 사람우선 등의 프레임으로 인간의 감성을 자극하여 샤머니즘적 접신의 구원자로 나선다. 대중 정치의 승패가 "내가 너와 같다."는 환상을 심어주는 감정이입의 기술에 달려있는 한 보수와 진보는 도덕을 버리고 주술에 매달릴 수밖에 없다. 진흙탕에 빠진 한국 보수와 진보가 정치에 도덕의 숨결을 불어넣을 길에 언제나 나설까? 그 길이 요원하다면 진정한 공공의 적은 정부다. 그래서 정치인과 관료가 국민에게 도덕성의 칼자루를 휘두를 정당성은 애초에 없다. 어차피 국가와 정부는 사람들이 합의에 의해 계약으로 만들어낸 편의적 도구이며, 사람이 그 도구를 넘어섬은 역사적으로 반복되어 왔다. 면죄부와 같은 타락으로 중세 크리스천돔이 붕괴되었고 그 빈자리에 국가가 대신해 올라섰다. 그러나 국가가, 즉 그를 드러내는 통치 집단이 뇌물과 끼리끼리 한탕해먹기의 도덕적 치부를 드러낼 때 사람들은 언제든지 국가를 버릴 수 있다. 오늘날 한국 정부가 오로지 통치의 잔꾀에만 몰두하고 신탁 받은 본업을 외면하는 모습에서 '공공의 적'의 음습한 그림자가 어른거린다.

제2장

영화 '로보캅'은 현실이 될 수 있을까?
공공재의 허와 실

영화 「로보캅(Robocop)」은 인간과 기계가 결합한 사이보그 경찰이라는 파격적인 발상으로 큰 히트를 쳤다. 요즘 자율주행자동차, 섹스로봇과 같은 인공지능(Artificial Intelligence)이 연일 언론에 보도되면서 사이보그가 인간을 대체할 시대가 눈앞에 벌어지는 것이 아닌지 많은 사람들의 관심을 끈다. 그러나 우리는 영화 로보캅을 그저 재미있는 사이보그 공상으로 치부해 버리는 관점의 단순화에 빠져든 것이 아닐까. 이 영화가 개봉된 때는 1987년이다. 바로 이때 신자유주의의 물결이 서구 사회를 뒤덮고 민영화와 작은 정부를 위한 개혁이 전개되었다. 복지국가에 사망선고가 내려졌고 기업과 정부에 냉혹한 경쟁의 칼날이 들어섰다. 영화에서 로보캅의 가슴에는 두 개의 마크가 선명하게 새겨져 있다. 하나는 경찰의 마크, 다른 하나는 이 로보캅을 만든 기업의 마크이다. 경찰이 기업의 마크를 가슴에 달고 다닌다고? 영화는 경찰이 오직 정부만의 소유라는 고정관념을 과감하게 깨버린다.

영화의 무대는 과거에 자동차 산업으로 흥했지만 지금은 범죄도시가 되어버린 디트로이트 지역의 고담시이다. 시는 민간 거대기업인 OCP(Omni Consumer Products)에 지역의 경찰 운영권을 통째로 팔아넘긴다. 그야말로 정부의 몰락과 기업의 경찰권 장악이 눈앞에 펼쳐진다. OCP는 부패와 범죄의 도시인 디트로이트(Old Detroit) 자리에 유토피아이자 수익모델인 델타시티(Delta City)를 건설하고자 한다. 이 야심찬 계획을 실현시킬 핵심 무기는 로보캅이었다. OCP는 범죄 집단과의 전투과정에서 전사한 경찰 알렉스 머피를 사이보그 로보캅으로 부활시킨다. 로보캅의 머리는 마이크로 프로세서로 만들어졌고 그의 몸은 디지털 신호로 조작되는 강철 몸으로 움직인다. 그러나 로보캅은 완전한 로봇이 아니며 그의 뇌에는 인간으로서의 기억과 감정(passion)이 남아 있다. 그래서 로보캅은 과거의 가족을 찾아가고 자신을 죽인 범죄자에게 복수하고 부패한 경찰관을 정의감으로 단죄한다. 이것은 로보캅이 인간에 의해 완전히 통제되지 못하는 상황이었다. 그러나 이런 로보캅의 기계적 정의도 인간의 조작에 의해 무력화되고 만다. OCP가 로보캅이 경찰을 체포하거나 처형할 수 없도록 소프트웨어에 명령어를 입력시켜 두었던 것이다. 여기서 우리는 사이보그의 한계를 직시하게 된다. 사이보그를 통해 인간이 달성할 수 있는 것은 부패의 단죄가 아니라 오직 이윤과 효율성뿐이란 말인가? 우리가 사이보그 판사를 꿈꾸는 것은 그 법률지식의 빅데이터 때문만은 아니며 뇌물을 주고받는 오염된 재판의 종말을 기대하기 때문이다. 그래서 절대로 부패하지 않는 사이보그가 인간 사회를 한 차원 다른 모습으로 탈피시킬 것이다. 영화에서 OCP의 경영자는 OCP의 사업을 이렇게 소개한다.

> "우리는 그동안 수익이 나지 않는다고 생각했던 시장에 승부수를 던졌다. 병원, 감옥, 우주탐험. 좋은 수익모델이란 수익을 창출할 수 있는 바로 그곳이다. 알다시피, 우리는 이 도시와 지역 경찰의 운영권에 대한 계약을 체결했다. 그러나 우리는 치안의 관점에서 효율적인 경찰이란 여러 가지 방안 중에 하나일 뿐이라고 믿는다. 그러나 우리는 그 이상이 필요하다. 우리는 24시간 일하는 경찰이 필요하다. 무언가를 먹을, 잠을 잘 필요도 없는 경찰, 월등한 화력의 경찰⋯⋯"

이 대사를 통해 우리는 정부가 운영하는 경찰이 얼마나 부패하고 무능력했는지를 느낄 수 있다. 경찰, 군대 등 소위 공공재는 수익이 날 수 없기 때문에 시장에서 생산될 수 없고 오직 정부만이 생산할 수 있다고 우리는 배웠다. 범죄자를 잡고, 외적을 막는 일은 수익모델이 아니라는 말은 오래된 신화이다. 오랜 세월 동안 정부가 치안과 외적 방어 임무를 독점해 왔지만 범죄자는 증가했고, 전쟁은 더욱 늘어났다. 그러나 민간기업인 OCP가 로보캅을 실전 배치해서 범죄 집단을 소탕하면서 디트로이트의 범죄율은 급속히 떨어진다. 이런 변화가 단순히 24시간 먹지 않고, 잠자지 않고, 월등한 화력을 가진 로봇 때문만은 아니다. 정부가 독점 운영했던 경찰은 조직적으로 범죄 집단과 결탁해서 악을 공유했다. 최근 우리나라에서도 버닝선 사건이 공권력과 범죄 집단과의 유착 의혹을 일으켜 큰 사회적 파장을 가져왔다. 그래서 절대로 부패할 수 없는 로봇 경찰은 그 정당성이 강화된다. 로보캅은 단순히 기계와 인간의 대립 관계를 넘어 정부의 탐욕과 부패를 사이보그로 넘어서려 했던 발칙한 도전이었다.

내가 나의 집 정원에 전등을 설치하는 것은 쉽다. 그러나 마을사람들이 공동으로 사용하는 가로등을 주민이 비용을 갹출해서 만드는 것은 매우 어렵다. 그 이유가 무엇일까? 현실에서는 두 집 사이에 울타리를 세우는 문제, 동네에 방범초소를 설치하는 문제와 같은 작은 일에서부터 도로건설, 국방, 치안 등과 같은 큰 일에 이르기까지, 여러 경제 단위들이 집단적인 의사결정을 통해서 소비 또는 생산해야 하는 상품들이 다양하게 존재한다. 이런 재화를 '공공재'라고 부른다.

경제활동의 대상은 재화와 서비스(용역)로 나누어 볼 수 있다. 재화는 쌀, 자동차, 스마트 폰 등 누군가에 의해 만들어진 것 중 눈에 보이는 물건을 뜻하고, 서비스(용역)는 교사가 수업을 하거나, 배우가 연기를 하는 것처럼 누군가에 의해 만들어진 것 중 구체적인 형태를 띠고 있지 않은 것을 말한다. 정부가 수행하는 '행정(public administration)'은 '관리(management)'를 위한 서비스이므로 경제활동의 대상에 속한다. 재화와 서비스의 유형을 경합성과 배제성이라는 2가지 기준으로 구분하면 표 2-1과 같다.

▼ 표 2-1 재화와 서비스의 유형분류

		사용의 경합성 여부	
		경합성 있음	경합성 없음
소유의 배타성 여부	배타성 있음	사적재(private goods) 예 옷, 쌀, 막히는 유료도로	요금재(유료도로재, toll goods) 예 케이블TV, 소방서비스, 막히지 않는 유료도로, 공원
	배타성 없음	공유재(common pool goods) 예 개방된 목초지, 환경, 바닷속 물고기, 막히는 무료도로	공공재(public goods) 예 국방, 재해경보, 막히지 않는 무료도로

피자와 스마트 폰과 같은 '사적재(private goods)'는 공급량이 주어져 있을 때 한 사람의 소비량이 증가하면 다른 사람의 소비량은 감소하는 특성인 경합성(rivalry)과 상품의 사용대가인 값을 지불한 사람만이 소비할 수 있는 특성인 배

제성(excludability)의 특징을 지닌다. 이런 사적재는 수요와 공급의 법칙에 따라 각 경제단위가 단독으로 생산과 소비에 관한 의사결정을 하고 시장에서 최적의 자원배분이 이루어진다.

그러나 방범초소, 가로등, 공동의 우물, 공유목초지, 교량, 치안, 국방 등과 같은 집단적 의사결정을 필요로 하는 '공공재(public goods)'는 경합성과 배제성 중에서 적어도 한 가지 이상의 특징을 결여하고 있기 때문에 시장에서 효율적으로 공급되지 못한다.

첫째, '비경합성(non－rivalry in consumption)'이란 한 개인의 소비가 다른 사람의 소비에 영향을 주지 않는 특성을 말한다. 예를 들어 a사과를 소비할 경우 한 사람이 a사과를 먹으면 다른 사람은 a사과를 먹을 수 없으므로 경합성이 있다. 그러나 치안 서비스는 k지역에 다른 사람이 이주해 와도 기존 사람들의 치안 서비스 소비량에는 전혀 영향을 미치지 않기 때문에 비경합성의 성격을 갖는다. 이런 비경합적인 재화는 추가 공급에 따른 한계비용(MC)이 0에 가까워 재화 가격을 매기는 것이 바람직하지 않다. 한계비용(MC)이란 어떤 재화를 한 단위 추가로 생산하기 위해 소요되는 추가적인 비용의 증가분을 말한다.

둘째, '비배제성(non－excludability)'은 재화 소비로 인한 혜택에서 특정 사람을 배제할 수 없는 특성을 말한다. 예를 들어 영화를 보는 것은 입장권을 구매하지 않은 사람을 영화관 입장 시 배제할 수 있기 때문에 배제성이 있다. 그러나 공해 상에서 물고기를 잡는 것은 바다에 어선의 출입을 막을 수 없기 때문에 비배제성을 갖는다. 비배제성을 갖는 재화는 값을 지불하지 않고 소비하려는 행태를 지칭하는 '무임승차(free－rider)의 문제'가 발생한다. 바로 이 무임승차의 문제가 공공재를 시장에서 적절하게 공급할 수 없게 만드는 핵심 원인이 된다. 어떤 상품에 대해 대가를 치르지 않고 이를 소비하려는 사람을 소비에서 배제할 수 없다면 이 상품에 0원보다 큰 가격(양의 가격)을 매기는 것은 불가능하다. 이에 비해 어떤 상품이 비경합적인 특성을 지닌다고 해도 상품 소비에 배제가 가능하다면 이 상품을 시장에서 최적수준으로 공급하는 것이 가능하다.

결국 무임승차의 문제가 공공재의 시장실패에 대한 핵심 원인이 된다. 그러면 무임승차는 왜 발생하는가? 여기에는 '선호의 외생성(exdogeneity)'과 '내생성(endogeneity)'이라는 특징이 연관되어 있다. 우리가 피자를 사먹거나 대학교육을 받는 이유는 피자와 대학교육이 이득을 주기 때문이다. 이처럼 소비자가 이득을 얻기 위해 재화를 소비하게 만드는 원인을 '선호'라고 말한다. 즉, '선호(preference)'란 사람이 우유보다 커피를 더 좋아하는 것과 같이 어떤 대상을 더 좋아하거나 더 싫어하는 선택을 결정짓는 심리적 성향(태도, 근원)을 말한다. 사회과학은 인간의 선택 행위를 연구하는 학문인데, 인간의 선택 행위를 결정하는 것은 바로 '선호'이다. 이 선호가 규칙적일 경우 선호를 숫자로 전환할 수 있고 계량화가 가능하다.

근대 경제학은 선호의 법칙성과 측정 가능성을 전제로 하여 경제현상의 인과관계를 분석하는 이론체계를 만들어냈다. '한계효용균등의 법칙'이나 '수요－공급의 법칙'은 선호가 규칙적이어서 크기를 측정하거나 비교할 수 있다는 대전제에서 만들어진 것이다. 빵의 가격이 오르면 수요량이 감소하고, 반대로 빵의 가격이 내리면 수요량이 증가한다는 것은 선호가 오로지 가격 변화에만 반응하고 가격 변화에 선호가 규칙적으로 반응한다는 것을 말한다. 이것은 선호가 인간이 선천적으로 타고난, 그래서 외부적으로 주어진 것이라는 점을 나타낸다. 그리고 근대 경제학은 "인간이 '경제적(이기적인) 인간', 즉 '호모 에코노미쿠스(homo economicus)'이다."라고 가정한다. 이것은 모든 인간은 태어날 때부터 자신의 효용과 이윤을 극대화하려는 심리적 동기, 즉 선호를 타고나는 것임을 뜻한다. 예컨대, 홍길동이란 사람이 조선왕국에 있건 미국에 있건 아프리카에 있건 어느 사회에 살고 있는 것과 상관없이, 그리고 15세기에 살든 아니면 21세기에 살든 어느 시기에 살고 있는 것과도 상관없이 홍길동의 선호는 동일하다고 가정한다. 즉 사회와 역사를 달리해도 인간의 선호는 변함이 없다는 말이다. 이처럼 선호(preference)가 선험적으로 타고나거나(개인이 선호를 형성한다) 또는 사회·제도와 무관하게(＝밖에서) 주어지는 것을 '외생성'이라 하며, 이것은 표준경제학의 대전제이다. 사적재화는 모두 선호의 외생성의 특징을 갖는다.

선호의 외생성은 선호가 선천적으로 타고난 것이므로 개개인이 선호를 마음대로 바꿀 수 없다는 논리로 이어진다. 사람이 시력을 타고나기 때문에 일단 만들어진 시력은 개인이 바꿀 수 없고, 마음으로 사물을 보기 싫다고 생각한다고 할지라도 눈을 통해 사물을 지각하는 현상을 거부할 수 없다. 시력은 오직 빛의 자극에 대한 눈과 신경계의 반응일 뿐이며 그 외의 어떤 요소도 시력에 영향을 미치지 못한다. 이와 마찬가지로 상품에 대한 외생적 선호는 개인이 상품의 가격이라는 외부적 요인에 의해 반응하는 것이며 효용극대화라는 타고난 본능을 충족시키기 위해 선호가 결정된다.

이에 비해 재화나 서비스를 선택함에 있어 소비자의 선호가 고정되어(주어지지) 있지 않고, 사회 내에서 제도 등 여러 요인에 의해 영향을 받아 형성되는 것(사회가 선호를 형성한다)을 '내생성'이라 한다. 공공재는 내생성의 특징을 지닌다. 공공재가 내생적 선호라고 말하는 이유는 소비자가 공공재를 소비하는 선택을 할 때 선천적으로 타고난 요인에 반응하지 않고 외부에서 정해준대로 선택하기 때문이다. 이것은 개인의 선호가 외부상황에 따라 달라지며, 문화·역사 등의 제약을 받아 개인이 자유롭게 선택할 수 없게 된다는 것을 말한다. 예를 들어 철수는 더운 여름에 반바지를 입고 회사에서 일하고 싶지만 남들이 모두 긴 바지를 입고 일하기 때문에 반바지를 선택하지 못한다. 이런 문화가 주는 압력은 사회 곳곳에서 발견된다. 지하철 안에서 모두 스마트 폰을 보는데 나 혼자 신문을 펼쳐 볼 수는 없다. 회사에서 남들 모두 식당에서 점심을 사 먹는데 나 혼자 사무실에서 도시락을 먹을 수는 없다. 이처럼 내생적인 선호는 소비자가 자신의 진정한 선호를 표출하지 않고 외부에서 정해준 대로 선택해야 되는 운명에 처해진다. 외생성은 외생변수에서, 내생성은 내생변수에서 유래한 말이다. 외생변수는 이미 밖에서 주어졌기 때문에 바꿀 수 없는 변수인 데 비해, 내생변수는 수식 안에서 바꿀 수 있는 변수를 말한다. 외생성 선호를 갖는 재화는 소비자가 선호를 바꿀 수 없고 오직 가격이라는 자극(신호)에 반응한다. 이에 비해 내생성 선호를 갖는 재화는 소비자가 제도 등의 외부 요소에 의해 선호를 바꾸거나 제약을 받아서 바꿀 수 있다.

이런 내생성 선호는 무임승차와 연관된다. 공공재(행정)의 비배제성은 무임승차를 초래하는데 이것은 수요자가 선호를 표시하지 않고 공공재를 소비하려는 성향을 초래한다. 또한 비경합성은 추가 소비에 비용이 들지 않으므로 소비자는 선호표출(가격)을 굳이 할 필요가 없다. 사적재는 소비자와 공급자가 가격에 반응하여 선호 표출이 명확하게 이루어지므로 가격 기구에 의한 사적재 공급수준이 결정된다. 그러나 공공재는 수요와 공급에 대한 선호표출이 이루어지지 않고, 정부가 일방적으로 일정 수준의 공공재 공급수준을 결정하여 선호를 외부적(사회적)으로 형성한다. 이것은 공공재의 공급과 수요가 사회 제도, 문화 등 외부적(사회적) 요인에 의해 영향을 받는다는 것을 말하며, 따라서 공공재에 대한 선호는 내생적인 성격을 갖는다. 결국 공공재는 공급되면 누구나 소비할 수 있다.

사적재와 공공재가 시장에서 어떤 원리로 소비·생산되는지 알아보자. 수요곡선과 공급곡선은 인간의 선택행위에 관한 수많은 암호들을 숨겨두고 있기에 모든 경제원리를 풀어내는 열쇠다. 그림 2-2의 아이스크림에 대한 소비자 1명(갑)의 수요곡선과 생산자 1명(을)의 공급곡선을 통해 그 원리를 알아낼 수 있다.

수요곡선에서 아이스크림 가격 1,000원은 갑이 아이스크림 1개를 더 소비할 때 추가로 지불해야 하는 비용이다. 갑은 왜 세 번째 아이스크림을 소비하기 위해 기꺼이 1,000원의 비용을 지불하려고 할까? 당연히 이득이 되기 때문이다. 갑이 아이스크림을 소비하려는 이유는 만족감, 즉 효용(utility)을 얻기 위해서이다. 재화의 소비량이 늘어나면 '총효용'이 증가한다. 경제학에서는 사람이 느끼는 효용의 크기를 숫자로 표시할 수 있다는 기수적 효용을 가정한다. 이에 따라 소비자가 소비하는 상품이 X재와 Y재만 있다고 할 때 그 소비자의 효용함수는 U=U(X, Y)로 표시되며, 이런 효용함수를 전제로 일정기간 동안 일정량의 상품을 소비함으로써 얻는 주관적인 만족의 총량인 총효용(U)은 소비량 증가에 따라 함께 증가한다. 또한 한 상품의 총효용의 변화분(ΔU)을 X재와 Y재의 소비량의 변화분(ΔX, ΔY)으로 각각 나눈 값을 '한계효용'이라고 하는데 소비량이 증가할 때 한계효용은 점차 감소한다. X재의 한계효용을 MUx, Y재의 한계효용을 MUy라고 하면 다음과 같이 표시할 수 있다.

$$MUx \ = \ \Delta U/\Delta X, \ MUy \ = \ \Delta U/\Delta Y$$

그림 2-1과 같이 총효용이 증가하는 구간에서는 한계효용이 '0'보다 큰 값이지만 한계효용의 크기는 점차 줄어드는데 이를 「한계효용체감의 법칙」이라고 부른다. 이것은 외부자극(예 타격, 마약 흡입)에 의해 유발되는 감각(고통, 쾌락)의 강도가 점차 감소하는 생리법칙에서 유래한 원리다. 정부가 복지 명목으로 현금을 살포하면 대중들은 추가적인 공짜 돈으로 얻는 한계 쾌락이 체감하기 때문에 기존에 느끼던 쾌락을 유지하기 위해 더 많은 공짜 돈을 요구하게 된다. 이처럼 좌파 정권이 대중을 더욱 가난으로 내몰아서 공짜 돈에 대한 의존도를 심화시켜 영구 집권을 꾀하는 것도 공짜 돈에 숨겨진 '한계효용체감' 현상을 이용한 전술이다.

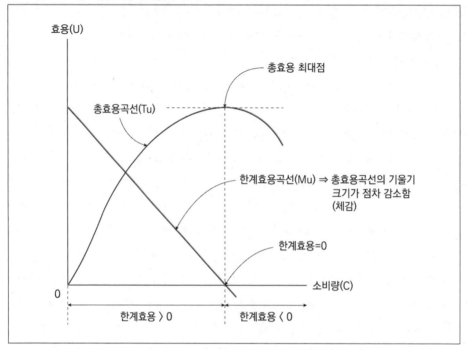

갑은 세 번째 아이스크림을 소비해서 얻을 수 있는 추가적인 효용, 즉 한계효용이 최소한 1,000원 이상의 가치를 갖기 때문에 기꺼이 1,000원의 비용을 지불하려고 한다. 따라서 소비자 갑의 입장에서 수요곡선 위의 각 점에 대응하는 가격은 각 소비량을 소비하기 위해 갑이 '지불할 의사가 있는(willingness-to-pay) 최대한의 금액(maximum price)'이다. 이처럼 어떤 상품의 수요곡선은 '다른 나머지 조건들이 모두 불변(라틴어로 「ceteris paribus」라고 함)'일 때 그 상품의 각 가격 수준에 대하여 소비자가 구입할 용의가 있는 수요량을 표시한 것이다. 소비자는 소비에 관한 최적화 행위의 결과를 수요곡선으로써 시장에 표시하기 때문에 수요곡선은 곧 한계효용(이득)곡선이 된다.

다음으로 을의 아이스크림에 대한 공급곡선을 보자. 아이스크림 가격이 1,000원일 때 을은 아이스크림을 하루에 3개 공급하겠다는 의사를 가지고 있다. 공급곡선 상의 b점에서 생산자 을은 아이스크림 1개당 최소한 1,000원 이상의 가격을 받으면 자신의 한계비용과 한계편익(한계이득)이 일치한다. 따라서 생산자 을의 입장에서 공급곡선 위의 각 점에 대응하는 가격은 각 공급량을 공급하기 위해 을이 '받을 의사가 있는(willingness–to–want) 최소한의 금액(minimum price)'이다. 역시 을의 아이스크림에 대한 공급곡선은 '다른 나머지 조건들이 모두 불변'일 때 그 상품의 각 가격 수준에 대하여 생산자가 공급하려는 용의가 있는 공급량을 표시한 것이다. 수요곡선과 마찬가지로 생산자는 공급에 관한 최적화 행위의 결과를 공급곡선으로써 시장에 표시하기 때문에 공급곡선은 곧 한계비용곡선이 된다.

이와 같이 사적재는 가격이라는 단일한 외부 변수에 대해 소비자와 생산자가 반응해서 수요량과 공급량이 결정되는 선호의 외생성을 그대로 나타낸다. 따라서 사적재는 수요곡선과 공급곡선이 일치하는 점에서 균형이 달성되어 최적의 자원배분이 달성된다. 아이스크림에 대한 수요곡선과 공급곡선이 교차해서 만들어지는 1,000원이 균형가격이 되며 균형 수급량은 3개이다. '균형(equilibrium)'이란 서로 다른 방향으로 움직이려는 힘이 일치하는 상태를 말한다. 균형 상태에서는 어느 누구도 변화를 원하지 않기 때문에 경제적 조건이 변하지 않는 한 그 상태가 지속되는 경향이 존재하게 된다. 이런 균형 상태는 오직 가격이라는 '보이지 않는 손(invisible hand)'의 힘에 의해 달성되며 그 어떤 외부적 요인(예 정부의 시장 개입 등)과는 무관하게 독립적으로 작동한다. 만약 어떤 외부적 요인에 의해 아이스크림의 가격이 균형가격 P_1(1,000원)에서 이탈해서 P_2로 하락하거나 P_3로 상승한다면 시장거래량은 2개로 줄어들고 삼각형 ABC 만큼의 사회적 잉여가 감소하는 손실을 초래한다. 따라서 시장균형점 A가 자원배분의 효율성을 극대화하는 소위 '파레토 효율적'인 점이고, 그 이외의 B점이나 C점은 사회적 손실을 발생시키는 상태가 된다. 따라서 사적재의 수요공급에 대한 정부 개입은 불필요하고 낭비를 초래한다.

파레토 효율성(Pareto efficiency)

누군가의 효용을 증가시키기 위해서는 다른 누군가의 효용 감소가 불가피한 상태를 말한다. 따라서 경제 내 그 누구의 효용도 감소시키지 않으면서 동시에 최소한 1인의 효용이 증가할 수 있는 상태를 파레토 개선(Pareto improvement)이라고 부른다.

▼ 그림 2-2 갑의 수요곡선, 을의 공급곡선, 시장균형의 달성

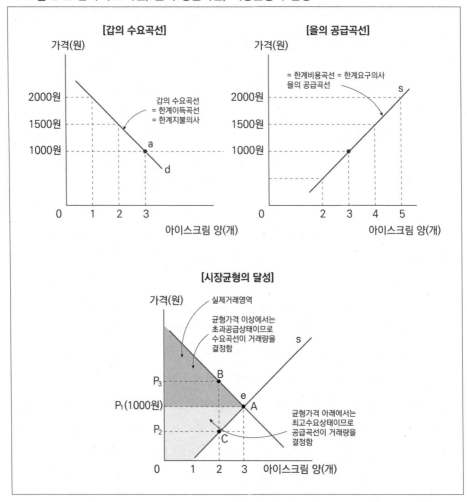

그러면 왜 시장은 공공재를 적절하게 공급하는 데 실패할까? 사적재와 공공재의 효율적 공급방법은 상당히 다르다.

표준적인 사적재화에서는 모든 사람이 같은 가격을 찾은 다음에 각자가 얼마만큼을 원하는지를 결정한다. 이에 반해, 공공재에 있어서는 모든 사람이 같은 수량을 보고 각자 얼마나 지불할 것인가를 결정한다. 그림 2-3과 같이 아이스크림시장에 소비자가 A와 B 2명만 존재한다고 가정하자. 아이스크림의 시장 수요곡선은 A와 B의 개별적 수요곡선을 횡적으로 합해서 만들어진다. 그 이유는 사적재는 가격을 지불하지 않으면 소비할 수 없기 때문이다. A는 P*(1,000원)

이 가격일 때 아이스크림 q_A(4개)를 소비할 의사가 있고, B는 P^*(1,000원)이 가격일 때 아이스크림 q_B(6개)를 소비할 의사가 있다. 마찬가지 원리에 의해 아이스크림의 공급곡선도 여러 생산자들의 개별 공급곡선을 횡적으로 합해서 만들어진다. 시장에서 개별수요와 공급을 합한 전체 수요와 공급이 일치할 때 균형을 이룬다. 따라서 시장 전체의 수요공급곡선에 의해 재화가격이 결정되면 모든 소비자들은 동일한 가격으로 서로 다른 양을 소비한다.

$$q_A + q_B = Q^*$$

▼ 그림 2-3 사적재에 대한 수요곡선의 수평합

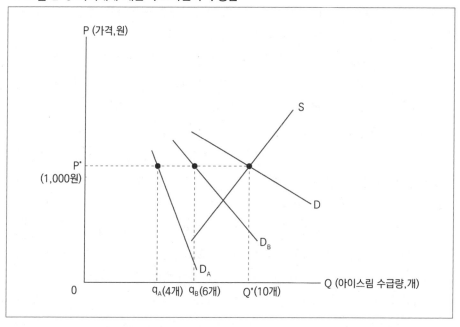

사적 재화에 있어서는 이에 대한 선호가 큰 사람이 더 많은 양을 소비하고 선호가 작은 사람이 더 적은 양을 소비하지만 모두 동일한 가격으로 소비하게 된다. 이와 달리 공공재의 총수요곡선은 개별 소비자들의 수요곡선을 수직으로 합하여 도출된다. 그 이유는 공공재의 비경합성 때문이다. 비경합성 때문에 어느 한 소비자가 추가적인 한 단위의 공공재를 소비하더라도 다른 소비자들의 소비량에는 전혀 영향을 미치지 못하고 오히려 다른 소비자들도 추가적인 공공재를 소비할 수 있게 된다. 예를 들어 어느 마을에 경찰을 추가로 투입해서 치안 서비스를 기존보다 1단위 더 공급하면 이 마을 모든 사람들이 추가적인 치안 서비스를 소비할 수 있다. 따라서 공공재 1 단위의 공급이 증가하면 모든 소비자에게 1 단위의 공공재 소비량이 추가적으로 증가하는 것과 똑같은 효과를 갖는다. 이런 상황에서는 공공재에 대한 사회 전체적인 소비량을 결정한 후 각 개인들은 모두가 같은 소비량을 누리려 할 것이다. 따라서 그림 2-4와 같이 공공재에 대한 사회적 한계이득곡선인 시장수요곡선(D)과 이 공공재의 '사회적 한계비용곡선'인 시장공급곡선(S)이 교차하는 점에서 공공재의 효율적인 공급량(Q*)이 결정된다. 그러면 공공재의 사회적 공급량(Q*)에 대해 개별 소비자 A, B는 각각 얼마큼의 값을 지불해야 하나? 합리적인 자원배분은 '한계효용(편익)=한계비용'이 달성되는 상태에서 이루어진다. 소비자 A는 P_A에 해당하는 값을 지불하고 Q*만큼의 공공재를 소비할 때 '한계효용(편익)=한계비용'이 달성된다. 마찬가지로 소비자 B는 P_B에 해당하는 값을 지불하고 Q*만큼의 공공재를 소비할 때 '한계효용(편익)=한계비용'이 달성된다. 그러면 시장에서 공공재가 공급될 때 개별 소비자 A와 B는 기꺼이 바람직한 가격인 P_A와 P_B를 각각 지불하려고 할까? 여기서 비배제성의 문제가 끼어든다. 개별 소비자 A와 B는 이 공공재에 대한 가격을 지불하지 않고도 능히 소비에 참여할 수 있는데 굳이 공공재의 값을 지불할 만큼 착할 이유가 있겠는가. 예를 들어 철수는 10번째 도로서비스에 대해 1만 원을 지불하려 하고 영희는 10번째 도로서비스에 대해 3만 원을 지불하려 한다면 10번째 도로서비스에 대한 총 지불 의사는 4만 원이다. 최적생산량은 사회적 한계편익과 한계비용이 일치하는 E점에서 Q*로 결정된다. Q*의 공공재가 공급되면 모든 개인은 Q*의 공공재를 소비하면서 자신의 한계편익에 해당하는 가격을 지불하는 것이 효율적이다. 그러나 현실에서는 그 어떤 소비자도 공공재 소비에 대한 대가를 지불하려고 하지 않는다. 돈을 전혀 지불하지 않고 소비의 이득을 취할 수 있다면 소비자 입장에서는 그것이 합리적인 선택이 아니겠는가. 따라서 시장에서 공공재가 공급될 경우 아무도 공공재의 소비에 대한 값을 지불하려고 하지 않기 때문에 공공재 생산은 불가능해진다. 따라서 정부가 나설 수밖에 없다. 정부는 적정 공급량 Q*만큼의 공공재를 공급하고 공공재 1단위당 소비자 A와 B에게 각각 P_A와 P_B만큼씩 세금을 부과하여 공공재 공급의 효율성 조건을 만족시킬 수 있다.

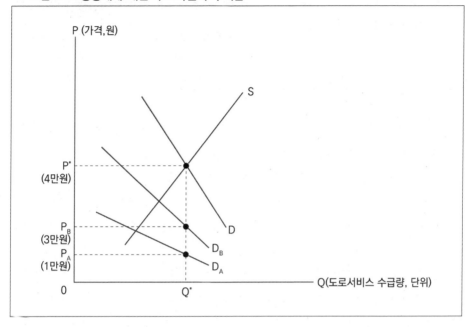

▼ 그림 2-4 공공재에 대한 수요곡선의 수직합

그러면 정부가 공공재의 소비자들에게 소비량에 상응하는 조세를 징수해서 공공재를 공급하는 경우 무임승차의 문제를 해결할 수 있을까? 이를 알아보기 위해 게임 상황의 사례를 분석해 보자. 철수와 영희 두 사람만이 살고 있는 어느 외딴 지역에 야간 시간대에 강력 범죄가 발생하므로 정부는 수익자 부담으로 2,000만 원의 비용이 드는 CCTV와 가로등을 설치할 필요가 있는지 두 사람에게 비공개적으로 의견을 조사했다. 만약 두 사람 모두 CCTV와 가로등 설치를 위한 비용부담에 동의하는 경우 각각 1,000만 원씩 부담해서 설치하며, 어느 한 사람만 비용부담에 동의하는 경우 그 동의한 사람이 설치비 전액인 2,000만 원을 부담해서 설치하고, 두 사람 모두 비용부담을 거부한 경우에는 이 장비를 설치하지 않기로 약속했다. 어느 경우든 만약 CCTV와 가로등이 설치된다면 철수와 영희가 각각 얻을 수 있는 편익의 크기는 1,500만 원이다. 둘 다 비용을 부담하지 않는 경우에는 편익은 각각 0원이다. 이런 상황은 두 사람이 표 2-2의 보수행렬로 표시되는 동시게임에 참가하는 것이 된다.

▼ 표 2-2 공공재 설치에 대한 보수행렬표

(철수의 순편익, 영희의 순편익)		영희	진보주의
		비용 부담함	비용 부담 안 함
철수	비용 부담함	(500, 500)	(−500, 1500)
	비용 부담 안 함	(1500, −500)	(0, 0)

위 행렬표에서 두 사람이 모두 비용을 부담해서 CCTV와 가로등을 설치할 경우 1,000만 원씩 비용을 분담하고 각각의 편익은 1,500만 원이므로, 두 사람의 개별적인 순편익(순편익=편익−비용)은 500만 원씩이다. 만약 두 사람 중 어느 한 사람만이 비용부담에 동의한 경우 그 동의한 사람은 비용 전액인 2,000만 원을 부담하고 이를 통한 편익은 1,500만 원이므로 순손실이 발생해서 순편익은 −500만 원이 된다. 물론 이 경우 동의하지 않은 한 사람은 무임승차자가 되어 CCTV와 가로등 설치에 따른 편익인 1,500만 원을 얻으면서 비용은 전혀 부담하지 않아 순편익은 1,500만 원에 이른다. 두 사람이 모두 비용부담을 거부한 경우 CCTV와 가로등은 설치되지 않으므로 비용부담과 편익이 전혀 없어서 순편익도 모두 0원이 된다.

이런 '죄수의 딜레마 게임' 상황에서 게임 참가자(player)들의 선택은 어찌될까? 이 게임에서 철수와 영희는 둘 다 비용을 부담하지 않는 선택을 하게 되어 CCTV와 가로등은 설치되지 못한다. 왜냐하면 철수와 영희 모두 이기적 인간이며 합리적인 선택을 하기 때문이다. 이것은 두 사람이 모두 순편익이 0 이상인 선택만을 한다는 것을 뜻한다. 쉽게 말해 손해 보는 장사를 하지 않겠다는 것이 합리적이고 이기적인 인간이다. 보수 행렬표에서 철수와 영희는 '부담하지 않음' 전략이 '부담함' 전략에 비해 상대방의 어떤 전략(선택)에도 '우월한 전략'이 되기 때문이다. 여기서 우월 전략이란 상대방이 어떤 전략을 선택하느냐에 관계없이 자신에게 언제나 더 유리한 결과를 가져다주는 선택을 말한다. 이런 상황을 '죄수의 딜레마'라고 부르는데, 이 경우 공공재의 공급은 이루어지지 않는다. 죄수의 딜레마는 단순히 정보의 부족 때문이 아니라 인간의 이기심에 의한 배반에서 유래된다. 쓰레기 소각장 설치를 둘러싼 지역 간의 갈등이나 두 집단 간의 극한 대결인 치킨게임 등은 모두가 손해 보는 현상이며 바로 이런 딜레마가 작용한 것이다.

우리나라에서는 전기, 가스, 도로 등 공공재를 공급하는 역할을 공기업이 주로 수행한다. 그런데 이 공기업이 적자 투성이에도 불구하고 성과급과 고액연봉 잔치를 벌이는 신의 직장이라 불리고 있다. 우리나라 공기업은 「공공기관운영법」에 의해 관리되며, 동법에 따라 기획재정부장관은 매년 공공기관을 지정한다. 2019년 현재 공공기관은 모두 339개 기관이 지정되어 있으며, 이 중에서 공기업(36개), 준정부기관(93개), 기타공공기관(210개) 등 3가지로 분류된다.

▼ 표 2-3 공공기관 지정현황 및 분류(2019년 기준)

유형		분류기준	기관예시	운영방향
공기업 (36개)	시장형 (16개)	• 자산규모 2조 원 이상 • 자체수입이 총수입의 85% 이상	• 한국가스공사 • 한국도로공사 • 인천국제공항공사	• 민간기업수준 자율보장 • 내부견제시스템 강화
	준시장형 (20개)	• 자산규모 2조 원 이상 • 자체수입이 총수입의 85% 미만	• 한국토지공사 • 대한주택공사 • 한국마사회	자율성 확대하되 공공성 감안하여 외부감독 강화
준정부 기관 (93개)	기금관리형 (14개)	국가재정법에 따라 기금관리 또는 위탁관리	• 신용보증기금 • 국민연금공단 • 중소기업진흥공단	기금운용 이해관계자의 참여 보장
	위탁집행형 (79개)	정부업무의 위탁집행	• 한국농촌공사 • KOTRA • 한국장학재단	주무부처 정책과 연계성 확보
기타 공공기관 (210개)	공기업과 준정부기관을 제외한 공공기관	공기업과 준정부기관을 제외한 공공기관	• 한국산업은행 • 출연연구기관 • 서울대학교병원	성과관리와 업무효율성 중시 * 공공기관운영에 관한 법률에서 규정하고 있는 이사회 설치, 경영실적 평가, 예산·감사 등의 규정을 적용하지 않는다.
총 339개 기관				

공공기관 중에서 공기업과 준정부기관은 매년 정부의 경영평가(A등급부터 E등급까지)를 받아야 하며 그 평가결과는 널리 공개되고 등급에 따라 성과급이 결정된다. 그러나 공공기관의 경영평가가 소위 정권의 입맛대로 이루어지는 '코드평가'라는 비판이 강하다.

예컨대 한국수자원공사는 이명박 정부 기간 동안 2008년부터 2011년까지 4년 연속 A등급으로 평가받았지만, 공사의 재무상태는 기존 부채 약 2조 원에서 2011년 결산기준 798% 증가하여 12조 5,809억 원으로 늘어났다. 채무의 대부분이 4대강 정비사업과 경인운하사업에 기인했다.

현 문재인 정부는 지난 2018년, 공공기관의 공공성 강화를 위한 방안으로 경영평가에 '사회적 가치 구현'이라는 항목을 포함시켰다. '사회적 가치 구현'은 100점 중 24점에 해당하여 배점비율이 높은 편이다. '사회적 가치 구현'의 세부 평가항목에는 일자리 창출, 균등한 기회와 사회통합 등이 포함되어 있다. 이처럼 사회적 가치를 경영평가의 주요 기준으로 사용하면서 공공기관이 적자가 나더라도 정부정책에 따를 수밖에 없는 상황이 벌어지고 있다. 예를 들어 한국전력과 지역난방공사가 대규모 적자의 늪으로 빠진 원인은 탈원전정책에 기인한 바 크다. 2018년 한전은 1조 1,745억 원의 당기순손실을 기록했지만 기관장의 경영평가성과급은 1억 702만 원이 지급됐다.

공공기관 부채 착시 빼면 악화

서울경제 2019-08-13

<국회 예산정책처 보고서 입수>
작년 155%로 2.7%P 줄었지만 신생 공사·예보 빼면 되레 늘어

정부가 지난해 공공기관 부채비율이 개선됐다고 발표했지만 '착시효과'를 빼면 최근 4년 만에 처음으로 악화한 것으로 나타났다. 13일 서울경제가 입수한 국회 예산정책처의 '2018 회계연도 결산보고서'에 따르면 정부 발표대로 지난해 공공기관 부채비율은 154.8%로 전년 대비 2.7%포인트 감소했다. 하지만 대규모 실탄(자본)을 더해 지난해 7월과 9월 각각 설립된 후 공공기관이 된 한국해양진흥공사, 새만금개발공사, 특수한 요인이 있는 예금보험공사를 제외하면 이야기가 달라진다. 이들 3개 기관을 제외한 공공기관 부채비율은 지난 2014년 174.1%에서 2017년 148.7%로 하락했지만 문재인 정부 취임 이듬해인 지난해 151.2%로 상승 반전했다. 예정처는 "해양진흥공사·새만금공사 등은 신생 공공기관이라 부채가 3,451억 원에 불과하지만 자본은 3조 5,116억 원에 달한다"며 "이들이 전체 공공기관에 포함되며 부채비율이 감소한 효과가 컸다"고 지적했다. 또 "예보도 2011년 저축은행, 1997년 외환위기 때 투입된 공적자금이 지속적으로 회수되고 있는데, 이를 직접적인 공공기관 재무건전성 개선으로 보기는 어렵다"고 설명했다. 실제 다른 공공기관 부채비율은

지난해 급증했다. 탈원전의 영향을 받은 한국전력은 160.6%로 1년 새 11.4%포인트 올랐고 건강보험 보장성 강화 정책을 시행하는 국민건강보험공단도 49.7%로 20.4%포인트 상승했다. 석유공사는 2,287.1%로 1,568.6%포인트나 폭증했다.

공공기관의 방만 경영을 근절하는 지름길은 민영화이다. 민영화는 1970년 대 이후 작고 효율적인 정부에 대한 요청으로 도입되었는데, 신자유주의 이념에 기초하며 신공공관리론에 입각하여 추진된다. 특히 1980년대 미국의 레이건 행정부와 영국의 대처 수상 등에 의해 적극적으로 추진되었다. 민영화는 공기업의 소유권을 민간에 넘기는 것뿐만 아니라 공기업 운영에 경쟁적 요소를 도입하는 것까지 포함하는 효율화 전략을 말한다.

▼ 표 2-4

범위	핵심요소	개념	정책방향	장치
좁은 의미	소유권	(공기업)소유권 이전 (경영통제권도 이전됨)	탈국유화 (denationalization)	공기업지분 매각
넓은 의미	경쟁	+ 경쟁적 요소의 도입	+ 자유화(liberalization)	+ 민간위탁, 구매권제도 등

민영화는 1980년대 이후 복지정책의 새로운 패러다임으로 등장한 '복지다원주의(welfare pluralism)'와 관련된다. 이것은 사회복지 제공에 있어서 중심역할은 국가가 아니라 시장이며 자원봉사조직, 비공식조직 등 다양한 주체들이 수행하고, 국가의 역할은 잔여적으로 머물러야 한다는 노선을 말한다.

복지다원주의(welfare pluralism)

영국에서 1978년 「자원봉사(voluntary) 조직의 미래」라는 제목의 울펜덴 보고(Wolfenden Report)에서 처음 사용되었다. 복지서비스가 국가뿐만 아니라 봉사자, 기업, 인포멀 등의 부문에 의해 다원적으로 공급되어야 함을 말한다.

민영화의 이론적 근거는 '주인-대리인이론'이다. 주인-대리인(principal-agent)이론은 정부와 국민이 공기업에 대한 불완전한 정보를 갖고 있어서 역선택과 도덕적 해이가 발생한다는 문제점을 지적한다. '역선택(adverse selection)'이

란 불완전한 정보(＝정보가 불충분하다)로 인해 최상의 선택을 하지 못하는 경우를 말한다. 예컨대 건강한 상태의 사람들은 건강보험에 가입하기를 꺼려하고 질병이 있는 사람들은 건강보험에 가입하려 하지만 건강보험회사는 가입자의 건강 상태에 관한 충분한 정보를 갖고 있지 못해서 주로 질병이 있는 사람들이 건강보험에 가입하는 현상을 말한다.

'도덕적 해이(moral hazard)'란 정보의 비대칭성으로 인해 최선의 선택과는 다른 행동을 할 유인(incentive)이 존재하기 때문에 발생하는 현상을 말한다. 예컨대 자동차화재보험에 가입한 보험가입자가 부주의한 운전을 하여 자동차사고를 발생시킨 경우에 보험회사는 가입자의 행위에 관한 정확한 정보를 알지 못한다. 이 경우에 가입자들은 도덕적 해이를 발생시킨다. 이처럼 역선택과 도덕적 해이는 개인이 이득을 극대화하려는 합리적 선택의 결과라는 속성을 갖는다. 이런 논리를 공기업에 적용해 보면 주인인 국민과 대리인인 정부 그리고 국민의 위임을 받은 정부와 대리인인 공기업이 중복된 대리구조 하에서 각자 이익을 극대화하는 과정에서 빚어지는 시장실패라고 볼 수 있다. 이것이 바로 '공공선택이론(theory of public choice)'의 핵심 가정이기도 하다. 경제적 합리적 존재로서의 정치인, 관료, 이익집단 등이 각자 자기 이익을 추구하는 가운데 정부 규모와 공공부문 예산은 팽창할 수밖에 없으며 적자가 발생해도 정부가 보전해주므로 대형투자계획도 실패할 것을 두려워하지 않는다. 공기업 운영 시 국민－정치인－정부－공기업으로 연결된 중층구조의 복대리인(대리인의 대리인) 관계에서 정보의 비대칭성에 따라 실제로 주인이 없는 상황에 처하게 되어 도덕적 해이가 심화되지만, 재산권의 주체를 찾아주는 민영화는 관리자에게 비용절감에 대한 강력한 유인을 부여하므로 도덕적 해이는 감소된다.

그러나 민영화가 만병통치약인 것은 아니다. 민영화 과정에서 나타나는 대표적인 문제가 'Cream Skimming 현상'이다. 이것은 민영화 과정에서 정부는 수익이 나지 않는 적자사업만을 민영화하려고 하는 반면 민간기업은 흑자사업의 공기업만을 인수하려는 경향을 말한다. 이 개념은 민영화를 어렵게 만드는 저해요인을 지적한 것이다. 크림스키밍은 일반 국민에게 보편적 서비스(universal service)의 제공이라는 정책목표를 달성하기 위해서는 새로운 경쟁기업이 수익성이 높은 시장에만 선택적으로 진입하는 것을 방지하는 진입규제가 필요하다는 논리로 적용되기도 한다. 정부는 크림 스키밍에 대응하여 '교차보조(상호보조;

cross subsidy)'라는 전략으로 대응하기도 한다. 이것은 초기에 투자비가 적고 수익률이 높은 부문에 투자 및 자원집중화를 통한 크림스키밍 전략에 초점을 맞추고 이를 바탕으로 해 저렴한 요금으로 고객의 욕구를 충족시켜 나가는 방법이다(버스운송사업 허가 시 수익성이 높은 노선허가를 하면서 수익성이 없는 노선운행을 강제하여, 수익성이 높은 노선에서의 수익으로 수익성이 낮은 노선에서의 손실을 보전하도록 하는 방법).

우리나라 공기업의 민영화 사례

포항제철 → 포스코(2000년) → 한국종합화학(2000년), 국정교과서(2000년), 한국중공업 → 두산중공업(2001년), 대한송유관공사(2001년), 한국통신공사 → KT(2002년), 한국담배인삼공사 → KT&G(2002년), 고속도로관리공단(2002년)

현재 한국산업은행의 업무 일부를 민영화 추진 중이다. 우리은행은 1998년 정부가 공적자금을 10조 원 넘게 투입하였고 현재 정부가 예금보험공사를 통해 18.32% 지분을 보유하여 최대주주이다(국민연금이 9.29% 지분을 소유하여 2대주주임). 정부는 단계적으로 지분 매각을 추진 예정이다.

민영화의 방식 중에서 최근 우리나라에서 널리 사용되는 방법이 바우처제도이다. 바우처(voucher)는 정부가 직접 특정한 재화를 제공하는 것이 아니라, 특정 계층에게 소비 선택의 폭을 넓혀주기 위해 구매권을 지급하는 방법이다. 공공선택론자들이 선호하는 방식이다.

> **예** 미국 연방정부에서 저소득층에게 지급하는 식량구매권(food stamp), 문화바우처(cultural voucher), 주택바우처 등

우리나라는 보육료 지원시책의 일환으로 1990년대 처음 바우처를 도입했다. 최근 취약계층을 상대로 문화바우처, 돌봄바우처 등을 제공하고 있으며 공공임대주택사업도 바우처의 일환으로 운영되고 있다. 그리고 2007년부터 휴대폰이나 신용카드를 이용한 전자바우처제도를 도입 및 시행하고 있다. 그러나 정부가 바우처를 통해 특정 재화를 사용하도록 강제한다는 점에서 소비자 선택권을 제약하는 문제가 발생한다. 실제로 바우처를 지급받은 사람들이 이를 할인된 가격으로 현금과 교환하는 암거래가 버젓이 벌어지고 있다. 정부가 취약계층에게 현금을 지급하는 보조금이 도덕적 해이를 일으킨다는 비판을 극복하기 위한 대안으로 등장한 바우처가 소비자 선택권과의 충돌을 어떻게 해결해야 할까?

보조금 지급(grants, subsidy)
공공재나 가치재와 같이 적정한 공급이 필요한 재화에 대해 정부가 공급주체에 일정한 재정적 지원(**예** 금전 지급, 지급보증, 조세감면 등)을 제공하는 방법이다. 정부가 서비스의 양과 질에 대해 직접적인 규제를 하지 않으므로 민간이 자율성을 가지고 공급한다는 장점이 있으나 도덕적 해이 등의 문제가 발생할 수 있다. **예** 교육시설, 탁아시설에 대한 보조금 지원

정부가 공공서비스를 생산하는 자산의 소유권을 유지하면서 내부 관리에 경쟁 원리를 도입하는 민영화의 대표적인 방법이 계약에 의한 '민간위탁(contracting-out)'이다. 이것은 정부가 민간기업이나 비영리단체 등과 계약을 통해 정부가 민간업자에게 현금을 주고 정부의 책임(공급에 대한 책임) 하에 민간업자가 서비스를 공급하는 방법이다. 경쟁입찰을 통해 서비스 생산주체를 결정하며 비용은 정부가 부담한다. 예컨대 자치단체가 소유하는 의료원을 민간병원에 위탁계약해서 운영하는 방법이 이에 해당한다. 민간위탁은 공공서비스를 민간이 제공하고 이 사용 대가를 사용자에게 징수하여 수익자 부담주의를 실현함으로써 자원배분의 효율성을 달성하는 장점이 있다. 그러나 민간 위탁을 하더라도 최종 책임을 정부가 부담하므로 도덕적 해이로 인한 방만경영의 문제는 여전히 남는다.

수익자(사용자) 부담주의
공공기관이 제공하는 재화와 용역의 대가로 수혜자로부터 요금이나 수수료를 징수하는 방법이다. 수익자부담주의는 일반 조세보다는 더 공평하지만, 비례세 성격을 띠므로 누진세보다는 덜 공평하다.

▼ 표 2-5 위탁계약 / 바우처의 비교

구분	민간위탁(contracting-out)	바우처(voucher)
공급 방법	계약을 통하여 특정업체에게 서비스 공급권을 부여, 계약과정에서 민간업체 간 경쟁, 정부가 민간업체에게 비용을 직접 지불	시장의 다양한 공급주체를 활용, 소비자의 선택과정에서 민간업체 간 경쟁, 소비자가 바우처 사용 후 정부가 민간업체에게 비용 지불
장단점	생산기능의 민간 이전으로 공무원 신분 불안에 따른 저항 발생, 정부가 지속적으로 민간업체를 감시통제	기존 시장을 그대로 활용하므로 저항이 적음, 소비자의 선택과정에서 자연스럽게 시장통제가 발생(정부의 감시통제비용이 소비자의 선택권으로 대체됨으로써 대리인비용을 감소)

공공재는 시장이든 정부든 사회적으로 필요한 공급에 실패할 수 있다. 그럼에도 정부만이 공공재를 공급할 수 있고 또 그래야만 한다는 가설이 지배한다. 지금 우리는 정부의 무능과 부패가 일상화된 시대에 살고 있다. 그래서 영화 로보캅처럼 경찰과 군대가 민간기업에 팔려나가는 일이 벌어져도 전혀 놀랍지 않을 것이다. 이런 일이 실제로 벌어지고 있다. 영국, 미국 등 선진국에서의 SIB(Social Impact Bond)라는 이름의 민간위탁사업이 바로 그것이다. SIB는 '사회성과연계채권'이라는 뜻이다. 즉 정부가 교도소 운영, 청소년 범죄 단속, 노숙자 관리 등 공공사업을 민간기업과 위탁계약해서 민간기업이 운영하고 그 실적에 따라 정부가 성과급을 지급하는 방식이다. 예를 들어 영국의 피터버러 교도소 SIB 시스템은 다음과 같은 방식으로 실시되고 있다. 피터버러 교도소를 민간기업이 운영하고 여기에 수감된 1년 미만 단기 수형자 3,000명의 출소 후 재범빈도가 향후 6년간 다른 교도소에서 출소한 단기 수형자들의 재범률보다 7.5% 이상 낮아질 경우 정부(법무부)는 운영기업에게 '민간기업이 지출한 사회복귀프로그램 운영경비＋연 2.5~13.3% 이자'를 지급한다. 단, 재범빈도 하락폭이 7.5%에 미치지 못할 경우에는 정부가 민간기업에 단 한 푼도 지급하지 않는다. 이처럼 SIB는 민간기업이 전통적인 공공재 사업을 직접 운영하고 그 성공과 실패의 위험을 고스란히 떠안는 소셜벤처투자사업이다. 사업이 성공할 경우 투자 원금 대비 최대 10%가 넘는 배당금 명목으로 이자를 받지만 운영 결과가 목표치에 미달할 경우 투자 원금을 고스란히 날릴 수 있다. 말 그대로 '벤처(venture)'다. 이런 공공의 벤처가 등장한 것은 선진국들의 재정적자에 대한 위기감 때문이다. 영국은 2008년 글로벌 금융위기의 여파로 세수 부족과 복지수요 확대의 이중고에 시달렸다. 영국 정부는 이런 재정위기를 극복하고 정책성과를 제고하기 위해서 과감히 소셜 투자를 도입했다. 민간기업은 치열한 시장경쟁에서 살아남고 글로벌 기업으로 도약하기 위해 범죄, 빈부격차, 오염, 실업 등 새로운 영역에서 수익모델을 개척하려고 나섰다. 정부와 기업이 모두 꿩 먹고 알 먹기가 이루어질 수 있다.

이런 전 세계적 민영화의 거센 흐름 속에서도 한국 정부는 시장을 거스르는 정책을 마구잡이로 내놓고 있다. 예컨대 정부는 최근에 전국 어린이집과 유치원이 정부가 지정한 업체로부터 급식용 식자재를 일정량 이상 의무적으로 납품 받도록 하는 정책을 시행했다. 사립보육기관에서 '급식'은 학부모에게 보여줄 수

▼ 표 2-6 전 세계 주요국가의 SIB현황(2015년)

SIB발주처	영국 노동연금부	영국 법무부	영국 에섹스주 의회	영국 런던시	미국 뉴욕주	호주 뉴사우스 웨일즈주
사업목표	청년취업 교육 지원	재범률 줄이기	불우아동 관리지원	노숙자 줄이기	청소년 재범률 줄이기	가출 청소년 지원·방지
민간위탁 금액(만 달러)	1630	810	500	320	960	630

있는 시장경쟁력의 구성요소 중 하나다. 그럼에도 시민단체가 '모성'을 앞세워 일부 부실급식 사례를 이슈화했고, 정부는 이에 영합해서 이런 반시장적 정책을 밀어붙였다. 지역의 청과물상, 정육점, 마트 등 소상인에게 유치원과 어린이집의 급식재료 구입은 큰 매출 채널이다. 그런데 정부가 지정한 협회나 협동조합들이 중간 브로커로 숟가락 얹기에 나서면서 소상인의 보육기관에 대한 매출의 절반을 떼어주게 생겼다. 결국 '모성'이라는 얄팍한 감성을 착즙해서 관련 단체의 호주머니에 '화폐' 찔러주기가 자행되는 것이다. 민영화의 요체는 정부에서 독점적 구조를 타파하고 자유와 경쟁시스템을 실현하는 것이다. 민영화에 대한 지지층과 반대층은 극렬하게 대립한다. 정부의 무능과 부패를 깨고 시장의 효율성을 주입하여 사회 전체의 파이를 늘려야 한다는 공공선택론자들의 주장은 케인즈를 등에 업은 유모국가(nanny state)의 폐부를 찌른다. 한편으로 수익자 부담의 환상 아래 노동자를 소모품으로 내몰고 수익성이 큰 공기업과 같은 공공 자본을 거대기업의 먹잇감으로 전락시킨다는 반대론자의 저항도 절실하다. 민영화를 찬성하든 반대하든 중요한 것은 정부에 대한 환상과 신화는 더 깨질 필요가 있다는 사실이다. 이를 위해 공공재에 대한 잘못된 믿음을 걷어내야 한다. 과연 공공재는 절대적인 존재인가. 실제로 공공재로 분류되는 것은 절대적이 아니며 시장조건이나 기술상태에 따라 얼마든지 달라질 수 있다. 예건대 전통적으로 등대서비스는 공공재로 간주되었지만 서비스를 받는 배들과 받지 않는 배들을 구분할 수 있는 기술이 개발되면 등대서비스는 비순수공공재가 된다. 그리고 노벨경제학상 수상으로 빛나는 로널드 코우스(Ronald Coase)는 등대서비스가 정부에 의해 공급되는 경우보다 선주들이 비용을 갹출해 운영할 때 서비스의 수준이 훨씬 더 좋았다는 연구결과를 발표했다.

공공재의 범위에 대한 생각도 변해야 한다. 특히 전통적으로 재화라고 생각되지 않지만 공공재의 성격을 띤 것들이 존재한다. 예건대 사회적 자본은 신뢰, 믿음, 공공성 등 사회적 가치체계들을 말하는데, 사회적 자본은 재화는 아니지만 사회적으로 공유하면 사람들이 거래에 있어서 혜택을 보게 된다. 정부가 도로, 철도, 항만, 치안, 국방 등 대규모 자본 투자를 필요로 하는 사업에만 몰두할 것이 아니라 사회적 자본을 축적하는 데 더 심혈을 기울여야 할 것이다. 의료와 교육서비스는 공공재가 아니지만 공공부문에서 상당 수준 제공되고 있다. 이를 위해 정부가 의료 수가를 결정하고 교육 프로그램의 세부적인 사항까지 간섭한다. 정부가 의료와 교육을 물샐 틈 없이 통제해야 제대로 된 의료와 교육이 이루어질 것이라는 자신감은 이제 그만 버리자. 정부가 공공재 공급을 위한 명분으로 엄청난 세금을 거두어들일 때 기업들은 엄청난 금액의 자선용 기부를 한다. 자선을 위한 기부행위는 분명 공공재에 속하지만 정부는 고작 기부금에 대한 세액공제 혜택을 주고서는 생색내는 데 몰두한다. 이제 공공재는 정부가 과도한 독점력을 수호하기 위한 전가의 보도가 아니다. 기업이 투자 원금 대비 상당한 수익을 내지 못하면 시장에서 퇴출되는 것과 마찬가지로 정부도 엄청난 세금을 자원으로 사용하여 그에 상응하는 편익을 창출하지 못한다면 퇴출되어야할 것이다. 정부도 본질적으로 주주이자 고객인 국민에게 성과를 약속한 일종의 큰 기업이기 때문이다. 정부가 탐욕을 내려놓는 데 게으름을 피운다면 영화 로보캅이 현실이 될 날이 멀지 않은 듯하다.

제3장

왜 미세먼지 문제는 해결되지 않는가?
집단행동의 딜레마

봄이 되면 대한민국 호에 탄 국민들의 고통거리가 등장한다. 바로 미세먼지이다. "제발 숨 좀 쉬고 살자."는 하소연과 "정부는 뭐하고 있나?"라는 원성이 전국을 들끓지만 그 해결은 요원해 보인다. 미세먼지 제거시설 설치에 막대한 비용이 들기 때문인가? 중국 발 미세먼지라서 외교의 장애물 때문인가? 아니면 정부가 해결할 의지가 없어서인가? 원인과 대책에 대해 무수한 논쟁이 전개되지만 정작 본질은 지나쳐 버린다. 미세먼지 문제의 본질은 돈의 문제이다.

한국 초미세먼지 농도 OECD 중 최악

[2019. 3. 25일자 동아일보 기사]
2010년 이후 8년 연속 가장 높아… OECD 평균－일본의 2배 수준
"火電비중 높은 국가 공기質 나빠"
한국의 초미세먼지(PM2.5) 농도가 경제협력개발기구(OECD) 국가 중 가장 높은 것으로 나타났다. (중략) 글로벌 에너지 기업 BP에 따르면 초미세먼지 농도가 높은 국가는 석탄화력발전 비중이 큰 것으로 나타났다. 인도와 중국의 석탄화력발전 비중은 각각 76.2%, 67.1%였으며 한국은 46.2%였다. 한국의 석탄화력발전 비중은 OECD 전체 회원국 평균(27.2%)은 물론이고 전 세계 평균(38.1%)보다 높았다. 한편 정부는 미세먼지 등 대기오염 물질을 줄이기 위해 충청과 수도권의 석탄화력발전소 36기 중 일부를 폐쇄하거나 액화천연가스(LNG) 등 친환경 연료 발전소로 전환하기로 했다.

미세먼지와 같은 환경오염은 산업화가 진행된 거의 모든 나라가 짊어진 최악의 업보다. 그런데 유독 미세먼지 문제는 한국에서 심하고 그 해결의 실마리

가 보이지 않는다. 정부와 환경 전문기관에서 다양한 원인진단과 대책을 쏟아내고 있지만 정작 제대로 된 진단과 처방은 없다. 언론에서도 자극적인 문구로 독자들을 선동할 뿐 피상적인 분석에 그친다. 위 신문기사는 한국의 미세먼지 문제가 석탄화력발전 비중이 높아서 발생하는 것이라는 진단과 그에 따라 친환경 연료 발전소의 증설이 필요하다는 처방을 내놓는다. 그렇다면 대부분의 석탄화력발전소들이 지방의 해안가나 산악지대에 설치되는데 왜 수도권이 가장 심각한 미세먼지 오염도를 나타내는가? 이제 눈 가리고 아웅 식으로 대중을 호도하는 엉터리 분석을 그만 하자. 괜한 종이 낭비, 전파 낭비 아니겠는가?

미세먼지 문제가 해결되기 어려운 원인의 근저에는 이 문제에 대한 접근의 사고방식에 편견이 자리 잡고 있기 때문이다. 이 편견의 원인 제공자는 바로 탁상공론에 빠진 주류경제학이다. 코우스(Ronald H. Coase, 1910~2013)는 이런 편견에 혹독한 비판을 가했다.

미세먼지를 발생시키는 행위자는 분명 존재하지만 그로 인한 피해자에게 손해를 배상하지는 않는다. 미세먼지를 만들어내는 행위자가 중국이든, 국내의 화력발전소와 자동차이든 행위자들은 경제적 활동을 하면서 이득을 보지만, 이로 인해 한국 국민의 후생(welfare, 복지)이 줄어드는 것에 대해 이떤 책임도 지지 않으려 한다. 이처럼 한 사람의 행위가 제3자의 경제적 후생에 영향을 미치며 보상은 따로 이뤄지지 않는 현상을 '외부효과(externality)'라고 말한다. 다시 말해 외부효과란 '생산자나 소비자들의 어떤 경제 행위가 사회 전체나 시장에 참여하지 않은 제3자에게 의도하지 않은 이익이나 손해를 줌에도 불구하고 그에 대한 대가를 받거나 지불하지 않는 경우'를 의미한다. 즉, 외부효과는 시장 '내부'에서 해결되지 않는 현상을 지칭하는 용어이다.

외부효과와 파생적 외부효과

외부효과는 개인이나 기업 등이 제3자에게 이익이나 손해를 주면서 이것이 시장에서 거래되지 않는 현상으로서 시장실패의 원인으로 작용한다. 그러나 파생적 외부효과(derived externalities)는 정부 활동의 결과로서 나타나는 예상하지 못한 잠재적이고 비의도적인 파급효과와 부작용을 지칭하며 정부실패의 원인으로 작용한다.

외부효과는 크게 2가지로 구분된다. 쌍방 간의 거래행위가 없이도 이득을 주는 효과를 외부경제(external economies)라고 하고, 제3자에게 손해를 끼치는 효과를 외부비경제(external diseconomies)라 한다.

첫째, 소비자가 소비하거나 생산자가 생산하면서 부수적으로 좋은 영향(이익)을 주는 경우가 있다. 예컨대 홍길동이 자신의 집에서 음악을 감상하고 있는데 그의 집 옆에 위치한 병원의 환자들이 음악 치료 효과를 얻는 경우는 소비자에 의해 긍정적 외부효과가 생성되는 사례이고, 양봉업자가 벌을 키우는데 그 주변 화원들의 꽃 재배에 도움을 주는 경우는 생산자에 의해 긍정적 외부효과가 생성되는 사례이다. 이런 경우에는 소비자나 생산자는 당연히 좋은 영향에 대한 대가를 금전(돈)으로 받아야 하는 것이 시장의 이치라고 볼 수 있다. 그런데 이런 상황에서 어떤 대가를 당연히 받아야 하는 것을 받지 않고 생산 또는 소비하는 경우에는 "소비 또는 생산에 외부경제가 발생한다."라고 부른다. 이와 관련해서 공공재는 특별한 종류의 외부성으로 볼 수도 있다. 예컨대 시골에서 멧돼지를 박멸할 특별한 장치를 개발하여 설치한 경우에 개발된 장치는 특정 가구의 농산물을 보호하지만 그 마을의 전체에게 후생증진효과를 가져온다. 즉, 외부경제가 발생한다.

둘째, 소비자가 소비하거나 생산자가 생산하면서 부수적으로 나쁜 영향(손해)을 주는 경우가 있다. 예컨대 지하철 안에서 한 승객이 시끄러운 소리로 전화 통화를 하는 경우는 소비자에 의해 부정적 외부효과가 생성되는 사례이고 중국 공장에서 미세먼지를 발생시켜 한국 국민이 고통을 받는 경우는 생산자에 의해 부정적 외부효과가 생성되는 사례이다. 이런 경우에는 소비자나 생산자는 당연히 나쁜 영향에 대해 피해를 입은 상대방에게 손해배상을 금전(돈)으로 지급해야 하는 것이 시장의 이치라고 볼 수 있다. 그런데 이런 상황에서 어떤 손해배상을 당연히 지급해야 하는 것을 지급하지 않고 소비 또는 생산하는 경우에는 "소비 또는 생산에 외부비경제가 발생한다."라고 부른다.

주류경제학의 여러 흐름 중에서 특히 후생경제학이라 불리는 학파가 외부효과 문제에 집중했는데, 후생경제학을 집대성한 피구(A.C.Pigou)는 외부효과를 '개인의 비용(private costs)'과 '사회비용(social costs)' 간의 괴리(divergence)로 진단하고 이에 근거한 처방을 내렸다. 피구의 논리를 따라가 보자.

외부효과가 없는 시장에서 사회적 후생은 극대화된다. 그 이유는 수요곡선과 공급곡선의 의미에서 당연히 도출된다. 수요곡선은 판매되는 상품의 마지막 한 단위를 수요자가 소비할 때 느끼는 한계효용(최대가격)의 크기를 표시한다. 마찬가지로 공급곡선은 판매되는 상품의 마지막 한 단위를 공급자가 생산하기 위하여 드는 한계비용(최저가격)의 크기를 표시한다. 정부개입이 없으면 시장에서 수요곡선과 공급곡선이 교차하는 점에서 균형에 도달한다. 따라서 소비자의 합리적 선택행위의 원칙은 '한계효용＝한계비용(가격)'이 일치하는 점에서 소비하는 것이다. 그리고 생산자의 합리적 선택행위의 원칙은 '한계수입＝한계비용(가격)'이 일치하는 점에서 생산하는 것이다. 소비자의 한계효용이나 생산자의 한계수입은 모두 한계편익과 같은 말이다. 외부효과가 없는 경우에는 사적 한계편익이 사회적 한계편익과 일치하고, 사적 한계비용이 사회적 한계비용과 일치한다. 그러나 외부효과가 존재하면 사회적 한계비용(SMC)과 사적 한계비용(PMC) 간에, 그리고 사회적 한계편익(SMB)과 사적 한계편익(PMB) 간에 괴리가 발생한다. 외부효과가 발생하는 순간 아래의 공식에서 외부적 한계비용과 외부적 한계편익이 0보다 큰 값이 되므로 양쪽 항은 일치하지 않게 된다.

- SMC(사회적 한계비용)＝PMC(사적 한계비용)＋EMC(외부적 한계비용)
- SMB(사회적 한계편익)＝PMB(사적 한계편익)＋EMB(외부적 한계편익)

외부경제가 존재할 때 자원의 과소 소비와 과소 생산

1. 소비에서 외부경제가 존재할 경우

소비자들이 마당에 꽃밭을 가꾸거나 마당에서 아름다운 음악을 감상하는 경우를 가정하자. 소비자는 꽃밭을 가꾸거나 음악 감상을 하는 소비행위를 통해서 일정한 편익(효용)을 누린다. 이러한 편익(효용)을 누리기 위해서는 그 소비행위를 위해 소요되는 비용을 지불해야 한다.

만약 길 가는 행인들이 소비자의 꽃밭을 보거나 음악을 듣고 이에 대한 대가를 돈으로 소비자에게 지불하면 어떻게 될까? 소비자는 기존에 꽃밭 가꾸기나 음악 감상을 위해 지불해야 하는 가격 수준에서 더 많은 소비를 할 수 있게 된다. 그 이유는 소비자 입장에서 길 가던 행인이 지불한 대가가 일종의 새로운 소득으로 생각될 것이고 소비자의 소득 증가는 수요곡선을 $D_1 \Rightarrow D_2$ 와 같이 오른쪽으로 이동시킬 것이다.

▼ 그림 3-1 소비의 외부경제가 있는 경우

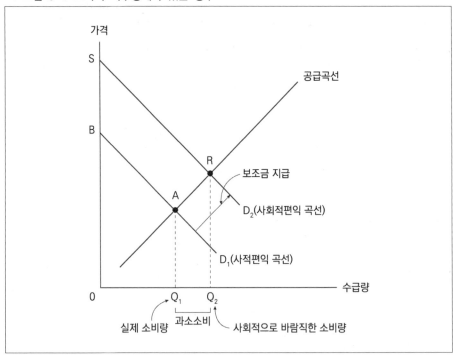

> • 사각형 OQ_1AB = 소비에 따른 사적 한계편익, 사각형 OQ_2RS = 소비에 따른 사회적 한계편익
> • 소비에 따른 사적 한계편익 $<$ 소비에 따른 사회적 한계편익

소비의 외부경제가 존재하는 경우에 사회적으로 바람직한 최적 소비량(Q_2)에 비해 실제 소비량(Q_1)이 더 작다. 따라서 만약 행인이 꽃밭이나 음악에 대해 대가를 지불하지 않을 경우 정부가 대신해서 소비자들에게 그 대가만큼 보조금을 지급해준다면 수요곡선이 D_1에서 D_2로 오른쪽으로 이동하게 된다. 그러면 기존의 균형점 A보다 새로운 균형점 R에서 더 큰 소비량을 소비하게 된다. 물론 이럴 경우 가격이 올라간다고 볼 수는 없다. 왜냐하면 정부가 보조금을 지급하여 소비에 따른 가격비용의 일정 부분을 줄여주기 때문이다.

2. 생산에서 외부경제가 존재할 경우

전기자동차를 생산하는 A자동차회사가 전기자동차를 만들어 판다고 가정하자. A사는 자신의 한계비용과 한계수입이 일치하는 점에서 생산·판매할 것이다. A사의 공급곡선은 A사의 한계비용곡선이 된다.

그러나 전기자동차를 생산할 경우에는 여러 가지 사회적으로 좋은 효과를 발생시킨다. 예를 들면 연료효율이 높아 공해물질을 덜 발생시킴으로써 환경오염을 줄이는 효과가 있다. 그런데 이런 좋은 효과(편익)에 대해 A사가 시장에서 어떠한 반대급부도 받지 못하고 있다면 자신의 공급곡선에 따라 공급하려고 할 것이다.

이와 같이 외부경제가 있는 생산에 대해 일반 소비자들이나 정부가 그러한 외부경제의 가치에 대해 인정하고 그 대가를 금전으로 지불한다면 A사는 공급계획을 변경하려고 할 것이다. A사가 별도의 대가를 받는다면 생산비용의 보조를 받는 것과 같으므로 결국 생산비가 전반적으로 하락한 것과 같은 효과를 나타내게 된다. 따라서 A사는 기존의 공급곡선보다 더 오른쪽으로 이동한 공급곡선에 따라 공급하려고 하게 된다.

A사는 외부경제에 대한 대가를 받기 전에는 70만 대를 생산해서 3,000만 원에 팔고 있었다. 그런데 외부경제에 대한 대가를 받은 후에는 100만 대를 생

산해서 2,000만 원에 팔게 된다.

　이처럼 긍정적 외부경제가 발생하는 경우 실제 생산량은 사회적으로 바람직한 최적 생산량에 비해 더 작아서 과소생산하게 된다. 따라서 정부가 기업에게 보조금을 지급하면 공급곡선이 오른쪽으로 이동하여 사회적 최적 생산량 수준으로 생산량이 증가할 수 있다.

▼ 그림 3-2 생산의 외부경제가 있는 경우

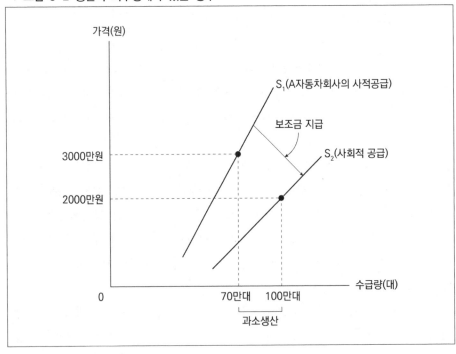

외부비경제가 존재할 때 자원의 과잉 소비와 과잉 생산

1. 소비에서 외부비경제가 존재할 경우

소비자들이 집에서 반려동물을 키우는 경우를 가정하자. 소비자는 반려동물을 키우는 소비행위를 통해서 일정한 편익(효용)을 누린다. 이러한 편익을 누리기 위해서는 그 소비행위를 위해 소요되는 비용을 지불해야 한다.

그런데 이런 반려동물 키우기 소비행위에는 이로 인해 이웃에 사는 사람들이 소음이나 냄새로 인한 피해에 따른 비용(편익의 감소)을 전혀 고려하지 않고 있다. 따라서 사회적으로 바람직한 소비량(Q_2)보다 많은 Q_1에서 실제 소비가 이루어지므로 과잉소비가 발생한다.

▼ 그림 3-3 소비의 외부비경제가 있는 경우

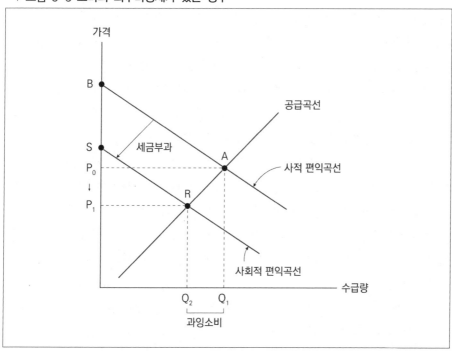

만약 이웃 주민들이 소비자의 반려동물 키우기에 불만을 표시하고 피해에 대한 손해배상 지불을 요구하면 어떻게 될까? 소비자는 기존에 반려동물 키우기

를 위해 지불해야 하는 가격 수준보다 더 많은 비용을 지불하게 되는 결과를 초래한다. 그 이유는 소비자 입장에서 이웃사람들에게 지불한 손해배상금이 일종의 새로운 비용으로 생각될 것이고, 결국 소비자는 자신의 소득이 감소한 것과 같은 것으로 생각하게 된다. 이와 같은 소득 감소는 수요곡선 자체를 왼쪽으로 이동시킬 것이다.

- 사각형 OQ_1AB = 소비에 따른 사적 한계편익(PMB)
- 사각형 OQ_2RS = 소비에 따른 사회적 한계편익(SMB)
- 소비에 따른 사적 한계편익(PMB) 〉 소비에 따른 사회적 한계편익(SMB)

2. 생산에서 외부비경제가 존재할 경우

B기업이 염색옷을 만드는 공장을 한강 상류에서 운영하고 있다고 가정하자. B기업은 자신의 한계비용과 한계수입이 일치하는 점에서 옷감을 생산·판매할 것이다. 그러나 B기업이 염색옷을 생산할 경우에는 여러 가지 사회적으로 나쁜 효과를 발생시킨다. 예를 들면 염색과정에서 공해물질을 많이 발생시켜 한강물을 오염시킴으로써 한강 유역에 살고 있는 주민들에게 큰 피해를 주는 효과가 있다. 그런데 이런 나쁜 효과(손해)에 대해 B기업이 시장에서 어떠한 손해배상도 지급하지 않고 있다면 자신의 공급곡선에 따라 공급하려고 할 것이다.

만약 외부비경제가 있는 생산에 대해 피해자들이나 정부가 그러한 외부비경제의 크기에 대해 그 배상 지불을 요구한다면 B기업은 공급계획을 변경하려고 할 것이다. B기업이 별도의 손해배상을 지불한다면 생산비용이 증가하는 것과 같으므로 결국 생산비가 전반적으로 상승한 것과 같은 효과를 나타내게 된다. 따라서 B기업은 기존의 공급곡선보다 더 왼쪽으로 이동한 공급곡선에 따라 공급하려고 하게 된다. B기업은 외부비경제에 대한 손해배상을 지불하기 전에는 옷감 1만 야드를 생산해서 2,000만 원에 팔고 있었다. 그런데 외부비경제에 대한 손해배상을 지불한 후에는 8천 야드를 생산해서 2,500만 원에 팔게 된다. 이처럼 부정적 외부비경제가 발생하는 경우 실제 생산량은 사회적으로 바람직한 최적 생산량에 비해 더 커서 과잉생산하게 된다. 따라서 정부가 기업에게 손해배상할 크기만큼 세금을 기업에게 부과하면 공급곡선이 왼쪽으로 이동하여 사회적 최적 생산량 수준으로 생산량이 감소할 수 있다.

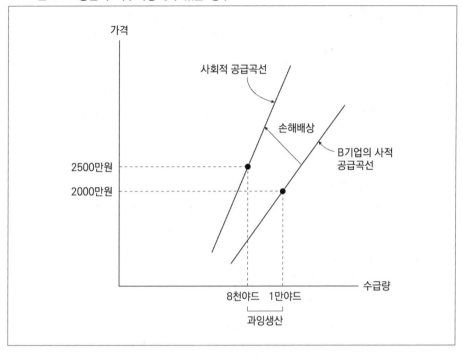

▼ 그림 3-4 생산의 외부비경제가 있는 경우

- 가격
- 사회적 공급곡선
- 손해배상
- B기업의 사적 공급곡선
- 2500만원
- 2000만원
- 수급량
- 8천야드   1만야드
- 과잉생산

　피구는 외부효과의 원인을 위와 같이 진단하고 나서 외부효과에 대한 정부의 공적 대응(시장개입)을 강력하게 촉구했다. 우선 외부비경제를 생성해내는 창출자(생산자)의 생산물 각 단위에 대해 효율적인 생산량 수준에서 한계손실과 일치하는 액수만큼 「피구세(Pigouvian tax)」를 부과하도록 제안했다. 예를 들어 한강에 오염물질을 배출하는 공장들에게 얼마큼의 세금을 부과해야 할까? 깨끗한 강물이나 공기 등과 같은 환경재에 대해서는 시장이 형성되어 있지 않기 때문에 그 가격을 알 수 없다. 그래서 환경재를 어떤 특정 용도에 과다하게 이용한 결과 다른 용도에 현저한 지장을 초래하더라도 이에 대해서 대가를 치르게 할 방법이 없게 되어 있다. 따라서 공권력에 의거해서 그 지장에 상응하는 만큼 환경재 이용에 대가를 치르게 함으로써 환경재에 적정 가격을 설정하는 것은, 환경재의 사회적 적정 이용을 유도하고 환경재를 포함한 모든 자원의 효율적인 이용을 달성하려는 취지를 갖는다.

다음으로 피구는 외부경제가 발생할 때, 최적생산량 수준에서의 재화 한 단위당 외부한계편익(EMB)만큼 「피구보조금(Pigouvian subsidy)」을 지급하는 방안을 제시했다. 이를 통해 외부경제를 발생하는 경제활동을 촉진시킬 수 있다.

한편 피구는 외부효과를 일으키는 행위자에게 법적 보상책임을 지우거나, 피해액에 상당하는 조세를 부과해 그런 행위를 억제하거나, 공해배출행위를 직접적으로 규제(**예** 공해방지시설 명령, 공장이전 명령)하는 것이 당연하다고 여겼다. 그러나 외부효과의 보상금액이 얼마인지 산정하기 어려운 경우, 정부가 직접 규제를 하기 위해 엄청난 행정 비용이 드는 경우에 피구의 처방은 무력해진다. 그럼에도 정부와 많은 전문가들은 이런 피구의 처방에 쉽게 도취된다. 그 이유는 주류경제학자들이 현실의 복잡한 문제를 칠판 위에 단순한 함수와 그래프로 대신해 표시하고, 그들 스스로 이 모든 과정에 대해 책임질 수 있다는 착각에 빠지기 때문이다. 외부효과 문제뿐만 아니라 일자리창출 문제, 최저임금 문제 등 현실의 수많은 난제에 대해 그들은 책상물림의 명백한 한계를 드러낸다. 이것은 강의실에서는 멋진 일이지만 현실은 그렇지 않다.

코우스는 피구의 이런 처방이 갖는 허점을 날카롭게 파고들었고 기존의 생각의 틀에서 한 단계 더 도약했다. 예를 들어 대형 노인요양병원 인근에 자동차공장이 들어서고 이 공장이 소음과 진동을 일으켜 병원의 진료행위에 심각한 지장을 주는 경우를 가정하자. 우리는 당연히 정부가 자동차공장으로 하여금 피해행위를 중지하도록 하거나 요양병원의 피해를 보상하도록 해야 한다고 생각한다. 즉, 자동차공장은 가해자이고 요양병원은 피해자라고 일방적으로 생각하는 경향이 있다. 그런데 이것만이 사회비용 문제의 전부는 아니다. 사회의 관점에서 보면 그 반대의 경우에도 사회비용의 문제는 야기된다. 즉, 이 사례에서 요양병원의 피해를 배제하려면 불가피하게 자동차공장에게 조업 중단, 벌금 부과, 공해방지시설 설치 등의 규제를 해야 하며 이것은 자동차공장에게 상당한 비용을 유발시킨다. 만약 자동차공장에게 엄청난 벌금을 부과하거나 공해방지시설 설치를 의무화하면 생산비용이 증가하여 자동차 판매가격이 상승하게 되므로 자동차 소비자들에게 비용이 전가될 것이다. 이런 의미에서 사회비용 문제는 쌍방적 성격(reciprocal nature)을 갖는다. 이와 같은 사회비용의 쌍방적 성격을 고려할 때 정부가 어느 한 쪽을 가해자 그리고 다른 한 쪽을 피해자로 규정해 단죄하는 개입이 당연할 수는 없다. 결국 요양병원의 운영권과 자동차공장의 운영권의 가치를 평가해서 어느 쪽이 더 중요한가를 판단해야 한다. 그럼 이 판단을 누가 할 것인가? 정부가 솔로몬의 지혜를 지녔다고 여러분은 기대할 것인가. 당연히 이 문제에 대한 답은 시장에서의 당사자 간의 거래와 협상결과에 따라 내려질 수밖에 없다. 따라서 당사자 간 거래와 협상이 효율적인 결과에 도달할 수 있도록 만드는 시장제도가 중요하게 부상된다. 즉 위 사례에서 요양병원과 자동차회사의 재산권과 상호 피해의 시장 가격(가치)이 얼마인가, 그리고 당사자 간 협상의 절차와 기준에 대한 제도(법)가 있어야 한다. 그런데 현실에는 이런 중요한 제도가 없는 경우가 다반사다. 이런 당사자 간 협상이 이루어지게끔 만드는 제도가 없거나 상당한 비용이 드는 경우 문제가 생긴다. 바로 이 지점에서 그 유명한 「코우스의 정리」가 성립된다.

> "외부효과로 인해 비효율성이 발생한 경우, 민간경제 주체들이 아무런 비용을 치르지 않고 자원배분에 관한 협상을 할 수 있도록 한다면, 시장에서 그들 스스로 비효율성 문제를 해결하고 자원을 효율적으로 배분할 수 있게 된다."

코우스는 기존의 주류경제학이 시장거래에는 아무런 비용과 제약이 없다고 한 가정이 우리의 현실세계와 전혀 들어맞지 않는 것이라고 비판했다. 우리가 시장에서 상품을 사고파는 과정이나 가해자가 피해자에게 보상을 하는 경우에 적절한 상품의 가격과 품질에 대한 조사비용, 보상의 기준과 금액에 대한 협상비용 등 상당한 거래비용(transaction cost)이 든다. 따라서 코우스는 아래의 강력한 명제를 제시했다.

> "거래비용이 0원이 아닌 조건 하에서는 애초의 권리획정이 경제시스템 작동의 효율성에 영향을 미친다."

이 명제가 상당히 어렵게 느껴지는데 어찌 보면 지극히 단순한 말이다. 이 명제는 결국 "시장에서 가장 비용이 적게 행동하는 사람이 이득을 보게 된다."는 말과 같다. 왜냐하면 현실에서 거래비용이 0원이 아닌, 즉 상당한 거래비용이 존재하기 때문에 이 거래비용을 최소화하는 거래를 성사시키는 사람이 이득을 보게 된다는 말이다. 주류경제학은 시장을 진공상태로 보았지만 코우스에게 시장은 치밀한 규칙 시스템 위에 올라선 무대로 보였다. 그래서 거래비용이 상당한 크기로 존재하는 현실에서는 법과 제도의 규칙시스템이 매우 중요하다. 결국 외부효과 문제는 정교한 규칙시스템 하에서 거래상대방이 협상하고 거래를 이루고 계약을 성사시킴으로써 해결될 수 있다. 코우스 정리는 시장실패가 발생한다고 해서 무조건 정부의 시장개입이 정당화되는 것은 옳지 않다는 것을 말한다. 이처럼 코우스가 쏜 비판의 화살은 항상 주류경제학자들을 향해 있다. 그는 학자들이 정부를 너무나 많은 문제의 해결사로 보고 내세우는 것, 경제사회 문제를 주의 깊게 검토하지 않은 채 성급하게 조세, 보조금, 규제 등을 통한 개입을 주문하는 것이 심각한 문제라고 보았다.

코우스의 관점에서 보면 미세먼지 문제는 원인 생성자와 피해자 간의 협상과 거래를 통해 해결하는 것이 바람직하다. 그러나 불행하게도 그런 협상과 거래는 전혀 이루어지지 않고 있다. 그 많은 환경단체들은 왜 입을 다물고 있는가? 원인 생성자인 중국정부와 피해자인 한국정부 간에 협상은 왜 이루어지지 않을까? 여기에는 집단행동의 딜레마가 작용하기 때문이다.

"백지장도 맞들면 낫다."라는 속담이 있다. 혼자 하는 것보다 여러 사람이 함께 뭉쳐 일하면 더 효과적이라는 뜻이다. 그런데 여러 사람이 함께 사용하는 공해상의 물고기는 빠르게 고갈되고 아름다운 숲과 깨끗한 하천은 쉽게 파괴된다. 자원고갈과 환경파괴와 같은 문제는 어느 한 개인이 해결할 문제가 아니라 여러 사람이 집단적 행동(collective action)으로 해결해야 할 문제이다. 그러면 집단 공동의 문제가 쉽게 해결되지 못하는 이유는 뭘까? 이런 문제의 근원을 파헤친 이론이 '집단행동의 딜레마'이다. 집단행동의 딜레마란 특정 집단 또는 잠재적 집단의 구성원들이 공통으로 직면한 문제를 스스로 해결하지 못하는 상태를 말한다. 즉 집단 구성원들이 문제를 해결하면 모두 혜택을 받을 수 있으므로 당연히 비용부담을 하고 해결해야 하는데도 불구하고 구성원들이 비용부담을 회피하여 문제가 해결되지 못하는 모순된(딜레마) 상태가 발생하는 것이다. 환경오염 문제가 대표적인 사례이다. 우리나라에서 미세먼지 문제로 인해 모두 고통받기 때문에 당연히 해결되어야 할 것 같지만 결코 해결되지 않는다. 왜? 미세먼지를 없애면 모든 국민, 즉 불특정 다수인이 혜택을 본다. 모든 사람이 혜택을 보기 때문에 누구도 나서서 이 문제를 해결하려고 목숨 걸고 적극적으로 나서려

하지 않는다. "내가 안 해도 누군가 나서서 미세먼지를 해결하려 하겠지…" 뭐 이런 심리인데… 이런 걸 '무임승차(free rider)'라고 한다. 공공재의 비배제성 때문에 무임승차 문제가 발생한다고 설명했다. 환경오염과 같은 공동의 문제에서도 무임승차 현상은 발생한다. 물론 대통령 선거에서 미세먼지 문제는 큰 이슈가 되었고 모든 후보들이 이 문제 해결을 공약으로 내세웠다. 그러나 정작 대통령으로 당선된 후에는 이 문제를 해결할 의지를 잃어버린다. 그 이유는 5년 단임의 대통령 임기 때문에 더 이상 더 많은 표를 통해 얻을 수 있는 편익은 감소하는 반면 미세먼지 문제를 해결하기 위해 들여야 하는 노력의 비용은 훨씬 더 크기 때문이다. 이런 행동은 대통령 입장에서도 합리적인 선택이 된다. 대통령 입장에서 자신과 추종세력에게 큰 떡고물(이득)을 안겨 주어서 합리적 선택의 대상이 될 만한 프로젝트들은 미세먼지 이외에 대형국책사업, 대북경협사업 등 너무도 많다.

　　미세먼지 해결을 위해서는 미세먼지를 발생시키는 오염원을 없애야 한다. 그러나 중국에 있는 공장과 자동차 소유자들이 스스로 막대한 비용을 들여서 미세먼지를 줄이려는 장비를 설치할 리가 없다. 더욱 가관인 것은 이런 오염 생성자들은 외부비경제 효과를 통해 이득을 보기 때문에 적극적으로 자신들을 방어하고 국회와 정부, 언론 등을 상대로 로비해서 현상유지하려고 목숨 걸고 뛴단 것이다. 이런 작은 숫자에 불과한 오염발생자들의 저항력은 오히려 수많은 피해자의 힘보다 더 세다. 따라서 미세먼지 문제 해결로 혜택을 보는 불특정 다수인들은 미적미적거리며 무임승차하려 하는 반면에 미세먼지를 발생시키는 소수의 집단들은 강하게 결속하고 저항하기 때문에 이 미세먼지 문제는 아무리 시간이 흘러도 변화가 일어나지 않는다. 이런 문제는 결코 해결되지 않는다.

　　이에 반해 특정집단이 강력하게 지지를 하면 쉽게 실현되는 경향이 있는데, 그 이유도 같은 맥락에서 이해할 수 있다. 예를 들어 민주노총이 최저임금 인상을, 그리고 전국교직원노동조합(약칭 '전교조')이 수시전형 확대를 강력하게 지지하는 사례들이 이에 해당한다. 민노총과 전교조는 작은 집단이지만 강한 조직력을 가지고 정권을 지원하여 공생한다. 이들이 강하게 밀어붙여 최저임금이 급격히 인상되며, 정시전형 축소와 수시전형 확대가 이루어지는 것이다. 이에 반해 최저임금 인상으로 피해를 보는 다수의 자영업자들과 정시전형 축소로 피해를 보는 다수의 흙수저 아이들은 힘이 없다. 자영업자들은 하루하루 먹고 살기 바쁜데 어찌 단결해서 데모하고 파업할 수 있겠는가? 학생부종합전형이란 무기로 학생들의 목줄을 쥐고 있는 전교조 교사 아래의 가난한 학생들이 어찌 단결해서 정시모집 확대를 주장할 수 있겠는가? 당연히 못한다. "그냥 남들이 해주겠지." 하는 무임승차의 마인드가 팽배하다. 그러므로 다수의 물렁물렁한 집단이 소수의 강한 응집력 있는 집단에게 번번이 깨지는 것이다. 결국 집단행동의 딜레마는 사회의 보편적인 현상이 되어버린다.

정부가 미세먼지 문제를 해결하지 못하는 이유에 명쾌한 근거를 제시한 학자가 바로 올슨(M.Olson)이다. 그는 저서 「집단행동의 논리(The Logic of Collective Action)」(1965년)에서 조직의 크기에 따라 집단행동의 딜레마가 발생할 수 있다고 주장했다. 올슨은 '합리성'이란 개인의 본성이 이기적인가 이타적인가의 문제가 아니라, 어떠한 목적을 달성하기 위해 가장 능률적이고 효과적인 방법을 이용하는가의 문제라고 보았다. 예를 들어 무임승차는 사람의 이기심에서 비롯된 행위가 아니라 집합재(＝공공재, collective goods) 혜택을 획득하는 과정에서 비용을 최소화하고 편익을 극대화하는 방법의 일환으로서 선택한 행위이다. 국방안보, 치안, 인프라 등과 같은 집합재는 필요한 양보다 적게 공급된다(과소생산). 올슨은 이를 필연적으로 봤는데, 왜냐하면 인간이 '완전한 합리성'을 갖춘 존재이기 때문이다. 인간은 언제나 완전한 정보를 바탕으로 계산을 한다. 비용 대비 편익이 얼마가 될 것인가를 계산하는 존재로 가장 적은 비용으로 본인에게 가장 큰 편익이 되는 것을 취하려고 한다. 그래서 집합재가 갖춰져만 있다면 거기서 혜택만을 누리려 하지 생산에는 참여하려고 하지 않는다. 예를 들어, 비정규직 협회가 비정규직 임금인상을 위해 싸운다면 회원 개개인은 그 임금인상이라는 혜택만 누리고 싶어 하지만 시위에는 참여하지 않으려 한다. 그래서 조직 안에서 집합재를 생산한다고 했을 때 참여하는 비용이 집합재로부터 얻을 수 있는 혜택보다 작은 구간까지만 참여하고 그 이후에는 참여하지 않는다. 기존의 조직이론은 조직 구성원들이 소속된 조직의 크기와 무관하게 모두 동일한 원리로 작동한다고 가정했다. 그러나 올슨은 조직을 크기에 따라 3가지로 분류한 후 조직 크기에 따라 구성원들의 행동 패턴이 달라진다고 분석했다.

첫째, '소집단'은 집합재 생산에 따른 비용보다 편익이 더 크다. 그 이유는 본인의 기여도가 그룹의 생산물에서 차지하는 비중이 높기 때문이다. 그리고 이런 경제적인 여건에 더해서, 소집단은 사회적인 평판 제도(reputation system)도

잘 작동하기 때문에(면대면 의사소통 가능, 구성원 인지도 높음), 개인의 기여도 저하에 따른 평판(reputation)의 훼손이 곧 생산 미참여에 대한 처벌로 작동할 수 있다는 이점도 있다. 따라서 소집단은 경제적 여건, 사회적 여건 둘 다 잘 돼 있어 이중 축복받은(Double Blessed) 특권적 집단이므로 공공재를 잘 생산한다. 이런 현상은 '키티 제노비스 사건(Murder of Kitty Genovese)'에도 적용할 수 있다. 이 사건은 1964년 뉴욕 주 퀸스에서 캐서린 제노비스라는 여성이 늦은 밤에 귀가하던 길에서 강도에게 강간살해당한 사건이다. 그녀는 큰 목소리로 구조 요청을 하고, 근처 아파트에 살던 동네 사람들은 불을 켜고 사건을 지켜보았지만 그 누구도 사건 현장까지 가지 않았고 신고도 하지 않았다. 사건은 새벽에 약 35분 동안 일어났고 집에 불을 켜고 그녀가 살해당하는 장면을 목격한 사람은 총 38명이었다. 만약 이 사건에서 목격자가 둘밖에 없었다면 당장 신고했을 것이다. 이 사건으로 만들어진 '방관자 효과 또는 제노비스 신드롬'은 주위에 사람들이 많을수록 어려움에 처한 사람을 돕지 않게 되는 현상을 뜻하게 되었다.

소집단(특권적집단)이 잘 작동되는 이유는 '지배적 경기자(Dominant Player)' 현상에도 기인한다. 지배적 경기자란 생산에 100% 비용을 내면서까지 생산을 하는 주요행위자를 말하는데 이런 지배적 행위가 발생하는 이유는 '그럼에도 이득'이기 때문이다. 예를 들어 국제정치에서 패권안정이론을 지배적 경기자 현상으로 설명할 수 있다. 미국이 막대한 국방안보비용을 지불해가면서까지 동맹국의 안전을 챙기는 것은 패권국 지위를 유지하여 그 비용 이상의 이득을 얻기 때문이다. NATO 방위비 중에서 미국의 부담이 큰 비중을 차지하는 것도 이러한 맥락에서 설명할 수 있다. 나토의 28개 회원국은 국내총생산(GDP)의 2%를 의무적으로 방위비로 사용해야 한다. 하지만 이 의무조항을 지키는 국가는 미국(3.6%)과 영국(2.2%), 그리스(2.4%), 에스토니아(2.2%), 폴란드(2.0%) 등 5개국뿐이다. 특히 심각한 재정위기를 겪고 있는 그리스는 나토에서 미국 다음으로 높은 방위비 비율을 나타내고 있다. 유럽 최강 경제국인 독일의 방위비 비중은 1.2%에 불과하며, 프랑스도 1.8%에 머물고 있다.

둘째, '중규모집단'은 구성원 중 어느 한 명의 행동이 다른 구성원에 의해 명백히 지각되고 이에 대한 평판, 처벌 및 보상이 이루어질 수 있는 집단이다. 이런 집단에서는 집합재가 최적은 아니더라도 적정한 정도까지는 공급된다. 소규모의 자생적 노동조합이 이에 해당한다.

셋째, '대집단'은 규칙이나 법으로 정해놓고 강제력을 통한 처벌을 하거나 선택적 유인을 제공하지 않으면 집합재가 생산되지 않는다. 그 이유는 구성원 개개인의 기여도가 굉장히 낮아서 '나 하나쯤이야' 하는 생각도 크고, '비용＜편익' 구간이 짧기 때문이다. 또한 대집단은 구성원들이 모두 생산에 적극 참여하지 않고, 이득을 누리려고만 해서 파멸로 달려가는 양상을 보인다. 그래서 이중 저주받은(Double Cursed) 잠재적 집단이 된다. 국가(정부)가 미세먼지 문제를 해결하지 못하는 이유이기도 하다. 그러면 대집단은 어떻게 해야 소집단과 같은 힘을 발휘하게 될까? 대집단은 우선 잠재적 집단(latent group)에서 벗어나 특권집단이 되어야 한다. 이를 위해서는 선택적 유인(Selective incentive, 강제와 보상)을 적절하게 사용해야 한다. 예를 들어 미국에서 대집단인 노조가 강제를 사용하여 노조의 조직화와 생산 활동에 기여한 사실이 이를 잘 보여준다. 미국 노조는 처음에 조직화가 안 되는 소규모 그룹들이었고, 복지국가화에 따라 노조가 조합원들에게 제공하던 비집합적 혜택이나 특혜가 줄어들었다. 그럼에도 불구하고 미국 노조들은 시간이 흐름에 따라 '대규모'가 되고 '조직화'가 잘 되어 집합재(노조의 이득)를 잘 생산할 수 있도록 되었다. 이와 같은 노조의 변화 요인에는 유니온샵과 클로즈드샵 등의 강제가입 장치와 노동3권을 보호하는 와그너법이 크게 작용했다.

노조가입 방식

- 유니온샵: 노동조합이 당해 사업장에 종사하는 근로자의 2/3 이상을 대표하고 있을 때 근로자가 그 노동조합에 강제적으로 가입해야 하며 미가입 시 사용자는 해고의무를 부담한다.
- 클로즈드샵: 사용자가 반드시 노동조합원을 자격요건으로 노동자를 고용할 의무가 있다.
- 오픈샵: 근로자가 노동조합 가입 여부를 자유롭게 선택한다. 한국의 공무원노동조합법은 오픈샵을 채택하고 있다.
- 와그너법: 1933년 미국에서 뉴딜정책의 일환으로 제정된 노동조합 보호법이다. 단결권과 단체교섭권을 보호하기 위해 부당노동행위제도와 교섭단위제도를 도입함으로써 미국 노동운동이 획기적으로 발전하는 계기가 되었다.

또한 노조는 강압적 피켓라인이라는 강제적 참여방식을 사용했다. 노조에 가입하면 노동투쟁에서 강압적으로 피켓라인에 서게 함으로써 집합재 생산을 피

하지 못하게 한다. 이와 유사한 제도에는 '착한 사마리아인의 법'이 있다. 이것은 자신이 특별히 위험한 상황에 처하고 있지 않음에도 불구하고, 곤경에 처한 사람을 의도적으로 구조하지 않은 사람을 처벌할 때 쓰인다. 키티 제노비스 현상을 방지하기 위한 제도인데 도덕적 의무를 법적으로 규정하려는 것이며 프랑스에서 현재 시행 중이다. 얼마 전에 중국에서 시행된 '호인법 개정안'은 착한 사마리아인의 법을 계승시킨 것이다. 이 개정안은 곤경에 처한 사람을 도우려다 뜻하지 않게 상대방에게 피해를 입히더라도 민사 책임을 지지 않도록 하는 것이 핵심이다. 우리나라에서도 소방대원들이 화재 현장에서 주변의 자동차 등 시설물에 손상을 입힌 것에 대해 손해배상 책임을 면제 또는 경감하는 정책을 추진 중이다. 올슨은 노조의 강제가입과 의무적 활동참여방식이 노조의 조직화에 기여하고, 노조의 활성화를 성공적으로 만들었다고 설명한다.

또한 올슨은 집합재를 생산하고 국민들을 집합재 생산에 참여하도록 하는 주체가 '시장'이 아닌 '국가'가 되어야 한다고 주장한다. 개인의 이기심이 공공의 선을 달성한다는 믿음이 깨지고 오히려 시장실패를 초래하는 현실 앞에서 정부만이 그 해결의 주체가 될 수 있다. 그게 국가의 존재 이유이며, 이를 얼마나 잘 하느냐가 국가의 흥망성쇠를 결정한다고 보았다. 그러나 올슨의 책이 출간된 것은 1960년대이며, 그의 진단과 처방은 복지국가 시대를 배경으로 한다. 서구경제는 1970년대까지 후견주의에 입각해서 정부가 요람에서 무덤까지의 사회복지를 확대하고 케인즈주의에 입각해 재정지출 확대를 추진했다. 그 결과 1970년대에 2차례의 석유파동에 따른 스태그플레이션과 정부실패가 불거지면서 유모국가 (Nanny State)의 종말을 고했다. 바야흐로 시장을 최우선으로 하는 밀턴 프리드만 (Milton Friedman)의 통화주의 경제정책과 신자유주의 이데올로기가 주류적 흐름으로 자리 잡았다. 시장이 주류의 자리에 앉고 작은 정부의 기치가 드높아진 21세기에 미세먼지 문제에 대한 올슨의 진단과 처방이 한계를 갖는 것은 어쩌면 당연한 일이다.

미세먼지 문제를 한국정부와 중국정부 간의 게임 상황으로 분석해 볼 수도 있다. 미세먼지 생성의 책임을 한국과 중국이 각각 50%만큼 갖고 있고 이의 해결을 위한 전략의 선택을 한다고 가정하자. 이 게임에서 중국정부가 선택하는 전략이 무엇인지를 한국정부가 모두 알고 있다. 두 정부는 미세먼지 저감조치를 하는 전략과 이를 하지 않는 전략 중 선택한다.

'죄수의 딜레마(Prisoner's Dilemma)'는 집단행동의 딜레마를 보여주는 전형적인 사례이다. 죄수의 딜레마를 통해 왜 미세먼지 문제가 시장 기구에서 적절하게 해결될 수 없는지를 분석할 수 있다.

▼ 표 3-1 죄수의 딜레마(Prisoner's Dilemma)의 사례

(B의 보수, A의 보수)		A	
		부인	자백
B	부인	둘 다 1년형	B(15년형), A(방면)
	자백	B(방면), A(15년형)	둘 다 5년형

공범인 A, B가 경찰에 체포되어 자백 또는 부인을 선택할 수 있고 이에 대한 보수표가 표 3-1로 나타나 있다. A, B가 서로 협조의 가능성이 없고 서로가 어떠한 행동을 할지를 모르는 상태에서 A, B의 최적 전략은 자백하는 것이다. 왜냐하면 A, B 모두에게 '자백'이 '우월전략(dominant strategy)'이기 때문이다. 우월전략이란 상대방이 어떤 전략을 선택하느냐에 관계없이 자신에게 항상 유리한 결과를 가져다주는 전략을 말한다. 따라서 죄수의 딜레마 게임에서 균형은 두 경기자가 모두 자백하는 것이 된다. 게임에서 '균형(equilibrium)'이란 실현 가능성이 높은 결과를 말한다. 이 게임에서 두 경기자가 모두 우월전략을 사용해 모두 자백하는 선택이 이루어져 균형에 도달하므로 우월전략균형이라고 부른다. 결국 A, B가 모두 "부인"하여 1년 형을 살 수 있는 더 나은(사회적으로 바람직한) 상태를 달성하지 못하고, 모두 자백하여 둘 다 5년형을 받는 결과를 초래하여 사회적으로 매우 바람직하지 못한 상태에 도달한다. 이는 합리적·이기적 개인들의 이기적 행동이 사회적으로 최적의 결과를 가져온다는 시장의 논리(원리)에 정면으로 배치된다. 따라서 죄수의 딜레마 상황은 시장실패의 원인이 된다.

그러나 현실에서 모든 경기자가 우월전략을 지닌 게임 상황을 발견하기가 매우 어렵다. 따라서 우리는 우월전략균형보다 완화된 조건을 요구하는 균형의 개념을 알아볼 필요가 있다. 이런 완화된 조건의 게임 상황이 어떻게 균형에 도달하는지를 증명한 학자가 바로 존 내쉬(John Nash, 1928~2015)이다. 그는 상호협력이 상호 배신보다 더 좋은 결과를 가져온다는 것을 알면서도, 이성적인 참가자는 반드시 배신을 선택한다는 이론을 창안했다. 그리고 이러한 상호 배신의

결과를 '내쉬균형(Nash equilibrium)'이라 명했다. 내쉬는 참가자들이 논리적으로 게임을 하면 대부분 내쉬균형이 나타난다는 사실을 밝혀냈다.

내쉬의 일대기를 그린 영화 「뷰티풀 마인드」에서는 술집에서 벌어지는 게임 상황이 나온다. 1948년에 내쉬가 친구들과 함께 프린스턴 대학 근처 술집에서 손님으로 들어온 한 금발 미녀를 유혹하는 장면이다. 내쉬의 친구들은 아담 스미스의 주장에 따르면 개인이 이기적으로 자신의 이익을 추구할 경우 그것이 공공의 이익을 극대화하는 길이라고 했기 때문에, 각자 금발미녀를 차지하기 위해 노력하는 것이 최상의 결과에 도달하는 방법이라고 말한다. 그러나 그는 "모두가 금발미녀에게 접근하면 그녀는 응하지 않을 것이다. 거절당한 후 그녀의 친구들에게 접근하면 그녀의 친구들도 기분이 상해 응하지 않을 것이다. 하지만 처음부터 아무도 금발미녀에게 접근하지 않으면 서로 싸울 필요도 없고, 다른 여성들의 기분이 상할 일도 없을 것이다. 그게 유일한 성공전략이다."라고 주장한다. 이는 '모두'가 다르게 행동하면 '모두'가 좋은 결과를 얻게 된다는 뜻이다. 그러나 실제로는 각자가 금발미녀에게 접근하여 모두에게 나쁜 결과를 초래한다. 이 사건을 통해 내쉬는 내쉬균형의 개념을 창안했다.

내쉬균형은 상대방의 전략이 주어질 때 자신의 입장에서 최적인 전략을 말한다. 즉, n명의 모든 경기자들이 선택하고 있는 전략이 내쉬균형을 이룬다는 것은 각 경기자가 다른 경기자들이 당해 전략을 선택하고 있는 상황 하에서 자신만이 다른 전략으로 변경하여도 이득이 될 것이 없고 다른 경기자도 마찬가지인 상태를 말한다. 따라서 경기자들이 선택하고 있는 전략이 내쉬균형이 아니라는 것은 다른 경기자들이 이 전략을 선택하고 있는 상황 하에서 자신은 다른 전략으로 변경하는 것이 이득이 되는 경기자가 적어도 한 명 이상 존재한다는 것을 말한다.

철수와 영희가 각각 음식점을 개업하는 상황을 게임이론으로 분석해 보자. 철수는 피자와 빵 중에서 하나를, 영희는 김밥과 떡볶이 중에서 하나를 팔 생각이다. 각각의 음식을 팔았을 때 보수행렬이 표 3-2와 같이 나온다고 가정하자.

위에서와 같이 하나하나 가정하면, 철수 입장에서는 영희가 김밥을 팔 경우에는 빵을 선택하는 것이 이득이고, 영희가 떡볶이를 팔 경우에도 빵을 선택하는 것이 이득이므로 철수는 빵을 선택하는 것이 우월전략이 된다.

그러나 영희 입장에서는 철수가 피자를 팔 경우에는 김밥을 선택하는 것이

▼ 표 3-2 음식 판매 시 보수행렬

(철수의 보수, 영희의 보수)		철수	
		피자	빵
영희	김밥	(철 4, 영 10)	(철 7, 영 5)
	떡볶이	(철 6, 영 6)	(철 9, 영 6)

이득이고, 철수가 빵을 팔 경우에는 떡볶이를 선택하는 것이 이득이므로 영희는 우월전략이 존재하지 않는다. 결국 철수가 무조건 빵을 선택하여 팔려고 하므로 영희는 이에 대응하여 떡볶이를 선택하여 팔게 된다. 이처럼 '빵-떡볶이'에서 각자의 내쉬균형전략이 만났다. 철수와 영희는 여기에 균형이 이루어지면 상품을 굳이 바꾸려 하지 않을 것이다.

이처럼 내쉬균형이론은 게임에서 경쟁자들 사이에 벌어질 상호 위협과 반응의 역학관계를 미리 예측해서 수립된 각자의 전략들이 모두에게 최적의 선택이 되어 균형 상태에 이르게 된다는 것을 증명한 이론이다. 이 균형 상태에서 게임 참가자 중 누구 하나가 욕심을 부려봤자 자기 손해가 되기 때문에 이 균형 상태에서 변화는 일어나지 않는다. 이런 균형 상태에 이르기 위해서는 각 경쟁자들이 자기와 다른 모든 이들이 취할 행동으로 인해 다음에 일어날 상황을 미리 예측할 수 있어야 한다. 예를 들어 남한과 북한이 파괴적 무기를 보유하고 있는 상황에서 두 국가 중 어느 하나가 다른 국가를 공격한다면 결국 공멸하게 될 수밖에 없다는 예측이 가능하므로 모두가 팽팽한 균형을 이룰 수밖에 없다.

이제 미세먼지 문제를 게임 상황으로 분석해 보자. 중국 정부와 한국 정부는 미세먼지 저감 조치의 시행 여부를 놓고 치열한 경쟁을 벌이고 있다고 가정하자. 두 정부 모두 미세먼지 해결과 이를 통한 이득 획득을 위해 미세먼지 저감조치 시행 여부를 검토하고 있다. 이 게임은 비협조적 게임이라고 가정한다. 비협조적 게임이란 게임의 진행과정에서 경기자 사이의 대화나 협상의 여지가 없기 때문에 게임의 결과를 놓고 미리 구속력 있는 계약을 맺을 수 없는 게임을 말한다. 가위바위보 게임이나 과점시장에서 기업 간 가격인하 경쟁은 대표적인 비협조적 게임에 해당한다. 미세먼지 문제는 한국과 중국 사이에 정치적 충돌의 쟁점이 될 수 있기 때문에 서로 각자 독자적으로 행동한다고 가정하는 것이다. 이제 중국과 한국 정부가 모두 미세먼지 저감조치를 시행할 경우 경제적 이득은 각각 200억 달러와 80억 달러이다. 그리고 동시에 두 정부가 모두 미세먼지 저감조치를 시행하지 않으면 경제적 이득은 각각 120억 달러와 40억 달러로 감소한다고 하자. 만일 중국 정부만 미세먼지 저감조치를 시행한다면 중국 정부의 경제적 이득은 90억 달러로 감소하고 한국 정부의 경제적 이득은 100억 달러로 증가하며, 반대로 한국 정부만 미세먼지 저감조치를 시행한다면 중국 정부의 경제적 이득은 210억 달러로 증가하고 한국 정부의 경제적 이득은 50억 달러로 감소한다.

▼ 표 3-3 미세먼지 대책의 보수행렬

(중국의 보수, 한국의 보수)		한국 정부	
		저감조치 함	저감조치 안 함
중국 정부	저감조치 함	(200, 80)	(90, 100)
	저감조치 안 함	(210, 50)	(120, 40)

[표 3-3]의 보수행렬표에 의하면 중국 정부가 어떤 전략을 선택하는가에 따라 한국 정부의 최적 전략은 달라진다. 반대로 한국 정부가 어떤 전략을 선택하든 상관없이 중국 정부의 최적 전략은 '저감조치 안 함'으로 동일하다. 따라서 이 게임에서는 중국 정부만이 우월전략을 지니기 때문에 우월전략균형이 존재하지 않는다. 그렇다면 한국 정부의 최적 전략은 무엇인가? 한국 정부는 상대방이 '저감조치 안 함'이라는 우월전략을 선택한다고 예상하기 때문에, 자신의 최적전략은 '저감조치 함'이라고 판단한다. 따라서 게임의 균형은 중국 정부가 전략 '저감조치 안 함'을 선택하고 한국 정부는 전략 '저감조치 함'을 선택하는 것이며, 이 균형에서 두 정부는 각각 210억 달러와 50억 달러로 총 260억 달러의 경제적 이득을 얻는다. 물론 이 균형상태는 두 정부가 모두 전략 '저감조치 함'을 선택해서 얻게 되는 각각의 경제적 이득인 200억 달러와 80억 달러로 총 280억 달러에 비해 턱없이 작다. 그러나 한국과 중국의 어느 정부도 이 균형상태에서 벗어날 유인(incentive)이 없다. 결국 두 정부가 이 균형상태의 결과보다 높은 경제적 이득을 얻을 수 있는 결과가 가능함에도 불구하고 개별적 합리성에 기초한 선택 때문에 열등한 내쉬균형이 이루어지는 것이다. 많은 사람들은 미세먼지의 주요한 원인 제공자가 중국이라고 생각한다. 그러나 한국민을 고통으로 몰아넣는 미세먼지 문제가 왜 그토록 중국과의 관계에서 해결책이 나오지 못하는지를 내쉬균형은 말해 준다.

고스톱, 포커, 로또, 경마 등 수많은 게임에서 참가자들이 오직 금전적 이득을 얻기 위해 상대방을 게임의 상대로 바라본다. 게임에는 오직 이득과 손실의 계산만이 존재하고 그래서 모든 의사결정과 그에 따른 결과는 숫자로 표시된다. 즉, 게임은 이성이 지배하는 세상이다. 게임이론은 미세먼지 문제가 해결될 수 없다고 결론 내린다. 사람의 이성이 해결할 수 없는 문제라는 말이다.

그러면 이성이 아닌 감성으로는 미세먼지 문제를 해결할 수 있나? 우리는 길 위의 상처 입은 강아지를 보면 슬픔을 느끼고 다가선다. 지하철 계단에 앉아 있는 노숙자에게 동전을 주는 행위도 연민의 감성에서 우러난다. 그런데 집단으로 가면 그 연민의 감성이 어디론가 사라지고 그 자리에 광기가 들어선다. 따라서 미세먼지 문제를 집단의 광기라는 감성의 차원으로 끌고들어 갈 수도 있다. 지구 상공에서 찍은 인공위성 사진은 중국 내몽고 지역에서 솟아오른 황사가 동쪽으로 휘몰아쳐서 한반도를 뒤덮는 모습을 여실히 보여준다. 그러나 13억이 넘는 그 거대한 중국인 집단 중에서 한반도에 사는 한민족의 고통에 대해 문제를 제기하는 사람은 없다. 그 흔한 시위 한 번 일어나지 않는다. 독일어로 '샤덴프로이데(Schadenfreude)'라는 심리학 용어가 있다. 'Schaden'은 고통을, 'freude'는 기쁨을 뜻한다. 상반되는 두 의미가 합성된 이 단어는 타인의 고통을 보며 기쁨을 느끼는 감정이다. 타인에게 고통스러운 일이 발생하면 그만한 이유가 있을 거라고 추측하거나 나에게는 그런 고통스런 일이 발생하지 않아서 다행이라는 안도감이 교차한다. 상대방에게 가학적 행위를 통해 성적 만족을 느끼는 사디즘도 인간에 내재한 본성이다. 이런 마음이 집단 차원으로 가면 더욱 강화되는 이유는 집단의 응집력 때문이다. 사람은 집단에 속하기를 원하고 일단 집단에 속하면 그 집단과 일체가 되려고 노력한다. 또한 집단은 괴물처럼 스스로 구성원들을 집단에 머무르게 만드는 강력한 힘을 발휘한다. 그래서 개인은 집단에 속하면 자신을 잃어버리곤 한다. 개인이 팀에 속해 있을 때 100% 노력을 발휘하지 않고 게을러지는 현상인 '링겔만 효과(Ringelmann effect)'도 집단응집력의 증후군이다. 이런 사회적 태만은 다른 집단의 고통을 줄이려는 집단적 노력의 결핍으로 이어진다. 중국은 집단문화를 강조하는 유교가 수천 년 간 지배한 역사를 가지고 있다. 중국이라는 거대한 집단. 그 거대한 응집력이 미세먼지로 인한 작은 한민족의 고통을 외면하게 만드는 듯해서 씁쓸하다.

제4장

죽을 때도 줄서서 죽어야 하나?
규제정책과 지대추구행위, 독점

짧지만 산전수전 공중전의 수 만 가지 사건에 부딪히며 굴곡을 넘어야 했던 인생. 그러나 죽음만큼 큰 사건은 없다. 한 순간도 편할 수 없는 게 인생의 긴 여정이기에 삶을 마무리하고 저승으로 가는 길만은 편안한 꽃길이기를 바라는 것이 욕심일까? 그래서 많은 사람들이 웰빙(Well-being)에 이어 웰다잉(well-dying)을 꿈꾼다. 우리에게 죽음은 점점 일상이 되어 가고 있다. 고령화 사회의 당연한 모습이다. 최근 통계청이 발표한 '2017년 인구주택 총조사'를 보면 한국은 65세 이상 인구 비중이 14%를 넘는 고령사회에 진입하고 있으며 2026년에는 65세 이상 인구가 20% 이상인 초고령사회로 진입할 것으로 추정된다. 인간 100세 시대가 열렸다고 언론은 호들갑을 떨지만 길어진 수명만큼이나 삶의 질이 얼마큼 나아졌는지에 대한 고민은 보이지 않는다. 그러니 어떻게 죽음을 맞이해야 하는지, 저승길에 도사리고 있는 가시밭은 없는지에 대해 관심이 없다. 가족이나 지인의 죽음을 맞이해 장례 과정을 함께 한 사람이라면 한 번쯤은 경험해 보았을 거라고 짐작된다. 바로 화장장의 독점 문제이다. 장례식장에서 3일간의 장례를 마치면 가족은 고인을 모시고 화장장으로 가서 시신을 태우는 가슴 아픈 순간을 넘겨야 한다. 그런데 정부는 가족들의 가슴에 억장이 무너져 내리는 순간에도 돈과 권력 놀음에 심취한다. 우리나라에서 저승으로 떠나는 망자가 매년 평균 약 25 ~ 29만 명에 달한다. 최근 수년 간의 통계를 보면 이 사망자의 수가 조금씩 증가하고 있다. 출생률은 전 세계 꼴찌로 추락할 정도로 척박한 나라에서 이 땅을 등지고 저승으로 떠나는 사람은 계속 늘어나고 있다. 우리나라에서 장례 방식으로 화장이 차지하는 비율은 80%를 훌쩍 뛰어넘는다. 매장으로 인한 국토 잠식의 위험과 고비용에 대한 부담 등의 이유로 화장은 20년

전에 비해 약 4배 이상 증가했다. 이런 추세면 조만간 화장이 거의 100%에 가까운 장례 방식으로 자리 잡을 것이다. 그러나 현재 우리나라 화장장은 총 57개소로 모두 지방자치단체의 소유로 되어 있다. 사실상 '정부의 독점 구조'이다. 1년에 약 30만에 가까운 시신을 단 57개소의 화장장에서 소각해야 한다. 전국 장례식장은 800개소가 넘는데 화장장은 그의 1/10에도 못 미친다. 장례식장에서 화장장까지 먼 거리를 이동해서 화장 순번을 기다려야 하는 가족들의 어려움이나 고비용은 철저히 무시된다. 이런 시민의 불편이 터져 나오면 정부는 화장장의 공익적 성격을 내세운다. 과연 정부가 말하는 공익이란 게 뭔지 아리송할 뿐이다. 그저 시장을 독점해서 권력을 휘두르고 재정 팽창을 즐기려는 속셈으로만 보인다. 망자가 저승으로 떠나는 길 위에서도 줄서서 기다리게 만드는 게 정부다. 돌고 돌아 다시 온다는 인생길. 그러나 죽을 때도 줄서서 죽어야 하는 나라에 다시 오고 싶을까?

법률에 의하면 화장장은 기업 등 민간인이 설립·운영할 수 있도록 허용하고 있다. 현행 「장사 등에 관한 법률('장사법'으로 약칭)」 제14조에 의해 사설화장장을 설립하고자 하는 자는 기초 지방자치단체장에게 설치신고를 신청하면 된다. 물론 장사법에서 규정하고 있는 시설 등 요건을 충족해야 한다. 그러나 화장장을 설치하기 위해서는 넘어야 할 산이 장사법 말고도 즐비하다. 예를 들어 국토의계획및이용에관한법률, 수도법, 문화재보호법, 5대강수변구역관리법, 도로법, 하천법, 농지법, 산림법, 사방사업법, 군사시설보호법, 도시공원법 등 이루 헤아릴 수 없다. 그러나 여기서 그치지 않는다. 지방자치단체들은 조례를 만들어 장사시설 설치에 관해 추가적인 제한을 하고 있다. 대한민국 정부 규제의 미로는 세계 7대 불가사의에 추가해야 할 것이다. 이 규제의 함정에 한 번 빠져들면 결코 빠져나올 수 없기 때문이다. 우리나라에서 주택이나 공장을 직접 건축해본 대부분의 사람들이 하나같이 쏟아내는 탄성이 "죽어도 다시는 건축하지 않겠다."라는 것이다. 끝없는 정부 규제의 늪에 빠져 들어가다 보면 건물은 건물대로 엉망이 되고 엄청난 비용이 깨진다. 공장 하나 설립하는 데 필요한 서류가 토지용도전용허가 서류, 도시계획 관련 서류, 건축허가 서류 등 무려 100개에 육박한다고 하니 규제 지옥이 따로 없다. 작은 정부를 지향하는 미국은 외국인 투자유치금액에서 전 세계 1위를 달리지만, 살인적 정부규제망을 덫처럼 깔아놓은 한국은 국내기업이든 외국기업이든 모두 투자를 꺼려한다. 그래서 한국의 외국인 직접투자(FDI inflow) 금액은 전 세계에서 19위로 매우 부진하다. 또한 한국의 총고정자본형성(투자) 증감률도 2018년 이후 현재까지 내리막길로 추락하고 있다.

▼ 표 4-1 한국과 미국의 총고정자본형성(투자) 증감률(%) 추이

구분	2018년				2019년		
	1분기	2분기	3분기	4분기	1분기	2분기	3분기
한국	1.6	−3.8	−3.9	1.9	−2.8	1.6	−2.3
미국	1.2	1.2	0.2	0.5	1.0	0.0	−0.2

(출처: OECD, 한국경제인연합회)

화장장 역시 마찬가지다. 특히 지방자치단체는 국토계획법이라는 신통한 무기를 가지고 장난질을 한다. 현행 국토계획법에 의하면 지방자치단체장이 도시관리계획을 세워서 화장장 설치를 허가해 주어야 비로소 민간인이 화장장을 설치할 수 있다. 자치단체장은 공설화장장을 만들어 주무르고자 하는 욕망을 위해 민간인의 사설 화장장 설치를 차단해 버리기 다반사다. 국토계획법은 정부가 민간인을 옥죄는 데 성능 만점인 전가의 보도이다. 그래서 아직도 사설화장장이 전국에 단 하나도 없는 것이다. 이 풍진 세상을 떠나는 시민의 죽음 앞에서도 공익을 가장해 장사하는 것이 정부다. 이처럼 저승길에서조차 독점이 독버섯처럼 도사리고 있는데 속세에서는 더 판을 치는 게 어찌 보면 당연한 일이다.

명량 1,761만 5,437명, 신과 함께 − 죄와 벌 1,441만 1,502명 등 우리나라에서 상영된 영화 중 천만관객을 동원한 영화는 총 20편. 그중 한국 영화는 15개, 그리고 나머지 5개는 외화가 천만 관객을 달성했다. 그러면 천만 관객을 동원하는 힘이 오직 영화라는 상품에 대한 관객의 선호(Preference)에서 나온 것일까? 아니면 시장을 조종하는 배후의 손이 있는 것일까? 한국의 영화시장은 세계 8위이고, 한국인 극장 관람 횟수도 연 평균 4.25회로 전 세계 평균(1.9회)의 2배 이상에 달한다. 이처럼 큰 영화시장에서 소비자들의 자유로운 선택에 의해 영화 선호도가 결정될듯하지만 여기에도 '독점의 음모'가 도사리고 있다. 천만 관객을 돌파한 영화 '괴물'이 스크린 수 30%를 독점했고, '어벤져스'는 스크린수 80%를 독점했다. 1990년대부터 멀티플렉스 영화관이 영화시장을 장악하면서 전체 스크린 수의 90% 이상을 CJ와 롯데 단 두 개의 회사가 독점하고 있다. 물론 '스크린 상한제'이니 '투자와 배급의 수직계열화를 금지하는 영화 관련 법률 개정'이

니 하는 대책들이 정부와 국회에서 오래 전부터 쏟아져 나왔다. 그러나 현재까지 조금도 변화가 없다. 2017년에 개봉되었던 영화 '군함도'는 전체 약 3,000개의 스크린 중에서 무려 2,000개가 넘는 스크린을 집어삼켰었다. 그런데도 흥행은 부실했다. 영화가 소비자의 기호에 의해 팔린다며 경제논리를 앞세운 기업의 변명이 무색해졌다. 정부는 독점을 규제하겠다고 큰 소리를 치는데 영화관과 영화배급사는 눈썹 하나 움찔하지 않는다. 물론 수많은 영화배우나 감독들도 국산 영화 보호를 위한 스크린 쿼터제 사수를 외치면서도 정작 스크린 독점 문제에는 꿀 먹은 벙어리가 된다. 왜 그럴까?

독점은 한 개의 기업이 특정 시장을 완전히 장악하는 것을 말한다. 한국은 가장 큰 기업의 시장점유율이 50%가 넘으면 독점시장으로 본다. 시장점유율은 한 시장의 전체 거래량 중 특정 기업이 차지하는 비율이다. 물론 경제학이나 법률이 정의하는 독점시장은 현실에서 찾아보기 어렵다. 그러나 우리가 자동차, 항공, 영화, 통신, 담배 등 현실에서 접하는 대부분의 큰 시장은 소수 몇 개의 기업이 전체 시장을 좌우하는 과점 시장인데, 사실상 독점과 별다른 차이는 없다. 정부가 '공기업' 형태로 운영하는 한국전력공사, 코레일, KT&G 등은 독점기업이지만 공익을 이유로 독점 구조를 당연시하고 있다. 판매 구역을 좁게 획정하면 대학 내의 구내식당, 스키장의 편의점 및 식당 등도 독점시장이 된다. 이런 시장에서는 경쟁자도 없고 대체재도 없으므로 가격경쟁을 덜하거나 서비스가 나아지지 않는다. 휴가철에 해수욕장 등 관광지에서 벌어지는 바가지 가격은 좁은 지역의 독점 때문이다.

많은 사람들에게 '독점'이라고 말하면 '재벌'을 떠올린다. 재벌에는 문어발 경영, 족벌체제, 정경유착 등 무수히 많은 분홍글씨가 새겨져 있다. 영화 「마약왕(2018년 개봉)」은 재벌의 탄생을 만든 개발독재를 그려냈다. 영화는 '새벽 종이 울렸네, 잘 살아보세' 하며 보릿고개를 넘기 위한 전 국민적 관제 운동이 벌어졌고 성장의 미명 아래 모든 악행이 덮어진 1970년대를 배경으로 한다. 영화의 주인공 이두삼은 마약을 팔아 부를 축적하고 수출 역군으로 대통령 훈장까지 받는다. 그가 "애국이 별게 아니다! 일본에 뽕 팔면 그게 애국인기라!"고 한 말은 정권의 비호 아래 몸집을 불려간 재벌을 향한다. 수출이 선과 악의 기준이었던 시대. "이 나라는 내가 먹여 살린다."는 주인공의 자위처럼 재벌들은 한국호의 민초들을 먹여 살린다는 책임감(?)으로 시장을 장악했다.

시장 싹쓸이의 꿈을 이룬 재벌이 정말로 한국민을 먹여 살리고 있는가? 지금 우리 시대의 화두는 '양극화'다. 문어발이라 불리는 대기업은 동네 빵집과 슈퍼마켓까지 진출해서 마치 공룡처럼 작은 밤톨 하나 남기지 않고 먹어치운다. 재벌의 무지막지한 영토 확장을 막기 위한 제도였던 '중소기업 고유업종제도'는 2006년에, 그리고 '출자총액제한제도'는 2009년에 친시장정책의 구호 하에 폐지되었다. 이 결과 과거 중소기업의 고유 업종이었던 두부, 양말, 국수, 골판지상자 등에 대기업들이 무차별적으로 진출해 영세소기업들을 말살시키고 있으며, 15대 재벌의 출자액은 2010년에 3년 전인 2007년과 비교했을 때 85%가 늘어났고 계열사는 472곳에서 679곳으로 44%가 증가했다. 나라 안의 경제가 점점 대규모 기업 집단에 집중되고 중소기업이나 자영업이 먹고 살 길이 더 막막해지고 있다. 대기업은 전체 기업 수에서 0.3%(2,230개), 종사자 수에서 9%(약 207만 명)에 불과하지만, 매출액은 2,314조 원으로 전체 기업 매출(4,895조 원)의 47.3%를, 전체 영업 이익의 64.1%를 차지하고 있다. 종사자 1인당 영업이익 면에서 대기업은 8,800만 원인 데 비해, 중소기업은 900만 원에 그쳐서 10배의 차이가 벌어진다(2018년 통계청 통계기준). 이런 상황에서 만약 재벌이 은행업까지 장악한다면 독과점 구조는 더욱 강화될 것이다. 이를 막기 위한 제도가 금산분리규제인데 산업자본이 은행지분의 4% 이상을 소유하지 못하게 법으로 막아놓은 것이다. 한국에서 은행들의 자기자본비율(BIS)은 평균 6~7%(2018년 말, 신한 5.76%, 농협 4.33%, 씨티 11.64%, 우리 5.20%), 나머지는 모두 국민들의 예금이나 은행의 부채이다. 산업자본이 은행업으로 진출한다면 결국 국민의 예금으로 만들어진 은행이 대기업의 사금고가 될 수 있다.

국제결제은행의 BIS(자기자본비율)

국제결제은행은 은행이 국제금융시장에서 정상적으로 영업하려면 최소한 8%의 자기자본비율을 지켜야 한다고 권고한다(정부 권고 13%).

BIS(자기자본비율) = (기본자본 + 보완자본) / 위험가중자산 × 100

- 기본자본: 실질 순자산
- 보완자본: 자기자본에 포함될 수 있다고 판단한 자본(재평가적립금, 후순위채권 등)
- 위험가중자산: 자산 유형별로 위험도를 고려하여 가중치를 두어 평가한 가계대출 등

친기업 정책의 바람이 불면 내국인이나 외국인들이 은행 지분의 10%까지 소유할 수 있다는 점과 비교해서, 산업자본의 지분 제한을 완화하거나 폐지해야 한다는 주장이 거세게 일어난다. 이에 반해 정부는 경제민주화를 위해 독과점 규제를 강화하겠다고 말한다. 공정거래위원회는 1개사의 시장 점유율이 50% 이 상이거나 상위 3개사의 합계가 75% 이상인 경우 시장지배적 사업자로 지정해서 이들이 불공정 거래를 할 경우 일반 사업자보다 무겁게 처벌한다. 그러나 전체 기업 수에서 99%를, 전체 근로자 수에서 88%를 차지하는 중소기업은 여전히 대 기업과 불공정한 수직적 하청관계 속에서 허덕이고 있다. 정부의 말은 그저 위 로의 마사지에 불과하다. 기업들은 이 독과점 규제마저 완화하자고 로비한다. 다 먹고 싶은데 왜 막느냐는 것이다. 국세청 통계자료에 따르면 재벌의 경제력 집중은 가히 경이롭다. 지난 20년간 상위 10개 대기업이 보유한 토지 면적은 14.4배 증가했고, 시세로 추정할 경우 1,000조 원 가까이 늘어났다. 헬조선의 가 장 큰 원인은 불공정과 양극화인데, 그 뿌리는 부동산가격 폭등과 독과점 구조 에 있다.

그런데 독점보다 더 무서운 것은 독점이 그저 시장의 산물일 뿐이라는 대중 의 인식이다. 이런 오도된 인식은 시중에 나와 있는 경제학 교과서를 펼쳐보면 금방 알 수 있다. 자유시장경제의 원리를 가르친다는 주류 경제학이 시장을 완 전경쟁시장과 불완전경쟁시장으로 구분하고, 독점은 시장의 한 형태라고 설명한 다. 그러고는 '규모의 경제'라든가 '소비자 주권'이라든가 하는 어려운 용어를 사 용하면서 독점이 만들어지는 경제적 원리를 애써 해명한다. 그러나 이런 설명들 은 독점의 본질을 외면한 책상물림들의 한가한 숫자놀음에 불과하다. 독점의 본 질은 권력이기 때문이다. 독점은 시장에서 경쟁이 없거나 아주 약한 상태를 말 한다. 경쟁은 소금처럼 시장에서의 부패를 막는 장치이다. 다윈은 생물체가 경 쟁을 통해 자연에 최적화된 모습으로 변화되어 진화했다는 적자생존을 설파했 다. 이 적자생존의 본질은 경쟁에 있다. 경쟁으로 인해 나타나는 탈락자의 고통 을 부각시킨다고 해서 경쟁의 힘을 넘어서지는 못한다. 1990년대 초 거대한 공 산국가 카르텔의 붕괴는 이를 웅변한다. 노동자들끼리 경쟁하지 않고 능력만큼 일하고 필요한 만큼 나누어 갖자는 공산주의의 꿈은 그래서 허망하다. 마오쩌둥 은 농민들에게 무상으로 토지를 나누어 주는 토지개혁으로 농민들의 환심을 사 서 1949년 마침내 중국을 공산화했다. 이어서 1958년 모든 토지를 인민공사의 소유로 전환하여 공동생산과 공동분배를 밀어붙였으며, 토법고로라는 소규모 용광로를 전국에 200만 개 넘게 만들어 철 생산에 인민들을 강제 동원했다. 이런 대약진운동 시기(1958~1962)에 약 3,000만 명이 굶어죽는 대참사가 벌어졌다. 최근 디쾨터(Frank Dikotter) 교수는 저서 「마오의 대기근」에서 "마오는 인민의 목숨을 파리보다 하찮게 여겼다."며 마오가 공산당 일당독재 권력을 무기로 최소 4,500만 명이 넘는 인민을 조직적으로 학살했다고 주장했다. 식량과 철의 생산을 정부가 독점하여 노동력을 강제동원한 공산주의의 생산방식은 처참한 비극으로 끝났다. 당시 중국에서는 식량 부족으로 사람이 사람을 잡아먹는 인육풍속이 유행했다고 전해진다. 그럼에도 공동소유와 공동분배가 천국으로 이끌 거라는 공산주의의 달콤한 속임수를 찬양하는 무리가 우리 사회 도처에 넘쳐난다.

주류경제학에서는 시장에 참여하는 시장 형태를 표 4－2와 같이 4가지로 구분한다. 경쟁이 가장 완벽하게 이루어지는 '완전경쟁시장'에서는 가격이라는 보이지 않는 손에 의해 수요와 공급이 결정되어 자원배분이 효율적으로 이루어지고 '소비자잉여'와 '생산자잉여'의 총합이 최대가 된다. 말 그대로 이상향(ideal type)이다. 그래서 현실에서 완전경쟁시장을 찾아보기란 매우 힘들다. 그러나 완전경쟁시장의 작동 원리를 통해 그 대척점에 있는 독점의 폐해를 알 수 있다.

▼ 표 4-2 경쟁형태에 따른 시장유형의 분류

구분	완전경쟁	불완전경쟁		
시장형태	완전경쟁시장	독점적경쟁시장	과점시장	독점시장
공급자 수	무수히 많음	매우 많음	소수(2~5개)	하나
상품의 질	완전히 동질적	이질적 상품	동질, 이질적 상품	동질
시장 참여	항상 가능	항상 가능	가능하나 진입장벽 있음	매우 어려움
가격형성 방법	공급자와 수요자는 가격수용자	상품차별화	담합행위 (카르텔 형성)	공급자가 가격 결정
예	주식시장, 쌀시장	슈퍼마켓, 음식점	자동차시장	전기, 철도, 수도

완전경쟁시장에서 모든 기업(판매자)들은 '가격 수용자(price－taker)'이다. 예컨대 쌀 시장이 완전경쟁시장이라고 가정해 보자. 시장에서 쌀에 대한 수요와

공급이 균형을 이루어 만들어진 균형가격이 쌀 한 가마에 50만 원이라면, 쌀을 생산 판매하는 흥부는 자신이 생산한 쌀 100가마를 얼마든지 이 균형가격에 팔수 있다. 따라서 흥부는 쌀 100가마를 모두 팔기 위해 가격을 50만 원에서 단 1원도 내릴 필요가 없다. 반대로 흥부는 쌀 한가마당 50만 원에서 단 1원도 더 받고 팔 수 없다. 왜냐하면 흥부가 조금이라도 더 올려서 받으려고 하면 모든 쌀 구매자들이 흥부의 쌀을 사지 않고 다른 생산자의 쌀을 사버리기 때문이다. 수요곡선은 원래 우하향하는 형태를 갖고 있다. 그러나 완전경쟁시장에서 모든 기업들이 직면하는 수요곡선은 균형가격에서 수평선이 된다. 모든 기업들은 주어진 균형가격에 어떤 영향도 미칠 수 없으며 그 균형가격을 운명처럼 받아들여야 하기 때문이다. 이런 원리를 수평선의 수요곡선이라는 그림으로 표현하는 것이다. 이러한 완전경쟁시장에서 기업들이 수평선의 수요곡선을 갖는다는 점은 독점 등 불완전경쟁시장에서의 기업들과 결정적으로 다른 점이다. '불완전경쟁시장'에서 기업들은 우하향하는 수요곡선을 갖게 되는데 이것은 기업이 상품을 더 높은 가격에 팔기 위해서는 판매량을 줄여야 하며, 반대로 상품을 더 낮은 가격에 팔려고 한다면 판매량을 늘릴 수 있다는 것을 말한다.

▼ 그림 4-1 쌀 재화의 완전경쟁시장에서 시장수요곡선과 개별기업의 수요곡선

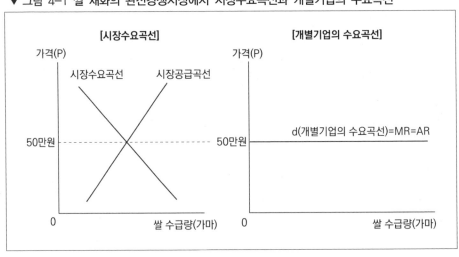

따라서 완전경쟁시장에서는 상품의 판매가격이 '한계수입(MR)' 및 '평균수입(AR)'과 같게 된다. 한계수입이란 쌀 한 가마를 더 팔 경우에 얻을 수 있는 총

수입의 증가분이므로 흥부는 언제나 쌀 한가마당 50만 원의 추가적인 한계수입을 얻게 된다. 따라서 쌀의 가격이 한계수입과 일치한다. 또한 평균수입이란 총판매수입을 판매량으로 나눈 값이므로 흥부는 언제나 쌀 한가마당 50만 원의 평균수입을 얻게 된다. 따라서 쌀의 가격이 평균수입과 일치한다.

완전경쟁시장에서 가격선(P)은 MR(한계수입)이 되고, 이 가격선과 MC(한계비용)곡선이 만나는 점에서 균형이 이루어진다. 따라서 기업의 이윤극대화 조건인 MR(한계수입)=MC(한계비용)이 가격 기구에 의해 달성된다. 그림 4−2에서 가격이 P_0점일 때의 생산량인 Q_0점이 이윤극대화 생산점이다. 만약 이 기업이 Q_1에서 생산하고 있다면 이 생산점에서는 MR〈MC이므로 생산량을 줄여감에 따라 이윤이 더 커진다. 반대로 만약 이 기업이 Q_2에서 생산하고 있다면 이 생산점에서는 MR〉MC이므로 생산량을 늘려감에 따라 이윤이 더 커진다. 따라서 기업은 이윤극대화 산출량 Q_0점에 점차 접근하여 생산량을 조절해 나갈 것이다.

▼ 그림 4-2 완전경쟁시장에서 기업의 단기생산 균형점

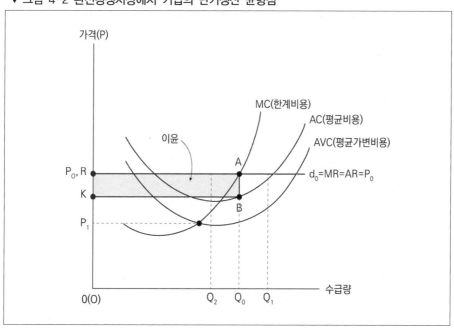

그런데 이 기업은 단기적으로 초과이윤을 얻고 있다. 그 이유는 이 기업의 총판매액은 사각형 $AQ_0 OR$이다(총판매액＝가격×판매량). 그리고 이 생산량에서 총비용은 사각형 $BQ_0 OK$이다(총비용＝평균비용×판매량). 따라서 이윤은 사각형 $ABKR$이다(이윤＝총판매액－총비용). 만약 쌀 시장에서 전반적으로 수요가 감소하여 쌀의 균형가격이 하락한다면 기업의 '초과이윤'은 점차 줄어든다.

만약 이 기업이 지속적으로 초과이윤 상태를 누리고 있다면 어떤 일이 벌어질까? 바로 여기서 진입의 장벽 여부가 문제된다. 완전경쟁시장에서는 진입의 장벽이 전혀 없다고 가정하기 때문에 어느 기업이 초과이윤을 누리고 있다면 다른 기업들이 시장에 참여하여 경쟁이 치열해질 것이다. 우리는 배추나 쌀 가격이 조금만 올라도 엄청나게 많은 농부들이 배추와 쌀 생산에 추가적으로 참여하여 즉시 배추와 쌀 가격이 하락하는 현상을 자주 목격한다. 이와 같이 완전경쟁시장에서는 장기적으로 기업들이 '초과이윤이 0이 될 때('정상이윤'만 얻을 수 있을 때)'까지 진입과 퇴출을 반복한다. 그러므로 그림 4－3(1)과 같이 장기적으로 가격이 평균비용의 최솟값과 같아져서 자원배분의 효율성이 극대화된다. 이 가격(P_0)에서 모든 수요가 충족될 수 있도록 기업의 수가 조정된다. 따라서 장기공급곡선은 그림(2)와 같이 이 가격에서 수평인 직선이다. 시장의 균형가격도 Po에서 결정된다.

▼ 그림 4-3 완전경쟁시장의 가격결정원리

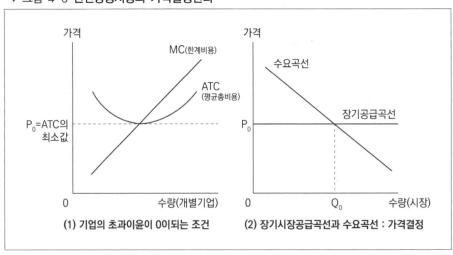

(1) 기업의 초과이윤이 0이되는 조건   (2) 장기시장공급곡선과 수요곡선 : 가격결정

그러면 불완전경쟁시장 중에서 독점은 어떤 현상이 나타날까? 독점기업은 다음 특징을 갖는다. 첫째, 유일한 판매자이다. 둘째, 대체 상품이 없다. 셋째, 가격설정자이다. 넷째, 높은 진입장벽이 존재한다.

독점은 규모의 경제, 기술(특허권)이나 원료의 독점 등 시장경제에서 자연발생적으로 발생할 수 있다. '규모의 경제(economy of scale)'란 기업이 생산량을 증가함에 따라 장기평균비용이 지속적으로 하락하는 현상을 말한다. 장기평균비용곡선의 최저점이 시장수요곡선의 오른쪽에 위치할 정도까지 규모의 경제가 존재하는 경우에는 자연스럽게 독점이 발생한다. 예컨대 그림4-4와 같이 자동차를 생산하는 A, B 두 개의 기업이 각각 500대씩 공급해서 시장 공급량이 1,000대인 경우 최소한 평균비용보다 큰 5천만 원 이상의 가격을 받으려 한다. 그러나 C기업이 혼자서 1,000대를 공급하면 평균비용이 4천만 원으로 하락하여 이 가격으로 공급할 수 있어서 독점이 발생한다. A, B기업들도 가격 인하의 압력을 받지만 가격 인하 시 손실이 발생하여 도산하게 된다. 이런 현상은 수요곡선과 평균비용곡선이 만나는 a점까지 계속된다. 만약 K기업이 a점의 생산량인 2,000대를 혼자서 공급할 수 있다면, 이보다 적은 생산량을 공급하는 다른 기업보다 더 낮은 가격으로 공급할 수 있어서 자연독점(natural monopoly)이 발생한다.

▼ 그림 4-4 **자동차시장의 자연독점**

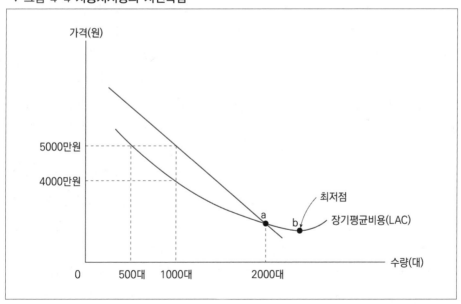

그러나 독점은 법과 제도의 규제로 인해 인위적으로 만들어질 수도 있다. 우리나라에서 나타나는 대부분의 독점 현상은 이런 정부 규제에 의해 창조된다. 한국의 공산품의 약 70% 이상이 독과점 기업에 의해 장악되어 있다. 또한 다국적기업은 전 세계적으로 시장 장악력을 무한히 확대하고 있다. 1990년대 이후 광풍처럼 밀려온 신자유주의의 본질은 개인의 권리를 거대 기업에게 넘기는 것이다. 유연화된 노동시장에서 노동을 파는 것만이 유일한 생존 수단인 노동자들에게 자유나 권리는 없다. 미국의 양심으로 불리는 노암 촘스키(Noam Chomsky)는 저서 「촘스키, 누가 무엇으로 세상을 지배하는가」에서 지금 우리가 목도하고 있는 극단적 양극화를 이렇게 진단했다.

"적어도 순수한 시장경제의 의미에서 자본주의는 존재하지 않는다. 비용과 위험을 공동으로 부담하는 거대한 공공 분야와 전체주의적 성격을 띤 거대한 민간 분야가 양분하고 있는 경제 현실에 우리는 살고 있을 뿐이다. 이런 세상은 자본주의가 아니다."

국가 자체가 독점기업화되는 경우도 있다. 중국의 희토류 독점이 대표적이다. 중국은 미국과의 무역전쟁에서 미국이 중국 화웨이라는 통신회사에 수출금지 제재를 가하자 중국은 이에 맞대응해 미국에 희토류 수출금지라는 카드를 꺼내들었다. 희토류(稀土類, Rare earth resources)는 독특한 물리적 특징과 함께 탁월한 방사선 차폐 효과를 가지고 있는 광물질인데, 광섬유의 빛 손실을 막아주고 정보의 대량 입력을 가능하게 해 첨단산업의 필수품 역할을 한다. 그런데 전 세계 희토류 생산의 90% 이상을 중국이 점유하고 있어서 사실상 중국의 독점권 하에 놓여 있다. 중국은 이미 2010년에 센카쿠열도를 둘러싸고 발생한 일본과의 영토분쟁에서 희토류의 대일본 수출을 중단하겠다고 공격하여 일본을 굴복시킨 바 있다. 그러나 중국의 희토류 독점은 압도적인 생산량에서 나오는 것이며 중국의 매장량은 전 세계에서 약 30% 수준에 그친다. 미국은 1980년대까지 세계 1위의 희토류 생산국이었다가 환경오염 문제로 인해 생산기지를 폐쇄했다. 최근 미국과 호주 등이 다시 희토류 생산을 늘리고 있어서 중국의 독점적 지위는 앞날이 불투명하다. 그만큼 독점은 만들기도 어렵지만 지키기는 더 어렵다.

독점기업은 우하향하는 수요곡선에 직면하기 때문에 판매량이나 가격 조정을 통하여 이윤을 극대화하는 가격이나 생산수준을 결정할 수 있다. 즉, 독점기업은 높은 가격을 받기를 원하면 생산량을 줄여버리고, 반대로 많이 팔기를 원하면 가격을 낮추어 판다. 결국 독점기업은 '가격의 설정자(price setter)'이다. 수요곡선이란 각 상품 수량에 대해 그것이 시장에서 팔릴 수 있는 가격 수준을 나타내므로, 이 가격은 자동적으로 그 수량에서 기업이 얻는 평균수입(AR)이 된다. 평균수입은 총판매수입액을 총판매량으로 나눈 값이기 때문이다. 그리고 수요곡선이 우하향할 때, 한계수입곡선이 수요곡선 아래에 위치한다. 이것은 어떤 특정 판매량에서 한계수입의 크기가 가격보다 작다는 것을 말한다.

평균값(average)과 한계값(marginal)의 관계

평균값이 감소하는 구간에서는 한계값 〈 평균값이고
평균값이 증가하는 구간에서는 한계값 〉 평균값이다.

예 현재 A학급의 평균 지능지수가 102점인데 새로 전학 온 학생 1명의 지능지수 (한계값)가 102(평균값)보다 작으면 평균값이 감소하고, 반대로 새로 전학 온 학생 1명의 지능지수(한계값)가 102(평균값)보다 크면 평균값이 증가한다.

예를 들어 만약 타라기업이 독점시장인 자동차 시장에서 자동차를 한 대당 가격 700만 원으로 판매하고 있는데 판매량을 2대로 더 늘리려고 한다면 기업은 한 개당 판매가격이 600만 원으로 하락한 가격으로 판매해야 한다. 그러면 기업은 판매량이 늘어난 1대에 대해서만 낮아진 600만 원의 가격을 부과하는 것이 아니라 기존에 팔던 모든 고객들에게도 동일하게 하락된 600만 원의 가격을 적용해서 팔아야 한다. 따라서 이 기업이 판매량 증가로 인해 얻은 추가적인 수입은 가격인 600만 원보다 더 작다. 이 기업은 1대의 상품을 1대당 700만 원에 팔아서 총 700만 원의 판매수입을 얻고 있었다. 그런데 추가로 1개 더 팔기 위해 2대의 상품을 600만 원에 팔아서 총수입은 1,200만 원이 된다. 그러므로 1,200만 원−700만 원＝500만 원이 추가적인 수입 증가분이다. 기존의 고객들에게 팔던 금액에서 줄어든 100만 원에다가 기존판매량 1대를 곱한 100만 원을 새로운 판매가격인 600만 원에서 빼주어야 한다. 따라서 추가적으로 늘어난 수입 증가분, 즉 한계수입은 500만 원이 된다. 그러므로 가격(평균수입)이 600만 원일 때 한계수입은 500만 원이 되어서 한계수입은 수요곡선(판매가격)보다 아래에 위치하게 된다.

▼ 표 4-3 섬마을에서 생수 독점기업의 생수 판매 수입

가격(원)	400	350	300	250	200	150	100	50	0
생산 판매량(병)	0	1	2	3	4	5	6	7	8
한계비용(원)	200	200	200	200	200	200	200	200	0
총수입(원)	0	350	600	750	800	750	600	350	0
한계수입(원)		350	250	150	50	−50	−150	−250	−350
평균수입(원)	0	350	300	250	200	150	100	50	0

*이윤극대화(한계수입＝한계비용)가 되는 판매량 및 판매가격

▼ 그림 4-5 섬마을에서 생수 독점기업의 총수입, 평균수입, 한계수입의 관계

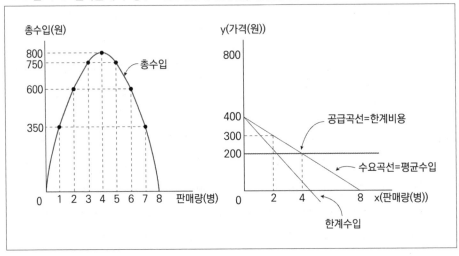

어느 섬마을에서 M기업이 생수를 독점적으로 생산·판매한다고 가정하자. M기업이 생수 판매량을 1병에서 8병으로 늘려감에 따라 판매가격은 최초 350원에서 50원씩 낮추어나가야 한다. 표에서 '총수입(TR)＝가격×판매량'이고, '평균수입(AR)＝총수입(TR)÷판매량(Q)＝가격(P)'이 된다. 이 표에서 한계수입은 수요곡선(평균수입)보다 아래에 위치하는 점을 확인할 수 있다.

한계수입(MR) ＞ 0인 구간에서는 가격 인하에 따라 총수입은 증가하고 한계

수입(MR)＝0인 점에서는 총수입은 극대(최대)가 된다. 그리고 한계수입(MR)〈0 인 구간에서는 가격 인하에 따라 총수입은 감소한다. 독점기업도 이윤극대화 원리에 따라 우하향하는 수요곡선에서 'MR＝MC'인 생산점을 찾아서 이때의 가격에 상품을 판매한다. 이 경우 생산점은 항상 수요곡선의 탄력적인 구간에서 결정된다. 그 이유는 수요곡선의 중간점(탄력성＝1) 아래 구간에서는 한계수입이 －(음수)의 금액이 되므로 독점기업은 이런 구간에서 생산하면 손실을 보게 된다. 따라서 독점기업은 탄력적인 구간(탄력성〉1)에서만 생산하게 된다. 생수를 독점 판매하는 M기업은 '한계수입(200원)＝한계비용(200원)'이 성립하는 생산판매량인 2병에서 균형을 이루고 300원의 가격으로 판매한다. 만약 생수시장이 완전경쟁시장이라면 '수요곡선(평균수입, 200원)＝한계비용(200원)'이 성립하는 생산량 4병, 가격 200원에서 균형이 이루어진다. 이처럼 독점기업은 완전경쟁시장에 비해 더 높은 가격으로 더 적은 생산량을 판매한다. 그림 4－7에서 만약 완전경쟁시장이라면 수요곡선(＝한계수입)과 한계비용곡선이 교차하는 F점에서 균형생산과 균형가격이 만들어진다. 그러나 독점시장에서는 수요곡선보다 아래에 위치하는 한계수입곡선과 한계비용곡선이 교차하는 E점에서 균형생산과 균형가격이 만들어진다. F점에 비해서 E점에서의 가격은 B원이 되어 더 높고 생산량은 더 줄어든다는 것을 확인할 수 있다. 이처럼 독점시장에서는 가격상승과 생산량 감소로 인해 소비자잉여와 생산자잉여가 감소하여 사회후생이 감소된다. 이러한 후생손실은 소비자잉여의 일부가 생산자로 이전되어 부의 재분배가 일어나서 발생한 것이며 일반적으로 소득분배를 악화시킨다.

▼ 그림 4-6 소비자잉여와 생산자잉여

수요곡선은 각 가격수준에서 구매하려는 수량을 말하는데 이것은 거꾸로 이해하면 특정 재화의 최초 수량에서 점점 구매수량을 증가시킬 때 한계소비자들이 지불하려고 하는 지불용의(willingness－to－pay)가 있는 최고금액(maximum price)이라고 볼 수 있다. 따라서 시장 가격이 결정되면 그보다 작은 수량을 구매하면서 더 높은 가격을 지불하고자 희망했던 소비자들 입장에서는 실제 지불금액이 자신의 지불의사금액보다 더 적기 때문에 이득을 보게 된다. 이러한 소비자들의 이득의 합을 '소비자잉여'라고 한다. 공급곡선은 각 공급량 수준에서 공급자가 받고자하는 최저 가격(minimum price)을 의미한다. 시장가격이 결정되어 일정한 균형수량이 공급되면 이보다 더 적은 공급량에서 더 낮은 비용으로 생산이 가능했던 공급자들은 자신의 기회비용보다 더 높은 균형가격에 판매하므로 이득을 보게 되는데 이것을 '생산자잉여'라고 부른다.

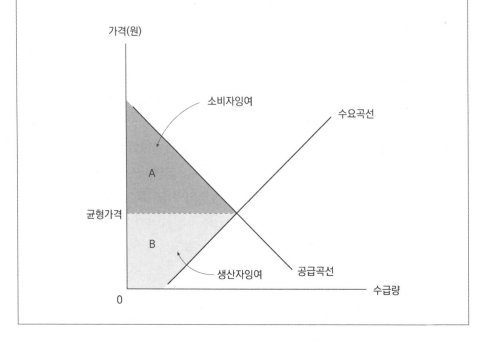

독점기업이 비효율적인 생산을 하여 초래하는 '사회적 후생손실(social welfare loss)'은 그림 4-7에서 삼각형 BEF 면적만큼에 해당한다. 독점기업은 가격을 한계비용보다 더 높은 수준(P_0)에서 결정하기 때문에 재화의 생산비보다 지불용의가 높은 소비자 중에서 일부 소비자가 소비를 하지 못하게 된다.

독점기업은 B원만큼 가격을 높게 설정하여 판매한다. 그리고 여기서 얻은 판매수입에서 평균총비용을 뺀 크기가 독점기업의 이윤이 된다. 이 독점기업은 사각형 ABCD만큼 '초과이윤'을 누리고 있다. 그러나 독점기업이 이처럼 항상 초과이윤을 누린다고 단정할 수는 없다. 왜냐하면 평균총비용곡선이 수요곡선보다 위에 위치하는 경우에는 비용이 판매가격보다 더 크기 때문에 독점기업은 손실을 보게 된다. 예를 들면 강원도 산간 지역에서 승객을 운송하는 버스 사업자가 이 지역에서 독점기업이라고 가정하자. 이 산간지역의 주민 수가 적어서 독점기업은 판매액에 비해서 비용이 더 커서 적자를 면하지 못한다. 이 경우 독점

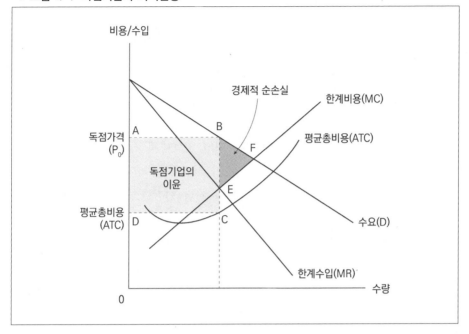

기업은 조업을 중단하고 폐업할 것인지를 결정해야 한다. 이와 같은 경우에는 정부가 산간지역의 주민들의 교통편의를 보장하기 위해 독점기업에 보조금을 지원해서 조업을 유지하도록 한다. 그러나 특정한 특허기술을 가지고 시제품을 생산하여 판매 중인 독점기업의 경우 흔히 수요자가 적어서 손실을 보고 결국 폐업하는 사례가 많다. 이처럼 독점이라는 사실 자체만으로는 독점을 가치 있는 것으로 만들지는 못한다. 결국 그 제품에 대한 시장의 수요가 충분히 존재해야 독점기업도 의미가 있다는 사실을 명심하자.

독점기업들은 더 많은 이윤을 얻기 위한 전략으로 '가격차별'이라는 정책을 구사한다. 「가격차별」이란 "어떤 제품을 각 소비자에게 공급하는 비용 상의 차이가 없음에도 불구하고 소비자에 따라 다른 가격으로 판매하는 것을 말한다. 또한 각 소비자에게 공급하는 비용이 서로 다른데도 불구하고 동일한 가격을 매겨서 판매하는 것도 가격차별"이다. 기업들이 가격차별을 하는 이유는 가격차별을 통해 더 높은 이윤을 얻을 수 있기 때문이다. 그리고 가격차별이 이루어질 수 있는 이유는 고객들이 서로 다른 「수요의 가격탄력성」을 가진 고객집단으로 분리될 수 있기 때문이다.

예컨대 영화관에서 조조 및 심야 시간대의 영화티켓 가격을 다른 시간대의 가격에 비해서 할인해서 판매하는 이유는 이 시간대의 영화관람층이 소득수준이 낮은 젊은 층이어서 영화티켓가격의 변화에 더 민감한, 즉 수요탄력적인 소비자이기 때문이다. 기존에 조조 및 심야 시간대 영화 티켓은 한 장당 10,000원이고 1일에 1,000명이 구매했다고 가정해 보자. 이 경우 조조 및 심야시간대 영화티켓 판매액은 10,000원×1,000명=1천만 원이다. 수요탄력적 소비자들은 가격 인하 시 더 크게 수요량을 증가시키므로 관람객수는 가격하락폭인 10%보다 더 크게 증가하게 되어 영화관은 할인 후에 더 이득을 보게 된다. 만약 10% 가격 할인 후 구매자 수가 1,300명으로 30% 증가한다면 할인 후 영화티켓 판매액은 9,000원×1,300명=1,170만 원이 된다. 따라서 할인 후 티켓판매 수입 증가액은 1,170만 원-1,000만 원=170만 원이 되어 영화관은 이득을 본다.

한편 독점기업은 비탄력적인 수요자들을 대상으로 가격 인상 전략을 사용한다. 예컨대 마마게임사가 게임을 새로 개발하여 판매하려고 한다고 가정하자. 그런데 성인고객과 청소년고객들의 가격 탄력성이 명확하게 차이가 난다는 점을 알아냈다. 이 게임회사가 고객을 2개 집단으로 분리하여 판매할 때 이윤을 극대화할 수 있는 조건은 다음과 같다.

$$MR_1 = MR_2 = MC$$

여기서, MR_1: 청소년에게 팔아서 얻는 한계수입

MR_2: 성인에게 팔아서 얻는 한계수입

MC: 한계비용

게임회사가 청소년에게 팔아서 얻는 한계수입이 2만 원이고 성인에게 팔아서 얻는 한계수입이 1만 원이라고 하자. 이 경우 게임회사는 성인에게 팔아 1만 원의 한계수입을 올리던 게임을 회수하여 청소년에게 팔아서 2만 원의 한계수입을 얻으려고 시도할 것이다. 판매량이 증가하면 한계수입은 점차 감소하고, 반대로 판매량이 감소하면 한계수입은 점차 증가한다. 결국 게임회사는 청소년에게 팔아서 얻는 한계수입과 성인에게 팔아서 얻는 한계수입(1만 5천 원)이 일치하는 판매량에서 균형에 도달하게 된다. 그림 4−8에서 청소년 시장에는 150개만큼 판매하면서 가격은 3만 원으로 설정하고, 성인 시장에는 80개만큼 판매하고 가격은 2만 원으로 설정한다. 청소년 시장에서 성인 시장보다 더 높은 가격을 설정하는 이유는 청소년 시장에서 수요의 가격탄력성이 성인 시장보다 더 작기(비탄력적이다) 때문이다. 비탄력적인 수요는 청소년들이 게임에 더 많이 중독되어서 게임의 가격을 올려도 시장에서 달아나지 않는다는 것을 말한다. 게임회사들이 게임에 중독된 청소년들을 등쳐먹는다고 비판받는 이유이다.

▼ 그림 4-8 게임시장에서 가격차별

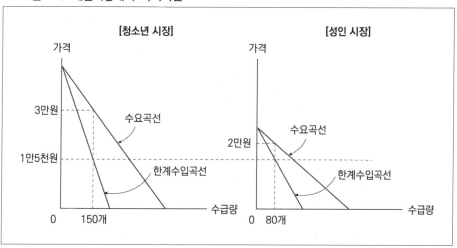

위와 같이 주류 경제학에서는 독점을 시장에서 나타나는 자연스러운 한 형태라고 가르친다. 물론 독점은 소비자잉여의 일부를 독점기업에게 이전시키고 완전경쟁에 비해 더 작은 생산량과 더 높은 가격을 유발해 소비자에게 경제적 피해를 끼친다고 말한다. 더 나아가 이런 독점의 경제적 피해를 소위 '시장실패'

라고 지칭하면서 이를 시정하기 위해 정부가 나서야 한다고 주문한다. 시장의 잘못을 정부가 고칠 수 있다는 믿음이 깔려 있다. 그러면 정부의 시장개입이 시민사회의 거의 모든 분야에 무차별적으로 확산된 지금까지 독점은 오히려 확대된 이유는 무엇인가? 여기에는 독점을 만들어내는 정부와 기업의 결탁이 도사리고 있다. 결국 독점은 정치의 문제이고 권력의 문제이다. 그러나 주류 경제학은 이것을 철저히 무시한다. 권력과 같은 가치를 연구대상으로 삼는다는 것 자체가 과학임을 포기하는 자해 행위라고 그들은 믿기 때문이다. 난세의 시대에 영웅이 난다고 했다. 이 권력과 독점의 문제를 치열하게 파고든 학자들이 있었으니, 바로 공공선택론자들이다. 뷰캐넌(James Buchanon)과 털럭(Gordon Tullock)이 1962년에 발표한 저서 「국민합의의 분석(The Calculus of Consent)」은 가히 혁명적이다. 정치에서 이루어지는 투표와 협상이 본질적으로 이익(이윤)극대화를 위한 교환행위에 불과하며 우리가 공익이라고 거창하게 바라보는 사회적 합의가 빵과 옷의 거래처럼 수요－공급의 원리에 따른 거래행위라고 갈파했다. 이런 사회적 합의를 위해 민주국가의 헌법에서 다수결제도를 채택하고 있는데, 이 다수결제도에 치명적 결함이 내재되어 있기 때문에 민주주의는 파퓰리즘에 빠질 수밖에 없다. 따라서 안건(agenda)에 따라 다른 결정 규칙을 적용할 필요가 있다. 예컨대, 국회의원 등 공직자 선출은 단순 과반수로, 아동·청년수당제도와 같은 현금 살포정책은 2/3~3/4의 가중 다수결로 결정하는 것이 바람직하다. 또한 사회가 이질적일수록 갈등이 크게 발생해서 사회적 합의에 도달하는 데 소요되는 '내부적 의사결정비용'이 커진다. 동시에 그런 결정을 집행하는 데 반대 집단(피해자 집단)의 저항으로 인한 '외부적 의사결정비용'이 커져서 이 두 가지의 비용의 합인 '총비용'이 커진다. 미국은 인종과 빈부 차이로 인해 매우 이질적인 사회이기 때문에 이런 국민합의의 총비용을 줄이기 위해 주요 사항에 대한 사회적 의사결정을 민간부문에 맡긴다. 미국에서 다원주의가 지배하는 이유는 여기에 있다. 따라서 한국도 이념, 지역, 세대, 계층 간 차이와 갈등이 매우 큰 사회이므로 정부를 축소하고 시장에 의한 의사결정을 대폭 확대할 필요가 있다. 한국에서 정부가 주도한 사드배치정책, 탈원전정책, 최저임금인상정책 등이 심각한 사회적 갈등을 일으켜 큰 사회적 비용을 낭비하게 만든 경우가 이를 입증한다. 그럼에도 한국 정부가 국민연금을 동원한 기업경영 개입이나 유치원과 어린이집에 대한 정부규제 강화와 같이 사회적 의사결정을 모조리 장악하려는 태도는 참으로 위험하다. 따라서 이 '총비용'을 어떻게, 얼마큼 줄이는지에 대한 공동체의 치열한 논의가 필요하며 이의 도달 방법은 획일적으로 결정될 수 없다. 결국 이런 국민 합의 제도를 헌법에 얼마나 잘 구현하는가가 국가의 성패를 좌우한다. 그래서 헌법이 중요한 장치인데, 한국에서 헌법은 그저 장식용인 듯하다.

▼ 그림 4-9 최적다수결제: 비용극소화모형

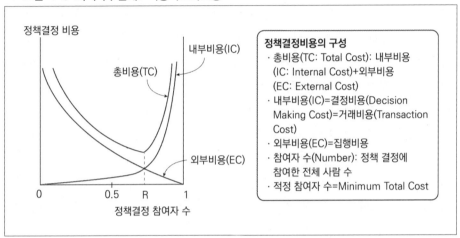

이렇게 탄생한 「공공선택론」은 주류경제학이 만들어낸 '시장실패이론'이 '자비로운(benevolent) 국가'를 가정하여 결국은 괴물 정부를 만들어냈다고 비판한다. 소위 독점, 외부효과, 공공재 등 시장실패의 요인을 경제적 논리로 설명한 후 정부가 이런 시장실패를 고쳐주는 성실하고 유능한 의사가 되어야 한다고 주문한 것이 오류라는 비판이다. 케인즈는 정부가 믿음직한 수탁인(trustee)이라고 주장했다. 과연 정부는 믿음직스럽고, 능력 있는 '중립적 심판관'인가? 공공선택론자들은 정부는 결코 중립적 심판관이 아니며, 공무원 개개인은 자신의 이익을 추구하는 존재에 불과하다고 비판했다. 시장에서 보통의 소비자와 생산자들이 자신의 이익을 추구한다고 보면서 도대체 왜 정부의 공무원과 정치인(국회의원)은 사익이 아닌 거창한 공익을 추구한다고 보아야 하는가? 따라서 관료와 정치인이 모두 사익 극대화를 추구하는 존재라고 보는 '경제적 인간관'이 더 설득력이 있다. 그렇다면 정부에서 만들어지는 법률, 정책이나 규제들은 모두 수요와 공급의 원리에 의해 생산·소비되는 것이라고 보는 것이 합리적이다. 즉, 국민과 기업들은 정책과 규제의 소비자들이고, 관료와 정치인은 정책과 규제의 생산자들이다. 이런 수요와 공급의 원리에 의해 정책과 규제가 생산되고 균형점에 도달한다. 그런데 정책이나 규제는 시장에서 거래되는 피자나 스마트폰과는 상당히 다른 행태를 유발한다. 예를 들어 의사의 숫자를 규제하는 정책을 만드는 정책과정에서 이 규제정책을 만드는 생산자(공급자)들은 정책을 만들기 위해 노력하는 관료와 정치인뿐만 아니라 병원과 의사협회와 같은 기업이나 단체가 포함된다. 이들은 부와 이익의 극대화를 추구한다. 한편으로 이 규제정책의 소비자(수요자)에는 정책의 혜택을 받는 개인(환자 등)이나 소비자 단체와 같은 집단이있다. 의사의 숫자는 국민들에게 의료비용을 결정짓는 아주 중요한 이슈이다. 그런데 이 규제정책은 정책과정에 참여하는 다양한 행위자들이 각자의 이익 극대화를 추구한 결과 도달하는 균형으로 만들어진다. 따라서 규제정책의 본질은 참여자들 간의 합리적인 거래(trade)의 산물인 것이다. 현실에서 의사 숫자를 규제하는 정책에 관해 소비자보다는 공급자 측에 더 우월한 힘이 있다. 따라서 이 규제정책의 균형상태에서 만들어지는 의사 숫자는 소비자보다 생산자에게 더 유리하게 결정된다. 의료시장이 여전히 독점화되어 환자들이 고비용의 고통을 떠안아야만 하는 이유가 바로 여기에 있다.

창업이나 공장 건축 등을 위해 행정기관에 각종 인·허가를 받기 위한 서류 준비와 같은 행정절차를 진행해 본 사람들은 알 것이다. 그 얼마나 복잡한 규제의 망이 짜여져 있는지를. 물론 이런 정부규제를 만든 법적 주체는 정부다. 그런데 공공선택론에서는 정부규제를 실질적으로 만들어내는 것은 정부가 아니라 이익집단이라고 본다. 즉 정부는 단순히 이익집단들의 특수이익을 반영하여 표출하는 이익의 컨베이어 벨트에 불과하다고 본다. 이를 '포획이론(capture theory)'이라고 부른다. 관료가 이익집단에 포획되었다는 의미이다. 특히 털럭(Gordon Tullock)은 독점을 만들어내는 규제를 지칭해 '지대추구(rent-seeking) 행위'라는 용어를 개발해냈다. 이것은 경제 주체들이 독점과 같은 자신의 이익을 위해 비생산적인 활동에 경쟁적으로 자원을 낭비하는 현상, 즉 로비·약탈·방어 등 경제력 낭비 현상을 지칭하는 말이다. 예를 들어, 의사, 변호사 등 특정 경제 주체가 면허 취득 등을 통해 독과점적 지위를 얻게 되면 별다른 노력 없이 차액지대와 같은 초과 이득을 얻을 수 있다. 각 경제 주체들이 이와 같은 지대를 얻기 위해 정부와 의회를 상대로 경쟁을 벌이는 행위를 지대추구행위라고 부른다. 여기서 '지대(rent)'란 생산요소의 기회비용을 초과하여 추가로 지불되는 보수(=경제적 지대)를 말한다. 원래 '지대(영어로 'rent'라고 함)'는 어떤 재화 또는 생산요소에 대해 지불한 대가 중에서 전용수입을 뺀 금액을 말한다. '전용수입'이란 어떤 재화 또는 생산요소가 현재 사용되고 있는 용도에서 다른 용도로 전환되지 않도록 하기 위해 지불해야 할 최소한의 대가를 말한다. 예를 들어 홍길동을 고용하고 있는 갑회사에서 길동에게 매월 200만 원의 월급을 지급하고 있다고 가정하자. 길동은 다른 회사에 취직하면 150만 원을 받을 수 있다고 가정하면 길동은 현재 근무하는 갑회사에서 월급이 150만 원 미만으로 내려가면 즉각 다른 회사로 옮겨갈 것이다. 따라서 현재 갑회사가 길동이 계속해서 일하도록 만들기 위해서는 최소한 150만 원 이상을 주어야 하므로 150만 원이 전용수입이 된다. 따라서 길동 월급의 200만 원 중에서 전용수입 150만 원을 뺀 50만 원이 렌트가 된다. 따라서 렌트의 경제적 의미는 그 재화 또는 생산요소가 다른 재화 또는 생산요소로 대체되기 어렵기 때문에 발생하는 대가이다. 즉 재화 또는 생산요소의 특수한 품질이나 전문성 등의 특징이 있으면 이에 비례해서 렌트도 크게 발생한다. 유명한 10대 가수나 영화배우가 쇼와 드라마 1회 출연료로 수억 원을 받는 것은 바로 렌트 때문이다. 가수 방탄소년단이나 배우 송중기를 쇼와 드라마에서 다른 인물로 교체하면 어떻게 되겠는가? 물론 지대를 무조건 나쁜 것으로 치부할 수는 없다. 특히 기술혁신에 의해 큰 이득을 얻는 경우와 같이 자연적으로 발생하는 지대는 사회 전체적으로 후생을 증진시키는 '포지티브-섬(positive-sum)'의 효과를 유발한다. 이 경우 그 누구도 피해를 보지 않는다. 이에 반해 정부의 시장 간섭이나 개인적 담합에 의해 인위적으로 발생하는 초과 이익은 그 누군가의 주머니에서 빼앗아 오는 것이다. 내가 살기 위해 누군가를 죽여야 하는 '제로-섬(zero-sum)' 게임이 인위적 지대의 본질이다.

털럭(Tullock)은 지대추구행위의 초점은 정부보호에 의해 발생하는 독점력에 있다고 보았다. 정부가 어떤 산업에 특허권과 배타적인 사업권을 부여하거나 진입장벽 규제를 설정할 경우 그 산업은 독점기업에 의해 운영된다. 그런데 정부가 인위적으로 설정·보호하는 규제를 통해 만들어지는 독점의 사회적 피해는 단순히 소비자로부터 독점기업으로의 부의 이전으로 끝나지 않는다. 주류 경제학은 독점기업이 완전경쟁기업에 비해 생산량을 줄이고 가격을 높여서 경제 전체적으로 후생손실(Harberger의 삼각형)을 초래한다고 설명한다. 털럭은 여기서 한 발 더 나아간다. 하버거의 삼각형으로 지칭되는 부의 이전은 결코 저절로 생기거나 공짜로 만들어지는 것이 아니다. 세상에 공짜 점심은 없다. 독점기업은 이런 부의 이전을 만들어내기 위해 정부나 의회를 상대로 돈 살포, 시간 소비 등 로비활동을 하며, 여기에는 상당한 자원이 투입되어서 결국 사회적으로 낭비를 초래한다. 이런 사회적 낭비를 'Tullock의 사각형'이라고 부른다. 이것은 'Harberger의 삼각형'에다 '가격 상승으로 인해 소비자 잉여가 생산자에게 이전된 부분(사각형모양)'을 합친 사다리꼴이 된다.

▼ 그림 4-10 Tullock의 사각형

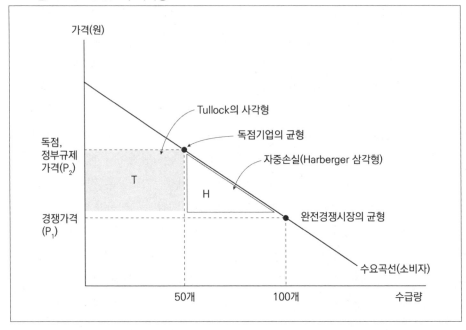

그림 4-10에서 사각형 T에 해당하는 영역은 독점화됨에 따라 시장 균형점이 이동하여 나타나는 가격 상승과 생산량 감소를 나타낸다. 주류 경제학은 이 영역이 소비자로부터 독점자로 이전되는 것일 뿐이며 사회적으로는 순손실이 없다고 본다. 그러나 털럭은 T 영역이 단순한 소득이전이 아니라 비생산적인 독점 창출활동에 사용하게 될 사회적 낭비(손실)라고 주장한다. 이처럼 뷰캐넌과 털럭은 특수 이익집단들이 유권자들의 합리적 무지(rational ignorance)를 적절히 활용하여 자신들의 이익을 추구한다고 주장했다. 지대추구의 원인은 일반세(general tax)라는 형식을 빌려 모든 사람들로부터 동원한 자원을 특정 이익집단에게만 배분할 수 있는 권한을 가진, 끊임없이 증대하는 정부이다. 일찍이 올슨(M. Olson)은 저서 「집단행동의 논리」에서 규모가 작고 좁은 토대 위에 구축된 이익집단들은 합리적 이익추구행위를 하지만 사회 전체적으로는 낭비적 지대추구를 통해 다른 모든 개인들의 사회적 선택메뉴를 제한한다고 비판했다. 그는 낭비적 지대추구를 제거하기 처방으로 '자유시장 회복'을 제안했다.

규제의 무분별한 확대 현상

정부가 하나의 규제를 만들면 이를 위해 또 다른 규제를 추가하여 옥상옥처럼 규제를 남발하는 행태를 '규제의 피라미드 현상(pyramidizing regulation)'이라 부른다. 이것은 끈끈이 인형효과(tar baby effect)라고도 부른다. 해리스(Joel Chandler Harris)의 소설 속에서 토끼를 유혹하기 위해 사용되는 타르 인형(tar doll)에서 유래된 말로, 토끼들이 검은 칠을 한 인형을 친구로 착각해 주변에 자꾸 모여들게 되듯이 잘못 이루어진 정부 규제가 다른 정부 규제를 불러오는 현상을 말한다. 이런 정부 정책은 풍선효과(balloon effect)를 초래하기도 한다. 예컨대 강남 아파트의 가격 폭등을 막기 위해 보유세를 인상하면 전월세 가격이 올라서 임차인들이 피해를 보게 된다. 이것은 규제가 실제로 집행되는 과정에서 의도와는 달리 반대의 효과가 발생하는 현상인 '규제의 역설(regulatory paradox)'과도 관련된다. 정부가 저소득층의 소득증가를 위해 최저임금을 인상하면 자영업자의 폐업이 늘어나 오히려 저소득층에게 피해가 발생하는 역설이 나타난다.

　　정부규제가 초래하는 사회적 손해(해악)에 대한 수많은 분석과 비판에도 불구하고 정부규제는 결코 줄어들지 않는다. 우리나라는 1997년에 「행정규제기본법」을 제정하여 규제를 관리하고 있다. 대통령 선거가 끝나면 새로운 정부는 반복적으로 규제철폐를 외친다. 그래서 행정규제기본법에서 정한 규제개혁 제도는 지속적으로 강화되어 왔다. 예를 들어 행정규제는 법률에 의해서만 만들 수 있다는 규제법정주의, 매년 각 행정부처가 규제사무 목록을 등록하여 공표하는 규제등록제도, 규제의 강화 신설을 통제하기 위한 규제영향분석제도, 규제의 존속기한을 원칙적으로 5년으로 제한하는 규제일몰법(sunset law), 규제개혁을 범정부적으로 추진하기 위해 국무총리 산하에 설치되는 규제개혁위원회 등이 있다. 정부는 여기서 한 걸음 더 나아가 법률에는 규정되어 있지 않지만 규제의 총량규

제, 규제비용총량제, 한시적규제유예(TRR: Temporary Regulatory Relief), 규제 Map(지도), 규제샌드박스 등 적극적인(?) 규제개혁을 추진하고 있다. 이름만 들어도 멋있고 그럴 듯하다. 그런데 정부규제는 오히려 늘어나고 있고, 국민이 체감하는 변화는 없다.

그러면 여기서 한 가지 의문이 든다. 정책과정에서 정치인이 득표극대화를 추구한다면 규제 철폐를 원하는 다수의 국민들의 요구대로 규제가 줄어들지 않는 이유는 무엇인가? 민주정치를 표방하는 나라에서 다수의 국민이자 소비자들의 이익을 위한 규제철폐가 이루어지지 않는 현상은 참으로 역설적이다. 다원주의는 권력이 다양한 세력에게 광범위하게 분산되어 있어서 이익집단들 간 다소의 영향력 차이는 있겠지만 전체적으로 균형을 유지한다고 본다. 즉 정책과정을 주도하는 주체는 이익집단들이며 정부는 이익집단들의 이익을 중재·조정하는 중립적 심판자 역할을 한다고 가정한다. 따라서 다원주의가 전제하는 민주사회에서는 다수의 소비자들이 원하는 규제가 더 만들어져야 하는데 실제로는 그렇지 못하다. 소비자 입장에서는 독과점에 대한 규제와 소비자 보호를 위한 규제를 확대하기를 원한다. 그러나 실제로 정부가 독과점 규제와 소비자 보호 규제를 얼마나 어떤 형태로 하는지는 나라마다 다르다. 이런 차이는 각 나라의 정치적 상황, 즉 정치사회세력의 분포 상황과 관련되어 나타난다. 이런 현실적인 문제인식에 입각하여 정부가 어떤 정치경제적 상황과 이해집단의 정치적 상호작용 속에서 왜, 특정 이익집단에게 유리한 결과를 초래하는 특정 정부규제를 채택하게 되는가를 분석할 필요가 있다. 이처럼 어떤 규제가 만들어지고 변화하는 원인과 과정을 정부와 이익집단 간 정치적 관계의 관점에서 추적하여 새로운 시각으로 분석한 학자가 바로 윌슨(James Q.Wilson)이다.

윌슨은 규제가 만들어지고 변화되는 원인과 과정을 정치의 유형으로 분류하는 모형을 개발했다. 이를 위해 '감지된 비용'과 '감지된 편익'이라는 2개의 변수를 사용하여 4가지 정치 유형을 구분했다. 여기서 '감지된 비용'이란 이익집단이 원하는 규제정책을 만들어내기 위해 투입하는 돈, 시간 등의 자원을 말한다. 그리고 '감지된 편익'이란 이익집단이 원하는 규제정책을 통해 획득할 것으로 기대하는 이익의 크기를 말한다. 표 4−4에서 비용과 편익의 집중 또는 분산이란 표현을 사용하는데 이것은 어디까지나 상대적인 구분이다. 먼저 비용이 '넓게 분산(widely diffused)'되어 있다는 것은 비용부담집단이 불특정 다수로서 한 사람이 부담할 것으로 예상하는 비용의 크기가 상대적으로 작은 경우이다. 예를 들면 의사, 약사, 변호사, 교사 등의 직업은 일정 자격 조건을 갖춘 자에게만 허용하는 면허(license)제도로 규제된다. 면허규제는 환자, 소송당사자, 학생 등 소비자들을 보호하기 위한 규제이다. 이런 면허규제로 인해 규제대상 상품인 치료, 소송대리 서비스, 교육서비스의 가격이 약간 상승하지만, 개별 소비자들이 느끼는(감지하는) 추가 부담은 아주 작다. 한편 비용이 '좁게 집중(narrowly concentrated)'되어 있다는 것은 비용부담자가 상대적으로 소수이기 때문에 각각의 입장에서 부담의 크기가 매우 큰 상황을 말한다. 예를 들어 총포규제정책으로 인해 일반인의 총포 소지가 제한되면 독과점의 총포생산기업이 느끼는 비용은 상당히 크게 여겨진다. 다음으로 편익이 '넓게 분산'되어 있다는 것은 어떤 규제로 인한 편익이 불특정 다수에게 미치나 개개인이 얻게 될 편익의 크기는 작은 상황을 말하고, 편익이 '좁게 집중'되어 있다는 것은 매우 큰 편익이 소수에게 집중적으로 돌아가는 상황을 말한다.

월슨 모형에서 중요변수는 집단의 크기, 집단구성원의 동질성(이질성) 수준이다. 이것은 올슨(Olson)이 「집단행위의 논리」에서 주장한 집단행동의 딜레마에서 유추한 것으로 보인다. 올슨이 주장한대로 집단의 규모가 작을수록 집단의 조직력 혹은 결속력은 강하다. 집단의 규모가 작을수록 집단 구성원 개개인의 기여 여부나 정도에 대한 정확한 판별이 쉬워 보상이나 처벌이 그만큼 더 효과적으로 작용하기 때문이다. 반면에 집단의 규모가 커질수록 구성원 개개인의 기여도 평가는 어렵고, 더구나 무임승차(free ride) 현상 때문에 집단은 크기에 상응하는 정치적 힘과 영향력을 규합하거나 발휘하지 못하게 된다. 반대로 집단 구성원의 이해관계와 신념의 동질성이 강할수록 집단의 조직력과 결속력, 정치적 행동의 힘도 강해진다. 예를 들면 의료보험 수가 적용대상을 확대하는 규제 정책에 대해서 의사협회가 극렬히 반대하는 것은 의사협회의 동질성이 그만큼 강하기 때문이다. 이에 비해 최저임금 인상 정책에 대해 자영업자협회가 강력하게 반대하지 못하는 것은 소속 자영업자들의 업종별 이해관계의 차이로 말미암아 어떤 단결된 입장이나 행동도 보여주지 못하게 되기 때문이다.

이와 같이 어떤 정치적 상황은 현재 논의 중인 정부규제로부터 각각의 이익집단이 실제로 또는 그럴 것으로 감지하는 '비용과 편익의 분포(distribution of the perceived costs and benefits)'가 어떤가에 따라 분류할 수 있다. 각 정치상황은 다음 3가지에 초점을 두고 분석된다. 첫째, 상호 이해를 달리하는 이익집단 간 어떤 정치적 상호작용이 전개되는가? 둘째, 각 이익집단들은 각기 어떤 전략적 대응을 하는가? 셋째, 정치가와 관료가 대응하는 방식은 어떠한가?

▼ 표 4-4 정부규제가 생성되는 4가지 정치적 상황

구분		감지된 편익	
		좁게 집중	넓게 분산
감지된 비용	좁게 집중	이익집단 정치 (예 의약분업정책)	기업가적 정치 (예 환경오염규제)
	넓게 분산	고객 정치 (예 직업면허제 등 진입규제)	대중적 정치 (예 낙태규제, 사회적 차별규제)

1. 고객 정치(client politics)

정부는 시장에서 인허가 등 진입규제, 최저임금제 등 가격규제와 같은 '경제적 규제(economical regulation)'를 시행해서 시장실패를 교정하려고 하지만 효율적 자원배분을 왜곡시켜 자원낭비를 초래할 수 있다. 이런 '경제적 규제'에서는 이익을 보는 소수 집단이 갑작스러운 큰 이익을 볼 수 있기 때문에 정치인의 '고객'으로서 빠르게 정치조직화해 막후 로비활동을 벌이는 '고객 정치'가 벌어진다. 이들은 정치적으로 보다 민감하게 반응하고 데모(시위) 등 정치적 활동을 전개한다. 정부(규제자)가 이익집단(피규제 집단)에 의해 '포획(capture)'되는 현상이 발생한다. 그리고 조용한 막후교섭과 로비가 이루어진다. 이 고객정치상황의 대표적인 사례가 수입규제이다. 우리나라에서 지금은 외제 자동차가 대중화되어 있지만 사실 정부는 오랫동안 외국산 자동차의 수입을 규제했었다. 자동차 수입규제로 인해 혜택을 보는 집단은 국내 자동차 회사들이다. 이에 반해 수입규제로 피해를 보는 집단은 국민, 특히 자동차 사용자들이다. 국내 자동차 회사들은 국내 산업을 보호하고 일자리를 창출한다는 등의 각종 명분 — 심지어 애국심 마케팅까지 한다 — 을 앞세워 수입규제의 정당성을 내세운다. 이에 비해 국민은 수입규제로 인한 피해를 5천만 분의 1로 나누어 부담하게 되는 비용이 극히 적게 느껴지기 때문에 그다지 적극적인 반대를 하지 않는다. 더군다나 정부는 국내 자동차 회사들의 입장을 그대로 수용해 일방적인 옹호 논리를 전파하는 기업의 나팔수 역할을 한다. 민주주의 국가에서 이런 모순적 행동이 연출되고 있는 것이다.

> **예** 의약분업에 대한 약사·의사의 집단화, 변호사 선발인원 수 규제에 대한 대응, 농산물 최저가격제에 대한 농민집단의 대응

2. 기업가적 정치(entrepreneurial politics)

기업가적 정치는 고객 정치의 정반대 상황에 처한 경우이다. 즉, 비용은 소수의 동질적 집단에 집중되어 있으나 이익은 대다수에 넓게 확산되는 경우이다. 이런 유형에 속하는 정부규제는 환경오염규제, 자동차안전규제, 산업안전규제, 위해성 물품(식품, 의약품, 화장품, 전기용품, 완구류 등)에 대한 위생규제, 안전규제 등이 있다. 이들은 모두 기업에 경제적 부담을 지우는 규제들로서 '사회적 규제(social regulation)'에 속한다. 이런 정치상황에서 비용을 부담하는 소수의 피규제 집단의 힘은 상당히 강하다. 그럼에도 이런 규제가 시행될 수 있는 것은 어떤 큰 사건, 예를 들어 재난 사건이나 정치적 변동 때문이다. 지진 발생이나 여객선 침몰과 같은 대형 재난사건이 발생하면 건축물에 대한 내진설계 규제와 여객선에 대한 승선 규제 등 세밀한 규제가 강화된다. 또한 혁명이나 정권변경 등 정치적 격변이 발생하면 새로운 정치세력은 국민의 잠재된 기대를 충족시키기 위해 획기적인 개선대책을 마련하여 시행한다. 따라서 왜 정치가는 소수이익집단의 이익을 보호하지 않고 대중적인 다수 이익을 위한 규제를 채택하는가에 대한 답을 제시해준다. 여기서 '기업가적 정치가(political entrepreneur)'는 바로 이런 집단과 사람, 즉 시민단체와 지도자, 대중정치인 등을 지칭하며, 이런 집단과 사람의 주도적인 노력에 힘입어 '정치적 의제(political agenda)'가 만들어지고 기업의 반발보다 일반국민의 요구와 이익을 우선하는 방향으로 정치상황의 반전이 이루어지게 된다는 것을 암시한다. 따라서 기업가적 정치는 공익운동가, 언론기자, 국회의원 및 정치인 등에 의해 주도되며 정권변동기에 잘 발생한다.

> **예** 수질오염 규제, 항공기 안전규정 규제, 재벌 규제 등

3. 이익집단 정치(interest-group politics)

이익집단정치에서는 비용과 편익이 소수의 이익집단에 집중되고 대다수 국민들과는 무관한 것처럼 여겨진다. 노사관계를 규정하는 정책과 같이 쌍방이 모두 노동조합과 기업단체로 조직화와 정치행동의 유인을 강하게 갖고 있고, 조직의 힘을 동원해 서로의 이익확보를 위해 첨예하게 대립한다. 이런 유형에는 중소기업 고유업종 지정, 대기업에 대한 여신규제, 대형 백화점과 재래상인의 관계를 규정하는 규제정책, 의사와 한의사 혹은 의사와 약사의 업무영역을 규정하는 법제도와 정책 등이 있다.

이익집단정치에서는 이익을 결집하고 표출하는 집단들에 의해 정부규제가 만들어진다. 이익집단정치에서는 일반시민의 이익은 무시된다. 굳이 '이익집단'의 정치라는 명칭을 사용한 이유도 규제정책 자체가 이익집단에 의해 완전히 결정되기 때문이다. 여기에서 정부는 중립적인 이해조정자로서의 역할을 수행하며 어느 한쪽의 이익을 일방적으로 보호하는 포획현상은 잘 발생하지 않는다. 정부는 대체로 양측 간의 대립을 '밥그릇 싸움'으로 치부한다. 물론 정부가 어느 한쪽의 이익을 대변한다는 의심을 받는 상황도 나타난다. 한의약 분쟁에서 한의사들은 보건복지부가 의사들의 편이라고 비난한다. 어쨌든 결국 쌍방이 동의할 수 있는 선에서 협약(charter) 형태로 타협된다.

> **예** 대기업과 중소기업의 관계에 대한 규제: 중소기업 고유업종 지정제도, 의약분업정책

4. 대중적 정치 또는 다수집단 정치(majoritarian politics)

규제로 인해 손해 보는 사람이 다수에게 분산되어 있고 규제로 인해 이익을 보는 사람도 역시 다수에게 분산되어 있는 경우의 정치를 대중정치 또는 다수결정치라고 한다. 대중정치는 이익집단정치와 반대의 경우에 해당하며, 쌍방 모두에게 '집단행동의 딜레마'가 자주 발생한다. 최근 동성애나 음란물 규제가 자주 뜨거운 감자로 떠오른다. 이런 문제는 손해와 이익이 국민 전체에게 분산되어 있어서 특정한 이익집단이 주도하지 못한다. 그리고 상당히 윤리 문제와 연관된 경우가 다수이다. 안락사 문제가 대표적이다. 이런 문제들에 대해 정부는 흔히 그저 그런 어정쩡한 태도를 취한다. 소위 영혼 없는 공무원이 연출된다.

따라서 이러한 사회문제들이 정책의제로 채택되는 경우는 주로 기업가적 정치인이 등장하는 경우이다. 주로 공익단체가 문제를 제기하며 여론 형성이 중요하다. 성공을 위해서는 이념적 반대를 극복해야 하며 최고정책결정권자의 의지와 신념이 규제의 성패를 좌우한다.

　예 낙태규제, 음란물규제, 독과점규제, 불공정거래규제

　위와 같은 네 가지 정치 유형은 왜 규제정책이 상황에 따라 다르게 출현하는지를 명쾌하게 설명한다. 정부규제를 단순히 정부가 시장실패를 치료하기 위해 행하는 의술 정도로 생각한다면 여러분은 본질을 놓치는 실수를 범하게 된다. 정부규제를 만드는 과정은 중립적 심판관이 국민의 수요에 맞추어 공급하는 그런 합리적 경제절차가 아니기 때문이다. 규제정책과정(regulatory process)은 기본적으로 정치적 과정(political process)이다. 이익집단은 호시탐탐 정부를 포획하려 접근하고 국민은 다수라는 이유로 역설적으로 모래알처럼 흩어진다. 정부는 그 중간에서 때로는 중립적 심판관, 매수된 공범 그리고 공명심 가득한 개혁가 등 천 개의 얼굴로 변신한다. 수많은 NGO들도 공익의 수호자라기보다는 은폐된 정치가들의 모습으로 등장한다. 결국 어떤 규제가 만들어질 것인가는 이런 무수히 많은 게임의 참여자들 중에서 누가 가장 큰 힘을 발휘하느냐에 의해 결정된다. 즉, 규제의 본질은 권력이고 정치다. 이 본질을 외면하고 그저 수요곡선과 공급곡선을 종이 위에 그려놓고 각종 함수식을 대입해 본다 한들 정부규제를 알 수는 없다.

　규제를 이용해 독점을 만들어내는 정부에 대한 정확한 진단 없이 독점을 치료하겠다는 발상은 참 코믹한 일이다. 독점을 시장원리에 따른 자연스러운 부작용 정도로 치부하거나, 역시 독점에 대한 정부규제가 시장원리에 의해 만들어질 수 있다는 생각은 그래서 위험하다. 공공선택론자들이 정부규제의 본질을 참가자들 간 사익 추구를 통한 경쟁의 결과물이라고 판정했지만 그렇다고 해서 정부규제가 가격기구에 의해 조정되는 시장의 균형상태와 같다고 오해하면 안 된다. 여러분이 떡볶이를 사 먹을 때 판매자와 어떤 정치적 협상을 하지는 않기 때문이다. 규제는 철저히 참가자들 간의 정치적 게임의 결과이다. 정부는 그 게임의 중재자임을 자처하지만 말과 행동은 전혀 다르다. 공설화장장처럼 정부가 스스로 독점의 지위에 오르려는 사례는 넘쳐난다. 그래서 독점을 없애는 길은 독점의 폐해를 우선 자각하는 데에서부터 시작한다. 독점은 우리가 생각하는 것보다 훨씬 더 넓고 많이 퍼져 있다. 우리나라 공산품 시장의 70% 이상이 독과점 상태이다. 스마트폰, 자동차, 석유 등 일상생활에서 사용되는 핵심 제품들은 대부분 대기업들이 독과점으로 장악하고 있다. 태어나기 위해 병원을 찾을 때부터 죽기 위해 화장장을 찾을 때까지 독점의 손아귀를 벗어나지 못한다. 그러나 이 광범위한 독점에 대해 그 누구 하나 대들고 나서지 못한다. '대기업이 이 나라를 먹여 살린다'라던가 '정부가 보호하지 않으면 국민이 피해 본다'라는 왜곡된 립 서비스가 대중들에게 그럴듯하게 다가선다. 그래서 '고독한 군중'일지도 모르겠다. 죽을 때도 줄서서 죽어야 하는 모습을 참으로 오랫동안 보아야 할 듯하다.

　　그런데 시장에서 대기업들의 독점에 대해서는 우려의 목소리가 비등하면서도 정부의 독점 구조에 대해서는 애써 외면한다. 정부는 공익을 추구하기에 독점이 당연하다는 믿음이 팽배하기 때문인 듯하다. 그러나 정부의 공익 추구가 입증되지 않은 가설인 것처럼, 정부의 독점 구조도 합리화될 수 없다. 최근 발생한 중국 발 신종 코로나 바이러스(우한 폐렴)가 급속한 전염력과 위협적인 치사율로 인해 인류를 위협하고 있다. 이 바이러스가 박쥐에서 전염된 것이라는 등 다양한 원인 규명이 시도되고 있지만, 중국 공산당의 일당 독재 구조에 대해서는 단 하나의 논의조차 이루어지지 않는다. 13억 명이 넘는 거대한 인구와 대륙의 땅을 단 하나의 정당과 정치집단이 영구적으로 집권하며 정부를 구성하여 통치하는 구조는 괴기스럽다. 완전경쟁시장에서 기업이 초과이윤을 전혀 얻을 수 없는 이유는 소비자와 생산자가 시장에 대한 완전한 정보를 언제든지 얻을 수 있기 때문이다. 그래서 어떤 기업이 부당한 초과이윤을 얻으면 즉각적으로 새로운 기업이 시장에 진입하여 즉시 그 초과이윤을 없애버린다. 정부 구조가 독점적 성격을 강화할수록 사회에서 투명한 정보가 차단된다. 권력자와 그 결탁 세력이 초과이득을 얻기 위해서는 은밀한 그들만의 비밀정보가 반드시 필요하기 때문이다. 그리고 정보가 완전하게 공개된 사회에서 특정한 정치세력이 영구 집권하는 것은 불가능해진다. 왜 이토록 위협적인 바이러스가 중국에서 발생했는지를 그저 야생동물이나 특이한 음식문화에서 찾으려는 시도들이 허무한 이유는 여기에 있다. 사람이 죽어가는 길목에서 정부의 독점이 버젓이 장사하듯이, 사람이 죽는 원인도 정부의 독점에 기인하는 이 세상이 참으로 기구하다.

행정학은 잡탕인가, 과학인가?
행정학의 역사, 과학성과 기술성

　청년의 반이 백수라는 '이태백'이 무색할 정도로 이 땅의 청춘들에게 실업은 일상화되어 있다. 그래서 "젊은이들이 도전정신 없이 그저 안정적인 공무원만 바라본다."는 어른들의 충고는 세상물정 모르는 꼰대의 헛소리 정도로 치부된다. 저성장과 불공정의 늪에서 불안감에 지친 밀레니엄 세대에게 공무원은 마지막 탈출구이다. '대학에서도 '문·사·철'의 인문계열 학과는 통폐합 영순위에 오르는 데 반해, 공무원이라는 엄청난 수익모델을 거머쥔 행정학과의 교직원들은 여전히 태평성대를 구가하고 있다.

　그러나 정작 「근대 행정학」의 탄생지인 미국에서 행정학과는 그다지 인기가 없다. 우선 대학교의 학부과정에 행정학과를 설치하지 않으며 대학원 프로그램으로만 운영된다. 또한 미국에서 공무원은 청년들이 선호하는 직업 순위에서 하위권에 머문다. 그래서 한국처럼 전국 단위의 공무원 채용시험은 전혀 없다. 대부분의 행정기관들은 서류전형과 면접을 통해 공무원을 선발한다. 이런 공무원 선발 방식에 대해 그 누구도 이의를 제기하지 않는다. 2019년 초 트럼프 대통령이 멕시코 국경 설치 예산문제로 의회와 첨예하게 대치하면서 셧다운(Shutdown) 사태를 불러 일으켰다. 미국은 예산을 법률로써만 성립시키기 때문에 의회에서 예산법률을 제정하지 않으면 행정부는 꼼짝 못하고 기능이 정지되는 셧다운 상태에 빠진다. 셧다운 상태가 되면 연방정부 부처와 산하기관 공무원의 80~120만 명이 강제로 업무정지 상태가 되고 무급 휴가를 가야 하며, 군인, 경찰, 소방, 우편, 항공 등 국민의 생명과 안전에 직결되는 필수서비스 직군의 약 42만 명의 공무원은 보수를 받지 못한 채 일을 계속해야 한다. 이처럼 미국에서 의회는 행정부에 대해 우월적인 권한을 행사한다. 이런 현상의 배경에는 미국인들의 행정부에 대한 강한 불신이 자리 잡고 있다. 미국은 전통적으로 작은 정부를 선호하고 민간기업이 혁신을 주도하여 큰 시장을 지향한다. 미국에서 행정학이 시작된 것도 사실 낭비투성이의 행정부를 어떻게 고쳐야 하는지의 문제의식이 계기가 되었다.

그러면 과연 행정학은 과학인가? 행정학이 안정적인 삶을 위한 공무원으로 진입하는 데 유용한 수단이라는 장점이 과학이나 학문의 무대에서 인정받는다는 문제에 도움이 되는 것은 아니다. 행정학에는 '잡탕'이라는 이미지가 씌워져 있다. 교과서에서는 이 '잡탕'의 의미를 굳이 '학제적(學際的, interdisciplinary)'이란 어려운 말로 표현한다. '돼지'를 '체지방률이 높은 포유류'라고 부른다고 해서 그 본질이 바뀌는 것은 아니다. 오늘날 과학은 곧 학문이다. 과학의 까다로운 자격요건을 갖추지 못한 지식은 학문 대접을 받기가 매우 어렵다. 그러면 행정학이나 경영학은 '잡탕'이어서 '학문'의 축에 끼지 못하는 것일까? 행정은 사회문제를 해결하는 '수단'이며, 경영은 이윤을 창출하기 위한 '수단'이다. 즉 행정과 경영은 '이론(theory)' 보다는 '기술(art 또는 technique)'에 가깝기 때문에 학계에서 학문(science)으로서의 인정을 주저한 것이 아닐까 추정된다. 이처럼 학문을 기술과 분리하려는 사고방식은 근대적 이분법에서 나왔다. 학문은 논리의 세계이며, 기술은 형이상학의 세계라는 구분법이다. 그러나 근대 이전의 1,200년이 넘는 긴 세월 동안 서양 철학을 지배한 아리스토텔레스의 관점에서 'art'는 학문 그 자체였다. 그는 그리스 북방 변경의 마케도니아 지방에서 태어나 플라톤의 제자로 성장했다. 플라톤은 경험의 세계인 현실세계와 별도로 절대적이고 보편적인 이데아 세계가 존재한다고 보았다. 그러나 아리스토텔레스(Aristoteles, B.C384~322)는 플라톤의 이분법을 극복하고 대상 안에 '형상'과 '질료'가 통합된다는 세계관을 구축했다. 즉, 모든 사물은 질료(재료)로 모양을 만들고 그 모양 안에 형상(목적)이 존재하며 이합된 사물에 그것을 작동시키는 작동인과 목적인이 결합되어 세상만물이 구성된다고 하였다. 예컨대 은행나무를 잘라서 널빤지를 만들면 은행나무는 질료이고 널빤지는 형상이다. 다시 이 널빤지로 마루를 만들면 널빤지는 질료가 되고 마루는 형상이 된다. 이처럼 질료와 형상은 어떤 목적을 향해 발전하면서 제1질료와 제1형상을 향해 끊임없이 움직여 나간다. 군이 비유하자면 질료는 과학의 대상이고 형상은 기술의 대상이다. 그런데 과학과 기술을 구분해서 인간에게 행복을 주는 학문이 가능할까? 그는 저서 「니코마코스의 윤리학」에서

"모든 기술과 탐구는 어떤 '선'을 목표로 한다고 생각한다."라고 말했다. 인간이 사회에서 함께 모여 사는 이유는 바로 이 '선'이란 목표를 달성하기 위함이다. 인간은 동물과 달리 '이성'을 가진 존재이기에, 이 이성을 잘 발휘해서 탁월한 경지에 오르면 – 이것을 'arete'라고 불렀다 – 비로소 행복을 얻을 수 있다고 보았다. 이처럼 인간이 학문을 하는 이유도 행복하기 위해서이다. 오직 상아탑 안의 그들만의 행복이 아니라, 모든 사람들의 행복이 학문의 목표라면 이런 기계적인 이분법은 설득력이 없다. 따라서 대학과 학문이 사회와 담을 쌓고 단절해서 그들만의 고상한 유희를 즐기는 것이 아니라면 기술(art)이라고 해서 학문(science)의 자격(title)을 갖지 못하리라는 법은 없다. 한국만 해도 지금 온 세상을 덮고 있는 학문이 행정학 아닌가? 수십 만 명의 공무원시험 수험생들이 지금 이 순간에도 행정학 책을 탐독하고 있다. 저 멀리 어딘가에 있을 이데아를 탐구하는 것이 아니라 지금 우리가 부딪히고 있는 사물 속에서 원리를 탐구하자는 아리스토텔레스의 현실주의가 더 가깝게 느껴진다.

　기업의 경영을 영어로 'management'라고 말하는데 정작 경영학을 뜻하는 하나의 영어단어는 없다. MBA(경영학석사)는 Master of Business Administration이라고 하여 "business administration"을 경영학의 대용으로 사용하고 있을 뿐이다. 이와 마찬가지로 행정학을 지칭하는 하나의 영어단어는 없다. 행정학은 영어로 'public administration'이라고 말한다. 영어에서 학문을 뜻하는 단어에는 끝에 '~ics'를 붙인다. 예컨대 economics, politics, ethics, mathematics 등이 그렇다. 이로 미루어 볼 때 행정학이나 경영학은 애초 학문으로서보다는 기술로서 성립된 것으로 추측된다. 기술로 시작해 학문의 지위에 당당하게 오른 대표적 사례가 '의학'이다. 고대 그리스 의사였던 히포크라테스(Hippokratēs, B.C. 460~377)는 여러 학문들의 지식을 총집결하여 질병을 치료하는 종합기술로서 의학을 창시했다. 기원전 5세기경의 의술은 상당히 낮은 수준에 머물렀다. 히포크라테스도 4개 체액의 균형이 깨질 때 질병이 생기는 것이라는 상당히 주술적 수준의 진단을 했고 치료술로 환자에게서 피를 뽑아내는 어처구니 없는 방법까지 사용했다. 그럼에도 그는 '기술은 길고 인생은 짧다'라는 명언을 남기면서 오랜 숙련을 통해 얻어지는 의술이 진정한 학문임을 갈파했다. 의학과 마찬가지로 행정학은 국민 삶의 개선 기술이고, 경영학은 돈을 버는 기술이다. 이를 위해서는 모든 지식을 총동원하는 것이 당연하다. 행정학이 기술로 그 성을 쌓아올렸다고 해서 과학이나 학문이 아니라고 단정할 수는 없다. 어차피 과학이나 학문도 고정불변의 화석이 아니고 시대의 흐름에 따라 변해 왔고 또 변해 갈 것이다. 그리고 우리가 과학과 학문에 대한 두꺼운 편견의 껍질을 덮어버리는 오류를 범하고 있는지도 모른다.

과학이 뭘까? 영어로 'science'인데, 과학(science)은 세상을 '인과관계(cause & effect relation)'라는 법칙에 의해 움직이는 존재로 보는 관점을 말한다. "아니 땐 굴뚝에 연기 날까?"라는 속담처럼, 세상의 모든 현상은 - 그것은 사과가 땅 위로 떨어지는 자연현상뿐만 아니라 사람이 결혼하고 일하고 돈 벌고 공부하는 사회현상을 모두 포함한다 - 원인이 존재한다는 말이다. 모든 자연현상은 그 원인이 존재하며 그 원인과 결과 사이의 법칙을 우리 인간이 '객관적(objective)'으로 알아낼 수 있다는 믿음이 근대사회에서 완성되었다. 그래서 자연현상에 대해 그 인과관계를 알아내려는 모든 분과학문들은 소위 '과학(science)'이라는 타이틀을 거머쥐었다. 그런데 인간의 행위에 관한 '인과관계'를 '객관적'으로 알아내는 것은 일반인이 보기에도 상당히 어려운 일이라는 것을 눈치챌 수 있다. 예컨대 사람이 자살하는 원인이 개인의 비관적인 마음 탓인지 아니면 부모의 능력이 자녀의 성패를 결정짓는 불공정한 사회구조 탓인지는 명확하지 않다. 심리학자들의 연구에 따르면, 서양인들은 명사 중심의 생각을 하는 데 비해 동양인들은 동사 중심의 생각을 한다. 사회마다 사람들의 사고방식이 다른 원인은 문화의 차이 때문일 수도 있고 언어의 차이 때문일 수도 있다. 이처럼 인간 행위나 사회현상의 원인과 결과의 관계는 보는 사람에 따라 다르다. 이것을 '주관적(subjective)'이라고 말한다. 그러니 인간의 행위와 관련된 사회현상의 인과관계를 '객관적'으로 알아내는 것은 사실 거의 불가능에 가깝다. 그래서 인간 행위에 관해 연구하는 각종 학문들 - 사회학, 정치학, 행정학 등 - 은 '과학(science)'의 타이틀을 부여받는 데 큰 어려움을 겪을 수밖에 없다.

그런데 경제학은 참으로 특이하다. 경제학은 물리학, 생물학, 화학처럼 '노벨경제학상'이라는 수상 목록에 올라가 있다. 사람이 빵과 자동차 등의 재화를 소비하거나 생산하는 행위의 선택은 가격이라는 숫자가 안내해서 이루어지며, 소비 행위의 결과인 만족감(효용, utility)과 생산 행위의 결과인 이익(benefit)의 크기는 '객관적으로 측정'해서 숫자로 나타낼 수 있다고 본다. 세상에 숫자만큼 객관적인 존재는 없다. 그러니 경제학이 '과학(science)'이라는 권좌에 당당히 오를 수 있었던 것이다.

이에 비해 행정학은 "행정의 인과관계가 뭔가?"라는 물음 앞에서 초라해진다. 공무원과 행정기관 ‒ 대통령이든 9급 공무원이든 아니면 행정안전부든 서울시청이든 ‒ 이 세금을 사용하고 제도라는 것을 만드는 원인이 뭘까? 하나의 행위에 오만 가지 원인을 들이댈 수 있다. 그렇다고 해서 경제처럼 '가격이 시키는 대로 한다'라고 말할 수도 없다. 정부의 크기, 즉 공무원 수와 예산이 괴물처럼 커지는 원인에 대해서 수많은 가설과 주장들이 난무한다. 정부와 공부원이 '공익'이라는 단일한 목적(원인)에 의해서 행동(결과)한다는 가설조차 입증된 바가 없다. 오히려 오직 더 많은 돈을 벌기 위해 일하는 공무원들이 많다. 정부가 다수의 가난한 사람들의 이익을 내팽개치고 소수의 부유한 사람들의 이익을 위해 법과 정책을 만드는 사례는 차고 넘친다. 그만큼 행정의 단일한 원인을 알아내기도 어렵고 행정이 어디로 튈 지를 예측하는 것은 거의 불가능하다. 그러니 많은 사람들이 행정학에게 '과학(science)'이라는 타이틀을 부여하지 않으려 한다. 그러나 객관성과 주관성에 대한 기존의 생각을 다시 한 번 생각해보자. 사람이 자연현상이든 사회현상이든 대상의 본질을 자신으로부터 영향을 받지 않고 알아내는 것이 '객관성'이라면 그것을 달성할 수 있을까? 내가 꽃 위를 날아다니는 나비를 보았을 때 나는 나비의 존재 그 자체가 아니라 나의 눈을 통해 인식한 신경자극을 나비라고 생각하는 것이다. 나의 감각을 거치지 않고서 대상의 본질에 다가서는 것은 불가능하다. 따라서 '객관'이란 개념은 사람에게 있어서 모순에 불과할 수도 있다.

'과학(science)이 무엇이다'라는 관점은 어차피 사람이 만들어낸 것이기에 변한다. 지금 우리가 생각하고 있는 '과학(science)'이라는 아이디어는 다분히 300~400년 전쯤 근대사회가 열리면서 만들어진 관점이다. 우리가 알고 있는 것이 영원히 진실이라는 보장은 없다. 지금은 모두가 진실로 여기는 "지구가 둥글다."라는 관점도 중세시대에는 천벌 받을 거짓말에 불과했다. 그래서 과학의 관점도 변하고 있으며 그 진실을 향한 학자들의 논쟁은 현재진행형이다.

지금 많은 사람들이 과학이 진짜 지식이고 철학은 그저 말장난에 불과하다고 믿는다. 한국 사회의 자살률이 세계 1위인 이유를 의학자가 말하면 솔깃하지만 철학자가 말하면 무시당한다. 이처럼 지금은 과학과 철학이 무 자르듯 구분되어 있지만 2천여 년 전만 해도 철학은 사람이 세상을 알아가는 거의 유일한 방법이었

▼ 표 5-1 행정학의 과학성 vs. 기술성

구분	과학성(science)	기술성(art)
특징	실증적 접근, 사실 중심, 설명성, 객관성, 인과성, 검증에 의해 증명된 원칙의 체계화된 지식, 사회문제의 원인과 결과 분석, 순수과학, 이론과학	규범적 접근, 가치 중심, 실용성, 주관성, 처방성, 목적 달성을 위한 지식의 적용상의 숙련된 수단성, 사회문제의 해결책 제시, 응용과학, 실천과학
관련 이론	• 정치행정이원론, 행정관리론 / 행태주의 / 비교행정, 생태론 • 신생국의 저발전 원인은 무엇인가? (Why?) • 학자: H.Simon, M.Landau	• 정치행정일원론, 통치기능설 / 탈행태주의, 신행정론 / 정책학 / 발전행정론 • 신생국의 발전 방안은 무엇인가? (How?) • 학자: F.Marx, D.Waldo, W.Sayre

다. 즉 철학과 분리된 과학은 존재하지 않았다. 철학은 고대 그리스에서 탄생했다. 이 당시 '철학(philosophia)'은 지식의 모든 분야를 아우르고 있었다. 철학을 의미하는 영어 'philosophy'는 사랑을 뜻하는 'philein'과 지혜를 뜻하는 'sophia'가 결합된 'philosopia'에서 유래했다. 즉, 철학은 '지혜의 사랑'을 의미했다. 그만큼 고대 아테네인들이 생각했던 지혜는 단순한 지식이 아니라 '관조(contemplation)를 통해 세상의 이치를 깨닫는 것'으로 보인다. '관조'한다는 것은 대상을 응시하는 행위이다. 오랫동안 반복해서 대상을 바라보면 그 본질을 알 수 있게 된다. 소위 "도가 튼다."는 말은 이것을 가르킨다. 따라서 철학은 세상을 관조하는 것이다. 학문이 추구하는 '이론(theory)'이라는 말의 어원은 그리스어 '테오리아(theoria)'이다. 'theoria'란 육체가 아닌 정신의 눈으로 변화무쌍한 현상들 속에서도 영원히 변하지 않는 세계의 근원적 원리를 조용히 바라보는 것을 가르킨다. 그 근원적 원리를 철학에서는 '아르케(arche)'라 부른다. 가령 플라톤에게 아르케는 이데아(idea)였고, 데모크리토스는 그것을 원자라고 생각했다. 심지어 피타고라스는 만물의 근원은 숫자이며 이 숫자가 세상을 지배할 것이라고 믿었다. 피타고라스는 그의 믿음을 현실에 구현하기 위해 혁명을 시도하다가 실패하기도 했다. 서양 철학의 창시자 소크라테스는 아테네의 길거리에서 일 년 내내 옷 한 벌 달랑 입고서 남녀노소 모든 사람들과 다양한 주제에 대해 토론하는 것을 즐겼다. 그는 지식의 산파역으로 유명세를 떨치다가 결국 역모를 꾀한다는 모함에 걸려 아테네의 법정에 서게 되어 사형을 당했다. 그가 사상 전향이나 탈옥을 거부하고 죽음을 당하면서까지 끝내 지키고자 했던 것은 바로 아테네 시민들에게 진리를 깨우치는 살신성인의 계기를 꿈꾸었기 때문이다. 이처럼 고대 그리스인들은 '스콜라(schola)'라고 일컬

었던 학문 활동을 단순한 지적 탐구 이상으로 최고의 여가라고 여겼다. 학자(scholar), 장학금(scholarship), 학교(school)와 같은 낱말들도 바로 여기서 나온 것이다. 그러나 이런 여가활동은 오직 전체 인구의 10%에 불과한 시민에게만 부여된 특권이었다. 시민들만이 광장에서 토론하고 시민투표로 판결을 선언했다. 이런 시민들의 자유는 타인들의 희생을 토대로 한 것이었다. 그 시절 생존에 필요한 노동이나 영리를 위한 활동 등은 전체 인구의 1/4이 넘는 노예에게 모두 맡겼다. 그 덕분에 시민들은 물질적 필요에서 해방되어 운동과 목욕으로 신체를 돌보거나 정치나 철학으로 영혼을 배려하며 살 수 있었던 것이다. 요즘 한국 사회에서 인문학이 유행하고 있다. 인문학은 철학에서 분파한 정신에 관한 학문이다. 인문학은 영어로 '자유교양(liberal art)'이라고 하는데 이때 '자유롭다(liberal)'는 말은 원래 먹고사는 경제활동에서 자유로운 기술과 기예를 뜻했다. 이처럼 '자유교양'이란 원래 생업과 관계없는 고상한 정신노동이라는 뜻을 갖고 있었다. 따라서 지식 탐구활동의 바탕에는 하층민들의 영리활동이 육체적 노동을 동반한 천박한 활동이라는 편견이 깔려 있었다. 르네상스 때까지만 해도 이 고대의 전통이 여전히 남아 있었다. 대학의 전신은 중세의 신학교이다. 고대에 형이상학이 차지했던 자리를 중세에는 신앙이 차지한 것이다. 신학은 현세가 아닌 내세를 위한 학문이므로 현실에서는 아무런 쓸모가 없는 학문이다. 중세가 끝나고 신앙이 약화되면서 그것이 세속화하여 오늘날의 대학으로 변모한 것이다.

고대시대의 학문활동은 육체노동을 떠나 세상을 관조하는 것이었지만 마냥 사변적이고 공상적인 세계로 흐르지는 않았다. 원시시대부터 인간은 숙명적으로 자연과 대면하고 자연을 극복하면서 살아야 했다. 그래서 인간은 자연의 본질을 체계적으로 탐구해야 했다. 파스칼(Blaise Pascal, 1623~1662)의 저서 「팡세(Pensees)」에는 유명한 "인간은 생각하는 갈대다(Man is only a reed, the weakest in nature; but he is a thinking reed.)."라는 말이 나온다. 팡세는 '생각'이라는 뜻이다. 인간은 자연의 변화에 맞춰 진화해 온 인류이며, 나약한 갈대에 불과하지만 생각을 하기에 자연을 개척하며 살아갈 수 있다. 인간의 자연과의 투쟁은 고대 그리스 시대에서부터 시작되었다. 그리스에는 오늘날 우리에게 과학이라 불리는 '물리학(physica)'이 있었다. 피지카는 지금의 '자연과학'에 해당한다. 이 '피지카'를 제외한 나머지 분야를 고대인들은 '형이상학(metaphysica)'이라고 불렀다. 오늘날은 이 부분만을 '철학'이라 부른다. 그리스는 도시국가로서 고대 동서무역의 근거지였고 바닷길로는 이집트와, 육지로는 바빌로니아와 연결되어 있었기에 동서양 선진 문명의 지식과 기술을 빠르게 접촉·흡수하였다. 그리스인들은 다양한 경험과 지식을 기초로 이론적 체계화에 탁월한 능력을 가지고 있었다. 따라서 그들은 초자연적이며 신화적인 종래의 자연관을 떠나서 처음으로 전체로서의 자연을 자연적으로 설명하는 우주론을 창시하고 그리스과학의 시대를 열었다. 신을 중심으로 하는 중세시대에 모든 지식의 근원은 성경(bible)에 있었다. 중세시대에 천문학은 하늘의 별과 신을 연결하는 학문이었고, 연금술은 신이 창조한 자연과 인간을 연결하는 학문이었다. 금을 화학적인 방법으로 제조하고자 했던 인류의 노력은 동서양을 막론하고 전 세계적으로 전개되었다. 비록 19세기에 들어 금을 화학적으로 제조하는 것이 불가능하다는 판정을 받았지만 연금술은 다양한 제조 기술의 혁신과 화학의 발전에 절대적인 기여를 했다. 한편 코페르니쿠스가 태양 중심의 지동설을 주장하며 그리스 이래 2,000년 동안 지속되어 온 프톨레마이오스의 천동설을 무너뜨렸다. 이어서 아이작 뉴우튼이 만유인력설을 제창하며 자연의 제운동의 법칙을 설명하여 근대 시대의 '과학 혁명'을 반석위에 올려놓았다.

과학은 단순히 자연현상을 연구하는 일부분의 학문을 넘어서서 모든 학문을 아우른다. 그래서 '학문 활동은 곧 과학 활동이다'라는 경향이 확산되어 있다. 연구 대상이 자연현상이건 사회현상이건 모두 같은 방식으로 연구되어야 한다는 믿음이 일반화된다. 이런 변화의 촉발자는 바로 오귀스트 콩트(Auguste Comte, 1798~1857)였다. 콩트는 실증주의의 창시자로 알려져 있다. 그러나 그는 그 명성만큼이나 후세에 많은 비난의 화살을 맞고 있다. 종교와 철학을 좁은 과학의 울타리 안에 가두었다든가, 인간의 정신세계를 과학의 칼로 난도질했다든가 하는 비판들이 그 공격의 표적이 되었다. 그러나 이런 비판은 콩트의 심오한 생각과 시대를 꿰뚫어 보는 혜안을 무시한 편협한 관점으로 보인다. 콩트는 신이 지배했던 중세를 넘어 정신과 물질이 혼잡하게 뒤섞여 있던 당시 시대의 일그러진 자화상을 그 누구보다도 처절하게 관조했다. 이런 그의 치열한 열정을 잉태시킨 것은 1792년 프랑스 대혁명 이후의 아수라장 같은 사회혼란이었다. 앙시앙레짐(Ancien regime, 구체제)의 모순은 18세기 후반 극에 달했다. 전체 인구(2,800만 명)의 2% 정도에 불과한 귀족과 성직자가 온갖 특권과 부를 누리는 반면 대다수 하층민들은 혹독한 부역과 조세로 지옥 같은 생활을 해야 했다. 그리고 상공업으로 돈을 번 지식인들인 부르주아(Bourgeois)들은 귀족과 성직자들을 위해 재정적 지원을 다하면서도 정작 정치 참여는 철저히 봉쇄되었다. 이 모순이 폭발해 하층민과 부르주아가 지배층을 타도하고 만인이 평등한 세상을 만들고자 분연히 일어섰던 1789년 프랑스 대혁명. 대혁명 이후 프랑스 역사는 혁명의 성과를 쟁취하려는 끔찍한 투쟁으로 점철되었다. 혁명 주도 세력 간의 분열로 당통과 로베스피에르 등 수많은 혁명 전사들이 단두대에서 처형되었다. 1793년 공포정치, 1815년 나폴레옹의 최종 패배, 1830년과 1848년에 혁명 발발, 1852년엔 제2제정이 시작되어 루이 나폴레옹이 황제에 오른다. 한쪽에서는 루이16세가 단두대의 이슬로 사라지면서 교회의 권위와 왕정을 다시 세우려는 반동 복고 세력이 등장했고, 다른 한쪽에서는 산업혁명의 소용돌이 속에서 착취와 소외로 빈곤의 나락으로 떨어진 다수의 대중들이 세력화에 나섰다. 혁명의 주체세력인 자유주의적 부르주아 세력은 양대 세력 사이에서 두 개의 전선으로 나누어 싸워야 했다. 싸움은 무기와 근육만으로 하는 게 아니다. 싸움의 승패를 결정하는 것은 생각, 즉 이데올로기이다. 지금도 축구 경기를 응원하면서 '위대한 정신력'을 운운하지 않는가. 반동세력인 극우파는 낭만주의였다. 낭만주의는 세상은 하나의 아이디어(idea)라고 본다. 아이디어는 마음에서 나오는 것이라서 결국 모든 물질은 마음에 달려 있다. 즉, 진정한 지식은 사람의 마음 속에 있는 것이며 마음먹기에 따라 지식의 내용은 달라진다고 본다. 정신이 모든 것을 지배한다는 낭만주의는 가장 고차원적인 정신세계를 가진 신과 왕족에게 새 생명을 불어넣었다. 이 낭만주의는 무너져버린 신의 율법과 왕정의 권위를 다시 세우기 위한 생각의 도구였다. 이에 반해 급진 좌파는 이성의 무한한 능력에 대한 믿음을 기초로 유토피아적 사회주의를 건설하려고 하였다. 19세기 초에 등장한 생시몽(Saint-Simon)과 샤를 푸리에(Charles Fourier), 조세프 프루동(Pierre-Joseph Proudhon) 등의 주동자들은 사유재산제가 폐지된 이상적 공동체의 건설을 꿈꾸었다. 특히 프루동은 저서 「소유란 무엇인가」(1840년)에서 "소유, 그것은 도둑질이다!"라며 세상을 향해 직격탄을 날렸고 일생 동안 정치적 탄압에 저항했다. 훗날 마르크스는 이런 운동을 '몽상적 사회주의'라고 비꼬았다. 이런 좌와 우의 극렬한 충돌 속에 중간에 선 부르주아 세력에 사상적 기초를 제공한 사람이 바로 콩트였다. 콩트는 한때 공상적 사회주의자 생 시몽의 비서로 일하기도 했다. 콩트는 지식이란 사람이 빵과 옷처럼 획득할 수 있는 객관적인 실체라고 보았다. 극우파의 낭만주의가 지식은 객관적으로 획득할 수 없으며 주관적(개인적)으로 경험할 수 있을 뿐이라고 본 것과 대조적이다.

콩트는 인간 정신의 발전을 세 단계로 나눈다. 첫째로 '신학적 단계'에서 인간은 자연현상을 신이나 초자연적인 힘을 빌려 설명하려고 한다. 우리가 목사나 점쟁이를 찾아가 미래를 물어보는 것은 이에 해당한다. 둘째로 '형이상학적 단계'에서는 이성이 신앙을 대신한다. 그러나 이성은 불완전해서 증명할 수 없는 법칙과 허구적인 논리가 세상을 지배할 뿐, 진정한 과학은 아직 출현하지 않았다. 셋째로 '실증과학의 단계'에서는 비로소 인간은 경험적으로 증명할 수 있는 것만을 믿으며, 어떤 현상이 반복되는지를 관찰함으로써 법칙을 끌어낸다. 그는 학문을 수학·천문학·물리학·화학·생물학·사회학 순으로 배열했는데 앞의 학문이 뒤의 학문을 위한 기초를 제공한다고 믿었다. 그래서 실증의 단계에 이르면 인간은 모든 자연현상은 물론 인간의 삶과 관련된 사회현상까지도 과학적 방법에 의해 객관적 지식으로 해명할 수 있다고 보았다. 이런 실증과학의 주역은 교회나 왕족도 아니고 노동자 계급도 아닌 바로 산업적 엘리트들인 부르주아이다. 우파가 주장하는 추상적인 말이나 종교적인 믿음, 좌파가 주장하는 공동체의 정신이나 역사의 발전법칙 같은 이념이 당시 프랑스 사회의 혼란을 잠재울 수 있었을까? 이런 회의가 젊은 콩트로 하여금 과학의 정신에 마음을 사로잡히게 만들었던 것이다. 그는 실증적인 과학 정신을 프랑스 혁명으로 혼란에 빠진 사회를 옳은 곳으로 이끌어갈 원리로 여겼다. 객관적으로 증명할 수 있는 합리적이고 과학적인 생각, 지금은 어쩌면 당연한 듯한 생각이 콩트의 시대에는 혁명과도 같은 발칙한 생각이었다.

콩트가 사회현상에 대한 과학의 시대를 활짝 열면서, 이후 지식의 분업화를 통해 사회과학과 인문과학에 속하는 분과들이 모두 철학에서 떨어져 나갔다. 그리고 20세기에 이르러 철학은 형해화되어 그 영역이 거의 언어 분석으로 한정되기에 이르렀다. 과거에 과학은 인간이 지식을 얻어내는 방법 중의 하나였다. 과학이 지식 획득의 주류적 방법으로 등극한 것은 콩트를 시발점으로 한 근대 시대에 들어서 비로소 가능해졌다.

콩트의 실증주의 선언 이후 사회현상에 대한 연구가 과학의 옷을 빠르게 입기 시작했다. 이 과학의 옷을 가장 빠르게 그리고 화려하게 두른 학문이 경제학이다. 오늘날의 경제학이 애덤 스미스(Adam Smith)가 1776년에 저술한 「국부론」에서 시작했다고 하지만 여기에는 큰 모순이 숨어 있다. 경제학에 관한 유명한

경험적(empirical) vs. 실증적(positive)
• '경험적': 지식이 감각판단자료(sense data)와 경험으로부터 유래한다는 믿음
• '실증적': 감각판단자료가 과학적인 방법에 의거해서 확보되어야 한다는 믿음
• '과학적': 객관적으로 관찰 가능한 현상에 대해 경험적 자료를 수집하고, 이를 근거로 귀납적 방법에 의해 이론을 형성하는 순환적 과정

조크가 있다. 만약 애덤스미스가 국부론을 노벨경제학상이 제정된 1968년 이후에 썼다면 노벨경제학상을 받았을까? 답은 'No'다. 아마도 노벨문학상을 받았을 것이라는 것이다. 그 이유는 국부론에는 그 흔한 1차 방정식 수준의 수식이 단한 줄도 나오지 않기 때문이다. 국부론은 역사, 정치, 사회, 경제, 윤리 등을 모두포괄하는 통섭의 저술이다. 오늘날로 따지면 '인문학'의 명작인 셈이다. 실제로애덤스미스는 '정치경제학'이란 것을 공부했고 영국 글래스고대학교의 도덕철학교수였다. 애덤스미스가 처음 저술한 작품은 「도덕감정론(A Theory of Moral Sentiment, 1759년)」이었고 그는 이 책에서 인간이 천부적인 도덕성을 가지고 있다고 역설했다. 뒤이어 정치경제학 논문인 「국부론」을 발표했는데, 이 논문은 당시 보호무역주의가 만들어준 특권에 안주하고 있던 중상주의를 신랄하게 논박하는 글이었다. 따라서 이런 경제학을 조롱하는 해학의 대화는 애덤스미스의 철학과 역사관 그리고 인간에 대한 애정을 모두 거세해버린 현대 주류경제학에 큰울림을 준다. 오늘날 주류경제학은 돈이 왜 만들어지고 돈이 인간의 삶에 어떤변화를 가져오는 지에는 관심이 없다. 그저 돈의 양이 늘어나거나 줄어듦에 따라상품의 가격이나 물가수준, 국민소득과 같은 수치화된 결과물에 어떤 영향을 미치는 가만을 분석한다. 그것도 복잡한 함수식과 그래프를 총동원하고 컴퓨터로통계처리까지 한다. 이렇게 해야 경제학이 비로소 과학(science)이 된다고 경제학자들은 굳게 믿는다. 돌이 공중에서 땅으로 떨어지는 만유인력의 법칙이나 사과의 가격이 오르면 사과의 수요량이 감소하는 수요의 법칙은 본질적으로 같은 것이라는 신앙이 경제학을 지배하고 있다. 이런 주류경제학의 신앙은 1800년대 마샬(A.Marshall)에 의해 창시되었다. 마샬을 추종하는 학자들을 '신고전학파'라 부른다. 이들은 경제학이 궁극적으로 '합리적 선택(rational choice)'을 연구하는 학문'이라는 단 하나의 목표점을 만들어냈다. 이러한 원칙은 200년이 지난 오늘날에도 유효하며 모든 경제 관련 책은 신고전학파적 접근법에 기초하여 만들어져

있다. 그러나 이 자랑스런 과학의 경제학은 경제현상의 본질과 근본원리에 대한 고민을 하지 않고 지나쳐버렸기 때문에 수시로 발생하는 경제위기에 대해 단 한마디의 통찰도 제공하지 못한다. 경제위기를 해결한다는 명분으로 정부의 몸집은 커지고 재정지출은 천정부지로 늘어난다. 이런 정부기관에서 선무당 경제학자들이 고관대작을 거머쥐고 그저 복잡한 수식과 그래프로 현학의 위세를 뽐내며 곡학아세할 뿐이다. 콩트의 실증주의 선언 이전에 살았던 애덤 스미스(1723~1790), 데이비드 리카도(1772~1823), 토머스 맬서스(1766~1834) 등의 학자들이 산업혁명기의 사회변화를 통찰했던 학문을 '고전학파 경제학'이라고 부른다. 음악에서도 현대의 가요나 팝송이 고전 음악의 심오함을 따라가지 못한다. 현대 주류 경제학이 인간의 경제 행위에 대한 기계적인 세계관을 벗어던지고 고전경제학자들의 통섭의 철학을 열린 마음으로 다가선다면 경제학에 쏟아지는 비난의 화살은 크게 줄어들 것이다.

경제학에 대한 이런 비난은 행정학에서도 비슷하게 나타난다. 경제학이 효율성의 바벨탑을 쌓아 올렸듯이 행정학 역시 그 전철을 그대로 밟아왔다. 행정학은 경제학보다 조금 늦은 1800년대 후반에 미국에서 시작했다. 윌슨이 창시한 정통행정학은 '행정'을 '기업을 운영하는 관리 기법'이라고 정의하면서, '경영'을 빌려다가 '정부'에 그대로 적용하려 하였다. 즉 초기의 행정학은 경영학으로부터 시작했다고 해도 과언이 아니다. 1800년대 후반 미국은 유럽에 비해 뒤늦게 산업혁명을 진행했고, 남북전쟁이라는 참혹했던 내전을 겪었다. '남북전쟁'은 1861년부터 1865년까지 4년 동안 벌어졌는데 이 전쟁으로 100만 명이 넘는 사상자가 발생했고 미국의 거의 모든 산업시설은 그야말로 쑥대밭이 되었다. 시대가 영웅을 만든다는 말이 있다. 전쟁의 폐허를 딛고 일어나려는 미국인들은 거대한 재건사업을 추진했고, 이를 위해서 불도저, 자동차, 철강 등 기계제작 공업의 급속한 발전이 이루어졌으며 이와 함께 대량 생산으로 인한 많은 노동자가 필요하게 되었다. 그러나 이러한 생산량의 증대에도 불구하고 여러 번의 공황으로 인해 기업들은 생존하기 위한 공장폐쇄, 조업단축, 파산 등을 실시하게 됨에 따라 많은 실업자가 생겼다. 또한 기업은 기업의 이윤을 높이기 위하여 노동자의 임금 인하를 단행하여 기업의 생산성은 매우 낮은 수준이었다. 이때 주먹구구식 기업경영의 문제점을 획기적으로 개선하려 했던 개혁가가 등장하였는데 바로 테일러(Frederic W. Taylor, 1856~1915)였다. 테일러는 평생을 기업 생산 현장에서 일한 기업인이었다. 테일러는 1875년

필라델피아에 있던 엔터프라이즈 유압공장에 견습공으로 들어가 모형 제작일과 기계공 작업을 배웠으며 3년 후 미드베일제강회사에서 기계공장 노동자로 출발하여 주임기사 자리에까지 올랐다. 1881년 25세의 그는 미드베일 공장에 '시간연구(time study)'와 '동작연구(motion study)'를 도입했다. 이것은 개별 근로자의 작업과정을 연구해서 작업 수행에 필요한 최소한의 '시간(time)'과 '동작(motion)'을 세분화하고, 이에 맞춰 인원과 작업도구를 배분하여 그 작업원에게 최적의 동작이 이루어지게 만드는 관리법이다. 이를 통해 항상 균일한 성과를 내는 숙련공이 미숙련공에게 작업을 가르쳐서 짧은 시간에 숙련공이 되도록 만드는 데 관리의 목적을 두었다. 특히 사용도구, 시간, 작업 등을 '표준화'하여 매뉴얼로 작성하고 '단계적인 임금률'로 작업성과에 따라 임금이 상승하도록 만들었으며, 작업 성격에 따른 전문화된 '직능별 조직'을 구성하도록 한 관리법은 1900년대 초 충격적인 아이디어였다. 유럽에서 중세를 거치면서 전문 기술은 장인 - 직인 - 도제의 3단계 계층제로 이어지는 수년간의 훈련을 통해 전승되는 시스템이 주류를 이루었다. 기술은 단기간에 습득될 수 있는 것이 아니라는 의식이 일반적이었다. 이런 유럽식 도제시스템과 전혀 다른 기술 습득 시스템을 창안한 것이 바로 「과학적 관리법」이며, 저서 「과학적 경영의 원리(The Principles of Scientific Management, 1911년)」가 출간되면서 널리 알려졌다. 이러한 테일러의 경영체계가 극단적으로 실행되자 노동자들이 '노동자의 고혈을 뽑아내는 잔인한 방법'이라며 항의와 분노를 표하기도 했다. 아무튼 이 이론이 대량생산기술의 발전에 미친 영향력은 매우 컸다. 이 당시에는 기업뿐만 아니라 정부도 주먹구구식으로 운영되었는데, 테일러의 선구적 연구를 정부 운영에 적용하자는 학문적 변혁이 이루어졌다. 바로 근대 행정학이 탄생한 것이다.

도제 제도

도제 제도는 중세 유럽 길드(공제조합)가 주체가 되어 운영한 수공업 기술자 양성 제도를 말한다. 장인 - 직인 - 도제의 3단계 계층제 안에서 기술자들은 오랜 기간 동안 기술을 익히는 '도제살이'를 했다. 도제관계는 단순한 고용관계를 넘어 긴밀한 인간관계를 수반했다. 물론 산업혁명으로 공장제수공업이 발전하면서 도제 제도는 해체되었으나, 길드의 전통은 오늘날까지 유럽사회에 남아 있다.

그러면 이런 행정학이 왜 산업혁명이 앞서 진행되었던 영국 등 유럽에서가

아니라 산업혁명이 뒤늦게 진행된 미국에서 성립된 것일까? 19세기 후반 미국의 경제는 급속히 성장해서 1890년대에 세계 1위의 공업 생산국 지위에 오른다. 이런 변화를 이끌었던 주체는 철도, 철강, 자동차, 의류 등의 대기업들이었다. 대기업들은 과학적 관리법을 채택해 높은 효율성을 달성했다. 그러나 정부의 세계는 전혀 딴판이었다. 소위 'spoil system(엽관제도)'이 정부를 지배했다. 엽관주의는 속칭 정실주의라고도 부르는데, 이 개념이 처음 생긴 미국에서의 정식 명칭은 '교체임용주의'라고 한다. 엽관주의는 공직을 하나의 전리품(spoil)이라고 보는 관점으로 정당에 대한 충성도와 기여도에 따라 공직자를 임명하는 인사제도이다. 우리나라 정당이 선거에 출마할 후보를 추천하는 '공천제도'와 상당히 유사하다. 미국은 국가의 팽창과 정치권력의 특권화에 대한 반감이 매우 강한 사회이다. 그런데 1789년 워싱턴(Washington)이 초대대통령으로 선출되어 이후 약 40년간 재산, 학력, 경력 등 출신성분을 기준으로 공직임용을 했다. 그 결과 정부 요직은 동부 연안 지역의 상류층들만 혜택을 보는 그들만의 리그로 전락했다. 이러한 관료의 특권화를 방지하기 위해 미국 제3대 대통령인 토머스 제퍼슨이 부분적으로 엽관제를 실시하였고, 1820년 5대 대통령인 제임스 먼로는 엽관제를 입법화하였다. 특히 1829년에 취임한 앤드류 잭슨 7대 대통령은 엽관제를 "공직의 민중에 대한 해방과 공무원에 대한 인민통제의 역할을 지닌 것"이라며 적극 활용하였다. 엽관주의(spoil system)는 집권정당의 선거운동에 기여한 일반 국민들을 자격 제한 없이 공무원으로 임용하기 때문에 국민과 공무원 간 동일체를 형성하여 '공직의 대중화'를 실현한다. 잭슨 대통령은 서민 출신으로서 동부 출신 상류층과 자본가의 관료 과두제를 깨버리고 서부 개척민들과 중하류층이 중앙 권력에 대거 진입할 수 있는 길을 열어주었고, 이후 엽관주의는 수십 년간 유지되어 갔다.

그러나 빛이 있으면 그늘이 생기는 법. 민주주의의 보루로 여겨졌던 엽관주의는 한쪽에서 부패와 무능을 키웠다. 산업의 발달에 비례해 정부의 재정이 팽창하고 공무원 수는 급속히 증가했지만 비전문가 관료들의 낭비와 무능은 극에 달했다. 당연히 행정의 생산성을 높여야 한다는 시대적 요구가 곳곳에서 터져 나왔다. 모든 학문은 시대의 산물이다. 행정학의 탄생도 바로 이런 미국의 시대적 요청에 대한 답이었다. 행정의 생산성을 높인다는 것은 행정은 정치에 예속된, 즉 정치의 부산물이 아니라 정치로부터 독립된 영역이라는 대전제가 필요하다. 행정이 단순히 권력 놀음에 매몰된 정치의 시녀 역할에 머무는 것이라면 효율성이라는 잣대는 끼어들 여지가 없다. 정치(politics)는 국가 전체의 의사결정과 권력을 둘러싼 경쟁과 타협인데 여기서는 생산성보다는 정의, 공익, 민주주의 등의 고차원적인 가치가 우선시된다. 소위 정치판에서 능률성이니 생산성이니 하는 것을 따질 수 있나? 지금도 기업은 1류이고 정치는 3류라고 하지 않는가. 이런 정치의 진흙탕 싸움판에서 행정을 끄집어내 분리·독립시킨 사람이 바로 토머스 우드로 윌슨(Thomas Woodrow Wilson, 1856~1924)이다.

토머스 우드로 윌슨(Thomas Woodrow Wilson, 1856~1924)

윌슨은 그의 어머니가 재봉틀로 생활비를 벌어 키워낸, 소위 개천에서 용이 된 인물이다. 그가 프린스턴 대학교를 수석 졸업하면서 졸업식장에서 그의 어머니에게 메달을 걸어준 일화는 지금도 전해진다. 윌슨은 프린스턴 대학교 교수를 역임하면서 정치에 관한 다양한 논문과 글을 발표하였는데, 영국의 대의제(민주성)와 독일의 관료제(능률성) 등 선진유럽의 정치행정체제를 연구하여 미국에 적용할 것을 주장하였다. 또한 19세기 시정개혁운동을 중심으로 한 진보주의 운동에 적극 참여하였다. 행정학이 정치학으로부터 독립하여 하나의 분과학문으로 발전하는 데 기여했으며 정치적으로 중립적 위치에 있으면서 직업적이고 능률적인 관료제 모델을 정립하고자 노력함으로써 행정의 당파성을 배격하고 합리적 분석과 과학적 접근을 강조했다. 28대 대통령(1912~1920)으로 취임한 윌슨은 철저한 민주주의 신봉자이면서 민족자결주의를 외교 원칙으로 관철시켰다. 그는 언론에 개방적이어서 전국의 목소리를 듣기 위해 백악관 취재기자 모두에게 집무실을 개방하였다. 그가 1차세계대전에서 세계에 천명한 민족자결주의는 한국을 비롯한 제3세계의 신민지에게 희망의 등불이 되었다.

이 당시 민간기업은 과학적 관리론을 기치로 효율적 관리를 정착해 나갔지만 정부는 늘어나는 행정수요에 제대로 대응하는 능력조차 부족했다. 이에 연방정부는 1883년 「펜들턴법(Pendleton Act)」(1883년)을 제정하여 공무원 임용방식을 엽관주의에서 실적주의로 전환하는 개혁을 단행했다. 윌슨은 1887년 「행정의 연구(The Study of Administration)」란 논문을 발표하여 펜들턴법의 정당성을 강조하면서 낭비적이고 부패한 정부 운영에 개혁의 칼날을 대야 한다고 주장하였다. 특히 기업의 생산성을 높이려는 경영개혁운동을 정부개혁에 적용하려 했

고, 이것이 행정학의 시작이었다.

그런데 사실 행정에 대한 연구는 미국이 아니라 유럽, 특히 독일과 프랑스에서 시작되었다. 16세기부터 200여 년 동안 독일과 오스트리아에서 소위 「관방학(官房學, Kameralismus)」이란 명칭으로 행정을 연구했는데 이 관방학은 절대군주의 소유물인 국가재산을 얼마나 잘 관리할 것인가 또는 국민의 행복을 실현하기 위해 국가는 어떻게 해야 하는가를 연구했다. 말만 연구일 뿐 고도로 중앙집권화된, 그리고 초월적 지배자인 국가와 그런 국가를 대신하는 왕을 위한 시녀 역할에 불과했다. 결국 유럽에서 시민혁명이 터지면서 절대군주의 절대적인 권력을 억제하는 방법에 학문의 관심이 쏠려버렸고, 이 시대의 최대 쟁점은 정부의 생산성 향상 문제가 아니라 법치주의의 구현 문제였다. 한마디로 법으로 권력을 통제하자는 것이 법치주의였고 이런 법치주의를 실현하는 방법론을 연구한 것이 행정법이었다. 그러니 유럽에서는 행정에 대한 관심은 곧 법치주의에 대한 관심이었고 행정법이 대세를 이끌었다.

이에 비해 미국은 절대군주가 존재하지 않는, 시민혁명으로 세워진 새로운 나라였다. 미국의 건설자들인 102명의 필그림 파더스(Pilgrim Fathers)는 영국에서 국가의 종교적 탄압을 피해 목숨을 걸고 대서양을 건너 미지의 신대륙으로 향한 사람들이다. 이들은 초월적인 국가가 개인의 자유와 재산을 억압하는 유럽의 절대주의 국가를 거부했다. 이들에게 '국가'란 초월적인 존재가 아니라 동창회, 철강업협회처럼 무수히 많은 단체들 중의 하나에 불과했고 또 그렇게 되어야만 했다. 이런 관점을 '다원주의'라고 말하는데 미국에서는 지배적인 세계관이다. 국가보다 개인을 우선시하는 사회에서 공적 영역, 소위 'public'한 영역에 대한 특별대우란 없다. 여기서 정부 운영도 기업 운영과 다를 이유가 없다는 생각이 자연스럽게 성립된다. 미국인에게 정부는 특별한 존재가 아니다. 정부의 일은 그다지 전문성이 있지 않은 것이며 보통의 양식을 가진 사람은 누구나 할 수 있는 것으로 여겨졌다. 국민이 직접 선출한 대통령, 의회의원 등 정치인들의 수하에 이들 공무원들을 예속시키고 철저히 정치의 명령에 행정이 따르도록 하는 것이 이상적으로 보였다. 그래서 행정은 정치의 한 부속물일뿐 독자적으로 존재하지 않는 것이며 따라서 행정에 대한 독립화된 연구도 그다지 필요하지 않았다. 미국 건국 이후 약 100년간 이런 상황이 지속되었다. 그러나 1800년대 후반에 미국에서 큰 변화가 일어났다. 바로 미국의 '남북전쟁(American Civil War)'이다. 이 사건은 근대 행정학이 탄생한 배경으로 가장 중요한 사건이다. 그런데 대부분의 국내 행정학 교과서에서 이 남북전쟁에 대해 전혀 해설하지 않고 있는 것은 참으로 아이러니하다. 남북전쟁은 국가 간의 전쟁이 아니라 그저 미국 내에서 펼쳐진 '내전'에 불과하지만, 이 전쟁은 세계 역사에서 아주 중요한 전쟁이다. 그 이유는 이 전쟁으로 인해 '진정한 미국'이 탄생했기 때문이다. 사실 이 전쟁이 일어난 1800년대만 하더라도 미국은 그리 살기 좋은 나라가 아니었다. 미국 중서부 지역은 완전히 무법지대였으며 남북은 분열되어 틈만 나면 싸웠다. 그러나 이 전쟁을 통해 미국에서는 진정한 민주주의와 자유가 탄생했고, 1890년대에는 세계 1위의 공업생산국가로 발돋움했다. 남북전쟁의 원인에 대해서는 여러 가지 설이 난무한다. 흔히 노예제도가 원인이라고 여겨지지만 실상은 매우 복잡하다. 사건의 실마리는 건국 초기인 1776년으로 거슬러 올라간다. 미국은 영국과의 치열한 독립전쟁을 힘겹게 승리로 이끌면서 「독립선언문」을 발표했는데 여기에 다음과 같은 문구가 나온다.

> "… all Men are created equal, and endowed by their Creator with certain unalienable Rights …"

이 문구는 '모든 사람은 평등하게 태어났다'는 말인데 여기서 '모든 사람'이 말 그대로 '모든' 사람은 아니었다. 이 모든 사람의 문제가 수면 위로 떠오른 것은 1800년대에 들어서였다. 미국은 1800년대부터 본격적인 산업화에 시동을 걸었고 남과 북이 자연환경의 차이로 인해 별개의 산업구조를 가지게 되었다. 추운 날씨와 척박한 토양을 가진 북부 지역은 공업을 주된 산업으로 만들었고, 아열대성 기후와 비옥한 토지를 가진 남부 지역은 농업, 특히 대규모 플랜테이션 농업을 주된 산업으로 만들었다. 이런 산업 구조의 차이는 이데올로기의 차이를 유발했다. 남부는 18세기 유럽의 프랑스를 중심으로 형성된 중농주의 사상을 받아들여 생산의 원천은 오직 농업뿐이며 상공업은 기생적 부에 불과하다고 믿었다. 이에 반해 북부는 18세기 애덤 스미스의 국부론을 중심으로 한 고전경제학파의 사상을 받아들여 국부의 원천은 노동을 통한 생산물이며, 제조업이 그 원동력이라고 믿었다. 무보수 노예제를 기반으로 한 남부와 자유 임금제를 기반으로 한 북부의 산업 대결은 이데올로기 대결로 치달았고 결국 체제경쟁으로 폭발했다. 전쟁 직전까지 유럽의 대규모 이민자들이 상공업이 발전한 북부로 집중되었고, 1850년 골드 러시로 인구가 급증한 캘리포니아가 미연방에 자유주로서 31번째 주로 가입하면서 자유주 : 노예주의 비율이 16 : 15가 되어 균형이 깨지기 시작했다. 1860년에 노예폐지론자인 링컨이 연방 대통령에 당선되면서 위기의식을 느낀 남부(사우스캐롤라나 등 6개 주)는 체제의 안전을 위하여 연방에서 탈퇴해 독자적인 정부를 수립하고 상원 의원이었던 제퍼슨 데이비스를 대통령으로 선출했다. 남부 지역의 버어지니아주 등 5개 주가 전쟁 발발 직후 남부 연맹에 가입했다. 북부 지역의 Union States와 남부 지역의 Confederate States의 대결은 노예 제도의 대결에서 정치적 싸움으로 번졌고 1861년 결국 전쟁이라는 파국으로 돌입했다. 여기에는 엽관제도라는 미국의 독특한 관료임용시스템도 원인으로 작용했다. 링컨은 대통령으로 당선된 이후 대규모의 엽관을 실시해 자신을 추종하는 정치세력 중에서 상당히 많은 수의 관료들을 임명했다. 반대파가 행정부에서 소수로 전락하면서 분리의 원심력이 더욱 강해졌다. 이 엽관임용은 몇 년 후 링컨 대통령이 한 극장에서 남부 출신의 배우에 의해 암살당하는 비극을 초래했다. 링컨의 노예 해방 정책에 대해 단순히 전쟁 승리를 위한 전술적 노선이라는 일부 비판이 제기된다. 그러나 보수주의를 자처하는 공화당 소속의 링컨이 인간의 자유에 대한 신념을 지키기 위해 기득권을 버리려 했던 정신은 숭고한 것이다. 링컨이 무명의 시골뜨기 변호사에서 일약 스타덤에 오른 사건은 1858년 일리노이주 상원의원 후보로 출마했을 때이다. 그는 이 선거에서 민주당의 상대후보와의 논쟁에서 노예제가 미국 독립선언서의 정신에 위배한다고 주장했다. 비록 링컨은 이 선거에서 낙선했지만 불과 2년 후 미국 국민은 링컨을 대통령으로 선택했다. 남북전쟁이 터진 후 2년이 지난 1863년 1월 1일 그는 필생의 신념에 따라 백악관 집무실에서 떨리는 손으로 노예해방선언서에 서명했다. 흑인이 진보적인 민주당에서 보수적인 공화당의 지지층으로 변한 것은 링컨의 힘에서 나왔다. 남북전쟁은 무려 62만 명에 달하는 인명피해를 만든 참극이었지만 미국을 통일 국가로 이끄는 견인차가 되었다. 우선 1662년 버지니아 법령에 최초로 명시된 이후로 거의 2백여 년 동안 특히 미국 남부사회의 버팀목으로 유지되어 오던 노예제도가 폐지되었다. 또한 식민지 시기부터 미국 사회와 정치계에서 주도적 역할을 담당하여 왔던 남부가 북부와의 최후 대결에서 패배함으로써 미국역사의 주도권은 북부의 손에 장악되었다. 산업 위주의 북부가 승리함으로써 전쟁 후의 미국은 급속도로 산업화를 추진할 수 있었다. 1862년 대륙철도 건설로 시작해 전 세계 철도의 40%에 달하는 약 32만km의 철도가 완공되었고 이를 기폭제로 해서 대규모 산업이 번창했다. 특히 남북전쟁 후부터 1차 세계대전 발발 전까지 약 2,600만 명이 넘는 이민자들이 미국으로 쏟아져 들어왔고 이 이민자들의 대부분이 부양가족이 없는 근로 연령층이었다. 값싼 대규모의 노동력과 대륙 철도의 산업 인프라를 기반으로 19세기 말에 이르러 세계 제일의 공업국으로 세계무대에 그 모습을 드러내게 되었다.

그러나 대기업의 확장은 정치 부패를 통해 이루어졌고 이를 가능하게 했던 매개체가 엽관제였다. 미국에서 엽관주의로 인한 매관매직 현상은 연방정부에서뿐만 아니라 지방정부에서도 광범위하게 확산되었다. 특히 1800년대 초 미국 지방정부에는 '머신 폴리틱스(machine politics)'라는 정치 적폐가 있었다. 이 말은 시카고 등 대도시에서 기층민을 조직화하여 선거 때 일시에 표를 모을 수 있는 선거동원 체제를 기계에 비유한 말이다. 조직의 구성원에게는 시청이나 정부의 허드렛일이 일자리로 제공된다. 할아버지 때부터 아는 사람에게는 하수도 공사도 준다. 미국의 청소사업이 기계화되지 못한 이유가 여기에 있다는 주장도 있다. 전기만 넣으면 언제든지 엄청난 상품을 생산할 수 있는 큰 공장시스템과 같은 선거동원장치다. 미국이 제대로 된 사회보장제도를 만든 것은 1929년 대공황이 터진 후 뉴딜정책에 의해서 시작되었다. 사회 복지시스템이 없었던 그 이전까지 부평초처럼 흘러들어온 가난한 이민자들에게 투표권과 허드레 일자리를 교환하는 것은 생존을 위한 자구책이었다. 강력한 정당지도자를 구심점으로 하는 지방정당이 도시 저소득층의 생계수단을 제공하고 생활을 보호한 후 이들의 지지를 바탕으로 지방정치를 주도했고, 결국 이들의 생계를 지원하기 위해 기업주와의 정경유착을 통해 자금을 끌어 유지한 것이다. 한국도 1995년 지방자치단체장 선거 이후 어느 특정 후보나 특정 정당을 지지하고 선거 후 그들을 보호해 주는 형태라든지 업주의 이익을 대변하고 이들로부터의 지지를 바탕으로 지방자치를 꾸려가는 지방토호들의 정·관·업 유착형 비리가 급증했다. 이에 따라 대략 1868년부터는 미국에서는 엽관주의와 머신폴리틱스의 폐해를 극복하기 위해 전국적으로 개혁 운동이 전개되었다. 지방정부에서는 시장의 권한을 통제하기 위해 「시정관리인제(city manager)」를 도입하였고, 연방정부 차원에서는 정치와 행정의 분리를 골자로 하는 「펜들턴 법(Pendleton Act)」을 제정(1883년)했다.

윌슨은 이런 일련의 개혁 작업에 정당성을 부여하고 행정에 대한 과학적 관리를 적용하고자 행정학의 독립을 선언했던 것이다.

그런데 유럽에서도 막스 베버(Max Weber)가 관료제를 연구했는데, 시기적으로 보면 막스 베버가 우드로 윌슨보다 더 먼저 활동했고 학문적으로도 더 유명하다. 특히 막스 베버는 당시 유럽에 확산된 칼 마르크스의 공산주의 이론의 허점을 날카롭게 비판하면서 자본주의 사회보다 훨씬 더 큰 수준의 사회통제와 관료제가 필요하다고 주장했다. 그는 관료제 연구를 통해 행정학 연구의 새로운 지평을 열었다. 그러나 그의 연구가 유럽에서 독자적인 행정학을 촉발시키지 못한 것은 19세기 유럽의 상황과 절대국가의 전통 때문이다. 윌슨은 막스 베버의 관료제 연구를 빌려와서 미국 행정 연구에 적용하였다. 윌슨이 보기에 유럽에서 행정은 군주의 통치도구로 전락했지만 프러시아 등 유럽의 발전된 행정제도와 막스 베버의 탁월한 관료제 연구는 활용 가치가 높았다. 윌슨은 "살인자가 칼을 가는 것을 볼 때에 그의 의도는 제외하고 칼을 가는 방법만을 배울 수 있다."고 주장했다. 윌슨은 공무원들에게 정의와 민주주의 같은 도덕 교육을 하기보다 전문적인 행정기술을 가르쳐야 한다고 강조했다. 윌슨은 1800년대 후반 폐해를 드러낸 엽관주의를 두들겨 패고 공직 운영 원리에 테일러의 과학적 관리법과 막스 베버의 관료제 이론을 적용하는 데 성공했다.

이처럼 윌슨과 막스 베버라는 대가의 개별적인 행정 연구는 통합되어 하나의 거대한 물줄기를 형성하였는데 이를 「베버－윌슨식 패러다임(Weberian－Wilsonian paradigm)」이라고 부른다. 이 물줄기는 1960년대 이후 공공선택론적 패러다임이 등장하기 전까지 행정학의 본류를 형성해 왔다. 행정은 정치로부터 명확히 분리되며, 행정은 정치질서의 실현을 위한 도구적 기술이며, 능률성(생산성)의 극대화를 지상목표로 추구한다는 관점은 이후 신행정론, 현상학적 접근법, 비판이론 등으로부터 도전을 받았지만 그 위상을 유지하며 오늘날에도 강력한 설득력을 가지고 있다. 150여 년의 근대 행정학 역사는 행정이 정치로부터 분리되어 경영의 언어로 정제된 과학으로 나아가는 여정이다. 그러나 공공의 가치를 실현하는 수단인 행정이 그 목적의 세계인 정치로부터 완전히 단절될 수 없는 것은 숙명이다. 그럼에도 윌슨이 행정을 정치 밖에 존재하는 것이라고 역설한 의도를 아래 그의 글에서 읽을 수 있다.

"Our success is made doubtful by that besetting error of ours, the error of trying to do too much by vote. Self—government does not consist in having a hand in everything, any more than housekeeping consists necessarily in cooking dinner with one's own hands. The cook must be trusted with a large discretion as to the management of the fires and the ovens."

(Woodrow Wilson, "The Study of Administration,")

월슨은 요리사의 비유를 통해 정부가 '관리(management)'에 관한 더 많은 자율성을 가져야 나라가 성공할 수 있다고 강조했다. 그래서 월슨의 주장을 '행정관리설'이라 부른다. 관리(management)는 어떤 목표를 달성하기 위한 최적의 수단을 선택하는 활동이다. 기업의 경영이나 정부의 행정은 모두 본질적으로 '관리'라는 점에서 같다. 관리는 더 많은 이익이 발생하는지와 더 적은 비용이 사용되는지에 관한 문제이다. 결국 돈의 문제이다. 그렇다면 관리에는 옳음과 옳지 않음, 좋음과 싫음의 윤리나 가치가 개입할 여지가 없다. 산출/투입의 비율인 효율성을 극대화하기 위한 방법을 찾는 것이 행정학이 해야 할 제1의 임무이다. 그래서 월슨과 그 추종자들은 효율성과 이익 증진을 위한 각종 관리 법칙(원칙)을 찾아냈다. 월슨의 관점에서 공무원이 갖추어야 할 자질은 헌법적 가치의 실현의지가 아니라 자원의 효율적 관리기술이다. 어느 공무원이 말했듯이 '영혼 없는 공무원'이기를 요구한다.

이렇게 정치학으로부터 분리 독립을 선언하고 우여곡절 끝에 탄생한 월슨 행정학은 1930년대에 이르러 효율성을 달성하기 위한 최선의 조직관리 원칙(the one best way)을 탐구하는 「고전적인 정통(Classical Orthodox)」의 행정학을 구축했다. 이런 고전적 정통이 주류적 흐름으로 자리매김한 데에는 당시 미국이 남북전쟁, 1차 및 2차 세계대전을 거치면서 급속한 경제성장을 이루어내고 세계 제1의 패권국가로 올라선 것에 힘입은 바가 크다. 특히 1929년 대공황으로 촉발된 경제위기를 극복하는 과정에서 케인즈경제학을 배경으로 뉴딜정책이 추진되면서 정부의 역할이 급속히 확대되었다. 이런 상황에서 대기업에서 개발된 첨단 경영관리기법을 정부에 적용하여 효율성을 달성하려는 노력은 시의적절한 시도였다. 테일러의 과학적 관리론과 메이요의 인간관계론은 다소의 차이는 있었지만 "과학적 방법에 의해 조직에서 능률적인 성과관리가 가능하다."는 확신을 심어주었다.

그러나 2차 세계대전이 끝난 후 냉전체제가 성립되면서 정통행정학은 설 자리를 빠르게 잃어버렸다. 1940년대 후반부터 밀어닥친 미국과 소련 간 치열한 체제경쟁이 전개되면서 정치로부터 단절을 선언한 정통행정학은 존재의 의미를 상실했다. 2차 대전은 독일의 패망과 함께 학문의 구심점이 미국으로 이동하는 분수령이 되었다. 독일 나치의 탄압을 피해 유럽의 논리실증주의 학자들이 미국 으로 대거 망명했고, 이들은 시카고대학을 중심으로 과학주의의 기치를 내건 「행태주의」 연구법을 발전시켰다. 「논리실증주의」는 말 그대로 기존 이론에서 '논리적'으로 가설을 도출해서 '실증적'인 검증을 통해 일반화를 시도하려 한다. 이것은 실증과학의 깃발 아래 모든 학문을 통일하려는 학문적 제국주의의 모습 으로 나타났다. 이들의 관점에서 거시적인 구조나 제도, 추상적인 법률을 연구 하는 것은 실증적이지 않기에 무의미한 것으로 치부되었다. 따라서 행태주의는 거시적인 조직관리 원칙에 매몰된 정통행정학이 그저 형이상학적인 말장난만 한다고 매몰차게 비판했다. 특히 사이몬(H.Simon)은 정통행정학이 찾아낸 관리 법칙이 한 번도 검증되지 않은 '속담(proverb)'에 불과하다고 비난을 퍼부으면서, 과학으로서 행정학을 위해서는 공식적인 제도나 원칙이 아니라 실제로 움직이 는 조직 구성원의 행태를 연구해야 한다고 주장했다.

1950년대에 절정에 오른 행태주의의 광풍 뒤에는 미국의 다원주의식 가치 체계가 웅크리고 있었다. 「다원주의」에 의하면 사회에서 다양한 개인과 이익집 단들이 서로 경쟁적으로 이익을 표출하면서 자연스럽게 균형에 도달하기 때문 에 정부(행정)는 집단이익이 전달되는 하나의 통로에 불과하고, 정부는 정책 결 정과정에서 공정하고 중립적인 심판 역할만 하면 된다. 따라서 정부는 사회 안 의 여러 단체 중의 하나에 불과하기 때문에 정부의 독자적인 특성과 역할은 제 한될 수밖에 없다. 행정학의 독자성을 구축하려던 정통행정학이 퇴조하여야 할 운명은 다원주의 토양 속에 숨어 있었다.

1950년대 이후 철학과 사회과학 분야에서 새로운 변화의 바람을 일으킨 현 상은 「구조주의」의 등장이었다. 구조주의는 인간의 의식과 행동은 인간이 스스 로 결정하는 것이 아니라 외부에 존재하는 '구조'에 의해 결정된다는 거시적 연 구법이다. 구조주의가 바라보는 언어는 결코 투명하지도 않고 세상의 모든 것을 비추는 거울도 아니다. 그래서 언어가 명제의 형태로 세상의 지식을 모두 담아낼 것이라는 논리실증주의의 믿음을 구조주의는 거부한다. 구조주의는 언어란 외부에서 주어지는 것이기에 '나'라는 존재는 빈껍데기에 불과하다고 주장하면서, 개인을 연구해서 사회 전체를 알려는 개체주의적 연구법을 비판한다. 사회를 알기 위해서는 개인이 아니라 개인 뒤에 숨어 있는 '구조'를 보아야 한다는 것이다.

이런 구조주의를 정치·행정 분야에 적용한 것이 「체제이론」이다. 체제이론은 행정현상을 분석함에 있어서 행정조직을 'black box'로 간주하여 그 내부의 작동과정을 분석하지 않고, 체제로 투입되는 요소와 산출되는 결과물을 상호 비교하는 데 초점을 둔다. 따라서 체제론은 모든 조직체를 동등한 체제로 보며 투입이 행정의 성과를 결정한다고 보기 때문에 체제의 질적 차이를 무시하는 가치중립성을 견지한다. 이런 체제이론은 모형화에 능해서 과학성을 높여주었지만, 지나친 단순화로 인해 현상 유지적인 보수화의 길로 빠져버렸다.

2차 대전 이후 미국은 소련의 팽창정책에 대응하여 제3세계에 막대한 원조를 제공했다. 그러나 남미와 아프리카를 중심으로 제3세계 국가들이 종속이론을 무기로 서구 국가 중심의 세계 질서에 맞서면서 제3세계의 저발전의 원인을 규명할 필요가 새롭게 강조되었다. 미국 중심의 근대화 이론인 '낙수이론 (trickle-down theory)'은 서구의 자본주의가 발전하여 전체의 파이가 커지면 결국 후진국들도 혜택을 받는다고 주장한다. 이런 관점을 기초로 서구와 제3세계의 정치체제를 비교 분석하는 「비교행정론」과 「생태론」이 등장하였다. 비교행정론은 외형적 구조와 실제 기능 간의 일치 여부를 중시하는 구조기능주의 접근법을 사용하여 외형적인 구조보다는 실제 '기능'을 중시한다. 특히 리그스 (F.Riggs)는 비교행정론에 입각하여 사회·문화적 환경이 정치행정 현상을 결정한다는 '사랑방 모형(Sala Model)'을 제시하였다. 그러나 이들의 관점은 체제이론의 연장선에서 정치행정체제의 국가 간 질적 차이를 무시하고 서구 중심의 가치관을 그대로 반영하는 편견을 드러냈다. 물론 이런 비판을 계기로 제3세계의 발전모형을 제시하려는 「발전행정론」이 등장하기도 했지만, 이 역시 미국의 시각을 반영하였다는 한계를 가졌다. 이런 거시적 접근법들은 1950년대 이후 절정기에 오른 행정국가화 현상과 맥을 같이 한다. 시장실패에 따라 정부가 시장에 전방위적으로 개입하고 정치, 즉 정책결정의 영역까지 담당하는 현상이 주류적 흐름으로 자리 잡았다. 이런 상황에서 미국과 제3세계의 정부가 어떤 성과를 내는

지 그리고 그 성과 차이의 원인은 무엇인지를 제도적 관점에서 분석하는 것은 매우 중요했다. 특히 행정이 정치까지 장악해야 한다는 '발전행정론'은 제3세계의 발전을 이루어낸 긍정적 측면과 개발독재를 초래한 부정적 측면을 모두 갖고 있다.

1960년대에 들어서서 유럽에서는 '68운동'을 기점으로 기성 권위에 대해 반항하는 「포스트 모더니즘」의 물결이 일어났고, 미국 사회에서는 월남전 반대, 흑인폭동 등 극심한 사회혼란이 벌어지면서 미국에 새로운 발전 전략을 요구했다. 포스트 모더니즘은 전통적인 과학이 가치와 사실을 구분하고 지나친 계량화에 치중하여 거대 담론을 만드는 데 매몰되었다고 비판했다. 이들은 정부에게 시급한 것은 실험실 속의 '과학화'가 아니라 시민들에게 절박한 '사회문제 해결'이라고 요구했다. 특히 1965년 존슨 행정부의 '위대한 사회(Great Society)' 프로그램의 실패는 효율성보다는 정의와 형평성 같은 가치적 사고로의 패러다임 전환을 가속화시켰다. 이로 인해 등장한 것이 「신행정학」과 「정책학」이다. 신행정학은 기존의 행태주의가 인간에게서 가치를 배제하여 박제화했다고 비판하면서 인간을 주관적으로 이해하려는 '현상학적 접근'을 사용하도록 제안했다. 정부가 효율성의 도구로 전락해서는 안 되고 사람에 대한 '이해'에 앞장서야 한다. 그래야 행정학이 당면한 사회문제를 해결하기 위한 구체적인 처방을 찾아낼 수 있다는 논리였다. 정책학은 정부가 사회문제 해결을 위해 쏟아낸 정책들이 왜 의도한 목표를 달성하지 못했는지를 파헤치는 데 주력했다. 이런 새로운 흐름 속에서 행정학자들은 기존의 계량적 접근법을 버리고 대안적 접근법을 찾아내려고 시도했다. 예컨대 정책의 목표와 수단을 화폐가치로 계량화하는 '비용편익분석'에서 정책 목표의 질적인 요소를 강조하는 '비용효과분석'으로 강조점을 이동했다. 예산 사용의 계량적 분석에 초점을 둔 '계획예산제도'가 실패하면서 예산이 지향하는 목표의 통합적 관리의 초점을 두는 '목표관리제'가 새롭게 강조되었다.

그러나 이러한 노력도 1970년대 이후 두 차례에 걸친 석유가격 파동에 따른 스태그플레이션(Stagflation)과 정부실패로 인한 재정적자 위기가 닥치면서 한계에 직면했다. 케인즈이론에 입각한 복지국가는 그 수명을 다한 것이다. 큰 정부에 대한 위기감이 고조되면서 정부가 시장을 고치는 데 왜 실패하는지를 수요－공급의 논리로 파헤치는 「공공선택이론」이 바로 이때 등장했다. 공공선택론은 정부가 공익의 중립적 심판관이라는 전통적 접근법을 한방에 날려버렸다. 공공선택론은 정치인과 관료가 시장의 수요자와 공급자와 동일하게 사적 이익의 극대화를 추구하며, 이들이 시장의 거래와 달리 정치행정 영역에서 공공선택하는 결정제도(⑩ 투표, 협상)에 근본적 결함이 내재하고 있다는 사실을 파헤쳤다. 따라서 기존의 독점적 정부구조는 반드시 실패할 수밖에 없기 때문에 정부 조직에 다양한 의사결정 참여자들의 이익을 서로 거래하고 계약을 할 수 있는 경쟁적인 조직설계(운영전략)를 적용해야 한다고 제안했다.

공공선택론의 이런 논의는 1980년대 신자유주의의 부활과 정부의 시장화 논리로 계승되었으며, 이를 기반으로 등장한 것이 「신공공관리론」이다. 신공공관리론은 정부실패의 원인은 관료의 무능에서 기인한 것이 아니라 관료를 얽어매는 각종 내부 규제 때문이라고 본다. 따라서 인사와 예산에 대한 조직 내부의 계층제적 통제를 대폭 완화하고 일선관리자에게 폭넓은 재량권을 부여하며, 성과관리에 의한 대응성을 확보하는 '해방관리' 전략이 필요하다. 결국 정부실패의 뿌리는 관료제의 독점구조에 있으며, 이를 극복하기 위해서는 관료와 정치인의 행태에 시장원리를 적용해야 한다. 이러한 정부 역할의 변화는 세계화와 정보화 현상과도 밀접한 관련을 갖고 있다. 세계화에 의한 국가성의 약화 현상은 공공재의 독점적 공급자로서의 정부기능에 변화를 가져왔다. 그리고 정보화는 Network(연결망)의 등장과 투명성을 증대시켜 거버넌스(Governance, 협치)의 등장을 초래하였다.

1960년대 이후 새로운 패러다임에 대한 요구는 거시적인 제도(구조)와 미시적인 개인을 통합하여 상호간 동태적 관계를 분석하는 「신제도주의」연구법으로 이어졌다. 신제도주의는 정부와 시장에서 개별 행위자들이 합리적 선택을 하지 못하게 제약하는 제도적 요인을 분석하는 데 초점을 둔다. 이들은 관료와 정치인이 진공 상태에서 행동하는 것이 아니며, 제도의 제약을 받아 행동하기 때문에 사회적·역사적일 수밖에 없다고 강조한다. 이때 제도는 법과 규칙뿐만 아니라 균형 상태나 문화를 포함하는 매우 포괄적인 개념으로 확대된다. 결국 제도란 개인이 선택할 수 있는 기회와 이에 영향을 미치는 제약들을 모두 포괄한다. 이런 접근법은 시장에서 기업 조직이 왜 만들어졌는지, 왜 특정한 제도가 효율성과 무관하게 오래 지속되는지, 특정한 제도가 국가 간 장벽을 넘어 서로 닮은 꼴인지를 설명하는 데 탁월한 시각을 제시한다. 이들은 정부실패를 해결하기 위해서는 관료와 정치인을 제약하는 제도적 구속이나 독점적 구조를 해체하는 개혁이 필요하다는 처방을 내린다.

1990년대 이후 정부가 권력에 기초한 통치조직이라는 전통적 관점을 해체하고 '연합조직' 또는 '공공네트워크(network, 연결망)'로 보는 진보적 관점인 「뉴거버넌스이론」이 등장했다. 시장을 지향하는 신자유주의의 확산으로 더 이상 국가는 공동선을 대변하는 존재가 아니라고 여겨진다. 뉴 밀레니엄 시대에 복잡한 사회문제를 정부가 계층제적으로 해결하는 방식은 한계에 부딪혔으며, 그 대신 시민사회가 전면에 나서야 한다. 뉴거버넌스는 정부의 공공재 생산에 대한 일원적·독점적 지배구조를 타파하고 다원적 지배체제와 다자간 조정체제로 전환할 것을 요구한다. 행정과 시민사회의 관계도 기존의 수직적이고 적대적인 긴장관계에서 우호적 협력관계로 전환시켜야 한다. 이를 위해서는 행정에 대한 관념을 시민들이 자유롭게 의사소통하는 '공공의 에너지 영역'으로 바라보는 대전환을 이루어야 한다. 소위 담론이론에 입각한 행정의 수행을 말한다. 이 담론의 과정에서 중요한 성공 요소는 참여자 간 신뢰를 기반으로 한 네트워크의 힘이다. 따라서 네트워크는 강한 사회적 자본의 토양에서 큰 성과를 이룰 수 있다. 정부가 시민사회와 협력적인 네트워크를 구축하여 공공재 생산에 대한 권한과 책임을 공유하는 전략적 마인드가 오늘날 정부에게 요구되는 책무이다.

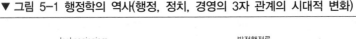

▼ 그림 5-1 행정학의 역사(행정, 정치, 경영의 3자 관계의 시대적 변화)

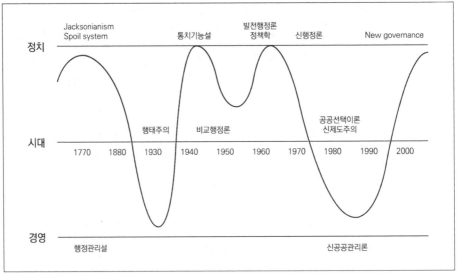

윌슨행정학의 탄생 이후 150년에 걸친 행정학의 긴 역사는 학문으로서의 독립성과 과학성을 향한 열정의 길이다. 그림 5-1과 같이 행정학은 정치와 경영의 두 개의 수레바퀴 사이에서 끊임없이 변화하는 발전의 궤적을 이어왔다. 과학화의 열망에 올라타 행태주의의 계량주의에 빠져들면서 잡탕이라는 오명을 뒤집어쓰기도 했다. 그러나 심리학과 경제학이 융합되어 '행동경제학'이라는 새로운 패러다임을 열었듯이 패러다임 간 통합의 시도가 잡탕으로 매도될 수는 없다. 단지 정부가 기업과 달리 공익을 달성하는 수단이라는 가치에서 떼어낼 수 없기에 정부에 대한 시장화만으로는 그 실체적 진실에 온전히 접근할 수 없는 것이다. 그래서 정부 안의 관료와 정치인의 행태를 실증적으로 분석하면서도 전체로서 움직이는 제도와 체제의 메커니즘에서도 분석모형을 개발해야 한다. 이런 점에서 공공선택론과 신제도주의는 행정학의 새로운 지평을 여는 데 중심 추역할을 할 것으로 기대된다. 여전히 학문적으로 신생아에 불과한 행정학이 윌슨 시대를 넘어 진정한 실증과학으로 나아가기에는 넘어야 할 장벽이 높고 험난하다. 행정학이 잡탕의 이미지를 벗어나 과학의 월계관을 쓰기 위해서는 피나는 도전의 역사를 더욱 치열하게 열어젖혀야 할 것이다. 우리는 행정학이 과학화를 향해 나가면서 과학의 신비화에 빠져들지는 않았는지 겸허히 되돌아보아야 한다. 행정학이 과학을 도구로 각종 라이센스를 만들어내는 폐쇄적 공동체에 함몰되지 않았는가? 행정학이 공무원이 되기 위한 밥벌이용 지식 소매상이 되거나 정부가 움직이는 데 필요한 소모적 정보를 제공하는 시녀 역할에 머물러서는 불행한 학문이 된다. 모든 학문의 기초는 논리학과 수학이다. 정부와 시장을 논리적으로 분석하여 수학적으로 계량화할 수 있을 때 행정학이 완전한 학문 공동체의 일원으로서 자격을 획득할 것이다. 그 길이 먼 가시밭길이지만 인류를 위해 가 볼 만한 가치가 있다.

제6장

여전히 행복이 성적순인 나라인 이유는?

논리실증주의와 통일과학의 꿈

"행복은 성적순이 아니잖아?"

1986년 1월 15일 새벽, S사대 부중 3학년인 O양이 스스로 목숨을 끊었다. 전교 1등을 달리던 세칭 모범생이었던 한 소녀는 '성장'과 '입시과열'로 치달아 가던 우리 사회에 달랑 유서 한 장을 남기고 떠났다. 이 한 편의 시 같은 유서에 다음과 같은 구절이 적혀 있다.

> "난 1등 같은 것은 싫은데…… 난 꿈이 따로 있는데, 난 친구가 필요한데…… 이 모든 것은 우리 엄마가 싫어하는 것이지. 매일 경쟁! 공부! 밖에 모르는 엄마. 그 밑에서 썩어 들어가는 내 심정을 한 번 생각해 보았습니까?"

한 소녀의 가녀린 몸짓은 우리 사회에 쓰나미의 파장을 몰고 왔다. 지금 교육계를 장악하고 있는 전교조도 이 거대한 폭풍에 올라탔고, '학생인권 보장'의 깃발을 세워서 마침내 1989년 설립되었다. 상업적 후각이 발달된 영화계는 서둘러 이 사건을 영화화해서 1989년 개봉했는데, 그 제목도 유서 내용을 그대로 따서 「행복은 성적순이 아니잖아요」였다. 당시 하이틴 스타였던 이미연이 자살하는 여학생으로 출연해 많은 청소년들과 학부모들의 눈물샘을 자극했다. 어언 30년의 세월이 흐른 지금, 그 시절 청소년이었던 사람들은 흰머리가 희끗희끗 나부끼는 중년에 접어들었지만 가슴 깊이 새겨진 시대의 아픔을 지우지는 못했다. 그러면 지금은 어떨까? 통계청의 발표(2018년도 청소년 통계)는 더욱 우리를 놀라게 한다.

"우리나라 청소년(9~24세) 자살률은 전 세계 1위이며, 경제협력개발
　　기구(OECD) 회원국 평균 자살률보다 3배나 높다. 우리나라 청소년 사망원
　　인 1위도 자살이었다. 2016년 기준으로 교통사고로 죽은 청소년이 인구 10만
　　명당 3.8명인 반면 자살한 청소년은 7.8명이나 되었다."

　　강산이 세 번이나 바뀌는 세월이 흘러도 이 견고한 한국 사회의 구조는 전
혀 변함이 없다. 아니, 그 뒤틀린 구조는 더욱 악화되었다. 헬조선이 일상화되고
흙수저의 설움이 청년들의 삶을 옥죄는 현실은 그 자체가 저주다. 이런 세상을
누가 만들었을까? 그리고 왜 이리도 오래 지속되는 걸까? 언론과 정부는 대중의
무관심과 이기심에 그 원인을 돌린다. 게다가 케케묵은 성리학의 잔재가 여전히
지금의 사회를 옥죄고 있다는 유체이탈 화법까지 구사한다. 그러나 반세기 넘도
록 시험점수로 수백만 명의 청소년을 1등부터 꼴찌까지 줄 세워 승자와 패자를
가르는 이 썩어빠진 교육시스템에는 애써 침묵한다. 이 부실한 구조의 원인을
좀비처럼 학생과 학부모에 기생하는 공교육의 비굴함에서 찾지 않고 오히려 사
교육을 제물 삼아 돈에 눈먼 악마로 여론몰이를 한다. 학교의 진정한 주인은 교
사가 아니라 학생이며, 학생의 인권은 교사가 주는 떡고물이 아니라 스스로의
자각과 투쟁에서 얻어진다. 그러나 민초의 깨어남을 두려워하는 지배층과 교사
들은 청소년들을 점수의 노예로 길들여 그들의 발굽 아래에 두려 한다. 그래서
초·중·고등학교의 긴 학창시절이 오직 대학입시만을 위한 살벌한 싸움터로 전
락했다. 대학입시에 학생부전형, 입학사정관전형 등 온갖 특이한 이름을 가져다
붙여도 본질은 바뀌지 않는다. 숫자가 사람보다 먼저인 세상이 이토록 오래 가
는 이유는 여기에 있다.
　　숫자는 강력하다. 예컨대 여론조사를 조작해서 특정 정치인의 지지율이
'50%'라고 '숫자'를 반복해 공표하면 실제로 대중은 그 숫자를 따라간다. 숫자는
세상 모든 것을 단순화시키고 대상이 일정한 질서를 가지고 있다고 믿게 만든
다. 예컨대 바다 위에 '갈매기섬'과 '소라섬'이 있는데 이 섬의 모습을 언어와 숫
자로 표현할 수 있다. "이 섬들에 마음이 따뜻한 사람들이 살고 있다."고 표현할
수 있고, "각각의 섬에 평균 키가 2m인 사람 10명이 있다."고 표현할 수도 있다.
전자의 경우에는 그림처럼 해석이 필요하다. 갈매기섬과 소라섬에 사는 사람들
의 삶이 어떻게 다른지 궁금해진다. 이를 알기 위해 사람들의 피부색이 무슨 색
인지, 성격은 포악한지, 열심히 일하는지, 어떤 일을 해서 먹고사는지 등에 관한

이야기(narration)들이 필요하다. 사람들은 모두 다른 점이 있기 때문에 결코 하나로 단순화시킬 수 없다. 섬에 있는 사람들을 바라보는 관찰자는 대상을 조사하면서 같은 사람으로서 일체감을 느낀다. 소위 감정이입(empathy)이 생겨난다. 과부의 아픔을 홀아비가 안다고 하지 않던가. 심리치료에서도 상담자는 내담자를 있는 그대로 받아들이는 감정이입을 통해 내담자가 스스로 치료해 나가도록 동행한다. 그래서 관찰자와 대상은 완전히 분리되지 않고 서로 연결된다.

이에 비해 후자의 경우에는 갈매기섬과 소라섬은 물 위에 떠 있는 거대한 흙덩어리이고 그 위에 사람이라는 사물이 존재한다고 본다. 섬에 대해 '각각 평균 신장 2m인 10명'이라는 통계를 만들어낸 사람이 이미 대상을 해석해서 숫자로 표시했다. 그러니 통계작성자 이외의 다른 사람들은 이 통계 숫자에 대해 추가적인 해석을 할 필요가 없다. 숫자로 표현된 대상은 살아 숨쉬지 않고 움직이지 않는다. 그래서 이 대상들에게는 이야기(narration)가 없다. 사진이 움직임을 포착하지 못하는 것처럼 숫자는 변화를 나타내지 못한다. 물론 한 시점의 숫자와 다른 시점의 숫자를 비교해 볼 수는 있다. 그러나 그 시점 사이의 시간 속에서 전개된 무수히 많은 변화들은 결코 알 수 없다. 섬에 있는 대상들을 바라보는 관찰자는 대상들이 겉으로는 사람의 형태를 갖고 있음을 알지만 그 대상들과 일체감을 느낄 수 없다. 오히려 관찰자는 대상을 통제할 수 있다고 믿는다. 일본은 1936년부터 1945년까지 중국과 전쟁을 벌이면서 만주에서 마루타(일명 '통나무')라 불리는 잔혹한 생체실험을 자행해서 한국인과 중국인 수천 명을 죽음으로 몰아넣은 것으로 추정된다. 당시 실험에서 실험 대상자들은 '이름'이 없이 번호가 부여되어 '사람'이 아닌 '생체실험의 재료'로 취급됐다. 실험자도 사람일진데 같은 사람인 대상자를 그토록 잔인하게 살인할 수 있게 만든 무감각도 숫자에서 나왔다. 숫자는 획일화를 만들어내는 기호다. 이런 획일성은 무늬로도 만들어질 수 있다. 우리는 회사 로고나 태극기를 바라보면서 그 집단의 구성원으로 획일화된다. 영화 「줄무늬 파자마를 입은 소년」은 이런 숫자의 획일화가 만들어 낸 비극을 그려냈다. 이 영화는 처참했던 유대인 수용소를 무대로 해서 한 소년의 눈으로 2차 세계대전의 아픈 역사를 읽어 내려갔다. 독일군 장교의 어린 아들 브루노가 수용소에 갇힌 동갑내기 유대인 소년 슈무엘과 우연히 만나 우정이 싹튼다. 친구 슈무엘의 잃어버린 아버지를 찾기 위해 브루노는 슈무엘이 건네 준 죄수복인 줄무늬 파자마를 입고 수용소로 몰래 들어가 함께 탐정놀이에 나선다.

불행히도 그 날 수용소에서 유태인 대학살이 진행되었고 유태인과 동일한 줄무늬 파자마를 입은 브루노는 유태인 대열에 휩쓸려 끝내 빠져나오지 못하고 처참하게 살해당한다. 브루노의 눈에는 줄무늬 파자마가 그저 색다른 옷으로 보였고, 그 옷에 새겨진 숫자는 뭔가 재미있는 놀이감으로 여겨졌다. 그러나 세상은 유태인을 구분하기 위한 기호로 줄무늬 파자마를 사용했고 거기에 새겨진 숫자는 실험 처리의 순서를 의미했다. 독일군 아버지가 자신의 아들을 죽인 비극은 줄무늬 파자마를 바라보는 어린 소년과 기성세대의 차이에서 비롯되었다. 600만 명에 이르는 유태인 대학살극도 숫자를 통해 이루어졌다.

오늘날 정부는 이런 숫자의 힘을 가장 교묘하게 그리고 수시로 사용한다. 바로 국가통계라는 무기를 동원한다. 통계 또는 통계학은 영어로 'statistics'인데 이의 어원은 이태리어인 stato(=state)이다. 어원으로 보면 통계학은 '국가(state)'와 관련된다. 특히 'statisca'가 국가의 업무를 관장하는 사람을 일컫는 말이었으므로, 'statistics'의 근원적 의미는 'statistica'에 관심이 되는 사항을 모은 것이었다. 이 의미는 19세기 초에 사라지게 되고 확률과 수학적 사고가 결합된 현대 통계학으로 발전했다. 현대 정부가 하는 거의 모든 정책은 통계에 기초해서 만들어진다. 정책이 만들어내는 결과를 숫자로 표시하지 않는다면 그 객관성과 신뢰성을 담보할 수 없다는 믿음이 팽배하다. 그만큼 정부는 숫자의 힘을 완벽하게 이용한다. 그러나 숫자가 주는 냉철함만큼이나 그것이 진실을 담보하는 것은 아니다. 세상에 세 가지의 거짓말이 있는데, 그것은 거짓말, 새빨간 거짓말 그리고 통계이다.

숫자는 우주가 거대한 기계와 같다는 믿음 위에 서 있다. 기계는 오직 외부적 자극에 의해 반응할 뿐 그 자체가 스스로 목적을 선택하지 않는다. 이러한 관점을 '기계적 인과론'이라 부른다. 이런 믿음은 근대시대 데카르트에서 그 맹아가 싹텄다가 19세기 콩트의 실증주의를 통해 더욱 강화되었다. 근대 과학이 일구어낸 놀라운 업적들은 인간이 이성의 힘으로 우주의 만물을 대상으로 바라보고 진실을 알아낼 수 있다는 믿음으로 내달렸다. 이성이 바라보는 세계는 대상을 잘게 잘라서 그 작동인을 알아내는 것이다. 예컨대 자동차의 속도를 올리기 위해서는 엔진을 더 빠르게 가동시키면 된다. 따라서 엔진이란 부분이 원인이 되고 자동차의 속도는 결과가 된다. 이런 원리는 인간행위에도 그대로 적용된다. 우리나라 아파트 가격이 크게 오르는 원인은 대도시 재개발 단지의 투기 수요 때문이라고 해석하는 경우가 이에 해당한다. 이처럼 전체 사회에서 재개발 단지라는 부분을 떼어내서 이것이 아파트 가격 상승을 초래한다고 보는 것이다. 이런 기계론은 대상을 양적의 크기로만 바라보기 때문에 대상을 숫자로 치환한다. 엑셀러레이터를 얼마의 강도로 눌러주면 변화하는 속도의 양이 계산된다. 마찬가지로 재개발 단지 분양가를 어느 정도 크기로 억제하면 아파트 가격이 얼마큼 변할 것인지를 예측할 수 있다. 이처럼 숫자는 인간의 이성이 사용하는 가장 강력한 무기이다.

그러나 인간행위가 자연현상과 다른 근원적 특성은 인간행동이 '목적을 의식적으로 추구'한다는 사실이다. 낙엽이 땅 위로 떨어지는 현상은 오직 중력이라는 외적 요인에 의해 나타나는 결과일 뿐이다. 그러나 사람이 자살을 하거나 아파트 가격이 폭등하는 이유를 단일한 원인으로 귀결시킬 수 없다. 이처럼 사람들은 어떤 현상의 원인을 알 수 없을 때 '목적인과론(teleology)'으로 눈을 돌린다. 예컨대 자살이 하느님의 세상으로 가려는 목적을 달성하기 위한 자발적 선택이라거나, 아파트 가격 폭등의 원인이 자본가 계급이 세상을 지배하려는 목적 달성을 위한 거대한 음모라는 해석과 같은 접근방식이다. 좀 더 극단적으로 가면 인간과 자연 모두 어떤 초자연적 정신이 짜놓은 목적을 향해서 움직인다는 사고방식으로 나아간다. 사물을 복잡계로 보고 비선형적 인과론을 주장하는 「카오스이론(chaos theory)」도 목적인과론에 근거를 두고 있다. 이런 생각의 원류는 아리스토텔레스였다. 그는 어떤 사물의 원리를 완전히 알기 위해서는 질료인, 형상인, 작용인과 아울러 목적인, 즉 그 사물이 만들어진 본래의 목적을 고려해야 한다고 주장했다. 그러나 이성의 눈으로 볼 때 목적인과론은 사물의 원리를 정교하게 설명하는 데 큰 결함을 가지고 있다. 목적은 주관적이어서 형이상학으로 빠져들 위험이 있다. 칸트도 목적인과론은 실재의 본질을 알려주지 못한다고 비판했다.

기계적 인과론과 목적 인과론 중 어느 쪽이 옳다고 단정할 수 없다. 그러나 근대 이후 기계적 인과론에 근거한 실증주의가 학문의 주류적 흐름으로 자리 잡았다는 사실은 명백하다. 중세시대까지 사회는 신의 창조물이며 사회변화는 신의 의지가 반영된 것으로 보았다. 따라서 사회변화의 원리를 인간이 직접 알아내는 것은 신의 영역을 침범하는 불손한 행위였으며, 불가능한 것으로 여겨졌다. 그러나 실증주의는 인간이 감각적 경험을 통해 사회를 관찰할 수 있고, 사회는 과학적으로 설명될 수 있다고 주장한다. 즉, 사회에 대한 연구는 물리학처럼 과학이 될 수 있다고 믿는다. 근대 시대 인식론의 원류였던 데카르트의 합리론과 영국의 경험론은 치열한 논쟁을 거쳐 프랑스에 유입되어 실증주의, 계몽사상, 유물론으로 변모·발전하였다. '실증주의'라는 말을 맨 처음 사용한 사람은 생시몽(~1825)이었지만, 실증주의를 철학의 위상에 자리 잡게 한 것은 19세기 후반 이후의 콩트(Auguste Comte)이다. 콩트는 자연과학의 실험 연구방법만이 세상을 알 수 있는 유일한 길이라고 주장하면서 목적론적 인과론을 배척했다. 실증주의는 감각적 경험을 묘사하고 해석하는 것이 과학의 유일한 임무라고 보면서, 인간의 심리(정신)에 대한 성찰을 미신에 불과하다고 폄하했다. 특히 콩트는 인간 행동에 대한 전통적 연구방법을 실증적 단계의 '사회학(sociology)'으로 대체할 것을 제한했다. 그가 제시한 사회학은 결국 뉴턴의 기계적 세계관을 인간에 적용하는 '물리사회학'이었다. 그러나 콩트의 실증주의는 일정한 한계를 가지고 있었다. 그의 제안은 아이디어 차원에서는 참신했지만 이를 실천할 방법론은 너무 허약했다. 이런 약점을 채워준 구원자가 프랑스 사회학자 에밀 뒤르켐(David Émile Durkheim, 1858~1917)이다. 그는 역사, 경제, 문화, 정치, 행정 등 사회의 제반분야를 연결하는 날실과 씨실의 역할을 사회학이 해야 한다는 원칙과 사회현상에 대한 연구 방법이 철저하게 관찰과 통계 위에 세워져야 한다는 원칙 등 2개의 소명에 일생을 바쳤다. 그가 바라보는 사회는 이성의 기반 위에 세워진 국가와 평등의 자아를 갈구하는 개인을 연결하는 다리였다. 그래서 프랑스 대혁명 이후의 평등주의와 개인주의의 도도한 물결에도 불구하고 그는 프랑스 한복판에서 개인을 초월한 사회 실체의 존재를 탐구했다. 다리 역할을 하는 사회가 자살, 범죄 등 인간의 중요한 행위의 작동인이 될 수 있다는 그의 믿음은 여기에서 출발했다. 전체로서의 사회가 객관적 실체로서 측정 가능하고, 그래서 숫자로 나타내는 것이 가능하다고 보았다. 이런 믿음에서 나온 것이 「자살론(Le Suicide, 1897년)」이다. 그는 이 논문에서 자살의 원인이 개인의 내면 세계인 심리적 요인이 아니라 '사회적 연대(solidarity)', 즉 타인과의 communication (대화) 빈도에 기인한다고 지적했다. 자살의 원인이 그 사람의 대화의 양, 즉 숫자로 표현될 수 있다는 획기적인 창안이었다.

콩트가 못 다 이룬 꿈은 20세기 초반 더 급진적인 사상가들에 의해 비상의 날개를 달았다. 이른바 '통일과학(unified science)'을 향한 거대한 웅전이었다. 1920년대 초 오스트리아 비엔나에서 비엔나 대학의 물리학과 교수였던 모리츠 슐릭을 중심으로 '비엔나 서클'이라는 독특한 지식인 모임이 만들어졌다. 이 모임에는 과학철학자 카르나프(Rudolf Carnap, 891~1970), 수학자 한스 한(Hans Hahn), 철학자 슐리크(Moritz Schlick, 1882~1936), 사회학자 노이라트(Otto Neurath, 1882~1945) 등 철학, 사회학, 물리학, 수학 등 다방면의 학자들이 참여했다. 이 모임과 교류를 했던 비트겐슈타인, 칼 포퍼 등도 상당한 영향을 미쳤다. 이들이 만들어낸 철학 혁명을 「논리실증주의(Logical Positivism)」라고 부른다. 이들의 주장이 혁명적인 이유는 첫째, 자연과학과 인간행동의 과학 사이에 본질적인 차이를 부정한다는 급진적 발상과 둘째, 인간행동의 인과관계를 오직 기계적 인과론에 입각해 분석하는 논리적 분석법을 개발했다는 점이다. 비엔나커피, 비엔나소시지 등으로 우리에게 익숙한 비엔나는 오스트리아의 수도이며 유럽의 한 가운데에 위치해 있다. 이런 지정학적 특징으로 인해 비엔나는 동유럽과 서유럽이 충돌하는 요충지였고 세상 만물이 모여드는 관문이었다. 그래서 오스트리아는 1차 대전을 일으킨 주동자였으며 2차 대전에서는 독일에 의해 합병되는 풍운의 역사를 겪어야만 했다. 비엔나의 지정학적 위치만큼 논리실증주의는 학문의 역사를 통째로 뒤집었고 세상을 바꾸려 했다.

이들은 인간행동에 대한 이해를 물리학의 언어로 대체하려고 했다. 일종의 '범물리학주의'였다. 모든 학문은 지식을 얻기 위한 인간의 활동이다. 그리고 지식의 체계는 언어(language)로 구성되어 있다. 마치 물체를 계속 잘라나가면 원자라는 최소 단위에 도달해 물체의 본질을 알아내듯 사회현상에 대해서도 언어를 논리적으로 분석하면 참된 지식에 도달할 수 있다. 따라서 모든 학문은 언어비판이며, 궁극적으로 자연에 관한 참된 지식을 모든 과학에 공통된 하나의 언어로 통일할 수 있다. 언어의 기본 단위는 명제(statement)이다. 명제란 '논리적으로 뜻이 분명한 문장'을 말한다. 논리실증주의는 참된 지식과 거짓 지식을 구분할 수 있는 기준을 그 명제가 '논리적·경험적으로 검증 가능한가(검증가능성)'라고 보았다. 예를 들어 "원의 둘레 길이와 지름 간의 비율은 항상 일정하다."라는 명제는 논리적으로 진위 여부를 검증할 수 있기 때문에 유의미한 명제이다. 이에 반해 사람이 경험적 또는 논리적으로 확인할 수 없는 명제들(**예** '국가는 가난한 사람을 위해 존재한다')은 사람이 그 진위 여부를 경험적 또는 논리적으로 확인할 수 없기에 무의미한 명제이다. 도대체 국가란 것을 사람이 보거나 측정할 수 있는가? 결국 이런 형이상학적인 명제들은 그저 헛소리에 불과하다. 논리실증주의는 이런 형이상학적 명제들은 사람이 세상을 아는 데 전혀 도움이 안 되는 가짜 지식에 불과한 것이므로 지식의 체계에서 제거해야 한다고 주장한다.

논리실증주의는 진실된 지식은 감각적 경험과 그 논리적 확충을 통해 얻어진다고 믿는다. 이를 위해서는 관찰된 현상의 특정한 측면을 측정하여 수학적 표현과 통계적 분석방법을 사용해야 한다. 예를 들어 '불을 피워서 물을 끓이면 물의 온도가 100도씨에 도달할 때 물은 수증기로 변한다'라는 명제는 우리가 물을 끓여봄으로써 진실 여부를 확인할 수 있다. 이처럼 사람이 직접 실행해 봄으로써 감각 기관을 통해 확인하는 것을 '경험'하는 것이라 하고 이런 경험 가능한 명제를 '관찰명제'라고 부른다. 또한 경험하여 확인하는 것을 '실증(positivism)'이라고 말한다. 물론 논리실증주의가 경험적으로 확인 가능한 명제만을 의미 있는 지식이라고 보는 것은 아니다. 예를 들어 '2 + 3 = 5'와 '낙하속도는 질량과 비례한다'라는 명제는 사람이 경험적으로 확인할 수 없다. 이런 명제를 '이론적 명제'라고 부르는데 이론적 명제를 모두 의미 있는 명제가 아니라고 부정할 수는 없다. 이런 명제의 진위 여부를 확인하기 위해서는 명제에 사용된 용어들의 개념 정의를 측정 가능한 대상물로 대체해야 한다. 예를 들어 '질량'을 직접 경험하여 측정할 수 없기에 측정 가능한 무엇인가, 특히 숫자로 바꾸어 놓아야 한다. 이것을 '조작적 정의(operational definition)'라고 말한다. 이런 작업은 상당히 정교한 논리적 과정을 거쳐야 한다. 여기에서 '논리(Logical)'라는 말이 나오는 것이다. 이처럼 논리실증주의는 자연 현상이건 사회 현상이건 모든 대상을 측정하여 숫자로 표현 가능하다고 가정하고 현상의 원인과 결과 간 관계에 대한 본질에 객관적으로 접근할 수 있다고 믿는다. 이것은 하나의 종교와 같이 세상을 바라보는 시각이자 세계관이다. 그래서 보수주의, 진보주의처럼 '~주의(~ism)'라는 말을 붙인 것이다.

논리실증주의가 기존의 실증주의를 계승하기는 했지만 상당히 다른 측면이 존재한다. 기존의 실증주의는 신과 같은 형이상학이 틀린 것이라고 본다. 그러나 논리실증주의는 신과 같은 형이상학적 물음은 그 물음이 진짜 물음이 아니기 때문에 대답할 수 없는 것으로 본다. 이런 형이상학적 물음은 주어와 술어가 반복되는 것이며 궁극적으로 주어로 귀결되기 때문에 객관적 지식이 될 수 없다. 지식은 인과관계에 대한 체계이다. 라이프니쯔의 기하학에서 공간에서 위치는 절대적인 지점으로 표현할 수 없고 다른 요소와의 관계를 통해 알 수 있다. 또한 기존의 실증주의는 지식의 궁극적 기초가 개인의 경험에서 나온다고 본 것에 반해 논리실증주의는 공적인 실험적 검증에 의거해야만 지식으로 인정받을 수 있다고 주장한다. 그래서 논리실증주의는 기존의 철학이 공허한 사변으로 흘러버린 헛소리에 불과하다고 비판했다. 비엔나서클에 참여한 많은 학자들이 철학자들이었다. 철학자 스스로가 철학은 모두 헛소리라고 주장하였으니 참으로 모순적이다. 그들이 보기에, 우주에 관해 철학은 아무 것도 말하지 않고 오직 과학만이 말해준다. 따라서 철학을 연구한다고 해서 우리는 세계에 대해 아무런 변화도 만들어내지 못한다. 오직 경험과학에 의해 획득된 지식만이 유의미하며 그 이외의 것들은 모두 무의미한 말장난에 불과하다. 이런 경험 과학을 기초로 세상에 대한 지식을 과학의 언어로 표현하고 자연과학과 사회과학은 궁극적으로 하나의 학문으로 통일할 수 있다고 믿는다. 이들은 물리학을 모든 학문의 이상으로 생각했고 물리학을 중심으로 거대한 통일과학을 세우려는 야심찬 이상을 꿈꾸었다. 이런 학문 세계의 통일에 대한 믿음은 경이롭지만 한편으로 위험성도 내포한다. 그들은 사람의 마음은 궁극적으로 외계의 자극에 대한 신경계 화학물질의 반응 운동에 불과하다는 생각까지 나아간다.

마음이 물질이고 숫자로 표현될 수 있다고? 이런 생각들은 심리학에서 파블로프(Ivan Pavlov, 1849~1936)가 종소리의 조건에 개의 반응 행동을 연구했던 '조건－반사 실험'으로 이어졌다. 그의 실험으로 개뿐만 아니라 인간의 습관적 행동은 조건에 반응하는 반사적 행동에 불과하다는 「심리학적 행동주의(behavioralism)」가 만들어졌다. 이것은 심리학이 과학이 되기 위해서는 외부적으로 드러나서 객관적으로 관찰할 수 있는 행동만을 그 대상으로 해야 한다는 학문적 지향을 말한다. 이것은 심리학의 전통적인 연구법으로 자리 잡은 의식의 탐구학으로서 내성(內省, introspection)의 방식을 버리자는 것이다. '내성법'은 예를 들어 범죄 심리를 알기 위해서 관찰자가 직접 범죄 집단에 가입해서 범죄행위를 해 보는 것이다. 그러나 내성법은 인간 행위의 내면적 동기를 찾으려는 시도이지만 주관성의 벽에 막혀 심리학이 과학으로의 길로 들어서지 못하게 만든다. 이를 극복하기 위해서는 인간 심리에 대한 연구도 철저히 물리학의 방법을 따라야 한다는 것이다. 파블로프의 조건－반사이론에서 한 단계 진일보한 것이 스키너(B.F.Skinner)의 조작적 학습이론이다. 그는 인간의 행동이 단순히 자극에 대한 조건적 반응에 의해 이루어지는 것이 아니라, 특정한 인간의 행동은 강화(reinforcement)를 통해 보상(reward)을 받게 되면 그 이후에도 자발적으로 반복되면서 이루어진다고 주장했다. 예컨대 출산 장려정책이 출산행동을 초래할지 여부는 강화를 어떻게 구성하는지에 따라 달라진 다. 이 경우 강화의 유형은 4가지로 구분되는데, 출산장려금 지급은 긍정적 강화, 육아부담 제거는 부정적 강화, 독신세 부과는 처벌, 장려금 지급 배제는 소거에 해당한다. 그리고 이런 강화를 연속적으로 제공할지 아니면 비정기적으로 제공할 지의 '강화 일정(schedule)'은 행동 유발에 중요한 변수가 된다. 이런 제안은 조직 관리자에게 중요한 암시를 준다. 조직 관리자는 각 강화전략 또는 강화의 일정계획 을 적절하게 혼용하여 보다 효과적으로 구성원들의 동기 향상에 주목해야 할 것이 다. 행동주의에 의하면 인간의 정신은 외부 자극에 대한 뇌신경 세포의 화학적 반응에 불과하다. 결국 논리실증주의는 멀리 칼 마르크스의 변증법적 유물론과 연결된다. 마르크시즘은 하나의 방대한 세계관이다. 그의 세계관은 변증법적 유물 사관과 잉여가치설 위에 세워졌다. 그에게 인간 정신은 경제적인 물적 토대 위에 만들어진 허구적인 상부구조에 불과하다. 거울이 사물을 비추듯이 정신, 법, 제도 등의 상부구조는 단순히 물질인 하부구조를 반영할 뿐이다. 거울 속의 사물이 단순 한 영상일 뿐 실제로 존재하지 않는 것처럼 정신도 물질을 반영할 뿐 존재하지 않는다. 일찍이 실존주의 철학자 사르트르(Jean-Paul Sartre)는 "유물론은 실증주의 를 가장한 하나의 형이상학에 불과하다."고 비판했다.

이런 논리실증주의가 당시 2차 세계대전의 발발을 목전에 두고 등장한 독일 의 나치즘에게 위험스런 존재로 여겨진 것은 당연하다. 히틀러는 독일민족정신 에 의한 유럽 통일을 꿈꾸었다. 그에게 2차 세계대전은 게르만 민족의 자존심 회 복과 패전의 상징인 민주주의에 대한 응징의 결과물이었다. 그는 홀로코스트라 는 망령에 휩싸여 무려 9백만 명 이상의 유대인을 학살했다. 이런 학살의 무기는 히틀러가 추종한 '민족사회주의'의 이념이었다. 독일민족사회주의의 중심 사상은 게르만 민족의 혈통 보존이었는데, 이는 게르만족의 피가 가장 우수하고 그러기 위해 그 혈통은 보존되어야 한다는 논리가 전제되었기 때문이다. 민족과 혈통은 인간의 정신에 의해 창조된다. 독일 정신의 위대함을 믿었던 히틀러. 이런 히틀 러의 오도된 신념에 논리실증주의의 생각은 장애물이었다. 그래서인지 논리실증 주의자인 카르나프와 슐리크가 암살당했다. 이후에 많은 논리실증주의자들은 미 국과 영국으로 떠났고, 특히 미국의 시카고 대학으로 옮겨 빈-시카고학파가 형 성되었다. 이때 시카고 대학에서 논리실증주의를 계승해서 행정학에 접목하여 행태주의를 세운 학자가 사이몬(H.Simon)이었다. 그는 1943년 시카고 대학에서 박사 학위를 취득했고 1949년 카네기멜런 대학의 공업경영 대학원 교수, 그 후 컴퓨터과학과 및 심리학과 교수로 취임했다. 그는 논리실증주의에 입각해 정치·행정 현상을 분석해서 과학으로 발전시켜야 한다는 「행태주의(Behavioralism)」를 선언했다. 행태주의는 정치행정 현상을 연구하는 데 물리학의 과학적 연구방법을 그대로 적용하자는 접근법이다. 행태주의는 믿을 수 있는 지식을 얻을 수 있는 유일한 원천은 과학뿐이라는 '과학주의(scienticism)'의 믿음에 근거한다. 과학적 연구방법은 객관적으로 관찰 가능한 현상에 대해 경험적 자료를 수집하고, 이를 근거로 귀납적 방법에 의해 이론을 형성한다. 예컨대 여러분이 학생들이 학교와 학습프로그램을 자유롭게 선택할 학습선택권에 대해 어떻게 느끼는지 그리고 왜 그렇게 생각하는지를 연구한다고 가정하자. 이 연구는 다음의 절차를 따라 진행되어야 한다.

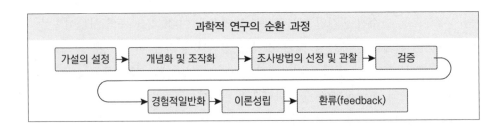

'가설(hypothesis)'은 경험 세계에 관한 의문에 대해 잠정적인 결론을 내린 진술을 말한다. 가설은 기존 이론에서 도출하는 연역적 방법과 구체적인 관찰을 통해 도출하는 귀납적 방법의 어느 쪽을 사용해서도 만들 수 있다. 여러분은 학습선택권에 대해 지지와 반대의 태도가 어떤 변수와 관련되어 있는지를 잠정적으로 결론내리는 가설을 만들어야 한다. 문헌조사 등 기초적인 조사를 통해 성별, 소득수준, 성적 등 다양한 변수가 학습선택권과 인과관계에 있다는 가정을 한다. 예를 들어 "소득수준이 높을수록 학습선택권을 더 선호한다."라는 가설을 만들 수 있다. 이 가설에서 사용된 '소득수준'과 '학습선택권'은 추상적인 용어이므로 이것이 무엇을 의미하는지를 명확하게 해야 하는데 이를 '개념화'라고 부른다. 또한 이 용어들의 크기(강도)를 어떻게 측정할 것인가를 결정해야 하는데 이를 '조작화'라고 부른다. 만약 여러분이 학습선택권에 대한 서베이(survey) 조사를 사용하기로 결정했다면 설문조사의 문항을 작성하는 것은 조작화의 작업이다.

일반적으로 사회 현상의 조사에서 모든 대상을 조사하는 전수조사는 매우 드물며 대부분 전체 대상(=모집단)에서 일부 표본(sample)을 뽑아서 조사하는 표본조사를 사용한다. 여러분이 표본조사를 하기로 결정했다면 전체 대상을 대표할 표본을 추출하기 위해 확률 표본추출기법을 사용해야 한다. 표본추출을 통해 선정된 대상에게 설문조사하여 자료(data)를 수집하는데 이를 '관찰'이라고 한다. 관찰을 통해 얻어진 자료를 분류(coding) 작업을 하여 컴퓨터에 입력한 후 컴퓨터 통계프로그램을 사용하여 통계분석을 실시한다. 이러한 자료 해석을 통해 최초에 세운 가설이 옳은지를 판단하는 검증(verification)을 실시한다. 검증을 통해 옳다고 확인된 진술은 잠정적인 이론이 된다. 이후 같은 주제에 대해 많은 후속 연구가 이루어져서 여러분이 만든 잠정적 이론이 옳다고 입증되면 이제 공식적인 '이론(theory)'의 지위를 얻게 된다. 이론은 어떤 객관적 현상에 대해 경험적 일반화를 통해 사실로 입증된 명제를 말한다. 이론화 작업은 귀납적 과정을 거쳐 이루어진다.

위와 같은 연구 과정은 철저히 '실증적(positive)'이어야 한다. 즉, 과학적 지식이 첫째, 경험 감각을 통해 얻어져야 하고 둘째, 객관적 절차를 통해 검증 확인해야 한다는 것을 뜻한다. 여기서 첫 번째 조건은 경험주의에 기초한다. 인간이 5감각을 통해 확인할 수 없는 것, 예를 들어 하느님, 신, 사랑 등은 과학적 이론의 대상이 될 수 없다는 것이다. 두 번째 조건은 경험적 지식이라도 누구나 동의할 수 있는 방법에 의해 진위 여부를 확인 검증해야 한다는 것이다. 실험집단과 통제집단의 대표성이 완벽하게 확보되는 '진실험'이 대표적인 방법이다.

과학적 연구법은 논리성을 추구하기 위해 연역법과 귀납법의 순환과정을 통해 객관적 지식에 도달한다. '연역법(deduction)'은 3단 논법이 대표적이다. 이미 알려진 명제나 전제들을 선결조건(postulates)이라 하고 기존에 알려지지 않은 명제나 결론을 연역(deductions)이라 한다. 3단 논법에서 '만약 A이면 B이다, 만약 B이면 C이다'는 선결조건에 해당하고, '만약 A이면 C이다'는 연역에 해당한다.

연역법의 사례 - 3단 논법

① 이론적 전제: 모든 사람은 죽는다.
② 조작적 정의: 소크라테스는 사람이다.
③ 연역: 그러므로, 소크라테스는 죽는다.
④ 관찰과 검증: 소크라테스는 죽었다.

이처럼 연역법은 일반적 전제에서 출발하여 특별한 사례들에 대한 가설화, 조작적 정의, 관찰과 검증을 통해 결론을 도출해내는 방식이다. 따라서 많은 사례에 적용해야 검증이 이루어진다고 보기 때문에 양적 연구방법과 밀접한 관련을 갖는다. 양적 연구방법은 말 그대로 적용 사례의 수가 늘어날수록 대상을 정확하게 알 수 있다는 가정에 기초한다. 연역법은 전제를 참으로 받아들인다면 결론 역시 무조건 100% 참이다. 따라서 연역법은 '필연적, 실증적, 증명적, 분석적'이다. 예컨대 "한국의 5,000개 가구 조사결과 4,000가구가 반려동물을 가지고 있었다. 그러므로 한국 가정의 80%가 반려동물을 가지고 있다."고 결론내리는 것은 연역논증이다. 연역법은 대전제(원리)를 근거로 구체적, 개별적 문제에 대한 결론을 이끌어내기 때문에 대전제가 틀리면 결론도 틀리게 되는 오류를 범한다. 가령, "사람은 죽는다. 나는 사람이다. 따라서 나도 죽는다."라고 했을 때, 사람이라는 존재의 본질이 무엇이고, 과연 내가 어떻게 사람이라고 확신할 수 있으며, 죽음이라는 것의 본질이 무엇인지에 대하여 이성적 판단을 제외하고는 아무런 근거가 없다는 것이다. 따라서 선결문제, 즉 원인이 되는 최종 원인자에 대한 이성적인 근거 없이 인과관계를 추론한다면 오류가 발생한다. 이런 연역법의 오류는 합리론의 약점과 맞닿아 있다. 데카르트를 시발점으로 하는 합리론은 인간의 이성이 선험적인 정신을 갖고 있기 때문에 순수한 이성 작용을 통해 대상에 대한 오류 없는 지식을 찾을 수 있다고 믿는다. "사람은 죽는다.", "신은 존재한다." 등의 전제는 인간의 심오한 이성 작용을 통해 참과 거짓을 알 수 있다는 것이다. 그러나 인간의 이성이 찾아낸 진실이 영원한 진실이 아니었던 사례는 인간 역사에서 차고 넘친다.

'귀납법(induction)'은 구체적인 관찰로부터 시작하여 일반적인 원리나 이론으로 전개하는 논리적 과정이다. 경험 세계에서 관찰된 많은 사실 중에 존재하는 공통적 유형(pattern)을 찾아내고, 이들 유형을 객관적으로 증명하기 위해 통계학적 분석방법을 적용하며, 관찰을 통해 변수 간의 관계에 대하여 잠정적 결론(tentative conclusion)을 내린다. 개별 사례의 질적 특성을 알아내는 데 집중하기 때문에 질적 연구방법과 밀접한 관련을 갖는다.

귀납법의 사례

① 소크라테스와 여러 사람들의 죽음에 대하여 반복적인 관찰을 진행한다.
② 사람과 죽음 사이에 일정한 관계패턴이 존재함을 발견한다.
③ "모든 사람은 죽는다."는 잠정적 명제 정립한다.
④ 이러한 잠정적 결론은 반복적 연구를 통해 연역적 논리로 발전한다.

　귀납법은 참인 전제가 많을수록 결론이 참일 가능성은 높으나 그 결론이 100% 참이라고는 확신할 수 없다. 그래서 귀납법은 '개연적, 해석적, 투사적, 확장적'이다. 예를 들어 연구자가 많은 백조를 관찰한 결과 '백조가 희다'라는 가설을 만들었다고 가정하자. 이 연구자는 이 세상의 모든 백조를 확인하여 검증(verification)할 때에만 '백조가 희다'라는 가설을 완벽하게 검증하는 것이고 이때 비로소 가설이 진실이 될 수 있다. 그러나 어떤 연구자도 이 세상의 모든 '백조가 희다'라는 가설을 완벽하게 검증하는 것은 불가능하다. 따라서 '백조가 희다'는 가설은 흰색이 아닌 백조가 발견될 때까지만 '한정적'으로 — '확률적'으로와 같은 말이다 — 진실이 될 수 있다. 이런 귀납법의 약점은 경험론의 약점과 같다. 예를 들어 "송이버섯을 먹으면 암세포가 감소한다. 표고버섯을 먹으면 암세포가 감소한다. 따라서 싸리버섯을 먹어도 암세포가 감소한다."라고 했을 때, 사실은 싸리버섯을 먹으면 암세포가 감소할 수도 있고 아닐 수도 있는데, 습관적인 인식으로 버섯 섭취와 암세포 감소에 대한 인과관계를 확정해버린다는 오류가 발생한다. 이와 같은 오류를 줄이기 위해서는 가급적 많은 사례를 찾아보아서 가설과 다른 사례가 있는지를 확인해야 한다. 이처럼 '흰색이 아닌 백조가 발견되는 것'이나 '버섯이 암세포 감소와 관계없는 사례를 발견하는 것'을 '반증(falsification)'한다고 말한다. 칼 포퍼(K.Popper)는 이런 점에서 어떤 이론이나 가

설이 과학적이라는 자격을 얻기 위해서는 '검증'보다는 '반증' 가능해야 한다고 주장했다. 그래서 그는 "모든 정책은 가설이다."라고 말했다. 정책(policy)이란 정부가 사회문제 해결을 위해 강제력을 동원하는 권위 있는 결정을 말한다. 모든 정책에는 비용이 든다. 정부가 북한에 쌀을 보내는 정책도, 학교에서 무상급식을 실시하는 정책도 큰 비용이 소요된다. 이런 엄청난 비용의 부담자는 납세자인 국민이다. 이런 큰 비용을 들여서 정책을 실시하는 이유는 그 정책이 어떤 성과(outcomes)를 가져올 것이라는 기대 때문이다. 그러나 북한 쌀 지원 정책과 한반도 평화라는 성과 사이의 인과관계를 검증하는 것은 매우 어렵다. 이에 비해 대북지원에도 불구하고 북한의 미사일 도발 확대 등 평화에 역행하는 사례를 통해 반증하는 것이 정책의 인과관계를 규명하는 데 더 도움이 된다.

사실 주류사회과학은 반증가능성에 대해 상당히 회의적이다. 흰색이 아닌 백조가 발견될 확률은 거의 0에 수렴해서 무시할 수 있기 때문이다. 그러나 도저히 일어날 것 같지 않은 일이 일어날 수도 있는 세상이 인간 사회이다. 15층의 높은 아파트에서 사고로 떨어진 어린 아이가 살아나는 사건이 발생하면 과학자들은 그저 '기적'이라고 일축해 버린다. 너무도 발생 가능성이 낮은 일이라서 확률적으로 무시할 수 있다는 논리다. 이처럼 주류 사회과학은 사회의 모든 현상을 확률의 관점에서 설명하려 한다. 세상을 확률로 말하려면 대상이 불규칙하게 움직인다는 가정이 반드시 따라붙어야 한다. 이것은 주사위를 10번 던진 결과 모두 3이 나왔더라도 11번째 던질 때 3이 나올지 다른 숫자가 나올지 알 수 없다는 뜻이다. 우리가 주사위를 던지면 5가 나올 확률이 1/6이라고 말하는 이유는 주사위가 직육면체이어서 각 면이 위로 향할 가능성이 동일하게 주어지기 때문이다. 확률이 1/6이라고 해서 주사위를 6번 던질 때 그 중 반드시 한 번은 5가 나와야 하는 것은 아니다. 그런데 만약 주사위의 한 모서리를 잘라내면 이 가능성이 달라져서 확률을 예측할 수 없게 된다. 이것은 스포츠경기에서 자주 벌어진다. 예컨대 A축구팀이 B축구팀에게 패배해 주기로 밀약을 했다면 이런 밀약을 모르는 관객들이 예상하는 축구경기의 승패 확률은 완전히 엇나갈 것이다. 이처럼 확률이라는 숫자로 사회 현상의 결과를 예측하기 위해서는 대상이 완전히 우연에 의해(random) 움직인다는 전제가 필요하며 이것은 그 발생확률이 정규분포(normal distribution)와 같은 규칙적인 분포를 보여야 한다. 확률이라는 숫자가 규칙적이라는 것을 말하며 실제 결과가 그 숫자대로 나타난다는 것이 아님을 주의하시라. 이런 논리를 시장에 적용한 것이 '랜덤워크 가설(Random walk hypothesis)'이다. 이것은 주식가격의 변화는 과거의 변화와 관계없이 독립적으로 움직이기 때문에 미래의 주가 변동을 예측하는 것은 불가능하다는 이론이다. 마치 술취한 사람이 움직이는 것처럼 주가는 과거의 정보와는 무관하게 매일매일 무질서하게 변동한다. 즉 각 시점의 주가 변동은 각각 따로 놀며 동일한 확률분포를 갖는 확률변수라는 말이다.

확률변수와 확률분포

- 확률변수: 임의로(random) 진행되는 실험(**예** 동전, 주사위 던지기)에서 일정한 확률(동전의 앞면 및 뒷면의 확률은 각각 1/2임)을 가지고 발생하는 결과에 실수값(**예** 앞＝1, 뒤＝0)을 부여하는 변수를 말한다.
- 확률분포: 확률변수의 모든 값과 그에 대응하는 확률들이 분포하는 형태를 말한다. 동전을 두 번 던져서 앞(그림)이 나오는 수(x)는 0, 1, 2의 3가지이다. 이때 x＝0의 확률 P(x)＝1/4, x＝1의 확률 P(x)＝1/2, x＝2의 확률 P(x)＝1/4이다. 우리가 특정 확률변수의 확률분포(확률함수)를 안다면, 그 사건이 발생할 확률을 계산(예측)할 수 있다.

따라서 내일의 주식가격을 확률적으로만 말해야지 실제로 얼마가 될 것이라고 예측하는 것은 잘못이다. 그러나 실제로 어제 일어난 일이 오늘 일에 영향을 미치지 않을까? 우리는 삼성전자 주식가격이 계속해서 오르면 내일도 오를 거라고 예상하고 실제로 그렇게 나타나는 경우가 다반사다. 즉 시장에는 흐름이 존재하고 따라서 과거의 움직임은 미래에도 영향을 미친다는 사실이 오히려 일반적이다. 이처럼 과거와 현재 그리고 미래가 서로 연결되어 인과관계를 단선적으로 말할 수 없다는 생각이 「평행이론(Parallel Life)」이다. 이것은 같은 운명을 가진 두 사람이 서로 다른 시대를 살 수 있다는 주장인데, 아직은 가설 단계에 머물고 있다. 만약 평행이론이 성립한다면 내가 타임머신을 타고 과거로 가서 나의 조상을 죽이면 내가 없어질 수 있다는 우려를 말끔히 깨버릴 수 있다. 내가 과거로 가서 나의 조상을 죽이더라도 나는 다른 운명의 사람의 후손으로 존재할 수 있기 때문이다. 이러면 원인과 결과가 뒤섞이면서 모순이 발생한다. 그럼에도 링컨과 케네디가 100년의 시차를 두고 같은 운명을 서로 다른 시대에 살

았다는 이야기는 평행이론의 단골 소재이다. "당신에게도 누군가의 인생이 반복되고 있다!"는 카피를 앞세우고 많은 영화들이 만들어진 것을 보면 그 진위를 떠나 평행이론은 인간 사회를 이해하는 데 꽤 매력적이다. 단선적인 인과관계의 모순을 이론적으로 파고 든 사람이 월가 투자전문가인 나심 니콜라스 탈레브(Taleb, N. N.)이다. 그는 정규분포의 규칙성을 뛰어넘는 경제 현상을 저서「검은백조(The black swan)」를 통해 설명했다. 그는 시장이 우연에 의해서만 움직이지 않으며, 예측을 뛰어넘는 충격적인 현상이 언제든지 나타날 수 있다고 보고 서브프라임 모기지 사태를 예언했다. 그의 예언은 혼돈 속의 법칙성을 찾아내려는 '카오스이론'에 접목되었다. 행정학에서도 단선적 인과관계에 시간 변수를 개입시키려는 시도가 시차이론으로 등장했다. 「시차이론(time difference theory)」은 정책이 실시된 시기의 조건이나 정책의 도입 순서가 달라짐에 따라 정책 효과가 상당히 달라질 수 있다는 점에 근거한다. 예컨대 정부가 CCTV설치 확대와 성교육 강화의 두 정책을 실시해서 학교 내 성폭력을 감소시키려고 할 때 두 정책의 선후를 달리함에 따라 정책 효과가 달라질 수 있다. 이처럼 사회 현상에서는 원인 변수들이 그 순서를 달리할 때 서로 다른 결과를 초래할 수 있는 화학적 인과관계의 속성을 갖는 사례가 많다. 이것은 자연 현상에서는 원인들의 시간적 선후관계가 인과관계에 영향을 미치지 않는다는 사실과 전혀 다르다. 그러나 인간이 시간을 시계라는 도구로 측정할 수는 있지만 시간의 질적 측면을 인지하는 것은 불가능하다. 따라서 시간의 동태적인 측면을 정책 효과 측정에 도입한다는 시도는 아직 시기상조라는 평가를 받는다.

'실증과학'의 깃발을 내건 행태주의 물결 하에서 윌슨을 중심으로 한 고전행정이론이 만들어낸 '관리의 원리(principle)'는 쓰레기로 전락했다. 사이몬은 명령통솔의 원리, 계층제의 원리, 분업화의 원리 등 그 수많은 '관리의 원리'가 어떤 결과를 만들어 낼 것이라는 인과관계가 증명된 바 없다고 비판했다. 따라서 인과관계를 규명하지 못하는 연구들은 과학이 될 수 없다. 이런 행태주의는 베버-윌슨패러다임을 비판적으로 계승해서 행정 현상에 대한 객관적 연구를 추구한다. 이를 통해 행정학이 '과학(science)'이라는 타이틀을 거머쥘 수 있다고 믿는다. 사실 현재에도 행정학계에서 논리실증주의와 행태주의는 주류적 관점이다. 행정학 교과서에는 '제도주의, 공공선택론' 등 여러 가지 연구접근법들이 있다고 소개되어 있지만 이들은 여전히 비주류에 불과하다. 윌슨행정학은 정부 조직을 전체적 관점에서 '관조(contemplation)'했다. 이들은 전체는 단순한 부분의 합 그 이상의 무엇이라고 보았다. 이런 관점을 방법론적 전체주의라고 말한다. 조직은 목적을 달성하기 위한 생명체이며 조직의 구성원들은 이 목적 달성에 충실히 봉사하는 장기(부분)이다. 손과 발이 인간의 목적 달성을 위해 부지런히 움직이는 것과 같다. 머리는 전체적인 방향결정, 즉 관리를 한다. 이런 목적 달성의 관리 활동은 '능률성(efficiency)'이라는 단일한 목적을 향해 있다. 정부조직은 공익을 추구하고 공무원은 이 장의 중립적 심판관(umpire)이다. 따라서 조직 운영에 관한 게임의 규칙(rule)인 공식적인 법과 제도를 잘 만들면 조직은 성공적으로 목적을 달성할 것이라고 믿는다. 이를 위한 관리의 원칙을 발견하면 행정학이 과학의 경지에 오를 것이라 윌슨은 생각했다. 그러나 행태주의 관점에서 윌슨의 이런 생각은 부질없는 것이었다. 윌슨은 법과 제도가 같으면 결과로 나타나는 인간 행위도 동일하다고 결론짓는다. 이에 대해 행태주의는 같은 대통령제 하에서도 대통령마다 권한의 행사가 다르게 나타난다고 반박했다. 따라서 법과 제도를 관찰해서는 아무런 법칙도 찾아낼 수 없다. 오직 실제로 움직이는 인간의 활동(행태)를 연구해야만 유의미한 법칙을 알아낼 수 있다. 그래서 연구의 대상을 정부 조직의 구성원 개인으로 좁혀나갔다. 개인의 특성을 관찰해서 일정한 유형(pattern)을 발견하고 그 패턴을 모두 합하면 조직 전체의 특성을 알 수 있다고 믿는다.

행태주의가 말한 '행태'는 모든 행동이 아니라 '규칙적·반복적인 행위(patterned action)'를 말한다. 예를 들어 정부조직에서 상관이 부하에게 대하는 태도가 권위적인지 민주적인지의 유형은 상관의 행위를 관찰해서 알아낼 수 있다. 그래서 행태주의는 대상자에게 설문조사 등의 방법으로 외부에서 관찰 가능한 인간의 태도·의견·개성 등을 행태에 포함시킨다. 이런 점에서 파블로프의 조건-반사실험처럼 명백한 자극과 반응으로 볼 수 있는 행위만을 연구대상으로 삼는 심리학적 행동주의와 다르다. 행태주의자들은 실제로 움직이는 조직 구성원의 행태를 연구한다. 오늘날 행정학 교과서에 실려 있는 동기부여이론, 리더십 모형, 의사결정 모형, 조직발전(OD) 등이 이들의 주요한 연구 성과물이다.

1. 동기부여이론 – 조직 구성원의 마음 속 동기를 찾아내 숫자로 바꾸다.

　행태주의는 조직의 각 구성원에 대한 연구를 통해 과학적 법칙을 개발하려 한다. 조직 구성원은 행동을 통해 자신의 마음을 겉으로 드러낸다. 조직 목표 달성은 개인의 행동에 의해 좌우되기 때문에 관리자는 개인의 마음이 조직목표에 긍정적이 되도록 근무 여건을 만들어야 한다. 바로 이 문제가 동기부여이다. 동기부여는 조직 구성원에게 바람직한 행동을 개발 또는 유발하고 그것을 유지하며 일정한 방향으로 유도해가는 내부적인 과정을 말한다. 동기부여이론은 크게 「내용이론(content theory)」과 「과정이론(process theory)」으로 구분된다. 「내용이론」은 욕구 충족과 동기부여 간에 직접적인 인과관계를 전제로 하여 '무엇이' 행동에 대한 동기를 유발하는가를 연구하는 이론이다. 개인의 행위를 유발시키는 개인의 내부적 요인을 발견함으로써 조직구성원의 동기 유발을 할 수 있는 단서를 개발하여 조직의 성과를 높이도록 도움을 준다. 예컨대 1959년에 헐츠버그(F. Herzberg)는 미국 피츠버그 지역 소재 11개 산업체의 종사자 중 203명의 기사와 회계사를 대상으로 면접조사를 통해 동기 부여에 관한 2요인이론(Two factor theory)을 제시하였다. 그는 대상자들에게 직장에서 매우 좋았을 때와 매우 나빴을 때를 기술하도록 질문했고, 이 결과 만족요인과 불만족요인이 동일선상에 있는 것이 아니라 오히려 전혀 다른 차원의 문제였다는 사실을 발견했다. 즉 개인들이 직무에 불만족을 느낄 때에는 그들이 일하고 있는 직무의 '환경(context)'이 문제가 되었으며 반면에 직무에 만족을 느낄 때에는 직무의 '내용(content)'과 관련이 있었다. 따라서 환경과 관련된 욕구는 직무불만족을 예방하는 기본적 기능을 담당하므로 '위생요인(hygiene factors)'이라고 부르고, 직무 내용과 관련된 욕구는 사람들에게 더 나은 업무수행을 하도록 동기 부여하는 기능을 담당하므로 '동기요인(motivation factors)'이라고 부른다. 특히 봉급이나 연금 등 금전적 보상이 위생적 요인으로 분류되어 생산성에 유의미한 관련이 없는 것으로 조사되어 경영자의 큰 관심을 끌었다.

　이에 비해 「과정이론」은 '어떠한 과정'을 통해 행동에 대한 동기가 유발되는가를 연구한다. 즉 욕구 충족과 동기부여 간에 직접적인 인과관계를 인정하지 않으며, 개인이 외부의 자극을 어떻게 이해하고 받아들이는지의 인지변수들(cognitive variables)이 개인의 행태에 미치는 영향을 분석하려고 한다. 예를 들어 브룸(V. Vroom)의 선호·기대이론(Preference – Expectancy Theory; VIE 이론)은 개인의 인지과정을 강조한 대표적 이론이다. 그는 욕구충족(만족감)과 직무수행 간 관계에 직접적 인과관계가 없다고 보고 양자 사이에 주관적 평가과정(지각과정)이 개재되어 있기 때문에 그 지각과정을 통한 기대요인의 충족에 의해 동기가 결정된다고 보았다. 그는 $M = \sum (V \cdot I \cdot E)$라는 간단한 수학 공식으로 동기 부여에 관한 모형을 제시했다. 이 모형에서 한 개인의 어떤 행위에 대한 동기 부여의 정도는 (1) 특정행위가 성과를 가져다줄 가능성(기대감: Expectancy)과 (2) 성과가 보상을 가져다주리라는 주관적 확률치(수단: Instrumentality) (3) 행위가 가져다주는 결과의 매력 정도(선호도: Valence)에 의해 결정된다. 예를 들어 "내(공무원)가이 직장에서 노력을 하면 좋은 결과가 나오기는 할까?"의 문제는 기대감(Expectancy)이다. 다음으로 "나는 좋은 성과에 맞는 보상을 받을 수 있을까?"의 문제는 수단(Instrumentality)이다. 그리고 "받게 될 보상을 나는 얼마나 매력적이라고 생각할까?"의 문제는 선호도(Valence)이다.

이와 같이 동기부여이론은 조직 성과를 높이기 위한 개인의 행태적 특징과 특정한 행태를 만들어내는 원인변수를 찾아내는 데 초점을 두고 있다. 특히 행태와 원인 간 인과관계에 대해 계량적 평가를 통해 숫자로 표현함으로써 과학적 연구법에 최대한 접근하려고 한다.

2. 리더십 모형 – 부하는 리더가 조종하는 대로 움직이는 숫자에 불과하다.

행태주의는 조직 성과를 높이는 데 긍정적 효과를 발휘하는 관리자의 태도를 리더십 모형으로 개발했다. 리더십이론은 자질이론 ⇨ 행동이론 ⇨ 상황이론의 3단계로 발전했다. 첫째, 자질론은 리더에게 필요한 고유의 특성이 있다고 보는 이론이다. 둘째, 행동이론은 생산성 향상에 도움이 되는 특정한 리더의 행위 유형이 존재한다고 보는 이론이다. 셋째, 상황이론은 리더십의 효과성은 리더들이 처한 환경(상황)과의 적합성에 따라 달라진다는 이론이다. 이 중에서 행동이론을 행태주의 연구자들이 주도했다. 예컨대 탄넨바움과 슈미트는 권위적 스타일과 민주적 스타일을 양극단에 두고 그 사이에 7개의 스타일이 있다고 주장했다. 그리고 블레이크와 머튼은 생산(과업)에 대한 관심과 인간(종업원)에 대한 관심을 기준으로 5개의 리더십 유형을 분류하여 관리격자모형(Managerial grid model)을 만들었다. 이 격자모형에서 팀 구축형인 9.9형이 가장 이상적인 리더십 유형이라고 제안하면서 팀 구축형으로 전환하기 위한 다양한 훈련방법을 제시하였다. 이런 행태주의 연구는 관리자가 아무리 생산지향적 관리를 하더라도 결국 생산을 하는 주체는 직원들이므로 직원과의 인간관계를 적정하게 형성해야 생산성을 높일 수 있다는 정책적 암시를 주었다. 그러나 이들의 연구는 지나치게 과학적 연구법에 집착하여 리더 행태를 2~3개 차원의 변수로 분류하고 리더의 특정한 행태가 구체적으로 업무 성과에 관련된다는 단선적 인과관계를 도출하는 데 그쳤다. 조직 상황을 무시한 리더 행태와 종업원의 성과 간 관계는 현실성이 떨어지는 한계에 직면하게 되었다.

3. 의사결정 모형 – 어디로 튈지 모르는 사람의 선택에 숫자를 붙여라!

행태주의는 모든 조직에서 나타나는 공통적 현상인 의사결정(decision making)에 대한 연구에 초점을 두었다. 행태주의가 보기에 전통적인 정책결정 모형은 비현실적이었다. 전통적인 합리모형은 정책결정자가 고도의 합리성을 가지고 이미 정해진 목표를 달성하기 위한 최적의 수단을 선택한다고 본다. 이런 관점은 정책과정을 일종의 수학적 분석작업으로 보며 정교한 분석 도구를 적용하면 가장 합리적인 대안이 도출될 것이라는 '도구적 합리성'에 기초한다. 그러나 실제 정책과정에는 가치 판단적 요소가 개입되며 목표조차도 가변적인 요소가 되어 버린다. 따라서 실제로 불확실한 상황에서 이루어지는 의사결정은 제한된 합리성(bounded rationality)에 근거하고 있다. 이처럼 실제 의사결정 행태의 규칙적인 패턴을 도출해서 만들어진 것이 사이먼(H. Simon)의 만족주의 모형과 윌답스키(A. Wildavsky)의 점증주의 모형이다. 특히 사이먼(H. Simon)은 1978년 '인간의 의사결정에 관한 한정된 합리성의 이론'으로 노벨 경제학상을 수상했다. 그는 정통행정학이 조직 전체의 관리원리에 집중하는 것을 비판하고 조직의 최소단위인 의사결정의 행태를 분석할 것을 제안했다. 그는 인간은 인지능력의 제약, 시간과 비용의 부족 등으로 인해 극도의 불확실성 속에서 대안을 탐색하고 결과를 예측한다고 주장했다. 사이몬은 오늘날 유행하는 인공지능의 선구적 연구자이기도 했고 주류 사회과학의 완전한 합리성 가정의 비현실성을 비판하고 제한된 합리성을 연구해야 한다고 주장했다. 그러나 당시 사이몬의 주장은 주류 사회과학계에서 관심을 끌지 못했다. 사이몬이 경제학과 심리학의 결합을 주장했지만 그의 생각은 사변적·이념적인 수준에 머물렀고 정교한 모형을 도출해내지 못했다. 역시 모형 개발을 통해 법칙과 이론에 도달해야 한다는 표준과학관의 벽 앞에서 사이몬은 멈춘 것이 아닐까. 사이몬의 못다 이룬 꿈은 1990년대 이후 행동경제학이란 새로운 비행기로 갈아타서 비상의 날개를 편다. '행동경제학(Behavioral Economics)'은 인간의 심리상태를 기초로 경제적 의사결정이 이루어지는 원리를 분석하는 패러다임이다. 이들은 인간이 제한적으로 합리적이며 감정적으로 선택하는 행위의 특성을 분석하는 데 집중한다. 예컨대 사람이 100만 원의 이익보다 50만 원의 손실을 더 크게 느끼는 성향을 '손실회피성향'으로 규정한다. 이에 따르면 공무원들이 적극적인 일처리로 얻을 이익보다 이의 실패로 벌칙을 받을 손해에 더 민감해서 복지부동하는 것이라고 규명할 수 있다. 우리들은 값싼 주유소를 찾아 차를 끌고 이리저리 헤매다가 오히려 더 많은 기름을 낭비하기도 한다. 도박을 하면 돈을 잃을 확률이 매우 높은데도 불구하고 도박에 빠져든다. 이런 비합리적인 선택은 인간이 '확률'을 주관적으로 해석하기 때문이다. 컴퓨터는 알고리듬에 따라 의사결정을 한다. 알고리듬은 전화번호부를 처음부터 끝까지 검색하면 홍길동의 전화번호를 찾아내는 것처럼, 정해진 절차를 거치면 반드시 목표점에 도달하는 속성을 갖는다. 그러나 인간은 컴퓨터가 아니다. 인간은 모든 가능한 절차를 거치지도 않으며, 직관이나 주먹구구 등의 처리방식으로 처리 부담을 줄여서 차선의 선택을 한다. 2002년에 대니얼 카너먼은 행동경제학을 개척한 공로를 인정받아 심리학자로는 최초로 노벨 경제학상을 수상하였다. 여전히 행동경제학은 비주류의 위치에 머물고 있고, 정부의 경제정책도 합리모형과 케인지언을 추종한다. 그러나 정부팽창, 파퓰리즘, 아파트 가격 폭등처럼 수많은 비합리적 행동들이 난무하는 현실에서 행동경제학의 옆구리 찌르기는 계속될 것이다.

4. 조직발전(OD, Organizational Development) - 조직은 사람을 빼면 아무것도 아니다.

　조직발전은 조직의 성과를 높이는 최선의 길은 조직 구성원의 내면적 심리상태를 바꾸는 것이라는 가정에 기초한다. 즉 조직목표와 구성원 개인목표를 일치시키기 위해서는 근로자들의 행동이 변하도록 의도적·계획적인 변화과정을 추진해야 한다는 논리이다. 정통행정학이 조직 성과를 높이기 위해 조직의 '구조'를 개편하는 데 초점을 둔 점을 비판하고 조직 관리의 중점을 '인간'에 둘 것을 제안한 것이다. 조직발전은 인간 관리 전략을 위해 행태학적 기술을 사용한다. 여기서 행태학적 기술은 행태론에서 발달된 것이다. 즉, 인간을 개혁하여 조직의 변화를 꾀하고자 한 것이 조직발전이므로 행태주의에서 발달된 인간에 대한 지식을 조직발전의 요소로 활용하려 하였다. 조직발전을 위한 대표적 기법이 '감수성훈련(Sensitivity Training)'이다. 감수성이란 사람이 외부 자극이나 변화에 대해 반응하는 정도를 말한다. 떨어지는 낙엽을 보면서 우울감을 느끼는 사람도 있고 그냥 무감각한 사람도 있다. 이런 감수성은 사람과 사람 사이의 관계를 형성하는 데 중요한 영향을 미친다. 따라서 개인의 감수성을 변화시켜 조직 구성원들이 업무 성과를 높이는 방향으로 태도를 변화시키도록 의도적인 개입을 하는 것을 감수성훈련이라고 말한다. 이 훈련법은 외부환경으로부터 차단된 상황에서 10명 내외의 이질적 소집단을 구성해서 구성원 간 비정형적인 접촉을 통해 감수성을 개발하고 구성원의 대인관계를 개선하는 데 초점을 둔다. 이 훈련법의 핵심은 참여자들이 직접 '행함으로써 배운다'는 원칙에 따라 주어진 문제 해결에 적극적으로 참여하도록 유도한다는 점이다. 그리고 참여자들이 문제해결 과정에서 기존의 선입견 등의 가치관을 드러내서 문제해결 상황과 충돌하는 요소들을 스스로 발견하여 변화시켜 나가도록 유도한다. 이처럼 관리자는 참여관찰자적 입장에서 자연스럽게 구성원들의 행위와 인지적 과정을 세밀하게 관찰하여 행동변화의 과정을 추적해낸다. 결국 조직발전도 조직의 성과는 개인의 성과를 통해서 달성된다는 방법론적 개인주의에 근거한다. 그리고 감수성이 행태로 드러나는 점을 관찰하여 태도 변화를 통한 생산성 향상을 추구한다는 행태주의의 관리원칙을 충실하게 따르고 있다.

인간 행위의 원인과 결과를 숫자로 표시해서 거대한 법칙을 만들어내고자 했던 행태주의. 그 과학화에 대한 공로가 크지만 허점도 있다. 과학적 연구는 누구나 인정하는, 즉 '객관적'인 검증을 해야 하며 이를 위해서는 통계적 유의성이 중요한데 이는 '많은 사례(Large Number)'를 전제로 한다. 그래서 적용(실험) 사례가 많을수록 이론화에 좋기 때문에 '양적 연구'라고 부른다. 그러나 행정현상은 유사한 사례가 적어서 '작은 수(Small Number)'의 특징을 가진다. 또한 과학적 이론이 가능하려면 개념에 대한 어느 정도의 공감이 있어야 하고 이를 계량화할 수 있어야 하지만 이는 행정학에서는 어려운 과제이다. 또한 모든 인간 행위를 숫자로 표시하여 계량화하겠다는 야욕은 오직 숫자로 표시가 가능한 대상만을 연구하는 결과를 초래했다. 자기가 놓은 덫에 스스로 걸린 것이다. 이들은 사회적으로 필요해서가 아니라 모형화가 가능하기에 연구했다. 한마디로 실용성은 빵점인 실험실 안의 개구리로 전락했다. 계량화가 가능한 사실문제만을 연구해야 했기에 가치문제는 대상에서 배제했다. 인간 사회의 온갖 욕망이 분출하는 도가니가 행정이다. 욕망은 가치의 문제이다. 왜 가난한 사람들을 위한 소득재분배정책을 해야 하나? 이처럼 행정이 다루는 거의 모든 문제는 가치의 문제이다. 이런 행정이 인간의 가치문제를 전혀 다루지 않겠다고 선언했으니 먹물쟁이 소리를 듣게 된다. 행태주의자들이 연구대상으로 선정한 대표적인 분야가 '투표행위'였다. 투표행위는 대규모의 사람들이 정당, 정책, 후보 등을 대상으로 주기적으로 반복적인 선택을 표로 표출하는 행태이다. 그 행태의 결과는 득표라는 숫자로 명확하게 표시된다. 이 얼마나 계량화가 쉬운가? 더군다나 이들은 기존에 이미 참이라고 입증된 이론에서 도출되는 가설을 연구하려고 했다. 논리실증주의가 주장한 '논리적'이란 말은 '검증되어야 할 가설은 기존의 이론에서 논리적으로 도출되어야 함'을 의미한다. 기존 이론에서 근거하지 않은 가설이 저평가되고 연구가 진행된 영역에서만 유사한 논의가 계속 나오게 된다. 그 결과 행정학의 방향 상실과 정체성의 위기를 초래하였다. 또한 행태주의는 통일과학의 원대한 꿈을 이루기 위해 '거대한', 즉 '포괄적 이론'을 만드는 데 심혈을 기울였다. 이들에게 미국과 한국의 정치행정현상을 연구함에 있어서 개별국가의 특수성을 인정하는 것은 포괄적 이론의 목표를 가로막는 장애물이 된다. 미국과 한국이 헌법상 유사한 대통령제를 채택하고 있다고 해서 미국과 한국에서 대통령의 행태가 동일하게 나타날 것이라는 가정은 매우 비현실적이다. 이들은 국가별·시기별 정책의 차이나 다양성을 설명하는 데 무관심하다. 오직 관찰 대상의 행태에서 나타나는 규칙성을 변수로 어떻게 표현할 것인가에만 관심을 쏟는다. 따라서 관찰 대상이 어떻게 배열되어 있는지, 그 행태와 원인 간 관계는 무엇인지를 단순히 기술하는 데 그친다. 예를 들어 행태주의자들은 '민주주의'라는 용어를 사용하면서도 '대중자치정부'라는 용어를 기피한다. 그 이유는 민주주의가 보통선거제도를 통해 권력을 획득하여 사회적 자원을 권위적으로 배분하는 장치라고 기존 연구에서 참인 명제를 만들었기 때문이다. 기존의 연구에서 다루어지지 않은 새로운 무언가를 행태주의자들은 기피한다. 그래서 이들은 '현상유지 성향'이 매우 강하다.

행태주의가 범람하던 1950년대 이후 행정학은 잡탕인가 과학인가의 회의적 의문에 빠져들었다. 소위 '행정학의 정체성(identity)'이 무엇인가의 논쟁이 치열하게 벌어졌다. 특히 왈도(D.Waldo)는 행태주의가 행정학의 연구대상을 정부뿐만 아니라 기업 등 모든 조직으로 확대함으로써 주체(locus)를 잃어버리게 되었고 가치문제를 제외함으로써 연구의 대상(focus)을 잃어버리게 되었다고 비판하였다. 이런 비판은 1960년대에 들어서면서 더욱 거세졌다. 1960년대 이후 미국은 흑인 폭동, 월남전에 대한 반전운동의 대혼란에 빠져든다. 특히 존슨 행정부는 빈부격차 타파를 위한 '위대한 사회(Great Society)' 프로그램을 쏟아냈다. 이제 사회는 학자들에게 이 혼란의 원인과 대책을 물었다. 그러나 이 당시 주류의 자리를 차지했던 행태주의자들은 아무런 대답을 하지 못했다. 실험실 안에서 숫자로 표시된 가설의 검증에 몰두하던 이들에게 빈부갈등, 인종차별과 전쟁의 정당성 문제는 관심 밖이었다. 사실 라스웰(Harrald.D.Lasswell)이 일찍이 1951년 「정책지향(Policy Orientation)」이란 논문을 발표해서 정책과정에 대한 과학적 연구를 제안했다. 그러나 그의 주장은 주류 사회과학계에 의해 무참히 밀려났다. 정책이란 사회문제를 해결하려는 도구이다. 사회문제를 해결하기 위해서는 가치문제가 필연적으로 개입된다. 흑인과 백인, 부자와 빈자 그 어느 쪽이 보호받아야 되는지에 대한 가치 판단을 하지 않고서 어떻게 사회문제를 해결할 수 있겠는가? 고상한 상아탑 안에서 우아하게 실험에 몰두하는 행태주의자들에게 이런 제안은 그저 헛소리로 들렸다. 결국 시대의 변화가 학문의 변신을 만들어낸다. 1969년 이스턴(D.Easton)은 「탈행태주의(Post Behavioralism)」를 선언했다. 그는 정치행정학자들이 사회문제 해결에 적극 나서야 한다고 주장했다. 라스웰의 제안 후 약 20년의 세월이 흐른 후 비로소 사회문제 해결을 위한 '정책'에 대한 연구가 본격화되었다. 바야흐로 정책학이 탄생한 순간이었다. 이들은 사회과학이 가치문제까지를 포함한 처방적 연구를 시도해야 한다고 제안했다. 그러나 이들이 행태주의와 완전히 결별한 것은 아니다. 행태주의의 중심축이었던 인과관계에 대한 계량적 연구는 그대로 계승하려고 했다. 오늘날 정책학 교과서에서 비용편익분석을 비롯한 다양한 계량모형이 집중적으로 소개되어 있는 것도 바로 이런 성향 때문이다. 행태주의와 탈행태주의가 이루어낸 성과와 부딪힌 한계는 선과 악의 문제는 아니다. 행정학이 정부, 즉 사회문제를 해결하는 장치를 다루는 한 영원히 가치와 사실의 경계 담장 위에서 위태롭게 걸어가야만 한다. 그래서 인간에 대한 연구의 과학화를 향한 여정은 길고도 험난하다. 우리는 과학이 우리의 삶을 풍요롭고 행복하게 만들어준다고 믿는다. 그래서 머나먼 우주를 향해 우주선을 쏘아올리고 머리카락의 1만 분의 1보다 작은 통신선을 만들어낸다. 이런 경이로운 발전은 자연현상에 그치지 않는다. 엄청난 양의 빅 데이터는 내가 원하는 상품을 미리 알려준다. 사람이 살아가는 모든 곳에 과학의 손길이 스며든다. 과학은 곧 숫자다. 숫자로 물체의 무게를 표현하듯, 정의·행복 등 사람의 가치도 숫자로 표시하려 든다. 그래서 행복은 성적순이고 백팔번뇌 모든 것이 숫자로 된 순서이다. 학자의 통일과학에의 꿈과 인간의 더 많은 소유에의 욕망이 만나서 이 숫자가 지배하는 세상이 만들어진 것이다. 이 만남이 깨지지 않는 한 행복이 성적순인 세상은 오래 갈 것이다.

제7장

내가 보는 현실이 진짜일까 가짜일까?

포스트모더니즘의 세상보기

"매트릭스는 모든 곳에 있어. 항상 우리 주변에 있고 심지어 이곳에도 있다네. ……. 매트릭스는 자네가 진실을 볼 수 없도록 하기 위해 자네 눈에 씌워진 거짓 세상이야."

영화 「매트릭스」에서 모피어스가 네오에게 한 말이다. 내가 살을 부비며 함께 사는 가족과 손끝에 느껴지는 가죽소파의 촉감이 가짜라면? 자동차가 내뿜는 희뿌연 연기의 매캐한 냄새가 코를 찌르고 갓 구운 피자의 치즈가 혀끝에 녹아드는 맛이 끊임없이 뇌리 속을 강타하는데, 이 모든 것이 존재하지 않는다면? 그러나 모피어스의 대답은 냉혹하다. 과연 '진짜'가 무엇이냐고? 1999년 세상을 뒤흔든 영화 '매트릭스'는 우리가 살고 있는 현실 세계가 진짜가 아니고 그야말로 '매트릭스', 즉 '환상'이라고 말한다. 고대 그리스 철학자 플라톤은 우리가 보는 현실은 가상이며 진정한 세계인 이데아는 동굴 밖에 있다고 주장했다. 수 천 년 동안 인간이 희구했던 이데아는 어디에 있을까? 이데아는 마음속에 있다. 마음이 사물을 지각하여 감각기관을 통해 신호를 뇌에 전달하면 마음은 사물이 무엇인가를 읽어낸다. 그러나 이 마음조차 컴퓨터의 소프트웨어처럼 누군가에 의해 설계되어 입력된 것이라면 마음은 정해진 명령에 따라 수동적으로 감각신호를 해석할 뿐이다. 예를 들어 내가 늘씬한 몸매를 가진 아이돌 스타를 보고 황홀한 느낌을 갖는 것은 누군가에 의해 설계된 대로 반응하는 것이다. 이에 대해 "내가 나의 맘대로 선택하는데 어떻게 나의 마음을 조작할 수 있는가?"하는 반문이 자연스럽게 따라붙는다. 결국은 자유의지의 문제로 돌아간다. 신이 인간을 창조했다고 할지라도 그 행함은 온전히 인간의 몫이다. 사물의 인과관계가 이미 결정지어진 것이라는 결정론이 설명할 수 없는 현상들이 이 세상에 너무도 많다.

그래서 자유의지가 성립된다. 자유의지란 내적 조건과 외적 조건이 모두 같은데 다른 결정을 할 수 있는지의 문제이다. 그러나 인간의 현상에서 내적 조건과 외적 조건이 모두 같은 두 개의 상황은 발생할 수 없다. 따라서 자유의지는 참과 거짓을 판별할 수 없는 영역에 있다. 그렇다고 해서 자유의지가 곧 마음에 대한 완전한 통제를 의미하는 것은 아니다. 내가 선택 가능하다는 것과 그 선택에 어떠한 제약이 없다는 것은 다른 차원의 문제이기 때문이다. '프레임'은 이런 제약의 대표적인 사례이다. 2006년 미국 언어학자 조지 레이코프(George Lakoff)는 저서 「코끼리를 생각하지 마: 미국 진보세력은 왜 선거에서 패배하는가」에서 프레임이 선택을 어떻게 제약하는지를 명쾌하게 지적했다. 내가 '코끼리가 없다'고 말하는 순간 논쟁은 오직 코끼리의 사각 링 위에서만 벌어진다. 이처럼 상대방의 프레임을 단순히 부정해서는 단지 그 프레임을 강화할 뿐 결코 이길 수 없다고 강조했다. 프레임은 우리가 사물을 바라보는 틀이다. 개인보다 집단에 대해 더 큰 비중을 두는 사고방식은 프레임의 전형적인 예이다. 매달 50명씩 1년에 600명이 교통사고로 사망한 경우에 비해 그 절반인 300명이 한 번의 교통사고로 일시에 사망한 사건이 더 큰 사회적 관심을 불러일으킨다. 일시에 300명이 넘는 사람이 교통사고로 사망한 세월호 사건이 그토록 큰 파장을 불러일으킨 근저에는 이런 조작된 집단 신화의 프레임이 작동하고 있다. 이처럼 내가 나의 마음을 온전히 통제할 수 없다면 그런 마음이 읽어낸 현실 세계는 가짜다. 그러면 우리의 마음을 누가 통제할까?

영화 매트릭스는 가상의 이미지를 설계하는 AI(인공지능)을 제시한다. AI는 인간의 기억을 지배한다. AI는 인간을 인공자궁(매트릭스) 안에서 가축처럼 사육하여 에너지원으로 활용한다. 인간은 매트릭스 밖에 나올 때 가상현실의 꿈에서 깨어난다. 그러나 그 탈출구는 철저히 봉쇄되어 있다. AI의 인큐베이터를 탈출한 일단의 해커들과 그 두목 모피어스는 매트릭스를 파괴해서 인류를 구원해 줄 '그'를 만난다. 그는 낮에는 평범한 회사원으로 살아가지만 밤에는 'Neo'라는 이름으로 컴퓨터 해킹에 나선다. 모피어스는 이런 네오에게 선택을 요구한다. 빨간 약은 진실을 제공할 것이고, 파란 약은 거짓된 삶이라도 진짜처럼 누릴 수 있다면서. 선택의 옳고 그름은 없다. 물론 네오는 빨간 약을 먹는다. 매트릭스 밖의 세상으로 나가기 위함이다. 거기에 죽음의 고통이 막아설지라도. 이제 모피어스와 네오가 매트릭스 밖을 찾아나서는 가슴조이는 도전과 이들을 막아서는 보안요원(agent)과의 목숨 건 싸움이 벌어진다. 그러나 탁월한 카메라 기술을 자랑하는 액션 장면보다 더 전율을 느끼게 하는 것은 영화가 암시하는 경고다.

"매트릭스는 진실을 깨닫지 못하게 하는 눈가리개와 같은 거지. 자네가 노예라는 진실!"

가짜를 진짜로 알고 살아가는 우리 모두는 노예다. 명문대 졸업장이 삶을 풍요롭게 만들어준다는 믿음도 누군가에 의해 심어진 매트릭스다. 지갑 안에 들어 있는 수북한 지폐들이 진짜 돈이라고 믿는 당신은 분명 속고 있다. 그래서 우리 모두는 노예다. 내가 보는 세상이 가짜일 수 있다는 생각은 아주 오래 전에 시작되었다. 이에 대한 논쟁을 「존재론(ontological nature)」이라고 부른다. 우리는 눈에 보이는 모든 사물이 실제로 존재한다고 믿는다. 내 옆에 있는 배우자가 실제로 존재하지 않는 것이라면 아마도 우리는 미쳐버릴 것이다. 그래서 우리는 지각되는 바대로 아무 비판 없이 받아들이려 한다. 이런 태도를 '소박한 실재론(naive realism)'이라고 부른다. 이런 태도는 지각의 대상이 주체로부터 분리 독립되어 있어서 우리의 지각은 사물을 있는 그대로 복사한다고 가정한다. 일종의 '복사설(copy theory)'인 셈이다. 그런데 이런 소박한 실재론은 인간의 감각 기능이 상당한 결함을 갖고 있다는 점을 무시하고 있다. 예를 들어 인간의 눈은 빛의 파동을 보지 못하지만 그 파동은 분명 존재한다. 우리는 맛과 냄새가 실제로 있는 것이라 생각하지만 맛과 냄새는 실재하지 않는다는 사실이 과학적으로 밝혀졌다. 이처럼 인간이 감각기관을 통해 지각하는 내용을 '주관적 성질'이라고 하고, 실제로 존재하는 내용을 '객관적 성질'이라고 하는데, 이 양자가 존재한다고 믿는 관점을 '과학적 실재론'이라고 부른다. 즉, 인간이 감각하지 못한다고 해서 없는 게 아니라는 말이다. 근대과학은 바로 이러한 실재론에 근거하고 있다. 실재론은 인간은 외계의 실재를 감각함으로써 알 수 있는데 그 대상은 불변하는 구조 ― 이것을 '보편자'라고 말한다 ― 를 갖고 있다는 생각이다. 그런데 이런 「실재론(realism)」이 철학사에서 사상의 싸움터로 빠져든 것은 중세 스콜라철학 때문이었다. 바로 '보편자 논쟁'이다. 중세는 신이 지배하는 사회. 그래서 신의 존재에 대한 논쟁은 뜨거운 감자다. 보편자는 바로 신의 존재와 연결되는 개념이다. '보편자'란 고대 그리스 철학자 플라톤의 '이데아'나 아리스토텔레스의 '형상'이라는 개념과 거의 일치한다. 예컨대 내 앞에 한 마리의 하얀 동물이 걸어가고 있고 나는 그것이 고양이라고 생각한다. 이 움직이는 물체가 사람의 뇌 속에서 고양이라는 생각이 만들어지는 이유는 현실 세계를 뛰어넘은 그 어딘가에 '고양이'라는 보편개념이 존재하기 때문이다. 플라톤은 바로 이러한 보편개념을 이데아라고 불렀다. 플라톤은 현실세계를 뛰어넘은 세계에 실재적으로 고양이의 이데아라는 것이 존재하고, 현실의 움직이는 동물은 고양이의 이데아에 의해서 인간으로 하여금 고양이라고 생각하게 만든다는 것이다. "보편이 앞선다."는 말은 바로 현실의 사물 이전에 보편개념이 존재한다는 것을 뜻한다. 결국 실재론은 우리가 보는 모든 것은 사실상 가짜(허구)이며 그림자에 불과하다고 본다. 진실은 저 어딘가에 있는 것이다. 실재론은 중세시대에는 유신론, 근대이후에는 관념론으로 이어진다. 그래서 실재론은 교회와 국가와 가정은 초월적 실재에서 구현된 산물이므로 이것은 공동체적 관점에서 하나의 고리로 연결되어 있다. 국가를 절대정신의 구현이나 정의의 실체라고 보는 생각들이 여기서 나온다.

이에 대해 「명목론(nominalism)」은 우리에게 그림 '개'를 그림으로 그려보라고 요구한다. 여러분은 개를 그림으로 그릴 수 있는가? 우리가 그릴 수 있는 것은 삽살개, 진돗개, 똥개 등 개별적인 사물을 그릴 수 있을 뿐이며 결코 모든 사물을 통틀어서 이것이 바로 '개'라고 단정하고 그리는 것은 불가능하다. 따라서 보편개념은 존재하지 않으며 불가능하다. 실재하는 것은 오직 개체뿐이다. 이런 생각은 고대 그리스 철학자 아리스토텔레스에서 유래한다. 그는 책상이라는 현실의 사물이 존재하는 것은 맞지만 책상의 이데아라는 것이 실제로 존재하는 것이 아니라 단지 인간의 생각에만 있는 것일 뿐이라고 보았다. 그래서 그는 "보편이 뒤따른다."고 반박했다. 유명론은 우리가 보는 것만이 진실이라고 믿기 때문에 신과 같은 초월적 실재를 부정한다. 그래서 교회와 국가와 가정은 단순히 계약의 성립에 의해 이루어진 약속의 결합(도구)일 뿐이다. 유명론은 중세 말에는 종교개혁과 개신교에 이론적 근거를 제공하고 근대 이후에는 경험론으로 이어진다.

중세 천년 동안 신의 존재에 대한 논쟁은 지루하게 이어졌다. 아우구스티누스가 집대성한 교부철학은 플라톤 철학의 가장 기본인 '이데아'의 자리에 '여호와'를 대입함으로써 중세의 문을 열었다. 그러나 보편논쟁 이후 토마스아퀴나스의 스콜라철학은 플라톤의 이념에서 한 단계 더 나아가 아리스토텔레스의 철학에 신학을 대입했다. 일종의 짬뽕이 만들어졌다. 완전한 실재론도 아니고 그렇다고 명백한 유명론도 아닌 어정쩡한 모습으로 중세의 후반을 맞이했다. 하여튼 그렇게 시간이 지나가고 중세말기 헬레니즘의 부활이라고 부르는 르네상스 시대가 열렸다. 이 때 최초의 근대인이라 일컫는 '데카르트(René Descartes)'가 등장한다. 그에 의해 「인식론(epistemological)」의 뜨거운 논쟁이 시작되었다. 인간이 어떻게 외계의 세상과 인간을 이해하고 알 수 있을까? 중세시대에는 이 모든 것을 신이 알려 주었고 신의 말씀 즉 성경이 진리였다. 이제 "신에게서 독립한 인간이 진리를 인식할 수 있는가?"라는 거대한 의문이 밀려온다. 인간이 어떻게 내일 비가 올지를 인식할 수 있다는 말인가? 그리고 그렇게 인식한 내용이 참인지 거짓인지를 어떻게 구분할 수 있다는 말인가? 만약 인간이 이를 인식할 능력이 없다면 인간 이성에 대한 믿음은 무너진다. 인간의 신으로부터의 독립선언은 사기행위가 될 수도 있지 않겠는가? 따라서 이것은 이성을 가진 인간에게는 존재의 문제였다. 그래서 신의 자리를 밀어내고 권좌에 오른 철학은 인간 이성의 근거를 제공해야 했다. 이성이 만들어낸 근대 과학은 인간이 신에 의존하지 않고 자연을 온전하게 알아내는 방법론이다. 그러기에 이성의 완전성에 도달하는 것은 곧 근대 과학에 대한 정당성 부여를 뜻했다.

인식론은 '합리론'과 '경험론'의 치열한 양파전으로 전개되었다. "인간은 진리를 인식할 수 있는가?"란 명제에 대해 합리론자들은 "인식할 수 있는 능력을 가지고 태어났다."고 말하고, 경험론자들은 "경험이 쌓이면서 바른 것을 인식하는 능력을 가지게 된다."고 말한다. 합리론과 경험론의 결정적인 차이점은 '생득관념'의 유무에 있다. 즉, 합리론은 인간의 '앎(知)'이란 것이 태어날 때 이미 선천적으로 어떤 생각의 구조를 갖고 있다고 믿는 반면에 경험론은 인간의 '앎(知)'은 태어날 때 백지상태(blank paper)와 같아서 인간이 살아가면서 경험을 통해 여기에 차곡차곡 쌓아나가야 한다고 생각했다. 합리론의 창시자 데카르트는 인간은 이성적으로 불확실한 것에서부터 확실한 것으로 자꾸 추리해 나가면 결국 진리에 도달할 수 있다고 생각했다. 그래서 "나는 생각한다, 고로 존재한다."라는 명제를 기치로 생각하는 나를 정신이라 부르고 이를 항상적 실체라고 했다. 이 생각하는 실체가 있기에 신의 존재가 확실하게 연역된다고 했던 것이다. 그래서 합리론은 존재론의 실재론과 연결된다. 즉, 정신을 물질이나 이에 대한 감각적 경험의 우위에 둔다. 합리론에게 감각이란 미숙하고 불완전한 것이다.

그래서 합리론은 경험론자들이 마치 장님이 코끼리의 몸을 만지고 이게 코끼리라고 판단하는 것과 같다고 비판한다.

중세의 명목론은 17세기에 영국의 경험론 속에서 부활하였다. 경험론은 인간 이성에 관한 회의론에 가까운 사람들이다. 즉, "「앎(知)」은 오직 감각과 경험에 의해서만 얻을 수 있다."는 주장이다. 자연과학은 이 경험론을 세계관으로 삼고 있다. 합리론이 인간의 감각 경험을 오류투성이의 불완전한 것이라 평가 절하하고 오직 인간 이성만이 진리에 도달할 수 있다고 믿어서 이신론을 바탕으로 형이상학으로 흐른 데 반해, 경험론은 경험 자체와 인식 작용을 세밀히 검토하는 분석적 태도를 취한다. 경험론을 철학 상의 사상으로 내세운 것은 베이컨(F. Bacon)이며, 존 로크(John Locke)는 그것을 완성한 사상가이다. 경험론이 극단으로 가면 유물론으로 이어지고 결국 철학의 붕괴로 치닫는다. 왜냐하면 경험론은 정신을 부정하기 때문이다. 경험론의 최대 숙제는 인간이 인과관계를 온전히 알 수 있는가의 문제였다. 흄(D. Hume)은 감각을 통해 얻어진 인식을 통해 인과관계의 본질에 접근하는 것은 불가능하다는 회의론으로 치달았다. 이런 경험론의 위기를 구원해 준 학자가 칸트(I. Kant)였다. 칸트는 인간이 인과관계에 대한 인식은 선험적인 이성에 의해 가능하다고 선언했다.

오늘날 우리는 세상의 모든 것을 과학으로 설명할 수 있다고 믿는다. 내일 비가 내릴 것인지에 관해서 또는 내가 산 주식의 가격이 일주일 후에 어떻게 될 것인지에 관해 궁금하다면 과학자에게 물어볼 것이다. 점쟁이나 교회 성직자들에게 물어보라면 여러분은 코웃음 칠 것이다. 과학 이외의 신과 같은 초자연적인 인식은 무의미하다고 본다. 이런 철학적 자연주의가 무너진다면 인간의 지식 축적은 불가능해진다. 철학적 자연주의가 학문 연구에 이식된 것이 '방법론적 자연주의(methodological naturalism)'이다. 이것은 근대 과학적 세계관에 의해 정립된 과학적 방법론이 자연 현상뿐만 아니라 인간과 사회 현상의 설명에 그대로 적용될 수 있다는 믿음이다. 방법론적 자연주의는 인식론의 경험론과 합리론을 통해 강화되었다. 경험론을 기반으로 근대 자연과학이 발전했고 이에 자극을 받은 콩트의 실증주의에 따라 사회과학이 탄생했다. 사회과학의 주류적 접근으로 자리 잡은 논리적 실증주의는 유명론과 경험론에 근거한다. 초월적 존재 즉 보편자의 존재를 부정하고 모든 사물은 개체로서만 존재하며 이에 대한 감각적 경험만이 진리에 도달하게 만든다는 생각이 논리실증주의의 핵심이다. 그러나 논리실증주의는 객관적 포착이 가능한 자연 현상과 그 자체가 주관적일 수밖에 없는 사회 현상의 본질적 차이를 무시한다. 움직임이 있으면 반작용도 있는 것이 세상 법칙이다. 논리실증주의의 거대한 흐름은 이에 거스르는 반작용을 일으켰다.

이 반작용의 선두에 선 흐름이 바로 「해석학적(Interprevitivism) 패러다임」이다. 사람의 행위와 자연의 움직임은 본질적으로 다르다. 예컨대 사람이 인사하기 위해 허리를 굽히는 것처럼 사람의 행위에는 '내면적(주관적) 원인'인 '동기'가 있지만, 나무가 기울어지는 데에는 바람의 힘이라는 외부적 원인 이외에 그 어떤 동기가 없다. 이처럼 사람의 행위는 사람들끼리 의사소통하고 생각하고 함께 사는 속에서 서로 주관적으로 인식할 수 있는 구조로 만들어지는데 이것을 '구성된다(constituted)'고 말한다. 예컨대 어른이 아이들의 머리를 쓰다듬는 행위는 '귀엽다'는 의미를 표시하기 위한 행위로 구성된다. 그러나 어른이 어린아이의 엉덩이를 쓰다듬는 행위는 성추행으로 구성된다. 이렇게 구성된 행위는 그 동기를 사람이 해석함으로써 행위의 의미를 알아낼 수 있다. 이처럼 사람이 다른 사람의 구성된 행위의 동기를 찾아서 그 행위의 의미를 알아내는 과정을 '해석'이라고 부른다. 결국 해석한다는 것은 관찰자와 대상이 완전히 분리되지 않고 서로 연결될 수밖에 없음을 의미한다. 여기서 우리는 영화 매트릭스의 단서를 발견한다. 나의 의식은 외계와 연결되어 있다. 그리고 나는 의식하는 나를 객관적으로 볼 수 없다. 그렇기 때문에 내가 바라보는 세상이 진짜인지 가짜인지 완벽하게 구별하는 것은 불가능하다.

사회현상에 대한 해석적 관점을 주장한 선구자가 바로 막스 베버(Max Weber)이다. 그의 연구방법을 '이해의 사회학'이라고 부른다. 베버는 자연과학에서의 원인과 결과의 관계를 사회과학에서는 목적과 수단의 관계로 대치하려고 시도했다. 예를 들어 학교에서 발생하는 왕따 현상에 대해 연구한다고 가정하자. 피해자의 외모, 행동 등 특성과 가해자의 성격 유형 사이의 반복적이고 규칙적인 관계를 분석해서 왕따 행위의 원인과 결과를 알아내는 것은 실증주의적 방법이다. 이에 반해 가해자들이 어떤 동기에서 왕따 행위를 하는지 ─ 예를 들어 학교에서 성적 경쟁의 강도가 높을수록 이 압박을 벗어나기 위한 동기 ─ 를 알게 되면 그러한 왕따 행위의 인과관계를 좀 더 정확하게 인지할 수 있게 되고 앞으로 일어날 왕따 현상을 예측하는 것도 가능해진다. 결국 겉으로만 드러나는 행위의 외면만을 보고 그에 관한 규칙성을 찾는 데 급급해하지 말고 행위의 속에

감추어진 동기의 의미를 이해함으로써 인과 관련의 인식이 성립될 수 있다. 여기서 베버는 관찰자가 관찰 대상이 나타내는 행위의 의미를 포착해야 한다고 보았지만 관찰자는 시종일관 '가치중립성(value-free)'을 지켜야 한다고 주장했다. 즉 관찰자는 왕따 행위가 좋은 것인지 아니면 나쁜 것인지의 가치 판단을 해서는 안 된다.

이런 인간 행위에 대한 이해를 철학의 세계로 끌고 들어온 학자가 바로 '딜타이(Wilhelm Dilthey, 1833~1911)이다. 그는 인간에 대한 기계적 분석을 강요하는 실증주의를 온몸으로 거부했다. 오늘날 우리가 목도하는 '삶에 대한 과학의 지배'를 딜타이는 가만히 보고 체념하지 않았다. 그는 저서 「해석학의 탄생」에서 자연과학은 탐구방법이 인과적 설명에 의존하지만 정신과학은 이해에 의존한다고 주장했다. 자연과학에 지배된 삶을 해방시켜 텍스트를 해석할 자아를 발견하고자 했다. 그는 저서 「정신과학 입문」에서 "로크, 흄, 칸트가 구성한 인식 주체의 혈관 속에는 살아 있는 피가 흐르는 것이 아니라 단순한 사고 활동으로서의 이성에 의하여 희석된 즙만이 흐른다."고 비판했다. 그렇다. 대륙의 관념론을 완성한 칸트가 그토록 갈망했던 순수이성의 꿈은 자연과학의 인식론적 정당성을 획득하려는 시도에 불과했다. 따라서 칸트에게 인간의 개별적 삶이나 역사에 대한 사람냄새 나는 접근은 거부되었다. 딜타이는 인간의 삶을 알기 위해서는 그 삶 안으로 들어가는 치열함이 필요하다고 역설했다. 인간다움을 역사적·심리학적으로 다루어보면서 '살아 있는 피가 흐르는' 데를 향해서 '울고 웃고 느끼고 의욕하는' 인간의 삶에 접근하고자 했다. 그래서 삶에서 현장의 목소리를 듣고 이해할 것을 요구한다. 인간의 삶은 흐르는 물과 같다. 흐르는 물의 한 곳을 잘라서 분석한다고 한들 물의 흐름에 작용하는 원인을 알아낼 수는 없다. 그냥 스스로 흐르는 물이 되어 같은 공간을 흘러보는 것만이 물의 흐름을 이해할 수 있다. 이 때 이해란 '너' 안에서 '나'를 재발견하는 것이다. TV방송 다큐멘터리 프로그램 중에서 연구자가 밀림 오지 속에 남아 있는 원시 부족을 찾아가서 그들과 함께 생활하며 관찰하는 모습이 가끔 방영된다. 원주민들과 살을 부대끼면서 한솥밥을 먹고 춤추고 사냥하는 경험을 통해 관찰자는 '너' 안으로 들어가서 새로운 '나'를 찾아낸다. 이를 통해 원주민들의 삶의 의미를 이해할 수 있다. 이런 삶을 해석하기 위해서는 천재성이 필요하다. 우리가 미술 작품을 이해하는 데에도 어려움을 겪는다. 하물며 역사 속의 인간의 삶에 대한 이해는 생동감을 동반한 통찰이다.

「해석학」의 큰 물줄기 안에는 「현상학(phenomenology)」이라는 독특한 흐름이 있다. 현상학은 20세기 초 논리실증주의, 객관주의 등의 자연주의(과학주의)를 비판하면서 등장하였다. 대표적 학자인 훗설(Edmund Husserl, 1859 ~ 1938)은 객관적으로 존재하는 물리적 대상과 본질적으로 다른 사회현상을 물리적 대상처럼 취급하는 것은 커다란 오류라고 비판하였다. 특히 후설은 제1차 세계대전이 과학의 발전에 따라 인간성을 파괴하는 처참한 결과를 초래하였음을 지적했다. '현상(the phenomenon)'이란 물리적 사건(event)이나 사물(thing)이 아니라 어떤 대상의 경험내용(experience)을 의미한다. 즉 현상은 대상을 인간이 감각기관을 통해 지각한 내용이다. 마치 카메라가 꽃을 포착해 필름에 새기듯이 사람의 감각기관은 사물을 인식해 마음에 옮겨 놓는다. 따라서 사람이 대상을 안다는 것은 오직 감각기관을 통해 인식된 것뿐이며 객관적인 실체 자체는 아니다. 그래서 완전한 객관이란 사실 불가능하고 모순적이다. 그런데 대상에는 감각기관을 통해 경험할 수 있는 것과 그렇지 못한 것으로 구분된다. 전자는 과학의 탐구 대상이지만 후자는 철학의 탐구 대상이다. 기존의 논리실증주의는 합리주의에 근거해 이성이 포착한 모든 대상을 논리적 언어로 표현하여 검증을 통해 지식체계를 구축해야 한다고 보았다. 그러나 후설은 자연현상과 사회현상의 차이를 무시한 인과관계의 탐색이 과학의 위기를 불러왔다고 비판했다. 그래서 후설은 현상 너머에 있는 근본적인(본질적인) 것을 꿰뚫어 보기 위한 학문을 통해 과학의 위기를 극복하고자 했다.

　그러면 현상의 본질에 접근하는 것은 어떻게 가능한가? 일찍이 칸트(I. Kant)는 인간이 현상의 객관적 실체(본질)를 정확하게 아는 것은 불가능하다고 설파했다. 사람은 인식의 대상이 되는 물체를 감각기관의 인지과정을 통해서만 알 수 있기 때문에 대상의 선험적인 상태의 물체 - 이것을 '물자체'라고 부른다 -를 안다는 것은 불가능하다. 예컨대, 내가 화단에 핀 장미꽃을 바라보고 있다고 가정하자. 나의 '감각'을 통해 장미꽃의 여러 가지 모양, 색깔, 냄새 등이 '주관(마음)' 속에 들어와서 '직관적인 표상(이미지)'이 만들어진다. 이것은 나의 인식 주관이 외부의 존재를 인식하도록 시간과 공간을 통해 정돈되어 있기 때문에 가능한 것이다. 시간과 공간은 저 너머에 존재하며 내가 사물을 보는 틀을 만들어낸다. 이처럼 나는 시간과 공간에 따를 뿐 결코 이를 넘어설 수 없다. 그러나 내가 '장미꽃이 피어 있다'는 사실을 인식하기 위해서는 이런 감성적 직관표상들을 일정한 개념으로 구성해내는 과정이 반드시 필요하다. 화단에 있는 사물이

백장미, 흑장미 등 어떤 종류인지를 특정화하기 위해서는 이를 담아내서 분류할 틀이 필요한 것이다. 바로 이것을 내 마음 속 '지성의 사고규칙'(즉, '범주')이 수행한다. 이처럼 나는 지성의 사유작용으로 외부에 존재하는 장미꽃을 조직하여 인식으로 구성함으로써 알게 된다. 따라서 장미꽃이라는 인식의 대상은 미리 주어져 있는 것이 아니라 내가 인식으로 구성함으로써 비로소 존재한다. 결국 나의 인식 주관 밖에 실재하는 객관적 대상은 초월적인 '물자체'로서 내가 알 수 없는 세계이다. 이런 칸트의 생각에 후설은 이의를 제기했다. "철학이 수학처럼 엄밀성을 확보한다면 객관적인 본질에 다가설 수 있지 않을까?" 예컨대 한 마리의 코끼리를 하나의 본질이라고 가정하자. 장님들이 그 코끼리를 만지며 얻는 정보들은 코끼리에 대한 '현상'이라고 볼 수 있다. 만약 많은 장님들이 코끼리를 경험하면서 공통적으로 갖게 된 정보를 기술하고, 이런 개인의 경험들을 보편적인 본질에 대한 기술(description)로 축소한다면 본질에 접근할 수 있다. 물론 연구자는 개인들이 '어떤 것'을 경험했는지와 그것을 '어떻게' 경험했는지를 복합적으로 전개해야 한다.

이처럼 경험은 본질로 인도하는 다리이다. 그런데 시장에서 가격이 상품이나 인간의 본질적 가치를 왜곡시키는 경우가 많다. 가격은 시장의 등장으로 인해 물건이 상품으로서 교환되면서 그 교환의 비율을 나타내는 척도를 의미한다. 따라서 가격은 시장의 등장 이후에 비로소 생겨난 것이다. 이에 비해 가치는 인간이 노동으로 만들어낸 물건에 내재한 고유한 속성이므로 시장 이전의 존재이다. 물물교환에는 가격이라는 것이 없지만 재화의 가치는 교환 물건으로 추정된다. 배추 한 포기를 계란 10개와 교환한다면 배추 한 포기의 가치는 계란 10개의 가치를 지닌다. 이처럼 가격이 없는 때에도 가치는 존재한다. 일반적으로 가격이 가치를 반영하지만 가격은 현상이고 가치는 본질이다. 상품의 가치는 본질이기에 인간이 그 본질을 직접 알 수는 없지만 그 상품의 가격이라는 현상을 통해 본질에 접근할 수 있다. 따라서 명품핸드백의 가치는 우리가 이것을 구매하는 경험을 해봄으로써 알 수 있다. 즉 가격은 경험이고 현상인데 가치로 접근하는 통로다. 그러나 가격이 가치와 괴리되는 사례는 넘쳐난다. 예컨대 화재현장에서 불을 끄기 위한 소방관의 목숨을 건 노동의 가치가 겨우 옷 한 벌의 가격에도 미치지 못하는 평가가 이루어지는 것이 우리 사회의 현실이다.

자연현상에서는 본질과 현상의 불일치 문제가 그다지 발생하지 않는다. 뉴턴은 만유인력이 작용하여 행성 궤도의 특수형 형태를 만들어 낸 것이라는 사실을 증명함으로써 우주의 본질에 더욱 가까이 접근했다. 그러나 사회현상에서는 지각의 불완전성 때문에 대상의 본질을 정확하게 볼 수 없다. 예를 들어 동화 '흥부와 놀부'에서 흥부는 제비의 부러진 다리를 치료해주고 복을 받지만 놀부는 제비의 다리를 부러트린 후에 치료함으로써 벌을 받는다. 겉으로 드러난 두 형제의 치료 행태(behavior)는 유사하다. 그러나 치료행태만을 보고 복이 발생한다는 인과관계를 단정하는 것은 오류를 일으킨다. 따라서 이런 섣부른 판단을 중지 — 이를 '판단중지(epoch)'라고 부른다 — 해야 한다. 대신 의도된 행위(action)의 밑바닥에 깔린 근본적인 의미(meaning)와 본래적 의도(intention)를 이해하라! 이처럼 행태주의가 인간행위의 결과를 중시하여 인과관계를 규명하는데 중점을 둔 데 반해, 현상학적 접근방법은 인간행위 그 자체의 의미를 이해하는 데 중점을 둔다.

행태(behavior)와 행위(action)

• 행태: 외부 자극에 대한 반응으로서 나타나는 동작이나 태도
• 행위(행동): 주체의 의도된 동작이나 태도

그러면 인간 행위(actions)의 의미를 어떻게 이해할 수 있나? '이해(understanding)'라 함은 어떤 현상을 타인의 입장에서 바라보고 깨닫는 것을 말한다. 어떤 현상을 이해하기 위해서는 주관적인 경험을 객관화하는 것 — 이것을 '상호주관성(inter-subjectivity)'이라고 부른다 — 이 필요하다. 이것은 나만이 느끼는 특수한 경험을 많은 사람들이 유사하게 느끼는 경험으로 탈바꿈시키는 것을 뜻한다. 이를 위해서는 감정이입(empathy), 즉 남의 입장에서 바라보는 것이 필수적이다. 예를 들어 어떤 사람이 자살의 충동을 느끼고 있는 경우 연구자가 연구대상자의 자살충동이 발생하게 된 원인이 무엇인지에 대하여 객관적인 인과관계를 분석하는 것은 불가능하다. 오히려 연구자는 자신이 과거에 자살의 충동을 느낀 상황을 경험했다면 이 연구대상이 자살의 충동을 느끼는 상황을 동일하게 느낄 수 있다.

그리고 현상에 대한 온전한 이해를 위해서는 사물과 세상의 사실성(있는 그대로의 모습)에서 출발해야 한다. 즉 "그냥 있는 그대로 두라!(Let it be!)"가 현상학의 모토이다. 그래서 '어떤 이론에 따르면, 어떤 법칙에 따르면' 등과 같이 이

미 구축된 학문적 논리체계를 들이대는 것을 거부한다. 인간의 의식에는 무수한 색안경이 덧씌워진다. 파란색 렌즈로 보면 세상이 파랗고 빨간색 렌즈로 보면 세상이 빨갛다. 대상과 의식에 씌워진 더미를 걷어치우고 원시적인 상태로 돌아가야 한다. 그러므로 인과관계를 설명하지 말고 있는 그대로 기술하라! 이처럼 연구자가 타인의 입장에서 있는 그대로 기술하는 것을 '현상학적 환원'이라고 말한다. '환원'은 '되돌아 간다'는 뜻이다. 어디로 되돌아간단 말인가? 선험적 자아로 되돌아가는 것이다. 세상의 때가 전혀 묻어있지 않은 진짜의 칼자루를 다시 손에 쥐는 것이 바로 현상학적 환원이다. 환원이 이루어질 때 비로소 세상은 있는 그대로 나의 의식에 현상된다. 사진 속의 장면이 어떤 행위인지 그 의미가 굴절되지 않고 곧고 바르게 나의 마음 속에 현상(現象)된다. 마치 암실에서 필름이 잡티 하나 없는 사진으로 현상되듯이.

물화(reification, 물상화)

인간에 의해 만들어진 사물이나 현상이 인간이 만든 것이 아니라 다른 어떤 존재로 인식하게 되어, 이 결과 인간 자체나 인간의 행위가 주체의식과 의지가 없는 사물 (thing)처럼 인식하게 되는 것.

현상학이 행정학 연구에 던지는 의미는 무겁고 깊다. 현상학은 관료제 조직에서 효율성을 제고하기 위해서는 구조와 권력의 물화(reification)를 배격하고 인간의 활동과 능력에 대한 이해를 추구해야 한다고 주장한다.

관료제조직은 규모가 거대화됨에 따라 복잡화·전문화가 심화되면서 물화가 진전되어 인간 행위는 객관화되고, 주관적 의미와 목적성을 상실해감에 따라 인간소외를 야기한다. 따라서 비판적 의식을 통해 조직의 물상화를 극복하고 스스로가 역사적 세계의 형성자임을 자각하게 만들 수 있다.

현상학적 접근은 조사과정에서 연구대상자가 자신의 본성과 특성을 스스로 노정시키도록 환경을 설정하는 것이 중요하다고 강조한다. 연구자는 미리 수집한 해석의 규약과 범주에 따라서 대상자의 행위를 묘사하려는 주관적(질적) 연구를 시도한다. 따라서 현상학은 사례연구(Case Study)와 같은 '질적 연구방법'을 추구하지만 실증주의의 '양적인 방법'의 거의 모든 형태를 받아들인다. 다만 '양적 연구'의 결과를 해석하는 방법에 차이가 있다. 이때 양적 연구는 이해를 위한 많은 잠재적인 자료들 중의 하나에 불과하다. 지식은 결코 객관적이거나 보편적이지 않기 때문에 자료를 이해함에 있어 그 불가피한 역사성과 맥락을 인정한다. 그리고 연구와 실천은 통합된 활동으로 간주한다.

　　과학이 인간의 행복을 달성해줄 거라는 인류의 꿈. 그러나 두 번의 세계 대전과 핵전쟁의 위협 속에서 이 꿈은 허무하게 깨져버렸다. 근대 과학의 정신적 지주는 논리실증주의이다. 이들은 인간 행동이 외부적 자극이라는 원인에 의해 만들어졌는가를 분석해야 하며, 과학자는 가치중립적 입장을 견지해야 한다는 환상을 갖고 있다. 허나 이 환상에 기대어 만들어낸 과학적 이론이 세상을 고통의 수렁으로 몰고 들어가는 것이다. 이제 연구자는 가치중립적이란 환상에서 깨어나야 하며, 인간 행동이 외부적 자극이 아니라 특히 이데올로기에 의해 만들어진다는 점을 간파해야 한다. 더 나아가 이상사회로 나아가는 변화를 실천해야 한다. 이런 문제 의식을 세상에 던진 일단의 사회이론가―그람시(Antonio Gramsci), 아도르노(Theodor L.W. Adorno), 하버마스(J. Habermas) 등 네오마르크스주의자(Neo-Marxist)―들이 1930년대 프랑크푸르트(Frankfurt)대학 사회연구소에 모였다. 프랑크푸르트는 독일의 한 도시이름이다. 독일은 관념론의 중심 국가이다. 역시 논리실증주의를 비판하는 선봉에 독일이 나섰다. 이들은 행위의 의미를 이해하자는 현상학에서 한 걸음 더 앞으로 나아갔다. 즉, 행위가 어떤 원인(특히, 이데올로기)에 의해 만들어졌는가를 분석하는 데 초점을 두었다. 여기서 이데올로기란 보수주의, 진보주의 등과 같은 이념을 말하는 것이 아니라 일종의 '가짜 생각(＝허위 의식)'을 뜻한다. 우리는 흔히 "열심히 일해야 부자가 될 수 있다."고 생각한다. 그러나 지금 세상의 돈(=부)의 약 2/3 이상은 부모에게서 자식으로 상속된다. 그저 나머지 1/3 정도의 돈을 목표로 치열하게 경쟁해서 나눠 먹기 게임을 할뿐이다. 이런 세상에서 노동의 양이 부의 지름길이라는 믿음은 일종의 가짜 생각이다. 이런 가짜 생각을 만드는 주체는 이를 통해 이득을 얻는 자들이다. 이 가짜 생각을 밝혀내서 없애지 않고서는 인간다운 삶이란 불가능하다. 그래서 프랑크푸르트 학파는 인간다운 삶을 위한 「비판이론(Critical Theory)」을 만들어냈다.

　　비판이론의 뿌리는 칸트와 헤겔 철학에서 나왔다. 칸트는 인간 인식의 오류 가능성을 인정하고 오로지 이성의 힘으로 이를 극복하고자 했다. 칸트는 '비판'을 '이성의 고등법정'으로 정의하면서 이를 통해 자기 자신을 반성하고 공허한 사변에서 벗어나 실재에 대한 타당한 인식에 도달할 수 있다고 보았다. 즉, 실재의 본질에 접근하는 것은 실재가 아니라 이성의 자기 성찰을 통해서 가능한 것이다. 칸트가 말한 '비판'이란 잘못된 행동에 대한 분노가 아니라 어떤 주장이나 지식이 진리라는 근거를 탐구하는 작업을 가리킨다. 예컨대 판례를 통해 그 근거가 된 법률을 찾아내듯이 지식을 구성하는 문장과 언어체계를 연구해서 이것을 만들어내는 인식능력과 그 구조를 재구성할 수 있다.

이에 반해 헤겔은 '비판'의 의미를 인간의 사회역사적 실제 상황에 이성을 개입시키는 것이라고 새롭게 정의했다. 이런 의미에서 '비판'은 '부정하는 반성'이다. 무엇을 '부정'하고 '반성'하는가? 헤겔이 보기에 칸트는 인간이 인식할 수 없는 물자체와 절대자를 동경의 대상으로 저 멀리 떠나보냈기에 이것들이 이성적인 것임에도 불구하고 이성은 이 이성적인 것들을 인식할 수 없다는 해괴한 오류를 범해버렸다. 그리하여 칸트가 인간 주체와 분리해서 피안의 세계로 밀어낸 물자체와 절대자를 주체로서 사유하려는 태도가 바로 '부정의 반성'이다. 즉, 스스로 이성의 한계를 설정한 태도를 '부정'하고 초월적 존재에 다가서려는 '반성'의 태도를 가져야 한다고 주장했다. 이의 연장선에서 헤겔은 존재하는 것은 역사의 무대에서 최종적인 것으로서 이성적이며 궁극적 '선(善)'이라 보았다. 이에 따라 헤겔은 18세기에 역사의 무대 전면에 등장한 민족국가적 추세에 함몰되어 '민족' 이념에 조공을 바침으로써 훗날 독일 나치즘의 씨앗이 되었던 오류를 범했다. 한국 사회에서 범람하는 '우리끼리'의 민족주의가 이런 헤겔의 오류에 뿌리를 두고 있기에 결코 보편적 이상으로 승화될 수는 없다. 어찌 보면 반일, 반미의 구호를 통해 종족의 결속을 다지면서 그 안에 또 다른 기득권의 식민 지배를 은폐하려는 변이된 종족주의가 아닐까? 오늘날 사상적 파산선고를 받은 헤겔의 변증법이 왜 이리도 한국에서는 쇠말뚝처럼 서슬 퍼렇게 살아있는지.

이러한 헤겔의 변증법을 비판적으로 계승한 마르크스는 이성의 사유를 실제 상황으로 옮기는 행위를 관념론적 환상에 굴복하는 것이라고 주장하였다. 마르크스는 사회역사적 실재에 대한 참된 이론을 제공하는 새로운 과학이 필요하며, 실재의 구조와 요인은 그 속에 숨어있는 이데올로기적 환상을 제거해야만 드러난다고 보았다. 프랑크푸르트학파는 이와 같은 이성의 비판과 실재의 객관화라는 주제를 이어받아 논리실증주의를 비판하는 데 앞장섰다. 비판이론가들은 마르크스의 혁명이론의 잘못을 밝혀내는 데서 출발했다. 마르크스는 자본주의가 발달하면 프롤레타리아 혁명이 자연적으로 발생할 것이라고 예언했지만 실제로는 그 가능성이 쇠퇴해갔다. 비판이론가들은 그 이유를 노동자들이 합리성의 노예로 전락해서 비인간화되었기 때문이라고 보았다. 자본주의 발달에 따라 고도화된 분업이 진행되어 노동과정이 분절화(하나하나 끊어져 있는 현상)되어 노동계급이 "우리는 하나다."라는 총체적 인식에 도달하는 것이 불가능하다. 찰리채플린(Charlie Chaplin)은 영화 「모던타임스(Modern Times)」(1936년)에서 이런 인간소외를 극적으로 보여주었다. 현대의 테크놀로지와 조화하지 못하는 떠돌이 찰리는 거대한 컨베이어벨트 앞에서 하루 종일 스패너로 나사를 조이는 단순한 일을 수없이 반복한다. 휴식의 순간에도 빅브라더에 의해 감시당하고 기계의 명령에 따라 밥을 먹고 작업하는 그는 결국 정신병에 걸린다. 1930년대 대공황의 구원자로 등장한 자동화 생산 시스템인 Fordism을 정면으로 비판하면서 기계화되고 자동화된 산업사회와 문명, 그리고 그로 인해 파생되는 인간 소외의 문제를 탁월한 풍자를 통해 형상화했다. 결국 비판이론가들은 프롤레타리아는 영화 속 찰리처럼 주체의식을 상실해서 이제 더 이상 공산혁명의 소명을 실천할 역사적 계급이 아니라고 단정했다. 계급적 혁명운동이 아니라 왜곡된 이데올로기를 극복할 비판운동에 희망을 걸어야 한다는 것이다. 비판이론가들은 프롤레타리아 자리를 대신해서 새로운 혁명의 주체로 지식인을 부상시켰다. 그러나 프랑스 철학자 푸코는 지식인은 권력의 저항자가 아니라 권력과의 공범이라고 갈파했다. 하버마스가 푸코를 신보수주의자라고 비난했던 것은 바로 이런 이유 때문이 아닐까?

우리는 관료제와 법률(정책)이 사회문제를 해결하기 위한 도구라고 생각한다. 그러나 비판이론은 이것들이 인간의 자율성을 억압하고 예속시키는 요인이며 진정한 '이데올로기'라고 본다. 따라서 '이데올로기'는 현실 속에서 불균형적인 힘의 관계를 왜곡, 은폐, 정당화한다. 예를 들어 '혼인빙자간음죄'나 '강간죄'라는 법률은 여성이 남성에게 성적으로 종속된 힘의 불균형을 만들어내는 이데올로기인 것이다. 지금은 폐지된 '간통죄'도 가정에서 여성에 대한 남성의 우위를 만들어내는 이데올로기였다. 따라서 인간의 인간에 대한 지배의 장막 뒤에 숨은 '이데올로기'를 비판함으로써 현실세계의 왜곡을 드러내려 한다.

세상에는 수많은 허위의식(이데올로기)이 도사리고 있다. 옛날에 중국에서는 전족이란 풍속이 있었다. 여성의 발에 가죽 신발을 신게 해서 발의 성장을 억제했다. 여성의 발이 커지면 활동 폭도 넓어지고 그만큼 사회에 위협이 될 수 있다고 중국인들은 믿었다. 지금도 한국에서는 순결은 여자만의 의무이고 남자는 자유롭게 성을 즐길 특권을 향유한다는 허위의식이 판을 친다. 이런 허위의식을 깨기 위해서 여성해방론(feminism)이 등장했다. 이런 허위의식을 벗어던지기 위해서는 비판(criticization)을 해야 한다. 여기서 비판은 영화비판, 문학비판 등과 같이 어떤 대상의 문제점을 지적하는 데서 그치지 않는다. 비판이란 기존의 사상, 행위, 그리고 사회적 조건들을 아무런 생각 없이 단순히 수동적, 습관적으로 수용하는 데 만족하지 않고 인간의 자율성을 억압하고 예속시키는 요인(관료제, 법률, 실증주의, 자본주의 등)을 밝혀내려는 지적 노력을 말한다. 예를 들어 '현모양처'라는 개념이 여성을 어떻게 억압하고 예속시키는지를 밝혀내는 작업이 비판이다. "나쁜 여자가 성공한다."라던가 "결혼은 미친 짓이다."라는 슬로건들은 모두 비판의 표현이다. 이것은 "착한 여자가 사회에 더 바람직하다."라던가 "결혼은 인간의 필수적 행위이다."라는 이데올로기의 가면을 벗겨내려는 시도들이다.

비판이론가들이 연구를 통해 궁극적으로 이루고자 하는 것은 실천(praxis)이다. 비판은 실천(praxis)으로 나아가기 위한 준비작업이다. 실천을 통해 인간 해방은 이루어진다. 여기서 실천은 마치 담배중독자가 금연계획표를 만들어 그대로 따르는 것처럼 현실적 변화의 추구를 의미하는 것이 아니다. 실천(praxis)은 연구대상이 자기 성찰과 자기이해의 비판적 과정을 시작하도록 하는 계몽과정이다. 예를 들어 내가 하는 노동이 지배계급의 이익을 위한 수단에 불과하다고 깨닫고 임금노동자의 삶을 깨버리는 것이 '실천'이다. 이런 실천을 제대로 수행하기 위해서는 '이성의 자각' ─ 비판이성(critical reason) ─ 이 있어야 한다. 비판이론은 자본주의가 발달하면 관료적 지배가 확장되고 시장경제가 보다 더 계획적인 측면을 노출한다고 주장한다. 즉 국가의 시장개입이 확대되어 국가의 중요성이 증대된다. 이것은 국가 주도의 합리성이 사회 전반에 이식된다는 것을 말한다. 우리는 '합리성'이란 어떤 목적을 달성할 수 있는 가장 경제적인 방법을 모색하는 것이라고 정의한다. 그런데 합리성이 강화되면 '도구적 이성'이 확산된다는 모순이 심화된다. 여기서 '도구적 이성'이란 인간의 이성이 사회의 규범이나 구조 등에 의해 구속되고 수단시되는 것을 말한다. 예를 들어 효율성 극대화가 제1의 가치로 자리 잡으면 정부는 단순히 공공재를 효율적으로 생산하는 생산조직처럼 간주된다. 이런 경우 공공영역은 효율성이라는 이성에 의해 도구화된다. 결국 인간의 행복같은 목적의 가치보다 수단인 효율성을 더 중시하는 태도가 지배하게 된다. 이런 정부에서는 더 적은 비용으로 더 많은 공공재를 산출하는 것이 지상 목표가 되며, 사회적 약자의 보호나 공정한 게임의 룰 제정과 같은 다른 가치들은 철저히 배제된다.

비판이론의 운동장은 자본주의 사회의 모든 분야를 망라한다. 특히 자본주의 사회의 시장과 문화 이데올로기 분석은 매우 날카롭다. 자본주의 발전에 따라 노동의 분업화가 고도화되어 노동자는 주체의식을 상실하고 주어진 여건에 순응하려는 소외 현상이 심화된다. 더 나아가 노동자들이 기존질서에 순응하도록 길들이는 역할을 하는 핵심 기제가 바로 '문화의 상품화'이다. 문화는 생활방식이자 사고방식이다. 자본주의는 이런 문화를 산업화하여 돈벌이(business)의 영역으로 전락시킨다. 예를 들어 연예기획사가 가수와 배우를 상품화하여 이윤 창출하는 과정이 이에 해당된다. 노동자들은 상품화된 가수와 배우를 구매하며 이 과정에서 아름다운 외모와 화려함이 제1의 가치를 가진다고 의식화된다. 지금 우리 사회를 지배하는 '성형은 결혼 필수품'과 '성형공화국'이 이를 증명한다.

비판이론가들은 정부 내에서 도구적 합리성의 팽창하면서 대중의 현실 생활은 효율성의 정부 시스템에 의해 식민지화되어 버렸다고 비판했다. 정부 영역에서 효율성을 극대화하기 위해 비용편익분석과 같은 경험적·분석적 과학만이 비대해진 결과 국민에 대한 사회적 통제와 조종수단이 발달한다. 공무원이나 국민이나 모두 성찰적 판단능력이 마비되면서 생활세계는 체계의 식민지화되어 버린다. 이 결과는 공론영역(public sphere; 공공영역)의 축소라는 참상을 초래한다. 공론영역은 사회 내 다양한 이해관계자가 사회의 규범적 의제 확립과 관련된 담론에 참여하는 장(여론형성 공간)이다. 자유로운 의사소통이 사라진 정부는 식물이 사라진 사막과 같다. 정부가 인간의 삶을 개선하기 위한 도구라면 비판적 이성을 지닌 대중들에 의한 열린 소통의 공간으로 탈바꿈해야 할 것이다.

이데올로기 뒤에 숨은 음모를 낱낱이 파헤친 학자가 바로 그람시(Antonio Gramsci, 1891~1937)다. 그람시는 권력이 강제력만으로 유지되는 것이 아니라 피지배층의 자발적 동의에 의해서 유지된다는 헤게모니론을 주장했다. 우리는 대통령이나 국회의원이 많은 참모진을 거느리고 엄청난 연봉과 수입을 동반한 화려한 생활을 하는 것이 당연하다는 믿음을 갖는다. 이런 믿음은 TV 등 언론을 통해 정당화된다. 그래서 대중은 권력자 앞에서 굽신거린다. 과연 대중의 이런 믿음은 진짜인가? 만약 가짜라면 우리는 매트릭스 안에 갇혀서 살고 있는 노예다.

아도르노(Theodor L. W. Adorno, 1903~1969)가 말한 '문화 획일주의'는 자본주의의 폐부를 찌른다. 현대 IT기술의 발전으로 자고 일어나면 자동화 기기들이 하루 24시간을 관리해준다. 이제 가족이나 애인에게 손편지를 쓰는 것은 거의 정신병자 취급 받기 십상이다. 주말에는 자가용을 타고 대형 쇼핑몰에 가서 카트 한 가득 상품을 구매하는 것이 표준화된 생활이다. 대량생산, 대량소비. 이것은 풍요의 복음인가? 나이키가 왜 젊은 층에게 어필하고 있는가? 우리는 나이키를 살 때 운동화를 사는 것이 아니라 광고 "Just do it"으로 상징되는 허위의식을 산다. 나이키를 신어야 멋있고 젊어진다는 획일주의의 믿음이 그 안에 있다. 그러나 나이키의 가격이 중국 등 제3세계 노동자들의 고한노동(sweating labor)이라 불리는 착취에 의해 만들어지는 구조는 광고 속에 은폐된다.

이제 주류 과학에 저항하는 가장 큰 흐름인 포스트모더니즘을 만나보자. 사실 지금이야 스마트폰을 24시간 끼고 다니며 세상과 소통하고 드론, 스마트아파트, 섹스로봇 같은 과학의 첨병들이 일상화되어 있지만 1920년대쯤에는 과학은 경이로운 존재였다. 세기의 천재 아인슈타인이 '상대성이론'을 발표한 것이 바로 이때이다. 그는 1905년에 특수상대성이론을, 1916년에 '일반상대성이론'을 발표했다. 시간과 공간이 고정되어 있지 않으며 누가 관찰하느냐에 따라 달라진다는 '특수상대성이론'은 인간 이성의 고정된 틀을 무너트렸다. 모든 것이 상대적이라니 어떻게 인간이 세상을 정확하게 알 수 있으며 그 동안 진리라고 믿었던 것이 모두 거짓일 수 있다는 말이다. 칸트 철학의 붕괴를 가져왔다. 일반 상대성이론은 한 발 더 나갔다. 중력이 시간과 공간을 휘게 만들고 이 휘어진 시공간을 지나는 빛도 휠 수밖에 없다. 1919년에 촬영한 개기일식을 촬영한 사진은 빛이 휘어지는 모습을 그대로 보여주었다. 그럼 시간은 차례로 줄서듯 흐르고 공간은 질서정연한 3차원 입방체라는 뉴톤의 가르침은 무엇이란 말인가?

여기에 1,2차 세계대전을 거치면서 인류는 핵폭탄 위협, 전쟁의 비합리성, 빈곤과 양극화, 환경파괴, 인종차별 등 위기에 직면했다. 과학이 궁극적으로 오류가 없는 절대 진리를 인류에게 선물할 것이라는 복음은 여지없이 깨졌다. 영원한, 유비쿼터스한 진리란 없다. 인류 역사의 진보를 약속했던 근대 과학의 한계에 다다른 것이다. 이제 과학은 절대적인 지식 체계가 아니라 세계를 설명하는 여러 가지 언어 가운데 하나일 뿐이라고 보는 관점이 더 설득력을 가진다. 내가 보는 세계가, 세상이 나에게 가르쳐 준 세계가 거대한 매트릭스, 즉 가짜일 수 있다는 생각이 여기서 나온다. 프랑스 작가 베르나르 베르베르(Bernard Werber)의 소설 「개미」는 아래와 같이 모더니즘의 세계관을 질타한다.

> "당신들은 모든 것을 잘게 자르면 자를수록 진리에 더욱더 다가간다고 생각하고 있다. 그렇지만 매미를 잘게 자른다고 해서 매미가 왜 노래하는 지를 발견하게 되는 것은 아니다. 난초 꽃잎의 세포들을 현미경으로 관찰 한다고 해서 난초 꽃이 왜 그토록 아름다운지를 이해하게 되는 것은 아니 다. 우리를 둘러싸고 있는 요소들을 이해하기 위해서는 그것들의 처지가 되어보아야 하고 그것들과 한마음이 되어 보아야 한다."

「모더니즘(Modernism)」은 중세 봉건제의 불평등한 사회구조를 극복하고, 근대 자본주의 및 민주주의와 병행해서 등장한 패러다임으로서, 17세기 르네 데카르트를 출발점으로 한다. 모더니즘은 과학적 지식이 세상에 대한 가장 확실한 근본이라는 믿음, 즉 '철학적 근본주의' 위에 세워졌다. 모더니즘의 2개의 축은 '이성'과 '개인주의'이다. 세상의 중심이던 신(god)의 자리에 인간이 대신했고 이 인간은 신분적 질서로부터 해방되어 모두 같다는 개인주의(=평등주의)가 자리 잡았다. 그래서 근대성은 인간 이성의 합리성을 근거로 사회현상을 이해·설명· 예측하려고 하며, 인간은 진리를 발견할 수 있고, 발견된 진리는 인간 삶을 개선할 것이라는 진보적 믿음을 갖는다.

학문 영역에서도 모더니즘은 자연과학의 발달된 논리체계를 사회현상의 연구에 그대로 적용하려는 태도를 취한다. 이렇게 해서 모더니즘은 '진리가 무엇이다'라는 '거대한 설화(Meta Myth)'를 만들어낸다. 아담스미스의 보이지 않는 손, 신고전경제학파의 수요공급법칙, 마르크스의 변증법적 유물론, 사회변동에 관한 기능론과 갈등론 등 사회세계를 설명하는 일반이론들은 모더니즘 지식체계에 건설된 성(castle)들이다. 이러한 계몽주의 담론을 프랑스 철학자 장 프랑수아 리오타르(Jean-François Lyotard)는 인간 생물학과 역사학, 사회적 발달의 '거대담론(큰 이야기)'이라고 불렀다. 거대담론은 세상을 선과 악의 2분법으로 나눈다. 어떤 행위를 하면 이성의 법칙을 따르는 선이 되거나 이를 거역하는 악이 되어야 하기 때문이다. 이것이 인간의 본성이고 과학은 인간의 본성을 그대로 읽어낸다. 그래서 선과 악, 남과 여, 동양과 서양이라는 이분법적 사고방식이 자리 잡는다. 평등은 획일성을 낳는다. 예컨대 모든 사람은 1표의 투표권을 갖는다는 평등권은 사람의 차이를 전혀 고려하지 않는다. 획일화된 형식과 절차가 지배한다. 평등과 획일화는 전체가 개인 위에 군림하는 '보편주의'로 나아간다. 전 근대사회에서 사람들은 혈연, 지연 등 특수 관계에 입각해 행동했지만, 근대사회에서 사람들은 실적, 재산, 경력 등 객관적인 기준에 의해 행동한다. 이것은 GDP, 매출, 직급 등 숫자로 획일화된 보편적 기준이 사람을 지배하는 억압된 구조를 낳는다. 서구적 가치가 동양적 가치보다 우월하다는 믿음도 여기서 나온다. 보편성과 이성주의를 대표하는 막스 베버(Max Weber)의 관료제는 목적은 그저 주어진 것이며 목적을 효율적으로 달성하기 위한 도구로 전락한다. 시민은 행정서비스의 객체에 불과하다.

「포스트모더니즘(Post Modernism)」은 모더니즘의 거대 담론을 계몽주의가 만들어낸 망상으로 치부해 버린다. 거대담론들은 거짓이며 다른 관점들에 효과적으로 준거를 부여하기 때문에 유해하다. 이렇게 준거를 부여함으로써 이 이론들은 다른 관점들을 억압하거나 소외시키고 침묵시킨다. 이런 이론적 경향성은 결국 전체주의로 향한다. 그래서 포스트 모더니즘은 "나는 생각하지 않는다. 고로 존재하지 않는다."라고 주장한다.

모더니즘은 언어는 언어 자체의 외부에 존재하는 실체를 나타내고 가리키는 거울과 같다고 본다. 그래서 모든 지식은 언어로 구성되고 그 언어를 자르고 잘라서 끝까지 분해하면 대상의 본질에 접근한다고 믿는다. 그러나 포스트 모더니즘 사상가들은, 언어란 철학자 리처드 로티(Richard Rorty, 1931~2007)가 말한 '자연의 거울' 같은 것이 아니라고 본다. 과연 언어가 있는 그대로의 실재를 비추는 거울인가? 다윈(Charles Darwin)의 진화론적 관점에서 보면 언어는 인간이 환경 세계에 적응하여 살아남기 위해 만들어낸 도구일 뿐이다. 따라서 언어는 끊임없이 변화하며 인간의 역사 속에서 생성·소멸한다. 결국 만고불변의 진리를 있는 그대로 비추는 거울의 모습을 언어에 부여하는 것은 잘못된 믿음이다. 그들은 언어 속에는 그 언어를 사용하는 주체가 반영된다고 주장한다. 언어는 존재의 집이다.

모더니즘에서 인간의 행위는 분명한 이유가 있어야 한다. 즉 인간 본성이 존재한다. 인간의 본성은 사회 속에서 배우거나 익히기 보다는 어떤 의미에서 태어날 때에 인간 안에 존재하는 재능·자질·성향으로 구성된다. 내가 1,000원을 주고 아이스크림을 사먹을 때에는 다른 것을 사는 것보다 더 큰 만족감을 주기 때문이다. 그래야 합리적이고 이성적이다. 그러나 우리가 항상 이성적으로 행동하는 것은 아니다. 나는 아무 이유도 모른 채 어딘가로 운전해 갈 수도 있고 무엇인가 필요성도 모른 채 충동적으로 물건을 사기도 한다. 이유는 "그저 좋아서"가 대답이다. 인간이 거대한 진리의 지도판 위에 서서 네비게이터가 인도하는 대로 움직이는 수동적 존재인 것만은 아니다. 그리고 그런 수동적 존재가 행복을 담보하는 것도 아니다. 영화 매트릭스에서 AI에 의해 가상 세계의 소프트웨어가 내장된 인간이 물질적 풍요를 누린다고 해서 행복할까? 아니면 가짜 세계를 벗어나 고통스럽지만 자유를 찾아가는 네오가 행복할까? 이런 인간의 본성을 읽어낸 것이 바로 포스트모더니즘이다.

포스트 모더니즘은 국가가 개인의 행복을 만들어준다는 모더니즘의 가치체계를 거부한다. 그래서 국가 이전에 개인이 존재한다고 믿는다. 국가는 모더니즘이 만들어낸 환상의 구조에 불과하다. 포스트모더니티 행정이론은 파머(D. Farmer)의 반관료제론을 중심으로 전개되었고, 다음의 4가지 지향성을 갖고 있다.

첫 번째, '상상(imagination)'하라! 이것은 순전히 상상력을 키운다는 것 이상의 의미를 지니며 새로운 사고의 틀로 현상과 문제를 대하는 태도이다. 부정적으로 볼 때는 규칙에 얽매이지 않는 것이며, 긍정적으로 볼 때는 문제의 특수성을 인정하는 것을 의미한다. 사회현상의 진실을 알기 위해서는 상상이 일차적 역할을, 합리성이 이차적 역할을 수행한다. 기존의 시각에서 벗어나 사물을 바라보는 상상은 새로운 세계로 나아가는 해체로 연결된다. 가끔 조각 예술품 전시장에 가보면 화장실에서 쓰이는 변기를 도구로 만든 조각품이 전시되어 있다. 흔히 전위미술이라고 불리는 커다란 캔버스 위에 사람이 물감을 뿌리는 방식도 상당히 이색적이다. 광화문 네거리에서 동성애자들의 인권 보장을 요구하는 퍼포먼스가 열리기도 한다. 남성과 여성의 이원적 구분은 모더니즘이 만들어낸 음모이며 성(gender)은 스스로 결정할 수 있다는 퀴어(queer)신학의 공격이다. 건축에서는 기존의 사각형 위주의 건물 형태를 탈피해서 원형이나 삼각형 모양의 건물이 선보이기도 한다. 거기에는 왜꼭 집이 사각형 모양이어야 하느냐는 반문이 따라 붙는다. 이런 경향은 문학에서도 넘쳐난다. 무슨 말인지 알 수도 없게 문장을 만들어버린 문법 파괴, 단어 파괴가 소설과 시를 발기발기 찢어발긴다. 시는 시가 아니고 소설은 소설이 아닌 것이 되어 버린다.

두 번째, 모든 것을 '해체(deconstruction)'하자! 국가해체, 기업해체, 가족해체, 교육해체, 세대해체, 남녀성개념 해체 등. 프랑스 철학자 자크 데리다(Jacques Derrida, 1930~2004)는 '해체(deconstruction)'가 파괴하려는 것이 아니라 재정립을 위한 것이라고 주장했다. 해체는 이성이 만들어낸 거대한 이론에 의한 언어의 진실성을 거부하는 지적 운동이다. 작가는 진실을 말하려 하지만 그 언어는 이성이 만들어낸 전체성과 획일성에 의해 조종된 것이다. 따라서 작가는 문장 속에 감성을 스며들게 만들기 때문에 겉으로 드러난 문장을 해체하고 문맥을 읽어야 한다. 해체는 텍스트(언어, 몸짓, 이야기, 설화, 이론)의 근거를 파헤쳐보는 것이며 이를 통해 특정한 상황 하에서 텍스트들을 더 잘 이해할 수 있다. 종전의 합리주의 행정학, 거시이론, 상위(meta)설화, 지배적 패러다임에 대한 회의를 갖고 대안을 끊임없이 모색한다. "능률성은 행정의 최고 가치여야 한다."는 설화를 당연한 것으로 받아들이지 않으며 의문을 제기하고 해체한다. 사회현상에 대한 인과관계를 통한 법칙정립을 부정하였다. 우리가 사회현상에 대한 인과관계를 규명하는 과정에서 이데올로기에 기초해 접근하므로 객관성은 훼손될 수밖에 없다.

세 번째, 영역을 '파괴(deteritorialization)'하라! 이것은 학문영역 간의 영역파괴를 통해 통합과 해체를 추구한다. 사회현상에서는 부분의 합이 전체의 합과 일치하지 않는 경우가 많이 존재한다. 따라서 포스트모더니즘은 근대의 학문 분화를 비판하고 학문에 있어서 자율적, 독자적 영역이 내파(implode)되어야 한다고 주장한다.

네 번째, 대상을 '타자(alterity)'로 받아들이라! 이것은 타인의 존재를 인정하지 않는 자족적 상태인 즉자성(卽者性, I−ness, asmita)과 대립되는 개념으로서, 나 아닌 다른 사람을 도덕적인 타자로 인정하는 것을 말한다. 사회현상을 연구할 때 연구대상은 객관적으로 존재하는 물체가 아니며 나와 끊임없이 상호작용하는 도덕적 주체라는 사실을 받아들여야 한다. 타자성은 (1) 타인에 대한 개방성(반권위주의적 행정과 서비스 지향적 태도 필요), (2) 다양성의 선호(어떤 특권적 지위를 거부), (3) 상위설화에 대한 반대(기존의 짜여진 개념적·제도적 틀 탈피), (4) 기존 질서에 대한 반대 등을 특징으로 한다. 행정에서 타자를 인정하는 것은 권위주의 행정체제를 거부하는 지향성을 갖는다. 하향적 거시정치가 거부되고 상향적인 미시정치가 발달되어야 한다. 개방적 인간관에 기초한 시민참여이론을 수용하게 한다.

1960년대 미국 사회의 소용돌이 속에서 사회변화에 대처하는 행정을 요구한 「신행정론」은 Post−Modernism적 흐름의 하나이다. 신행정론은 정통행정학의 과학적 합리성의 한계를 비판하고 가치와 주관의 문제를 부각시켰다. 그래서 등장한 가치(이념)가 형평성(equity)이다. 그러나 신행정론이 사회적 형평성을 국가목적으로 설정하고 국가가 이를 실현해야 한다고 주장하는 태도는 다분히 '목적국가적 지향성'을 드러낸 것이다. 이런 점에서 다양성과 특수성을 지향하면서 국가 담론을 해체하려 한 포스트모더니즘과 국가담론을 재건하려 한 신행정론은 대립된다. 미국은 전통적으로 강한 국가를 거부하는 흐름 속에 만들어졌다. 이런 지향성은 건국 초기 '시민연합국가', 즉 시민 개인들이 국가의 주체라는 믿음이 확립되었으며, 이것은 Post−Modernism에 부합하는 것이다. 따라서 Post−Modernism은 유럽식 국가관에 대한 미국의 반발 성격이 강하다. 그러나 현실적으로 미국은 건국 후 100년이 경과하면서 '목적국가' 지향성이 강화되어 왔다. 최근 미국은 9.11테러사건을 계기로 시민에 대한 국가의 통제를 강화하여 목적국가 지향성이 더욱 강하게 나타나고 있다.

포스트모더니즘이 바라보는 정부는 더 이상 공공재의 생산자가 아니라 사람들이 의사소통하는 공론의 장이다. 그래서 팍스(C. Fox)와 밀러(H. Miller)는 이런 공론의 장이 만들어지는 원리를 담론이론(Discourse Theory)으로 정립했다. 담론은 '사람들이 균등한 지위와 정보를 가지고 합리적인 방법을 통해 의견일치를 추구해가는 의사소통(communication) 과정'이다. 예전에는 '동사무소'라는 용어를 썼는데 지금은 '주민자치센터'라는 말로 대신 사용한다. 동사무소는 공무원이 민원인에게 인감증명서 등 공적 서류를 발급해주는 이미지를 갖고 있지만, 주민자치센터는 주민들이 모여서 정보를 주고받는 공간이라는 이미지를 드러낸다. 따라서 담론과정을 분석하면 권력관계를 드러내거나 혹은 설명할 수 있다. 사람들이 모여서 이야기를 나누면 힘이 센 사람이 대화를 주도하고 사용되는 용어는 어떤 지향성을 보여준다. 진정한 민주주의는 가끔씩 있는 선거를 통해서가 아니라 시민의 참여와 담론을 통해 구현될 수 있다고 본다. 현실에서 선거에는 여론조작, 정치적 무관심, 이미지 정치 등이 난무하여, '민주적 대표성'은 한낱 구호에 불과하다. 환류적 대의민주주의 모형이 한계에 봉착한 것이다. 그래서 담론이론이 "우리가 다음에 무엇을 해야 하는가?"의 문제를 다루는 것으로서 진정한 대안이 될 수 있다고 본다.

담론이론은 정책상황에 대해 단순히 인과관계를 설명하는 데 그치는 것이 아니라 참여자들이 의도를 가지고 필요한 행동을 취하는 적극적 참여의 과정으로 본다. 따라서 정책의 형성·집행·평가 등 모든 과정에 참여하는 사람들이 생산적 담론을 통해서 업무를 수행해야 하므로 공공부문은 '관료기구와 제도'에서 '공공에너지 영역(public energy field)'으로 대체되어야 한다. 공공에너지영역은 정책네트워크, 기관 간 정책연합, 타협적 규제위원회 등 다양한 사회적 구성으로 이루어진다. 정책네트워크, 레짐이론 등은 이를 반영하는 것이다. 공공에너지영역은 사회적 담론을 가능하게 하는 운동장이다. 이곳에서 정부는 국민과의 민주적이고 자유로운 담론을 통해 국민이 원하는 의미를 파악하여 정책에 반영한다. 따라서 공식적 결정권자의 역할은 축소되고, 정책은 '합리적 분석'이 아니라 '의미의 포착'에 의하여 형성되며, 자유로운 토론이 행정의 핵심이 된다.

그러면 진정한 담론이 되기 위한 필요조건(담론의 규율)은 무엇일까? Fox와 Miller는 담론의 진지함(sincerity), 특정 상황에 적합한 의도(situation regarding intentionality), 듣지만 않고 말을 하는 자발적 관심(willing attention), 무임승차자를 배제하고 실질적인 공헌(substantive contribution) 등 4가지를 제시한다. 따라서 공무원과 시민들이 솔직하지 않고, 상황에 맞지 않는 주제로, 수동적인 자세로 일관하면서 무임승차하려는 태도를 가진다면 그 담론은 소모적일 뿐이다. 과연 한국의 행정현장에서 벌어지는 담론은 어떤 모습일까? 생산적일까 시간낭비일까? 독자분들께서 주민센터와 마을회관의 주민회의에 참관해서 대화가 어떻게 흐르는지를 보시라. 백문이 불여일견이다.

창조적 파괴를 외치는 포스트모더니즘. 과연 공적만 가득하고 실패는 없는가? 모더니즘은 경험론과 합리론의 인식론적 지평 위에 서 있다. 인간 이성이 관찰과 실험을 통해 객관적 실체에 접근해서 만들어낸 지식이 진리로 이끌 것이라는 믿음이 그곳에 있다. 우리는 지금 과학이 만들어낸 물질만능주의 시대를 살고 있기에 이런 인식론에 무감각하지만 사실 과학은 철학의 토대 위에 세워진 성이다. 고전경제학의 창시자 아담 스미스와 공산주의이론의 창시자 칼마르크스가 모두 철학자였다는 점을 상기하자. 이들이 주관적인 인식의 세계를 통찰하지 않고서 어찌 객관적인 경제법칙이나 역사의 변증법적 발전원리를 발견할 수 있었을까? 이처럼 모더니즘은 인식론과 과학의 두 개의 바퀴로 달리는 마차와 같다. 그러나 포스트모더니즘은 모더니즘의 인식론과 과학이라는 두 개의 바퀴를 빼버렸다. 그리고 그곳에 반지성주의와 상대주의라는 새로운 바퀴를 갈아 끼웠다. 포스트모더니스트들은 단정한다. 세상의 본질을 이해하기 위한 인식의 틀이란 것이 사회적으로 '구성'된 모조품에 불과하다고, 주류 학문 또는 주류 과학이라는 권좌에 오른 학문이 사실은 권력관계에 의해 만들어진 허상일 뿐이라고. 이런 선언은 토마스 쿤(Thomas S. Kuhn)의 「과학혁명의 구조(1962년)」와 맞닿아 있다. 쿤은 "태초에 패러다임이 있었다. 패러다임은 사고를 결정한다! 아인슈타인도 그랬고, 뉴턴도 그랬고, 아리스토텔레스도 그랬다! 그들은 패러다임의 틀 안에서 움직였고 지금의 우리도 그 틀 안에서 움직인다!"고 말했다. 그렇다. 우리가 진리라고 믿는 모든 것이 특정한 틀(패러다임) 안에서만 진리일 뿐이다. 패러다임(paradigm)이란 '특정한 학문 공동체가 대상을 인식하는 틀'이다. 쿤은 과학의 역사와 발달은 '누적적'이 아니라 '혁명적'으로 일어난다고 주장한다. '누적적'이란 인간이 곡식을 창고에 차곡차곡 쌓아가듯이 앎의 지평을 조금씩 넓혀나간다는 것을 말한다. 이에 비해 '혁명적'이란 학문 공동체가 정치적 의지에 의해 기획되어 의도적으로 만들어진 가상의 세계라는 것을 말한다. 결국 학문은 당시 권력과의 타협의 산물이다. 이런 점에서 쿤의 과학혁명의 선언을 포스트모더니즘의 반지성주의와 상대주의로 해석하는 경향이 있다. 그러나 쿤이 주장을 지식의 상대성으로의 도피라고 단정할 수 있을까? 쿤이 진정 의도한 것은 모든 객관적인 진리는 사실상 주관적일 수밖에 없다는 진실이다. 이런 점에서 과학의 객관성은 철학적 인식론의 주관성과 연결된다.

　　포스트모더니즘은 1968년에 일어난 '68혁명'에서 그 정점에 올랐다. 독일에서 시작된 반권위주의 혁명은 월남전에 지친 미국으로 번졌다. 혁명의 양상은 반미, 월남전 반대, 보수언론반대, 기성세대가 간직해온 가치관·규범·도덕적 표상들에 대한 거부, 사회전면에 깔려 있는 권위의식에 대한 거부, 한걸음 더 나아가 자본주의체제의 극복에 이르기까지 확연히 정치적인 색깔을 띠었다. 1930년대 대공황의 수렁에 빠진 자본주의를 혁명아 케인즈가 구원해주었다. 이후 마이카와 정원이 딸린 2층집, 매일 주식투자를 즐기는 샐러리맨이 우상화되는 자본주의 황금기가 열렸다. 전성기는 오래 가지 못하는 법. 1960년대 물질적으로 큰 성장을 이루었지만 독일은 전후 권위주의 체제 하에 신음했고 미국은 흑인폭동, 인종차별, 월남전의 고통에 직면했다. 돈은 넘쳐 났지만 인간의 자율성, 개방성, 다원성, 개인의 주체성은 형편없었다. 독일에서는 당시 결혼한 부인은 남편의 서명 없이는 은행구좌를 개설할 수 없었고 성폭행으로 임신한 경우에도 낙태는 금지되어 있었다. 오늘날에는 상상조차 할 수 없는 암흑 같은 사회상이다. 이에 저항한 68혁명은 "금지하는 것을 금지하라! 너를 파괴하는 것들을 파괴하라!"의 슬로건을 내걸었다. 68혁명은 세상을 움직였다. 히피, 반전, 탈권위, 가족 해체, 동성애 인정, 성해방 등등. 당시에는 포르노잡지가 경찰의 눈을 피해 겨우 귀할 수 있는 희귀품이었지만 지금은 길거리에 버젓이 전시된다. 학교에서 존댓말은 사라지고 그냥 '너'라고 부른다. 지금 우리는 하루 종일 스마트폰을 본다. 문장은 불완전하고 단어는 파괴되어 있다. 깊이 있는 내용을 표현하지 못하는 임포가 되어간다. 언어의 빈곤이다. 하이데거는 '언어는 존재의 집'이라 말했는데 현대인들의 지적 무관심은 무너져 내리는 집으로 몰고 간다. 짜여진 각본을 거부하는 전위예술은 즉물적이고 쾌락적인 나체의 퍼포먼스를 무대 위에 올린다. 지성이 제거된 인간의 몸이 보여줄 수 있는 것이 고깃덩어리 말고 또 무엇이 있을까? 과학이 구축한 거대담론을 가짜라고 비난한 포스트모더니즘. 그들 스스로 반지성과 상대주의의 거대담론으로 회귀하는 듯하다. 「결혼은 미친 짓이다」라는 도발적인 제목의 소설과 영화는 결혼을 해체한 후 사람의 삶을 어디로 인도하는가? 전 세계 출산율 꼴찌라는 명예(?)를 떠안은 한국의 자화상이 우리가 가려는 목적지인가? 결혼은 사랑으로 위장된 인신매매에 불과하다는 톨스토이의 주장이 강렬하긴 하지만 섹스로봇을 배우자로 삼아 즐기는 현실도 그다지 감동적이지는 않다. 영화 매트릭스가 우리에게 던지는 메시지는 그래서 단순하지 않다. 모더니즘과 포스트모더니즘 어느 쪽이 진짜이고 어느 쪽이 가짜인가? 그리고 우리는 진짜와 가짜를 구분할 수 있는 정신을 지녔는가? 내가 생각하는 나를 바라볼 수 없는 한 이 물음에 대한 답은 영원히 알 수 없을 것이다. 그렇다면 나는 차라리 생각하는 쪽을 선택하고 싶다.

제8장

나는 인형의 집에서 벗어날 수 있을까?

신제도주의가 보는 정부

"아내이고 어머니이기 이전에, 한 사람의 인간으로서 살겠다."

헨릭 입센(Henrik Johan Ibsen)의 「인형의 집」(1879년)에서 노라가 던진 폭탄 선언은 전 세계에 노라이즘의 회오리를 일으켰다. 마침내 노라가 허위와 위선뿐 인 '인형의 집'을 떠나는 모습을 떠올릴 때마다 지금도 내 가슴에 거대한 물결이 밀려오는 파동을 느낀다. 노라의 고백이지만 이것은 그녀만이 아니라 우리 모두 가 넘어야 할 산이기도 하기에. 노라는 자식을 위해 살아가며 아내와 어머니라 는 역할 규범만이 본인의 존재적 본질이라고 강요당하며 살아간다. '뼈가 으스 러지도록 남편을 내조하고 자식을 위해 희생'하는 아내와 어머니가 나의 삶 울 타리 안에도 많다. '현모양처'라는 삶이 지금의 청춘들에게는 그저 한물간 꼰대 의 잔소리에 불과하겠지만 흰머리가 나부끼는 황혼의 사람들에게는 이 풍진 세 상을 살아가는 의미였다. 노라 역시 남편을 위해 죽으라면 죽을 시늉이라도 할, 아니 정말로 죽을지도 모를 그런 아내이다. 그래서 노라는 몇 년 전 남편이 죽 을병에 걸렸을 때 아버지의 서명을 위조하여 돈을 빌렸다. 남편을 위해서라면 그녀에게 문서위조의 범죄는 단지 사소한 일이었다. 그러나 상황이 바뀌어 그녀 의 헌신과 희생이 남편 헬메르에게 출세의 장애물이 되자 헬메르는 노라에게 "당신은 거짓말쟁이에 위선자야. 아니, 그보다 더 지독한 범죄자야!"라고 외치며 아이들을 키우는 것까지 허락하지 않겠다고 분노에 차서 말한다. 그들에게 들이 닥친 갈등을 마주하는 남편의 태도를 통해 충격을 받은 노라는 자신이 인형의 집에 갇힌 인형이었음을 깨닫는다. 그래서 그녀는 떠난다. 지금으로부터 140여 년 전 노라의 선언은 푸른 칼날처럼 선명하고 날카로웠다. 지금이야 여성이 회사에서 일하고 대학에 다니고 주식투자하고 심지어 술집에서 남성 웨이터에게 팁을 주고 즐기는 일이 다반사이지만 '인형의 집'이 발표될 때 여성은 노예보다 못한 천한 존재였다. 19세기까지만 해도 청나라, 조선, 일본 등 동양이야 성리학에 찌들어 남존여비의 야만적 사회구조가 어쩔 수 없다고 하지만 소위 시민혁명을 거쳐 민주주의를 한다는 서양에서도 여성은 그저 남성을 위한 보조물이나 노리개에 불과했다. 이것은 여성의 참정권 역사만 들추어 보아도 금방 알 수 있다. 여성의 투표권이 역사상 최초로 보장된 것이 1893년 뉴질랜드에서였다. 이후 호주와 북유럽 국가들로 확산되지만 미국과 영국 등 민주주의의 첨병이라 불리는 나라들이 여성의 투표권을 인정한 것은 '인형의 집'이 발표되고 몇 십 년이 흐른 후였다. 영국은 1918년 30세 이상 여성에게 제한적으로 참정권을 인정했고, 미국은 1870년 흑인 노예에게까지 참정권을 주었지만 여성에게는 1920년에야 실현되었다. 프랑스는 1789년 대혁명을 통해 그 유명한 '인간과 시민의 권리선언'을 전 세계에 선포했지만 여기서 인간에는 여성이 배제되었다. 사정이 이러니 '인형의 집'이 발표된 1878년에 노라의 선언은 지배계급에 대한 노예의 반란과도 같았다. 후대 비평가들이 인형의 집을 최초의 페미니즘 희곡이라 평가하는 연유이다. 그러면 여성해방에 노라가 인형의 집을 떠나는 개인적 결단으로 도달할 수 있을까? 아니면 거대한 바닷물의 압력처럼 수천 년간 켜켜이 쌓인 가부장제가 억압하는 구조를 해체해야 하는가? 이런 의문이 자연스럽게 밀려온다면 우리는 여성해방을 갈구하는 페미니즘을 넘어서 실존주의와 구조주의 관점에서 노라를 다시 바라볼 필요가 있다.

세상의 만물은 모두 본질을 갖고 있다. '본질'은 쉽게 말해 어떤 사물의 '정해진 쓰임새'이다. 밥주걱은 밥을 퍼내기 위한 도구라는 본질이, 반려동물은 사람을 즐겁게 만드는 동거자라는 본질이 있다. 그래서 놀부 아내가 흥부를 밥주걱으로 때리는 모습은 부조리하다. 밥주걱의 본질에 어긋나기 때문이다. 그런데 지구 위에 단 하나의 생물체 인간만이 '본질'이 정해지지 않은 존재로 태어났다. 사람에게는 단지 '실존'만이 있다. 실존이란 '구체적이고 개별적인 상황에서 결단해야 하는 나'를 말한다. 내가 누군가의 딸, 아내, 어머니이고 사회에서 학생, 공무원, 회사원이라는 존재는 '실존'이다. 나는 이 세상에서 오직 실존으로만 나타날 수 있다. 그럼 이런 실존이 나란 말인가? 딸, 아내, 어머니, 학생, 공무원, 회사원 등의 실존은 누군가와의 관계에서 파생된 것일 뿐 '나' 자체는 아니다.

나는 단지 나일뿐이다. 사람이 이 땅에 태어나서 한 평생 살아가다가 죽는 이유는 내가 나이기 때문이다. 결국 삶이란 내가 나를 찾아가는 긴 여행길이다. 그 여행길에서 내가 순간순간 입다가 버리는 옷과 같은 껍데기들을 경험한다. 물론 이 껍데기들을 벗겨나가면 언젠가는 나라는 본질에 도달할 것이라는 희미한 믿음이 있다. 이 믿음은 곧 자유다. 그래서 나는 살아가면서 끊임없이 나의 본질을 만들어갈 자유를 가진다. 실존을 통해 본질로 향하는 긴 삶의 여정이 우리가 떠안은 운명이다. 그래서 실존주의 철학자 장 폴 사르트르는 "실존은 본질에 앞선다(Existence precedes essence)."라고 말했다. 그러면 어떻게 나라는 본질을 찾아낼 것인가? 그 답은 '결단'이다. 노라는 인형의 집에 갇혀 있는 나의 실존을 벗어던지고 나라는 본질을 찾아 떠나는 결단을 했다. 물론 그 여정의 끝이 어딘지는 아무도 모른다. 그래서 니체는 "신은 죽었다."고 갈파했다. 본질을 찾아 떠나는 결단이 선한지 악한지는 신이 가르쳐주지 못한다고…. 오직 인간만이 그것을 찾아갈 자유의지를 갖고 있다고…. 물론 그 여정의 끝에 대한 책임은 온전히 사람의 몫이다. 노라의 결단은 자유의지에 올라탄 도전이다. 그러나 만약 이 자유의지가 매트릭스에 갇힌 것이라는 사실을 노라가 깨달았다면 그녀의 선택은 달라졌을까? 바로 이 지점에서 노라의 결단은 이문열의 소설「사람의 아들」에서 '아하스 페르츠'가 진실을 찾아 여행을 떠나는 모습과 오버랩된다. 이 소설에서 '아하스 페르츠'는 신(아버지)에게 "아버지, 아버지께서도 진실로 카인의 죄를 믿으십니까?"라고 묻는다. 모든 것이 전지전능하신 신의 계획과 예정대로라면 카인은 신의 도구로서의 역할을 충실히 했을 뿐 죄가 될 수 없는 것이다. 그리고 '자유의지'로 선을 지키고 악을 행하지 말았어야 한다면 '자유의지'로 인해서 신의 예정은 변경될 수도 있는 모순에 빠지게 된다. 신이 예정한 대로 가야 하는 인간의 자유가 진정한 자유인가? 신의 존재에 대한 이문열의 의문은 끝내 사람의 자유의지로 치닫는다. 소설 속 주인공 민요섭이나 그 안의 액자 소설의 주인공 아하스 페르츠나 모두 자유의지에 대한 물음으로 긴 여행을 떠난다. 만약 자유의지가 신이 만든 구조 안에서의 자유라면 왜 선택의 자유에 따르는 악을 인간이 책임져야 하는가? 그래서 이들은 인간의 고통이 결코 인간의 책임이 아니라 본질적으로 신의 책임이라고 항변한다. 그래서 아하스 페르츠는 신 야훼에게 끊임없이 묻는다.

"왜 선과 악의 판단을 미천한 인간에게 선택하도록 고통을 주십니까? 처음부터 선한 세상에서 살도록 하셨으면 어떠셨습니까? 어찌하여 내세에 서의 천국만을 말씀하십니까? 현세에서 천국에 살면 안 되나이까?"

그냥 우리 주변을 보자. 우리는 땀 흘린 만큼 보상을 준다는 가르침을 받는다. 그러나 돈이 없어 부모와 자식이 함께 자살하고, 실업의 나락에 빠진 청춘들은 하루살이처럼 알바로 전전하며 허리가 휘도록 노동해도 팍팍한 삶은 변할 기미조차 보이지 않는다. 이에 대해 그들은 게으름도 자유의지의 결과일 뿐이라고 속삭인다. 그리고 저 너머 어딘가에 있을 본질을 향해 결단하라고 외친다. 그러나 만약 그 자유의지가 구조의 올가미에 갇힌 자유라면? '인형의 집'에서 노라와 '사람의 아들'에서 민요섭은 본질을 향한 여행을 떠나지만 그 끝이 어디인지 알려주지 않는다. 우리는 그 끝을 그 속을 결코 알 수 없기 때문이다. 그러나 우리가 확실하게 아는 것이 있다. 적어도 본질을 향한 실존의 여정은 가시밭길이라는 사실. 그 가시밭길을 만들어내는 원천은 구조이다. 그 구조는 관계에서 나온다. 내가 아들이나 딸인 이유는 누군가의 자식으로 태어났기 때문이다. 이 관계가 나의 실존을 만들고 나의 자유의지를 무엇인가에 가두어 버린다. 그래서 구조주의는 실존주의가 인간 자체만을 주목한 나머지 '관계'를 놓쳐버렸다고 정곡을 찔렀다. 나란 존재를 이루는 요소들이 사회 구조의 결과물일 수 있다. 우리가 갖고 있는 생각도 시대를 관통하는 인류의 보편적 가치라기보다는 그 시대 사회에서 사회적으로 학습된 생각일 수 있다. 가령 "남의 물건을 훔치면 안 된다."는 생각도 인류 역사를 관통하는 보편적 가치라기보다는 자본주의적 생활양식을 지켜내려는 특정한 시대의 집단주의적 소산일 수 있다. 그래서 노라와 민요섭의 본질을 찾기 위한 결단이 온전히 자유의지에서만 나온 것이라는 생각에 멈칫거리게 된다.

인간은 자유로운 존재 즉, '코기토(cogito)'다. 나는 나로부터 나와 나를 바라본다. 그리고 나에게서 나온 나는 외계 세상을 마음껏 활보하고 다니면서 탐색한다. 그 탐색의 결과가 지식이다. 자유로운 인간이 만들어낸 지식은 외계를 완벽하게 설명한다. 모든 지식은 언어로 구성되어 있다. 그래서 세상을 객관적으로 읽어내는 거대 언어(메타 언어)가 존재한다. 데카르트가 "나는 생각한다. 고로 존재한다."고 말한 것은 다음 3가지를 전제로 한다. 첫째, 나는 자유로운 자아의 존재이다. 즉 모든 것은 나의 책임 아래에 있고 나의 통제 아래에 이루어진다.

둘째, 객관적 진리는 존재하며 나의 이성은 그것을 알 수 있다. 셋째, 진리를 표현하는 언어의 의미는 고정 불변한다.

그러나 만약 이 전제가 무너진다면 지식은 위기에 직면한다. 이런 가공할 지식의 위기를 만들어 낸 일단의 혁명가들이 태어났으니 그 이름하야 '하이데거, 비트겐슈타인, 데리다, 레비스트로스, 소쉬르'이다. 이들은 20세기 이성의 광기를 목격했다. 이성이 만든 과학은 인간 이외의 모든 것을 수단화했다. 여성, 유색인종, 동성애자, 정신병자들은 이성의 운동에 장애가 되기 때문에 인간의 탈을 쓴 인간이 아닌 존재로 여겨졌다. 환경은 파괴되고 세상 모든 것은 피라미드처럼 등급화된다. 이 미쳐 날뛰는 이성의 숨통을 끊어야 했다. 절박했다. 그래서 이성의 광기를 날카로운 메스로 해부하려는 시도가 나타났다. 바로 구조주의다. 20세기 초 철학의 주류적 흐름으로 자리 잡았던 '실존주의'는 어느 날 혜성처럼 등장한 '구조주의'의 공격에 비틀거리며 쓰러졌다. '구조(structure)'에 대해 학문적으로 연구한 것은 언어학에서 시작되었다. 왜 언어학일까? 인간이 만든 모든 지식은 언어의 체계로 되어 있기 때문이다. 우리는 지식 자체를 볼 수 없다. 지식을 표시하는 언어를 말하고 볼 따름이다. 그래서 최초의 구조주의학자들은 언어의 체계를 분석해서 인간을 가두고 있는 구조를 밝혀내는 데 천착했다. 그리고 이들은 "언어는 존재의 집이다. 완벽하게 객관적인 메타언어, 즉 우리가 진리를 발견하기 위해 구성할 수 있는 그런 언어는 없다."라고 선언했다. 구조주의의 대표선수가 소쉬르이다. 그는 인간이 언어의 문법을 스스로 만들어 낼 수 없으며 그 문법 체계를 벗어난 말을 할 수 없다는 점을 간파했다. 여러분은 "나는 영희와 놀았다."고 말할 수 있지만 "나를 영희와 놀았다."고는 말할 수 없다. 후자는 문법에 어긋나기 때문이다. 이처럼 언어의 문법체계를 '랑그'라고 부른다. 그런데 "나는 영희와 연애했다.", "나는 영희와 즐거운 시간을 보냈다." 등등 하나의 상황을 놓고 여러 가지로 말을 할 수 있다. 이런 언어의 변화과정을 '파롤'이라고 부른다. 그런데 '랑그'는 사람이 벗어날 수 없는 구조물과도 같으며 여러 가지 '기호'들로 구성되어 있다. 랑그를 조합해내는 기호는 기표와 기의를 결합하여 나타난다. 여기서 기표란 예컨대 '코끼리'와 같이 글자 자체를 말한다. 우리는 '코끼리'라는 글자를 보면 긴 코가 달린 몸집 큰 동물을 떠올리는데 이처럼 기표에 담겨진 의미(연상되는 이미지)가 바로 기의이다. 그러면 코끼리라는 글자와 사람의 생각 속에 연상되는 이미지가 어떤 필연적인 관계가 있는가? 결코 없다. 이것은 그냥 약속에 불과하다. 그리고 코끼리가 연상되는 이미지와 연결되기 위해서는 다른 글자들과 구분되며 상대적인 위치에 놓여야 한다. 왜냐하면 '뱀'이란 기표를 보면 우리는 '길고 무서운 동물'을 떠올린다. 여기서 코끼리와 뱀의 상대적 의미의 차이가 나타난다. '코끼리는 온순하지만 뱀은 징그럽고 사납다'라는 가치가 부여된다. 결국 어떤 기호가 언어체계 안에서 다른 기호들과 구분된다는 것은 의미를 지닌다는 것이다. 기호가 갖는 의미는 권력이 되기도 한다. 다음 기호들의 쌍을 보자.

남자 – 여자, 빛 – 어둠, 이성 – 감정, 현존 – 부재, 이성애자 – 동성애자

이런 모든 대립하는 기호의 쌍에서 한쪽이 다른 한쪽에 대해 항상 특권을 가진다. 그리고 기표들은 그 대립항의 관계에 의해 언제든지 흔들릴 수 있는데, 말뜻은 항상 바뀔 수 있기 때문이다. 우리는 이런 기호의 체계에 갇혀서 사물을 바라볼 수밖에 없다. 이런 언어의 체계가 바로 구조이다. 구조는 안경 렌즈와 같다. 빨간색 렌즈를 끼면 세상이 빨갛게 보이고 파란색 렌즈를 끼면 세상이 파랗게 보인다. 이 안경 렌즈가 바로 프레임, 이데올로기, 담론으로 불린다. 더구나 기호는 담론으로 작용하여 권력관계를 은폐한다. 결국 담론은 '다른 것과 구별하는 진술의 집합체'가 된다. 예를 들어 '동성애자'라는 기호는 "비정상적이다, 위험하다. 분리해야 한다." 등의 진술들과 연결되어 동성애자라는 하나의 범주로 묶어내고 다른 기호와 구별되도록 만든다. 이런 담론은 동성애자를 하위계급으로 전락시켜 이성애자가 동성애자를 지배하는 권력관계를 형성하게 만든다. 결국 인간은 스스로 자유롭게 생각하고 존재하는 것이 아니라 구조에 의해 생각당해지고 존재당해진다. 그럼에도 인간은 구조 속에 있지만 그것을 느끼지도 못하고 인지하지도 못한다. 인간의 모든 선택은 구조 속에서의 선택에 불과하다. 노라와 민요섭의 '결단'이 위험하게 보이는 것은 바로 이 때문이다. 영원히 구조에 갇힌 자유의지의 운명! 그렇다면 인간 존재는 무의미해진다. 인간에게 구조를 알려준다고 해도 대부분의 사람들은 구조로부터의 탈출을 거부할 것이다. 두렵기 때문이다. 마치 영화 매트릭스에서 배신자 사이퍼처럼. 이제 구조주의는 주류 과학을 향해 무거운 질문을 던진다.

첫째, 만약 인간의 사고가 더 이상 '우리의 것'임이 보장되지 않는다면?

둘째, 만약 우리가 생각하는데 쓰는 언어가 그 외부세계를 의미 있게 가리키지 못한다면?

셋째, 만약 자율적인 언어 기호의 의미가 끊임없이 변한다면?

만약 이 질문들이 사실이라면 주류 과학에 아주 나쁜 소식이 될 것이다. 왜냐하면 주류 과학이 만들어낸 '기존의 이론(지식)'이 모두 거짓이 되기 때문이다. 그래서 구조주의는 인간을 체념과 절망으로 몰아넣는다. 결국 노라와 민요섭이 찾으려 몸부림친 것이 구조였다. 구조는 본질이다. 그래서 세상은 변화할 수 없다는 현상유지의 세계관이 우리를 지배한다. 생성과 변화는 우리 감성의 환상에 불과하며 불변의 존재만이 유일한 실재이다. 이런 점에서 구조주의는 서양철학의 원류와 닮았다. 서양철학은 기본적으로 본질(아르케)을 찾는 끊임없는 과정의 연속이었다. 만물의 근원이 '물'이라고 말했던 서양철학의 창시자 탈레스(B.C. 624~546), 세상의 본질은 수의 조화라고 보았던 피타고라스(B.C. 570~), 세상에는 물질적인 것 이외에는 아무 것도 없으며 정신과 영혼도 원자와 원자의 운동에 불과하다고 주장한 데모크리토스(460~370)가 이런 근본주의를 보여준다. 서양 철학의 시작은 이오니아학파, 엘레아학파 그리고 기계론자 등 3개 학파로부터 시작되었다. 구조주의는 이 중에서 엘레아학파를 계승했다. 엘레아학파는 이탈리아 남부지역의 도시명에서 유래한 것이다. 엘레아학파의 제논(Zenon, B.C. 495~430)은 '화살의 역설(Arrow paradox)'을 주장했다. 이것은 "시간은 최소 단위인 '순간'으로 구성되어 있다. 따라서 최소단위인 '순간'을 분할하는 것은 불가능하다. 만일 화살이 움직인다면 화살은 어느 순간의 시작점과 끝점을 모두 지나야 한다. 이것은 순간을 분할하는 것과 같아서 모순이다. 따라서 화살은 정지해 있어야만 한다."라는 논리이다. 제논의 주장은 우리 눈앞에서 펼쳐지는, 생성하는 세상 너머에 참된 세상이 존재할 거라는 믿음을 암시해 준다. 그 유명한 플라톤의 동굴의 벽화도 감각의 세계를 넘어서는 이데아의 세계가 존재함을 역설한다. 그 이데아의 세계가 수 천 년의 시간을 관통하여 구조주의로 이어진다. 구조는 현실 세계를 넘어 저 어딘가에 존재하는 전체, 즉 진짜 세계이다.

행정 현상이 공무원 한 명 한 명 개별적인 행위들의 단순한 합에 불과한 것인지, 아니면 정부라는 집단 전체에 고유한 현상이 존재하는 것인지의 문제는 학자들 간에 뜨거운 논쟁을 불러일으킨다. 사회과학의 주류적 관점인 논리실증주의와 행태주의는 개인을 초월한 집단 － 국가나 정부 등 －의 현상은 존재하지 않는다고 주장한다. 10개의 돌을 모아놓은 것이나 10명의 사람을 모아놓은 것은 같다. 개별적인 돌과 사람의 특성을 분석하면 돌 집단과 사람 집단의 특성을 알 수 있다. 이처럼 개별적인 행위의 합으로 사회전체의 행위를 설명할 수 있다는 것을 '구성의 법칙'이라고도 한다. 오직 공무원 개개인의 행위의 합이 정부 현상이며 국민 개개인의 행위의 합이 국가 현상일 뿐이다. 그래서 공익이니 정의니 하는 추상적이고 형이상학적 관념에 대한 사변적 논의는 무의미하기 때문에 집어치워야 한다고 주장한다. 예를 들어 A 농촌마을의 특성을 조사한다고 가정하자. A농촌마을의 주민이 100명인데 이 구성원을 개별적으로 조사해서 A 농촌마을의 농업 생산성이 다른 마을에 비해 낮은 원인이 구성원 개개인의 체력, 의지력 등 개인적 요인에 의해 초래된 것이라고 결론내릴 수 있다. 이런 접근법을 「방법론적 개체주의(methodological individualism)」라고 부른다. 이것은 모든 사회현상은 개인이 처해 있는 상황과 개인행위에 관련된 법칙과 이론에 의해 묘사·분석되고 설명되어야 한다고 본다. 여기에는 사회과학의 특정한 개념과 법칙을 개별심리학, 생물학, 화학 및 물리학의 개념과 법칙으로 돌려놓을 수 있다(＝환원할 수 있다, reducible)는 전제가 깔려 있다. 그래서 이런 사고방식을 '환원주의(reductionism)'라고 말한다. 환원주의는 사회과학과 자연과학의 대상은 본질적으로 아무런 차이가 없다고 간주한다.

　　그러나 자연현상과 달리 인간 행위에서는 부분과 다른 전체의 초월적 현상이 많이 일어난다. 신의 존재를 담보로 한 종교는 대표적인 초월적 현상이다. 1978년 남아메리카 가이아나에서 발생한 909명 신도들의 집단자살 사건이나, 1987년 대한민국 용인시에서 32명의 신도들이 집단 자살한 오대양 사건은 초월적 힘으로 개인을 억압하는 집단의 존재를 입증한다. 이처럼 구조주의, 기능주의, 제도주의 등과 같은 세계관이 인간을 초월한 전체의 존재를 믿으며, 이를 「방법론적 전체주의(methodological wholism)」라고 부른다. 위의 사례에서 여러분이 A 농촌마을의 특성을 조사할 때 A농촌마을의 주민 100명의 구성원 간의 관계를 분석해서 이들 간의 관계가 갈등, 권력 현상 등 집단적 현상을 유발하여 이것이 A농촌마을의 농업 생산성이 다른 마을에 비해 낮은 원인이라고 규명할 수도 있다. 이런 방법론적 전체주의는 개인에게서는 찾아볼 수 없는 사회의 출현적 속성(emergent property)에 관한 진술에 준거해서 사회 속에서 일어나는 모든 현상을 설명해야 한다고 말한다. 따라서 제도, 법, 조직 등에 관하여 연구하여 인간행위의 원인과 특징을 설명하려 한다. 이것은 "전체는 그 구성부분들의 합 이상이다."라는 시각을 갖는다. 전체는 그 구성요소가 소유하지 않는 독자적 속성을 갖는데 그 이유는 사회 내에 존재하는 관계(relation) 때문이다. 아래 그림에서 구성성분은 A, B, C, D로 같지만, 맺고 있는 관계는 집단 P와 집단 Q가 다르다.

▼ 그림 8-1 사회관계의 유형

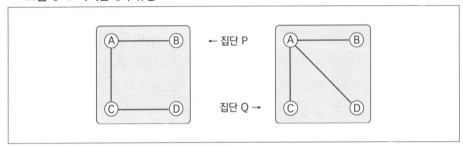

구조는 사회에서 여러 가지 형태로 나타난다. 예를 들어 사람과 같이 살아 있는 '유기체(organism)'는 뼈와 살 그리고 혈액 등으로 구성되어 있고 이것을 '구조(structure)'라고 부른다. 각 구조는 유기체가 살아남기 위해 필요한 '기능(function)'을 수행한다. 뼈는 사람이 바로 설 수 있게 만들고, 눈은 사물을 볼 수 있게 만들고, 코는 숨 쉴 수 있게 만든다. 어느 하나의 기능이라도 제대로 이루어지지 않으면 유기체는 고통을 당하거나 죽음에 이른다. 그래서 유기체의 생존에 꼭 필요한 기능을 '순기능'이라 하고 질병처럼 유기체 생존에 장애를 일으키는 것을 '역기능'이라 부른다. 암세포를 수술해서 제거하듯 역기능은 제거대상이 된다. 발은 사람이 걷게 만드는 중요한 기능을 하지만 더럽고 위험한 사물을 밟아야 하는 고통을 감내해야 한다. 그런데 발은 머리에 비해 그 대접이 소홀하다. 이것을 사회에 적용하면, 청소부들이 더럽고 위험하고 어려운 일을 도맡아 하지만 안락한 일을 하는 대통령과 국회의원들이 등골 휘는 노동을 하는 청소부에 비해 엄청나게 더 많은 보수를 받는 것과 같다. 구조기능주의는 이런 차이는 기능의 희소성과 난이도를 기준으로 사회적 자원을 나누는 기능주의 원칙상 어쩔 수 없는 것이라고 주장한다. 유기체는 기능을 수행하기 위해 다양한 '제도

(institution)'를 만든다. 예를 들어 옷을 입어야 하고, 교통신호를 지켜야 하고 세금을 내야 한다. 축구 경기에서 선수들은 게임의 규칙(rule)을 지켜야 한다. 축구 선수가 게임 도중 공을 손으로 집어 들면 반칙행위가 된다. 이처럼 사람들이 사회에서 살아가기 위해 만들어 놓은 규칙(rule)을 제도라고 부른다. 제도는 사람이 만들지만 그 제도는 다시 사람을 구속한다. 누구라도 옷을 모두 벗고 길거리를 나선다면 경범죄처벌법 위반으로 경찰에 끌려갈 것이다.

「구조주의(structuralism)」는 인간행위의 동기·목적·의식 등을 모두 간과하고 인간행위자 뒤에서 작용하는 구조적 힘들의 관계로써 사회현상을 인식하려 한다. 따라서 사람이 스스로 판단하고 행동하는 '자율적인 주체'라고 믿고 있지만, 사실 그 자유나 자율성은 상당히 제한적이라고 본다. 눈에 보이지 않는 구조가 나의 생각과 행동을 결정하기 때문이다. 결국 나는 내 생각의 진정한 주인이 아니다. 진짜 주인은 내가 서 있는 위치, 즉 구조다. 예컨대 '고부간의 갈등'은 가족을 지배하는 구조다. 시어머니의 역할이라는 구조 때문에 시어머니는 며느리와 딸이 같은 행동을 한 경우 다르게 해석한다. 구조주의는 사물의 참된 의미가 사물 자체의 속성과 기능에서가 아니라, 사물들 간의 관계에 따라 결정된다는 인식을 전제로 한다. 따라서 사물의 의미는 개별적으로 인식될 수 있거나 고정되어 있는 것이 아니다. 그것을 부분으로 삼고 있는 전체 체계와 구조 안에서 사물의 의미는 비로소 인식될 수 있으며, 체계의 변화에 따라 사물의 의미도 변화한다.

이에 비해 「기능주의(functionalism)」는 전체로 드러난 결과에 입각해서 원인을 추론하는 방식을 사용한다. 사회는 전체와 부분으로 연결된 유기체이며, 이런 유기체는 생존을 위한 다양한 요구(needs)를 갖고 있고, 각 부분들은 이런 요구를 충족시키기 위한 기능들을 수행한다. 기능주의의 기본적 문제는 "어떻게 사회는 그 요구를 충족시키는가?"이다. 각 과정, 제도, 관행은 사회적 요구를 충족시키고, 그리하여 사회의 구조나 평형상태를 유지하도록 돕는 것으로 간주된다. 어떤 행동의 원인을 알기 위해서는 기능을 확인해야 한다. 예를 들어, 전통사회에서 기우제 춤은 그것이 비를 만들지는 않기 때문에 의미가 없는 것으로 보여 진다. 그러나 그것은 사람들을 함께 모이게 하고 집단에 대한 그들의 신념을 재확인시킨다. 따라서 기우제 춤은 사회가 가뭄에 대처하는 것을 돕도록 하는 사회적 유대를 증진시키는 순기능을 한다.

사회과학, 특히 행정학과 정치학에서는 구조주의와 기능주의가 「구조기능주의(Structural Functionalism)」라는 개념으로 통합되어 사용된다. 구조기능주의는 2차 대전 이후 미국 국력의 증대(Pax Americaa)를 배경으로 1940~1950년대에 행정학과 정치학의 주류 패러다임으로 자리 잡았던 이론이다. 그러나 이 이론은 1960년대 이후 쇠퇴하면서 갈등이론에게 자리를 내주었고 최근에는 구조주의가 주류적 흐름으로 올라섰다. 구조기능주의는 사회가 유기체처럼 내부적 결속과 안정성을 증진시키기 위해 복합적인 체제로서 진화해 왔다고 보는 거시적 관점이다. 대표적 학자인 알몬드(Almond)는 베버(Weber)의 '국가' 개념과 파슨즈(T. Parsons)의 '기능' 개념 그리고 이스턴(D. Easton)의 '권위적 배분' 개념을 조합하여 「체제이론」이란 걸 만들었다. 결국 구조주의와 기능주의의 교묘한 결합이 이루어진 셈이다. 체제이론은 유기체인 체제가 생존하기 위해 필요한 기능과 그것을 수행하는 구조 사이에 얼마나 일치하느냐가 체제의 생존에 중요하다고 보아 이를 분석하는 데 초점을 둔다. 예컨대 사람의 발이 고통스럽다며 걷기를 거부한다면 사람의 이동은 불가능하여 생존에 위협을 초래한다. 마찬가지로 체제의 어느 한 구조(부분)가 고유한 기능을 수행하지 못한다면 체제의 생존, 즉 목적 달성이 어려워진다. 생물체의 장기들이 세분화되고 상-하 계층적 구조로 이루어져 있듯이, 체제는 목적을 달성하기 위해 작은 하위 구조로 나누어져 있고 그 하위 부분들은 상하 계층제적으로 서열화되면서 수평적으로 전문화된다. 체제의 생존을 위해 구조와 기능은 반드시 일치해야 한다.

이런 논리를 행정체제에 적용해보자. 행정체제는 사회전체를 위해서 기능을 수행하며 행정체제 내에는 하위(sub)체제가 존재한다. 따라서 국가 간 행정체제를 비교하려면 이러한 행정기능을 파악하여 비교한 다음, 이러한 기능을 수행하는 구조를 비교하면 된다. 이처럼 구조와 기능의 일치 문제를 분석하기 위해 그림 8-2의 모형을 만들어냈다.

예를 들어 "한국 정부가 미국 정부에 비해 경쟁력이 있는가?"라는 질문에 대해 체제이론은 "정부에 들어가는 투입과 정부로부터 나오는 산출을 서로 비교해보면 된다."라고 말한다. 투입(input)은 정부에 대한 요구와 지지이며, 산출(output)은 정부가 환경에 대응하여 만들어낸 정책을 말한다. 그러면 정부의 경쟁력은 궁극적으로 행정조직 내부의 공무원으로부터 나오는 것인데 그 공무원을 무시하고 어찌 알 수 있다는 말인가? 이건 우리가 먹는 음식(=투입)이나 소

▼ 그림 8-2 체제모형(System Model)

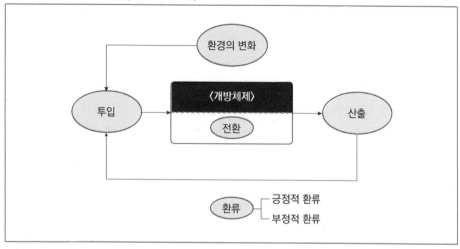

변과 대변(=산출)을 조사해서 그 사람의 건강 상태를 추정해 볼 수 있는 원리와
같다. 굳이 사람의 내부 장기를 해부해보지 않아도 된다는 것이다. 사람은 건강
한 몸의 상태, 즉 균형상태를 유지하려 하며, 병에 걸리면 몸은 병균에 대항해서
스스로 치유하여 균형상태로 되돌아가려고 한다. 이것을 항상성(homeostasis)이
라고 부른다. 사람이 나이가 들면 쇠약해지고 결국은 죽는 것과 같이 유기체인
체제는 시간이 흐를수록 해체와 소멸을 향해 간다. 이것이 바로 '엔트로피
(entropy)'다. 예컨대 사람이 음식을 먹으면 그걸로 열량을 내면서 운동과 열을
발산하고 나머지는 배변으로 나온다. 그런데 이 배변과 운동 그리고 열을 모두
합한 것이 먹었던 음식과 같지는 않다. 바로 이처럼 시간이 흐름에 따라 유기체
가 다시 활용하지 못하는 에너지가 생겨서 유기체가 쇠퇴해가는 자연 현상을 엔
트로피라고 한다. 따라서 이 엔트로피를 막거나 줄이는 활동이 체제의 생존을
위해 절실히 필요하다. 그 해법은 환경에 있다. 사람이 더 많은, 더 높은 영양가
의 음식을 먹어서 건강을 유지하듯 체제도 환경에서 끊임없이 필요한 요소를 받
아들여 스스로의 대응능력을 키워나가야 한다. 그리고 체제는 과부하에 걸리지
않도록 스스로 투입을 거르는 작용을 한다. 이것을 수행하는 기구를 문지기(gate
keeper)라고 부른다. 예를 들어 하루에 500대의 옷을 생산할 수 있는 능력을 가
진 공장에 하루에 1,000벌을 생산해 달라는 주문이 들어오면 이것을 차단해야만
체제의 과부하(overload)를 막을 수 있다. 그리고 이러한 체제의 대응방법은 단

하나만 존재하는 것이 아니다. 서울에서 부산에 가는 길이 여러 가지이듯, 체제가 목적을 달성하기 위한 방법도 여러 가지이다. 이것을 등종국성이라고 부르는데 결국 체제가 '비선형적(non-linear) 체제'라는 사실을 말한다. 이와 달리 '선형(linear) 체제'는 주어진 원인은 단지 하나의 결과만을 갖는 특징을 나타낸다. 예컨대 일차함수가 대표적인 선형체제이다. $Y = 3X + 8$의 일차함수식에서 X라는 원인 변수의 하나의 값에 대응하는 Y라는 결과 변수의 값도 하나일 뿐이다. 또한 선형체제는 부분의 합이 곧 총합이라는 점에서 부가적 특징을 갖는다. 선형체제는 부분 구성요소로 쪼개어질 수 있고, 각 부분 구성요소를 연구하고 설명한 후 이를 다시 결합하면 전체에 대한 설명을 할 수 있다. 그리고 선형체제는 초기조건에 민감한 반응을 보이지 않는다. 위 일차함수에서 X의 값이 1에서 2로 변할 때 Y의 값은 11에서 14로 변하고, 다시 X의 값이 2에서 3로 변할 때 Y의 값은 14에서 17로 변할 뿐 큰 변화는 없다. 이에 비해 비선형체제는 주어진 원인이나 행동은 여러 가지 다른 영향이나 결과를 초래할 수도 있다. 예컨대 카오스이론의 나비효과는 기상 예측 시 변수의 작은 오차값을 무시하여 삭제하고 계산했는데 사실은 이 오차값이 큰 변화를 초래한 원인이 되는 경우를 말한다. 결국 초기조건에 고도로 민감한 반응을 보이며, 사소한 오차 혹은 체제의 사소한 노이지(noise)가 체제의 행태에 엄청난 질적 변화를 일으키는 방향으로 증폭될 수 있다. 뉴욕에서 나비의 작은 날개짓이 태평양을 건너 한국에서 큰 태풍으로 나타날 수 있다는 주장이다.

체제이론은 사회와 조직을 체제라는 단일한 틀에다 집어놓고 분석하려 한다. 그래서 단순하고 명쾌하지만 그만큼 획일화의 한계에 직면할 수밖에 없다. 각 사회와 조직의 역사성을 무시하고 오직 현재의 모습만을 비교·분석하는 몰가치적 태도를 보인다. 같은 환경에서 어떤 동물은 살아남지만 어떤 동물은 소멸한다. 결국 체제이론은 유기체인 체제가 환경과의 관계에서 대응능력이나 수행기능상의 차이가 발생하는 점을 무시해버린다. 투입과 산출이라는 겉으로 드러나는 요소만 강조할 뿐 권력현상과 같은 체제의 가치적 요소를 외면한다. 그래서 체제이론은 보수적이고 정태적이라는 비난을 받는다. 어찌 보면 미국의 시각으로 세상을 바라보려 했던 체제이론의 운명일지도 모르겠다.

행정학에서 구조기능주의에 입각한 접근방법으로 대표적인 것이 「생태론」이다. 2차 세계 대전 이후 미국은 식민지에서 독립한 제3세계 국가들에게 미국

의 발전된 법과 제도를 전수해 주었다. 그런데 동일한 대통령제를 채택한 개발
도상 국가들이 독재정치의 이글어진 모습을 초래했고 유사한 행정제도를 이식
했는데 드러난 행정행태는 전혀 딴 판이었다. 이런 차이의 원인을 알기 위해서
는 미국의 관점이 아닌 새로운 시각이 필요했다. 그래서 등장한 모델이 리그스
(F.Riggs)의 「프리즘적 살라모형(Prismatic sala model)」이다. 그림 8−3처럼 빛이
프리즘을 통과하면 굴절된다. 이와 같이 환경의 문화가 행정조직을 통과하면 그
결과로 나오는 행정은 전혀 다른 모습으로 굴절된다. 이것은 환경이 조직 전체
에 주는 어떤 힘이 존재한다는 믿음이 깔려 있다. 따라서 행정조직은 단순히 개
인들의 합으로 이루어진 것이 아니라 그 자체로 독자성을 가진 하나의 실체이
다. 또한 행정조직은 정치조직과 다른 원리로 움직인다. 정치조직은 철저하게
권력이란 단일 변수에 의해 움직인다. 그러나 행정조직은 마치 살아 움직이는
유기체처럼 환경에 따라 이리저리 변화한다. 그래서 행정을 알기 위해서는 구성
원 개인 보다는 조직 자체를 보아야 하고 행정과 환경 사이의 관계를 분석해야
한다. 윌슨의 정통행정이론이 정치와 행정을 명확히 구분하는 '정치행정이원론'
의 입장을 취한 것과 달리, 생태론은 정치와 행정 관계를 어느 하나로 단정하지

▼ 그림 8−3 Riggs의 프리즘 모형

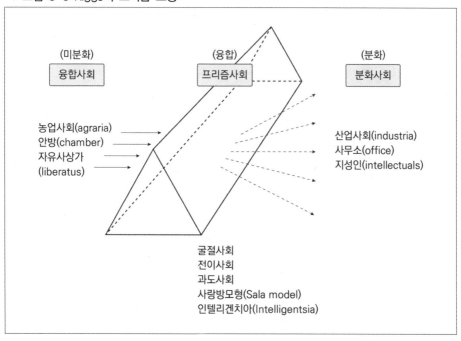

않는다. 또한 생태론은 행정현상을 파악하기 위해 행정조직을 유기체(생물체)로 보고 유기체의 한 부분의 변화가 다른 부분에 어떤 영향을 미치는가를 분석하며 환경의 변화가 유기체의 변화에 어떤 영향을 미치는가를 분석한다. 한마디로 생태론은 거시적 이론이며 이런 점에서 행태주의의 미시적 접근법을 상당히 극복했다.

살라모형에서 'sala'는 '사랑방'을 뜻한다. 사랑방이란 주인이 손님을 맞이하는 공간인데 본채와 외부 사이의 중간 영역을 말한다. 이 중간 영역에는 문화라는 구조가 강한 압력으로 억누른다. 주요섭의 소설 「사랑방 손님과 어머니」는 사랑방에서 얽히는 사랑과 억압을 꼬마 딸의 동심으로 그려냈다. 젊은 손님과 과부 어머니 사이에 싹 트는 사랑을 아무런 채색이 가해지지 않은 어린 딸은 자유로운 붓처럼 따라간다. 그러나 과부의 재혼을 금기시했던 과거의 사회적 관습이 이 남녀의 만남을 가로막는다. 사랑방은 외부에서 온 손님과 안주인 어머니가 관습이라는 거대한 구조와 맞서는 갈등의 공간이다. 이처럼 사랑방에서 구조와 사람이 충돌한다. 손님이 특정한 집에 들어가기 위해서는 사랑방에서 주인의 응접을 받아야 비로소 가능하다. 즉 외부인이 행정조직에 진입하기 위해서는 주류세력의 승인을 받아야 가능하다는 말이다. 또한 사랑방은 폐쇄적인 밀실 공간이다. 이곳에서 중요한 결정이 비밀리에 이루어진다. 한국 등 제3세계의 행정 특징을 보여주는 모형이다. 살라모형에서 나타나는 행정의 특징으로는 행정과정에서 전근대와 근대사회의 성격이 혼합된 형태로 나타나며 효율성과 현실성에 입각한 행정보다는 형식성에 치우치고 정부 각 기능이 중복된다. 족벌, 절대가치에 의거한 배타적 파벌, 이로 인한 공개된 보편적 행정참여의 제한이 이루어진다. 적정 수준에 미달되는 급여와 비현실적인 보수체계와 부패행위(Bazaar Canteen)가 나타난다. 조선시대에 지방관인 향리에게 급여가 전혀 지급되지 않았으며 향리들은 스스로 생활비를 조달해야 했다. 그 결과 나타난 폐해가 3정의 문란이다.

이제 전체를 통해 세상을 바라보는 또 하나의 시각인 「제도주의(Institutionalism)」를 알아보자. 제도는 규칙(rule)이다. 제도는 개인들의 상호작용의 방식을 결정하는 기준으로서 작용한다. 정부가 도로와 신호등을 만드는 것도 제도이다. 도로와 신호등은 사람들이 이동하는 행동에 영향을 미친다. 물론 사람들이 제도에 따라서만 행동하는 것은 아니다. 실제로 사람들이 도로가 아닌 길로 이동하거나 신호등의 안내를 무시하고 이동하는 경우가 많이 발생한다. 이처럼 제도는 행위에 영향을 미치기는 하지만 행위를 완전히 결정하는 원인이 되는 것은 아니다. 인간 행위의 원인은 별개로 존재한다. 다만 제도는 이런 인간의 행위에 제약을 가한다. 제도에는 교통법규, 운동경기 규칙, 선거제도 등과 같이 공식적인 것만 있는 것이 아니다. 작은 동네에서 아이들끼리 정한 놀이방식이나 어른들이 정한 고스톱 방식은 비공식적 규칙이다. 비공식적 규칙도 엄연한 규칙이기에 사람들은 이에 따라야 한다. 어기면 왕따 당할 수 있기 때문이다. 이런 공식·비공식의 규칙은 사람이 어떻게 행동하도록 유인한다. 그래서 인간 행위의 원인을 알기 위해서는 공식·비공식적 제도가 행위에 가하는 제약을 규명해야 한다. 규칙은 개인의 '의도(intention)'에 연관된다. 여기서 의도는 사람의 목적을 향한 수단의 동원을 말한다. 축구경기에서 선수가 상대공격수에게 태클을 거는 이유는 상대가 골을 넣는 것을 막기 위한 의도를 갖고 있고 경기 규칙은 그런 의도된 행위에 제약을 가한다. 규칙은 사람이 혼자가 아니기 때문에 필요하다. 혼자 하는 게임에서 플레이어에게 규칙은 무시된다. 사회에서 개인들이 왜 어떤 행위를 하는지를 알고 싶은가? 그렇다면 사회에 존재하는 규칙들이 개인들의 의도에 어떤 제약을 가하는지를 분석하라.

전통적인 사회과학에서는 '제도'를 추상적인 취향(taste)이나 환경에 불과하다고 보고 무시했다. 이런 형이상학적인 개념들은 과학의 지식 탐구에 아무런 도움이 되지 않는다고 보았기 때문이다. 그러나 사람이 살아가는 데 제도는 실제로 큰 영향을 미친다. 권력분산을 위한 법제도가 어떤가에 따라 그 사회가 민주적인가 권위적인가에 영향을 미친다. 즉, "제도는 중요하다(Institution matters.)." 제도에 관해 처음으로 관심을 둔 「구제도주의 접근」은 제도를 구조(structure)의 하나로 보았다. 이런 관점은 세상에는 '좋은 제도'와 '나쁜 제도'가 있어서 좋은 제도는 좋은 행위의 결과를 초래하고 나쁜 제도는 나쁜 행위의 결과를 초래한다고 본다. 선과 악의 이분법이 제도에 그대로 적용된다. 따라서 나쁜 제도는 제거해야 하고 좋은 제도를 만드는 어떤 원리가 있다고 전제한다. 윌슨행정학파들이 여러 가지 조직 관리의 원칙을 개발한 것도 바로 이런 좋은 제도를 만들기 위한 시도이다. 이를 위해 구제도주의자들은 주로 공식적인 정치·사회제도에 대한 기술적(descriptive)인 연구에 초점을 둔다. 마치 그림을 그리는 것처럼 제도 그 자체의 특징을 있는 그대로 서술하고 비교 분석하면 충분하다고 보았다. 그러나 이들은 제도는 구조처럼 하늘에서 뚝 떨어져서 사람들에게 주어진 것일 뿐이라고 보았고, 제도가 왜 생겼는지 그리고 제도가 사람의 행위에 미치는 구체적인 영향에 대해서는 알 필요가 없다고 생각했다. 그들은 마치 박제된 화석처럼 제도를 바라보고 먼발치에서 제도를 묘사할 뿐이었다. 제도와 그 안에 갇힌 사람 사이의 관계는 철저히 배제되었다. 그 결과 구제도주의는 주류 과학이 좋아하는 논리적이며 그럴듯한 이론을 만드는 데 실패했다. 이론을 만들지 못하는 학문은 새끼를 낳지 못하는 동물처럼 확산되지 못한다. 이러한 한계를 극복하기 위해 마침내 「신제도주의」가 등장하였다. 세상에는 참으로 많은 'Old'와 'New'가 있다. 그러나 제도주의에서 'Old'와 'New'는 단순히 오래된 것과 새로운 것의 시간 격차만을 뜻하는 게 아니다. 여기에는 시간 차이를 넘어선 세계관의 차이가 담겨져 있다. 신제도주의는 1970년대 이후 역사학, 정치학, 경제학, 사회학에서 각각 독특한 접근법을 개발하여 발전되어 왔으며 이들은 크게 역사적 신제도주의, 사회학적 신제도주의 그리고 합리적 선택 신제도주의의 3가지 학파로 나누어진다.

「역사적 신제도주의」는 정치 행정 현상에 대한 구제도주의의 한계를 극복하기 위해 등장했다. 정치 행정 현상에서 제도에 대한 관심은 1400년대로 거슬러 올라간다. 최초의 근대 정치철학자인 마키아벨리(Niccolo Machiavelli, 1469~1527)의 「군주론(The Prince)」을 시발점으로 권력과 정치현상에 대한 사실적 묘사가 이루어졌다. 흔히 권모술수의 대명사로 알려진 '마키아벨리즘(Machiavellism)'은 그 유명세만큼이나 오해와 악용으로 점철되어 있다. 여전히 신의 율법이 세상 만물의 선과 악, 참과 거짓에 기준이 되던 시기에 살았던 마키아벨리. 그는 도덕에서 정치를 분리하여 정치의 실체를 냉정하게 해부하고 권력의 법칙성을 밝혀냈다. 또한 모든 도시에서 서로 다른 두 개의 이질적인 정치세력인 민중과 귀족이 있다고 전제하면서 이들이 어떻게 힘의 균형 상태를 이루어 공존을 이루어낼 수 있는가를 파고들었다. 동서양을 막론하고 철학자들이 통치자의 덕성으로 지배자와 피지배자 간의 권력을 둘러싼 딜레마를 통합하려던 노력이 현실에서 참담한 실패로 끝났다. 그는 인간 탐욕이 가져온 쓰라린 역사를 되새기며 모든 인간의 내면에 내재한 권력투쟁의 욕망을 들추어냈다. 이 권력투쟁이 인간 사회를 파국으로 몰고 가지 않기 위해서는 통치자와 민중 간에 공존의 접점을 찾아내야 한다. 그 비결을 그는 "최선의 요새는 민중으로부터 미움을 사지 않는 것이며, 민중이 당신을 미워한다면 어떠한 요새도 당신을 지켜주지 못 한다."라고 군주에게 컨설팅한다. "목적이 수단을 정당화한다."는 그의 조언이 수많은 독재자들에게 탄압의 보검으로 사용되어 왔다. 그러나 이는 선한 공동체를 구성하려는 목적을 달성하기 위해서는 좋은 수단만으로 이룰 수 없고 나쁜 수단까지도 사용할 수밖에 없다는 냉혹한 현실정치를 지적한 것이다. 이처럼 군주론은 권모술수를 피상적으로 설명하는 것이 아니라 근대 부르주아적 정치권력의 원리를 과학적으로 밝혀낸 것이었다. 정치에서 벌거벗은 인간관계의 실태를 냉혹하게 묘사했던 그는 제도주의의 선구자로 손색이 없다.

그러나 마키아벨리 이후 제도에 대한 연구는 지극히 수박 겉핥기식으로 흘렀다. "지금의 정치행정현상은 왜 발생하는가?"라는 질문에 구제도주의자들은 "법률과 정책을 살펴보면 알 수 있다."고 단순하게 대답한다. 따라서 합법적인 정치행정이라는 좋은 결과(성과)를 이루어내기 위해서는 법치주의가 중요하며 이를 위한 삼권분립과 공식적 제도(구조)가 필수적으로 만들어져야 한다는 주장이 이어진다. 그러나 이런 식의 답변은 현실의 벽에 부딪혀 무너져버린다. 2차대전 이후 많은 제3세계 국가들이 미국 헌법을 비롯한 정치행정제도를 복사해서 이식했는데 그 결과는 독재정치와 비능률적 행정으로 얼룩졌다. 그러면 이런 차이는 왜 발생한 것일까?

이 문제를 파고든 사람들이 바로 역사적 신제도주의자들이다. 이들은 제도가 돌덩어리 같은 물체가 아니라 역사의 산물이라고 본다. 예를 들어 한국에서 미국의 헌법을 복사해서 대통령제의 헌법을 만들었지만 한국과 미국의 대통령제가 같은 것이 아니란 말이다. 미국은 필그림 파더스의 후예들이 국가권력의 횡포를 통제하기 위한 투쟁의 산물로 연방헌법을 제정했다. 그러나 한국은 일제 식민통치로부터의 해방을 미국의 전쟁승리에 따른 전리품으로 얻어냈고 미국의 관리 하에 1948년에 제헌헌법이란 걸 만들었다. 따라서 한국 헌법에는 국가권력을 억제해야 한다는 어떠한 역사적 투쟁이 녹아들지 않았다. 그러니 한국과 미국의 정치행정현상이 전혀 다르게 나타나는 것은 당연하다. 따라서 역사적 신제도주의는 제도와 역사의 관계를 분석하는 데 중점을 둔다. '역사(history)'란 무엇인가? 역사는 단순한 시간의 흐름이 아니다. 역사는 인간 투쟁의 기록이다. 무엇을 위한 투쟁인가? 권력, 돈 등의 사회적 가치를 더 많이 차지하기 위한 인간의 치열한 싸움이 바로 역사이다. 그리스 역사가 투키디데스(Thukydides, B.C 456~396)는 저서 「펠로폰네소스 전쟁사」에서 역사의 본질에 대해 "인간 역사의 본질은 권력을 둘러싼 투쟁이다. 권력투쟁은 개인, 집단, 민족 사이의 투쟁이며 평시에는 정치를 통해 전시에는 무기를 이용해서 벌어진다."라고 주장했다. 역시 그는 마키아벨리즘과 맞닿아 있다. 모든 제도는 그 시대의 권력관계를 반영하는 것이다. 인간 사회의 권력관계는 끊임없이 변한다. 권력은 힘이고 이 힘은 한때 팽팽한 균형상태를 이루다가도 어떤 사건에 의해 불균형 상태로 급속히 변화하기도 한다. 특정 제도가 급격한 변화를 보이거나 중단되는 이유가 바로 여기에 있다. 주류 사회과학이 '제도'란 사회 구성원(개인)들이 자신의 이익을 근거로 자유롭게 결정한 '합리적 선택(rational choice)'이라고 본 점을 이들은 정면으로 반박한다. 사람 사는 사회에서 권력은 결코 균등하게 배분되어 있지 않고 개인이나 집단이 의사결정과정에 접근할 수 있는 기회에는 차별과 차등이 엄연히 존재한다. 예를 들어, 농경사회에서는 토지를 많이 소유한 지주들이 힘이 강했지만 산업사회에서는 자본을 많이 소유한 자본가의 힘이 더 강하다. 이처럼 시대에 따라 우월한 힘을 갖는 집단이 다르고 이 우월한 힘의 집단이 선택해서 만드는 것이 '제도'이다. 오늘날 노인 인구가 많아져서 고령화 사회로 들어섰고, 1인1표의 보통선거제가 확대되면서 노인의 힘은 더욱 세졌다. 이 결과 각종 노인연금, 노인요양보험 등 노인을 위한 제도와 정책들이 만들어지는데 이게 다 역사적 선택의 결과물이다. 이처럼 어떤 사회가 특정한 제도를 선택하는가는 ─ 이것이 바로 '선호'이다 ─ 역사적 상황에서 개인과 집단이 힘을 겨루어 투쟁한 결과로 만들어지는 것이다. 제도는 결코 '합리성'이나 '효율성'을 위한 선택의 결과물이 아니라고 본다. 이것은 역사적 신제도주의가 '선호의 내생성'을 가정한다는 것을 뜻한다. 선호가 '내생성(endogeneity)'을 갖는다는 것은 사람이 어떤 것을 더 좋아해서 선택할지는 타고나는 것이 아니라 사회 안에서 사람들과 부대끼며 자라나면서, 마치 사물의 원리를 직접 체험하며 보고 배우듯이 만들어지는 것을 뜻한다. 결국 사람의 선호(어떤 것을 더 좋아하는가)는 살아가면서 만들어진 권력관계에 의해 결정된다. 다음 사례를 보자.

> "어느 마을에 빈 공유지가 있어서 이 공유지를 어떤 용도로 사용할 것인가를 마을이 결정한다. 이 공유지를 경로당, 청년회관, 극장, 대형장터 등의 다양한 용도로 사용가능한 상황이다. 그런데 이 마을에 노인들이 많이 산다. 그래서 노인들의 권력이 상대적으로 우월해서 경로당을 건립하는 것으로 결정한다."

이 마을에서 경로당 건립의 의사결정이 수요-공급의 원리에 따른 합리적 결정으로 보이는가? 아니다. 마을에 사는 개인과 집단의 권력관계, 즉 제도에 의해 결정되며 그 결정은 매우 불균형적이다. '불균형'이란 것은 언제든지 깨질 수 있다는 점을 나타낸다. 한편으로 제도는 권력관계를 반영한 것이기 때문에 새로운 제도의 출현을 막으려는 경향이 존재한다. 이것을 제도의 '경로의존성(path dependence)'이라고 말한다. 위의 사례에 이어지는 상황을 가정해 보자.

> "위의 마을에서 상당수의 노인들이 다른 지역으로 이사를 가서 노인 인구가 감소하였다. 따라서 경로당의 이용자 수가 급격히 감소하여 비효율적으로 운영되고 있다. 경로당은 주민 교육장이나 농산물 판매장으로 운영하는 방안이 더 효율적이라고 평가된다. 그러나 사회 전체적으로는 노인인구 구성비율은 감소하지 않았으며 노인의 권력이 상대적으로 우월한 상태가 지속되고 있다. 따라서 경로당을 다른 용도로 전환하는 것을 제약하여 경로당이 지속되고 있다."

그러면 제도는 권력의 크기를 반영할 뿐일까? 예를 들어 엘리베이터 안에서 모든 사람들이 문 쪽을 향해 바라보고 서 있는 이유는 권력 때문은 아니며 타인의 눈치를 보기 때문이다. 이런 눈치 보기는 다수의 습관이나 생각이고 크게는 문화라는 그릇에 담긴 내용물이다. 이처럼 문화는 사람들의 행위에 큰 영향을 미친다. 한여름 폭염의 날씨에도 불구하고 남자들이 회사에서 반바지를 입지 못하고 긴바지를 입어야 하는 것도 눈치 보기 즉 문화 때문이다. 어찌 보면 이런 문화도 큰 틀에서 '제도'의 하나라고 볼 수 있다. 이처럼 사람들의 관행, 사고방식, 믿음 등의 문화적 요소들이 사람의 행위에 미치는 영향을 분석하려는 것을 「사회학적 신제도주의」라고 부른다. 이들은 '제도'라는 것이 인간의 합리적인 계산의 결과물이 아니라 지극히 '감정적인 선택'의 결과물이라고 강조한다. 즉, 사회학적 신제도주의는 "인간은 사회적 동물이다."는 격언에 기초하여 인간은 사회가 만들어 놓은 각종 관행, 규칙, 의미, 문화, 상징체계 등에 종속되고 이런 제도들이 인간의 행위를 억압하여 인간은 이런 제도가 시키는 대로 행위를 선택해서 살아갈 수밖에 없는 불쌍한 동물이라고 본다. 예를 들어 한국 사회의 남존여비 사상은 하나의 문화적 관행이며 이 관행은 제도가 되어 한국인의 행위를 제약하는데, 남존여비의 사상을 가진 한국의 부모가 자신의 재산을 모두 아들에게 상속하고 딸에게는 땡전 한 푼 상속하지 않는 비합리적인 선택행위를 하도록 만드는 구조는 이런 점을 낱낱이 보여준다.

이처럼 사회학적 신제도주의는 '사회'라는 '거시적인 실체'가 존재하여 개인들의 선택행위를 제약한다는 방법론적 전체주의에 입각하고 있다. 따라서 사회는 지역적으로 독특하고 서로 다른 문화적 특성과 가치체계를 형성하고 있기 때문에 사회마다 다른 제도가 형성되고 이 결과 인간사회에서 지역을 초월한 보편적 제도를 만드는 것은 불가능하다고 주장했다. 이를 설명하기 위해 '배태성'과 '제도적 동형화'라는 독특한 개념을 만들어냈다. '배태성'은 영어로 'embeddedness'인데 이것은 '타고난 것'이라는 의미이다. 인간의 유전자(DNA) 속에는 그 인간이 태어나서 자라난 그가 속한 사회의 문화 속의 가치체계와 사고방식이 내장되어 있으며 이렇게 한 인간 속에 내장된 가치체계는 이 인간이 선택행위를 할 수 있는 방식과 범위를 그 근저에서부터 제약하고 구속하기 때문에 인간은 이로부터 결코 벗어날 수 없는 것이다. 따라서 인간이 자신의 이익과 효용극대화라는 합리적 선택을 하려 해도 그 인간의 내면을 장악하고 있는 - 즉 배태되어 있는 - 사회적 규칙과 규범이 인간을 속박하기 때문에 인간은 이런 사회의 구조적, 제도적 요인에 속박된다. '제도적 동형화(isomorphism)'는 제도가 서로 비슷하게 닮아가는 현상을 말한다. 우리가 사회생활을 하다보면 남의 눈치를 보고 생존하기 위해 부당하고 비합리적인 행위를 한다. 이것은 인간 사회가 매우 비합리적인 감정의 덩어리이기 때문이다. 이처럼 사회의 속박을 받는 인간은 살아남기 위해 타인의 눈치를 보고 이런 사회적 제약에 스스로 따라가려고 한다. 예컨대 남들이 집을 짓는 형태를 모방해서 나도 집을 짓는다. 그리고 대학생활이 비합리적 투자라고 생각하면서도 남들이 대학을 가니까 나도 대학을 간다. 그래서 사람들은 더 힘이 세고 더 우월한 타인이나 다른 사회에서 이루어진 행위나 제도들을 추종하고 이를 무조건 받아들여 자신의 생존을 가능하게 하려 한다. 이처럼 주류 과학이 주장하듯이 인간은 효용극대화나 거래비용 감소 등의 효율성을 추구하는 이성적인 존재가 아니다. 사회학적 신제도주의는 인간은 살아남기 위한 몸부림으로 거대한 사회적 제약을 무조건 추종하여 이런 제도적 속박에 자신을 내맡기는 노예와도 같은 존재이며 이런 인간이 선택행위를 할 때 기준점은 바로 '정당성의 논리'라고 주장한다. 이 결과 인간은 자신이 속한 사회의 문화적 결과물을 적극적으로 받아들이며 더 나아가 이를 확산하려고 한다. 그래서 '관료제'라는 제도가 기업과 정부, 모든 사회 영역과 나라를 넘어 전 세계적으로 확산되어 일종의 '보편적인 제도'처럼 전파된 것은 결코 관료제가 막스 베버가 말한 '합리적 구조물'이기 때문이 아니며 오직 다른 사회에서 만들어진 관료제를 받아들이고 모방해서 채택하는 것이 개인의 생존에 유리하고 사회적 제약에 따르는 선택이기 때문이다. 이처럼 사회학적 신제도주의는 인간이 타인과 제도를 어떻게 바라보고 해석하는지 — 이것을 '인지적 과정(cognitive process)'이라 말한다 — 를 중시하며 이런 인지적 과정이 제도를 서로 모방해서 닮아가는 선택을 하도록 유도한다고 주장했다. 결국 조직이라는 제도는 본질적으로 문화적인 관행이거나 인간의 의식(ceremony) 또는 신화(myth)이다. 즉, 제도는 사람들의 마음의 산물이다.

역사적 신제도주의와 사회학적 신제도주의는 제도가 사회에서 인간 행위에 미치는 영향을 권력, 문화 등의 새로운 관점에서 탐색했다는 점에서 획기적이다. 그러나 이들의 접근법은 주류 과학의 입장에서 받아들이기 어려운 장애물을 내포하고 있다. 연구에 사용하는 도구의 치밀함과 논리성에 허점이 있기 때문이다. 권력관계, 신화, 정당성 등의 추상적이고 사변적인 개념들을 동원해서 인간 행위의 근원을 파내려는 그들의 시도는 참신하지만 과학이기보다 철학으로 낙인찍히기 쉽다. 따라서 우리는 제도의 출생 비밀을 캐내기 위한 시도 중에서 좀 더 진일보한 방법을 알아볼 필요가 있다. 이름하야 경제학 분야에서 발전한「합리적 선택 신제도주의」이다.

경제학 분야에서 제도란 그야말로 하늘에서 뚝 떨어진 환경의 한 부분으로 보았기 때문에 철저히 무시당했다. 이런 제도에 대한 무관심은 고전경제학파를 이어받은 신고전경제학파에 의해 절정에 다다른다. 1700년대 등장한 고전경제학파는 어떤 재화의 가치, 즉 가격은 그 재화의 생산을 위해 투입된 생산요소의 비용과 일치한다는 생산비용이론을 주장하였다. 이렇게 재화의 생산에 투입된 생산요소의 비용을 정확하게 반영한 가격을 '자연가격'이라고 부른다. 자유시장체제가 우월한 이유는 바로 시장에서 형성된 가격이 '자연가격'과 항상 일치하기 때문이다. 예를 들어 피자의 가격이 1만 원에서 8천 원으로 하락하면 생산비용이 8천 원 초과~1만 원 이하인 생산자들은 더 이상 시장에 참여할 수 없게 된다. 만약 이런 생산자들이 8천 원의 가격에서도 공급에 참여한다면 이들은 분명 손해를 보고 결국 망해서 퇴출될 것이기 때문이다. 결국 시장에서 피자의 공급량이 줄어들어 가격은 점차 하락한다. 반대로 피자의 가격이 1만 2천 원으로 상승한다면 더 많은 생산자들이 시장에 참여하여 공급량이 늘어날 것이다. 이처럼 시장에서 생산자들은 가격에 즉각적인 반응을 보이기 때문에 가격이 공급량을 자유자재로 조절한다. 이렇게 공급된 피자를 소비자들은 분배받은 소득으로 필요한 만큼 소비하여 수요량과 공급량은 균형가격에서 일치하고 시장이 알아서 잘 관리한다. 이처럼 모든 자원배분의 의사결정은 가격이 시키는 대로 이루어진다.

이런 고전경제학파를 창조적 파괴를 통해 업그레이드 시킨 사람들이 신고전경제학파이다. 특히 마샬(A. Marshall)은 저서 「한계원리(Marginalist Principle)」에서 기존의 한계효용이론과 고전학파이론을 통합한 한계효용의 원리를 제시하였다. 그는 효용과 비용을 화폐금액으로 환산한 '가격(price)'이라는 척도만이 인간의 경제행위에 영향을 미치며, 이 가격의 안내에 따라 소비와 생산의 선택을 한다고 보았다. 이를 위해 가격 이외에 제도, 권력 등 추상적 요인들을 모두 'ceteris paribus(=다른 조건이 모두 같다면)' 안에 가두어버리고 무시했다. 시장은 마치 실험실 안의 쥐처럼 가격의 자동조절기능에 의해 일정한 궤도를 따라 움직이는 기계와 같은 것이다. 마샬은 시장에 대해 '첫째, 완전정보의 상태이다, 둘째, 거래비용(=교환을 위해서 필요한 부수적인 비용들)이 없다, 셋째, 이기적이며 합리적인 인간이다'라는 가정들을 가지고 분석했다. 이러한 가정에 따라 마샬은 시장에서 제도와 같은 외부 환경적 요소는 인간의 선택행위에 영향을 미치지 않으며 이런 제도적 요소들(예 규제, 법 등)을 최소화해야 한다고 보았다.

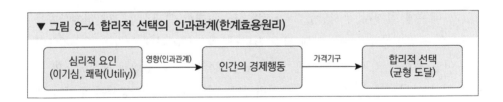

▼ 그림 8-4 합리적 선택의 인과관계(한계효용원리)

예를 들어 "왜 세금을 내나?"란 질문에는 마샬은 이렇게 답할 것이다. 납세자들은 세금으로 생산된 공공재를 소비하면 한계효용을 얻게 된다. 그러나 무조건적으로 공공재를 선택하는 것은 아니며 한계비용(기회비용)과 한계효용을 비교하여 최종 결정을 내린다.

그러나 현실에서 인간은 어떤 선택을 할 때 이득과 손실을 완벽히 계산해서 다른 사람의 눈치를 보지 않고 할까? 대답은 당연히 No!다. 이런 문제의식을 가지고 마샬을 향해 날카로운 비판의 화살을 날린 사람들이 바로 19세기말~20세기 초에 등장한 구제도주의자들이며 베블렌(M. T. Veblen), 미첼(W. C. Mitchell), 코먼스(J. R. Commons), 갈브레이스(K. Galbraith) 등이 대표자들이다. 이들은 현실세계의 경제는 신고전학파가 주장하는 것처럼 단순히 가격기구에 의해 작동하는 것이 아니라 법률, 사회적 관습 등 제도에 의해 규정된다고 주장하였다. 예컨대 베블런은 저서 「유한계급론 (The Theory of the Leisure Class 1899)」에서 '과시적 소비(conspicuous consumption)'를 통해 제도가 선택에 영향을 미치는 점을 날카롭게 지적했다. 최근에 어느 백화점에서 외국산 고급 TV를 400만 원의 가격으로 전시했는데 오랫동안 팔리지 않아서 그 가격을 800만 원으로 올렸더니 바로 판매가 되었다는 일화는 이를 보여준다. 그러나 이들은 신고전파의 모순점을 비판하는 데 초점을 맞춤으로써 자체의 세련된 분석틀 (framework)과 독자적 이론체계를 형성하지 못하고 묻혀버렸다. 그래서 구제도주의 경제학파는 경제학 분야의 합리적 선택 신제도주의로 승계되지 못하였으며 오히려 정치학분야의 역사적 신제도주의에 직·간접적으로 영향을 주었다.

이와 달리 합리적 선택 신제도주의는 "특정한 제도가 왜 만들어지는가?"의 물음에 답을 찾으려 나섰다. 이를 위해 동원한 것이 마샬이 개발해 낸 '합리적 선택(rational choice)'이라는 칼자루였다. '합리적 선택'은 사람이 이득과 손실을 계산해서 이득이 큰 쪽을 선택한다는 논리를 말한다. 이런 신천지를 처음 개척한 사람이 코우스(Ronald Coase)이다. 코우스의 도전은 "기업(회사)이란 조직은 왜 만들어진 것일까?"라는 지극히 상식적인 질문에서 시작되었다. 이런 질문을 하면 대부분이 "이윤을 극대화하기 위해서….".라고 대답한다. 그러나 시장이 완벽해서 모든 거래가 가격의 인도에 따라 이루어진다면 굳이 조직 운영에 비용을 수반하는 기업이 존재할 필요가 없다. 코우스는 「기업의 본질(1937년)」이라는 논문에서 이 모순에 도전했다. 이 모순은 전통적인 경제학이 "시장은 마치 진공상태와도 같아서 재화를 사고파는 사람들은 필요한 모든 정보를 아무런 비용을 들이지 않고 얻을 수 있다."라고 가정했기 때문에 생긴 것이다. 그러나 현실은 다르다. 시장에서 실제로 많은 거래비용이 발생한다. 따라서 회사라는 「제도」가 그냥 하늘에서 뚝 떨어진 것이 아니라 시장에서 거래비용 때문에 효율성이 떨어지므로 이를 극복하기 위한 거래 참여자들이 '합리적으로 선택'해서 만들어진 결과물이다. 즉, '제도'는 정치·행정·시장 등 사회적 영역에서 참여자들의 행위에 영향을 주는 '독립변수'로서 역할을 한다. 그래서 그의 주장과 이를 따르는 학자들을 '거래비용 경제학(Transaction Cost Economics)'이라고 부른다. 이들은 시장실패의 원인을 '거래비용의 증가' 때문이라고 본다. 우리는 시장실패가 외부경제, 독과점 등 시장의 구조적 결함 때문이라고 배웠다. 이런 관점은 '후생경제학'의 주장에서 비롯된 것인데 이런 관점을 따르면 결국 시장실패를 해결하기 위해서는 정부가 적극 나서서 시장의 구조적 결함을 시정해야 한다고 주장하게 된다. 바로 이런 전통적인 후생경제학의 관점을 신랄하게 비판하면서 등장한 것이 거래비용 경제학이다. 아래의 사례는 시장에서 거래비용 때문에 기업이 만들어지는 과정을 보여준다. 결국 코우스의 눈에는 삼성, 애플 등 모든 기업은 조직 구성원들이 노동계약을 하고 생산에 필요한 원재료를 내부 거래하는 '구속적 계약서의 꾸러미'일 뿐이다.

〇 사례

과거 자급자족하던 시기 한 동네에 디자이너(='나'라고 가정), 재봉사, 뜨개질 전문가, 다리미질 전문가 등 여러 사람들이 살고 있다. 그런데 어느 날 다른 동네에서 3일 안에 옷 100벌을 만들어 달라고 주문한다. 그러면 디자이너인 나는 옷을 만들기 위해 도와줄 사람들(=비정규직)을 찾아야 하는데 그러다보면 비용(cost)이 들어간다. 게다가 갑자기 비정규직을 구하려고 하면 그들은 그들만의 사정 때문에 일하러 오지 않고 이러한 불편함 때문에 구속적인 노동계약을 하는 조직인 '기업'을 만든다. 결국 나는 한 달에 월급을 주는 방식, 즉 정규직으로서 구속적 계약을 맺으면 일하기가 쉽다는 것을 알게 된다.

코우스의 거래비용이론을 계승해서 기업 팽창의 원인에 적용하여 독특한 논리를 개발한 학자가 윌리암슨(Oliver E. Williamson)이다. 그는 저서 「시장과 계층제(Markets and Hierarchies)」에서 기업이 시장의 거래비용을 줄이기 위해 수직적·수평적 통합을 통해 확장해 나가는 전략을 구사한다는 점을 분석했다. 시장에서 발생하는 거래비용으로 교섭비용(bargaining costs), 갈등−분쟁 조정비용(coordination costs), 정보수집비용(information collection costs) 등이 있다. 그래서 이처럼 거래비용이 발생하면 조직 내에서 거래가 이루어질 수 있는 방식으로 전환할 수 있다. 그 이유는 '시장'과 '조직'은 둘 다 경영활동을 수행하는 방법이며 서로가 대체할 수 있기 때문이다. 어느 한 사람이건 사람들의 집합체이건 제품을 만들어 판매하는 활동을 시장에서 할 수도 있고 기업(조직)의 형태로 할 수도 있는 것이다. 단지, 시장과 조직이 서로 다른 장단점을 갖고 있는 것뿐이다. 조직에서 생산 판매할 경우 시장의 거래비용을 줄일 수 있는데, 내부화가 거래비용을 줄일 수 있는 것은 기업에서 상급자가 하급자에게 통제력을 발휘할 수 있기 때문이다. 어떤 거래를 시장에서 할지 조직에서 할지를 결정하는 기준은 다음과 같다.

시장에서의 거래비용 − 관료제 내부의 조정비용 = 0

여기서 앞의 거래비용이 조정비용보다 커지면, 즉 결과값이 양수(+)이면 '계층제(조직 통합)의 내부화'가 효율적이고, 반대로 내부조정비용이 거래비용보다 크면 결과값이 음수(−)가 되어 조직화하지 말고 그냥 시장에서 자유롭게 거래하는 것이 더 효율적이란 말이다. 시장에서의 거래는 상호 대등한 당사자 간에 자유로의 협상을 통해 거래가 성사된다. 그러나 조직에서의 거래는 계층제적 통제와 지시에 의해 의사결정이 이루어진다는 점이 다르다. 조직 내에서 거래가 이루어질 때 조직의 경직성으로 인해 각 부서 간 조정이 어려워지고 이 결과 관료적 비용(bureaucratic cost)이 발생하는데 이것을 '내부조정비용'이라고 부른다. 특히 환경의 불확실성이 높을 경우에는 생산에 따른 매몰비용이 크게 발생할 가능성이 커지므로 조직보다는 시장에서의 거래가 더 효율적일 수 있다.

코우스의 도발적인 학풍을 이어받은 또 다른 사람이 오스트롬(E.Ostrom)이다. 그녀는 오랜 시간 동안 세계 각지의 마을을 방문하면서 각 마을에서 공공의 문제를 해결하기 위해 어떤 제도를 만들어냈는지를 탐색했다. 그 열정의 결과를 담은 논문이 바로 1983년에 발표된 「제도적 분석의 방법 − 규칙, 게임 그리고 공유자원(Rules, Games & Common−pool Resources)」이다. 여기에서 그녀는 "경제적 생산 활동의 결과는 경제활동과 사회를 지배하는 정치적 사회적 제도인 일단의 규칙에 크게 달려 있다."고 결론 내린다. 각 마을의 행위규칙, 즉 제도적 장치가 사람들이 직면한 공동의 문제를 해결하는 열쇠가 되었다는 사실을 논리가 아닌 실증으로 보여주었다. 하딘(Hardin)이 공동 목초지와 같은 공유자원의 낭비문제를 해결하기 위해 공유자원의 사유화를 대안으로 주장한데 비해, 오스트롬은 사유화나 정부규제가 아니라 구성원들의 자기통치와 자기조직화 원리에 맡겨 자치적으로 해결하는 것이 바람직하며, 공유재의 비극은 다양한 제도적 장치에 의해서 해결될 수 있다고 보았다. 흔히 사람들은 공동의 문제가 발생하면 정부가 해결해야 한다고 주문한다. 정부가 당연히 해결할 수 있고 그것이 효율적이라는 보편적 이론이 깔려 있다. 그녀는 이 보편적 이론이 숨겨놓은 독재화의 낭비를 지극히 경계했다. 그녀의 제도를 만드는 사람에 대한 애정은 뜨겁다. 그래서 이 사랑이 담긴 그녀의 책 「Governing the Commons(공유의 비극을 넘어)」는 2009년 그녀에게 여성 최초 노벨 경제학상을 안겨주었다.

그러면 시장과 기업 조직이 특정한 거래에 더 효율적일 수 있는가를 기준으로 선택된다는 탁월한 시각을 정부에는 적용할 수 없을까? 정부와 시장이 사람들에 의해 선택되어질 수 있다는 가능성의 지평을 열지 못하리라는 한계는 없다. 정부 조직은 재화를 거래하는 시장과 달리 효율성보다는 공익성이나 형평성을 더 중시하고 법률과 규정에 의해 엄격한 통제를 받는다는 특수성은 입증된 진실일까? 시장실패를 빌미로 정부가 시장에 개입하는 것은 악마의 유혹이며 시장의 참여자들 - 수요자와 공급자 - 이 자유롭게 합리적으로 거래비용을 줄일 수 있는 '제도'를 만들도록 그냥 내버려 두라고 주장했던 코우스의 가르침은 큰 울림을 준다. 구조가 만들어낸 인형이길 거부하고 인형의 집을 떠난 노라. 그녀는 그 구조를 누가 만들었는지 그리고 자신의 본질이 무엇인지를 끝내 찾지 못할 수도 있다. 그러나 삶은 무엇을 이루었다는 결과보다는 무엇을 하고 있다는 과정에 더 가치가 있다. 그래서 노라의 떠나는 과정은 아름답다. 우리는 우리를 가두고 있는 구조를 영원히 깨지 못할 수도 있다. 그래서 구조주의의 속삭임은 많은 사람들을 매혹시킨다. 흙수저들은 가난의 대물림에 짓눌리고 여성은 남성 근본주의의 폭력에 쓰러진다. 어쩌면 구조가 지배하는 이 세상은 볼 수 없는 매트릭스처럼, 느껴지지 않는 무의식의 섬처럼 변화하지 않을 수도 있다. 그래서 절망은 쉽게 우리의 마음을 타고 넘는다. 절망은 두려움이 되고 노라의 결단이 무모하다고 평가 절하해 버리게 만든다. 그렇다면 그 체념은 또 하나의 구조가 아닐까? 결국 구조는 사람이 만든다는 생각이 결코 틀린 말은 아니다. 마르크스는 "세계의 현실은 생성과 변화의 과정이며 불변의 존재란 다만 인간이 그리는 환상에 불과하다."고 갈파했다. 우리는 끊임없이 환상을 만들어 우리 스스로를 그 안에 가둔다. 그런 환상 속에는 '넘어섬'이 결여되어 있다. 나를 돌이켜 보자. 나는 환경과 조건(구조)의 지배를 받기는 하지만 끊임없이 현재의 상황을 넘어서고 있다. 수없이 넘어졌지만 그래도 다시 일어나 지금 이렇게 서 있다. 그래서 나는 감히 구조에 도전하여 변경시키고 또 다른 구조를 넘어서려 한다. 나는 배부른 돼지가 아니라 고뇌하는 소크라테스가 되고 싶기 때문이다.

정부의 두 얼굴

정부에 대해 풀리지 않는 16가지 의문

2^부

포식자 정부

제 9 장 정부는 왜 커지기만 할까? – 공공선택론의 폭로, 인사 · 재정제도
제10장 부자의 돈을 빼앗아 빈자에게 주는 것이 정당한가? – 행정이념, 정의론, 재분배정책
제11장 민주주의는 어떻게 조작되는가? – 투표의 역설, 정책결정, 관료제와 권력, 재정민주주의
제12장 최저임금 인상의 효과를 놓고 왜 싸우는가? – 인과관계, 성과평가
제13장 공무원은 왜 철밥통이 되는가? – 관료제, 조직구조, 인사제도의 허점
제14장 왜 나랏돈은 눈먼 돈이 될까? – 정책분석의 한계, 재정제도의 허점
제15장 공짜 버스와 택시가 시골길을 달리는 이유는? – 지방자치의 허상
제16장 국가가 부도날까? – 재정적자와 국가부채, 부실한 권력통제장치

정부는 왜 커지기만 할까?
공공선택론의 폭로, 인사 · 재정제도

불행에는 이유가 없다. 그래서 인간의 삶은 부조리하다. 실존주의 소설가 알베르 카뮈(Albert Camus: 1913~1960)의 말대로 다람쥐가 쳇바퀴 돌 듯 '무용하고 희망 없는 노동'만큼 인간에게 고통스러운 것은 없다. 그래서 카뮈는 부조리함의 극치를 '시지프의 형벌'로 비유했다. 신들이 시지프에게 끊임없이 산꼭대기까지 바위덩어리를 굴려 올리게 하는 형벌을 내렸고, 시지프는 그 바위덩어리의 무게에 짓눌려 산꼭대기에서 다시 굴러 떨어진다. 산 정상에 바위를 들어 올릴 수 있을 거라는 희망이 결국 절망을 낳는다. 그 절망의 끝은 아마도 자살이리라. 거창한 시지프의 신화를 들먹거리지 않아도 우리들의 삶 구석구석에 부조리는 차고 넘친다. 온갖 스펙을 만들어도 취업절벽 앞에서 맥없이 무릎 꿇는 청춘은 부조리하고 난데없는 세금 폭탄에 빚내서 세금을 내야하는 것은 더욱 부조리하다. 카뮈는 꿈, 이데아 같은 것은 없으니 그냥 지금 이 순간에 충실하라고 조언했다. 삶이 부조리하다고 해서 절망하지 말자는 다독거림이리라. 그러나 달동네 빈민가에서 태어난 아이가 금수저 물고 태어난 아이를 보며 그저 우연성 때문이라거나 그래도 경쟁의 기회가 균등하다며 자위하라고 가르치는 것은 잔인하다. 적어도 세계가 왜 이토록 그 자체로서 인간의 이해를 초월할 수밖에 없는지 함께 고민해 보아야 하지 않을까. "그냥 너의 선험적 판단을 믿어!"라며 부조리에 저항하라는 카뮈가 야속하다.

이런 고민이 맞닿아 있는 소설이 바로 카프카(Franz Kafka, 1883~1924)의 「성」이다. 우리에겐 주인공이 어느 날 갑자기 흉측한 벌레로 변해버리면서 빠져드는 인간 소외의 소용돌이를 날카롭게 그려낸 소설 「변신」으로 알려진 카프카. 그가 폐결핵의 고통 속에서 마지막 삶의 끈을 부여잡고 써내려갔던 '성'은 그의 삶만큼이나 우리가 마주쳐야 하는 부조리 그 자체이다. 소설 속 주인공 K는 토지 측량사라 자처하며 성의 백작으로부터 부름을 받고 성에 딸린 마을에 도착한다. K는 성의 관청에서 일하는 관료들을 찾아가 입주허가를 받아내려고 온갖 노력을 다한다. 그러나 관료들은 누군가의 행정 실수로 인해 성에서는 증거서류가 없다며 그를 불러놓고도 고용하지 않고 입주허가를 내주지 않는다. 이런 관료들의 태도에 K는 절망하며 다음과 같이 말한다.

> "사람들이 말하는 소리를 들으니 그의 사무실은 다음과 같다고 해요. 큰 서류 묶음이 몇 층으로 쌓여서 기둥처럼 되어 있고 사방 벽은 이 서류의 기둥으로 덮여 있다고. 소르디니가 일할 때 필요한 것은 단지 서류뿐이라니까요."

이 대목에서 소위 관료들의 문서제일주의(red-tape) 속성이 적나라하게 드러난다. 그러나 마을 사람들에게 이런 관료들의 문제는 전혀 보이지 않는다. 오히려 마을 사람들은 K의 남루한 외모를 이유로 그를 이방인으로 몰아가며, 그의 노력을 폄하하고 심지어 방해하기까지 한다. 성은 외부의 적을 막기 위한 장치이다. 이런 점에서 성은 국민과 차단된 관료제의 벽을 너무도 정확하게 상징한다. 주인공 이름이 K인 것도 성의 관료들 입장에서 국민은 그저 통제의 대상물일 뿐 소통의 인격체가 아니라는 인식을 담고 있다. 막스베버가 주장하듯 성의 모습을 한 관료제는 합리성이라는 외피를 두른, 마치 '철장(iron cage)' 같은 기계장치다. 저 높은 곳에서 세상을 지배하는 관료, 그들만의 성은 '매트릭스'의 다른 이름이다. 기계는 계산에 의해 움직인다. 이 기계는 관료들이 실수할 수 있다는 가능성을 전혀 계산하지 않는다. 무오류의 기계를 가장한 관료. 그들은 본질적으로 오류투성이다. 그러기에 성은 부조리하다. 그토록 성에 닿으려 했던 K의 열정은 바로 이 부조리에 의해 물거품이 된다. 카프카는 생의 마지막 작품을 쓰는 고통을 "지상의 마지막 경계선을 향한 돌진"이라고 표현했다. 영원한 아웃사이더의 고뇌를 파고들었던 카프카가 떠난 지 어언 100년이 지났다. 지금 관료들은 그 마지막 경계선의 어디쯤에 있을까?

관료제는 영어로 'bureaucracy'이며, '사무실'을 뜻하는 'bureau'와 '지배'를 뜻하는 'cracy'의 합성어이다. '세상을 지배하는 사무실'이라는 의미인데 처음부터 풍자적인 뉘앙스가 내포되어 있었다. 1745년 프랑스의 구르네(Vincent de

Gournay)가 이 용어를 처음 사용하였고, 이를 체계적으로 연구한 사람은 바로 막스 베버(M.Weber, 1864~1920)이다. 고대에서 중세에 이르기까지 유럽은 빈곤과 고통의 땅이었고 그래서 세상의 중심은 중국, 즉 동양이었다. 궁하면 통한다는 말이 있다. 버림받은 땅 유럽에서 사람들은 살기 위한 몸부림을 쳤고 죽음을 무릅 쓰고 망망대해로 나가 소위 '지리상의 발견'에 도달하고 이어서 '산업혁명'의 거대한 물결을 일으켰다. 대략 15세기를 기점으로 세상의 중심축은 동양에서 서양으로 급격하게 기울어져 갔다. 바야흐로 이성의 세기 근대가 열리면서 서양 사회가 동양사회를 추월하여 풍요로운 땅으로 변모했다. 베버는 이 대격변의 소용돌이를 만들어 낸 원동력이 '관료제'에 있다고 진단했다. 서양 근대화는 이성에 기초한 합리화 과정이며 관료제는 그런 합리성을 대변하는 것이다.

베버는 사회의 지배복종관계를 조직화한 것이 관료제이며 관료제가 합리적 지배복종에 근거하여 성립할 때 합리적인 사회에 부합하는 것이라고 주장했다. 법과 규칙에 의한 업무처리, 문서주의, 의회(국민)와 관료의 계약관계, 전임직업 등의 특징을 갖춘 관료제는 하나의 '이념형(ideal type)'으로서 제시된 것이다. '이념형'이란 특정한 사회현상을 설명하기 위해 복잡한 현실을 단순화시키면서 동시에 특정한 부분을 강조하는 과정을 거쳐서 사회현상의 공통적 요소를 추출해 낸 일종의 분석모형(model)이다. 따라서 이념형은 현실에 그대로 존재한다고 전제하지 않으며 단지 이런 모습을 갖추었을 때 추구하는 목적을 달성할 수 있다고 가정하는 일종의 지도(map)이다. 두 번에 걸친 세계대전은 관료제가 만들어 낸 효율성의 힘을 그대로 보여준다. 미국이 두 번의 세계대전을 모두 승리로 이끌 수 있었던 힘은 바로 관료제에서 나왔다. 거대기업과 정부의 관료제는 테일러가 창안한 과학적 관리를 통해 효율적인 기계로 탈바꿈했고 전쟁에 필요한 무기를 효율적으로 대량생산할 수 있었다. 시간 연구와 동작 연구를 바탕으로 체계화된 기술 훈련은 짧은 시간에 비숙련공들에게 전문기술을 이식했다. 이에 반해 무기를 생산하는 전문 기술은 장인(master)의 장기간 가르침에 의해서만 전수되고 습득 가능하다는 유럽의 믿음은 세상의 변화를 읽는 데 실패했다. 유럽의 강호 독일이 미국에 무너진 결정적 이유가 미국의 효율적인 관료제라는 벽을 넘지 못했기 때문이다.

그러나 완벽한 합리성의 장치인 관료제가 유토피아를 만들어 낼 것이라는 진보의 믿음은 현실화되지 않았다. 조직의 거대화는 여러 가지 병리현상들을 노정시켰다.

① 목표－수단의 대치(displacement): 공식적인 규칙과 절차에 지나치게 동조(over－conformity)하여 수단인 규칙과 절차가 오히려 목적과도 같이 취급되는 현상

② 인간소외: 과업의 수행과정에서 객관적인 기준을 강조하고 인간적 요소를 배제하여 인간을 수단시하는 현상

③ 번문욕례(red－tape): 서면에 의한 업무수행이 지나쳐서 과도한 문서를 양산하고 경직된 업무처리를 초래하는 현상

많은 사람들은 관료제가 인간 소외를 넘어 인간 파멸로 몰고 갈 수 있다는 개연성에 둔감하다. 오히려 약자를 보호하기 위해 더 큰 정부가 필요하다는 믿음이 팽배하다. 이 부조리를 파고든 사람이 영국의 역사학자 파킨슨(Northcote Parkinson, 1909~1993)이다. 그는 2차 세계 대전 당시 해군 사무원으로 근무하면서 영국 해군을 대상으로 1914년부터 1928년까지의 인력 변화를 조사한 결과 표 9－1과 같은 이상한 현상을 발견했다.

▼ 표 9－1 영국해군의 인력변화(1914~1928년)

연도	주력 함정 수	장교와 사병의 수	해군본부 관리의 수	공창관리와 사무원 수	공창근로자 수
1914	62척	146,000명	2,000명	3,249명	57,000명
1928	20척	100,000명	3,569명	4,558명	62,439명
증감률	－67.74%	－31.5%	78.45%	40.28%	9.54%

1914년 현재 영국 해군의 병력은 15만 명이었고, 군함 수리창 관리와 사무원이 3천 200명이었다. 여기에 근로자가 5만 7천 명 가량 딸려 있었다. 그런데 14년 뒤인 1928년에는 해군 병력이 10만 명으로 감축되고 군함 역시 62척에서 20척으로 줄었음에도 수리창 관리와 사무원은 오히려 1천 200명이 더 늘었다. 해군본부의 관리자 또한 2천 명에서 3천 560여 명으로 증가하는 기현상을 보였다. 영국이 전쟁 당사국이었던 1차 세계대전이 1914년에 발발해서 1918년에 종료되었던 사실을 감안할 때, 종전 이후에 해군의 무기와 군병력은 줄어들었지만, 해군 소속 공무원은 큰 폭으로 증가한 것은 참으로 모순적이다. 그후 영국 식민성에 대한 실증연구를 해서 표 9－2와 같은 조사 결과를 얻었다.

▼ 표 9-2 영국 식민성의 인력변화(1935~1954년)

연도	1935년	1939년	1943년	1947년	1954년
인원	372명	450명	817명	1,139명	1,661명

영국은 1940년대 들어 관할 식민지는 크게 줄어들었고, 이후 해마다 변동이 있었지만 전체적으로 식민성의 관할 구역은 지속적으로 줄어들었다. 그러나 1935년부터 1954년까지 식민성 행정직 공무원은 매년 평균 5.75% 비율로 증가하였다. 그는 이 연구 결과를 토대로 "공무원의 수는 본질적인 업무량의 증가와는 관계없이 필연적으로 증가한다."는 「파킨슨법칙(Parkinson's Law)」을 발표했다. 파킨슨법칙은 다음의 하위법칙을 내포하고 있다.

첫째, 부하배증의 법칙이다. 이것은 특정 공무원이 업무에 대해 과도한 부담감을 느낄 때 퇴직하거나 동료를 보충 받아 그 임무를 분담하여 수행하려 하지 않고, 대신 자신을 보조해 줄 부하를 보충해주기를 원한다는 심리법칙을 말한다. 그런데 여기서 그 공무원이 과도한 업무부담감이 실제로 업무가 많은지 아닌지의 사실과는 전혀 무관하다는 점이 특히 문제이다. 이것은 공무원들이 동료보다 부하를 더 증가시키려는 '권력 지향적 속성'이 강하다는 심리법칙을 암시한다.

둘째, 업무배증의 법칙이다. 이것은 부하 배증의 법칙에 의해 부하가 증가하면서 과거 혼자 일하던 때와는 달리 지시, 보고, 승인, 감독 등의 파생적 업무가 생겨나 본질적인 업무의 증가 없이 업무량이 배증되는 현상이다. 이것은 새로운 직위의 공무원과 주변 공무원들이 서로의 생존과 부서의 확대를 위해 모두 함께 일을 인위적으로 만들어내는 '공생의 품앗이'로 나아간다. 이처럼 부하배증의 법칙과 업무배증의 법칙은 서로 연결되어 악마의 순환 고리로 빠져든다. 마치 한 번 발을 들여놓으면 결코 헤어나오지 못하는 늪처럼.

셋째, 사소함의 법칙(Law of triviality)이다. 이것은 의회의 위원회에서 의원들이 소비한 시간은 위원회에서 처리하는 예산 총액과 반비례한다는 법칙이다. 의원들이 자신이 평소에 다루는 작은 숫자에 익숙한 데 반해 큰 예산금액은 의원들이 관심을 갖지 않게 되어 졸속처리하기 때문에 나타난다. 우리나라 국회에서 전체 예산안을 여야가 정략적 야합으로 하룻밤 새 후다닥 처리해 버리는 사건이 자주 발생하는 것은 이를 보여준다.

그는 이런 법칙을 수학적 논리보다는 심리적 원인에 의한 역사적 관성에 의거해서 풍자적으로 서술했다. 그의 탁월함은 영국 하원의 의사결정이 교과서에서 말하듯 합리적 토의과정이 아니라 좌석배치가 부동표 및 중도표 포섭 등의 주요한 의사결정을 좌우한다는 예리한 관찰에서 돋보인다. 동서양의 역사에 흐르는 인간의 심리법칙을 읽어낸 그가 질타한 "유능한 사람은 비즈니스맨이 되고 그렇지 못한 사람은 공무원과 군인이 된다."라는 명언은 그 어떤 수학적 법칙도 뛰어넘는다.

파킨슨법칙이 발표된 지 어언 60여 년의 세월이 흘렀지만 그 유효성은 사라지기는커녕 오히려 시대를 관통하는 불변의 법칙으로 자리 잡았다. 지금 한국은 중앙과 지방, 가릴 것 없이 공무원이 마구 늘어 100만 명을 훌쩍 넘어섰고, 전체 공무원 인건비(군인 포함)가 약 80조 원이 넘는 것으로 추산된다. 2019년 기준 정부를 포함한 공공기관의 부채가 1,078조 원에 달했고, 인구증가율이 최초로 0%를 기록하는 백척간두의 상황에서도 최근 10년간(2009~2018년) 공무원 수는 10% 이상 늘어났다. 국가공무원 인건비 증가율 역시 2018년에 6.8%, 2019년에 3.8%로 폭발적으로 팽창하고 있다. 문재인 정부는 집권 5년 동안 약 17만 명의 공무원을 증원하고 약 80만 개의 공공부문 일자리를 만들겠다는 파격적 대선공약을 실천해 가고 있다. 더군다나 정부는 우리나라 공무원 수가 OECD 회원국과 비교해서 적은 편이라고 엄살 떨며 발표한다. 그러나 여기에는 통계의 함정이 도사리고 있다.

OECD의 공무원 산정기준은 법상 공무원 기준이 아니라 기본적으로 직원의 인건비를 정부가 부담하느냐 하는 기준이 적용되고 있다. 그 결과 OECD 다른 국가들에서는 우리나라의 비정규직에 해당하는 정부부문 종사자들을 모두 공무원 수에 포함시켜 통계를 산출한다. 이에 비해 한국은 정부가 인건비를 부담하는 사립학교 교직원이나 각종 공공기관의 직원 나아가 지방자치단체가 직영하는 공영버스의 기사와 비정규직 종사자를 공무원에서 제외한다. 따라서 국제기준에 따라 공무원 수를 계산하려면 '군인(사병, 전의경, 공익요원), 비영리 공공기관, 공공기관 소속의 비정규직원, 사립학교 중등교원, 지방공사 및 지방공단 등'이 모두 공무원 숫자에 포함되어야 한다. 이 경우 우리나라의 공무원 숫자가 현재 발표된 통계보다 2배는 더 된다고 추정된다. 정부가 OECD국가들과 전혀 다른 잣대로 공무원 수를 조작 은폐하면서 무작정 공무원 수를 늘리는 것은 한

▼ 그림 9-1 우리나라 공무원 현황(2018.12.31. 기준)

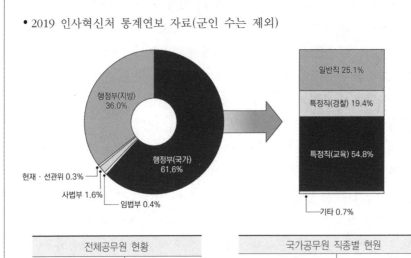

• 2019 인사혁신처 통계연보 자료(군인 수는 제외)

행정부(지방) 36.0%
행정부(국가) 61.6%
헌재 · 선관위 0.3%
사법부 1.6%
입법부 0.4%

일반직 25.1%
특정직(경찰) 19.4%
특정직(교육) 54.8%
기타 0.7%

전체공무원 현황		
구분		현원 합계
합계		1,085,849
행정부	소계	1,059,850
	국가공무원	669,077
	지방공무원	390,777
입법부		4,735
사법부		17,865
헌법재판소		334
중앙선관위		3,065

국가공무원 직종별 현원		
합계		669,077
정무직		126
일반직		167,639
특정직		500,891
	외무	1,928
	경찰	129,734
	소방	610
	교육	366,498
	검사	2,121
별정직		421

순간 짜릿한 마약에 영혼을 파는 행위이다.

이러한 공무원의 무분별한 증원에 부채질하는 근원에는 소위 '직업공무원제'라는 환상이 자리 잡고 있다. 직업공무원제(career civil service system)는 다음과 같이 정의된다.

'공직에 유능하고 인품 있는 젊은 남녀가 참여하도록 문호를 개방하고 이들이 업적과 경력에 따라 높은 지위에 올라갈 수 있는 기회가 부여되어 공직에 평생 근무하는 것을 생애를 바칠만한 보람 있는 일로 생각할 수 있게 하는 제도'

쉽게 말해 공무원이 좋은 직업이 될 수 있도록 경력을 관리하고 높은 보수와 강한 신분을 보장하겠다는 말이다. 이런 발상은 절대왕정이 발전한 유럽대륙 국가에서 기원했으며 일본과 한국이 이어받았다. 자본주의 시장경제가 제대로 정착하지 못한 한국에서 공무원은 그야말로 신의 직장이다. 이 직업공무원제는 정부의 인력 운영을 경직적이고 폐쇄적인 형태로 몰고 간다. 다음 기사는 이를 여실히 보여준다.

미디어스 2016년 10월 14일자 기사

미래부가 국가공무원법 제32조의 5 보직관리의 원칙, 공무원임용령 제43조 보직관리의 기준 1항, 제45조 전보의 제한 규정을 어겨가면서 '창조경제 홍보강화를 위한 장·차관 언론활동지원'을 명목으로 전산사무관 A씨를 2013년 5월부터 2014년 3월까지 약 10개월, 본부대기자 행정주사 B씨를 2015년 4월부터 2016년 2월까지 약 8개월 간 지원근무를 하도록 한 것이다. 지원근무의 경우 '예기치 못한 사태의 발생처리 등을 위해 불가피한 경우에 한해 예외적으로 단기간 활용해야 한다'고 규정돼 있으나, '창조경제 홍보'라는 명목으로 공무원을 정당한 절차 없이 장기간 파견직원으로 활용한 것이다.

「국가공무원법」 제32조의5(보직관리의 원칙), 「공무원임용령」 제43조(보직관리의 기준) 제1항, 제45조(전보의 제한) 등에 따르면,
- 특정사유에 해당하는 경우를 제외하고는 소속공무원에 대하여 하나의 직급 및 직위를 부여하여야 하고,
- 일상업무나 고유업무 수행을 위하여 인력이 부족한 경우에는 근무지원이 아닌 기관·부서 간 정원 조정을 하여야 할 것이며,
- 근무지원은 업무폭주, 새로운 상황이나 예기치 못한 사태의 발생처리 등 불가피한 경우에 예외적으로 단기간 활용하여야 함

우리나라 정부는 원칙적으로 각 부처와 하위 부서는 일손이 부족할 때 필요한 인력을 타 부처나 부서로부터 지원받아 사용할 수 없고 부서 간 정원조정을 통해 해결해야 한다. 각 부처의 정원은 대통령령으로 규정하고 있으며, 정원조정은 행정안전부의 소관인데 이를 진행하는데 상당한 절차상의 어려움과 과다한 시간 소요 등의 장애가 가로막고 있다. 기업은 경영자가 전권을 쥐고 인력조정을 빠른 시간 내에 이루어낼 수 있지만 정부의 각 부서장은 각종 법규에 발목이 잡혀 옴짝달싹 하지 못한다. 따라서 정부에서 인력 구조조정이나 부서별 합리적 재배치는 사실상 실현 불가능하다. 그러니 일손이 부족하면 공무원 수를 늘리려고 한다. 한 쪽에서는 정신없이 바쁜데 다른 쪽에서는 한가하게 노니는 모습이 벌어지는 이유가 여기에 있다.

수많은 청춘들을 공무원에 목매게 만드는 원인은 헬조선에서 살아남을 수 있는 최후의 안전판인 「공무원연금」이라는 괴물이다. '연금(pension)'은 사회보장제도의 일환이며, 공무원이 노령, 질병, 부상 등으로 퇴직하거나 사망한 경우 본인 또는 유가족에게 지급하는 금전적 급부를 말한다. 우리나라는 국민연금, 사학연금, 군인연금, 공무원연금 등 4대 공적연금제도를 운영하고 있다.

그런데 한국에서 공무원연금·군인·사학연금은 단순한 사회보장제도의 수준을 넘어 집단카르텔의 독점적 이익으로 치닫고 있다. 그 단적인 근거가 정부는 2000년에 공무원·군인·사학연금에 대해서 기금 고갈 시 국가 지급보장의무를 관계 법률에 명시했다. 물론 정부는 공무원과 군인의 고용주로서 지급보장 책임을 법률로 명확하게 하는 것이 정당하다고 설명한다. 그러나 실효 보장률이 40%도 안 되는 국민연금에 비해 80%가 넘는 실효 보장률을 자랑하는 공무원·군인·교사연금에게 영원히 생존을 보장해 주는 것은 남의 주머니에서 돈을 강탈해 내 주머니에 넣는 행위와 같다. 이에 대한 국민의 분노 게이지가 임계점에 달하면 정부는 주기적으로 공무원연금제도 개혁 논쟁의 불을 지핀다. 그러나 이 개혁 논쟁도 정치권의 싸움 소리만 요란할 뿐 알맹이 없는 맹탕 결과가 악순환되고 있다. 2013년 말 범정부적인 연금개혁 논의 결과, 국민연금에 대해서도 국가 지급보장의무를 규정하려던 시도가 무산되고 오히려 기여금을 상향할 수 있는 근거조항만 끼워 넣어 버렸다. 그리고는 공무원·군인·사학연금에 대해서는 정부가 미리 돈을 쌓아놓았다가 기금 고갈 시 대신 지급하는 '책임준비금'까지 만들어놓았다. 이에 따라 정부는 국민연금을 제외한 공적연금에 대한 보전금을 예산에서 지원하고 있다.

▼ 표 9-3 우리나라 공적 연금제도의 운영 현황

구분	공무원연금	군인연금	사학연금	별정우체국연금	국민연금
근거	공무원연금법 (1960년)	군인연금법 (1963년)	사립학교교직원연금법 (1975년)	별정우체국연금법 (1982년)	국민연금법 (1988년)
가입 대상	공무원	장기부사관 및 장교	사립학교 교원 및 사무직원	별정우체국 직원	18세 이상 60세 미만 일반국민
비용부담	국가(지방자치단체) 및 가입자	국가 및 가입자	국가, 법인, 가입자	국가, 피지정인 및 가입자	사용자, 가입자
주무부처	행정안전부	국방부	교육부	과학기술정보통신부	보건복지부
관리기관	공무원연금공단	국방부 및 국군재정관리단	사립학교교직원연금공단	별정우체국연금관리단	국민연금공단

우선 군인연금은 이미 1973년에 가장 먼저 고갈되었다. 기여금 납부비율이 기준소득월액의 7%에 불과하고 1인당 월평균급여액이 255만 원으로 높은 소득 대체율을 유지하며, 퇴직 즉시 연금을 지급하는 특혜 때문에 고갈은 필연적이었다. 2019년에 정부보전금이 약 1조 5천억 원 수준이고 전체 연금 지급액 중에서 세금으로 충당하는 비율이 50%를 넘고 국가 부채의 11%를 차지한다. 2023년에는 정부보전금이 약 2조 원에 육박한다고 하니 국민들의 호주머니를 터는 이 부조리가 언제나 끝날까?

공무원 연금은 1993년부터 적자로 돌아섰고, 적립금이 고갈되면서 2001년부터 정부 보전금이 투입되고 있는 상태다. 2019년 9월에 정부가 국회에 제출한 '2019~2023년 중장기 기금재정관리계획'에 따르면 공무원연금에 대한 정부 보전 규모는 2019년 1조 6천억 원에서 2023년 3조 3천억 원으로 2배 이상으로 급격히 늘어날 전망이다.

사학연금은 기금 재정수지가 2035년부터 적자로 돌아서기 시작해 2051년경에는 고갈될 것으로 예상된다.

▼ 표 9-4 공무원·군인연금 국가보전금 증가 추이(단위: 억 원, %)

	2019년	2020년	2021년	2022년	2023년	2019~2023년 증가율
공무원연금	16000	18000	23000	27000	33000	106.3
군인연금	15740	15779	17119	18154	19147	21.6
합계	31740	33779	40119	45154	52147	64.3

[자료: 2019~2023년 중장기 기금재정관리계획]

2018년 집계된 연금충당부채는 총 939조 9,000억 원에 달한다. 특히 매년 200조 원 이상 증가하는 나랏빚 중에서 이들 3대 연금충당부채가 절반 이상을 차지한다. 그렇다면 국민연금에 대해서도 공무원연금처럼 지급 보장이 되는 것은 당연하다. 그럼에도 정부는 국민연금 수지 부족분을 정부가 지급 보증할 경우 국가부채가 엄청나게 증가한다는 이유로 이를 거부한다. 물론 「국민연금법」에 국가의 책임 조항이 아예 없는 것은 아니다. 「국민연금법(제3조의 2)」에 따르면 국가는 연금이 안정적으로 유지될 수 있도록 필요한 시책을 수립·실행해야 한다. 하지만 이는 국가의 지급 보장 의무까지 말하는 것은 아니다. 이런 식의 국가 노력을 의무화한 규정은 각종 법률에 넘쳐나지만 그것이 법률대로 실현된 사례는 거의 없다. 정치권이 국민연금은 외면하면서 이들 3대 공적연금을 비호하고 등 떠밀리듯 개혁논의를 만지작거리는 것은 이들 집단이 선거에서 캐스팅보트가 되기 때문이다. 국내 최대의 조직망을 갖춘 공무원, 군인, 교사를 정권의 도구로 효과적으로 사용하기 위한 일종의 떡고물인 셈이다. 정부 통계에 따르면 최근 5년간 중앙부처 공무원 중 직권면직, 파면, 해임된 자는 전체 약 30만 명 중에서 고작 100여 명에 불과하다. 그럼에도 왜 국민은 혈세를 내서 공무원, 군인, 교사의 연금을 평생 보장해 주고 정작 자신들은 그들의 절반도 안 되는 연금을 받아 들고 머지 안아 고갈될 국민연금의 밑바닥으로 절망스럽게 추락해야 하는가? 해결책은 명확하다. 국민연금에 대해서도 '국가의 지급보장의무'를 명시하든가 아니면 모든 공적 연금에 대한 '국가의 지급보장의무'를 당장 폐지하든가.

"정부가 더 많이 생산해야 한다."는 강박관념이 인간 사회에 자리 잡은 것은 그다지 오래되지 않은 1929년 미국발 대공황 이후이다. 1929년 10월 24일 목요일. 미국 뉴욕증권거래소에서는 이날 하루 동안 약 1,300만 주의 주식에 대한 매도물량이 한꺼번에 밀려들면서 주가는 무지막지하게 곤두박질쳤다. 1차 세계대전을 승리로 이끌고 세계 1위의 경제대국으로 부상한 미국은 사상 최대의 경제호황을 구가하면서, 3.5%의 매우 낮은 기준금리로 인해 자산시장에 붐이 일어났다. 너도 나도 주식투자에 뛰어들었고, 소위 빚내서 주식을 사는 레버리지 투자가 유행했다. 그러나 1929년에 시작된 주식의 폭락장은 1932년까지 3년간 쉬지 않고 이어졌으며 시가총액의 90%가 허공으로 사라졌다. 실업률 29%, 1,500만 명의 실업자, 4년간 24%나 추락하는 물가지수, 국내총생산(GDP)의 60%가 사라지고 공업생산도 약 30%가 감소했다. 공포와 불안이 지배하던 절망의 시대, 1932년 민주당 대통령 후보 루스벨트(Franklin. D. Roosevelt)는 '잊혀진 사람들을 위한 뉴딜'을 약속하면서 당선되었다. 루스벨트는 대통령 취임 연설에서 "뉴딜은 부자들을 더욱 부유하게 하기 위한 것이 아니라 가난한 사람들을 풍요롭게 하기 위한 것입니다."라고 약속했다. 이에 따라 미국 최초로 국가의 대규모 재정지출을 도모하고 최저임금과 최고노동시간을 약속한 '전국산업부흥법', 노동자의 단결권과 단체교섭권을 보장한 '와그너법', 농산물의 과잉생산을 없애는 동시에 농산물 가격 하락을 방지하기 위한 '농업조정법'이 제정되었다. 이와 아울러 테네시강 유역 개발공사를 설립하여 다목적댐을 건설했는데, 이 사업은 일자리 창출을 도모하면서 정부가 직접 전력생산 사업에 뛰어들었다는 점에서도 획기적인 변화였다. 그리고 정부자금으로 실업자와 빈민들을 구제하는 정책을 실현하기 위해 자원보존봉사단과 연방임시구제국을 설립했다. 그러나 루스벨트의 꿈은 특히 전국산업부흥법과 농업조정법의 위헌 판결로 산산조각났다. 당시에도 뉴딜은 과도한 사회주의 정책이라는 비판의 화살을 받았으며, 실제로 뉴딜정책이 1933년부터 본격적으로 시작된 이후 1930년대에 미국의 실업률이 10% 아래로 떨어진 적이 단 한 번도 없다. 오히려 1938년에 공황이 재발하여 실업률은 20%를 뛰어넘었다. 미국 경제가 제자리를 찾기 시작한 것은 1941년 일본의 진주만 공습으로 인한 2차 세계대전 부터였다. 미국은 진주만 공습 이후 발 빠르게 군비를 확충했으며 그 결과 연방정부의 구매력은 1940년 150억 달러였던 것이 1941년에는 362억 달러, 1942년에는 989억 달러, 1943년에는 1,478억 달러로 급격히 증가했다. 1940년부터 1943년까지의 전쟁기간 동안 연방정부의 지출은 885.3%의 폭발적인 증가세를 보였다. 이 기간 동안 세금 역시 182%나 증가했다. 전쟁은 미국에게 엄청난 경제호황을 선물로 안겨주었다. 그 결과 미국의 실업률은 1940년 14.6%에서 지속적으로 하락해 1943년에는 1.9%까지 떨어져 완전고용 수준에 도달했고 이 기간 동안 1인당 GNP도 43.3% 증가했다. 결국 미국이 대공황을 극복한 원동력이 뉴딜에 있었는지 아니면 전쟁특수에 기인했는지는 평가가 엇갈릴 수밖에 없다.

그러나 그 평가가 어떻든 간에 뉴딜정책은 바야흐로 수정자본주의 시대를 활짝 열었고 이를 이끌어가는 행정국가가 화려하게 등장했다. 「행정국가(administrative state)」란 정부가 시장실패를 교정하기 위해 시장경제에 적극 개입하는 나라를 말한다. 행정국가는 아담스미스가 찬양한 보이지 않는 손, 즉 시장의 가격기구가 고장 날 수 있으며 – 아니 고장 나는 것이 정상이고 제대로 작동하는 것은 예외적이라고 본다 – 정부는 시장을 고칠 최적의 의사라고 보는 관점이다. 단순히 국가가 국민의 행복을 촉진할 것이라는 도덕적 이상향으로 치달은 절대국가와는 차원이 다르다. 이런 행정국가가 탄생할 수 있는 이론적 근거를 제시한 사람이 바로 케인즈(J.M.Keynes, 1883~1946)다. 루즈벨트 대통령이 해결사로 당선된 후 영국이라는 변방의 경제학자 케인즈는 미국의 대통령에게 한 통의 편지를 보냈다. 그 편지의 요지는 다음과 같다.

> "정부가 적극적으로 시장에 개입해서 투자를 늘려야 합니다. 공공투자를 확대해 일자리를 늘리면 서민들의 호주머니에 돈이 생길 것이고, 그들은 물건을 사려고 상점에 몰려들 것입니다. 그러면 문을 닫았던 공장이 생산을 재개할 것이고, 그에 따라 취업문이 넓어질 것입니다."

연애편지처럼 절절한 마음을 담았기에 루즈벨트 대통령의 마음을 움직인 것일까? 아무튼 루즈벨트 대통령은 '큰 정부와 가난한 국민 사이의 새로운 약속'인 'New Deal'을 밀고 나갔다. 케인즈는 1936년에 「고용·이자 및 화폐에 관한 일반이론(The General Theory of Employment, Interest and Money)」이라는 논문에서 역발상의 제안을 했다. 소크라테스 이후 수많은 천재적 학자들이 그러하듯 그는 대공황의 원인을 단순히 수요와 공급의 기계적 메카니즘이 아니라 인간의 심오한 마음의 작동원리에서 찾아냈다. 그는 대공황이 닥친 상황을 마치 사람이 꽉 들어찬 극장 안에서 갑자기 불이 난 상황과 유사하다고 보았다. 캄캄한 극장 안에서 불이 나면 그야말로 아수라장이 된다. 관객들은 살기 위해 어둠과 연기를 뚫고 비좁은 출구를 찾아 필사적으로 몰려든다. 한치 앞도 볼 수 없는 극도의 불확실성은 인간의 이성을 마비시키고 끝내 파국으로 몰고 간다. 이런 이치는 갑자기 밀어닥친 대공황 앞에서 살아남기 위해 몸부림치는 인간 사회의 카오스에 그대로 투영된다. 케인즈는 대공황으로 인한 혼돈의 진앙에 인간의 심리가 깊숙이 자리 잡고 있다는 사실을 간파했다. 이를 근거로 케인즈는 미증유의 대공황이 당시 대부분의 학자들이 주장하듯 임금 등의 가격이 제대로 작동하지 않아서 생겨난 고장이라는 진단을 한 방에 날려버렸다. 즉, 대공황은 "유효수요가 부족하다."라는 지점에서 터져 나온 화산이라는 것이다. 특히 유효수요의 크기와 밀접하게 관련되어 있는 '소비성향', '투자의 한계효율' 및 '이자율을 결정하는 유동성 선호'에는 인간의 심리법칙이 그 안에 액체처럼 녹아들어가 있다. 그러면 유효수요(effective demand)가 뭘까? 우리는 일 해서 돈을 벌면 그 돈(소득)을 주먹구구식으로 지출하지 않고 월세, 용돈, 자동차 할부금, 음식비 등과 같이 계획을 세워서 지출한다. 이건 개인뿐만 아니라 사회 전체적으로 보아도 동일하다. 이처럼 한 경제 내에서 사람들이 자신의 소득을 어떤 용도로 지출하겠다고 계획한 구매력(='계획된 지출')을 유효수요라고 부른다. 그러면 유효수요가 부족하면 왜 실업 등 경제 불황이 닥칠까?

▼ 표 9-5 유효수요에 의한 국민소득의 결정원리

$$Y = f(K, L) \quad \cdots\cdots\cdots\cdots\cdots\cdots\cdots\cdots\cdots\cdots\cdots\cdots (1)$$
$$Y = C + I + G + (X - M) \cdots\cdots\cdots\cdots\cdots\cdots\cdots (2)$$
$$소득 = 소비 + 저축, 저축 = 투자 \quad \cdots\cdots\cdots\cdots\cdots (3)$$

여기서, Y: 총생산물, C: 소비, I: 투자, G: 정부지출, X: 수출, M: 수입, K: 자본, L: 노동

(1)의 국민소득 함수식에서 한 경제가 일정 기간 동안 만들어낸 총생산물 (Y)의 크기는 생산요소를 얼마나 사용하는 지에 따라 결정된다. 단기(short-run period)에는 자본(K) 사용량이 일정하게 고정되어 있다고 가정하면 단기에 사용량이 변할 수 있는 것은 노동(L)량이다. 바로 이 노동량을 얼마큼 사용하는가에 따라 경제가 실업 또는 완전고용의 어떤 상태에 있는지가 결정된다. 고전경제학파들은 대량실업은 노동 수요에 비해서 노동 공급이 더 많아서 발생하기 때문에 임금이 자동적으로 내려가서 노동시장에서 수요와 공급이 균형을 이루면 완전고용으로 회복될 것이라고 주장했다. 그러나 케인즈는 거꾸로 해석했다. 즉, 대

량실업이 발생하면 노동자들의 소득이 줄어들고 그에 따라 소비 수요가 줄어들게 되며, 소비의 감소로 인해 시장에서 상품 판매가 줄어들면 기업들이 생산량을 감소하기 위해 더 많은 노동자들을 해고하게 될 것이다. 이처럼 케인즈는 시장에서의 가격 메카니즘이 아니라 경제전체의 유효수요가 생산수준과 고용량을 결정하는 데 결정적인 역할을 한다고 주장했다.

(2)식은 유효수요의 크기를 결정하는 요소들이 C(소비), I(투자), G(정부지출), X(수출), M(수입)으로 구성된다는 점을 나타낸다. 이 요소들 중에서 경제 불황이 닥치면 고장이 쉽게 발생하는 부분은 소비와 투자이다. 정부는 세금을 걷어서 돈을 쓰기 때문에 그다지 경제상황에 좌우되지 않는다. 수출과 수입은 해외 경제상황과 직결된 것이라서 국내 경제상황에는 간접적인 영향을 미친다. 특히 미국과 같이 내수 중심의 경제에서 수출과 수입은 경제변동에서 차지하는 비중이 상대적으로 작다. 그렇다면 열쇠는 소비와 투자에 있다.

(3)식은 소득이 소비와 저축으로 구성되어 있고, 저축은 투자와 일치해야 경제가 균형 상태에 이른다는 사실을 나타낸다. 경제학에서는 소득 중에서 소비하고 남은 모든 금액을 저축이라 정의한다. 사람들이 벌어들인 소득은 궁극적으로 시장에서 생산된 재화의 구매에 사용되어야 한다. 소비는 GDP 중에서 약 70%를 차지하는 매우 중요한 변수이면서 그 변동성이 투자에 비해 작은 안정적인 변수이다. 케인즈는 소비가 가계의 현재소득의 크기에 의해 결정된다고 보았고, 이것을 '절대소득가설'이라고 부르며, 표 9-6의 함수식으로 표현된다.

▼ 표 9-6 케인즈의 절대소득가설과 소비함수

$$C = a + c(Y - T)$$

여기서, C(Consumption): 소비
   a: 기초소비(소득이 전혀 없는 경우에도 지출해야 하는 최소한의 소비액)
   c: 한계소비성향(소득이 증가할 때 증가한 소득 금액 중에서 소비하는 금액의
      비율)
   Y: 현재의 소득 T: 세금

그림 9-2의 그래프를 보면 소비성향에 일정한 심리 법칙이 작용한다는 사실이 드러난다.

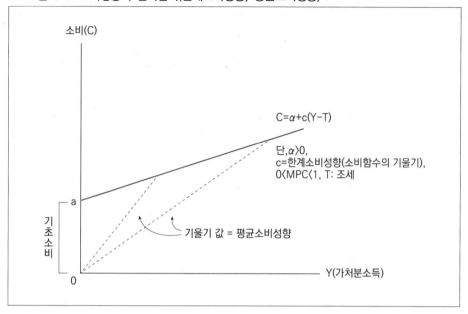

▼ 그림 9-2 소비성향의 심리법칙(한계소비성향, 평균소비성향)

소비(C)

$C = \alpha + c(Y-T)$

단, $\alpha > 0$,
c=한계소비성향(소비함수의 기울기),
$0 < MPC < 1$, T: 조세

a

기초소비

기울기 값 = 평균소비성향

0   Y(가처분소득)

첫째, 사람은 소득 중 일정부분만을 소비하려는 심리성향을 갖고 있으며, 이것을 한계소비성향(MPC: Marginal Propensity of Consumption)이라고 부른다. 한계소비성향은 소비함수의 기울기이고 그 크기는 0과 1 사이의 값을 가지며 일정하게 유지된다. 즉 사람들은 소득의 일부분만을 사용한다.

둘째, 평균소비성향(APC: Average Propensity to Consumption)은 소득 중에서 소비가 차지하는 비중을 말하는데 원점에서 소비함수 위의 점까지 이은 선분의 기울기의 값과 같다. 평균소비성향은 소득이 증가함에 따라 감소하는 특성을 갖는다.

위와 같은 소비함수의 특성은 상당히 많은 정책적 의미를 암시한다. 사람들의 평균적인 한계소비성향이 일정하며 소득이 늘어날수록, 즉 부자일수록 평균소비성향이 작아진다. 따라서 부자의 지갑에서 더 많은 세금을 걷어서 빈자의 호주머니에 더 많은 돈을 넣어준다면 경제 전체적으로 소비가 증가한다. 바로 이런 점에서 뉴딜정책이 빈자들을 위한 대규모 복지정책에 초점을 둔 사실과 일맥상통한다.

자본주의가 발전할수록 소득과 저축은 늘어난다. 개인들이 소득이 증가할 때 늘어난 소득 증가분(=한계소득) 중에서 일정 비율만큼만 소비하기 때문에 결국 소득이 증가하면 증가된 소득액 중에서 더 적은 부분만을 소비 목적으로 지출하게 되어 '저축량'이 늘어난다. 케인즈는 바로 이 늘어나는 저축량에서 고장의 원인이 잉태된다고 보았다. 사람들이 저축한 돈은 돌고 돌아 자본시장에서 투자로 이어져야 한다. 만약 100만큼의 돈이 저축되었는데 투자는 70만큼만 이루어졌다면 30만큼의 돈은 시장에서 생산된 상품의 구매에 사용되지 않고 어디론가 빠져나간 것이다. 이것을 돈이 '누출(leakage)'되었다고 말한다. 마치 사람의 몸에서 많은 양의 피가 빠져나간다면 그 사람은 병이 나거나 제대로 활동하지 못하게 된다. 마찬가지로 경제에서 소득으로 벌어들인 돈이 모두 상품(소비재이건 자본재이건 무관하다) 구매에 사용되지 않는다면 기업들은 팔리지 않은 재고 상품이 늘어나서 노동자들을 해고하는 사태가 벌어진다. 특히 기업의 불안정한 투자활동은 대량실업 발생의 결정적 원인이다.

그러면 소비는 안정적인데 반해 투자는 왜 불안정할까? 불확실한 상황에서는 투자와 관련된 이자율이 고장나기 때문이다. 저축과 투자는 현재 화폐의 사용을 미래로 연기하는 선택이다. 케인즈는 바로 이 화폐의 사용에 대한 선택에 독특한 심리가 작용한다는 사실을 간파했고 이를 유동성함정이란 논리로 집약시켰다. 케인즈는 사람들이 현금, 즉 화폐를 보유하려는 욕구(수요)를 3가지로 구분했다.

첫째, 사람들은 임대료 지급, 음식비 지출, 자동차 할부금 지불 등과 같이 계획을 세워 돈을 사용하는데, 이를 위해 화폐를 보유하는 것을 '거래적 동기'라고 부른다.

둘째, 사람이 갑자기 병이 나서 많은 현금이 필요할 수도 있고 기업은 갑작스런 재무상황 악화에 대비해서 현금을 보유하는데 이를 '예비적 동기'라고 부른다.

셋째, 사람들은 돈을 하나의 재화로 보고 이를 통해 이익을 얻으려고 하는데 이를 '투기적 동기'라고 부른다.

위의 거래적 동기와 예비적 동기는 계획된 것과 계획되지 않은 것의 차이만 있을 뿐 모두 재화를 구매하는 데 사용한다는 점에서 같다. 그러나 투기적 동기에 의한 화폐 보유는 재화를 구매하기 위한 것이 아니라 돈으로 돈을 벌기 위한 목적에 기인한다. 케인즈는 시장경제에서 투기적 동기에 의한 화폐보유가 큰 비중을 차지하고 있다고 보았다. 바로 이 지점에서 그는 화폐를 단순히 상품을 사고파는 매개체(도구)로만 보았던 주류 경제학의 통념을 180도 뒤집어 버렸다. 그가 보기에 돈은 빵집의 오븐기나 도로 위의 택시와 같은 상품이다. 오븐기와 택시가 돈을 벌기 위한 수단이듯 화폐도 돈을 벌기 위한 좋은 도구이다. 이런 좋은 돈벌이 도구를 가장 효율적으로 사용하려는 욕망이 인간의 마음에 내장되어 있다. 돈으로 돈을 벌기 위한 가장 좋은 방법이 주식이나 채권 등의 유가증권을 구매하는 것이다. 돈벌이용으로 떼어낸 돈은 현금 또는 유가증권의 둘 중의 하나로 존재한다. 여기서 유가증권을 사기 위해, 즉 투기적 동기에 의해 화폐를 소유하는 것을 '유동성 선호'라고 말한다. 여기서 '유동성(liquidity)'이란 특정 자산을 필요할 때 얼마나 쉽게 현금으로 전환할 수 있는지를 말한다. 불확실성이 커지면 사람들은 수익 자산보다는 현금을 더 보유하려 한다. 현금은 구매력 그 자체이자 유동성이기 때문이다. 이처럼 사람들은 그 자체로 수익은 없지만 안전하고 편리한 '현금'을 보유할 것인가, 아니면 위험하지만 수익을 얻을 수 있는 '채권과 주식 등의 유가증권'을 보유할 것인가를 두고 줄타기 하듯 선택한다. 바로 이 선택과정에서 이자율이 결정되며 이것을 「유동성 선호설」이라고 부

▼ 그림 9-3 투기적 화폐수요와 유동성 함정

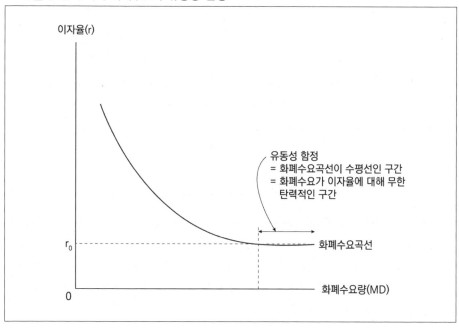

9장 정부는 왜 커지기만 할까? 공공선택론의 폭로, 인사·재정제도 243

른다. 이자는 화폐라는 유동성을 포기한 대가인 것이다. 여기서 저축과 투자라는 두 개의 섬이 이자율을 다리로 삼아 연결된다.

정부가 아무리 금리를 낮추어 돈을 풀어도 돈이 시중에 돌지 않는다는 신문기사를 자주 접한다. 이런 문제가 발생하는 것은 사람들의 독특한 심리구조 때문이다. 케인즈는 시장에는 정상적인 이자율과 실제 이자율이라는 두 가지 이자율이 공존하고 있다고 보았다. 그래서 사람들은 실제 이자율이 정상 이자율보다 낮으면 곧 이자율이 상승할 것이라 예상하고 반대로 실제 이자율이 정상 이자율보다 높으면 곧 이자율이 하락할 것이라 예상한다. 만약 실제 이자율이 매우 낮은 수준이 되면 사회구성원 모두가 장래에 이자율이 상승할 거라고 예상한다. 이것은 채권가격이 하락할 것이라고 예상하는 것과 같다. 채권가격과 이자율은 반비례 관계에 있기 때문이다.

실제이자율이 정상이자율보다 현저히 낮은 경우에(즉, 채권가격이 너무 높은 경우) 사람들은 채권 가격이 하락할 것이라 예상하게 되므로 보유하고 있는 채권을 팔아서 현금을 보유하려고 한다. 극단적인 경제 불황에서는 사람들이 모든 화폐를 유동성의 형태로 보유하고 채권을 매각하는 '유동성 함정'에 빠져든다. 왜냐하면 극도의 불확실한 상황에서는 사람들은 아무리 낮은 이자율이지만 다시 올라갈 것이라 예상하지 않고 무조건 화폐를 보유하려고 하기 때문에 이자율은 투기적 화폐보유 여부에 더 이상 영향을 미치지 못한다. 마치 이자율이 덫에 걸린 듯 옴짝달싹하지 못하게 된다. 그림 9-3에서 r_0 이자율에서 투기적 화폐수요는 무한대로 커져서 이자율은 전혀 변하지 않는다. 케인즈는 이런 유동성함정이 자본주의에서 수시로 발생할 수 있다고 지적했다. 극심한 경제 불황 속에서 낮아진 투자의 한계효율을 상쇄할 만큼 이자율이 내려가야 하는데 이자율이 전혀 움직이지 못하기 때문에 투자가 늘어날 수 없다. 따라서 저축과 투자의 다

채권가격과 이자율의 관계

채권수익의 원천은 '표면이자 수입'과 '채권 매매 차익' 2가지이다. 이자율(할인률)이 하락하면 이후 발행되는 채권의 표면이자가 내려가므로 내가 기존에 보유한 채권의 표면이자와 하락한 표면이자 간 차이만큼 자본이득을 얻을 수 있다. 즉, 이자율 하락시 표면이자 이외에 채권 판매로 인한 자본이득을 얻게 되므로 보유한 채권가격은 상승한다. 따라서 채권가격은 이자율(채권수익률)과 반비례관계이다.

리가 무너져서 모두가 죽게 된다. 이것이야말로 부조리다.

이자율이 붕괴된 암흑의 세계에서 투자를 이끄는 나침판으로 케인즈가 만들어낸 도구가 바로 '투자의 한계효율(MEI: Marginal Efficiency of Investment＝내부수익률)'이다. 투자의 한계효율은 기업가가 한 단위의 자본을 더 투자해서 얻을 수 있는 예상 수익률이다. 즉, 기업가가 예상한 수익률이므로 상당히 주관적이며 소위 전망에 따라 달라지는 수익률이다. 불확실성이 높은 상황에서는 아무리 이자율이 낮아져도 투자에 따른 장기적인 한계수익의 흐름을 총합한 금액이 현재 투자금액보다 작게 나온다면 그 누구도 투자하려 들지 않는다. 따라서 불확실한 경제상황에서 투자를 늘릴 수 있는 길은 내부수익률이 상승하는 것이다. 내부수익률을 올리는 방법은 두 가지이다. 하나는 미래 수익을 현재가치로 할인해 주는 '이자율'의 하락이다. 그러나 유동성 함정에서 이자율의 추가적인 하락은 불가능하다. 다른 하나는 '기업가의 주관적 전망'을 개선하는 것이다. 투자사업의 미래 수익에 대한 긍정적 평가가 높을수록 투자가능성은 커지기 때문이다. 정부에게 각종 규제 완화를 요구하는 이유는 기업가의 내부수익률을 높여야 한다는 절박감이 근거이다. 그는 자본주의가 발달할수록 저축 성향이 높아져 수요의 감소를 초래하며 이 때문에 기업가는 투자를 망설이게 되어 장기적으로 침체하게 될 것을 예견했다. 그래서 투자를 늘리기 위해서는 기업가의 '동물적 야성(animal spirit)'이 필요하다. 불황기 때 실업문제의 해결을 위해 임금을 인하하는 것은 노동자의 구매력을 감소시키고 이는 생산을 축소시켜 실업 문제를 더욱 악화시킬 수 있다. 따라서 완전고용을 실현하기 위해서는 정부가 투자를 사회화한 후 각종 공공정책을 집행함으로써 유효수요를 늘려 주어야 한다고 주장했다. 케

총수요관리정책(경기조절정책＝재정정책&금융정책)

국민경제 전체의 입장에서 경기순환의 파동을 인식하여 경기변동이 국민경제에 미치는 불안정적 영향을 완화시키려는 정책이며, 재정정책과 통화정책으로 구성된다.
- 재정정책: 조세수입 및 세출규모를 조절하거나 국공채관리와 발행 등의 활동을 하여 경제의 안정적 성장을 도모하는 정책 ⇨ 재정정책 수단: 조세제도, 정부지출 및 공채관리 등
- 통화정책(금융정책): 중앙은행이 통화량이나 이자율을 조절하여 경제의 안정적 성장을 실현하고자 하는 정책 ⇨ 통화정책 수단: 공개시장 조작정책, 지급준비율 조정정책, 재할인금리 조정정책, 이자율 제한 정책, 신용통제정책

인즈는 총수요관리를 위해서 「통화정책」보다는 정부의 적극적인 「재정정책」이 필요하다고 강조했다.

정부는 정부지출을 확대해서 침체된 민간소비와 투자수요를 대체해야만 한다. 그리고 정부는 소득재분배정책을 실시해야 한다고 주장했는데 그 이유는 가난한 사람이 부자에 비해 더 높은 한계소비성향을 갖고 있으므로 가난한 사람의 소득을 증가시켜주면 늘어난 소득 중에서 상당히 많은 부분을 소비하고 아주 적은 부분만이 투기적 목적의 현금으로 사라지기 때문이다. 또한 정부재정지출을 확대하여 총수요 중에서 한 부분인 정부지출수요를 증가시키면 총수요가 증가하여 고용이 증가하고 실업률이 감소하게 된다. 대공황이 닥치자 다수의 전문가들이 "장기적으로 가격이 기능을 회복하여 공황은 해결될 것이다."라는 처방을 내렸다. 그러나 케인즈는 "장기에는 우리는 모두 죽는다(In the long run we all die.)."는 창조적 역발상으로 경제대공황을 진단하고 처방을 내렸다.

경제 불황이 닥치면 사람들은 정부가 소방사로 나서서 불을 끄라고 아우성친다. 한국도 마찬가지이다. 우리나라 재정 규모는 지속적으로 상승해서 국내총생산 대비 약 35%에 달한다. 우리나라 국내총생산 대비 조세부담률이 약 19%에 달하고 2016년 총 조세 중 국세 : 지방세 비중은 약 77 : 23 수준으로 중앙정부가 압도적으로 큰손 역할을 한다.

▼ 표 9-7 우리나라 중앙정부의 재정지출 규모(2017년) (단위: 조 원)

구분	기금	예산			합계
		합계	일반회계	특별회계	
총계	615.3	339.7	275.0	64.7	954.9
총지출	125.9	274.7	224.4	50.2	400.5

▼ 표 9-8 우리나라 조세수입, 국세 및 지방세 규모 추이 (단위: 조 원)

연도	2012	2013	2014	2015	2016
조세 (GDP비중)	256.9(18.7%)	255.7(17.9%)	267.2(18.0%)	288.9(18.5%)	313.6(18.7)
국세 (조세비중)	192.4(78.6%)	203.0(79.0%)	201.9(79.0%)	217.9(75.4%)	242.6(77.2%)
지방세 (조세비중)	52.3(21.4%)	53.9(21.0%)	53.8(21.0%)	71.0(24.6%)	71.0(22.8%)

작용이 있으면 반작용이 있는 것이 인간 사회의 법칙이다. 1930년대 이후부터 1960년대까지 복지국가화의 이념적 기초로서 도도하게 흐르던 케인즈학파와 복지국가주의 정치철학은 1970년대 출현한 석유파동과 스태그플레이션 현상으로 인해 제동이 걸리게 된다. 특히 1960년대 등장한 공공선택이론은 관료제의 가면을 벗겨내면서 케인즈의 숨통을 끊어버리겠다고 덤벼들었다. 또한 1980년대 이후 미국과 영국을 중심으로 등장한 신자유주의는 전통적인 복지국가론에 대해 흑인 미혼모를 양산하는 모습의 이미지를 확산시키면서 복지국가화에 제동을 걸었다. 신자유주의에 기초한 정부개혁은 민영화와 아웃소싱에 기초한 작은 정부를 지향하였으며 시장을 최고의 선으로 격상시켰다. 이에 따라 시장에 걸림돌이 되는 각종 규제가 해제되었으며 1990년대 이후 세계화가 급진전되었다. 1960년대 혜성처럼 등장한 뷰캐넌(M. Buchanon)은 "정부가 중립적 심판자라고? 공무원들이 공익을 추구한다고?"라는 의문점을 인파티팅 권투선수처럼 날카롭게 파고들었다. 그의 눈에는 정치인이건 공무원이건 공익의 수호자가 아니라 그저 자신 개인의 이익을 탐욕스럽게 추구하는 욕망의 덩어리일 뿐이었다. 정부가 시장의 문제 ─ 소위 시장실패 ─ 를 해결하겠다고 하면서 몸집을 엄청 부풀리는 것은 결국 '정부실패'를 초래해 국민들에게 재앙이 닥칠 것이라고 믿었다. 뷰캐넌은 정부의 비효율성은 공무원의 심리적 문제가 아니라 제도적 장치에서 기인하는 것이라 지적했다. 그러니 더 이상 공무원에 대한 무모한 도덕 교육은 집어치우시라.

그러면 국민들이 관료와 정치인을 감시 통제해서 바로잡을 수 있을까? 답은 No!다. 국민들 역시 개개인은 이익(='효용')을 늘리기 위해 행동한다. 그런데 투표권을 행사하는 시민들은 합리적 무시(rational ignorance)라는 딜레마에 빠진다. 합리적 무시는 어떤 정보가 주는 이득보다 그것을 얻기 위한 비용이 큰 경우 그 정보를 얻지 않고 무시하는 게 더 경제적으로 이득이 되며 그것이 합리적 의사결정이라는 뜻이다. 예를 들어 우리는 연말이면 전국 도로 곳곳에서 보도블럭을 파헤쳐 예산을 낭비하는 사례를 수없이 본다. 그러나 대부분의 시민들은 이를 무관심하게 지나쳐 버린다. 시민 개개인의 입장에서는 눈앞에서 펼쳐지는 예산 낭비를 막기 위해 감시와 고발 등에 투입해야 하는 노력의 비용에 비해 이를 통해 자신이 절감할 수 있는 세금은 턱없이 작기 때문에 그냥 무시해버리는 것이 합리적인 선택이 된다. 우리가 투표장에 갈 때 출마한 후보들의 공약에 대한 상세한 정보를 알려고 하지 않는데 이것은 정보 수집을 위해 들이는 비용에 비해 그를 통해 얻을 수 있는 편익이 훨씬 작다고 판단하기 때문이다. 또한 시민들이 각종 선거에서 투표하는 목적은 공동체의 발전이나 민주주의 실현과 같은 거창한 구호와는 전혀 상관없다. 시민들은 그저 자신의 사적 이익을 극대화하기 위해 선거에서 표를 던진다. 이처럼 공공부문에서 벌어지는 각종 의사결정이 결코 공익을 위해서가 아니라 참여자들의 사적 이익을 추구하기 위한 것이고 그 결과는 이런 사적 이익 추구자들 간의 균형 상태일 뿐이라는 것이 공공선택론의 믿음이다. 공공선택론은 인간이 거대한 구조에 조종당하는 무능력한 자유인이라고 본 구조주의를 신랄하게 비판한다. 구조란 개인들이 자신의 이익을 실현해 나가는 과정에서 배경 화면으로 설정해 놓은 픽션(fiction)이기 때문이다. 그래서 이들은 철저한 방법론적 개인주의에 입각해서 세상을 본다. 즉 '사회 전체'라는 것은 없고 오직 '개인'만이 존재한다.

정부를 시장의 논리로 바라본 모형에는 1990년대에 시장적 정부 개혁을 추진한 신공공관리론이 있다. 그러나 공공선택론과 신공공관리론은 유사하면서도 상당히 다른 접근법이다. 공공선택론은 공공의 영역을 '공공재를 공급하기 위한 선택(choice＝의사결정)'이 이루어지는 영역이라고 보고, 이런 공공 선택이 효율적 자원배분을 달성하는지와 만약 달성하지 못한다면 그 원인은 무엇인지를 분석하는 이론이다. 결국 공공선택론은 공공선택에 참여하는 공공재의 공급자(관료, 정치인)와 수요자(국민)가 모두 경제적 인간으로서 개인 효용(이익) 극대화를 추구하면서 시장에서의 거래와 달리 비시장적 선택방법인 '협상'이나 '투표'를 사용하기 때문에 자원배분의 효율성 달성에 실패(이를 '정부실패'라 한다)하게 된다는 것이다. 따라서 이런 정부실패를 극복하기 위해서는 공공영역을 완전히 시장과 같은 영역으로 탈바꿈하여 개조해야 된다고 주장한다.

이에 비해 신공공관리론은 관료제의 비효율성을 극복하기 위해서는 관료제 내부 운영의 시장화(경쟁체제의 도입)를 추진해야 한다고 주장한다. 신공공관리론은 관료제 내의 관료는 각종 내부 규제의 올가미에 얽매여 능동적으로 일할 수 없다고 본다. 따라서 관료제 내의 각종 내부 규제를 폐지해서 관료를 규제로부터 해방시키면 효율성이 높아질 거라고 주장한다. 이것을 '해방관리론'이라고 부른다. 이런 점에서 관료제 내의 관료들이 사익을 추구하기 때문에 비효율성이 초래된다는 공공선택론의 관점과 상당히 다르다.

공공선택론은 정보의 부족을 정부실패의 원인으로 지목하기도 한다. 시장에서 수요와 공급의 원리에 따라 재화의 생산과 구매의 선택행위가 이루어질 때 가장 효율적인 자원배분 — 이것을 '파레토 효율성'이라고 함 — 이 달성된다. 이것이 가능하기 위해서는 1) 사적 선택의 행위자들이 자신의 이득(효용 또는 이윤)을 극대화하려 함 2) 행위자들이 생산과 소비에 필요한 완전한 정보를 갖고 있음(이것을 '거래비용이 없는 상태'라고 한다)의 두 가지 조건을 충족해야 한다. 특히 2번 조건에서 완전한 정보가 없으면 — 즉 거래비용이 발생하면 — 시장실패가 발생한다. 예를 들어 중고차를 판매하는 자는 중고차에 대한 많은 정보를 갖고 있지만 구매자는 이 차가 사고 난 경험의 유·무 등 중고차에 대한 정보를 충분히 갖고 있지 못해서 중고차 시장이 제대로 성립하지 못하는 시장실패가 발생한다. 이런 논리는 공공선택에 그대로 적용된다. 공공선택의 행위자들 — 예 투표자, 공공재 공급 결정자 등 —은 선택에 필요한 충분한 정보를 제공받지 못하면 상당한 거래비용이 발생해서 합리적 선택을 하지 못하게 된다. 따라서 선거에서 후보가 어떤 사람인지 공약이 무엇인지 잘 알지 못하므로 투표자가 엉터리 선택을 하게 되며 그 결과 무능력하고 부패한 후보를 정치인으로 공공선택하면 결국 국민이 불행해진다.

니스카넨(William A. Niskanen)은 관료들이 이익극대화를 위하여 어떻게 재화와 서비스에 대한 공급의사결정을 내리는가에 대한 「예산극대화모형(Budget-maximizing model)」을 제시했다. 윌슨패러다임과 막스 베버의 의 관료제 이념형에 의하면 관료는 공익에 봉사하는 중립적인 공공재 공급자로 간주되었다. 그러나 니스카넨은 인간을 합리적·경제적 인간으로 가정하면서, 시장에서의 소비자나 생산자와 동일하게 정치인과 관료들도 자신들의 효용 극대화를 추구한다고 본다. 그런데 정치인과 관료는 서로 다른 효용함수를 가지고 행동한다. 즉 정치인은 선거를 통해 재신임을 얻는 것을 목표로 하므로 시민의 공공재에 대한 편익의 극대화가 개인효용함수의 중요한 변수로 작용한다. 이에 반해 관료들은 예산극대화를 통해서 자신들의 효용을 극대화시킨다고 가정하였다. 관료는 공공재의 공급자이고 국민의 대표로 선출된 정치인(의회)은 공공재의 수요자이며 양자는 쌍방독점관계에 있다. 관료는 공공재의 최적 공급수준을 결정할 때 비용제약을 받지 않고 총 편익이 총비용 이상이 되기만 하면 이 수준에서 결정하려고 한다. 반면에 정치인은 시민의 편익 극대화를 추구하므로 공공재의 한계편익과 한계비용이 일치하는 수준(즉 총 편익과 총비용의 차이가 최대인 수준)에서 결정하려고 한다. 이런 점에서 정치인의 의사결정은 주류 경제학의 한계효용균등의 법칙을 그대로 따르고 있다.

공급자인 관료는 수요자인 정치인보다 공공재 공급의 최적수준을 더 높게 설정하는데 공공재 공급 수준 결정에서 주도권을 관료가 지니게 된다. 그 이유는 정보의 비대칭성 때문이다. 관료는 정치인에 비해 전문성 때문에 공공재 생산에 대하여 더 많은 정보를 보유하게 되고 이것은 관료와 정치인의 관계에서 정보의 비대칭성을 초래한다. 관료는 이런 정보의 비대칭성을 이용하여 공공재 공급에서 마치 시장 독점자와 같은 행동을 한다. 즉 공공재 공급에서 발생하는 사회적 잉여를 국민에게서 빼앗아 자신들에게 귀속시킨다. 결국 관료들은 정부 생산의 총편익이 총비용보다 크다는 사실을 입법부에 납득시켜 총비용에 상당하는 예산을 배정받는다.

일반적으로 관료의 비효율성은 자원을 아껴 쓰지 않는 낭비와 같은 기술적인 비효율성(X-비효율성) 때문이라고 생각한다. 그러나 니스카넨은 관료의 비효율성의 본질은 산출물 규모가 적정 규모보다 크다는 배분적(경제적) 비효율성에 있다고 지적했다. 즉 그림 9-4 그래프에서와 같이 공공부문의 크기(=총 조세금액)가 사회적인 최적수준보다 2배 가까이 이르게 되어 과잉생산을 초래하여 자원낭비가 발생한다.

▼ 그림 9-4 니스카넨의 예산극대화 모형

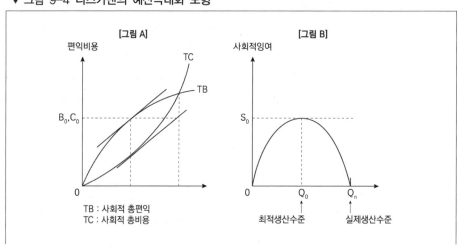

[그림A]: 관료적 생산수준에 따라 나오는 총편익(TB)과 총비용(TC)의 변화를 도식화

[그림B]: 각 생산수준에서의 총편익에서 총비용을 뺀 사회적 잉여를 도식화

여기서,　Q_0: 사회적 잉여가 극대화되는 생산량수준

　　　　　Q_n: 사회적 잉여가 0인 수준이며 실제생산수준

　　니스카넨은 관료제의 비효율성을 개선하기 위해 여러 가지 개혁방안을 제시했다. 우선 관료의 봉급을 예산절감노력에 상응하게 조정함으로써 관료들의 과다한 생산 활동을 억제해야 한다고 주장했다. 이를 위해서는 정부 활동에 비용개념을 도입해야 하지만 주인 없는 정부조직에서 실현가능성은 매우 낮다. 다음으로 생산과 공급활동은 민간부문이 수행하고 정부는 경비만 지급하는 방법을 채택하는 방안이 필요하다. 즉, 공공재의 외주생산(outsourcing)을 도입하는 것이다. 그러나 공무원이 외주생산업체를 선정하는 과정에서 뇌물거래 등 지대추구행위가 나타날 수 있어서 이 방법 역시 위험하다.

　　니스카넨의 모형은 관료제의 내부를 해부하여 예산이 증가하는 원인을 폭로했다는 점에서 주목을 받았다. 그러나 그는 모든 관료가 동일한 효용함수를

배분적 비효율성과 X-비효율성(X-inefficiency)

① 배분적 비효율성(allocative inefficiency): 자원배분의 파레토 효율성이 달성되지 못한 상태를 말한다. 배분적 비효율성은 정부산출물이 독점적으로 공급된다는 사실과 수요가 명확히 표출되지 못하고 복잡한 정치적 협상과 타협의 과정을 필요로 한다는 점에서 비롯된다. 또한 비용편익분석 등 합리적인 분석의 결여로 사업의 우선순위를 무시한 결과, 사업이나 대안 간에 효율적인 자원배분이 되지 않아 낭비가 초래되는 경우이다.

② X-비효율성(X-inefficiency): 라이벤스타인(Harvey Leibenstein)은 효율성의 또 다른 차원인 X-비효율성을 강조하였다. 정부나 기업이 방만하고 나태한 경영으로 인하여 경영상의 효율성을 추구하기 위한 노력이나 유인(incentives)이 감소되어 나타나는 비효율성으로서, 법적 제도적 요인이 아닌 심리적 행태적 요인에 의해 나타나는 관리상·경영상 비효율성을 의미한다(예 무사안일한 근무성향, 소극적인 근무태도).

지닌다고 과도하게 단순화시켰으며 정부 내 부서들 간 차이점(variations)을 전혀 고려하지 않았다. 이런 점을 비판하고 제안된 것이 던레비(Patrick J. Dunleavy)의 「관청형성모형」이다. 관청형성모형에 따르면, 관료들은 자신의 효용을 극대화시키기 위해 '관청'을 자신의 선호에 맞는 형태로 변화시키는 관청형성전략(bureau-shaping)을 구사한다. 즉 고위직 관료들은 예산보다는 행정기관의 조직 구성 형태에 더 많은 이익을 갖고 있다. 그리고 공무원의 계급(고위공무원과 중하위공무원), 부서의 성격(전달기관과 통제기관) 등의 차이에 따라 공무원의 효용함수가 달라지며 개인과 집단 사이의 전략에도 차이가 있다고 가정하였다.

니스카넨이 가정한 예산극대화전략은 공무원 개인적인 전략이 아니라 집단적인 전략에 속한다. 예산극대화에서 집합행동에는 딜레마가 발생한다. 상위직 관료는 예산증대에의 기여가능성은 높지만 그로부터 얻는 효용은 작다. 하위직 관료는 예산증대에의 기여가능성은 낮지만 그로부터 얻는 효용은 매우 크다. 그러므로 상위직과 하위직 관료 입장에서 증가된 예산으로 얻을 '편익'에서 예산증가를 위해 투입할 '비용'을 뺀 '순편익'이 다른 활동을 통해 얻게 될 '이익(후생)'보다 작아서 모두 예산극대화에 소극적이다.

상·하위직 관료의 효용함수모형 $= (B \times P) - C < W$

여기서,　　B : 예산증대를 통해서 자신에게 돌아오는 편익(Benefit)
　　　　　P : 자신의 노력이 예산증대를 끌어내는 데 결정적으로 기여할 확률(P)
　　　　　C : 예산증대를 위한 개인적 노력에 들어가는 비용(Cost)
　　　　　W: 예산증대 이외 활동(예 기관 형성)을 통해 얻게 될 후생(Welfare)

특히 고위직 관료는 금전적 편익보다는 수행하는 업무의 성격과 업무 환경에서 오는 효용을 증진시키는 데 더 큰 관심을 갖는다. 따라서 합리적인 고위관료들은 반복적이고 일상적이며 자율성이 낮고 시민의 눈에 잘 노출되어 있는 계선기능보다는 창의성을 요하고 자율성이 높으며 시민의 눈에 잘 띄지 않는 참모기능을 선호한다. 이를 위해 그들의 부서를 참모기능에 근접하고 중앙에 위치해 있는 기관의 형태로 변화시키고자 하는 관청형성(bureau-shaping)전략을 채택하게 된다.

▼ 표 9-9 기관유형과 예산극대화 동기의 관계

기관이 사용하는 예산유형	기관유형	예산극대화동기
핵심예산: 기관 자체의 운영비(장비, 건물 등 자본적 지출비)	서비스 전달기관(예 특허청)	예산극대화 동기를 갖게 됨
관청예산: 핵심예산+해당기관이 민간부문에 지불하는 지출액	이전기관(예 보건복지부)	예산극대화 동기를 갖기도 하고 갖지 않을 수도 있음
사업예산: 관청예산+해당기관이 다른 공공기관에 이전하는 지출액	통제기관(예 기획재정부, 행정안전부)	예산극대화의 동기를 찾기 곤란
초사업예산: 사업예산+영향력을 미칠 수 있는 타기관 예산	통제기관: 대부분의 행정기관은 일반적으로 여타 3가지 예산만을 사용하고 초사업예산은 없음	

책임운영기관

1980년대 이후 본격화된 신자유주의에 기초한 신공공관리론(NPM)의 정부개혁은 비효율적인 관료제를 개혁하기 위해서 퇴출메커니즘을 이용해 공무원들에게 시장과 유사한 압력을 행사하는 신관리주의 전략을 구사했다. 책임운영기관은 바로 이러한 신관리주의의 실제 사례이다. 영국에서 1988년 정부개혁 프로그램인 Next Steps Program에 따라 140개 부서를 'Executive Agency'로 지정하면서 처음 도입되었다. 이것은 정책결정기능과 집행기능을 분리하여, 집행기능의 분권화와 행정조직의 시장적 관리를 강화하려는 조치이다. 우리나라는 1999년부터 책임운영기관제도를 도입하여 시행하고 있다. 그러나 우리나라의 책임운영기관은 공무원 수(전체 공무원 수 대비 약 1%, 지정기관은 총 51개)와 예산 기준으로 볼 때 전체 정부에서 매우 작은 비중에 그치고 있고 그 자율성과 신상필벌이 형식적이어서 전시행정의 표본이라 하겠다.

던레비는 예산이나 기관의 성향에 따라 예산증액에 대한 전략이 달라진다고 주장하였다. 특히 핵심예산이 큰 비중을 차지하는 전달기관은 예산극대화를 추구할 충분한 동기를 갖고 있으나, 다른 공공기관에 이전하는 지출액이 큰 비중을 차지하는 통제기관은 예산극대화의 동기를 찾기 힘들다.

Dunleavy의 관청형성모형은 영국의 'Next Steps' 개혁프로그램에 의해 도입된 책임운영기관제도에 대해 이론의 적용가능성이 높은 것으로 평가된다. 책임운영기관과 준정부기관들은 분봉(hive-off, 모회사에서 자회사를 독립시키는 것)에 해당하며, 일종의 은닉된 정부로서 고위관료들의 책임성 확보를 어렵게 하면서 정부팽창의 수단으로 사용된다.

케인즈의 큰 정부 정책은 1970년대 오일쇼크와 스태그플레이션이 덮치면서 종말을 고했다. 1980년 미국 레이건 대통령은 케인즈의 총수요관리정책을 버리고 공급중시정책으로 대전환을 밀어붙였다. "세율을 낮추면 오히려 조세수입이 늘어난다."는 '래퍼곡선(Laffer Curve)'에 따라 법인세와 소득세 세율을 낮추었고, 긴축통화정책을 실시하고 정부규제를 혁파했다. 이로써 물가는 기존 14%에서 5%로 떨어졌고 경제성장률은 기존 2%대에서 4%대로 올라섰다. 이런 기반 위에 1990년대 IT벤처혁명을 일으켜 세계 유일의 패권국으로 올라섰다. 이처럼 1980년대 이후 선진국들은 정부의 과도한 시장개입을 철폐하고 공정한 게임의 룰(rule, 규칙)을 만드는 데 중점을 두는 「규제국가(신행정국가)」로 국가운영의 패러다임을 전환하고 있다. 이에 반해 한국은 다른 나라들이 쓰레기통에 버린 케인즈와 마르크스를 가져다 '소득주도성장'이란 이름으로 포장해 돈을 마구 살포한다. 한때 OECD 3위였던 경제성장률은 지금 꼴찌로 추락했다. 우리나라는 연간 500조 원이 넘는 예산을 편성하여 지출하고 있다. 최근 정부예산은 평균 8% 내외의 큰 폭의 증가를 나타내고 있다. 경제성장률이 2% 전후한 선에서 이루어지고 있음에 비해 정부재정규모의 팽창은 과도한 수준이다. 우리나라 전체 GDP에서 정부지출이 차지하는 비중은 2018년의 경우 30%를 훌쩍 넘을 정도로 정부지출의 비중은 매우 크며 공무원 수도 지속적으로 증가했다. 작은 정부를 지향하는 보수와 큰 정부를 지향하는 진보라는 이념은 좌·우 정부 변화에 전혀 반영되지 못했다. 오직 관료의 이익만이 정권을 관통하는 원동력이다.

▼ 표 9-10 시기별 공무원 수(정원 기준)의 변화 (단위: 명)

구분	제5공화국	제6공화국	문민정부	국민의 정부	참여정부	이명박 정부	박근혜 정부
국가공무원	477,146	565,115	561,952	576,223	568,889	610,813	637,654
지방공무원	216,451	306,295	367,202	308,693	327,117	338,394	363,691

한국에서 공무원은 더 이상 박봉에 시달리는 산업화의 역군이 아니며, 공무원 1인당 평균 연봉이 6천만 원이 넘는 그냥 잘 먹고 잘 사는 웰빙족이다. '성' 안에서 펜대 굴리며 허황된 정책들을 문서에 담아내는 데 모든 시간을 써버리는 공무원들이 단 몇 만 원이 없어서 가족이 자살하는 마음을 이해할까. 이제 무한대의 정부팽창을 멈추어야 한다. 뉴딜은 경제공황을 타개하기 위한 특단의 대책이었을 뿐이다. 경제성장과 일자리 창출은 정부가 아니라 시장에 있는 개인과 기업의 책임이자 권리이다. 정부가 도덕적인 신탁자(trustee)이길 기대했던 케인즈의 꿈에 지금의 관료들은 더 이상 흙탕물을 뿌리지 말아야 한다. 그래야 이 지긋지긋한 부조리가 끝난다.

제10장

부자의 돈을 빼앗아 빈자에게 주는 것이 정당한가?

행정이념, 정의론, 재분배정책

5초에 한 명씩 어린이가 기아로 사망하고 전 세계 8억 5,000만 명이 굶주리는 세상. 전 세계 인구가 75억 명이지만 전 세계 식량 보유량은 이 인구의 두 배인 120억 명을 먹여 살릴 수 있다고 하는데…. 하지만 한 쪽에서 농산물 가격 폭락을 막기 위해 식량을 불태워 버리고, 또 다른 제3세계 빈민들은 비싼 농산물을 살 수 없어 굶어 죽어간다. 「왜 세계의 절반은 굶주리는가」의 저자 장 지글러(Jean Ziegler)는 이런 지구의 민낯을 절절한 목소리로 고발한다. 그는 "남의 고통을 같이 아파할 수 있는 동물은 인간뿐이다."라는 믿음을 포기하지 않고 빈곤의 근원을 파헤쳐 희망과 대안을 찾아 나섰다. 이 책이 출간된 이후, 인간 사회를 억누르는 거대한 불평등 구조는 인류에게 충격을 안겨 주었다. 그러나 전 세계 어디에서도 이런 불평등 구조를 바꾸기 위한 시도는 없다. 그 이유로 '거대 자본의 힘' 때문이라거나 '그림자 국가'와 같은 어떤 정치적 음모 때문이라는 상상이 가세한다. 하지만 "당신의 전화 한통이 이 아이를 살립니다."라는 15초짜리 TV공익광고가 나오면 참지 않고 즉시 채널을 돌려버리는 보통 사람들의 매몰참은 전혀 거론되지 않는다. 이런 모순은 한국에서 도드라지게 나타난다. 2014년 2월 추운 겨울날 서울 송파구에서 살았던 세 모녀가 큰딸의 만성 질환과 어머니의 실직으로 인한 생활고에 시달리다가 "정말 죄송합니다."라는 메모와 함께 갖고 있던 전 재산인 현금 70만 원을 남기고 자살한 사건은 우리 사회에 충격파를 몰고 왔다. 이후 정부와 국회는 오랜 시간을 끌다가 자칭 '세 모녀법'이라 이름을 부여한 '기초생활보장법, 긴급복지지원법, 사회보장급여의 이용·제공 및 수급권자 발굴에 관한 법률'을 개정했다. 그러나 이 대책은 저소득층의 생계지원 기준을 일부 완화하는 것일 뿐 알맹이 없는 생색내기에 불과했다. 특히 정부가 2015년에 「국민기초생활보장법 시행령」을 개정하면서 "수급자 또는 수급권자의 소득 관련 자료가 없거나 불명확한 경우 등에는 보장기관이 개별가구의 생활실태 등을 조사하여 확인한 소득을 실제소득에 더할 수 있도록 한다." 라는 규정을 못박았다. 이로써 공무원이 저소득층의 근로능력을 조사해 추정 소득을 결정할 수 있는 무소불위의 권력을 행사할 수 있는 길을 터놓았다. 가난의 비극 앞에서도 관료들은 그들의 이권을 부여잡고 결코 내려놓지 않는다.

가난은 고통이고 지독한 형벌이다. 그래서 오직 가난을 벗어나기 위해 위험한 노동현장에서 지금 이 순간에도 수많은 노동자들이 목숨을 건 중노동에 몸을 던진다. 하지만 노동 소득 대비 자본 소득의 비중이 더 커질 수밖에 없는 자본주의 사회에서 극단적 소득불균형은 필연적이라는 「21세기 자본론」의 저자 토마 피게티(Thomas Piketty)의 우울한 진단은 노동자들에게 절망으로 다가선다. 그는 자본주의 국가의 엄청난 불평등이 기술 혁신 등 시장발전의 불가피한 결과가 아니라 부자에게 유리한 정책 환경과 성장률보다 높은 이윤율로 만들어진 의도된 바벨탑이라고 비판한다. 현실을 돌아봐도 기름때 묻히는 직업에 뛰어든 사람들이 거머쥘 수 있는 돈은 부스러기 수준이다. 일반적으로 제조업이 전체 상품가격에서 차지하는 부가가치의 비중은 10%도 채 되지 않는다. 이에 반해 큰돈은 자산 투자와 상속으로 흘러들어가 대를 이어 승계된다. 이제 가난은 개인의 노력이나 운수의 문제로 치부해서는 진실을 정확하게 진단해낼 수 없다. 우리 눈에 보이지 않지만 우리를 억누르는 사회구조를 보아야 한다. 거미는 자신이 만들어낸 거미줄에 구속되지 않는다. 그렇지만 다른 곤충들은 거미줄에 걸려들면 결코 헤어나지 못하고 끝내 거미의 먹잇감이 되어버리고 만다. 우리는 거미줄 같은 사회구조가 어떻게 만들어졌고 그 작동 원리가 무엇인지를 이해함으로써 비로소 자유를 얻을 수 있다. 그 자유는 곧 부자로 가는 길로 귀하를 안내할 것이다. 바로 이런 거미줄의 비밀코드에 과감하게 카메라 렌즈를 들이민 영화가 2019년에 봉준호 감독이 연출한 「기생충」이다. 변변한 액션 장면 하나 없고 허접한 살인사건이 끼어드는 다큐 같은 영화. 그럼에도 이 영화가 관객몰이에 성공한 것은 '한국 최초의 칸 국제영화제 황금종려상과 아카데미 오스카상 수상작'이라는 후광에만 의존한 것은 아니었다. '빈부격차'라는 묵직한 사회적 담론을 기존의 선과 악의 이분법이 아닌 인간 내면의 감성으로 버무려 상당히 그럴듯한 비빔밥으로 만들었기 때문이다. 예를 들어 박사장이 기택네에서 풍기는 냄새에 대해 "가끔 지하철 타면 나는 냄새"라고 하는 장면은 빈부격차를 단순히 돈의 많고 적음을 넘어 삶의 내면에 침전된 마음의 분비물로 묘사하고 있다. 서로 다른 냄새는 서로 다른 생각과 세계관을 반영한다. 그래서 박사장과 기택네는 서로 다른 냄새 때문에 결코 선을 넘을 수 없는 벽을 가지고 있다. 여기서 예전에 본 영화 중에 흑인 노예가 노예 신분을 벗어나기 위해 철수세미로 자신의 검은 피부를 피가 나도록 닦아내는 장면이 오버랩된다. 많은 영화평론가들의 호평에도 불구하고 학문적 관점에서 영화에 대한 아쉬움은 남는다. "아버지, 저는 이게 위조나 범죄라고 생각하지 않아요?"라는 물음은 부의 축적이 위조와 범죄로 쌓아올린 모래성이라는 비약을 범하고 있고, "나 불우 아니야"라는 외침은 정규직과 비정규직, 불우와 비불우의 집단으로 양분함으로써 그들과 우리는 다름을 덧칠하며, "부자인데도 착해."라는 고백은 돈을 감성의 발원지로 이어버린 무책임함을 범한다. 도대체 기택네 가족이 범한 사기, 절도, 살인 등 온갖 수단과 방법은 "사회에 도저히 넘을 수 없는 유리 천장(glass ceiling)이 있다."는 변명 한 마디로 정당화될 수 있는지? 결국 '부자는 악, 빈자는 선'이라는 이분법의 관습을 깨면서도 교묘하게 '사회구조는 악, 빈자의 무조건적인 구조파괴는 선'이라는 구도로 넘을 수 없는 선을 넘어버린다. 그러면 결국 부자의 돈을 빼앗아 빈자에게 주는 모든 행위는 정당성을 획득한다. 악의 구조를 힘없는 개인이 뛰어넘을 수 없다면 정부가 대신해야 한다는 논리 일 것이다. 그런데 왜 정부가 그 일을 할 수 있는 능력과 선의를 갖고 있는지에 대해서는 질문하지 않는가? 이 대목에서 감독이 포스터에 내건 카피 "행복은 나눌수록 커지잖아요."에 의문이 든다. 그럼 함께 나누기 위한 행복은 애초에 누가 만드는가?

　　지금 한국 사회에서 최대의 화두는 '공정함'이다. 예전에 TV에서 방영한 하버드대학의 마이클 샌델(Michael Sandel, 1953~) 교수의 '정의란 무엇인가?'라는 주제의 강연은 상당히 난해한 내용에도 불구하고 많은 사람들을 TV 앞으로 끌어들였다. 그만큼 우리 사회가 정의로움에 목말라 있음을 반증하는 현상이다. 정의의 빈곤은 곧 다수 사람들의 굶주림을 상징한다. 그러나 영화 기생충이 암시하듯 우리 사회를 '평등의 외피를 입은 계급사회'로 그려내면서 빈자의 돈을 향한 무조건적인 질주는 아름답다고 한다면 정의의 기준은 혼란스러워진다. 인생은 마라톤이다. 이 치열한 경쟁에서 낙오자의 모습은 선명하기에 사람들의 연민과 동정을 자아내지만 승자는 그 머리에 쓴 월계관만 부각될 뿐 발바닥의 피명은 드러나지 않는다. 그러면 승자의 월계관에서 꽃잎을 떼어내 낙오자들에게 나누어 주는 것은 정당한가?

서양에서 'justice'란 'goodness'이다. good은 '좋은 것'을, goods는 '상품(재화)'을 뜻한다. 서양에서 "마음이 훌륭하다."라는 의미로 'arte'라는 단어를 사용한다. art는 기술이다. 장인의 숙련된 손놀림이 art인 것이다. 그만큼 수준 높은 기술을 갖고 있어야 훌륭한 마음을 가지게 된다는 것을 말한다. 이처럼 서양은 물질과 기술을 지향하는 정의관을 갖고 있다. 그래서 사람들의 굶주림을 막는 재화를 많이 만들어내는 것이 바로 정의를 세우는 것이라고 본다. 그런데 동양은 어떤가? 한자로 '선(善)'은 "심성이 남을 헤아린다."는 뜻이다. 덕성이라는 것도 마음의 한 줄기이다. 이래서 동양에서는 정의의 문제를 관념의 울타리 안에 가두어버린다. 정의와 사람들의 먹고 사는 문제를 잇는 다리는 사라진다. 보통 사람들의 삶이 아무리 빈곤하고 헬조선을 외쳐도 이것은 정의의 문제가 아니고 그저 시장경제의 자연스런 결과일 뿐이라는 괴상한 논리가 지배한다. 이런 논리는 한국 사회에서 서민들의 상대적 박탈과 가난은 통치자들이 시혜적으로 던져주는 자비에 의존해서 해결되어야 한다는 허위의식으로 치달린다. 선거철만 되면 정치인들이 서민들의 먹고사는 문제를 해결해 줄 것처럼 잔뜩 기대하는 현상도 이래서 나온다. 과연 정의가 그 누군가가 던져주는 선물이나 떡고물 정도인가? 정의는 먹고 사는 물질의 문제이다. 이 물질은 사람들이 노동을 통해서 만들어 내는 것이다. 생산에 참여한 자들이 그 노동의 정당한 댓가를 받는 것이 정의의 핵심인 것이다. 이런 정의는 권력자가 주는 시혜에 의해 만들어지지 않고 노동하는 자의 현명함과 투쟁에 의해서 쟁취될 수 있는 것이다.

정의(justice)란 인간사회에 있어 옳고 그름에 관한 문제이다. 행정학 교과서에서는 정의를 '형평성(equity)'이라고 표현한다. 전통적 정의론은 'deserve'의 개념에' 기초하고 있다. 'deserve'란 '응분의 자격이 있는 또는 도덕적으로 정당한'을 뜻한다. 아리스토텔레스는 "유사한 것은 유사하게 대우한다."는 평등주의 원칙을 주장했다. 이에 비해 플라톤은 그의 계급 국가관을 반영하여 "각자에게 그의 정당한 몫 또는 각자에게 그가 권리를 갖고 있는 것을 준다."는 원칙을 주장했다. 이처럼 어떠한 상태가 도덕적으로 바람직하므로 이 상태가 정의로운 상태라는 식의 전통적 정의론은 동어반복이기 때문에 분배정의의 기준이 될 수 없다. 현대 사회와 같이 빈부양극화가 심화되는 상황에서 분배와 재분배의 기준을 명쾌하게 제시해야 정의론으로서 자격이 있다.

수직적 형평성 vs. 수평적 형평성

수직적 형평성(vertical equity)은 성, 연령, 재산 등 서로 다른 인적 특성에 따라 차등적인 대우를 하는 기준이다(**예** 대표관료제, 재분배정책). 이에 비해 수평적 형평성(horizontal equity)은 같은 자격을 갖춘 사람에게 동일한 대우를 해주는 기준이다(**예** 공개경쟁채용시험, 수익자부담원칙).

근대사회는 사적 소유권제도에 기초하여 성립하였으므로 정의에 대한 관점은 '권리 또는 자격(entitlements)'에 기초한 권리와 배분의 문제에 초점을 둔다. 이때의 정의론은 "한 개인이 소유하는 것은 자격과 권리를 갖고 있는가?", "정부가 개인의 재산에 대해 세금을 징수하여 가져가는 행위는 정당한 권리에 근거한 것인가?"와 같은 의문에 답을 구하려고 하였으며 그 논쟁의 주류적 흐름은 다음과 같다.

정의는 행복에 이르는 사다리다. 우리는 돈이 곧 행복이라고 믿지만 인류가 이렇게 생각하기 시작한 것은 300~400년 전쯤부터이다. 중세시대인 1500년대까지만 해도 유럽 사람들은 진정한 행복이란 하나님의 절대 권위에 순종하면서 자기중심적이고 쾌락추구적인 행동을 억제하는 삶 속에서 얻어지게 되는 것이라 믿었다. 비슷한 시기에 조선과 중국 사람들은 유교의 원리에 따라 '인'이 곧 행복이고 이런 인은 물질을 통해서 얻어질 수 없고 스스로를 갈고 닦는 수양을 통해서 얻어진다고 믿었다. 지금도 불교에서는 현실의 물질은 존재하지 않는 허상에 불과하고 수행을 통해서 물질에 대한 집착에서 벗어나 모든 것으로부터 자유로운 해탈의 경지에 도달하는 것이 진정한 행복이라고 설파한다. 돈이 곧 행복인 사회는 17~18세기에 처음 등장했다. 이 당시 산업혁명이 급속하게 전개되면서 사회가 극단적인 자유방임주의로 움직이다 보니 자본가와 노동자 간에 빈부격차가 엄청나게 발생했다. 그 당시에 영국 청년들의 평균 수명이 20대였다고 하니 얼마나 힘든 노동이었을까? 심지어 6살 어린이가 공장에 취직해 16시간 동안 일을 했다. 이런 엄청난 빈부격차 속에 등장한 공리주의(Utilitarianism)는 저임금 노동자들의 희생이 사회전체의 이익에 기여한다는 논리를 전개하여 많은 사람들에게 공감을 불러일으켰다. '최대다수의 최대행복'은 빈부격차의 반성으로 사회 전체의 이익을 모두의 목표로 내세우자는 슬로건이었다. 17세기말 산업혁명과 더불어 과학의 발전이 거듭되면서 우주 전체는 어떤 법칙에 의해 움직이는 하나의 거대한 기계일 뿐 아니라 그 모든 부분은 기계적 인과관계라는 냉혹한 법칙에 의해 지배된다는 기계주의 철학이 생겨났다. 이런 기계주의 철학은 인간 사회에 그대로 적용되었다. 개인의 행동과 사회제도가 옳은 것인지 나쁜 것인지 판단하기 위한 기계공학적 기준이 필요했고 그래서 등장한 것이 공리주의다.

벤담(J.Bentham, 1748~1832)은 저서 「도덕과 입법에 관한 원리서설」(1789년)에서 쾌락의 추구와 고통의 회피가 인간의 유일한 동기이므로 모든 인간의 행위는 쾌락에의 욕망과 고통에 대한 회피에 의해 작동된다고 주장하였다. 따라서 이성과 법률에 의해 행복한 사회를 건설할 수 있는 체계의 기초는 '공리의 원리'가 될 수밖에 없다. 공익을 계산할 때 모든 사람은 하나로 계산되어야 하며 아무나 하나 이상으로 계산되어서는 안 된다는 개체주의적 사회관과 평등사상에 기초한다. 더 나아가 '최대다수의 최대행복'이라는 도덕적 원칙은 사회 전체의 효용을 증가시키기 위한 개인의 희생은 정당하다는 논리로 발전되었으며 민주적 의사결정방법인 다수결 원칙을 정당화시키는 역할을 했다. 공리주의는 쾌락이 그 질에 있어서 차이가 없다는 견해와 차이가 있다는 견해로 나뉜다. 벤담은 쾌락이 궁극적으로 하나의 종류밖에 없기 때문에 양적으로만 차이가 있을 뿐이지 질적으로는 차이가 없다는 양적 쾌락주의의 관점을 갖고 있다. 쾌락의 크기를 계산하기 위한 7가지 기준(강도, 지속성, 확실성, 근접성, 다산성, 순수성, 범위)을 제시하였는데, 이런 생각은 훗날 한계효용혁명에 선구자적 역할을 했다. 18세기에 제본스(William Stanley Jevons, 1835~1882)를 중심으로 한 한계효용학파들은 인간의 심리 현상을 지배하는 자연법칙이 존재한다는 대전제 하에 가격이라는 자극에 대해 쾌락(효용)과 고통(비용)의 반응만 하는 인형 같은 인간을 만들어냈다. 쾌락과 고통을 미분(calculus)하여 마지막 한 단위 즉 한계(marginal)의 변화를 근거로 선택한다는 형식논리학을 세웠다. 이와 같이 각 개인이 누리는 쾌락의 양이 모두 합산되어 증대되는 것을 사회의 쾌락으로 보았다. 이러한 벤담의 생각은 개인의 행위가 사회 전체에 불이익을 가져온다면 제재를 가해도 된다는 형벌 이론으로 이어진다. 형벌이 처벌받는 죄인의 고통보다 더 큰 사회적 선을 산출하거나 더 많은 피해를 방지할 수 있는 형벌만이 정당화된다. 예를 들어 사형제도가 흉악범 억제에 효과가 없다면 이를 폐지해야 한다는 논리가 여기서 나온다. 살인을 당한 피해자의 목숨값과 살인자의 목숨값은 동일하게 계산되고 어떤 도덕적 가치는 고려되지 않기 때문이다. 그의 자유로우면서도 발칙한 상상력은 판옵티콘이란 감옥을 창안하게 된다. 그는 자신의 제안서에서 이 감옥의 본질적인 장점을 한 단어로 표현하기 위해 '진행되는 모든 것을 한눈에 파악할 수 있는 능력'을 의미하는 「판옵티콘(Panopticon)」이라고 표기하였다. 흔히 판옵티콘은 전체주의 사회나 치밀한 감시체제의 상징으로 인용되지만, 벤담의 의도는 그와 달랐다. 18세기경까지 감옥은 더럽고 비인간적이며 착취와 학대가 난무했다. 예컨대, 이 당시 죄수호송선에서는 약 1/3의 죄수가 죽어 나갔다. 이런 문제점을 타개하기 위해 감옥 운영에 비용이 적게 드는 방식을 도입할 필요가 있었다. 그래서 판옵티콘에는 한 명의 간수가 많은 죄수를 감시할 수 있어서 비용을 획기적으로 절감할 수 있다. 이렇게 절감된 경비를 감옥에 위생적 화장실 설비와 환기시설, 중앙 냉난방을 설치할 수 있다. 어찌 보면 죄수들에게 억압과 굶주림, 질병과 죽음의 공포로부터의 해방을 안겨 준다는 점에서 더 인간적이고 합리적이었다고 평가할 수 있다.

밀(J.S. Mill, 1806~1873)은 질적 공리주의를 주장하였다. 밀은 쾌락의 본질을 자율과 책임 위에서만 존재한다고 보고, 사회적 공익이 개인의 쾌락보다 앞선다고 주장하였다. 이처럼 밀은 쾌락의 질적 차이를 주장함으로써 벤담의 양적 공리주의를 보완하였다. 밀은 능력 개발의 수단과 기회가 있고, 예속이 없는 상황에서, 자유로이 자신의 삶을 선택하는 것이 쾌락(공리)을 극대화하여 최선의 결과를 가져온다고 보았다. 그러므로 다수자에 의한 소수자의 제한은 부당하다. 이런 점에서 밀의 공리주의는 정치이데올로기로서의 '자유주의 탄생'에 기여하였다. 밀은 민주주의가 정부의 가장 훌륭한 형식이라는 데는 동의했지만, 국민의 의지는 대부분 다수의 의지이므로 다수가 소수를 억압할 위험이 있다고 보았다. 인간의 행위의 자유를 방해하는 것이 정당화되는 유일한 근거는 그것이 자기 방어를 목적으로 할 때뿐이며 정부의 역할은 극소화되어야 한다고 주장하였다.

그렇다면 공리주의 관점에서 부자에게 세금을 부과하여 가난한 사람들에게 소득을 이전시키는 재분배정책은 정당화될 수 있을까? 답은 "No!"다. 왜냐하면 재분배정책을 시행한 결과 부자의 고통과 빈자의 쾌락을 합한 것이 사회적 쾌락의 총량을 증가시킨다는 보장이 없기 때문이다. 더 나아가 극단적으로 불평등한 소득분배상태도 최대다수의 행복이 최대가 된다면 정당화될 수 있다. 결국 "한 나라 안에 단 한 사람의 억만장자와 5천 만 명의 거지가 있어도 GNP만 증가하면 정의롭다고 보아야 하는가?"라는 질문에 명쾌한 답을 내려주지 못한다. 또한 "개인의 행복 추구에 앞서 이기심을 과연 통제할 수 있는가?"라는 질문을 던지면 공리주의자들은 그것 역시 개인의 양심에 맡겨야 한다고 말한다. 하지만 개인의 양심을 명확하게 측정할 수 있는 그 기준 역시 개인이 결정하는데 그렇게 되면 도덕적 상대주의에 치닫게 될 소지를 제공한다. 마이클 샌델은 저서 「Justice」에서 이런 공리주의의 한계를 다음 사례를 통해 날카롭게 지적하였다.

> "당신이 전차 기관사이고 시속 100km로 철로를 질주한다고 가정하자. 철로 저 앞에서 5명의 인부가 일하고 있다. 그런데 갑자기 브레이크가 말을 듣지 않는다. 가만히 내버려두면 5명의 인부는 모두 죽고 말 것이다. 바로 그 때 당신은 비상철로에서 1명의 인부가 작업을 하고 있는 장면을 목격했다. 만약 전차를 비상 철로로 돌리면 인부 한 사람이 죽는 대신 다섯 사람이 살 수 있다."

이 경우 공리주의 시각에서는 다섯 사람이 죽는 것보다 한 사람이 죽는 것이 사회 전체의 이익을 증가시키기 때문에 당신이 비상철로로 레버를 돌리는 것이 정의롭다. 그러나 다음과 같이 좀 다른 상황이라면 이야기가 달라진다.

> "위 상황에서 비상 철로가 없고 당신은 철로 앞에 서 있는 구경꾼이라고 가정하자. 당신 앞에 거대한 체구의 남자가 서 있는데 이 남자를 철로 위로 밀어버리면 이 남자는 죽겠지만 다행히 전차를 멈추게 할 수는 있다."

샌델은 왜 첫째 상황에서는 당신이 레버를 돌려 한 명의 인부를 희생시키는 게 정의로운 반면, 둘째 상황에서는 당신이 덩치 큰 남자를 희생시키는 게 정의롭지 않게 느껴지는지에 대해 반문한다. 그러나 공리주의자들은 이 반문에 대답을 주저할 것이다.

공리주의에 따르면 단지 게임의 룰, 즉 기회의 균등한 제공만 있으면 결과적인 불평등은 하등 문제가 될 수 없다고 본다. 그러나 현실에서 기회의 균등이란 구호가 억압의 구조를 은폐하는 장치로 사용된다. 과연 최대다수의 이익을 위해 소수의 희생은 정당한 것인가? 이 물음은 1960년대 미국 사회를 중심으로 뜨거운 논쟁을 불러일으켰다. 2차 대전에서 승리를 거둔 미국은 '자본주의의 황금기'라 불릴 만큼 경제적 번영을 이루어냈다. My Car시대가 도래했고, 주말마다 대형 쇼핑몰에서 한 아름의 상품을 구매하며, 번듯한 2층 양옥집에 가정부를 두고 사는 중산층 가정은 꿈이 아니라 현실이 되었다. 그러나 번영하는 미국 경제의 뒷면에는 정치·사회적 어두운 그림자가 깔렸다. 워싱턴 행진으로 대표되는 흑인 인권운동, 케네디 형제와 마르틴 루터 킹 목사의 비극적 죽음, 베트남전쟁의 발발, 반전평화운동, 히피, 마리화나 등. 이런 정치·사회적 혼란 속에서 윤리학계는 사변적인 메타윤리학(metaethics)에 푹 빠져 있었다. 메타윤리학은 "좋고 나쁨, 옳고 그름과 같은 윤리적 언사의 의미 또는 정의는 무엇인가? 도덕적인 것과 비도덕적인 것을 구별하는 기준은 무엇인가?" 등과 같은 추상적 기준과 논리의 탐구에 집중했다. 그리고 사회구성의 원리로 자리 잡은 공리주의는 최대다수의 최대행복을 목표로 하여 개인의 권리를 사회복지의 미명 아래 희생시킬 수 있음을 정당화하기 때문에 무엇보다 정의의 원리로서 간주될 수 없었다. 이런 소용돌이의 한 복판에서 정의란 무엇인가라는 뜨거운 논쟁을 촉발시킨 사람이 바로 롤스(John Ralws, 1921~2002)이다. 그는 어린 시절 흑인들이 높은 인구 비율을 차지하던 미국 볼티모어에서 태어났고 흑인친구들과 자주 어울렸다. 불행하게도 허약한 체질을 타고난 그는 동생 두 명이 자신에게서 옮은 열병으로 사망한 후 충격을 받아 실어증에 시달렸다. 그는 당시 베트남전을 공식적으로 반대하는 운동에 참여했으며 특히 특권층 자녀들만 군 입대를 유예시킨 정부에 강력하게 반대했다. 이러한 고민의 결실로 나온 것이 바로 「공정으로서의 정의 (Justice as Fairness: Political not Metaphysical)(1958)」와 「정의론(A Theory of Justice)(1971)」이었다. 그는 이 논문을 통해 미국사회가 직면한 도덕적 위기에 대한 대안을 다음과 같이 제시하였다.

"모든 사람은 전체 사회복지라는 명목으로 유린될 수 없는 정의에 입각한 불가침성을 갖는다. 그러므로 정의는 타인들이 갖게 될 보다 큰 선을 위하여 소수의 자유를 뺏는 것이 정당화됨을 거부한다. (……) 따라서 정의가 보장하는 권리들은 어떤 정치적 거래나 사회적 이득의 계산에도 좌우되어서는 안 된다." (출처: Rawls, John 정의론, 황경식 역, 1996, 이학사)

롤스는 개인의 자유로운 선택이 옳은 상태를 만들어낼 것이라는 공리주의의 가정을 정면으로 반박했다. 기회와 능력이 모든 개인에게 열려 있다고 해도 원초적으로 그 기회와 능력이 출발선(부모 재산, 인종, 재능 등)부터 다르다면 '자유로운 선택'은 허상에 그친다. 따라서 롤스는 분배에 관한 법과 제도를 합의할 경우 그 합의에 참여하는 구성원들이 따라야할 절차가 정의로운지 여부가 중요하다고 본다. 롤스는 이런 절차적 공정성을 확보하기 위해서 '원초적 상황'과 '무지의 베일'이라는 전제 조건을 제시한다. '무지의 베일'은 도덕적으로 자의적인 어떤 속성으로 인하여 부당하게 개개인이 영향을 받아서는 안 된다는 관념에 따른 가상적 장치이다. '원초적 입장'에서 개개인은 합리적이고 자기 이해에 충실하나 '무지의 베일(veil of ignorance)'에 가려져 개개인이 실제로 어떠한 환경이나 사회적 위상을 차지하게 될지 전혀 모르는 것으로 가정한다. 예를 들어 우리가 누구의 부모로부터 태어날지 모르는 상태에서 출생하는 상태가 이에 해당한다.

▼ 표 10-1 사회적 자원의 배분상태

* 사회에 주어진 자원은 A, C, D 사회가 260으로 동일하며 B 사회는 300이라고 전제

구분	노비	평민	귀족	왕족	합계
A	30	40	90	100	260
B	20	40	90	150	300
C	40	50	80	90	260
D	50	60	70	80	260

표 10-1의 자원배분 상태인 A, B, C, D 사회 중 상식적으로 어떤 사회가 '정의'가 잘 실현된 사회라고 보아야 하는가? 롤스는 대부분의 경우 D사회가 정의롭다고 말한다. 그 이유는 최소 수혜자인 노비의 몫이 50으로 가장 크기 때문이다. 공리주의 입장에서는 B사회가 총 효용의 크기가 가장 크기 때문에 극단적인 불평등을 보이더라도 정의로운 사회라고 본다. 이에 대해 롤스는 이러한 고전적 공리주의 관념을 공정한 합의의 상황 형성을 통해 합의 당사자들이 자발적으로 거부할 것이라고 보았다. 롤스는 자유주의적 정의관도 비판한다. 그는 자유주의가 공정한 기회를 통한 실력주의(meritocracy) 사회를 지향한다고 하지만 그 결과가 비민주적인 결과를 초래한다고 본다. 예를 들면 예쁜 외모를 타고난

배우가 드라마 1회 출연료로 몇 억 원을 받는 것이 오직 노력에 의한 성과라고 단정할 수 있을까? 그러면 지하 하수구에서 목숨을 걸고 수리 공사를 하는 기술자가 1회 작업비로 고작 몇 만 원을 받는 것은 정의로운가?

그가 제시한 정의의 두 가지 원칙은 다음과 같다.

정의의 제1원리는 평등한 자유의 원리(Equal Liberty Principle)이다. 이것은 모든 사람은 다른 사람의 비슷한 자유와 충돌하지 않는 범위 안에서 가능한 한 최대의 대등한 자유를 가져야 한다는 원칙을 말한다. 따라서 선거권 및 피선거권, 언론·출판의 자유, 양심의 자유 등 기본적 권리가 모두에게 보장되어야 한다.

정의의 제2원리는 차등조정의 원리이다. 이것은 사회적·경제적 자원의 불평등을 균형화되도록 조정해야 한다는 것을 말한다. 여기에는 다음 두 가지의 하위 원리가 제시된다.

① 기회균등원리(Equal Opportunity Principle) : 불평등의 근원이 되는 직위·직책은 모두에게 균등하게 공개되어야 한다.

② 차등원리(Difference Principle) : 기회균등 원리가 전제되고 저축의 원리와 조화되는 범위 내에서 불평등에 대한 시정은 최소극대화 원리(Maximin)에 따라 조정되어야 한다. 즉, 가장 불리한 지위에 있는 자(극빈층)에게 가장 많은 편익을 제공해야 한다.

저축원리

공동체의 생산물 중 어느 정도를 현재 세대에 분배할 것인지 아니면 미래 세대의 복지(생산수단 투자, 교육 투자 등)를 위해 저축할 것인지를 결정하는 원리를 말한다.

롤스는 이러한 두 가지 원리가 충돌할 경우에는 제1원리가 제2원리에 우선하며 제2원리 중에서도 기회균등의 원리가 차등조정의 원리에 우선한다고 주장하였다. 그러므로 기본적 자유가 평등하게 보장되고 나서 기회의 공평성이 실현되어야 하며 그 다음으로 차등조정이 이루어져야 한다. 그리고 차등조정은 사회에서 가장 불리한 입장에 처한 약자들에게 가장 큰 편익이 배분되는 경우에만 그 불평등이 정당화될 수 있다.

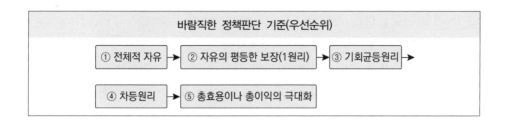

바람직한 정책판단 기준(우선순위)		
① 전체적 자유 ➡ ② 자유의 평등한 보장(1원리) ➡ ③ 기회균등원리 ➡		
④ 차등원리 ➡ ⑤ 총효용이나 총이익의 극대화		

그의 정의론은 공리주의가 지배하던 미국 사회에 충격을 던졌지만, 필연적으로 자유주의자로부터 많은 비판을 받는다. 예를 들어 현재 나타난 차등이 개인의 능력에 의한 것인지 아니면 부모나 사회로부터 주어진 것인지 구분하는 것이 가능할까? 그리고 타고난 재능이나 조건은 개인의 능력이 될 수 없나? 차이(다른 것)와 차별(불공정한 것)은 본질적으로 다른 것일까?

부자의 지갑에서 돈을 빼내 빈자의 호주머니에 넣어주는 행위는 도둑질이다. 바로 이런 관점에 서 있는 노선이 노직(R. Nozick, 1938~2002)의 자유주의이다. 그는 평등주의를 비판하면서 동시에 전통적인 공리주의를 매우 세련된 논리체계로 개조해서 발전시켰다. 그의 자유주의는 '소유적 개인주의(possessive individualism)'에 기초하고 있다. 이것은 개인은 사회에 어떤 부채도 없으며 스스로 완전히 독립된 자아라는 이성주의의 가치관을 말한다. 그러므로 개인의 권리는 어떠한 경우에도 침해될 수 없다. 분배를 위한 세금부과는 국가가 개인의 재산을 약탈하는 행위이다. 자유주의는 종교적으로 청교도주의와 연결된다. 청교도주의는 '돈을 버는 것은 도덕적으로 타락한 행위가 아닌 정당한 것이다'라고 본다. 그러므로 자유롭게 노동하고, 거래하는 시장 시스템이 완벽한 자원 배분을 가능하게 만들어준다. 최소국가(Minimum State)가 최선의 국가이다.

노직은 현재 개인의 소유권이 타인에게 피해를 주지 않는다면 그 소유권은 누구에게도 양도할 수 없으며, 그 소유권을 존중하는 분배는 정당하다고 전제한다. 그는 개인의 소유가 정의로울 수 있는 조건에 관하여 권원이론(entitlement theory)을 제시하였다. 권원이론은 다음 3가지 원리로 구성된다.

첫째, 취득의 원리(principle of acquisition)는 무주물을 정당하게 취득한 사람은 그 물건을 소유할 권리를 갖는다는 것을 말한다.

둘째, 양도의 원리(principle of transfer)는 정당한 소유권원을 가진 사람이 자신의 자유의사에 기해 물건을 양도하였을 경우에 양도받은 사람은 그 물건을 소유할 권원을 갖는다는 것이다.

셋째의 시정의 원리(principle of rectification)는 앞의 두 원리에 따라 이루어진 분배는 원칙적으로 정당하지만, 사기와 강박 등과 같이 불공정하게 이루어진 경우에는 시정되어야 한다는 원리이다. 비록 재화의 분배가 불공정한 것처럼 보일지라도 취득과 양도가 합법적으로 이루어지는 한 그 상태는 정의롭다. 따라서 국가는 이들 3가지 원리에 의하여 분배가 이루어진 경우에는 재분배를 비롯한 간섭을 하여서는 안 된다.

노직은 국가를 일종의 한 지역 내에서의 '보호협회(the dominant protective association in a territory)'로 본다. 따라서 그는 최소 기능만을 수행하는 국가를 주장하므로 개인의 자유를 극단적으로 강조하는 무정부주의와 포괄적 기능을 수행하는 복지국가에 대해서도 비판적 입장을 견지한다. 무정부주의는 완전한 자연 상태와 유사하기 때문에 부정의 혹은 타인의 권리 침해에 대한 처리에 있어 적절한 기능을 수행할 국가를 부정하므로 정당성이 없다. 복지국가는 그 기능상의 한계를 벗어난 포괄적 국가이므로 위험하다.

마이클 샌델은 저서 「Justice」에서 우리 사회에 '정의란 무엇인가?'라는 묵직한 화두를 던져 주었다. 그는 아리스토텔레스에서부터 노직의 자유주의까지 정의를 둘러싼 치열한 논쟁을 풀어나가면서도 특정한 관점에 일방적으로 몰입하지 않는다. 자유주의는 이기적 인간이라는 인간성에 대한 극단적인 가정이 문제이다. 롤스의 정의론은 확인할 없는 가정을 전제로 불평등을 합리화하고 있다. 그래서 그는 공동체주의(평등주의, Equalitarian)가 가장 이상적인 정의론이라고 보았다. 인간은 욕구(needs)를 가지고 있고, 이를 충족시킬 수 있는 최소한의 공급이 사회적으로 이루어져야 정의롭다. 사회는 개인들의 총합을 아울러서 전체의 이름으로 정당화될 수 있는 목적을 가지고 있는 실체이므로, 개인이 사회를 넘어 존재 할 수 없다. 그러므로 공동체의 존립을 위해, 필요한 경우 사회가 개인의 자유를 일정 부분 제한할 수 있다. 기회가 균등하다고 해서 사회 전체적 불평등은 정당화될 수 없다. 인간은 완벽한 자아를 타고 나지 않고, 사회가 그 불안정성을 보충해주는 것이다. 경쟁과 훈련을 통해 자신의 것을 획득해 일정부분 효용을 증가시킬 수 있지만, 출발선이 다르기 때문에, 이는 정의롭다고 할 수 없다. 그 결과의 차이는 개인의 나약함 탓이 아니다. 그러므로 국가가 출발선의 차이를 교정해주는 정책(소득재분배, 복지정책)은 사회의 이름으로 정당화 될 수 있는 정의로운 행위이다.

정의가 정당한 분배의 기준이라면 윤리(ethic)는 정당한 행위의 기준이다. 노점상을 단속하는 공무원은 빈자를 죽음으로 몰고 갈 수도 있는 위험한 상황에서 노점 철거를 법에 따라 강행하는 것이 정당한 행위인가? 이런 딜레마 상황에서 사람이 어떻게 행동하는 것이 올바른 것인지를 판단하는 데 나침판 역할을 하는 것이 바로 윤리이다. 인간은 궁극적인 선에 도달하도록 인도하는 나침판으로서 '목적론'과 '법칙론'을 만들어냈다.

「목적론(결과주의, consequentialism)」은 우리 인간이 공통적으로 '선(good)'하다고 보는 그 어떤 대상물이 있다고 전제한다. 그러한 선의 대상물에 도달하기 위한 행동은 어떤 상황에서도 옳은 것이 된다. 예를 들어 '가난한 자의 빈곤탈피', '생명의 보존', '쾌락(효용)의 극대화' 등이 궁극적 선의 예이다. 공리주의가 바로 이런 사고방식을 갖고 있다. 우리 사회가 경제 성장이 궁극적 선이라고 보고 이 과정에서 재벌의 횡포와 노동자의 희생을 정당화한 과거의 행위들은 공리주의에 근거한다. 공리주의적 도덕관은 경험주의 철학에 기초한다. 경험주의 철학자 흄(D. Hume)은 인간의 삶을 지배하는 것은 이성이 아니라 감정이라고 본다. 사람은 누군가로부터 선물을 받으면 기쁨이 생기고 배우자가 바람을 피우면 분노와 질투에 몸서리친다. 이처럼 사람은 경험을 통해 마음이 움직여 여러 가지 감정(sentiments)이 생겨난다. 따라서 사람의 감정 중에서 가장 으뜸인 '쾌락'이 행위의 제1의 기준이 되어야 하는 것이다.

인간 행위의 기준으로 감정의 우위를 날카롭게 지적한 흄은 독일의 철학자 칸트(I. Kant, 1724~1804)를 잠에서 깨웠다. 칸트는 인간 행위의 중심축으로 이성을 높이 세우면서 "이성적 존재자들은 인격들이라 불린다. 왜냐하면 그것들의 본성이 그것들을 이미 목적들 자체로, 다시 말해 한낱 수단으로 사용되어서는 안 되는 어떤 것으로 표시하고, 그러니까 그런 한에서 모든 자의를 제한하기 때문이다."라고 지적했다. 칼이라는 물건은 물체를 자르기 위해서 필요하지만, 인간은 무엇을 위해서 존재하는 것이 아니라 그 자체로 존엄한 존재이다. 존엄한 존재인 인간이 동물과 다른 이유는 욕구에 따르지 않고 선한 동기, 즉 의무에 따라 행동할 수 있기 때문이다. 이처럼 욕구가 아닌 선한 동기에 따른 행동만이 도덕적이다. 예를 들어 상점의 점원이 상점에서 어떤 손님이 분실한 지갑을 주웠는데 점원은 범죄 발각 시 처벌이 두려워 이 지갑을 보관했다가 손님을 수소

문해서 돌려주었다. 이 경우 점원의 행위는 도덕적이지 않다. 그 동기가 자기의 이익에서 기인한 것이기 때문이다. 만약 점원이 단순히 상점 주인의 지시에 의해 지갑을 돌려주었다면 이런 행위도 도덕적이지 않다. 왜냐하면 '자유'에 근거하지 않고 타율적으로 이루어진 행위이기 때문이다. 칸트는 '자유'란 '자율로서의 자유'이다. 즉, '자유롭다'는 것은 자연법칙의 지배를 받는 것이 아니라 자기가 스스로 부여한 도덕 법칙에 따라 행동하는 것이다. 더 나아가 이성적 행위는 명령의 형태로 나타나며, 이런 명령은 결과와 상관없이 옳은 '정언명령'이 되어야 한다. 그리고 정언명령은 '보편주의'와 '인격주의'의 두 가지 기준을 충족해야 한다. 보편주의에 의거할 때 거짓말이 옳지 않은 이유는 모든 사람이 이와 같이 행동하면 약속 자체가 무의미해지기 때문이다. 한편 인격주의에 의거할 때 거짓말이 옳지 않은 이유는 타인을 나의 곤경을 벗어나기 위한 수단으로 대우하는 것이기 때문이다. 이런 칸트의 도덕 원칙을 「법칙론(의무론, deontology)」이라 부른다. 법칙론은 인간이 선험적으로 생각해서 찾아낸 도덕률이 존재하며 우리는 이를 따라야한다는 관점이다. 그러므로 그 법칙에 따른 행동이라면 그 행동의 결과가 어떻든지 간에 무조건 옳다고 보는 것이다. 오늘날 케인즈학파를 따라 정부가 빈자를 위한 복지를 무한정 확대하는 정책이 도덕적으로 정당하다고 보는 것은 바로 이런 관점을 보여준다. 이 경우 정부가 재정팽창으로 인해 도덕적 해이를 초래하여 파국에 이르는 또 다른 결과를 무시하게 된다.

그러면 사회 전체적으로 도덕적 행위는 어떻게 도출할 수 있나? 이것은 공익이 어떻게 만들어지고 계산되는가의 문제이다. 공익은 정부가 추구해야 할 제1의 행위기준(이념)이다. 민주주의도 공익을 실현하기 위한 수단일 뿐이다. 공익의 기준과 결정 방법에 대한 관점에는 '실체설'과 '과정설'의 두 가지 흐름이 있다.

「실체설」은 공익이란 인간이 현실세계에서 인위적으로 만들어내는 것이 아니라 선험적으로 존재하는 것이라고 보는 관점이다. 이때 공익의 근원은 실정법이 아니라 자연법이다. 따라서 공익을 결정하는 주체는 국민이 아니라 정부이다. 이런 관점은 정책과정에 대한 엘리트이론에 기초하고 있다. 엘리트이론은 국가 정책과정을 주도하는 세력은 일반 대중이 아니라 특정 소수의 엘리트들이라고 본다. 엘리트는 대중의 요구에 민감하게 움직이지만 동질적, 폐쇄적, 자율적이며 정책결정권을 독점한다. 미첼스(R.Michels)는 19세기 독일 정당의 의사결정권이 소수의 엘리트들에 의해 독점적으로 행사되고 있다고 주장하였다.

미국에서는 1950년대 밀즈(C.W.Mills)가 저서 「Power Elite(1956년)」에서 미국사회의 권력엘리트는 거대기업체의 간부, 군의 장성, 정치집단의 정치가 등 세 영역에서 최고정상에 있는 인사들로 구성되어 있으며, 군·산복합체(military–industry complex)라는 정책결정 구조가 존재한다고 폭로했다. 이것은 대의민주주의에 기초하여 법에 의한 합리적인 정치적 지배구조가 형성될 것이라는 장밋빛 믿음에 충격을 일으켰다. 이후 바흐라흐와 바라츠(P. Bachrach & Baratz)는 저서 「권력의 두 가지 얼굴(Two faces of power)」에서 '무의사결정'이라는 개념을 사용하여 실질적인 정책결정이 엘리트들에 의해 이루어진다고 주장하였다. 무의사결정(Non–decision making)이란 정책의제의 채택과정에서 엘리트들이 본인들에게 안전한 문제만을 논의하고 불리한 문제는 거론조차 못하게 봉쇄하는 것을 말한다. 미국과 같은 다원적 사회에서는 이익집단의 영향력이 강하므로 이익집단에 의한 무의사결정의 가능성이 크다. 예를 들어 미국에서 총기난사 사건이 수시로 발생하지만 민간인의 총기소지를 규제하는 법률안의 제정은 의회에서 논의조차 이루어지지 못한다. 그 배경으로 미국 총기협회가 총기규제정책을 저지하여 이에 대해 무의사결정되도록 몰고 가는 것이다. 우리나라에서도 1960~70년대 노동·인권·환경·복지문제 등이 경제성장제일주의라는 정치이념에 눌려 정책 의제화되지 못한 것이나, 1980~90년대 남북통일, 지역갈등 해결, 대표관료제 도입 문제 등이 정부의 정책의제로 거론되지 못한 일들이 무의사결정의 존재를 입증한다. 이처럼 실체설은 자칫 독재주의로 흐를 위험이 상존한다. 이런 관점을 취하는 학자로는 J.Rawls, Platon, Aristotle, Hegel, Rousseau 등이 있다.

「과정설」은 개인의 이익을 합한 것이 곧 사회 전체의 이익과 같다고 보는 관점이다. Bentley, Truman, Hobbes, Lindblom, Bentham 등이 대표적 학자이다. 사회에 엘리트그룹이나 초월적 국가 이익이란 존재하지 않는다고 본다. 따라서 공익이란 공무원이 사회 구성원 각자에게 자신의 이익을 대변할 공정한 기회를 제공하고 그 기회를 통해 표출된 개인 이익들의 합(산출물)이다. 국회에서 다수 의사에 따라 제정한 법률이 공익을 대변한다. 이런 법률을 위반한 행위는 모두 공익을 침해하는 행위가 된다. 이런 논리는 다수결로 제정한 법률은 무조건 옳기 때문에 소위 '악법도 법이다'라는 막장으로 치달을 위험이 내재되어 있다. 예를 들어 1930년대 독일 나치당은 합법적인 선거과정을 통해 집권하여 의회를 통해 독재정치를 폈다. 나치당은 소위 독일제일주의라는 공익을 표방하면서 이를 실현하기 위해 시민을 억압하고 심지어 유대인을 학살할 수 있는 법률을 만들었다.

과정설은 미국 사회의 근간을 이루는 정치적 다원주의와 공리주의 철학에 기초한다. 특히 벤틀리와 트루만(Bentley & Truman)은 미국 같은 민주정치체제에서는 이익집단들의 요구에 기초하여 정책을 결정하는 것이 가장 민주적이라고 주장하였다. 미국에서 다양한 이익집단들이 정책과정을 주도하는 이유는 첫째, 잠재적인 이익집단(potential group)들의 조직화가능성 때문에 특정집단이 정책과정을 주도하지 못하도록 억제하며 둘째, 구성원들이 다양한 이익집단에 중복적으로 소속(multiple membership)되어 있어 특정 이익집단이 다른 이익집단의 이익을 크게 손상시키지 못하기 때문이다.

이후 달(Robert Dahl)은 미국 New Haven도시에서 정책결정 과정에 대한 경험적 분석을 통해, 이익집단들이 정책과정을 주도하고 정부는 이익집단들의 이익을 중재, 조정하는 중립적 심판자 역할을 수행한다고 주장했다. 물론 다원주의자들도 정책과정에서 실질적인 정책결정권한을 공유하는 집합체가 있음을 인정하면서 이를 「하위정부모형(Sub‒Government Model)」으로 발전시켰다. 즉 이익집단, 의회의 위원회, 해당 정부조직의 관료집단 등 3자가 연합하여 정책결정을 주도한다는 것이다. 그러나 실제로는 다양한 정책분야별로 상이한 집단들이 정책결정권한을 장악하기 때문에 특정한 집단이 정책결정을 완전히 주도하지는 못한다고 본다. 이런 '하위정부모형'은 좀 더 세련된 「정책네트워크모형(Policy Network Model)」으로 발전했다. 이것은 정책과정의 다양한 참여자들 간의 관계를 계층제적 관계가 아니라 수평적 연결 관계인 'Network'로 보고, 이 네트워크에서 나타나는 공통적인 행위의 속성을 찾아내려는 접근법이다. 정책네트워크는 크게 '이슈네트워크(Issue Network)'와 '정책공동체(Policy Community)'로 구분된다. 이것은 정책과정에 참여하는 전문가들이 상호 긴밀도와 인식 공유 정도를 기준으로 전자가 후자에 비해 상대적으로 구성원 간 응집력이 약하고 개방적인 참여구조를 갖는 형태이다. 네트워크 안의 정책 참여자들 간에는 상호 경쟁과 협력이 모두 나타난다. 이슈네트워크에서는 참여자들 간 정보와 권력의 격차가 심해 어느 일방이 이득과 손해를 보는 zero-sum game의 특징이 나타난다. 이에 비해 정책공동체에서는 참여자들 간 협력적 특성이 강해서 positive-sum game의 특징이 나타난다. 오늘날 네트워크는 공유와 평등, 참여를 대표하는 구조로 여겨진다. 그러나 네트워크가 민주주의를 보장하는 것은 아니다. 네트워크에서 흐르는 정보와 언어에 권력이 깃들어 있으며 네트워크를 지배하는 빅브라더(Big Brother)가 언제든지 출현할 수 있기 때문이다. 정책네트워크가 정책과정의 변수들을 추출해 모형화하는 데에는 유용하지만 정책과정을 지배하는 권력과 배제의 구조를 외면할 위험성은 엄연히 존재한다.

정책네트워크모형(Policy Network Model)

1960년대 이후 행정국가화의 진전에 따라 정책 환경이 복잡해지면서 정책과정에 영향을 미치는 참여자들은 폭발적으로 증가했다. 그러나 정책이 만들어지는 인과관계의 과정을 '국가' 중심으로 보는 '조합주의'와 '개인' 중심으로 보는 '다원주의'는 이런 전문화된 정책과정을 분석하는 데 한계를 드러냈다. 이에 따라 정책과정에 참여하는 이익집단과 전문가들의 상호작용관계를 모형화해서 설명하려는 분석방법이 등장했는데 이를 '정책네트워크'라고 부른다. 예컨대 우리나라에서 부동산 정책과 관련하여 부동산 분야 대학교수, 연구원, 국회의원 보좌관, 기자들이 서로 인식을 공유하는 협조적 연합체를 구성하여 공청회, TV대담 등에 참여하여 정부의 정책 형성에 영향을 미친다. 이것은 정책이 이익집단의 먹잇감이나 소수 엘리트들의 전유물로 전락하는 것에 반대하며 정책과정에 전문가 집단의 영향력을 강화하려는 장치이다. 한 나라의 공공정책결정이 수직적 권력 관계에 의해 지배되는 조합주의와 수평적 협력 관계를 형성하는 정책네트워크 중 어느 쪽에 가까운지는 그 나라의 정치문화 수준에 의해 결정된다. 한국은 절차적 민주화의 진전에도 불구하고 권력층의 기득권화가 강화되는 역주행이 벌어지고 있어서 전자에 가깝다.

민주주의를 지향하는 사회일수록 다수의 참여자들 간의 경쟁에 의해 공익을 도출하는 다원주의식 정책과정이 주류를 이룬다. 그러나 이 경우 조직화되지 못한 일반시민이나 잠재집단의 이익 및 약자의 이익이 반영되지 못하는 한계가

분명히 존재한다. 우리나라에서도 혐오시설 설치를 둘러싼 지역 간 갈등이 첨예화될 때 과정설에 입각한 해법은 한계에 부딪히곤 한다. 세력이 약한 소수 집단의 의견은 철저히 무시되기 때문이다. 따라서 이 문제의 해결 대안으로 헌법재판소와 위헌법률심판제도가 그 역할을 수행할 수 있다. 헌법재판소는 헌법과 법률을 위반한 고위 공직자를 탄핵할 수 있는데 이것은 정부가 다수결을 빙자해서 독재적인 권력을 행사하는 폐단을 방지할 수 있다. 또한 위헌법률심판제도는 법률이 헌법에 위배되는가 여부를 판단하는 제도인데, 의회에서 다수의 의사에 따라 정해진 법률이라 하더라도 그것이 진정한 국민 다수의 의사(공익)를 대표한다고 보장할 수 없다는 가정에 근거한다. 이런 특징으로 인해 헌법재판소의 탄핵제도와 위헌법률심판제도는 실체설에 입각하고 있다. 그러나 헌법재판소는 대통령과 국회, 법원에서 재판관들을 지명하여 구성하므로 국민에 의해 선출된 국회나 대통령에 비하면 민주적 정당성이 매우 약하다. 과정설 입장에서는 '한국의 탄핵심판제도는 민주적 정당성을 훼손하므로 민주주의에 어긋난다'고 비판한다.

그러면 우리 사회는 얼마나 불평등한가? 자본주의 국가에서 한국은 미국과 함께 소득불평등이 극심한 나라들 중의 하나이다. 미국의 상위 10% 소득집중도는 48%이고, 한국은 45%로 그 다음에 위치한다. 소득불평등 수준을 평가하는 지표들은 다음과 같다.

1. 로렌츠곡선(Lorenz Curve)

한 경제 내에 있는 사람들을 소득의 크기를 기준으로 가장 소득이 작은 사람부터 가장 소득이 큰 사람까지 1열로 줄을 세운 다음 이들의 소득을 누적한 '누적점유율'을 표시하여 그린 그래프이다. 그림 (가)에서 콩나라의 국민 수가 총 100명인데 만약 모든 국민들의 소득이 1만 원씩으로 동일하다면 로렌츠곡선은 대각선(OO')이 된다. 누적점유율은 앞의 소득자 갑의 점유율(1%)과 다음의 소득자 을의 점유율(1%)을 합하여 을의 소득점유율(1%)을 2%로 표시하는 방식이다. 따라서 하위소득자의 누적점유율 크기는 상위의 소득자들의 누적점유율의 크기보다 더 커질 수 없다. 만약 콩나라의 로렌츠곡선이 곡선 형태로 나타난 경우, 이 곡선 위의 한 점인 a점은 이 곡선이 대표하고 있는 사회의 하위소득자 38%가 사회 전체 소득의 12%를 차지하고 있다는 사실을 나타내고 있다. 그러므로 소득분배가 균등해질수록 로렌츠곡선은 대각선에 가까워지며 이에 반해 소득분배가 불균등해질수록 로렌츠곡선은 선분 OTO'에 가까워진다.

2. 지니계수(Gini coefficient: G)

소득분배상태를 하나의 숫자로 표현한 것인데, 로렌츠곡선을 통해 계산하는 방법이 많이 사용된다.

지니계수(G) = A의 면적 / △OTO' = A / A+B

지니계수는 0과 1 사이의 값을 가지며 0은 완벽하게 평등한 상태, 1은 극단적으로 불평등한 상태를 의미하며 숫자가 커질수록 불평등도가 심화되는 것을 의미한다.

🔍 사례탐구

(나)에서 인구 70%까지 구간에 속한 사람들의 소득불평등도를 비교하면 감나라가 배나라에 비해 훨씬 소득분배가 평등하게 이루어져 있음을 나타낸다. 그리고 인구 70~100%의 구간에 속한 사람들의 소득불평등도를 비교하면 배나라가 감나라에 비해 훨씬 소득분배가 평등하게 이루어져 있음을 나타낸다. 만약 A면적과 B면적의 크기가 같다면 두 나라의 지니계수는 같아진다. 그렇지만 인구 누적비율 70%까지의 구간에 속한 사람들이 총소득에서 차지하는 비중이 40%로 서로 같지만 감나라보다 배나라의 70%점에 위치한 사람의 소득이 더 크다. 그 이유는 감나라의 경우 총 40%의 소득을 저소득층 사람들이 더 큰 몫으로 나누어갖는 경우이고 배나라의 경우 총 40%의 소득을 저소득층 사람들이 더 작은 몫으로 나누어 갖는 경우이다.

(다)의 요나라는 하위 0~50% 사람들의 소득은 전혀 없고, 상위 50~100%의 인구는 전체 소득 100%를 1인당 같은 금액으로 나누어 가지고 있다. 이에 비해 (라)의 순나라는 최상위 소득자 한 명을 제외한 전체 사람들이 누적 소득 50%를 동등하게 나누어가지고 있고, 최상위 소득자 1명이 전체 소득의 50%를 혼자서 가지고 있다. 따라서 순나라가 요나라에 비해 소득분배가 균등하지만 두 나라의 지니계수는 같다. 순나라 로렌츠곡선은 극단적인 평등 구호를 내걸고 공동소유·

공동생산·공동분배를 강행한 공산주의 사회의 소득분배 상태를 나타낸다. 북한에서 99%의 인민들은 다 함께 굶주리고 1%의 김씨 왕조와 공산당 간부들이 부와 권력을 독식한다.

▼ 그림 10-1 여러 형태의 로렌츠곡선과 소득분배상태 비교

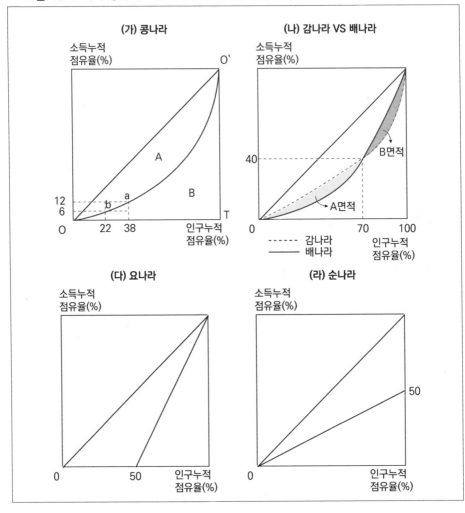

3. 10분위 분배율

10분위 분배율은 최하위 40%의 소득점유율을 최상위 20%의 소득점유율로 나눈 비율을 말한다. 이 값의 크기는 0과 2 사이의 값을 가지며 이것을 나타내는 수치가 클수록 더욱 평등한 분배를 의미한다.

$$10분위분배율 = \frac{최하위\ 40\%의\ 소득점유율}{최상위\ 20\%의\ 소득점유율}$$

1인 1표의 대중정치 하에서 압도적인 수적 우위를 점유한 빈자들은 선거판을 좌우하는 중심축이 된다. 그래서 파격적인 소득재분배 정책은 보수와 진보의 이념을 뛰어넘어 모든 정치세력의 제1의 무기로 장착된다. 한국에서도 좌파 정치세력이 징벌적인 종합부동산세로 빈자들을 선동하여 표몰이에 이용하는 것처럼 재분배정책은 정치의 구도와 선거의 승패를 결정하는 가장 강력한 프레임으로 작동한다. 이처럼 현실에서 정책이 정치를 결정하는 현상이 나타난다. 로위(T.J.Lowi)는 정책 유형이 정치 행태를 만들어낸다는 가설을 주장했다. 전통적으로 정책은 정치체제 및 정치과정의 산출물로 간주되었다. 이것은 정치(politics)가 정책(policy)을 결정한다는 것을 의미한다. 그러나 로위는 정책의 인지된 특성들(perceived attributes)이 정책을 산출하는 정치과정의 특성들을 결정한다고 주장하였다. 정책의 유형이 만들어낸 카테고리는 정부활동과 정치의 실질적인 활동무대를 형성하여 특수한 정치과정과 권력관계들을 발전시킨다.

▼ 표 10-2 로위의 정책유형

		강제력의 적용대상	
		개별적 행위	행위의 환경
강제력 행사방법 (강제의 가능성)	원격(간접적)	배분정책	구성정책
	근접(직접적)	규제정책	재분배정책

첫째, 배분정책(Distributive Policy)은 정부가 특정 개인, 집단, 지역에 편익을 나누어주는 정책이다. 정부가 공공사업을 발주하거나 민간에게 보조금을 지원하는 정책이 이에 속한다. 배분정책에서는 더 많은 편익을 획득하기 위해 대

상자 사이에 일종의 게임이 벌어진다. 이 게임은 함께 나누어 먹기식 속성을 갖는 비영합게임(non zero-sum game)이 된다. 따라서 참여자들 간에 정면대결하지 않고 돼지구유식(pork-barrel) 정치와 같은 이권다툼이 전개되며 담합(log-rolling)과 표의 거래(vote trading)가 나타난다.

둘째, 규제정책(Regulatory Policy)은 개인이나 일부집단에 대해 재산권 행사나 행동의 자유를 구속 억제하여 반사적으로 많은 다른 사람들을 보호하려는 정책이다. 대기업의 독점 규제, 항공 및 버스노선 배정, 의약분업정책, 최저임금제정책, 출자총액제한제도, 식품위생법의 위생관련정책(HACCP) 등 일상생활에서 국민들이 가장 흔하게 접하게 되는 정책이다. 규제정책에서는 규제로 인한 혜택을 받는 집단과 피해를 받는 집단이 명확하게 구분되고 이들 사이에 죽고 살기식 영합게임(zero-sum game)이 벌어진다.

셋째, 재분배정책(Redistributive Policy)은 한 사회 내에서 계층별 또는 집단별로 나타나 있는 재산·소득·권리 등의 불균형적 분포 상태를 사회적 형평성의 이념에 입각하여 변화시키려는 정책이다. 사회보장제도, 누진소득세 등이 이에 속한다. 재분배정책은 계급대립적 성격과 정치이데올로기적 성격이 강하게 나타나며 정책과정에서 정치적 갈등을 유발한다. 한국처럼 이념대립이 극심한 상황에서 재분배정책은 빈자들의 표몰이에 강력한 수단이 되기 때문에 독재 권력화의 기폭제가 될 수 있다. 내가 남과 같아지기를 희망하는 인간의 욕망이 이를 실현시켜 줄 재분배 정책을 추종할수록 '폭군'은 쉽게 출현한다. 나의 성장을 나의 노력이 아니라 타인으로부터의 재분배에 의존하면 나는 그 재분배를 조종하는 폭군의 노예가 되어버린다.

넷째, 구성정책(Constitutional Policy)은 정치체제의 투입을 조직화하고 체제의 구조와 운영과 관련된 정책으로서 헌정수행에 필요한 운영규칙과 관련된 정책이다. 공무원 보수정책, 군인연금정책, 선거구 조정, 정부조직개편 등이 이에 속한다. 구성정책은 안정된 정치상황에서 필요한 운영규칙에 관련된 정책이므로 정책과정에서 갈등이 약하고 다른 유형의 정책에 비해 상대적으로 중요성이 부각되지 않는다. 그러나 한국에서는 규칙을 둘러싼 불공정이 심해서 구성정책이 사회적 자원배분의 중요한 잣대로 작용한다. 선거제도 개편이나 권력기관(예 공수처)의 설치를 두고 여당과 야당 간 극한 대립을 하는 것처럼 구성정책은 집단 간 밥그릇 싸움의 대상이 된다.

• 로그롤링(log-rolling) = '투표의 거래'

담합에 의하여 자신의 선호와는 무관한 대안에 투표하는 행동을 보이는 집단적 의사결정행태를 말한다. 예컨대 A와 B 두 대안의 찬성자 수가 같지만 다른 반대자가 있어 통과되기 어려울 때 A와 B의 찬성자가 담합을 하여 모두 통과시키는 전략이다.

• 포크배럴(Pork Barrel) = '구유통정치' 또는 '돼지고기통'

정부 예산(특히 보조금)이 특정집단이나 특정선거구 의원에게 유리하게 배분되는 현상으로서 '이권법안'의 속칭이다. 마치 농장주가 돼지고기통에서 한 조각의 고기를 던져줄 때 모여드는 돼지들과 같다는 뜻에서 나온 말이다.

그러면 한국의 소득재분배정책의 현주소는 어디인가? 예산으로 드러나는 재분배정책의 비중은 상당한 수준에 이른다. 2019년 사회복지 분야 예산은 60조 9,053억 원으로 2018년 예산 대비 15.4% 늘었으며 이 비중은 매년 증가하고 있다. 그러나 우리나라는 국방비가 고정적으로 큰 비중(8~9%)을 차지하고 있어서 사회복지예산을 늘리는 데 엄연한 한계가 있다. 국방비는 2019년 46조 7천억 원에서 2020년 예산에서는 50조 원이 넘었다. 결국 사회복지예산의 규모 늘리기만으로는 선진국 수준의 소득재분배는 불가능하다. 그런데 재분배를 가로막는 암초는 왜곡된 조세제도에 숨겨져 있다. 조세는 정부가 기능수행을 위해 강제적으로 거두어들이는 돈이며 정부의 가장 주된 수입원이다.

▼ 표 10-3 국세(14개 세목) 세입구조(2018년)

(단위: %)

직접세(52%)	간접세(31%)	관세 및 목적세
소득세(68.5), 법인세(52.1), 증여세(3.4), 상속세(2.0), 종합부동산세(1.3)	부가가치세(61.8), 개별소비세(8.9), 증권거래세(4.5), 주세(3.2), 인지세(0.9)	관세(8.0)* 과년도 수입(4.1) * 목적세 (3개 세목): 교통·에너지·환경세(15.3), 교육세(4.9), 농어촌특별세(3.6)

소득세는 개인들이 벌어들이는 다양한 수입에 대해 징수하며 상당한 누진세 구조로 되어 있다. 그런데 개인 소득세 중에서 근로소득은 거의 100% 노출되어 과표에 집계되지만 사업소득의 포착률은 상당히 낮다. 그래서 월급쟁이들의 소득은 유리지갑이라는 하소연이 나오는 것이다.

소득
• 소득의 종류: 종합소득, 퇴직소득, 양도소득
• 종합소득 = 이자소득 + 배당소득 + 부동산임대소득 + 사업소득 + 근로소득 　　　　　 + 연금소득 + 기타소득

▼ 표 10-4 우리나라의 소득세 구성 및 소득세율 구조(2019년 기준)

과세표준(종합소득 및 양도소득 금액)	세율(%)
1,200만 원 이하	6
1,200만 원 ~ 4,600만 원 이하	15
4,600만 원 ~ 8,800만 원 이하	24
8,800만 원 초과 ~ 1억 5천만 원 이하	35
1억 5천만 원 초과	38
5억 원 초과	40

　　법인소득세(법인세)는 기업의 총수입에서 실질경비를 차감하고 감가상각 및 설비투자에 대한 특별공제 등을 하고 난 후의 기업의 순수익에 대하여 과세하는 조세이다. 우리나라 법인세는 과세표준이 2억 원에 미달하는 부분에 대해서는 10%의 최저세율을 적용하고 이후 과세표준이 커짐에 따라 세율을 높여서 3,000억 원을 넘는 부분에 대해서는 25%의 최고세율을 적용한다. 미국을 비롯한 선진국들은 해외기업 유치를 위해 경쟁적으로 법인세율 인하정책을 펼치고 있다. 미국 의회는 2017년에 최고 35%인 법인세율을 21%로 낮추고, 개인소득세 최고세율을 39.6%에서 37%로 인하했다. 또 미국 기업이 해외에서 번 소득에 적용하는 최고세율도 35%에서 12~14%까지 인하하도록 했다. 2018년 OECD 평균 법인세율은 21.5%이다. 유럽연합(EU)에서는 아일랜드의 법인세율(12.5%)이 가장 낮다. 이에 반해 문재인 정부는 법인세율을 20%에서 25%로 인상했다. 세계에 맞서 역주행하고 있다.

　　우리나라 소득재분배를 악화시키는 주범은 바로 부가가치세(Value-added tax)이다. 부가가치세는 각 생산단계에서 추가되는 부가가치를 과세대상으로 부과하는 간접세이다. 1979년에 발생한 부마항쟁은 부가가치세가 기폭제였다. 그만큼 부가가치세는 영세자영업자와 저소득층의 얇은 호주머니마저 탈탈 털어가는 악마의 역할을 하기 때문이다. 부가가치세는 생산단계의 최종 단계에 가까워 질수록 세금부담이 커지는 누적효과를 유발하고 다단계거래세의 성격을 갖고 있어서 기업 사이의 수직적 통합을 촉진한다. 그래서 부가가치세는 재벌기업의 문어발식 확장을 촉진하는 역할을 톡톡히 해왔다. 더욱 가관인 것은 우리나라는 자본재를 과세대상에서 제외시키는 소비형 부가가치세제도를 운영하기 때문에 대기업은 살리고 자영업자를 죽이는 역효과를 초래한다. 외국과 비교하면 전체 세수에서 부가가치세가 차지하는 비중(약 1/3)이 비정상적으로 높다. 현행 10% 단일 세율을 부과하는 부가가치세는 외형상으로는 비례세이지만 명백하게 역진성을 가지고 있다. 그 이유는 소비성향(=소득 중 소비가 차지하는 비율) 때문이다. 부가가치세는 모두에게 동일한 세율이 적용되기 때문에 가난한 사람들이 부유한 사람들보다 소득 대비 더 많은 비율의 세금을 내게 되는 현상이 발생한다.

직접세 vs 간접세

• 직접세: 소득세와 같이 소득을 얻은 사람이 직접 내는 세금
• 간접세: 납세자와 담세자가 일치하지 않는 조세. 조세를 지불하는 납세자가 세액의 최종 부담을 타인에게 전가하는 방식

세금 못지 않게 재분배를 악화시키는 것이 바로 '준조세'이다. 준조세는 세금은 아니지만 거의 강제적으로 정부에 납부하는 세금 이외의 돈을 말한다. 우리나라는 2001년 「부담금관리기본법」을 제정하여 준조세를 관리하고 있다. 준조세에는 법에 의해 강제되는 법정부담금(4대 보험, 수익자부담금 등)과 임의적 성격인 자발적 부담금(성금 등)의 두 가지 유형이 있다. 국민들이 소위 4대보험이라는 명목으로 매달 납부하는 건강보험료 등 각종 보험료가 준조세에 해당한다. 그런데 전경련을 중심으로 한 재벌 대기업들은 정부에 수시로 준조세를 줄여달라는 민원을 넣는다. 이들이 말하는 준조세 중에서 '법정부담금'은 재벌 대기업들이 이익을 얻기 위해 어떤 사업을 하면서 이익의 대가로 부담하는 금전을 말한다. 예를 들어 신도시 건설과 대단위 아파트를 지을 때, 학교, 도로, 상수도 등 다양한 공공시설이 필요한데, 이런 시설들을 건설사가 건설하기 위해 부담하는 돈이 이에 해당한다. 현재 대기업들의 법정부담금은 연간 약 15조 원이다. 문재인 정부는 16조 4,000억의 준조세를 폐지한다고 발표했다. 재벌 대기업의 법정

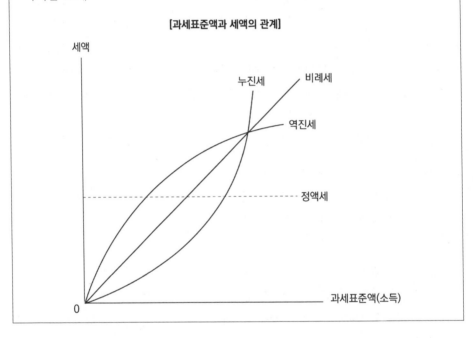

▼ 그림 10-2 누진세, 비례세, 역진세

• 누진세(Progressive Tax): 과세 대상 금액(과세표준)이 커질수록 높은 세율을 적용하는 조세
• 비례세(Proportional Tax): 과세 대상 금액(과세표준)과 상관없이 동일한 세율(%)을 적용하는 조세
• 역진세(Regressive Tax): 과세 대상 금액(과세표준)이 커질수록 오히려 세율이 낮아지는 조세

[과세표준액과 세액의 관계]

세액

누진세   비례세

역진세

정액세

과세표준액(소득)

0

부담금을 폐지한다면 공공시설의 건설비를 결국 국민들의 호주머니에 전가시키겠다는 말인가?

만인의 평등을 보장하는 민주주의 시대에 너와 나의 차이는 단순히 계층의 차이일 뿐 계급의 차이는 아니다. 계급은 지배와 복종의 인간관계이지만, 계층은 먹고 사는 생활수준의 차이일 뿐이다. 그래서 계급은 타고나는 것이지만 계층은 수시로 이동하는 사다리가 존재한다. 그러나 국회의원직을 세습하고 부모 재력이 자녀의 학력을 결정하는 등 우리 사회 곳곳에 유리천장(glass ceiling)이 도사리고 있다. 사람들이 투표장에 나가고 그것으로 안 되니 거리로 나서 데모를 하는 이유도 바로 이런 구조에 억눌린 막막함의 표출이다. 우리가 맞닥뜨리는 세상에서 정부가 결코 빈자를 위해 존재하지는 않는다. 그래서 부자는 빈자의 노동력을 착취하는 기생충이고 정부가 빈자를 구해줄 것이라는 오도된 신념은 위험하다. 마르크스가 자본주의는 노동착취와 이윤율 저하라는 자기모순의 구조 때문에 스스로 붕괴될 수밖에 없다는 역사의 법칙을 1848년 「공산당 선언」에서 천명했다. 그러나 150여년이 지난 오늘날 모두가 평등한 사회는 오지 않았다. 그 이유는 어떤 거대 집단의 음모 때문이 아니며 인간의 본성에 내재되어 있다. 만물이 그러하듯 인간 사회에도 경쟁은 필연적으로 존재한다. 경쟁은 사회의 부패를 막아주는 방부제다. 동시에 경쟁은 사회 내부적으로 천부된 불평등과 개체의 진화를 내포한다. 바로 이런 자연과 인간 사회를 관통하는 원리를 영국 철학자 스펜서(H. Spencer, 1820~1903)가 1864년에 「사회진화론(Social Darwinism)」으로 선언했다.

"약자가 줄어들고 그들의 문화는 영향력을 상실하는 데 반해 강자는
점차 강해짐과 동시에 약자에 대한 문화적 영향력도 강해진다."

그러나 이런 선언은 20세기 이후 세계화의 진전에 따른 양극화로 인해 빈곤층이 정치의 전면에 나서면서 무력화되고 있다. 바로 파퓰리즘(populism)의 폭발이다. 포퓰리즘(=인기영합주의)은 대중민주주의 하에서 정치인들이 엘리트(최상류층)나 기득권층에 대항하도록 보통 사람들을 결집시키려 하는 선거 전략이다. 미국의 정치 저술가 존 주디스(John B. Judis)는 저서 「포퓰리즘의 세계화(The Populist Explosion)」(2016년)에서 오늘날 한국을 비롯해 전 세계적으로 확산되는 파퓰리즘이 결코 일시적 현상이 아니며 보수와 진보를 아울러 지배적 이념이 오작동을 일으키면서 대중의 허전한 심리에 날카롭게 파고들고 있다고 지적한다. 그래서 좋든 싫든 모든 정치세력은 파퓰리즘에 올라타지 않는 한 선거에서 승리는 불가능하다. 파퓰리스트들은 속삭인다. "바보야, 너의 가난의 원인은 사회 때문이야!"라고. 그래서 영화 기생충에서도 빈자가 가난의 설움에 벅차올라 부자를 죽이는 결말이 자연스럽게 펼쳐진다. 그러면 부자의 빈자에 대한 멸시는 계급의 문제인 데 반해, 한 빈자의 더 가난한 빈자를 향한 멸시는 사소한 인간적 갈등으로 간주될 정당성은 도대체 뭔가? 존 주디스는 포퓰리즘의 3가지 색채로서 첫째, 감성적이고 선동적인 선거전략, 둘째, 과다한 현금 살포와 같은

비현실적인 정책, 셋째, 민족·계급을 이용한 갈라치기 전술을 지적했다. 한국 정치판에서 '촛불민심', '적폐'라는 자극적 프레임이 난무하고 부자에게서 징벌적 세금을 뜯어 빈자에게 현금을 살포하겠다는 광풍이 몰아치며 민족끼리, 노동자끼리 잘 먹고 잘 살자는 샤머니즘적 구호가 난무하고 있다. 과연 부자의 돈을 빼앗아 가난한 사람에게 나누어 주어서 평등한 사회가 만들어질까? 그 유토피아의 도래를 정부가 이루어내길 기대하지만 역사는 그 허망함을 입증한다. 불과 10여 년 전에 남미의 강국이자 천국 같은 나라였던 베네수엘라는 지금 아이스크림 1개를 사려면 현금을 몇 상자만큼 들고 가야할 정도로 최악의 지옥으로 추락했다. 한반도 면적의 4배이면서 인구는 불과 약 3천만 명 정도이고 세계 1위의 석유매장량을 자랑했던 나라이기에 잘 사는 것이 당연하지만, 사회주의 정권의 장기간에 걸친 파퓰리즘과 반미노선으로 급격히 몰락했다. 1950년대 14.5%에 이르는 경제성장률을 자랑하며 아시아의 강국이었던 필리핀도 지배층의 부정부패와 반미노선으로 지금 전체 인구의 절반(50%)이 하루에 2달러도 벌지 못하는 극빈의 지옥으로 몰락했다. 정부가 로빈훗처럼 빈자의 낙원을 만들어 줄 거라는 신화는 그 어떤 독극물보다 강력하고 그 어떤 바이러스보다 끈질기다. 그러나 모든 인간은 강요된 평등 하에서 필연적으로 나태해지며 그 결말은 함께 빈곤으로의 추락이다. "38선을 나 혼자 지키나?"라는 이기적 DNA가 각인된 인간 사회에서 그 누가 밤새워 기술을 개발하고 제품을 만들까? 야채가게를 운영하는 자영업자가 새벽 4시에 농산물 경매시장에서 상품을 사다가 늦은 밤까지 판매하여 연중 쉬지 않고 일해 한 달에 2천만 원이 넘는 큰 소득을 올린다. 이에 반해 어느 저소득층은 "돈보다 사람이 먼저다."라는 구호를 내걸고 100만 원 정도, 최저임금 수준의 월수입을 올리는 짧은 노동만을 하고 나머지 긴 시간동안 한가로이 여행가기, 친구와 놀기 등을 즐긴다. 왜 정부는 야채가게 사장에게서 더 많은 세금을 뜯어 여가를 즐기는 빈자에게 나누어주려고 하는가? 정부가 부자들에게 힘든 노동을 집어치우고 긴 여가를 선택하도록 강요하는 것, 과연 이게 정의로운가?

제11장

민주주의는 어떻게 조작되는가?
투표의 역설, 정책결정, 관료제와 권력, 재정민주주의

"인생은 선택이 아니라 운명이다."

영화 「마이너리티 리포트(Minority Report)」는 정해진 운명에 반기를 든 고독한 '마이너러티' 존 앤더튼(톰 크루즈)의 숨 가쁜 모습으로 가득 차 있다. 시스템이 인간을 통제하고 사생활을 간섭하며 미래를 훔쳐보는 거대한 감시자로 군림하는 미래의 워싱턴 시를 무대로 운명과 자유의지의 치열한 싸움이 전개된다. 2002년 개봉되어 그 탁월한 상상력만으로도 우리 사회에 충격파를 안겨주었던 이 영화는 인간과 사이보그의 대결이라는 SF(Science fiction, 공상과학)의 한계를 훌쩍 뛰어넘어 묵직한 철학적 의문을 던져주었다. 인간은 운명의 감옥 안에서 행복할 수 있을까? 국가가 늘어나는 범죄를 예방하기 위해 만들어 낸 프리크라임(Pre-crime)이라는 신기술. 세 명의 예언자들이 아직 일어나지 않은 미래의 살인사건을 사전에 예언하는 프리크라임은 어쩌면 우리가 늘 꿈꾸고 있는 유토피아인지도 모른다. 그러나 예언자들이 마치 컴퓨터에 내장된 정보를 종이에 인쇄하듯 예언을 기계적으로 읽어주기만 하는 음습한 모드와 미래의 살인사건을 사전에 처리하는 특수경찰관 존 앤더튼 자신이 미래의 범죄 예상자로 낙인찍히는 허탈한 모순 앞에서 유토피아의 꿈은 산산조각난다. 생각이 제거된 소프트웨어를 뇌에 장착한 예언자, 선과 악을 선택할 수 있는 자유가 시스템에 의해 감시되는 인간. 이 두 집단의 거북한 싸움은 그래서 슬프다. 마이너러티 리포트라는 제목은 기계는 소수의 의견을 무시한다는 것, 즉 95%의 확률이면 5%의 확률은 무시하여 100%로 인식한다는 것을 말한다. 결국 살인을 하려다가 마음이 바뀌어서 살인을 하지 않을 때 인간에게 그것은 살인 미수에 그치지만, 기계에 있어서 그것은 에러이며 기계가 자신의 프로그램을 실행하기 위해서는 살인으로 취급한다는 것이다. 기계에는 허용오차가 없다. 단지, 에러만 존재할 뿐이다. 이 영화의 메가톤을 잡은 스필버그 감독은 어느 곳을 가더라도 감시의 시선을 피하지 못하는 숨 막히는 미래 사회의 모습을 언어가 아닌 색감으로 전달하는 천재적 재능을 선보였다. 이승과 저승이 교차하듯 블루 톤의 색감과 거친 숨결이 녹아든 필름 화면은 4차원이지만 침잠해 가는 미래상을 그려냈다. 에러 속에 숨겨진 진실을 폐기처분해 버린 기계. 그로 인해 살인죄 처벌의 운명이 시스템에 의해 결정되어 버린 존 앤더튼은 그 완전한 시스템 밖에 실 낱같이 존재할 인간의 자유의지를 찾아 나선다. 시스템에 의해 모든 것이 감시되고 차단되어 버린 그에게 있어 오직 한 가닥 희망이란 세 명의 예지자 중에서 한 명이 내놓은 '소수 의견'인 '마이너러티 리포트'를 다운 받는 것! 꼭 상상 속 미래가 아니더라도 지금의 현실 속에 올바른 판단이지만 소수 의견이기에 오류로 분류되고 결국은 삭제되어 버리는 마이너러티 리포트가 넘쳐난다. 그러나 이 영화의 주인공처럼 조작된 상황, 또는 해석하는 사람의 오류로 인한 문제 등에 의해서 마이너러티 리포트는 가장 정확한 증거 자료로 바뀔 수 있다. 기원전 399년 소크라테스에게 신성모독죄와 청년 현혹죄로 사형 선고를 내린 것도 바로 대중들이 모여 다수결로 결정했다. 28살의 젊은 나이에 스승의 처절한 죽음을 목격한 플라톤은 대중이 지배하는 시스템, 즉 민주주의를 마음 속에서 버렸다. 그의 눈에 다수결에 의한 민주주의는 미친 짓으로 비추어졌다. 다수의 의견에 이의를 달지 못하는 사회, 2천 년 전이나 지금 이 영화 속이나 변함이 없다.

인간의 삶은 선택의 연속이다. 우리는 매일 무엇인가를 사거나 팔고, 누군가를 만나고, 전화여론조사에 응답하고, 나아가 투표장에 가서 투표를 한다. 이모든 것들이 사실은 2개 이상의 대안 중에서 하나를 고르는 '선택(choice)'이다. 이러한 인간의 선택 행위를 개인 및 집단 여부와 시장 및 비시장 여부의 2가지 기준으로 구분하면 표 11-1과 같다.

▼ 표 11-1 선택의 유형

구분	개인	사회(집단)
시장 선택	(A) 한 소비자가 빵을 구매하는 선택	(B) 회사가 노동을 구매하는 선택
비시장 선택 (공공선택)	(C) 한 국민이 국회의원 선출을 위한 투표에 참가하는 선택	(D) 정부가 고속도로 건설에 필요한 예산을 결정하는 선택

시장선택은 가격에 의해서, 공공선택은 협상과 투표에 의해서 이루어진다. 1960년대 뷰캐넌과 털럭을 중심으로 등장한 공공선택론은 비시장에서 이루어지는 (C)와 (D)의 공공선택을 집중적으로 파고들었다. 공공선택론은 정부의 행위는 각 공무원의 개별적 행위의 합에 불과하며, 전체로서의 정부는 없다고 전제한다. 정치인과 관료의 공공선택은 본질적으로 시장에서 상품을 사고파는 이익추구행위에 불과하다고 본다. (C)와 같이 우리가 선거 때마다 투표하는 행위는 선출된 공직자들이 공급할 것으로 기대하는 공공재('공약'으로 전시된다)를 구매하려는 선택이다. 또한 (D)와 같이 정부가 고속도로나 학교 등 공공시설의 건설에 필요한 예산을 결정하는 선택 역시 공공재를 공급하기 위한 선택이다. 우리는 이런 '투표(voting)'와 '협상(negotiation)' 등의 비시장적 방식이 소위 정치적 성격만을 갖는다고 이해한다. 그러나 한 꺼풀 벗겨 보면 우리가 투표를 하는 이유는 어떤 거창한 공익을 위해서가 아니라 내가 사는 지역에 학교와 지하철역이 만들어져서 나의 집값이 오르고 생활이 편리해지길 바라는 욕구 때문이다. 또한 어떤 공무원이 공공시설 건설에 필요한 예산을 확보하기 위해 기획재정부와 국회에 가서 설득·협상하는 행위도 공익 실현이라는 거창한 목적 때문이 아니라 자신의 부서 예산을 더 많이 확보하여 이득을 보려는 지극히 이기적인 동기에서 이루어진다. 그러면 국민 개개인이건 공무원이건 이들의 비시장적 의사결정이 합리적 자원배분을 이루어낼 수 있을까? 즉 공공선택이 과연 효율성을 담보하는가의 문제가 중요하다.

공공선택이 이루어지는 대표적인 방법이 만장일치이다. Democracy(민주주의)의 어원은 'Demos(대중)'와 'Cracy(지배)'에서 나왔다. 모든 사람이 지배하는 사회를 만들자는 민주주의. 가장 이상적인 민주주의는 대중이 직접 통치하는 직접민주주의이다. '직접민주주의'는 모든 사람들이 정치적 의사결정에 직접 참여하여 개인들의 선호를 모두 합산하여 집단적 정치활동(collective action)에 직접적으로 반영하기 때문에 '만장일치'를 전제로 한다. 그렇다면 많은 사람들의 서로 다른 생각과 기호를 모두 합해서 계산할 수 있을까? 만약 이 계산이 가능하다면 만장일치라는 완벽한 제도가 실현 가능하다. 이런 가능성을 탐색한 사람이 바로 린달(Erick Lindahl)이다. 린달은 공공재 공급을 위해 필요한 비용을 충족시킬 재원을 조달하기 위한 방법으로 모든 개인이 정직하게 밝힌 자신의 지불의사만큼 분담금을 부담하도록 하는 방법으로 공공재에 대한 수요곡선을 도출할 수 있다고 제안했다. 예컨대 정부가 어느 마을에 공동 빨래방을 만들기 위해 그 마을 사람들이 얼마나 비용을 분담해서 세금을 내야 하는지를 조사한다고 가정하자. 수요곡선은 그 재화에 대한 수요자의 한계지불의사이다. 만약 마을에는 철수와 영희 단 두 명이 살고 있다면 이 두 사람의 수요곡선은 그림 11－1과 같이 나타난다. 이 두 사람의 수요곡선에서 빨래방에 대한 지불의사는 철수가 25만 원 영희가 75만 원으로 나타났다. 만약 이 마을에 주민들이 더 있다면 그 사람들의 한계지불의사를 조사해서 그 금액을 더하면 된다. 결국 각 개인의 수요곡선을 수직으로 더하면 전체 수요곡선이 도출될 것이다. 그리고 이 수요곡선과 공급곡선(＝한계비용곡선)이 만나는 지점에서 균형가격(＝린달가격, Lindahl Price) 100만 원이 결정되고 75 단위만큼의 빨래방 생산을 하게 된다. 이 점에서 두 사람은 각자 지불하기를 원하는 돈을 흔쾌히 내고 빨래방을 사용할 것이다. 이처럼 린달가격은 개

▼ 그림 11-1 빨래방(공공재)에 대한 균형가격(린달가격)의 결정원리

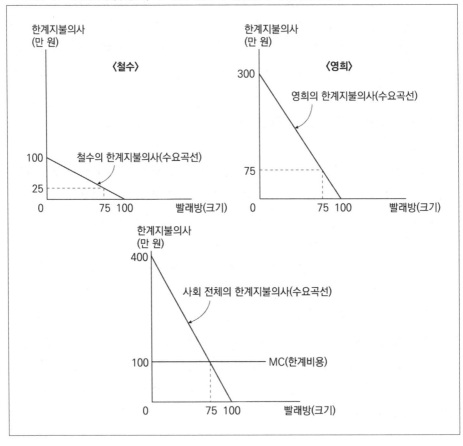

인이 그 재화로부터 얻는 편익에 대해 그들이 충분히 낼만한 가치가 있다고 생각하는 액수만큼 세금으로 걷는 응익과세의 개념과 관련이 있다.

　그러나 린달모형에서 각 참여자들은 공공재에 대한 자신의 선호를 솔직하게 표시한다고 가정하는데 실제로 참여자들이 이러한 행위를 하여야할 동기가 약하다. 오히려 철수는 영희가 진정 원하는 최고수준의 빨래방 수요량을 알아내서 그것을 표시하도록 유도하고 정작 자신은 영희의 수요에 맞추어 이에 상응하는 수요를 표시하는 전략을 취할 가능성이 높다. 또한 영희 입장에서도 동일한 유인(incentive)이 존재한다. 그러므로 참여자들은 빨래방에 대한 자신의 선호를 솔직하게 표현할 유인이 없게 되므로 균형 상태에 도달하기 어렵다. 현실 세계에서도 공공재를 사용할 수요자들의 선호를 유도해내고 이것을 균형에 이르게 하는 조정자나 경매인(auctioneer)이 존재하기 어렵고 정부가 그런 역할을 하는 것도 불가능하다. 이게 바로 '무임승차(free-rider)' 문제이다. 이득을 얻기 위해 거짓말을 하는 것도 개인에게는 합리적 선택이다.

　그래서 직접민주주의에 대한 대안으로 나온 방법이 국민이 투표로 선출한 대표자들로 하여금 선호를 표출하게 하는 것이다. 이것이 바로 오늘날 우리가 몸담고 있는 '대의민주주의'이고, '다수결투표제(majority voting rule)'는 이를 실현하기 위한 중요한 도구이다. 다수결은 곧 효율성이다. 효율성은 우리에게 편리함과 안락함을 준다. 그러나 다수결의 시스템은 과연 완벽한가? 다수결이 적절히 작동하기 위해서는 개인의 선호가 일관성을 가지고 있어야 한다. 만약 어떤 대안이 모든 유권자들로부터 선호되면 사회적으로도 같은 대안이 선택되어야 한다. 그런데 다수결 투표를 통해 개인의 선호가 집단의 선호로 전환되는 과정에서 이런 일관성이 충족되지 않는 치명적 결함이 내재되어 있다. 이것이 바로 '투표의 역설(voting paradox)'인데, 프랑스 대혁명 시대의 수학자인 콩도르세(Nicolas de Condorcet)가 이런 사실을 밝혀냈다. 순환투표현상은 다수결투표가 개인의 선호를 일관성 있게 취합하지 못할 경우 발생한다.

　표 11-2에서 A, B, C는 선거에 출마한 후보를 나타낼 수도 있고 공공재의 공급수준(예 학교 공급, 도로 건설 등의 대안)을 의미할 수도 있다. 후자의 경우에 A는 공공재 공급의 가장 높은 수준, B는 중간수준, C는 가장 낮은 수준이다. 각 참여자들의 선호도 순위가 표에 나타나 있다. 위와 같은 투표상황에서 A, B 두 후보(또는 대안)에 대하여 투표하면 영희와 길동이 B 후보(또는 대안)를 선택하여

▼ 표 11-2 균형에 도달하는 경우

구분	의사결정참여자(유권자)		
의제선택순위	철수	영희	길동
제1순위	A	C	B
제2순위	B	B	C
제3순위	C	A	A

결국 B 후보(또는 대안)가 최종적으로 선택된다. 또한 B, C 두 후보(또는 대안)에 대하여 투표하면 철수와 길동이 B 후보(또는 대안)를 더 선호하여 결국 B 후보(또는 대안)가 최종적으로 선택된다. 여기서 B 후보(또는 대안)는 의제순서와 상관없이 선출(또는 채택)된다. 그러나 표 11−3의 상황에서는 전혀 다른 결과가 나온다.

▼ 표 11-3 균형에 도달하지 못하는 경우

구분	의사결정참여자(유권자)		
의제선택순위	철수	영희	길동
제1순위	A	C	B
제2순위	B	A	C
제3순위	C	B	A

위의 투표자의 선호상황에서는 A, B 두 후보(또는 대안)에 대하여 투표하면 철수와 영희가 A후보(또는 대안)를 선택하여 A 후보(또는 대안)가 최종적으로 선택된다. 또한 B, C 두 후보(또는 대안)에 대하여 투표하면 철수와 길동이 B 후보(또는 대안)를 더 선호하여 B 후보(또는 대안)가 최종적으로 선택된다. 그리고 A, C 두 후보(또는 대안)를 투표하는 경우에는 영희와 길동이 C 후보(또는 대안)를 더 선호하여 C후보(또는 대안)가 최종 후보(또는 대안)로 채택된다. 따라서 개별 투표자의 선호가 일치성이 있음에도 불구하고 집단의 선호가 일치성이 결여된 투표의 역설에 직면하게 된다. 이런 투표의 역설이 발생하는 이유는 각각의 투표에서 이긴 후보(또는 대안)가 다른 어느 후보(또는 대안)와 일대일로 대결해도 이길 것이라는 착각에 기인한다. 우리가 가위바위보 게임을 하면 가위는 보를 이기고, 보는 바위를 이기지만 가위가 바위를 이기지 못하는 역설적 상황과 유

사하다. 이것은 한 사람 한 사람이 자신의 선호도에 따라 후보(또는 대안)를 한 줄로 세울 수는 있지만 전체적으로 개별 투표를 모은 결과는 각 개인의 선호도와 일치하지 않을 수도 있다는 사실을 나타낸다. 원래 투표는 각 개인이 어떤 후보(또는 대안)를 더 좋아한다는 의사를 나타내는 수단일 뿐이며 여러 명의 후보(또는 대안)를 1등에서 꼴찌까지 순위를 매길 수는 없는 수단이다. 투표의 역설이 발생하는 상황에서는 투표의 순서를 정하는 것이 매우 큰 위력을 발휘한다. 따라서 의제 순서를 자의적으로 선택하여 최종결정을 원하는 대로 유도해내는 의제조작(agenda manipulation)이 발생할 수 있다.

투표의 역설은 투표자의 선호체계와 관련된다. 단일정점선호체계(single-peaked preferences)는 투표자가 가장 선호하는 대안(＝정점: peak)으로부터 멀어질수록 지속적으로 선호도의 순위가 낮아지는 현상이다. 이에 비해 이중정점선호체계(double-peaked preferences)는 투표자가 가장 선호하는 대안(＝정점: peak)으로부터 멀어질수록 선호도의 순위가 낮아졌다가 다시 높아지는 현상이다. 국방, 치안 등 공공재는 개인이 하나의 선택 수준을 가질 수밖에 없어 단일정점 선호를 띤다. 그러나 교육서비스와 같은 가치재(merit goods)의 경우 중간 정도의 교육 서비스에 대해서는 차라리 학원에 보내서 공교육을 거부하기 때문에 중급의 공교육에 대한 선호가 가장 떨어지게 되므로 가장 낮은 교육 서비스와 가장 높은 교육 서비스에 대해 더 높은 선호를 갖게 되어 다정점 선호가 나타날 수 있다. 한국에서 나타나는 공교육 붕괴 현상은 정부가 학생의 교육 선택권을 억압하고 저질의 공교육을 강제적으로 공급하기 때문에 발생하는 것이다.

가치재(merit goods)

- 가치재는 사적재(private goods)이지만, 불충분한 정보 때문에 개인이 그 효용을 과소평가하거나 비효용을 과대평가하여 민간부분에서 충분히 소비·공급되지 않으므로, 정부가 그 사회적인 가치를 인정하여 공급과정에 개입함으로써 생산과 소비를 장려하는 재화를 말한다(예 교육, 의료서비스, 후생주택(공공임대 주택), 공원, 문화체육시설 등). 가치재는 정부의 '온정적 간섭주의'가 반영되어 소비자인 국민의 선호와 상관없이 정부가 일정수준의 서비스가 공급되게 강요하므로 소비자주권(소비자의 자유로운 선택권)을 억압할 수 있다.
- 비가치재(demerit goods)는 소비자가 그 재화가 주는 효용·쾌락을 과대평가하고 비효용·고통을 과소평가하는 재화나 서비스(술, 담배, 매춘, 마약 등)를 말한다.

결국 교육 서비스는 시장 원리에 따라 공급될 때 투표의 역설을 방지하고 최상의 교육 품질을 만들어낼 수 있다.

[그림 A]에서 수평축에 배치된 x, y, z의 안건 순서를 달리하는 경우 항상 투표자 중에서 다봉선호가 나타나면 투표의 역설이 발생할 수 있다. 그러나 [그림 B]에서 안건을 x, y, z의 순서로 배치하면 모든 투표자들의 선호가 단봉선호로 나타내어질 수 있는 경우에는 과반수투표제를 사용해도 투표의 역설이 발생하지 않는다.

▼ 그림 11-2 투표의 역설과 선호체계

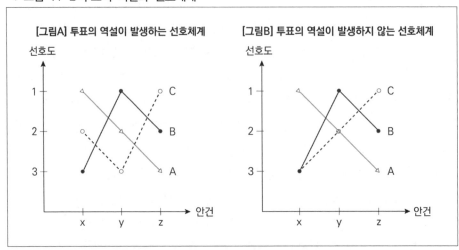

그러면 유권자들이 단일정점 선호를 가져서 투표의 역설을 피할 수 있다면 그 다수결 투표는 유권자의 선호를 완벽하게 반영할까? 답은 No!다. 왜냐하면 중위투표자 현상 때문이다. 투표자가 단일정점 선호체계를 보일 경우 다수결을 하면 선호도가 골고루 퍼져 있기 때문에 중간 정도를 선호하는 중위투표자를 중심으로 투표 결과가 결정된다. 중위투표자 현상은 원래 호텔링법칙에서 유래하였다. 미국의 경제학자 호텔링(Harald Hotelling)은 그림 11-3에서 상점이 어느 쪽에 자리를 잡아야 많은 고객을 유치할 수 있는지에 관한 게임모델을 만들었다. 긴 백사장 양 끝에 위치한 독과점 상태의 A와 B 두 아이스크림가게는 동일한 품질을 가진 아이스크림을 경쟁적으로 더 팔기 위해 경쟁하고 있다. 만약 B가 9지점에 가판을 설치하면 판매범위가 9~10으로 제한되지만 A는 8지점에 자리

▼ 그림 11-3 아이스크림상점 위치(location)와 호텔링법칙

A상점 1 2 3 4 5 6 7 8 9 10 B상점

잡을 때 1~8의 넓은 판매범위를 가질 수 있다. 반대로 A가 2에, B가 3에 가판대를 설치하면 상황은 역전된다. 따라서 A와 B는 모두 가판대 설치 위치를 중간지점에 자리 잡는 것이 균형상태가 된다.

이 호텔링이론을 응용해서 앤서니 다운즈(A.Downs)와 덩컨 블랙(Duncan Black)이 '중위투표자정리(Median Voter Theorem)'로 제시하였다. 중위투표자정리란 과반수투표제에서 모든 투표자들이 단일정점선호를 가지고 있으며 이들의 수가 홀수라면 중간의 선호를 갖는 중위투표자가 가장 선호하는 안건이 선택된다는 법칙을 말한다. 정치가가 득표를 극대화하려면 결국 중위투표자의 지지를 획득하는 방향으로 나아가야 하며, 따라서 집단의 의사결정은 중위투표자가 선

▼ 그림 11-4 중위투표자정리

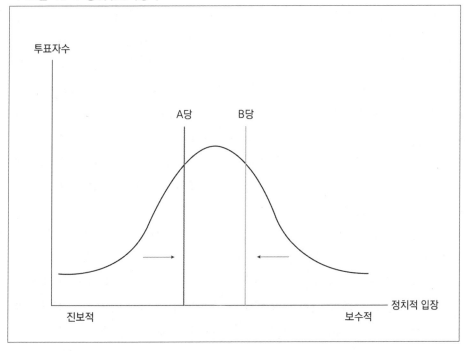

호하는 방향으로 이루어진다. 이 모양은 양당제 하에서 양 정당의 정책이 중도적인 방향으로 나아가고 서로 유사하게 되는 경향을 설명해 준다. 최근 공화당의 트럼프 대통령이 북한을 상대로 대화 정책과 경제적 인센티브 제공을 추진하고 한국에게 주한미군 주둔 비용을 대폭 증액시킬 것을 요구하는 것만 봐도 공화당이 상당히 좌파로 이동한 것으로 보인다. 이런 점에서 중위투표자정리는 현실 정치에 대해 큰 설명력을 갖는다.

그러나 중위투표자의 결과는 선호의 강도를 반영하지 못하는 약점이 있다. 예를 들어 중위투표자층이 보수와 진보에 비해 더 적은 수임에도 불구하고 더 큰 편익을 얻고 있다면 이 역시 모순이다. 즉 개인들의 편익을 사회 전체의 총편익으로 취합하는 과정에서 고장이 나는 것이다. 그래서 이를 보완하기 위해 다양한 투표 방법이 개발되어 사용되고 있다.

첫째, 결선 투표제는 1차 투표에서 과반 득표자가 나오면 당선이 확정되지만 그렇지 못한 경우 상위 1, 2위를 대상으로 결선 투표를 진행한다. 유권자의 선호도를 비교적 잘 반영할 수 있지만 후보 간 합종연횡의 문제가 발생할 가능성이 높다. 1위 후보를 견제하기 위해 2위와 3위 후보가 연합해서 대항할 경우 1위 후보가 결선 투표에서 낙선할 수 있다.

둘째, 1인 2표 방식은 유권자가 자신이 선호하는 후보에게 한 표를 주고 이보다 조금 덜 선호하는, 즉 마음 속의 2위 후보에게 한 표를 주는 방식이다. 따라서 유권자의 선호를 가장 정확하게 표출하도록 안내할 수는 있다. 그러나 견제심리가 작용할 때 치명적 결함이 드러난다. 예를 들어 선거에서 보수와 진보 성향이 각각 40%가 넘는 압도적 다수이고 중도 성향은 20%도 안 되는 소수에 그친다고 가정하자. 이 경우 각 유권자들은 자기 성향에 맞는 후보에게 반드시 한 표를 던지고 보수와 진보 진영의 유권자들이 서로 상대방 후보의 당선을 막기 위해 두 번째 표를 중도 진영의 후보에게 투표한다면 중도 진영 후보가 최종적으로 당선되는 결과를 초래한다.

셋째, 프랑스 수학자 보르다(Jean_Charles de Borda)가 제안한 보르다 투표는 유권자가 선호도에 따라 후보에게 순위를 매겨 투표하고 이 순위에는 점수가 부여되어 이 점수를 합산해서 최종 점수가 가장 높은 후보가 당선된다. 이 방식은 다양한 선호를 점수라는 숫자로 표현해서 정확도를 높일 수 있다. 그러나 1위 표를 가장 많이 받은 후보가 그렇지 못한 후보에게 총점수의 크기에 밀려서 최종적으로 당선되지 못하는 결과가 발생할 수도 있다.

이처럼 투표방식은 얼마든지 여러 가지로 만들어 낼 수 있지만 모두 결함을 가지고 있다. 그러면 과연 완벽한 투표 방식이 존재할까? 이런 의문에 답을 찾은 사람이 애로우(K. Arrow, 1921~2017)이다. 그는 대의민주주의 하의 투표제도가 합리적이면서 동시에 민주적인 의사결정이 되기 위한 5가지 조건들을 모두 만족시켜주는 어떠한 선택규칙도 존재하지 않는다는 「불가능성 정리(Arrow's impossibility theorem)」를 발표해 노벨경제학상을 수상했다. 결국 다수결에 의해 도출한 '공익, 공공재, 국민을 위하여'라는 장황한 수사들이 존재하지 않는 허구였음이 드러났다. 그러면 이런 허구적 수사들을 동원해 시장에 무차별적으로 개입하려는 정부는 괴물이다. 수의 대결을 외치면서 다수결 투표를 기계적으로 사용해서는 진정한 민주주의는 실현되기 어렵다. 정치적 결정은 단순히 투표만으로 결정해서는 안 되고 수많은 토론과 협상을 통해 합의를 이끌어내는 노력이 필요하다. 그러나 한국 국회는 토론과 협상의 장이라기보다는 수의 횡포와 탐욕이 횡횡하는 모습이어서 씁쓸하다.

▼ 표 11-4 케네스 에로우(K.Arrow)의 불가능성 정리와 5가지 공준

공준	내용
선호영역의 무제한성	개인은 어떠한 선호체계도 가질 수 있다. 단봉형 선호구조만이 투표의 역설을 방지할 수 있다는 것은 이 공준에 위배된다.
완전성과 이행성	완전성은 모든 사회적 결과를 순서 지을 수 있어야 한다는 것을, 이행성은 x>y이고, y>z일 경우 x>z이어야 한다는 것을 말한다.
긍정적 연관성	개개인들이 특정 대안을 더 많이 선호하면 할수록 그 대안은 집합적으로 선택될 가능성이 더 높아져야 한다.
무관한 대안으로부터의 독립	x, y의 선호가 변함이 없다면 다른 대안들에 대한 선호변화가 있더라도 x, y 간 집합적 선택결과는 변하지 않아야 한다. 예 다른 대안과 표를 교환하는 행위는 이 공준에 위배된다.
비독재성	개인 A의 선호가 언제나 사회적 선호로 된다면, 개인 A는 독재자라 불린다. 민주적인 집합적 의사결정에서는 이런 독재자가 존재해서는 안 된다.

그러면 개인이 혼자 의사 결정하는 것에 비해 집단이 의사 결정하는 것은 더 합리적이고 신중할까? 답은 No!다. 집단 의사결정이 비합리적으로 이루어지

는 원인은 '집단사고(group thinking)' 때문이다. 집단사고란 집단응집력이 큰 집단일수록 의사결정과정에서 집단의 합의에 대한 요구가 지나치게 강해서 여러 대안에 대한 합리적인 검토를 저해하고 극단적인 선택을 하도록 만드는 경향을 말한다. 집단은 개인의 책임이 여러 구성원들에게 분산되기 때문에 집단토의를 거쳐 의사결정을 하면서 강경 혹은 온건 양자 대안 중에서 양극단의 대안을 선택하는 '집단양극화' 경향이 강하다. 우리나라 투표에서 중위투표자정리가 그다지 유효하게 적용되지 않는 이유도 바로 여기에 있다. 우리나라 유권자들은 정당보다는 지역에 근거하여 투표하는 성향이 강하고 보수와 진보 양자택일 식 사고방식이 강하기 때문이다. 그리고 집단은 집단 의사를 한 번 외부에 발표하면 수정하지 않는 정당화 욕구가 강하다. 또한 자기가 소속된 집단이 내린 결단은 도덕적이라고 가정하는 도덕적 환상이 강하다. 80년대 운동권 세력의 선민주의 환상이 이와 관련된다. 정부가 내리는 거의 모든 의사결정은 사실 집단적 결정의 속성을 갖는다. 정부에는 '품의제'라는 이름의 하의상달형 의사결정과정이 제도화되어 있다. '품의'란 상관의 재가를 받기 위하여 논의를 드린다는 것을 뜻한다. 따라서 품의제는 계원들이 제안하고, 계장, 과장, 국장, 차관보, 차관, 장관의 순서대로 결재를 받는 의사결정방식이다. 얼핏 보기에 상당히 분권적이면서 민주적인 의사결정처럼 보이지만 실제로는 그렇지 않다. 일종의 부하 직원에게 책임을 분산시키면서 최종적으로 상관이 의사결정을 주도하는 집권적 결정방식이다. 물론 위임전결규정이란 것을 만들어 놓아서 권한을 부하에게 위임하도록 하지만, 계층제적 통제가 강한 정부에서 이 역시 무력화되는 경우가 많다. 정부가 수많은 위원회를 만들어 운영하는 것도 사실은 이의 연장선에 있다. 위원회(committee)는 서열과 의사결정단계를 폐지하고 철저하게 업무과정 중심으로 구성원 전체가 의사결정에 참여하는 조직이다. 민주적 의사결정을 도모한다고는 하지만 대부분의 위원회가 무책임과 무사안일로 흐르고 집단사고의 병폐에 빠져든다. 한국이 '위원회 공화국'이라는 오명을 언제나 벗을까?

정부가 잘못된 의사결정을 내리는 현상은 제3종 오류라는 형태로 자주 나타난다. 「제3종 오류」는 정책의제를 설정하는 과정에서 정책문제를 잘못 인지했을 때 발생하는 오류이다. 예를 들어 출산률 저하의 원인이 형편없는 육아 환경 때문인데 정부가 청년들의 개인주의적 가치관 때문이라고 결정하여 그 해결대책으로 청년교육프로그램을 확대한다면 전형적인 3종 오류에 해당한다. 3종오류는 정부가 관례를 답습하거나 다수의 의견에 동조하여 "정책문제가 무엇이다."라고 편협하게 정의(define)하기 때문에 발생한다.

결국 집단이 의사결정하는 과정에서 발생하는 동조의 압력(conformity pressure)이 집단사고의 병폐를 초래한다. 상관이 집단의 의견을 이끌어 가면 부하 직원들은 눈치를 보면서 그대로 끌려가기 쉽다. 그래서 리더십은 집단의사결정의 성패를 가늠하는 열쇠가 된다. 전통적으로 조직관리는 부하를 조직목표 달성을 위한 수단으로 보고 당근(보상)과 채찍(처벌)을 이용하여 최대한의 성과를 만들어내는 데 초점을 두었다. 이런 상황에서는 분권화와 민주적 관리도 오직 목표달성의 수단으로서만 의미를 가졌다. 과연 직원들은 조직 목표 달성을 위한 일회용 휴지에 불과한 것인가? 이런 문제의식을 가지고 새로운 대안으로 등장한 것이 「변혁적 리더십이론(transformational leadership theory)」이다. 이것은 번스(T. Burns)에 의해 1978년 처음 제기되었으며, 바스(B.M Bass)에 의해 정립되었다. 변혁적 리더십 이론은 리더가 부하들에게 장기적 비전을 제시하고 그 비전을 향해 매진하도록 부하들로 하여금 자신의 정서·가치관·행동규범 등을 바꾸어 목표 달성을 위한 성취의지와 자신감을 고취시키는 과정으로 보는 관점이다. 변혁적 리더는 구성원들을 리더로 성장시키며 영감(inspiration)으로 동기를 부여한다. 변혁적 리더는 「청지기이론(stewardship theory)」에 뿌리를 두고 있다. 「대리인이론」이 경제적 접근에 근거해 부하를 개인주의, 기회주의, 이기주의로 묘사하는 반면, 청지기이론은 사회학적, 심리학적 접근에 근거해 부하를 집단주의자, 친조직 및 신뢰할 가치 있는 것으로 묘사한다. 따라서 부하가 청지기로서 상관(조직)의 이해에 따라 행동할 수 있도록 동기화하고 상황을 조사하도록 설계하는 것이 중요하다. 최근에는 리더보다 구성원에 중점을 둔 '팔로워십(followership, 추종자 정신)'이 강조되고 있다. 이것은 국가나 조직에서 권력(power)의 원천이 집권자에게 있지 않고 부하(국민)들이 집권자에게 '권력을 부여(empowering)'하는 데에서 나온다는 것을 보여준다. 부하가 집권자에게 권력을 부여하는 것은 '심리적 동일시(identification)'를 통해서 이루어진다. 그래서 선거철이 되면 정치인들이 온갖 서민행보의 쇼를 하는 이유가 여기에 있다. 허나 그 쇼가 위선의 치부를 드러낼 때 부하가 집권자에게 "너는 너, 나는 나!"라고 외치는 레임덕은 언제든지 들이닥칠 수 있다. 그래서 권력자가 도덕적 오만함과 우리끼리 한탕주의에 빠져드는 아수라의 상황에서 권력의 붕괴는 필연적이다.

오늘날 집단사고의 병폐를 극복하기 위한 세련된 의사결정기법들이 개발되어 널리 사용되고 있다.

첫째, 「Brainstorming(뇌폭풍)」은 대화의 주제가 정해지면 그 주제에 관해 자유롭게 대화를 나누어 가능한 모든 아이디어들을 정책대안으로 수집하고 수집된 대안들의 평가와 선택을 하는 과정이다. 마치 폭풍이 몰아치듯 두뇌를 쉴 새 없이 써서 의견을 모은다. 의견 수렴 과정에서 상호간 비판을 금지하여 자유로운 상상을 허용함으로써 무제약 상태에서 아이디어를 창조하는 것이 핵심이다. 심지어 급진적 아이디어나 편승기법(Piggy-Backing, 모방, 무임승차)까지도 허용한다. 이것은 무수히 많은 아이디어를 산출하다 보면 그 중에 창의적 아이디어가 나올 수 있다는 가정에 근거한다.

둘째, 「명목집단기법(Nominal Group Technique)」은 구성원들이 각각 서면으로 의견을 제출하지만 각자의 의견에 대해 서로 비평을 주고받지 못하도록 해서 구성원들이 진실로 마음속에 생각하고 있는 바를 끄집어내려는 것이다. 의견을 제안한 사람들이 서로 논의나 비판을 하지 못하도록 함으로써 형식적 집단에 스친다는 점에서 '명목(nominal)'이란 명칭을 붙였다. 최종적으로 의견이 정리된 후에는 무기명 투표를 통해 의사결정을 내린다. 이 기법은 특정한 사람이 의사결정 과정에서 과도하게 영향력을 행사하는 것을 차단하기 위해 아이디어의 산출과 평가를 의도적으로 분리한다는 점이 특징이다.

셋째, 「정책델파이(Policy Delphi)」는 다수의 전문가들에게 질문지를 주고 익명으로 답변을 받아서 정리 취합한 후 이런 과정을 수차례 반복(feedback)하여 합의를 도출함으로써 정책 대안의 결과를 예측하는 기법이다. 이 방식은 주제와 관련된 전문가들을 선정하는 과정이 성패를 결정한다. 이를 위해 '눈덩이(snowballing)' 추출방법을 많이 사용한다. 이것은 쟁점관련자들 중 가장 영향력이 있는 사람을 추출한 후 그 사람에게 쟁점에 대해서 의견을 같이 하는 사람과 의견을 달리하는 사람을 각각 추천받고 같은 방법에 의하여 필요한 표본 수만큼 참여자를 확보하는 방법이다. 또한 전문가의 의견을 익명의 서면이나 인터넷으로 받기 때문에 대면 토론이 초래하는 발언의 독점, 눈치 보기와 집단쏠림현상(bandwagon effect) 같은 문제를 극복할 수 있다.

넷째, 「교차영향분석(Cross Impact Analysis)」은 관련된 선행사건의 발생에 따른 특정사건의 발생가능성을 주관적인 판단에 입각해서 예측하는 질적 방법이다. 이 방식은 한 사건이 다른 사건의 발생을 촉진시키거나 억제한다는 원칙에 근거하여 사건 간 영향력(mode), 강도(force), 시차(lag) 등 3가지를 추정한다. 예컨대 미래 화석연료 사용에 어떤 변화가 있을지를 예측해보자. 우선 미래에 발생할 각 사건에 대한 최초 발생 확률을 예측한다. 그리고 각 사건과 다른 사건을 상호 교차시켜서 조건 확률을 예측하여 추정한다. 조건 확률은 각 사건에 대한 교차영향 추정치의 합계를 반응자의 수로 나눈 평균값으로 구한다. 다음으로 교차영향 추정치를 예측하는데 연구대상 집단은 각 사건과 다른 사건을 상호 교차시킨다. 각 사건의 교차영향 추정치는 −10에서 +10에 이르는 평정척도 상에 각자가 생각하는 영향의 정도를 표시함으로써 얻어진다(표 11−5).

▼ 표 11−5 사건별 교차영향 추정값

−10	한 사건이 다른 사건에 가장 부정적인 영향을 주는 것을 의미
+10	한 사건이 다른 사건에 가장 긍정적인 영향을 주는 것을 의미
0	한 사건이 다른 사건에 아무런 영향을 미치지 못하는 것을 의미

표 11−6에서 사건 2의 최초 확률은 50이다. 사건 2에다 사건 1을 조건(만약~)으로 교차시키면 사건 2가 발생할 확률은 80으로 증대한다. 이처럼 '다른 사건이 일어났느냐, 일어나지 않았느냐'에 기초하여 미래의 어떤 사건이 일어날 확률을 계산함으로써 관련된 사건 간 상호작용이 미치는 효과를 알아낼 수 있다.

▼ 표 11−6 조건확률 계산 사례

사건	최초 확률	조건 확률		
		1	2	3
1. 에너지원 중 화석연료 사용률은 2030년까지 계속 증가할 것이다.	75	−	10	4
2. 2030년이 되면 화석연료의 심각한 부족현상이 발생한 것이다.	50	8	−	6
3. 모든 주요 나라에서는 2030년까지 친환경 대체에너지수단이 급격한 속도로 발전할 것이다.	25	0	2	−

표 11−1 '선택의 유형'에서 (A)와 (B)의 시장선택은 개인이나 집단의 의사결정이 합리적이라고 전제한다. 시장선택은 가격이 합리성을 달성하도록 인도한

다. 합리성(rationality)은 효율성을 전제로 한다. '효율성'이란 최소의 비용으로 최대의 성과를 거두는 것으로서, 산출(output) / 투입(input) 비율의 극대화를 말한다. 시장에서 소비자가 느끼는 '효용'과 판매자가 누리는 '매출'은 쾌락이고 이를 얻기 위해 지불해야만 하는 '비용'(재화 구매 가격, 재화 생산비 등)은 고통이다. 소비자는 효용의 극대화를 추구하고 비용의 극소화를 추구한다. 기업도 수익의 극대화를 추구하고 비용의 극소화를 추구한다. 소비자가 추구하는 합리적 선택의 원리는 다음과 같이 공식화할 수 있다.

한계효용 − 재화의 한계가격 = 한계순효용의 극대화 추구

소비자가 느끼는 효용의 크기를 결정하는 함수는 다음과 같이 가정된다.

$$U = f(C)$$

여기서,　U: Utility(총효용: 재화의 소비를 통해 얻어지는 쾌락(만족감)의 크기)

　　　　 C: Consumption(재화의 소비량)

이 효용함수는 "효용의 크기는 오직 개인의 재화 소비량에 의해 결정된다."는 것을 의미한다. 그런데 소비자가 어떤 재화의 소비량을 늘리면 총효용의 크기는 증가하지만 한계효용은 점점 줄어든다. 이를 「한계효용체감의 법칙」이라 부른다. 한계효용이란 '어떤 재화의 마지막 추가적인 한 단위의 소비를 통해 얻을 수 있는 효용의 증가분'을 말한다. 예컨대 사람이 갈증이 날 때 처음 아이스크림을 1개 사 먹을 때 느끼는 한계효용의 크기는 매우 크다. 그러나 2번째, 3번째 연속하여 아이스크림을 1개씩 더 사 먹으면 이때 느끼는 총효용(TU)은 증가하지만 '효용의 추가적인 변화량'인 한계효용(MU)의 크기는 점차 작아진다. 아이스크림의 소비량이 증가하면 총효용이 단계적으로 증가하지만 6개째 소비하는 순간에 총효용의 크기는 극대화되고 그 이후부터 소비량이 증가할 때 오히려 총효용이 감소한다. 이것은 6개째 이후부터 소비할 때 한계효용이 −(음)의 값으로 나타나기 때문이다.

아이스크림 소비량	총효용(원)	한계효용 (원/1개)	아이스크림의 가격(개당)	한계효용과 가격의 비교
0	0	0	–	–
1	1,200	1,200	500원	한계효용 〉 가격
2	2,200	1,000	500원	한계효용 〉 가격
3	3,000	800	500원	한계효용 〉 가격
4	3,500	500	500원	한계효용 = 가격
5	3,600	100	500원	한계효용 〈 가격
6	3,600	0	500원	한계효용 〈 가격
7	3,500	–100	500원	한계효용 〈 가격
8	3,300	–200	500원	한계효용 〈 가격

만약 아이스크림을 소비함에 따른 쾌락의 크기가 가격(500원)보다 큰 경우에 계속 소비량을 늘리면 한계효용이 점차 줄어들어 결국 한계효용의 가치가 아이스크림의 가격(500원)과 같아질 때 소비는 멈추게 된다. 반대로 아이스크림 1개를 소비함에 따른 쾌락의 크기가 가격(500원)보다 작으면 계속 소비량을 줄여나가게 되는데, 소비량이 줄어들면 그 재화의 한계효용은 점차 커지게 되어 결국 한계효용의 가치가 아이스크림의 가격(500원)과 같아질 때 소비는 멈추게 된다. 결국 소비자는 한계효용(한계쾌락)과 재화의 가격이 일치하는 순간에 추가적인 소비를 멈춘다. 이 상태를 '균형'에 도달했다고 말한다.

이런 소비자 균형에서는 소비자가 예산제약 하에서 각 재화를 구입하여 얻는 1원어치의 효용과 화폐(돈)의 한계효용(k)이 같으며 아래 식으로 표현된다. 이것을 「한계효용균등의 법칙」이라고 부른다.

$$MUx \ / \ Px \ = \ MUy \ / \ Py \ = \ k$$

만약 빵(X재) 소비를 위한 돈 1원의 한계효용이 MUx/Px = 10이고, 옷(Y재) 소비를 위한 돈 1원의 한계효용이 MUy/Py = 7이라고 가정하자. 이 경우 옷(Y재)을 1원어치 덜 구입하면 효용이 7만큼 감소하지만, 대신에 이 돈을 빵(X재)을 구입하여 소비하는 데 사용하면 효용이 10만큼 증가하므로 주어진 예산제약 하에서 소비자 효용을 3만큼 증가시킬 수 있다. 이처럼 균형이 깨진 상태에서는 각 재화의 소비량을 조정함으로써 추가적인 효용 증가가 가능하다. 따라서 소비자는 계속해서 소비량을 조정하여 더 이상 효용 증가가 이루어지지 않는 '균형 상태'에 도달하게 된다.

　　소비자의 합리적 선택은 그림 11-5와 같이 '무차별 곡선(Indifference Curve: IC)'으로 나타낼 수도 있다. 소비자가 빵과 옷을 소비해서 효용을 얻는다고 가정하자. 만약 이 효용의 크기를 숫자로 계산할 수 있다면 빵과 옷을 소비해서 동일한 크기의 효용을 주는 두 재화의 소비조합점을 알 수 있다. 이렇게 동일한 효용을 주는 두 재화의 조합을 연결한 곡선을 무차별 곡선이라 한다. 무차별 곡선은 우하향하는 곡선으로 나타나며, 원점에서 멀어질수록 효용이 커진다. 그런데 소비자는 주어진 소득의 범위 안에서 상품들을 구입해 써야 하는 예산제약(budget constraint)을 안고 있다. 이 예산제약을 나타내는 선을 예산선이라 한다. 예산선은 소비자가 주어진 소득으로 2개의 재화를 최대한 구입할 수 있는 상품 조합점을 연결한 선이다. 소비자의 합리적 선택은 예산 제약의 범위 안에서 효용극대화를 추구해야 하므로 예산선과 무차별곡선 I_2가 접하는 B점이 합리적 선택이 된다. 균형상태(B점)에서는 무차별곡선(I_2)의 접선의 기울기와 예산선의 기울기가 같다. 무차별곡선 위의 어떤 점에서 접선의 기울기를 '한계대체율(MRS)'이라고 부른다.

한계대체율(MRS, Marginal Rate of Substitution)

소비자가 동일한 효용수준을 유지하기 위해 두 개의 재화에 대한 주관적인 교환비율, 즉 한 개의 재화에 대한 소비량을 한 단위 더 증가시킬 때 다른 한 재화의 소비량을 감소시키는 양(비율)을 말한다. 예컨대 나에게 라면과 김밥이 있다면 내가 라면을 하나 더 먹기 위해서 포기할 용의가 있는 김밥의 개수가 라면과 김밥의 한계대체율이다. 무차별곡선 위의 점들에 대한 접선들의 기울기와 한계대체율은 같다. 보통은 한 개의 소비량이 증가할 때 다른 한 개의 재화를 포기할 용의가 있는 재화의 수량은 점차 감소하는데 이것을 「한계대체율 체감의 법칙」이라고 부른다.

　　따라서 소비자 균형 조건은 다음과 같이 나타낼 수 있다.

MRSxy = -△Y ÷ △X(예산선의 기울기)

= MUx ÷ MUy(소비자의 두 재화에 대한 주관적인 교환비율)

= Px ÷ Py(시장에서 형성된 두 재화의 객관적인 교환비율)

이 균형조건의 식은 MUx ÷ Px＝MUy ÷ Py으로 전환될 수 있으므로 「한계효용균등의 법칙」이 성립한다는 사실을 나타낸다. 만약 철수가 자신의 용돈으로 빵과 옷을 구입하는데, 현재 한계대체율이 3이고 빵의 가격이 500원, 옷의 가격이 100원이라고 가정하자. 현재 상태는 MRSxy＝-△Y ÷ △X＝MUx ÷ MUy＝3이고, Px ÷ Py＝500 ÷ 100＝5이므로 MRSxy 〈 Px ÷ Py의 상태에 있어서 그림 11-5에서 C점이라고 볼 수 있다. 따라서 철수는 빵 구입량을 줄이고 옷 구입량을 늘리면 효용을 증가시킬 수 있으며, 결국 두 재화의 구입량을 조정해서 B점(균형점)에 도달하여 변화(조정)가 멈추게 된다.

▼ 그림 11-5 소비자 1인의 무차별 곡선과 예산선

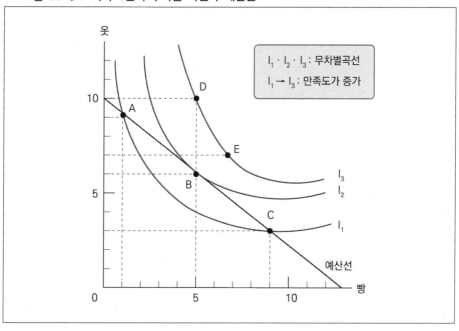

이런 개인의 합리적 의사결정(선택)을 집단에 적용한 것이 「합리모형」이다. 합리모형은 집단의 의사결정이 오직 '합리성'만을 추구하고 이를 통해 조직의 가치를 극대화할 수 있다고 가정한다. 정부가 사회문제 해결을 위한 정책 대안을 검토할 때 합리적 의사결정을 도와주는 기법이 '관리과학(Operation Research)'이다. 관리과학은 선형계획, 비용편익분석 등 계량적 분석을 사용하여 사람이나 집단이 마치 컴퓨터처럼 의사 결정하는 방법을 제안한다. 즉, 주어진 목적을 달성하기 위해 필요한 가장 합리적인 수단이나 방법을 발견해나가는 논리적 분석에 따라 수학적인 기법을 활용한다. 기계의 결정은 오직 경제적 효율성만을 기준으로 이루어지며 형평성 같은 가치문제는 철저히 배제된다. 합리모형은 정부가 돈을 지출하는 예산결정에도 적용되는데 이를 「총체주의(합리주의)적 접근법」이라 부른다. 이것은 정부가 예산과정에서 오직 비용과 효용의 측면에서 프로그램이나 정책대안을 체계적으로 검토하고 합리적으로 예산배분에 대한 결정을 해야 한다는 관점이다. 따라서 정치적 압력 등 비합리적 요인을 전혀 고려하지 않는다. 정부는 개별 재정 부문 간 한계편익을 동일하게 함으로써 예산상의 총편익을 극대화할 수 있다. 따라서 재정적인 공공투자사업을 선택할 때 지출의 한계편익이 큰 사업에 예산액을 더 배분할 때 배분적 효율성을 높일 수 있다. 그러나 어느 분야가 한계편익이 더 큰지를 정부가 객관적으로 판단할 수 있는가의 의문이 든다. 또한 정부가 사회 후생을 극대화하기 위해서는 공공부문과 민간부문 간, 부처 간, 사업 간 예산의 최적 배분점을 찾아내서 사회 전체의 공공재공급량을 결정해야 한다. 이 때 공공부문과 민간부문 간 적절한 자원배분은 공공재와 민간재의 사회 전체의 「무차별곡선(사회후생함수)」과 「생산가능곡선」이 만나는 e점에서 결정된다.(그림 11-6) 과연 e점을 어떻게 알 수 있을까? 물론 국민들이 투표로 결정하겠지만 투표가 진실을 왜곡할 수 있기 때문에 e를 찾아내는 것은 매우 어렵다.

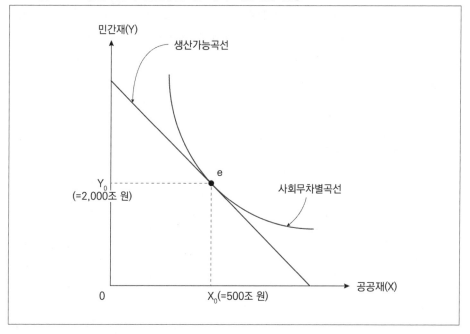

생산가능곡선

한 나라의 경제가 주어진 생산요소와 생산기술을 사용하여 최대한 생산할 수 있는 산출물의 조합을 나타내는 곡선이다. 우하향하는 생산가능곡선은 "사회가 어려운 선택을 해야만 한다."는 것을 의미한다. 정부가 공공재 생산을 늘리기 위해서는 민간부문에서 사적재의 생산·소비를 줄여야만 하기 때문이다. 북한이 군사력 증가를 위해 과도한 자원을 사용하기 때문에 인민의 삶이 피폐해지는 현상은 이런 원리에서 나온다. 또한 생산가능곡선은 두 재화(예 공공재와 사적재)의 기회비용(교환비율)을 뜻하기 때문에 "생산가능곡선이 직선 형태인 경우에는 두 재화의 생산비율(자원 투입비율)이 변해도 각 재화의 기회비용이 변하지 않는다(체증하지 않는다)." 라는 점을 말한다. 결국 생산가능곡선은 정부 입장에서 생산할 수 있는 최대한의 공공재 양을 나타내므로 예산제약(예산선)으로 작용한다.

「총체주의」는 실현 가능성이 거의 제로(0)다. 그럼에도 이런 방식으로 예산을 편성해서 운영하는 제도로서 PPBS, ZBB 등이 시도되었다. 우리 정부도 과거에 PPBS, ZBB를 도입해서 운영해 보았지만 모두 실패하고 말았다. 그만큼 관료의 저항이 거세고 정부의 능력을 벗어난 일이기도 하다.

계획예산제도(PPBS: Planning－Programming－Budgeting System)는 사업 계획 (planning)과 예산편성(budgeting)을 통합시키려는 시도이다. 예컨대 실업률 감소 사업은 5년에 걸친 장기 사업계획을 수립하여 추진하며, 이에 필요한 세부 사업 (element)을 시행하기 위해 매년 1년 단위의 예산을 편성하여 반영해야 한다. 따라서 장기적 사업계획과 단기적 예산편성을 유기적으로 연결시키는 작업이 필요하다.

▼ 표 11-8 계획예산제도의 편성구조

Planning (장기기획)	Programming(사업구조 형성)								Budgeting (예산편성) (2019)
	Category (범주)	Sub－category (하위범주)	Element (사업요소)	2019	2020	2021	2022	2023	
실업률 감소 사업	청년취업 증가 사업	직업훈련 학교 운영 프로그램	학교부지 선정	○					부지선정예산 : 30억 원
			용지 매수	○					용지매수예산 : 2천억 원
			학교 건축		○				
			훈련 대상자 선정			○			
			훈련 프로그램 개발			○			
			훈련 실시				○	○	

청년취업 증가사업을 위한 예산을 편성한다고 가정하자.

• 1 단계(분석과 기획): 부처의 목표를 구체화하고 이를 달성하기 위한 사업들의 범주(program category)를 설정한다. 'Programming'은 장기 사업계획을 행정기관이 수행할 구체적인 사업 목적과 활동으로 표현하는 '사업구조'를 만들어 내는 작업이다. 이때, 어떤 목표를 달성하기 위한 여러 대안에 관한 비용편익분석을 실시하여 가장 효율적인 대안을 선정한다.

예 청년취업율 증가를 정책목표로 설정하고 이의 달성을 위한 사업들의 범주를 여러 개 선정하는데 이 중에서 훈련프로그램은 사업범주에 포함된 하나의 사례가 된다. 훈련프로그램은 다시 여러 개의 하위사업 (sub-program)들로 세분화되며, 하위사업들은 다시 몇 개의 사업요소 (program element)들로 세분화된다.

- •2단계(사업선정): 목표달성을 위해 어떤 사업이 더 바람직한가를 분석하는 보고서를 작성한다. 이 과정에서 비용편익분석 등 계량적인 분석방법을 사용한다. 사업부서들은 약 5년 이상의 중장기 사업 및 재정계획을 수립하여 단년도 예산과 비교하는 작업을 한다.

예 청년훈련프로그램의 여러 대안들을 비교 평가하여 우수 대안을 선정한다.

- •3단계(환산작업 및 예산편성): 예산구조는 품목별예산으로 구성되어 있고 사업구조는 사업의 계층구조로 구성된다. 이처럼 사업구조와 예산구조가 다르므로 이를 일치시키기 위한 환산 작업(cross-walk)을 반드시 해야 한다. 이것을 일치시키는 작업은 매우 어렵고 시간이 많이 소요된다.

예 훈련예산과 훈련계획을 일치시키기 위한 환산작업을 한다.

이 제도는 미국에서 1965년 존슨대통령에 의해 사회복지정책과 관련하여 전 연방정부에 도입되었다. 그러나 각 연방정부와 지방정부들이 반발하여 닉슨 행정부시대인 1971년 시행을 중단해 버렸다.

「영기준예산제도(zero base budgeting system)」는 과거 사업과 예산을 고려하지 않고 완전히 새롭게 사업을 평가하여 우선순위를 결정하는 예산편성제도이다. 이것은 기존사업을 시행하면서 발생한 기득권과 매몰비용을 무시한다는 점에서 상당히 개혁적인 '감축관리(Cutback Management)' 기법이다. 이것은 사업뿐만 아니라 금액의 결정에 대해서도 초점을 둔다는 점에서 PPBS보다 진일보했다. '길동시'의 환경국에서 공해방지사업을 수행하기 위해 A, B, C, D라는 4개의 단위사업들을 수행한다고 가정하자. 영기준예산에 의한 결정은 다음과 같이 이루어진다.

① 4개 사업을 각각 독자적으로 수행하고 예산 편성권을 갖는 사업(조직) 단위를 확인·설정한다.
② 4개의 사업을 실행하기 위한 목표, 사업별 대안, 비용효과분석 자료, 투입금액 등을 분석한 대안별 '사업대안 패키지'를 작성한다.

```
┌─────────────────────────────────────────────────────────────┐
│                    [사업대안 사례]                             │
│  • 대안 a: 오염 저감시설 설치                                   │
│  • 대안 b: 오염 배출시설 가동 중지                              │
│  • 대안 c: 환경교육 실시                                       │
└─────────────────────────────────────────────────────────────┘
```

③ 다음으로 각 사업담당 부서들은 4개 사업의 각 대안별로 예산을 얼마큼
   투입할 것인지에 관한 증액대안의 3가지 유형(최저 수준, 현행 수준, 증액
   수준)을 제시한 '증액대안패키지'를 작성한다.

```
┌─────────────────────────────────────────────────────────────┐
│              ['대안 a'에 대한 증액대안 사례]                   │
│  1. 최저 수준: 금년도 3곳을 설치, 내년도 1곳만 설치(효과 60, 비용 50)  │
│  2. 현행 수준: 금년도와 같이 3곳만을 설치(효과 90, 비용 90)    │
│  3. 증액 수준: 각 동에 모두 설치(효과 120, 비용 150)          │
└─────────────────────────────────────────────────────────────┘
```

④ 최종적으로 선정된 사업대안의 증액대안에 대한 우선순위를 결정한다.

▼ 표 11-9 영기준예산의 예산편성구조

순위	의사결정패키지	예산액	예산누계액
1	D-a-1	120	120
2	C-a-1	30	150
3	B-a-1	70	220
4	A-a-1	50	270
5	A-b-2	130	400
6	B-b-2	80	420
7	C-b-2	20	500
8	D-b-2	60	560
9	B-c-3	180	740
10	A-c-3	40	780
11	D-c-3	50	830
12	C-c-3	20	850

그러면 의사결정패키지 내에 있는 증액대안의 수는 총 12개이며 그 우선순위와 예산액이 표 11-9와 같다. 내년도 가용예산 총액이 500억 원이라고 하면 총 12개의 증액대안 중에서 7순위까지 사업을 채택할 수 있다. 이에 따라 채택된 각 사업의 증액대안에 의거해서 실행예산을 편성하면 작업이 완료된다.

이 제도는 카터행정부가 1977년 당시 긴축재정정책의 일환으로 연방정부에 도입하였지만 결국 실패했으며 1981년 레이건 행정부시절에 공식적으로 폐기되었다. 결국 정부가 나랏돈을 효율적으로 사용하기 위한 합리적 예산 결정 제도가 논리적으로는 그럴듯하지만 현실에서는 관료의 무능력과 저항에 부딪혀 물거품이 되어버린다. 정부의 주인인 국민은 합리적 무지에 빠지고, 정부에 부도라는 제어장치가 없기 때문이다.

합리모형의 헛된 꿈을 비판하는데 앞장 선 학자가 사이몬(H. Simon)이다. 그는 개인과 집단이 실제로는 제한된 합리성(Bounded Rationality)만을 가지고 있으며 이를 근거로 만족스런 수준의 의사결정을 내린다고 주장하였다. 이를 '만족모형(Satisficing Model)'이라고 부른다. 시어트와 마치(R. Cyert & J. March)는 연합모형(coalition model)을 개발해 조직이 상호 분산된 집단 사이에서 갈등을 불완전하게 해결하는 메커니즘을 분석했다. 사이몬은 불완전한 합리성을 가진 인간이 의사결정을 내리는 인지과정(cognitive process)을 분석하는 데 심혈을 기울였다. 아쉽게도 그는 세련된 이론모형을 개발하는 데까지 발전하지 못했다. 그러나 그의 노력은 훗날 행동경제학이 탄생하는 데 밑거름이 되었다. 「행동경제학(behavioral economics)」은 경제적 인간(homo economicus)를 전제로 한 주류경제학의 비현실성을 비판하고, 실제로 인간이 어떻게 행동하고 어떤 결과가 발생하는지를 규명하려는 연구법이다. 리처드 탈러(Richard H. Thaler)의 저서 「너지」도 행동경제학에 기초한다. 이 책은 현실에서 벌어지는 인간의 다양한 비합리적이고 감정적인 행동들이 어떤 원리에 의해 움직이는 것인지를 파헤친다. 대니얼 카너먼과 리처드 탈러는 행동경제학을 연구하여 노벨 경제학상을 수상했다. 이들은 의사결정자들이 실제로 저지르는 체계적 오류가 무엇인지를 발견하여 보다 현실적인 의사결정모형을 찾아내었다. 이들은 의사결정자가 객관적인 확률보다는 주관적인 확률에 따르며 이것은 자신의 주관적인 가치와 선호도에 따라 가중치가 부여된 확률이라고 주장한다. 인간은 컴퓨터와 다른 방식으로 의사 결정한다.

인간의 불완전한 의사결정을 집단에 적용한 것이 「점증모형(Incrementalism)」

이다. 린드블룸(Lindblom)은 정책과정을 '철저하게 파헤치는 과정'으로 보는 합리모형을 비판하고, 정책과정은 '그럭저럭 헤쳐나가는(muddling through)'에 불과하다고 주장했다. 인간의 지적 능력의 한계와 정책결정수단의 기술적 제약을 인정하자는 말이다. 점증주의는 집단이 0점에서 시작해 의사 결정하는 것이 아니라 기존 정책을 살펴보고, 앞으로의 정책 상황을 고려하여 결정한다고 본다. 그는 정부가 이렇게 점증적으로 의사 결정하는 것이 오히려 바람직하다고 주장했다. 왜냐하면 정책과정에는 다양한 이해관계자들이 참여하며 이들 간의 조정과 타협이 매우 중요한데 이를 위해서는 점증적으로 결정할 수밖에 없기 때문이다. 실제로 정책과정에서 목표와 수단을 명확하게 구분하는 것은 어렵고, 목표에 따라 수단이 바뀔 수도 있으며, 반대로 수단에 따라 목표가 바뀔 수도 있다. 그리고 사실 문제해결을 위한 모든 대안을 한꺼번에 검토하는 것도 아니며, 신중히 선택된 전략(대안)만을 분석한다. 이게 현실이며 민주적 다원주의 사회에서 오히려 더 바람직하다. 윌답스키(Aaron Wildavsky)는 점증모형을 예산결정과정에 적용하여 실제로 예산이 어떻게 만들어져서 사용되는지를 분석했다. 그는 예산결정은 수많은 참여자들이 서로 독립적, 자율적으로 의사결정해 나가는 분할적(disjointed) 점증주의결정과 어느 누구도 의사결정과정을 지배하지 못하고 상호 협상을 통해 상호 조정하는 당파적 상호조정(partisan mutual adjustment)을 통해 이루어진다고 주장했다. 따라서 정부가 결정하는 총예산규모는 전년도 예산(base)의 함수이다. 즉, 「예산＝기초액(base) ±(플러스 마이너스) 공평한 몫의 추가적 배분(fair share)」이다. 이처럼 예산은 항상 전년도 예산에서 소폭의 변화만 일어나는 소위 '선형적 함수(일차함수) 관계'를 보인다. 이것은 행정부처가 전년도 의회의 승인액(base)을 기준으로 예산을 편성하고 의회는 행정부처의 요구액을 기초로 심의하기 때문이다. 예산은 시간의 제약을 받는 '역사적인 성격'을 갖는다. 우리나라 예산도 매년 약 8~10% 내외로 꾸준히 증가하고 있다. 이런 점증주의 방식의 예산제도로는 품목별예산, 성과주의 예산 등이 있다.

품목별예산제도는 정부가 구입하는 물품과 서비스에 치중하여 품목별 내용의 금전적 표시에 중점을 둔 예산제도이다. '목'은 예산항목 분류의 가장 작은 단위이다. 우리 정부도 이 제도를 예산편성의 기초로 사용하고 있다. 이것은 국회가 정부의 지출을 통제하는 데 중점을 둔다. 이를 통해 재정민주주의를 달성할 수 있다.

그러나 이 제도 하에서는 각 부처가 품목별 지출에만 관심을 두고 사업의 성과에는 무관심하게 되어 예산절감의 노력이 수반되지 않는다. 그러니 예산이 점증적으로 늘어나는 것은 필연적이다.

▼ 표 11-10 품목별 예산제도의 예산편성구조

예산 과목						예산액	산출 기초	비고
장								대기능
	관							중기능
		항						소기능
			세항					실·국
				세세항				세부사업
					목			예산편성 비목
					인건비	◇◇◇		
					물건비비	○○○		
					일반운영비	□□□		
					여비	·	·	
					자산취득비	◎◎◎		

성과주의예산제도는 정부가 조달한 재원을 어느 사업(활동)에 투입(input)하여 어떠한 성과(산출)를 만들어내는지를 분석하는 데 중점을 둔다. 정부가 어떤 사업을 하는지를 명확하게 하고 이에 투입되는 돈이 얼마인지를 세부적으로 계산한다. 이를 위해서 정부가 수행하는 활동과 최종성과물을 기초로 작업단위를 개발하고 이를 통해 단위원가(unit cost)를 산출해내는데 예산액은 다음과 같은 공식으로 계산된다.

$$단위원가 \times 업무량 = 예산액$$

▼ 표 11-11 성과주의 예산편성의 사례   (* 목적: 학교폭력예방기능)

사업명	사업목적	측정단위	단가	실적	금액	변화율
긴급출동	비상시 5분 내 현장까지 출동	출동횟수	$200	1,000건	$200,000	+12%
학교순찰	하루 24시간 순찰	순찰시간	$50	2,000시간	$100,000	+5%
예방교육	학교폭력건수의 20% 감소	교육시간	$100	1,500시간	$150,000	+7.5%
합계					$450,000	

이 방식은 정부의 사업을 명확하게 밝힌다는 점에서 품목별예산에 비해 진일보했다. 그러나 각 사업들이 왜 필요한 것인지 그리고 그 사업을 통해 어떤 결과를 얻을 것인지에 대한 분석이 이루어지지 않는다. 따라서 예산결정은 점증적으로 이루어질 수밖에 없다. 심지어 각 정부 기관들이 소관 프로그램에 대한 비용을 자의적으로 증대시킨다면 예산 낭비는 불 보듯 뻔하다.

점증주의에 의한 예산 결정이 민주주의를 강화할 것인지는 입증된 바가 없다. 점증주의는 정치체제의 안정성과 실현가능성에 초점을 두기 때문에 현상 유지적 보수주의에 빠질 우려가 있다. 물론 가용 재원이 부족한 사회에서 다수 참여자 간 경쟁과 타협으로 재원 배분을 결정하자는 점증주의의 논리는 독재의 출현을 막는 방어막이 될 수 있다. 그러나 협상과 타협이 민주주의를 보장할 것이라는 가정은 위험하다. 그 협상과 타협이 파퓰리즘에 입각할 때 공동체의 돈은 전리품(spoil)으로 전락한다. 민주주의는 왜 예산을 줄여야 하는지 그리고 어떻게 예산을 줄여야 하는지에 대한 답을 요구한다.

민주주의는 평등을 추구한다. 만약 인구의 절반인 여성이 500조 원이 넘는 정부 예산에서 차별적 대우를 받는다면 민주주의는 구두선일 뿐이다. 이를 위해 우리나라는 2006년에 「성인지 예산제도(GSB: Gender-Sensitive Budget)」라는 것을 도입했다. 이것은 예산이 여성과 남성에게 미치는 효과를 예산 편성, 심의, 집행, 결산 과정에서 고려하여 국가재원이 효율적이고 성 평등한 방식으로 사용될 수 있도록 예산 배분구조와 준칙을 변화시키고자 하는 제도이다. 이 제도는 서구에서 남녀평등을 성 중립적(gender neutral) 관점이 아닌 성 주류화(gender mainstreaming) 관점에서 보자는 관점의 대전환에 따라 등장했다. 기존 예산편성 과정은 여성과 남성을 특별히 언급하지 않고 예산의 수혜가 남녀 모두에게 미치는 것이면 동등하게 영향을 미친다고 가정한다(성 중립적 관점). 이에 비해 성인지예산은 예산이 성 중립성이라는 것이 반드시 양성평등이 아닐 수 있다고 보며 세입세출예산이 남성과 여성에게 미치는 영향은 서로 다르다고 전제하고 예산과정에서 남녀평등을 적극적으로 실현하려는 예산이다.(성 주류적 관점) 성중립적 관점이 남녀 간 획일적 평등을 강조하는 소극적인 기회의 공평이라면, 성인지적 관점은 남녀 간 적극적인 공평을 구현하려는 결과의 공평을 말한다. 예를 들어 정부가 예산을 투입하여 공공화장실을 설치할 때 단순히 남자 : 여자의 비율을 50% : 50%로 계산해서 화장실 개수를 결정한다면 남성과 여성의 생리적 구조 차이를 고려하지 않은 단순한 성 중립적 관점에 입각한 것이다. 예컨대 남성 : 여성＝30% : 70%의 비율로 여성 화장실 비율을 더 높이는 것이 성 주류적 관점에 선 것이 된다.

관료제는 효율성과 합리성을 극대화하기 위한 조직구조원리인 데 반해, 민주주의는 사람의 가치를 존중하고 공정한 배분을 추구하여 형평성을 실현하려는 사회조직원리이다. 따라서 일반적으로 관료제와 민주주의는 상반관계에 있다고 여겨진다. 이런 관료제에 민주성을 이식하기 위한 핵심적 장치가 대표관료제이다. 대표관료제는 사회 내에 존재하는 다양한 세력이나 계층 등을 인구비례로 반영하여 관료를 충원 배치하여 정부관료제가 직업, 사회계층, 지역 등의 관점에서 공평하게 대응하도록 하는 인사제도이다. 킹슬리(J. Donald Kingsley)가 1944년 「대표관료제」란 제목의 저서를 발표하면서 비롯된 명칭이다. 야경국가 시대의 소극적 정부에서는 정책집행(관리) 기능에 중점을 두기 때문에 관료제의 대표성은 그다지 문제시되지 않았다. 그러나 1930년대 이후 행정국가화가 급속하게 확산되면서 정부가 정책결정 기능까지 수행하게 된 이후 정부가 사회적 자원을 각 계층, 집단, 직업, 연령층 등에 공평하게 배분해야 할 책임을 떠안게 되었다. 이에 따라 민주주의를 위해서는 자원의 효율적 사용을 지향하는 실적주의만으로 부족하고, 정부관료제를 민주화하여 적극적으로 사회적 가치를 추구할 필요가 생겼다. 특히 미국은 인종차별 문제를 해결하기 위해 이 제도의 도입이 절실했다. 1941년 프랭클린 루즈벨트 대통령은 행정명령 8802를 시작으로 연방정부 계약업체의 차별을 금지하였고, 1961년 케네디 대통령은 행정명령 10925로 연방정부 계약업체의 '적극적 조치'를 의무화하였다. 이것은 초기에 여성과 소수집단 고용에 대한 '인위적 장벽(artificial barriers)' 제거를 집중적으로 추진했으나, 그 뒤 불우집단에 대한 보상적 기회 제공으로 중점을 전환했다. 특히 '적극적 차별보상정책(affirmative action)'으로서 정부의 관료충원에서 소수인종에 대한 임용할당제(Quata System)를 시행했다. 그러나 인종별·성별 임용할당제가 헌법상 평등원리에 위배된다는 비판이 제기되어 최근 캘리포니아 등 17개 주에서 적극적 인사조치제도를 폐지하였다. 미국은 1960년대 이후 대표관료제에 힘입어 연방정부 내 흑인 등 소수자(minority)의 비율이 지속적으로 증가했다. 특히 연방정부 내 흑인 비중은 약 17% 수준에 달해서 전체 인구 대비 과다대표(역차별)의 문제를 촉발시켰다. 그러나 대표관료제가 민주적 정부를 보장한다고 보는 것은 환상이다. 관료가 자신의 출신 계층이나 직업에 따라 그 이익을 반영하는 정책을 추진한다는 가정은 조직 내의 재사회화에 의해 무력화된다. 예컨대 한국에서도 빈곤층 출신자가 공무원이 된 후 특권적 조직문화에 길들여져 빈곤층에 불리한 정책을 추진하는 사례가 많다. 그리고 대표관료제는 현대 인사행정의 근간인 실적주의와 정치적 중립성을 훼손할 우려가 있다. 현재 우리나라도 성별임용할당제 등 다양한 소수자 보호정책을 채택하고 있다. 이에 따라 여성의 공직진출 비율이 현재 50% 이상을 차지하여 큰 폭으로 증가했다. 하지만 고위직에서 여성의 비율이 낮고, 여성 임용을 전시행정의 수단으로 전락시키는 「토크니즘」의 우려도 있다.

토크니즘(tokenism)

버스 토큰의 아주 작은 구멍처럼 여성의 신분 상승의 출구를 제한하는 현상을 말한다. 정부에서 상징적으로 소수의 여성관리자를 임명하여 오히려 이 자리를 놓고 여성들 간 경쟁이 과열되는 부작용이 발생한다. 정부가 소수자 우대 임용제도를 악용하는 경우도 있다. 특히 정당이 빈곤, 장애, 성폭력 등 스토리를 가진 소수를 인재 영입으로 선발해 표몰이 수단으로 사용하는 것이 이에 해당한다. 이것은 특정한 소수를 선발해서 전체를 대변하는 듯한 착시현상을 유도하고, 대중의 감성을 착즙하여 이성을 마비시키는 선동 전략이다.

정부에게 민주주의를 요구하는 변화의 물결은 1960년대 '신행정학'의 탄생과 맥락을 같이 한다. 신행정학은 행정에서 정치의 외피를 걷어내고 오직 능률만을 외쳤던 윌슨(W. Wilson)의 고전행정학에 반기를 든 '새로운' 흐름이었다. 경기침체, 빈부격차, 소수자차별 같은 사회문제가 심화되면서 이를 해결할 정부의 활동영역이 넓어졌고 이에 따라 행정에 민주주의를 요청하기 시작했다. 갈등이 커질수록 수많은 이해관계자들이 정책결정에 참여하려는 욕구가 폭증하기 때문이다. 그런데 우리 사회에는 민주성과 능률성이 상반관계(trade-off)에 있다는 통념이 존재한다. 즉, 시민의 참여 확대는 민주성을 나타내며, 정부 주도의 결정은 능률성을 나타내는 척도가 된다고 가정한다. 그러나 이런 가정은 근거가 매우 약하다. 예컨대 정부가 댐과 터널을 건설할 때 환경영향평가, 비용편익분석 등 다양한 과학적 분석기법을 사용해서 그 결과를 지표로 삼는 것이 최고의 능

률을 담보할 수 있을까? 생명, 연대감, 삶의 질 등 과학적 분석기법이 포착할 수 없는 요소는 인간사회에 너무나 많다. 더군다나 정부는 댐과 터널을 건설해 환경을 망친 뒤에 그것을 회복하는 데 천문학적 비용이 들 수 있다는 사실을 놓친다. 이제 우리는 정책결정에 더 많은 시민들이 참여할수록 능률성을 훼손할 것이라는 고정관념을 버려야 한다. 이런 고정관념은 고전행정학이 정부의 능률성은 곧 '행정의 경영화'라는 바람을 일으켰던 역사에 뿌리를 두고 있다. 과연 정부가 기업처럼 최고경영자 중심의 일사분란한 의사결정을 해야 사회적 비용을 최소화시킬 수 있을까? 기업과 달리 정부는 정책결정의 비용 속에 외부효과, 반대자의 피해 등 포함해야 할 요소가 더 많다. 계층제의 대원칙을 교리로 삼았던 19세기 윌슨행정학 시대의 정부와 수직적 'Government'에서 수평적 'Governance'로 전환하는 탈계층제 시대의 정부는 달라야 한다. 사람들의 삶이 바뀌면 그에 따라 정부도 바뀌는 것이 민주주의의 순리이다.

민주주의가 정부 조직 안에 침투할 때 공무원의 정치적 중립과 자주 마찰을 일으킨다. 공무원의 정치적 중립은 정치권력에 예속된 행정권을 독립시켜 효율적이고 보편적인 행정 서비스를 만들어야 한다는 시대적 요구에 따라 등장했다. 그러나 관료들은 정치적 중립을 자신들의 복지부동과 기득권화를 정당화하는 교리로 악용하기도 한다. "대통령은 5년의 한시적인 비정규직이고 관료는 평생 가는 정규직이다."라는 속설이 이를 입증한다. 결국 영혼 없는 공무원으로 가득 찬 정부가 민주적 정부의 이념형이 된다. 이것은 반대로 권력자가 관료와 함께 국민의 납세의무를 수익원으로 하는 거대한 공생구조를 형성하게 만든다. 이런 공생구조 안에서 공무원이 현재 집권한 정부의 정책과 다른 의견을 표현할 권리는 자연스럽게 퇴화된다. 최근 문재인정부에서 현직 공무원이 반일정책을 비판하는 글을 근무시간 중에 SNS에 게시했다가 파면 당했다. 그런데 이 공무원의 행위를 철없는 일탈행위로 치부하는 태도는 일종의 사회적 패배주의다. 관료를 그저 정치권력의 도구로 바라보는 한 정부 안에 민주주의가 설 자리는 없다. 관료 개개인의 사회적 욕구를 거세하지 않고 능률성과의 접점을 찾는 과정도 민주주의의 요체다.

집단의 민주주의를 가로막는 최대의 복병이 권력이다. 베버는 기능주의적 관점에서 관료제 조직의 각 단위들이 조직 내에서 행사되는 힘의 기초를 공식적·합법적 측면에서만 이해했다. 조직은 지배−복종 관계를 공식화한 것이므로 이 관계는 합법적이고 정당성을 근거로 유지되어야 한다. 따라서 '권력(power)'이 아니라 '권위(authority)'를 중심으로 관료제를 분석했다. 즉 「권력 + 정당성 ＝권위」의 관계에 있다. 따라서 조직 내의 권력 작용을 일종의 병리 현상으로 치부해 버리는 오류를 범했다. 실제로 관료제 안에는 권력이 광범위하게 행사된다. 권력은 권위와 다르게 합법적인 원천과 불법적인 원천을 모두 가진다. 소위 권력형 비리라는 현상도 불법적 원천에서 나오는 범죄행위다.

권력은 강제력을 속성으로 한다. 그래서 권력은 폭력적 양상을 띠는 경향이 있다. 그러나 현대 대중민주주의에서는 겉으로 폭력성을 드러내는 권력보다는 보이지 않는 지배 양식인 '헤게모니'가 더 자주 사용된다. '헤게모니(hegemony)'는 우리말로 '패권(覇權)'이다. 패권은 어떤 집단을 주도할 수 있는 권력이나 지위이며, 어느 한 지배 집단이 다른 집단을 대상으로 행사하는 정치, 경제, 사상 또는 문화적 영향력을 말한다. 이 용어는 본래 특정 고대 그리스 도시 국가의 주변 도시 국가에 대한 정치적 지배를 의미했다. 맑스주의자인 안토니오 그람시(Gramsci, 1891~1937)는 이 개념을 자본주의 사회 분석에 적용하여 문화적 헤게모니 이론으로 발전시켰다. 그는 어떻게 지배가 힘이 아닌 동의를 통해 얻어지는가에 초점을 두었다. 선거는 동의를 이끌어내는 데 가장 중요한 수단이다. '선거로 당선된 민주적 권력'이라는 수사는 대중의 저항을 무력화시킨다. 다수결에 의한 투표가 사실을 왜곡할 수 있음에도 불구하고. 이럴 경우 헤게모니에 대한 도전은 계란으로 바위에 던지는 무모한 짓이 된다. 이런 점에서 헤게모니는 이데올로기의 속성을 지닌다. 이데올로기는 하나의 믿음이다. 예컨대 고등학생의 다양한 수업권과 인권이라는 수사는 강력한 이데올로기다. 이를 통해 만들어진 대입 수시전형은 주류적 교육제도로 자리 잡았다. 이 결과 전교조가 막강한 권력을 갖게 되었고, 교사와 학부모 간 밀실거래를 은폐시키는 도구로 작용한다. 이것은 학생의 자발적 동의를 동원하여 경쟁을 질식시키는 헤게모니다. 헤게모니는 언어의 조합을 통해서도 가동된다. 히틀러는 대중을 속일 때 사용하는 수법이 '접합'이라고 말했다. '경제성장＝풍요로운 삶, 평화＝반미제국주의, 민족＝우리끼리, 반공＝보수꼴통, 재벌＝문어발' 등이 그 예이다. 이것은 어떤 계층이나 집단에 부정적인 의미를 접합시키려는 시도, 즉 '딱지 붙이기'이다. 이를 통해 그 부정적 이미지가 썬 대상에는 강력한 '안티(anti) 집단'이 형성된다. 이 안티집단은 헤게모니를 장악한 자에게는 열렬한 지지자가 된다. 자발적 지지를 통한 지배가 만들어지는 것이다. 결국 헤게모니는 사람들을 보이지 않는 올가미에 가두는 매트릭스다. 영화 매트릭스에서 네오(Neo)는 매트릭스 안에 갇혀 사육당하던 '유기체'에서, 이제 자유의지를 가진 한 사람의 '인간'으로 다시 태어난다. 그 원동력은 '자각'에 있다. 스스로 깨우침이야말로 헤게모니에서 벗어나는 유일한 탈출구다. 물론 용기가 필요하지만.

민주주의는 조작될 수 있다. 다수결 투표에 의해서, 비이성적 의사결정에 의해서, 헤게모니에 의해서…. 어찌 보면 우리가 꿈꾸는 민주주의는 환상에 불과한지도 모른다. 그러나 우리가 그 환상을 쫓는 이유는 사회에는 언제나 숨겨진 'minority'가 존재하기 때문이다. 언젠가는 진실의 증거가 될 수 있는 그런 소수 말이다. 국회에서 정치적 쟁점이 되는 법률과 예산을 날치기로 통과시키기 위해 의원들이 머리채를 잡고 싸우는 모습이 자주 연출된다. 다수의 생각이 옳다는 헤게모니가 우리 사회를 장악하고 있다. "억울하면 너도 힘을 키워 다수가 되어 보든가!"라는 사람들도 어떤 보이지 않는 매트릭스에 갇혀 있는 것이 아닐까? 소수를 무시하고 짓밟아서 이득을 볼 수 있다는 이데올로기가 그래서 위험하다. 다수가 소수를 지배하는 것이 곧 민주주의라는 운명. 우리는 운명을 따를 것인가 아니면 그 운명을 거스르는 선택을 할 것인가?

제12장

최저임금 인상의 효과를 놓고 왜 싸우는가?

인과관계, 성과평가

인과응보(因果應報). 흔히 죗값을 치른다는 이 말은 인생의 깊은 맛을 일깨워 준다. 돌고 돌아 다시 제자리로 온다는 불교의 윤회사상은 이 인과응보의 발원지이다. 불교는 행복과 고통의 원인을 사회구조나 절대적인 악(evil)에서 찾지 않고 자기 자신의 행위 자체에서 찾는다. 이승에서 쌓은 선행과 죄악이 '업(業)'이 되어 윤회의 고리를 타고 해탈이냐 고난이냐의 갈림길에서 나누어진다. 죽음의 순간 사람은 평생 동안 찍었던 필름을 현상하듯 환생하는데 이 환생은 다른 상태의 생으로 왕복하는 순환 고리다. 이 순환 고리 안에서 인간은 고통을 짊어지고 나아간다. 고통의 원인은 자신의 무지와 욕망에 기인한다. 그래서 이 고통을 넘어서는 길은 인간 내부에 잠재되어 있는 불성(佛性)을 깨우치는 것이고 결국 스스로 변화하는 것만이 구원에 이르는 유일한 사다리다. 선과 악의 표면적 대립을 부정하는 불교의 가르침. 이를 통해 영원불변의 진리가 없다는 소박한 깨우침에 다다른다. 그래서 불교는 "팔만의 장광설이 밑 닦는 휴지에 불과하다." 라고 가르친다. 우리는 가난의 원인을 사회 구조나 부자의 탐욕으로 돌린다. 허나 이것도 우리가 색안경을 끼고 풍경을 바라보는 것과 같다는 불교의 가르침은 놀랍다. 우리는 실제 세계가 아닌 이미지의 세계, 인간의 오염된 인식이 구축해 놓은 환상 즉 마야(Maya)의 세계에 살고 있는가? 영화 「신과 함께」는 이런 의문에 맞닿아 있다. 1편 「신과 함께─죄와 벌」에서는 가난의 절망 앞에서도 주인공 자홍이 병든 어머니를 위해 희생의 몸을 던진 애절함이 귀인 환생으로 이어졌다. 2편 「신과 함께─인과 연」은 동생 수홍의 억울한 죽음에 대한 진실 찾기를 통해 인과 연의 깊은 회로 속으로 함께 빠져들어 갔다. 진실을 찾기 위한 재판에서 지옥을 관장하는 지옥 최고 권력자인 염라대왕이 증인으로 나서는 모습은

"과연 삶에서 진정한 원인과 결과는 무엇인가?"라는 묵직한 의문을 던진다. 우리 삶은 우리가 저지른 모든 행위의 연결고리를 찾아가는 여정이리라. 성주신 마동석은 "나쁜 인간은 없다. 다만 나쁜 상황만 있는 거지."라고 말한다. 선과 악의 모든 행위의 원인이 사람의 내면에서 나오는 것인지 아니면 사람이 처한 상황 때문인지? 현실에서 권력과 부를 거머쥔 지배층이 힘없는 빈자들을 착취하는 구조는 폭력적이다. 인과 연의 깊은 진실이 저승에서나마 밝혀지는 영화에 사람들이 몰리는 이유는 이런 현실이 주는 무력감 때문이리라.

인과관계가 가진 자들의 잣대로 파괴되는 사회는 미래가 없다. 한국민의 삶 구석구석에 정부의 손길이 파고들기에 정부의 행위가 어떤 인과관계를 갖는지는 첨예한 논쟁을 불러일으킨다. 최저임금을 인상하여 근로저소득층의 삶이 개선되었는지 아니면 오히려 영세 자영업자의 몰락과 경기침체를 초래했는지? 소위 「소득주도성장」이라 불리는 문재인 정부의 대표적 정책은 서민들의 목숨을 쥐락펴락한다.

최저임금 - 52시간제의 악영향

[2019년 10월 18일자 New Daily 기사]

한국은행은 최근 내부보고서에서 "최저임금과 근로시간단축 정책에 가장 민감하게 영향을 받는 영역은 소규모 영세 사업장과 자영업 시장"이라고 지적하면서 "체계적으로 준비할 중소기업의 인적·물적자원이 부족한 현실이기 때문에 특히 최저임금의 급격한 인상은 제도 변화에 대응할 여력이 없고 과당경쟁 속에 있는 자영업자에게 즉각적인 충격을 줬다"고 분석했다. 보고서는 "소비 축소와 과당경쟁의 결과 자영업자(도·소매, 음식·숙박업 등 4대 업종 기준)의 폐업률(신규 대비 폐업 업체 비율)은 2016년 77.7%에서 2018년 기준 89.2%로 크게 상승했다"고 밝혔다.

정부가 사람들의 삶과 죽음의 거의 모든 영역에 침투하여 통제하는 세상에서 정부의 행위가 어떤 결과를 초래했는지 그 인과관계를 밝히는 것은 살인죄의 유무를 가리는 것 이상으로 중요하다. 정부 행위의 인과관계에 대한 평가는 크게 다음 4가지 영역에서 이루어진다.

1. 정책평가: 정책이 어떤 결과를 초래했는지에 대한 인과관계의 평가이다.
2. 근무성적평가: 공무원 개인의 업무수행이 어떤 성과를 거두었는지의 인과관계에 대한 평가이다.

3. 직무평가: 공무원이 수행하는 직무가 조직 및 사회 차원에서 어느 정도 의 난이도와 책임도를 갖는지에 대한 평가이다.

4. 조직의 효과성 평가: 개인의 차원을 넘어선 실체로서 조직이 지닌 특성 이 조직 목표를 달성하는 데 어떤 인과관계를 갖고 있는지에 대한 평가 이다.

정부 행위의 가장 최소 단위는 공무원 개인이다. 공무원은 각자가 점유한 '직위'에서 그 직위가 요구하는 '직무'를 수행한다. 이 '직무' 수행의 결과가 공무 원 개인 차원에서는 '근무 성과'를, 시민 차원에서는 '정책'을, 사회 전체의 차원 에서는 '정부조직의 효과성'을 결정한다. 이처럼 부분과 전체는 상호 연결되어 있다. 따라서 정책이 어떤 성과를 내는지를 알기 위해서는 직무와 공무원 개인 의 미시적 관점과 정책 및 조직 전체의 거시적 관점을 모두 사용해서 분석해야 한다. 이와 같이 정부 행위의 인과관계에 관한 4가지 차원은 서로 유기적으로 연결되어 있기 때문에 이를 통합적 시각에서 보아야 한다. 부분은 전체와 연관 되고 전체는 부분을 위해 존재한다. 이런 4가지 차원에 대한 평가 정보가 통합 되고 교류되어 활용되어야 정부의 존재 이유는 달성될 수 있다. 과연 우리 정부 에서 이런 통합의 에너지가 얼마나 있을까?

▼ 그림 12-1 정부평가(인과관계)의 4가지 차원

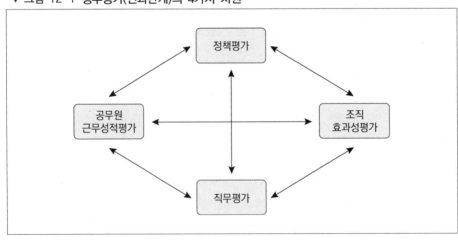

인과관계(cause & effect relation)란 어떤 원인이 되는 행위 때문에 그에 맞는 결과가 나오는 것을 말한다. 인과관계는 특히 범죄의 유무를 가리는 형사소송에서 첨예한 논쟁을 유발한다. 영화 「7번방의 선물」은 정신지체 장애가 있지만 딸바보인 아빠가 어린 딸을 위한 선물 때문에 살인죄의 누명을 뒤집어쓰고 사형을 당하는 사법살인을 통해 인간사회의 조작된 인과관계를 적나라하게 보여준다. 이래서 형법상 무죄추정의 원칙은 단순한 미사여구가 아니다. 형법 제17조 인과관계는 '어떤 행위라도 죄의 요소가 되는 위험발생에 연결되지 아니한 때에는 그 결과로 인해 벌하지 아니 한다'고 규정돼 있다. 우리나라 재판에서는 절충적 상당인과관계설이란 기준을 사용하고 있다. 이것은 행위 당시에 행위자가 특히 인식하고 있었던 사정을 기초로 하여 상당성을 판단해야 한다는 견해이다. 예컨대 철수가 상대를 임산부인 것을 모르고 구타하여 낙태한 경우 낙태의 결과가 발생하였더라도 그 행위와 결과에 인과관계를 부정하게 된다. 그러나 이런 추상적 기준이 인간행위의 인과관계를 재단하는 잣대로 사용되는 현실은 영화 속 주인공의 죽음처럼 막막하다. 인과관계의 판단에 얼마든지 자의성이 개입될 수 있기 때문이다. 담배와 폐암 사이의 인과관계는 더욱 미궁이다. 한국에서 시민들이 담배회사(KT&G)와 국가를 상대로 소송을 냈지만 2014년 대법원은 "담배를 피우지 않은 사람도 암에 걸린다. 따라서 꼭 암이 담배 때문이라고 볼 수 없다."고 주장하면서 담배와 폐암과의 인과 관계를 인정하지 않았다. 담배가 폐암을 일으킨다는 수많은 연구 결과에도 불구하고 어떻게 법원만 다른 소리를 할 수 있을까?

사회 현상에 대한 인과관계의 문제는 변수와 변수의 관계로 규정된다. 정부가 최저임금을 인상한 것을 독립변수(원인 변수)라 하고, 이로 인해 발생한 실업자 증가를 종속변수(결과 변수)라고 부른다. 변수(Variable, **예** 지능지수, 소득, 민주성 등)란 변화하는 수이며 어떤 속성들의 집합체이다. 밀(J.S.Mill)은 인과관계의 성립을 인정하기 위해 필요한 3가지 조건을 제시했다. 첫째, 시간적 선행성의 원칙(temporal precedence)은 원인이 되는 사건이나 현상은 결과보다도 시간적으로 먼저 발생해야 한다는 것이다. 둘째, 공동변화의 원칙(constant conjunction)은 원인이 되는 현상이 변화하면 결과적인 현상도 항상 함께 변화해야 한다는 것이다. 셋째, 경쟁가설 배제의 원칙(rival hypothesis)은 결과변수의 변화가 추정된 원인이 아닌 제3의 변수(third variable) 또는 외재적 변수(extraneous variable)에 의해 설명될 가능성이 없어야 한다는 것이다.

실제 상황에서 인과관계 판단을 어렵게 만드는 수많은 요인들이 존재한다.

첫째, 허위변수(spurious variable)는 'X와 Y라는 2개의 변수에 모두 영향을 미치며 이들 간의 공동변화를 모두 설명하는 변수'를 말한다. 예컨대 정부가 재테크훈련프로그램을 운영하여 국민의 소득증대를 도모할 경우 정부는 프로그램 참여가 소득증가를 발생시키는 원인변수라고 결론 내린다. 그러나 실제로는 성취동기가 원인변수가 되며 성취동기가 높으면 프로그램 참여와 소득증가를 모두 발생시킨다. 이 경우 정부는 잘못된 결론을 도출한 것이다.

둘째, 혼란변수(confounding variable)란 'X와 Y 변수에 모두 영향을 미치기는 하지만 이들 간의 공동변화를 모두 설명하지 못하는 변수'를 말한다. 위 사례에서 만약 성취동기와 프로그램 참여가 모두 소득증가에 일정부분 영향을 미치는 상황이라면 정부는 과장된 결론을 도출한 것이다.

인과관계를 진실에 가깝게 추론해 낸 경우에 그 조사연구의 타당성은 높고 그 반대의 경우에 타당성은 낮다고 말한다. 타당성(validity)의 어원은 라틴어 'validitas'('힘'을 의미)에서 유래한다. 타당성은 신념에서 비롯된 힘을 뜻한다. 이 힘은 사람에게 순종을 강요할 수 있는 능력이 된다. 측정 수단이 이면의 현상에 최대한 밀착해서 현상을 정확하게 이끌어내야 타당성이 높아진다. 쿡(Cook)과 캠벨(Campbell)은 정책영향평가에서 타당성을 다음 4가지로 분류하였다.

1. 통계적 결론의 타당성(statistical conclusion validity)

이것은 연구결과를 잘못 해석하는 '결론의 오류'를 범하지 말아야 한다는 것을 뜻한다. 연구자는 제1종 오류와 제2종 오류를 최소화해야 한다.

2. 구성 타당성(construct validity)

이것은 연구에 사용된 이론적 구성개념과 이를 측정하는 측정도구(측정수단)가 얼마나 일치되는지의 정도를 나타내는 개념이다. 예를 들어 정치적 민주화가 국민의 삶의 질을 개선했는지를 연구할 경우, '정치적 민주화'와 '삶의 질'을 측정하기 쉬운 다른 개념(예 소득 크기, 인간관계의 개방성, 교육수준 등)으로 대체하는 '조작적 정의(operational definition)'를 해야 한다. 이때 사용되는 대체 개념들을 '구성개념(construct)'이라고 말한다. 따라서 조작적 정의가 얼마나 원래의 개념과 정확하게 일치하는가에 따라 구성타당성의 수준이 결정된다.

3. 내적 타당성(internal validity)

이것은 정책과 결과 간의 관찰된 결과로부터 도달하게 된 인과적 결론의 적합성의 정도를 말한다. 내적 타당성을 제고하기 위해서는 "제3의 변수의 영향을 어떻게 확인해서 배제할 것인가(=경쟁가설 배제원칙)"가 관건이 된다. 내적타당도를 저해하는 요인들은 다음과 같이 많다.

첫째, 통계적 회귀(statistical regression)는 극단적 특성을 가진 연구대상이 시간 경과에 따라 자연스럽게 평균값으로 수렴하는 경향을 말한다. 예컨대 프로그램 집행 전에 테스트 점수가 최하위인 개인들을 선발하여 이들을 대상으로 프로그램을 집행한 후에 다시 테스트하면, 비록 실제로는 프로그램의 효과가 없었다할지라도 이들 집단의 평균점수는 향상된 것으로 나타날 수 있다.

둘째, 피그말리온(Pygmalion) 효과는 연구자가 연구대상에게 기대를 하기 때문에 실험의 효과가 좋게 나오는 현상(자기충족적 예언)이다. 예컨대 평범한 학생이라도 교사가 뛰어난 학생이라고 믿고 기대와 격려를 할 경우 평범한 학생의 실력이 크게 향상되는 현상이다,

셋째, 플라세보(placebo) 효과는 연구자가 무의식적으로 제시하는 단서에 연구대상이 반응함으로써 연구자가 원하는 방향으로 행동하게 되는 현상(위약효과)이다. 의사가 환자에게 가짜 약을 주면서 효능이 있다고 속이고 투여할 경우 환자의 상태가 좋아지는 실험에서 유래했다.

4. 외적 타당성(construct validity)

외적 타당성이란 어떤 특정 상황에서 내적타당성을 확보한 정책평가를 다른 상황에 적용하여 일반화(generalization)시킬 수 있는가의 가능성을 말한다. 정책평가의 1차적 목적은 정책수단과 정책목표 간 인과관계가 적합했는지를 판단하는 것이다. 따라서 내적 타당성이 외적 타당성에 우선한다. 내적타당도와 외

적타당도는 상충관계(trade-off)에 있다. 내적 타당성을 높이기 위해 엄격한 실험환경을 인위적으로 구성한다면, 엄격한 실험환경을 구성하기 어려운 다른 현실적 상황에서의 결과는 달라질 가능성이 높다. 따라서 일반화하여 얻어질 수 있는 외적 타당성의 영역은 그만큼 좁아지게 된다. 외적 타당도를 저해하는 주요 요인에는 다음과 같은 것들이 있다.

첫째, 선정된 조사대상자가 모집단을 대표할 수 없는 표본이라면 조사결과의 값인 통계치가 모집단의 특성인 모수치를 올바로 추정할 수 없게 된다. 예컨대 시범사업을 실시하는 경우, 시범사업이 어느 특정지역에 한정되어져 그 의미가 다한다면 일반화시키기에 부적합하게 된다.

둘째, 호손효과(Hawthorne effect)는 실험대상자가 실험대상으로 관찰되고 있다는 사실을 알게 되어 평소와 다른 행동을 하는 경우로, 다른 상황에서는 동일한 실험효과가 나타나지 않아 외적 타당성을 저해한다.

셋째, 크리밍 효과(creaming effect)는 실험효과가 비교적 잘 나타날 가능성이 있는 집단을 실험집단으로 선정하고, 그렇지 못한 집단을 통제집단으로 선정하여 정책수단을 실시한 결과 기대한 효과가 나타난 경우로, 다른 상황에 적용할 경우 동일한 효과가 나타나지 않을 수 있다.

정확한 인과관계를 규명하기 위한 요건으로 타당성만으로는 충분하기 않으며 신뢰성을 갖출 것이 필요하다. 신뢰성(reliability)이란 측정도구가 어떤 현상을 반복하여 측정했을 때 측정대상을 얼마나 일관성(consistency) 있게 측정하는가의 정도를 말한다. 예컨대 A저울을 가지고 코끼리의 몸무게를 시간적 간격을 두고 측정했을 경우 동일한 결과가 나온다면 신뢰성이 높고 매번 다른 결과가 나온다면 신뢰성이 낮은 것이다. 타당성과 신뢰성은 밀접한 관계를 갖는다. 그림 12-2에서 첫 번째 표적지(그림 가)에는 사격한 점들이 한 곳에 모여 있지만 모두 과녁에서 벗어나 있다. 이것은 신뢰도는 높지만 타당도는 낮다고 평가된다. 두 번째 표적(그림 나)에는 탄점들이 과녁에 하나도 맞지 않았기 때문에 타당도가 낮다. 또한 탄점이 여러 곳에 흩어져 있어서 신뢰도도 낮다. 세 번째 표적(그림 다)에는 탄점이 과녁 안에 들어가 있고 모두 한곳에 모여 있다. 따라서 타당도와 신뢰도가 모두 높다. 결과의 일관성인 신뢰성이 낮으면 인과관계의 적합성을 밝히기가 곤란하므로 신뢰성은 타당성의 필요조건이다. 따라서 신뢰성이 낮으면 타당도도 낮지만 신뢰성이 높아도 항상 타당성이 높은 것은 아니다(그림

point)이라고 하면 장려금 지급의 효과는 두 회귀직선의 불연속의 크기를 나타낸다. 그런데 구분점(cutting point, 이 사례에서는 150만 원)의 객관적 기준을 설정하기 어렵기 때문에 과연 기준점을 어디에 두어야 윤리적 차원에서 문제가 없는지를 판단하기 매우 어렵다.

이에 비해 정부가 전국적으로 최저임금인상을 실시한 효과를 알고자 할 경우 실험집단과 통제집단을 구분하기 어렵다. 이 경우 시계열곡선의 단절을 이용해 정책효과를 추정하는 방법이 있는데 이를 '단절적시계열설계'라고 부른다. 예컨대 CCTV 설치가 범죄발생에 미치는 영향을 평가할 경우 특정 지역을 선정하여 CCTV 설치 후 범죄발생 변화를 조사하고 동일 지역에서 CCTV 설치 전에 범죄발생의 추이를 비교함으로써 정책영향평가를 할 수 있다. 이와 같이 시계열(time series)을 관찰해서 정책효과의 시간적 발생패턴(예 결과변수의 수준, 추세(trend), 효과의 지속성 또는 단절성)을 관찰하여 인과적 추론을 한다. 단절적 시계열설계에 의한 정책영향평가는 특히 조사 기간 중에 제3의 다른 사건이 발생하여 인과관계를 왜곡시키는 '역사적 요인(history)'으로 인한 타당성 위협에 취약하다. 이런 문제점을 극복하기 위해 사용되는 것이 바로 「자연실험(Natural Experiment)」이다. 자연실험은 자연스럽게 일어나는 어떤 현상을 연구자가 인과관계 추정에 있어서 혼란요인이 되는 요소들을 제거하는 데 이용하는 방법이다. 예컨대 경찰관 수(독립변수)와 범죄율(종속변수) 간 인과관계 추정에서 범죄율과 상관없이 경찰관 수의 증감이 발생하도록 자연스러운 상황을 조사하여 2 변수의 변화를 측정한다. 이때 특정한 시점의 자연 상태에서 측정한 경찰관 수는 범죄율과 무관하게 만들어진 것으로 볼 수 있다.

「비실험연구(Non-experimental Study)」는 어떤 형태로든 실험집단과 통제집단을 선정하는 것이 불가능한 경우에 사용된다. 따라서 '인과관계'(원인과 결과의 관계, 예 흡연과 암 발생 간 관계)를 밝히기 어려우며 단지 '상관관계'(함께 변하는 관계, 예 키 크기와 발 크기 간 관계) 만을 밝힐 수 있다. 예컨대 정부가 노인을 대상으로 정보화교육을 실시하여 이 교육프로그램의 목표수준에 교육대상자들이 도달하였는지만을 측정하며, 피교육생의 정보기술 활용능력에 어떤 변화가 있는가는 관심대상이 아니다.

어떤 현상의 참과 거짓을 판단하기 위해서는 관찰 대상의 전체를 조사해야 하는데 이것이 가능한 경우를 전수조사라고 한다. 이에 비해 모집단(population) 전체를 조사하는 것이 불가능한 경우에는 표본(sample)을 추출해 표본값을 가지고 모집단의 특성을 알아내는 표본조사를 사용한다. 그런데 표본은 모집단(전체)의 일부에 불과한 것이므로 아무리 표본을 많이 뽑아도 결코 모집단과 같다고 말할 수 없다. 그럼에도 표본의 불완전한 정보를 근거로 모집단이 어떨 것이라고 추측해야 하는데 바로 이것이 '통계적 추론(statistical inference)'이다. 이때 '추론한다'는 것은 '확률이론을 근거로 부분을 통해 전체가 어떻다'라고 추측하는 것을 말한다. 연구자가 어떤 현상을 관찰하여 의문이 생겼을 때, 그것에 대해 잠정적으로 결론을 내리는 것을 '가설(hypothesis)'이라고 한다. 예를 들어 "새로 개발된 신약 A가 암 치료의 효과가 있는가?"와 같은 질문이 옳은지를 확인하려 한다. 이 질문을 "새로 개발된 신약 A가 암 치료의 효과가 있다."와 같이 연구자가 궁극적으로 알고자 하는 명제로 만든 가설을 '연구가설(대립가설)'이라고 말한다. 연구가설은 연구자가 새로이 주장(입증)하려는 사실이다. 그런데 연구가설을 직접 확인하는 것은 불가능하다. 왜냐하면 신약 A를 모든 암 환자에 투여하여 암 증상의 약화 여부를 조사해야 하는데 이런 전수 조사가 물리적으로 불가능하다. 그렇다고 일부 암 환자를 표본추출하여 A신약을 투여한 결과 암 증상이 약화되었다고 해서 A신약이 암치료에 효과가 있다고 결론내릴 수는 없다. 따라서 연구가설에 반대되는 '영가설(귀무가설, null hypothesis)'을 만들어 이 영가설의 진위를 검증하는 우회적인 방법을 사용한다. 예를 들어 "새로 개발된 신약 A가 암 치료의 효과가 없다."는 영가설이 된다. 이처럼 영가설은 기존에 믿어온 사실이다. 연구자가 궁극적으로 확인하려는 것은 새로운 사실이 옳은지(연구가설)에 관한 것이며, 결코 현재 받아들여지고 있는 영가설을 입증하는 것이 아니다. 따라서 연구자는 영가설을 기각하는 것이 목적이므로, 영가설을 기각할 수 있는지 여부에 초점을 둔다. 조사 결과 영가설이 틀리면 영가설을 기각(reject)하고 자동적으로 대립가설이 옳은 것으로 채택한다. 물론 반대로 영가설이 틀렸다는 증거가 없으면 영가설을 기각하지 못하고(can't reject) 자동적으로 연구가설이 틀린 것으로 기각한다. 이런 논리는 칼 포퍼(Karl Popper)가 주장한 반증주의

(falsification)에 근거하고 있다. 이것은 우리가 가설을 결코 증명할 수 없으며, 거짓이라는 사실만 반증할 수 있다는 것을 말한다. '반증(falsify)'이란 반대의 증거를 제시하는 것이다. 예컨대 "백조가 희다."라는 가설을 직접 증명하는 것이 불가능하며, 백조가 희지 않은 사례를 조사해서 그런 사례의 증거를 가지고 "백조가 희다."라는 가설을 반증할 수 있을 뿐이다. 즉, 단 한 마리의 검은색 백조만 발견되어도 "백조가 희다."라는 가설은 반증되는 것이다. 그러나 1,000만 마리 더 나아가 1억 마리의 백조를 조사해 조사된 모든 백조가 흰색이라 할지라도 "백조가 희다."라는 가설이 참이라고 직접 증명되는 것은 아니다. 가설검증의 이론 논리는 수학의 간접증명의 논리와 상당히 유사하다. 간접증명법(reduction to absurdity)이란 어떤 문제에 대해 가능한 해답을 모두 열거한 다음에 특정한 해답 하나를 제외한 나머지 해답이 모두 틀린 것이라고 기각하는 방법이다. 그런데 가설검증에서는 표본의 관찰결과가 영가설이 참인 조건 하에서 나타날 확률이 낮으면 영가설을 기각하는 방법을 사용한다. 이것은 영가설이 완전히 틀렸기 때문이 아니라 단순히 참이 될 확률이 낮기 때문에 기각하는 것이다.

철수가 가위바위보 게임에서 자신이 탁월한 능력을 가지고 있다고 주장하고 귀하가 이 주장의 참 또는 거짓을 알아내려는 상황을 가정하자. 물론 가위바위보 게임이 우연에 의해 좌우된다고 가정한다. 일반적으로 두 사람이 참여하는 가위바위보 게임에서 어떤 한 사람이 이길 확률은 1/2(50%)이고 질 확률도 1/2(50%)이다. 비기는 경우에는 어느 한쪽이 이길 때까지 계속해서 승부결과가 나오는 것으로 가정한다. 그리고 가위바위보 게임을 여러 번 했을 때 결과의 발생 확률은 정규분포를 나타낸다고 가정한다. 귀하가 속마음으로 알고자 하는 것은 "철수가 가위바위보 게임에서 탁월한 능력을 가지고 있다."이며, 이것은 "이길 확률이 $p > 1/2(50\%)$"라는 것을 말한다. 이것이 연구가설이다. 이에 반대의 경우는 "철수가 가위바위보 게임에서 보통 또는 그 이하의 능력을 가지고 있다."이다. 이 문장을 "철수가 가위바위보 게임에서 보통의 능력을 가지고 있다."($p = 1/2(50\%)$)라고 변경해도 연구가설의 진위를 검증하는데 아무런 문제가 없다. 이것이 영가설이다. 만약 철수가 가위바위보 게임을 2번 해보아서 모두 이긴 경우는 그 발생 확률이 $1/2 \times 1/2 = 1/4 = 0.25 = 25\%$이다. 그러면 25%의 발생확률로 얻어진 이 표본의 결과를 근거로 영가설($p = 50\%$)이 틀렸다고 판단할 수 있을까? 정규분포 하에서 누군가 가위바위보 게임을 2번 해서 모두 이기는 확률, 즉 25%는 발생 가능성이 상당히 높은 것이므로 예외적인 결과라고 판단할 수 없다. 따라서 이 정도 결과를 가지고는 영가설이 틀렸다고 단정하고 영가설을 버리는 — 이것을 '기각한다.(reject)'라고 말한다 — 것은 옳지 않다. 결국 귀하는 영가설을 기각할 수 없다.(can' reject)

그러면 만약 철수가 가위바위보 게임을 10번 해서 모두 이긴 결과가 나온 경우에는 어떨까? 어떤 사람이 가위바위보 게임을 10번 참여해서 모두 이길 확률(p)은 $p = (1/2)^n = 1/1024$(단, n = 10)이다. 이런 작은 확률은 발생 가능성이 매우 낮으므로, 이 결과가 우연히 발생한 것이 아니라고 결론 내린다. 결국 영가설이 틀렸다고 단정하고 영가설을 '기각한다(reject)'. 그러나 정규분포 상에서 모든 사건의 발생확률은 아무리 작아도 결코 0이 될 수 없다. 이처럼 10번 게임해서 모두 이기는 경우는 극히 발생하기 어려운 것이지만 평균적인 실력(p = 1/2)을 가진 사람도 아주 운이 좋은 경우에는 10번 아니라 100번도 연속해서 모두 이기는 경우가 발생할 수 있다. 만약 연구자가 이 경우 영가설을 '기각한다(reject)'는 결정을 내렸는데 나중에 실제로 드러난 철수의 진정한 실력은 보통(p = 1/2)이라면 연구자는 판단 상의 잘못을 저지른 것이다. 이런 잘못을 '1종 오류'라고 부른다. 이처럼 1종 오류는 영가설이 참(true)임에도 불구하고 그것을 기각(reject)하는 오류이다. 표본을 추출해서 그 발생확률이 매우 작아서 그 사건이 우연히 발생한 것이 아니라고 판단하고 영가설을 기각할 경우 필연적으로 1종 오류의 가능성은 잠재적으로 존재한다. 연구자는 1종 오류의 필연성을 알고 있으며 미리 우리가 감수할 수 있는 1종 오류의 허용 한계를 고백해버리는데 이것이 「유의수준」이다. 따라서 살인죄 유·무를 판정하는 경우처럼, 1종 오류를 범하면 큰 문제가 발생한다면 유의수준을 아주 작게 설정해야 한다. 반대로 철수의 가위바위보 실력의 탁월성 여부를 판정하는 것처럼 덜 엄격한 경우에는 유의수준을 높게 설정해도 무방하다.

연구자가 잘못 판단할 가능성에 대한 허용한계가 유의수준이므로, 실험 결과 얻은 값이 다시 발생할 가능성과 비교해서 영가설의 기각여부를 결정한다. 이런 판단의 기준이 되는 것을 「p-value(유의확률)」라고 부르는데, 이것은 '1종 오류가 나타날 확률'을 의미한다. 이것은 가위바위보 게임의 결과가 어느 정도 작은 확률로 발생해야만 그 결과가 우연히 발생한 것이 아니라고 단정할 것인가를 결정하는 값을 말한다. 여러분의 키가 168cm라면 이 키가 작은지 큰지를 판단하기 위해서는 뭔가 비교의 기준이 반드시 있어야만 한다는 것과 같은 이치다. 그래서 이 p-value와 비교할 기준 확률값이 필요한데, 이 기준 확률값이 유의수준(significant level)이며, 일반적으로 5%, 1%, 0.1% 등이 사용된다. 유의수준은 연구자가 계산해서 도출하는 것이 아니라 자료값과 상관없이 미리 기준값으로 결정한다. 만약 연구자가 유의수준을 5%라고 결정했다는 말은 표본을 100번 독립적으로 추출해서 똑같은 검정을 할 때 95번은 옳게 검정하지만 5번은 영가설이 맞는데도 불구하고 영가설을 기각하는 잘못(오류)을 범할 수 있다는 뜻이다.

만약 유의수준을 5%로 정했을 때 p-value가 1%라면, 영가설이 참일 때 내가 이번 실험을 통해서 얻은 검정통계량값과 같은 값을 얻을 확률이 1%인데 이것은 5번의 검정이 틀릴 수 있다는 유의수준의 기준에 비해 극단적이므로 영가설을 기각한다. 이처럼 「p-value < 유의수준 값」인 경우에는 이 표본 사건의 발생확률이 매우 낮아서 확률적으로 의미 있는 사건이라고 판정한다. 왜냐하면 연구자는 이미 유의수준값만큼 그 범위 안에서 오류의 발생 가능성을 고백했다. 만약 나중에 오류가 발생한 것으로 드러나면 연구자는 "미안해요."라고 말하겠다는 것이다. 이와 반대로 「p-value > 유의수준 값」인 경우에는 이 사건은 발생확률이 높아서 확률적으로 의미 있는 사건이 아니다. 즉 관측값이 유의하지(significant) 않다. 따라서 P=1/2이라는 영가설이 틀렸다고 결론내리지 못한다. 그러나 '높은 p-value'는 '연구가설이 참'임을 입증하는 증거가 불충분하다는 것을 의미할 뿐이며, 이 조사결과가 무의미하다는 것을 의미하지는 않는다. 실제로 연구가설이 옳다고 해고 표본크기(이 사례에서 '게임 횟수')가 적으면 p-value가 높을 수 있다. 이를 살인죄 피고인의 법정 상황에 비유하면 아무리 피고인의 알리바이가 충분해도(즉 p-value가 높음) 결론은 '결백함(innocent)'이 아니라 '유죄의 증거가 불충분함(not guilty)'이라고 표현한다.

영화 「7번방의 선물」에서 딸바보 아빠에게 살인죄의 누명을 덮어 씌워 재판을 하는 장면이 나온다. 판사는 피고인이 살인을 범했다는 증거가 확실하지 않아 연구가설(="피고인은 유죄이다.")이 옳다는 것을 입증하는 증거가 불충분하기 때문에 영가설(="피고인은 무죄이다.")을 기각할 수 없는 상황이었다. 따라서 판사가 1종 오류를 범할 확률(p-value)이 높은 상황이었음에도 불구하고 너무 쉽게 영가설(무죄)을 기각하고 '유죄'를 판결했다. 세월이 흘러 이 판결이 1종 오류를 범했음이 밝혀져서 피고인에게 무죄 판결이 다시 내려지지만 그때는 이미 피고인이 사형을 당한 후이다. 이처럼 재판정에서 범죄의 증거가 확실하지 않으면 1종 오류를 범할 확률(p−value)이 0.1(10%), 0.2(20%) 등과 같이 상당히 큰 값으로 나온다. 오류 확률이 10%나 20%인 것이 판사에게는 작은 확률이어서 무시할 수 있지만, 이로 인해 사형을 받아야 하는 피고인 입장에서는 하늘이 무너질 일이다. 이런 경우 판사는 유죄의 확신을 버리는 것이 인지상정이다. 만약 p−value가 0.00001로 아주 작은 값이 나왔다면 어찌되었을까? p−value가 0.00001이라는 것은 살인의 증거가 거의 확실해서 피고인이 살인을 했을 확률이 상당히 높고, 무죄일 확률은 0.00001로서 매우 작다는 것을 말한다. 이런 경우 피고인이 진실로 무죄임에도 불구하고 유죄로 처벌해버리는 무고한 희생의 가능성이 매우 작아진다. 그래서 이 경우 판사는 안심하고 피고인에게 유죄 판결을 내릴 수 있다. 그러나 p−value가 아무리 작아도 1종 오류의 가능성은 결코 0이 될 수는 없다. 즉 잘못된 판결로 희생당하는 딸바보 아빠의 억울한 경우가 매우 적지만 있을 수 있다는 말이다. 천 명의 죄수를 놓쳐도 단 한 명의 무고한 희생자가 있어서는 안 된다는 '무죄추정의 원리'가 그토록 중요한 이유가 여기에 있다.

임계치(critical value)

임계치란 주어진 유의수준에서 영가설의 채택과 기각에 관련된 결정을 할 때 기준이 되는 점을 말한다. 기각역과 임계치는 반비례 관계에 있다. 임계치가 커질수록 기각영역이 작아지며 그 역의 관계도 성립한다.

유의수준을 5%로 놓으면 1%로 놓을 때에 비하여 영가설이 옳음에도 불구하고 영가설을 기각할 확률은 매우 커진다. 이처럼 1종 오류를 줄이기 위해서는 유의수준을 낮추면 된다. 극단적으로 유의수준을 0 으로 놓은 경우에는 어떤 경우에도 영가설을 기각하지 않을 것이므로 이 경우에는 1종 오류가 발생할 수 없다. 그러나 유의수준을 아주 낮게 정하면 영가설이 틀렸는데도 불구하고 영가설을 기각하지 못하는 잘못인 '2종 오류'를 범하게 된다. 위의 가위바위보 게임에서 철수가 2번 게임, 10번 게임 모두 실력으로 이긴 것인데(p > 1/2) 연구자가 철수가 실력이 보통이며(p = 1/2) 표본의 결과는 단지 우연히 나타난 것으로 판단

오류의 유형	가설 검증의 오류	정책대안의 선택문제
제1종 오류	영가설이 옳은데도 영가설을 기각하고 효과 없는 연구가설을 채택함	정책대안이 실제로 효과가 없는데도, 있다고 잘못 평가하여 잘못된 대안을 채택하는 오류
제2종 오류	영가설이 틀린데도 영가설을 채택하고 효과 있는 연구가설을 기각함	정책대안이 실제로 효과가 있는데도, 없다고 잘못 평가하여 올바른 대안을 기각하는 오류
제3종 오류	잘못된 목표를 설정하여 관련성 없는 가설을 채택함	문제정의와 목표설정이 잘못되어서 대안의 선택까지 잘못하는 오류

하여 통계적으로 유의하지(significant) 않다고 판단하여 영가설을 기각하지 못하는 경우를 말한다. 이처럼 연구자는 1종 오류와 2종 오류 사이에서 일종의 시소타기를 하는 수밖에 없다.

1종 및 2종 오류는 정책 대안의 효과와 관련된다. 칼 포퍼는 모든 정책은 가설이라고 말했다. 현재의 정책은 기존의 가설이 아닌 정부가 새로 제시한 연구가설이라고 볼 수 있다. 만약 현재 정책이 효과가 없다면 이는 정부가 틀린 가설을 제시한 것이고, 효과가 없는 정책을 채택했다는 말은 틀린(거짓인) 정부의 연구가설을 선택한 것이므로 옳은(참인) 기존의 영가설을 기각한 것과 같고 이는 1종 오류에 해당한다. 반대로, 효과가 있는 정책을 배제했다는 말은 옳은(참인) 정부의 연구가설을 기각한 것이므로 틀린(거짓인) 기존의 영가설을 선택한 것과 같고 이는 2종오류에 해당한다.

신뢰수준은 에러가 얼마나 적고 표본 집단이 믿을 만한지를 묻는 것이며, 유의수준은 그것이 통계적으로 얼마나 유용하냐에 관한 문제이다. 표본추출의 결과가 매우 많은 수로 반복되는 경우에 95%의 신뢰수준이라는 말은 이 정도의 %로 모집단과 같다는 이야기이다. 신뢰수준은 높을수록 좋다. 그리고 5%의 유의수준이란 말은 잘못된 결과가 5% 정도라는 뜻이다. 유의수준은 낮을수록 좋다. 그러므로 신뢰수준과 유의수준을 합하면 결과값이 1이 된다. 신뢰수준을 높인다는 말은 유의수준을 낮춘다는 말과 같다. 유의수준이 낮은 연구를 엄격한(rigorous) 연구라고 말한다.

최저임금인상을 실시하여 어떤 효과가 나타났는지 그 인과관계를 밝혀내는 것을 '정책 평가'라 부른다. '정책평가'는 정책을 시행해서 정책이 의도한 목표를 얼마나 달성하였는가를 측정하여 평가하는 것이므로 과거 회상적인 특성을 가진다. 정책평가는 1960년대 미국에서 Johnson대통령의 '위대한 사회' 개혁프로그램의 실시로 많은 공공정책이 시행되면서 이에 대한 성과를 평가할 필요성이 강조되면서 등장하였다. 특히 예산과 기획을 합리적으로 연계하려는 계획예산제도(PPBS)의 실패로 인해 공공정책에 대한 평가가 중요시 되었다. 또한 1960년대 이후 논리실증주의의 영향으로 정책이 초래한 결과에 대한 인과관계를 계량적으로 분석하는 기법이 발달되면서 정책평가의 중요성이 높아졌다.

모든 평가에는 기준이 필요하다. 기준(criteria)은 조직의 목표를 상징하며,

▼ 그림 12-6 통계적 가설 검증과 정규분포

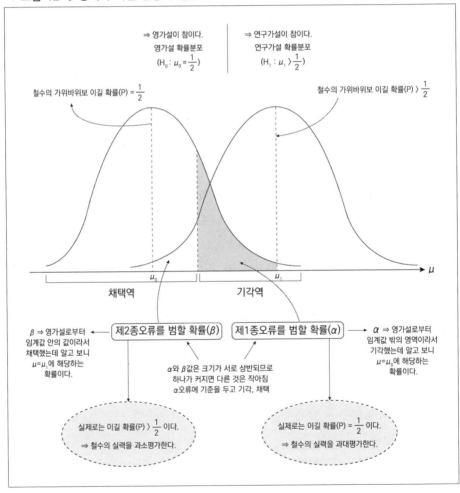

조직이 나아가야 할 나침판이자 지침이다. 이런 정부 행위의 지침(이념)에는 본질적 행정 가치와 수단적 행정가치의 위계가 존재한다. 본질적 행정가치(Intrinsic value)는 행정이 궁극적으로 이루고자 하는 최상의 가치를 말하는데 정의, 형평성, 자유, 평등, 복지 등이 이에 해당한다. 수단적 행정가치(Instrumental value)는 목적 실현을 가능하게 하는 하위(수단)가치로서 실제적인 행정과정에서 사회적 자원의 배분기준을 제시한다. 이런 기준에는 민주성, 합법성, 능률성, 효과성, 효율성, 반응성 등이 있다. 정책평가에서는 다음의 가치들을 주요한 비교·평가 기준으로 사용한다.

1. 효율성(efficiency) [← 효율적 자원배분]

효율성은 최소의 비용으로 최대의 생산을 하고 소비자에게는 최대의 만족을 주는 상태를 말한다. 효율성의 판단 기준으로는 다음 세 가지가 사용된다.

첫째, 파레토최적(Pareto optimality) 상태는 다른 사람의 후생을 감소시키지 않고서는 어느 한 사람의 후생을 증가시키는 것이 불가능한 자원배분의 상태를 말한다. 그림에서 사회구성원들의 현재 후생상태가 사회무차별곡선 안에 있는 C 상태에서 사회무차별곡선 위에 있는 A 또는 B 상태로 이동한다면 이것은 '파레토 개선'에 해당한다. 그러나 이처럼 그 누구에게도 손해(희생)를 끼치지 않고 모두가 더 좋은 상태로 개선한다는 것은 매우 비현실적이다.

둘째, 칼도−힉스기준(Kaldor−Hicks Criterion)은 누군가의 희생이 있더라도 효용을 얻은 자가 효용을 잃은 자에게 보상함으로써 총 효용이 집단 전체에서 증가한다면 사회적으로 받아들여져야 한다는 관점이다. 예컨대 A와 B가 각각 계란을 2개씩 소유하고 있고 계란 1개로부터 1만큼의 효용을 얻는다(집단 전체의 효용은 4이다). A로부터 계란 1개를 B에게 이전하면 A의 효용은 1만큼 감소하지만 B의 효용은 3만큼 증가한다면 A의 효용 손실분과 B의 효용 이득분을 상쇄한 후 집단 전체의 효용은 6이 된다. 이 경우 파레토효율성 관점에서는 A의 손해가 발생하므로 개선이 아니다. 그러나 칼도−힉스기준에서는 보상 후 총효용이 증가하므로 효율성 개선이 된다.

▼ 그림 12-7 후생경계선(또는 효용경계선)

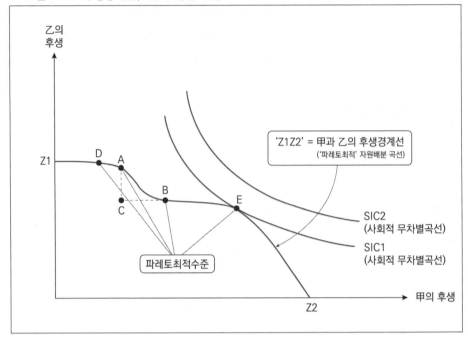

2. 형평성(equity) [← 공정한 소득분배]

1960년대 탄생한 신행정론은 행태주의의 비현실성을 비판하고 정치와 행정은 목적지향성을 갖는다는 점에서 같다고 보면서 사회적 약자들을 배려하는 형평성을 강조했다. 이의 영향으로 미국에서도 소수자 보호를 위한 대표관료제가 실시되었다. 형평성은 경제활동의 성과에 대한 사회적 선호를 나타내는 사회후생함수(social welfare function)를 도출하여 판단한다. 사회후생함수에서 도출된 사회적 무차별곡선(social indifference curve) SIC1과 효용경계선 Z1Z2가 서로 접하는 E점(bliss point)이 가장 소망스러운 소득분배상태를 나타내는 '파레토 최적점'이 된다.

3. 효과성(effectiveness)

효과성은 행정이 단기적으로 얻어진 산출 이외에 중장기적으로 사회적 파급효과를 얼마나 이루어냈는가를 분석하여 이 긍정적 효과를 극대화하려는 것이다.

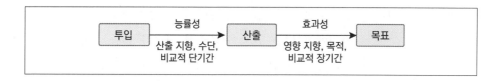

이것은 1960년대 제3세계를 중심으로 정부가 주도적으로 사회를 이끌어나가는 모형을 주창한 발전행정론이 대두하면서 등장하였다.

정책평가는 「목표와 수단의 연쇄관계(Goal−Means Chain)」라는 시스템에 의거해서 이루어진다. 목표와 수단의 연쇄관계는 하위 목표는 상위 목표 달성을 위한 수단인 동시에 차하위 수단에 대해서는 목표가 되는 계층제적 구조를 말한다. 그림 12−8에서 물가안정은 최상위 목표이며 재화공급 증가는 최상위 목표를 달성하기 위한 수단이면서 기업 생산 확대라는 정책수단의 목표가 된다.

▼ 그림 12−8 물가안정사업에서의 평가 종류와 평가 방법

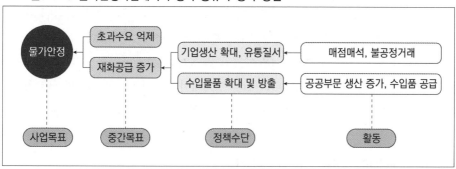

정책평가의 방법은 평가시기를 기준으로 크게 '과정(형성) 평가'와 '총괄 평가'로 구분된다. 첫째, 과정평가(Process Evaluation)는 정책집행 도중에 원래의 집행계획(plan)이나 집행설계(design)에 따라 의도한 대로 정책집행이 이루어지고 있는지 확인·점검(monitoring)하는 평가이다. 이것은 특히 프로그램이 어떤 '인과관계의 경로'를 거쳐 효과를 초래하는지를 검증·확인'하는 데 초점을 둔다. 예컨대 담배판매가격을 인상하는 정책을 시행한 경우 흡연자의 구매력에 영향을 미치고 이 결과 담배 소비량을 감소시켜 최종적으로 흡연인구수를 줄이면서 국민의 건강을 증진시키는 효과를 거둔다. 이처럼 정책이 최종 결과를 도출할 때까지 관련된 변수들을 찾아내는 것이 경로 평가의 핵심이다.

둘째, 총괄평가는 정책집행 완료 후에 정책활동 ⇨ 정책수단 ⇨ 중간목표 ⇨ 정책목표에 이르는 과정에서 변수 간의 인과관계 경로를 검증·확인하는 평가이다. 평가자는 프로그램의 일반적인 효과성에 대하여 요약된 언명(summary statement)을 산출하며, 이를 토대로 재정지원기관, 정부기관 또는 프로그램 이해관계자들에게 평가결과를 보고한다. 정책이 사회에 미친 영향(impact)이 나타나는 것도 총괄평가를 통해서이다.

정부는 2006년에 「정부업무평가기본법」을 제정하여 범정부 차원에서 정책평가를 운영하고 있다. 동법에 의한 정부업무평가 대상기관은 ① 중앙행정기관, ② 지방자치단체, ③ 중앙행정기관 또는 지방자치단체 소속기관, ④ 공공기관(공기업, 준정부기관, 지방공사 및 지방공단, 연구기관) 등으로 매우 광범위하다. 정부는 평가결과를 전자통합평가체계 및 인터넷 홈페이지 등을 통해 공개하고, 국무총리는 매년 평가결과를 국무회의에 보고해야 한다. 그러나 평가 기능을 둘러싼 정부의 밥그릇 싸움은 평가기관의 난맥상을 초래한다(표 12-2).

공무원 개인의 업무성과에 대한 평가는 미국에서 1883년 펜들턴법에 의해 실시된 실적주의 인사제도에서 기원한다. 그 후 1900년대 초 과학적 관리법의 발달에 따라 조직 구성원에 대한 객관적이고 체계적인 성과평가를 통해 성과보수를 지급하는 시스템이 정착되었다. 특히 미국에서 「직위분류법(1923년)」이 제정되면서 공무원을 대상으로 공식적으로 근무성적평가가 실시되었다. 1950년대에

▼ 표 12-2 우리나라 분야별 주요 정책평가기구

평가기구	평가대상	근거법률	주관부처
정부업무평가위원회	정부업무 평가 총괄	정부업무평가기본법	국무총리
공기업 준정부기관경영평가단	공공기관 경영실적 평가	공공기관운영에관한법률	기획재정부장관
책임운영기관운영 위원회	책임운영기관 성과평가	책임운영기관설치운영법	행정안전부장관
복권위원회	복권의 발행 평가	복권 및 복권기금법	기획재정부장관
보조사업평가단	자치단체 등에 대한국고보조사업	보조금관리에관한법률	기획재정부장관
지방자치단체합동평가 위원회	국가위임사무에 대한 합동평가	정부업무평가기본법	행정안전부장관
지방공기업정책위원회	지방공기업경영평가	지방공기업법	행정안전부장관

이르러 피터 드러커(Peter Drucker)의 목표관리제(MBO), 매그리거(D. Mcgregor)의 X이론/Y이론이 소개되면서 오늘날 대부분의 조직에서 조직 구성원에 대한 성과평가시스템을 활용하고 있다.

평정단위별 평정제도

① 공무원 개인적 차원의 성과관리제도: 근무성적평정제, 직무성과계약제, 다면평가제, 역량평가제
② 조직(집단) 단위의 성과관리제도: 성과평가(실·국단위), 균형성과평가(BSC, 조직전반)

우리나라 정부의 근무성적평정제도는 「공무원성과평가 등에 관한 규정」에 근거하여 이루어지고 있다. 동규정은 이원적 제도를 규정하고 있다. 첫째, 5급 이하 공무원에게는 '근무성적평가'를 적용한다. 둘째, 4급 이상 공무원(고위공무원단에 속하는 일반직 공무원 및 연구관, 지도관)에 대한 근무성적 평정은 '성과계약 등 평가'에 의한다. 여기에 추가하여 다면평정을 실시할 수 있도록 규정하고 있다.

| 근무성적평정(⑦ 성과계약 등의 평가 또는 ⑥ 근무성적평가) -필수적 | + | 다면평정 -임의적 |

근무평정은 공무원의 근무성과만이 아니라 공무원이 지닌 능력, 직무수행태도 등을 포괄적으로 평가한다. 현재 정부는 5급 이하 공무원 평정에 '도표식 평정척도법(graphic rating scales)'을 사용하고 있다. 이 방법은 한쪽에 평정요소를 나열하고 다른 한쪽에는 각 평정요소마다 우열을 나타내는 척도인 등급을 표시한 평정표를 사용하여 평정자가 피평정자를 평정요소별로 관찰하여 해당 평정등급을 표시하는 방법이다. 평가항목은 '근무실적' 및 '직무수행능력'으로 하되, 소속장관이 필요할 경우 인사혁신처장이 정하는 범위에서 직무수행태도 또는 부서 단위의 운영 평가 결과를 추가 가능하다. 근무성적 평정항목 간 상대적 분포비율은 규정되어 있지 않고 자율 규정사항이다. 단, 하나의 항목이 70%를 넘지 못한다.

평정항목		등급								
		탁 월	–	우 수 –		보 통 –		미 흡	– 불 량	
근무 실적	업무 난이도	1	–	2	–	3	–	4	–	5
	업무 완성도	1	–	2	–	3	–	4	–	5
	업무의 적시성	1	–	2	–	3	–	4	–	5
직무 수행 능력	기획능력	1	–	2	–	3	–	4	–	5
	대인협상능력	1	–	2	–	3	–	4	–	5
	기술력	1	–	2	–	3	–	4	–	5
직무 수행 태도	적극성	1	–	2	–	3	–	4	–	5
	포용력	1	–	2	–	3	–	4	–	5
	지구력	1	–	2	–	3	–	4	–	5

이 방법은 평정표 작성이 쉽고 비용이 저렴하다는 장점이 있다. 그러나 평정요소를 합리적으로 선정하는 것이 어려우며 평정자가 피평정자를 객관적으로 평정하기 어렵다는 한계가 있다. 특히 우리 사회에는 "좋은 게 좋다."라는 관대화 경향이 확산되어 있어서 평가자가 부하 직원에 대해 엄격한 평가를 하지 못하는 문제가 있다. 이를 극복하기 위해 사용되는 방법이 '강제배분법'이다. 이것은 평정점수의 분포비율이 정규분포를 나타내도록 획일적으로 분포비율을 미리 정해놓고 이에 따르도록 강제하는 방법이다. 그러나 이 경우 '역산식 평정'의 문제가 나타날 가능성이 있다. 역산식 평정은 평정자가 미리 강제배분 비율에 따라 평정 대상자를 각 등급에 분포시키고, 그 다음에 역으로 등급에 해당하는 점수를 부여하는 방법을 말한다. 근무성적평가는 공무원 승진에서 매우 중요한 요소로 사용된다. 승진후보자명부는 근무성적평가점수와 경력평정점을 각각 70%와 30% 비율로 반영하여 작성하되, 근무성적 평가점수의 비율은 95%까지 가산 반영할 수 있고, 경력평정점 비율은 5%까지 감산 반영할 수 있다.

우리나라는 1995년부터 4급 이상 공무원에 대해 MBO식 평정을 적용했으나 2006년부터 '성과계약평가제'로 전환되었다. 성과계약제는 미국 정부성과법(1993년)을 벤치마킹한 것이다. 미국 「정부성과법(GPRA: Government Performance Results Act)」은 1980년대~1990년대 미국 연방정부의 재정적자를 개혁하기 위해, 정부사업의 각 프로그램별 성과목표와 성과지표를 개발·측정하는 법률이다.

'성과계약평가제'는 직근 상·하급자 간에 1년 단위의 공식적 '성과계약'을 체결하고, 그 이행도를 평가하는 제도이다.

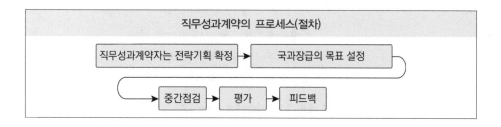

우리나라는 1997년 외환위기 이후 신공공관리적 정부개혁이 추진되었으며 이에 따라 기존의 계층제적이고 중앙집권적인 평가의 틀을 깨고 다원적 평가에 초점을 두기 위해 다면평가제를 도입했다. 이것은 상급자 이외에 동료, 부하직원, 민원인 등의 평가의견을 인사운영에 반영하여 평가의 객관성과 공정성을 높일 수 있다. 그러나 다면평가제는 공무원의 불법노조활동에 대한 묵인을 조장하고 인기투표방식의 공직분위기를 형성하는 등 문제를 야기한 바 있다. 이에 따라 2010년도부터 다면평가는 각 부처에서 자율적으로 운영하되 평가결과를 공무원의 역량개발과 교육훈련 등에만 활용하고 승진이나 전보, 성과급 지급 등에는 단순히 참고자료로만 활용하도록 의무화하였다.

공무원의 권한은 그 공무원이 점유하고 있는 「직위(position)」에서 나온다. 세무직이라는 「직위」를 점유한 공무원은 세금 징수라는 「직무(job)」을 수행하며 그 직무에 따른 「책임(responsibility)」을 부담한다. 이처럼 직위는 다른 직위와 구분되는 일(직무)과 책임으로 구성된다. 따라서 직위에 대한 객관적인 평가는 공정한 업무평가를 위한 전제조건이다. 직위에 대한 평가는 「직무분석」과 「직무평가」의 두 가지 작업에 의해 이루어진다. 이와 같은 직위를 기준으로 공직을 분류하여 관리하는 방식을 「직위분류제」라고 부른다. 미국은 구조기능주의적 관점에 따라 사회의 각 분야에서 일의 난이도와 희소성을 기준으로 기술과 책임의 수준을 결정하고 이를 기준으로 일에 대한 보수를 결정하는 체계가 발달하였다. 이처럼 과학적 관리법과 실적주의의 확립에 따른 인사관리의 표준화에 대한 요청이 이 제도의 탄생에 핵심 계기가 되었다. 우리나라에서 정규직과 비정규직 간 비합리적 차별이 자행되고 동일 노동－동일 보수 원칙이 짓밟히는 노동 현장이 버젓이 유지되는 것은 이런 직위분류제가 자리 잡지 못했기 때문이다.

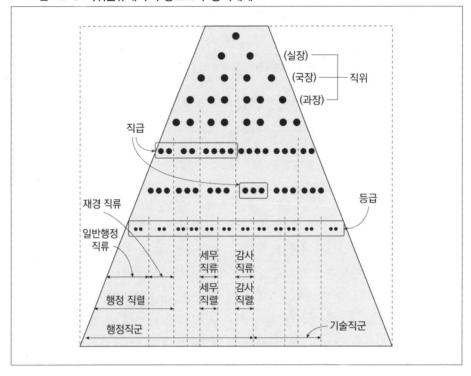

직무분석(job analysis)은 직무의 종류가 같거나 유사한 직위들을 하나의 집합으로 묶어서 직렬을 만들어내고 다시 동일하거나 유사한 직렬들을 묶어서 직군을 만들어내는 단계적인 작업을 거친다. 직무분석을 통해 공무원의 권한의 한계가 명확해지고 '동일한 직무는 동일한 공무원에게 할당한다'는 원칙이 실현될 수 있다. 직무분석이 직무의 내용과 범위를 설정하는 작업이라면 직무평가는 직무의 상대적 가치의 중요도를 평가하는 작업이다. 직무평가를 통해 만들어진 등급은 직무급 보수체계의 기초가 된다. 직무평가는 직무 그 자체의 가치를 평가하는 것일 뿐이며 직무에 종사하는 점직자(인간)를 평가하는 것은 아니다. 그러나 현실에서 청소 직무와 시장 직무를 구분하면서 청소 공무원과 시장을 차별적으로 평가하지 않는가? 그래서 객관적이고 공정한 직무평가방법은 '공정함'의 출발점이기도 하다.

(1) 서열법

평가자가 각 직무의 중요도·곤란도·책임도 등을 주관적으로 판단하여 직무 간 상대적 가치나 조직에 대한 기여도에 근거하여 직무를 가장 높은 것에서부터 가장 낮은 것으로 직무의 등급을 정한다.

▼ 표 12-4 서열법의 직무평가 사례

직무	갑 평가자	을 평가자	병 평가자	정 평가자	평균	서열
A	1	1	2	2	1.3	1
B	5	4	5	5	4.7	5
C	2	2	1	1	1.7	2
D	4	5	4	4	4.3	4
E	3	3	3	3	3.0	3

(2) 분류법(job-classification method)

직무의 가치를 단계적으로 구분하는 '등급기준표'를 먼저 만들고 이를 기초로 평가직무를 이에 맞는 등급으로 분류한다. 상·중·하의 3등급으로 간단하게 분류할 수도 있고, 또는 더욱 세분해서 다수 등급으로 구분할 수 있다.

▼ 표 12-5 분류법의 직무평가 사례

Class 1	Class 2	Class 3	Class 4
임원	숙련 기술자	준 숙련 기술자	준 숙련 기술자
사무관리인, 지배인, 감독관	구매 관리자, 현금 관리인	기계 운영자, 계기판 운영자	사무보조원, 화재관리인

(3) 점수법

직무를 여러 평가요소로 분해한 후에 그 중요도에 따라 '점수'를 부여하는 방식이다. 예컨대 청소 직무를 기술·노력·책임·작업조건 등 4항목을 중심으로 각 항목별로, 각 평가 점수를 매겨 점수의 합계로써 가치를 정한다.

▼ 표 12-6 점수법의 직무평가 사례

직무평가 요소	척도단계	가중치	요소별 평가점수	직무 평가 점수
기술	1 - 2 - 3 - 4 - 5	40	160	
노력	1 - 2 - 3 - 4 - 5	30	90	340
책임	1 - 2 - 3 - 4 - 5	20	80	
작업조건	1 - 2 - 3 - 4 - 5	10	10	

(4) 요소비교법

급여율이 가장 적정하다고 생각되는 직무를 기준직무로 정하고 각 직무들을 이와 '비교'함으로써 평가대상 직무가 차지할 위치를 정한다.

▼ 표 12-7 요소비교법의 직무평가 사례

평가요소	가중치	직무					
		직무A	직무B	직무C	직무D	직무E	직무F
기술	30%	1	3	2	4	6	5
책임	30%	2	4	1	5	6	3
대인관계	20%	3	5	1	4	5	2
영향력	10%	1	4	3	4	5	2
직무조건	10%	5	4	1	2	3	6
직무점수			690				

점수법의 경우에는 각 요소로 직무를 평가한 결과가 동점이 나올 수 있다. 예컨대 기술 수준으로 평가했을 때 A직무 4점, B직무도 4점, F직무도 4점이 될 수 있다. 그러나 요소비교법의 경우에는 동점이 나올 수 없다. 예컨대 기술 수준으로 평가했을 때 A직무 1위, B직무 3위, F직무 5위이기 때문이다. 따라서 요소비교법이 점수법에 비해 더 적극적으로 직무가치를 달리 책정하려는 방법이다.

우리나라 정부는 계급을 기반으로 서열을 강조하고 연공 서열형 보수 체계에 치우쳐 있다. 표면적으로는 직군, 직렬, 직류 등의 직위분류제 개념들을 사용하고 있지만, 실제로는 호봉제, 장기근속수당, 경력평정 등 계급제적 성격이 매우 강하다. 심지어 성과급제와 연봉제마저 공무원끼리 나누어 먹기 식으로 전락하곤 한다. 1990년대 이후 신공공관리적 개혁의 일환으로 고위공무원단, 개방형 직위제 및 공모직위제 등을 실시하고 있다. 그러나 단기(약 2년 주기) 순환보직제로 인해 전문성이 취약하고, 공직 체계에서 행정직이 지나치게 비대해서 기형적인 공룡으로 전락했다. 생활 현장에서 소방, 복지, 치안 등 고된 업무를 수행하는 공무원은 저평가되고 인사, 재무, 비서 등 지원 업무를 수행하는 공무원이 우대받는 봉건적 시스템이 지배하고 있다. 이런 전근대적인 행정문화가 팽배한 공간에서 합리적 직무평가는 불가능하다.

조직 전체의 운영이 어떤 결과를 초래했는지의 인과관계에 대한 규명은 조직의 성패를 결정짓는 핵심적 요소이다. 이를 위해 기업에서 광범위하게 사용되는 기법이 「균형성과평가제도(BSC: Balanced Score Card)」이다. Kaplan과 Norton은 1992년에 민간부문에서의 기존 성과평가가 재무적인 관점만을 반영하여 인적자산과 같은 무형의 비재무적 가치를 경시하고 있음을 비판하면서, 구성원의 역량이나 고객의 신뢰와 같은 비재무적 가치를 포함한 균형 잡힌(balanced) 성과평가를 제안했다. 1993년 Clinton 정부 때 「정부 성과 및 결과에 관한 법」(GPRA) 제정 이후 연방정부 차원에서 정부의 성과평가를 강조하면서, 대부분의 OECD 국가들이 이 제도를 도입하였다. 우리나라는 노무현 정부 때 기존 성과관리시스템이던 MBO의 단기적·가시적 목표관리의 한계를 보완하기 위해 BSC를 정부기관에도 도입했다.

BSC는 최고관리층이 주도하여 Top-Down 방식으로 조직전체의 비전과 전략으로부터 케스케이딩(cascading, 단계적 조직화)하여 하위조직의 성과지표를 도출해 나간다. 이런 성과지표 도출 과정에서 전 부처의 참여를 통해 장기적 목표와 단기적 목표 간, 재무적 측정지표와 비재무적 측정지표 간, 후행지표와 선행지표 간, 성과에 대한 외부적 관점과 내부적 관점 간 균형을 반영한다. 따라서 BSC는 단순히 과거의 결과를 평가하는 수단이 아니라 미래 전략을 수립 달성하는 도구로서 기능한다.

정부의 성과측정에서 4가지 성과지표 예시

① 재무적 지표: 비용과 편익의 측정값, 재정건전성을 나타내는 채무상환비율
② 고객 지표: 정책순응도, 민원발생 건수, 의회 의원들로부터 정책의 지지도
③ 업무처리 지표: 정책과정에서 이해당사자들의 참여도, 행정절차법에서 규정한 절차의 준수정도, 행정정보의 공개수준
④ 학습과 성장 지표: 직무만족도, 제안건수, 수시학습의 참여수

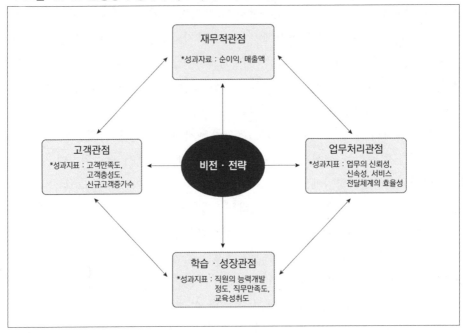

BSC는 조직 활동이 4가지 지표를 기준으로 분할될 수 있다는 가정 하에 평가를 수행한다. 또한 이러한 4가지 분야가 서로 유기적으로 연결되는 관계를 분석해 내야 하는 어려운 작업을 해야 한다. 따라서 각 부처가 부처이기주의에 의해 분할되어 움직이는 정부조직에서 BSC는 적용에 한계가 있다. 또한 정부에서 4가지 관점의 성과지표들을 숫자로 표시하는 작업도 어렵다.

이런 문제를 극복하면서 조직 전체적 관점에서 조직성과를 평가하기 위해 제안된 기법이 퀸(R. Quinn)과 로르보(J. Rohrbaugh)가 제시한 「경쟁적가치접근법(competing values approach)」이다. 이것은 기업과 정부가 모두 환경과 상호작용하면서 목표를 달성하기 위한 활동을 수행하는 개방체제라는 관점에서 접근한다. 환경에 노출된 조직은 변화에 대응하여 유연하게 적응하는 구조를 채택하느냐 내부 통제를 강화하는 위계구조를 강조하느냐의 선택을 해야 한다. 이것은 조직에서 유연성과 통제성의 상반된 가치로 나타난다. 또한 조직은 환경과의 관계에서 조직 내부 구성원의 인간화(민주적 관리)를 중시하는 활동에 역점을 둘 것인지 아니면 조직 자체의 성장과 발전을 위한 활동을 강조할 것인지를 선택해야 한다. 이것은 조직에서 내부지향성과 외부지향성의 상반된 가치로 나타난다. 이처럼 조직구조차원(유연성 – 통제 차원)과 조직활동의 강조점 차원(구성원의 복지 – 조직발전 차원)의 2가지 상반되는 가치를 이용하여 그림 12 – 11과 같이 4가지 모형을 추출하였다.

▼ 그림 12-11 조직 효과성 측정 모형(경쟁적 가치 접근법)

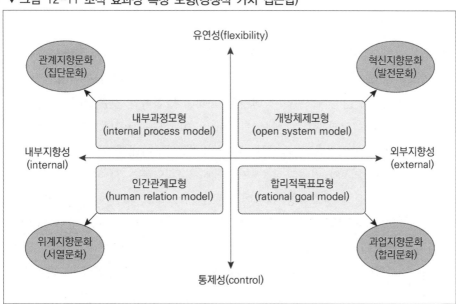

이처럼 하나의 조직 내에 상반되는 가치가 함께 존재하면서 각 조직별로 독특한 조직문화(organizational culture)를 창출해 낸다. 조직문화는 집단 경험의 학습된 산물이다. 삼성기업조직의 제일주의문화나, 기획재정부 조직의 일등주의 문화가 그 사례이다.

첫째, 인간관계 모형은 인간을 중시하고 응집력과 사기를 통해 조직 효과성을 높일 수 있다고 보고 인적자원 개발을 중시한다. 집단의 단합과 충성을 중시 하는 집단문화(group culture)가 나타난다.

둘째, 개방체제 모형은 조직 자체를 중시하고 유연성과 신속성을 통해 조직 효과성을 높일 수 있다고 보며 성장과 자원 획득에 목표를 둔다. 구성원에게 업 무 수행상 자율성을 부여하여 혁신문화(innovation culture)의 기반이 만들어진다.

셋째, 내부과정 모형은 인간을 중시하지만 정보관리와 조정을 통해 조직 효과성을 높일 수 있다고 보며 안정성과 균형유지에 초점을 둔다. 업무처리과정에서 엄격한 문서주의, 규범과 안정을 강조하여 관료적 문화(bureaucratic culture)가 형성된다.

넷째, 합리적 목표모형은 조직 자체를 중시하지만 생산성, 효율성 및 이윤에 목표를 둔다. 높은 생산성과 성과보상을 강조하여 합리적 문화(rational culture)가 형성된다.

현대 과학은 세상 모든 현상의 인과관계를 알아낼 수 있다고 주장한다. 그러나 엄밀하게 말해 인과관계를 증명하는 완전무결하고 절대적으로 확실한 통계방법은 존재하지 않는다. 우리가 데이터 속에서 발견하는 것은 변수들 사이의 상관관계일 뿐이며 인과관계는 상상 속에서만 존재하는 것이다. 그래서 정부가 노동자의 소득을 인위적으로 높여서 경제성장을 이루어내겠다는 식으로 '소득(원인)'과 '성장(결과)'의 인과관계를 고집하는 것은 일종의 샤머니즘이다. 경제는 무수한 참여자들의 상호작용이 벌어지는 연쇄 고리로 얽힌 복잡계이기에 정부가 기계 다루듯 경제를 조종하려 들면 망가진다. 세상 모든 것이 서로 의지해 존재한다는 불교의 '연기설'은 그래서 울림이 크다. 사람 눈에 보이는 것이 전부가 아니며, 사람이 생각하지 못하는 다른 차원이 존재할 수도 있다. 우리가 '생각에 대한 생각의 기술'인 '메타인지(metacognition)'를 더욱 파고들어야 하는 이유가 여기에 있다. 실재로부터 떨어져서 현상을 객관적·추상적으로 바라볼 수 있는 힘은 동물 중에서 오직 인간만이 갖고 있다. 우리들이 강한 메타인지를 가질 때, 인과관계를 왜곡하여 우리를 조종하는 폭군의 출현을 막을 수 있다.

일부의 사례를 가지고 전체의 인과관계를 알 수 있다는 가정은 세상의 일이 확률적으로, 즉 정규분포로 발생할 때 성립될 수 있다. 그러나 세상의 모든 일이 정규분포로 나타나는 것은 아니다. 이것은 원인과 결과의 관계를 확률적으로 나타내는 것이 불가능한 사례가 인간 사회에 너무도 많다는 사실을 뜻한다. 이처럼 사람 행위의 인과관계는 단선적이지 않다. 원인이 결과가 되고 다시 결과가 원인이 되기도 한다. 그래서 인과관계를 알아내기 위한 탐구의 과정은 험난한 길이다. 이 진실이 극명하게 드러나는 현장이 재판이다. 판사가 피고인의 행위와 범죄 결과 사이의 인과관계를 어떻게 판단하는가에 따라 피고는 살인죄의 범죄자가 될 수도 있고 무죄가 될 수도 있다. 이런 삶과 죽음을 가르는 판단에도 오류의 가능성은 항상 따라 붙는다. 그래서 영화 '신과 함께'에서 그 지엄한 염라대왕이 재판의 증인으로 나서기까지 했나보다. 최저임금인상정책이 근로자의 소득을 증가시켰는지 아니면 자영업과 근로자를 동반 추락시켰는지의 인과관계는 혹독한 재판을 거쳐 규명되어야 한다. 정부가 무조건 선한 의지를 가질 것이라는 가정은 위험하다.

제13장

공무원은 왜 철밥통이 되는가?
관료제, 조직구조, 인사제도의 허점

만약 내가 나의 부모의 아들이고, 과거에 안중근이 이토히로부미를 사살했다는 사실을 누군가가 내 머릿속에서 지워버릴 수 있다면 어떨까? 누군가가 나를 과거의 내가 아닌 다른 사람이 되도록 결정한다면 그는 나의 지배자, 즉 '빅브라더'이다. 조지 오웰(George Orwell, 1903~1950)의 소설 「1984」에서 빅브라더는 사람들의 생각을 조작함으로써 완벽한 지배를 달성한다. 이 소설의 주인공 윈스턴은 오세아니아 국가의 기록국 소속 공무원이며 체제유지용 내부결속을 다지기 위해 당의 지침에 따라 과거 기록을 고치는 일을 한다. 모범생으로 일하던 그가 어느 날 지배자 빅브라더에 대한 의심과 반감을 품고 은밀하게 반체제 활동을 한다. 뜻을 같이 하던 당원 줄리아와 사랑에 빠지지만 결국 발각되어 감옥에 갇히고 모진 고문을 당한다. 그의 죄목은 '빅브라더를 타도하자'라고 일기에 썼다는 것, 진실을 밝히기 위해 애썼다는 것, 그리고 줄리아와 진실한 사랑에 빠졌다는 것이다. 그러나 윈스턴의 이런 일탈마저 빅브라더의 계획이었다. 소설 어디에도 빅브라더의 모습은 보이지 않는다. 그러나 빅브라더는 당신을 보고 있다(Big Brother is watching you). 이 소설은 주인공이 난관을 뚫고 악을 응징하는 헐리우드식 결말을 거부하고 "그러나 모든 것이 잘 되었다. 싸움은 끝났다. 그는 자신과의 싸움에서 승리했다. 그는 빅브라더를 사랑했다."라면서 윈스턴의 완전한 굴복으로 끝난다. 사람이 타인을 지배하는 가장 완벽한 방법은 타인의 생각을 지배하는 것이다. 생각은 언어로 구성된다. 어떤 행위에 대해 형법에서 범죄로 규정하는 법률조문이 없다면 그 행위는 범죄로 드러나지 않는다. '1984'에서도 언어를 바꾸는 원리가 나온다. 예를 들어 dislike는 ungood으로, well은 good−wise로 바뀌고, well의 파생어인 better는 plusgood으로, much better는

doubleplusgood으로 바뀐다. 이제 더 이상 splendid, excellent 같은 찬사의 단어는 필요 없고 단지 plusgood이나 doubleplusgood으로 표현하면 된다. 이처럼 good과 well에 따라붙는 다양한 파생어들이 사라지며 그만큼 표현할 수 있는 도구가 줄어든다. 이처럼 단어를 제한한다는 것은 생각을 제한하는 것이며 결국 사람을 지배하게 된다. 언어 조작의 힘을 이 소설은 이렇게 역설한다.

> "결국 우리는 사상죄를 범하는 것도 철저히 불가능하게 만들 걸세. 그건 사상에 관련된 말 자체를 없애버리면 되니까 간단하네. 앞으로 필요한 모든 개념은 정확히 한 낱말로 표현될 것이고 그 뜻은 엄격하게 제한되며 다른 보조적인 뜻은 제거되어 잊혀지게 될 걸세."

공무원을 흔히 '철밥통'이라고 부른다. 중국음식점 배달원이 애용하는 '철가방'은 중국요리를 배달하는 데 아주 편리한 도구이면서 어지간한 외부 충격에도 음식이 훼손되지 않는 안정성이 있다. 마찬가지로 정부 관료제를 구성하는 공무원은 공공의 목적을 달성하기 위한 '편리한 도구'이면서 경기침체가 일상화된 오늘날 그 어떤 직업보다 월등하게 '안전한 직업'이다. 조직을 보는 관점이 어찌하든, 현실론적으로 조직이 사회적 목적을 달성하기 위해 만들어진 것이라면 어떤 형태로든 조직 구성원 개인을 향한 도구적 시각이 개입될 수밖에 없다. 인간에게 팔, 다리, 심장 등이 그 자체로서 도구에 불과하듯이 조직에서도 인간은 마찬가지다. 조직 내 인간에게 도구 이상의 어떤 의미를 부여한다고 해도 조직이 목적 달성을 위해 인간을 이용한다는 점에서 본질적으로 다르지 않다. 이 도구가 전체의 목적을 위해 일사분란하게 작동하기 위해서는 도구의 안정성을 강화시키는 것이 필요하다. 따라서 관료의 도구성과 공직의 안정성은 수레의 두 바퀴처럼 함께 움직인다.

관료의 도구성

　세계에서 공무원이 가장 대접받는 나라, 대한민국. 그래서 압도적으로 다수의 어린이들이 미래 꿈으로 공무원이 되는 것이라고 말한다. 2017년에 중국에서도 공무원 3만 명을 뽑는데 150만 명의 응시생이 몰려들었다는 기사가 신문에 실렸었다. 일본은 관존민비의 유교의 그림자를 가장 일찍 털어낸 나라이기에 그나마 한국과 중국에 비해 공무원 인기는 덜하다. 특히 2016년 아베 수상이 덜 내고 더 받는 공무원연금을 개혁한 이후 공무원 인기는 더 떨어졌다. 공무원의 인기는 단순히 민간에 일자리가 부족해서 대안을 찾으려는 노력 그 이상의 의미를 갖는다. 그만큼 공권력의 지배력이 강하다는 것을 뜻하며, 이는 빅브라더의 출현을 암시한다. 빅브라더가 사회주의나 전체주의에서나 나타나는 독재에 불과한 것은 아니다. 빅브라더는 눈에 보이지 않는 매트릭스이며 사람과 사람의 관계를 잇는 네트워크에 대한 지배이다. 그래서 세상 모든 것이 스마트폰 하나로 연결되는 빅데이터의 시대는 「1984」가 예언한 디스토피아의 마지막 모습일 수 있다. 페이스북, 유튜브 등 SNS의 소통은 대화의 양을 폭발적으로 증가시켰지만 그 안에 사람의 온기는 증발해 버렸다. 오직 나와 같은 취향의 사람끼리 사이버세계를 무리지어 배회하며, '꼴통보수', '빨갱이' 같이 타인을 배제하는 갈라치기가 횡횡한다. 감성과 육체적 질감이 사라지고 그 자리에 욕망과 획일화가 들어선 사이버세계는 거대한 판옵티콘이다. 잔인한 댓글 살인은 이를 웅변한다. 이제 사이버를 지배하면 세상을 지배할 수 있다. 지금 폭증하는 정부규제는 한국 사회를 거대한 판옵티콘으로 만들어 낸다. 특히 인터넷이 퍼지면 퍼질수록, 기술이 발전하면 발전할수록 우리는 자유로워지는 것이 아니라 오히려 빅브라더가 쳐 놓은 감시망에 사로잡힌다. 정부는 2019년 새로이 「보안접속(https) 차단정책」을 시행했다. 해외의 불법 유해 사이트를 차단하겠다는 것이 정부의 취지이지만, 차단 과정에서 불법으로 패킷의 헤더를 해킹하는 문제가 발생한다. 특히 새로운 SNI 필드 차단 방식은 모든 인터넷 트래픽을 감시해야 하는 방법이며, 이는 국가권력이 인터넷상 개인의 모든 정보를 검열할 권능을 갖게 되는 것이다. 결국 'https 차단'은 정부가 민간인을 도청해서 사생활을 엿보고 통제하는 빅브라더가 되겠다는 것이다. 중국은 2009년부터 불순분자로부터 국가안위를 지킨다는 명목으로 소위 '황금방패(=금순공정, 金盾工程)'라는 대규모 인터넷 정보 검열 시스템을 가동하고 있다. 지금 홍콩에서 벌어지고 있는 시민들의 저항도 바로 빅브라더 중국을 저지하기 위한 투쟁이다.

공무원이 빅브라더의 도구로 전락될 수 있는 이유는 관료제의 속성에 기인한다. 「1984」의 주인공 윈스턴이 자신의 의지와 무관하게 국가의 지시에 따라 역사를 조작한 것처럼. 이런 인간의 운명은 시기적으로 근대의 출현과 맥이 닿아 있다. 고대의 철학적 전통에서 인간은 공동체의 일원으로 의사결정에 참여하고 그 결과에 책임지는 이상향을 꿈꾼다. 이런 공동체에서 인간은 도덕적 존재로서 타인과 의사소통할 것이 요구된다. 그래서 소크라테스는 길거리에서 젊은이들에게 소통의 기술을 전수하는 데 삶을 바쳤다. 이 소통의 기술이 대화와 설득이고 이를 학문으로 승화시킨 것이 철학이다. 철학은 윤리의 문제와 소통의 문제를 모두 포괄했다. 이처럼 고대 사회에서 '정치'는 점잖은 '소통의 기술'로 간주되었다. 그러다가 16세기에 이르러 니콜로 마키아벨리(Niccoloō Machiavelli, 1469~1527)가 저서 「군주론(Il Principe)」(1532년)에서 윤리로부터 정치를 떼어내어 정치를 '통치의 기술'로 재규정한다. 근대시대 이후 정치는 인간의 지배적 삶의 형식이 된다. 정치의 본질은 권력(power)이다. 권력은 사람이 타인을 지배하는 힘을 말한다. 인간이 사회에서 타인과의 관계에서 행하는 행위의 대부분은 권력의 사용과 관련된다. 귀하가 기업이나 정부에 취업하는 순간 계약에 의한 지배-복종 관계로 들어간다. 넓게는 국가와 국가 간의 관계도 힘 센 국가가 약한 국가를 지배하고 좁게는 모든 집단 안에서 부자가 빈자를 지배한다. 이처럼 지배-복종 관계는 사회적 행위의 가장 중요한 요소이다. 이로부터 300여년의 세월이 흐른 20세기에 막스 베버(Max Weber)는 지배복종의 제도화라는 관점에서 관료제를 분석하는 탁월한 해석을 제시했다. 그는 사회관계를 규율하는 가장 중요한 측면은 바로 이 지배복종의 관계라고 보았다. 이러한 지배복종의 형태는 현실에서 다양하게 나타나는데, 베버는 이를 다음과 같이 3가지로 구분했다.

첫째, 권력(power)은 타인의 의사와 관계없이 자신의 목적을 관철시킬 수 있는 가능성을 말한다. 강제력이 기본속성이다.

둘째, 권위(authority)는 복종하는 사람이 정통성에 근거하여 수용함으로써 지배복종의 관계가 성립하는 것을 말한다. 일종의 자율적 복종관계이다.

셋째, 영향력(influence)은 이해관계에 의해 복종하는 경우이며 때로는 설득이나 감화에 의해 지배관계를 형성한다. 자율적 복종의 성격을 갖는다.

베버는 위의 3가지 지배복종관계 중에서 서구 사회의 합리성을 반영하는 지배관계는 권위에 근거한 합리적 지배관계라고 보았다. 그리고 베버는 지배복종관계를 조직화한 것이 관료제라고 간주하고 관료제가 합리적 지배복종에 근거하여 성립할 때 합리적인 사회에 부합하는 것이라고 보았다. 베버는 이를 위해 권위의 유형을 다음 3가지 유형으로 구분하고 관료제의 유형과 접목하였다.

첫째, 카리스마적 권위(charismatic authority)는 개인이 가지고 있는 초월적 자질에 근거하여 지배하는 것으로서 카리스마적 관료제를 형성한다.

둘째, 전통적 권위(traditional authority)는 오래된 전통이나 관습에 따라 지배가 이루어지는 것으로서 주로 혈연에 근거한다. 이러한 관료제를 가산관료제라고 한다.

셋째, 법적·제도적 권위(legal authority)는 법의 지배 원칙에 따른 지배관계로서 예측가능성과 법적 안정성을 강조한다. 이러한 권위에 바탕을 둔 관료제가 근대적 관료제이다.

막스 베버는 관료제의 바탕에 '합리적인 전문성'과 '훈련'이라는 고유한 특성이 있어서 현대 생활의 합리적 기술에 부응할 수 있는 최적의 조직이라고 본다. 정치의 세계에서 공동체의 방향이 결정되면, 행정의 세계에서 관료제는 그 결정을 효율적으로 집행(관리)한다. 이런 베버의 생각이 '정치행정이원론'이라는 논리체계로 발전했고, 행정학의 주류적 관점이 되었다. 물론 이런 접근법은 권력을 입법, 사법, 행정의 3권으로 분립해서 민주주의를 지켜내겠다는 이데올로기와 교묘하게 맞아떨어졌다. 또한 필연적으로 가치판단이 따라붙는 '결정'과 시장과 정부조직의 움직임을 관찰하는 '관리'를 구분하고, '행정＝관리'라는 딱지를 붙여야 행정학이 과학의 지위를 거머쥘 수 있다는 학계의 욕망도 한몫 한다. 이와 같은 민주주의 수호와 행정학의 과학화에 대한 열망이 관료를 결정하지 못하는 존재로 전락시키는 부작용을 일으켰다. 흔히 '영혼 없는 공무원'이라는 현상이 이런 관료제의 치부를 드러낸다. 공무원이 조직에서 스스로 결정하지 못하는 행태를 가르쳐 '영혼 없는 전문가(공무원)'라고 말한다. 이것은 합리화의 도구로서 등장한 근대 관료제가 관료를 사회에 대한 관리(통제)의 도구로 전락시키고 있다는 사실을 입증한다. 관료가 지배하는 조직과 사회는 그 조직과 사회를 관리하는 '기술'은 있어도 이를 이끌어주고 지도하는 '정신'은 없다. 즉 관료는 지시와 명령에 의해 주어진 임무를 관리(management)할 뿐이며 어떤 방향으로 나아갈 것인지를 결정(decision)하지는 못한다. 그래서 관료의 책임은 어떤 결정에 대한 책임이 아니라 관리에 대한 책임에 불과하다. 특히 관료제 조직에서 관료는 법규와 절차에 따라 업무를 수행하고 부하와 상관, 관료와 국민 간 관계는 공적인 관계에서만 성립된다. 이런 관료의 임무수행 성격을 '비인격성(impersonality)'이라고 부른다. 그런데 이런 비인격성이 궁극적으로 상대방을 효율화의 도구로만 인식하여 상대방을 억압하게 되는 부작용을 초래할 수 있다. 예를 들어 상관인 관료는 주어진 목표를 달성하기 위해 부하 직원의 과업 수행이 법과 절차에 따랐는지 만을 기준으로 보상 또는 벌을 주는데, 부하 직원의 생활환경이나 개인의 감정적 특성 등 인간적 요인은 철저히 무시된다. 이 경우 부하 직원은 그 업무를 수행해서 무엇을 얻으려 하는지 목적의식을 상실하게 되어 자신의 존재 의미를 잃어버리게 된다.

'영혼 없는 공무원'은 '노동 소외'의 테마로 이어진다. 소외(alienation)란 일반적으로는 '사귐이 멀어진 상태'를 말하는데, 소위 왕따 현상은 이를 보여준다. 철학에서는 '자기가 자기의 본질을 잃은 비본질적 상태에 놓이는 것'을 일컫는다. 공무원이 자신이 하는 노동의 의미를 알지 못하고 그로부터 멀어질 때 그는 '영혼 없는 공무원'이 되는 것이며 스스로 조직의 도구로 전락한다. 노동이란 인간이 무엇인가를 만들어내는 행위이다. 꿀벌이 열심히 집을 짓지만 그 행동에는 의식(consciousness)이 없다. 이에 비해 건축가가 집을 지을 때 그 노동에는 분명 목적을 향한 의식이 있다. 이처럼 사람은 노동을 통해 외계에 자신의 의식을 투영한다. 내가 노동을 하는 이유는 나의 존재를 찾기 위해서다. "내가 누구인가?"의 본질은 사회에서 '노동의 관계망' 속에서 어떤 자원을 사용하고 어떤 능력을 발휘하는지에 따라 결정된다. '나'라는 존재가 먼저 있는 게 아니고 '노동하는 나'가 먼저 있어서 이런 나는 타인과 구별되고 미래의 자기와도 이어진다. 나는 '누군가의 아버지로서 노동한다', '어느 부서의 직원으로서 노동한다'고 말하지, 그냥 '나는 노동한다'의 말로는 나의 존재를 표현할 수 없다. 결국 사람은 '구조'를 뛰어넘어 나의 존재를 찾을 수 없다는 구조주의에 다다른다. 이에 의하면 '나'라는 주체성의 기원은 '노동'에 있다. 그런데 자본주의에서 이 노동에는 '허위의식'이 두텁게 씌어 있다. 그 대표적인 허위의식은 정신노동이 육체노동 위에 군림한다는 것이다. 수천 년의 인류 문명사에서 감성보다는 이성을 중시하고, 육체가 아닌 정신을 극단적으로 추구하는 경향이 흘러왔다. 그러나 밥을 짓고 빨래하고 땅을 파는 구체적인 노동 행위를 떠나서 그 어떤 초월적인 저 높은 세상의 관념을 추구한다는 것이 과연 인간에게 어떤 의미가 있을까? 그 결과 인간은 자기 자신의 존재로부터 멀어지고 자기를 잃어버리게 되는 것이다. 과거 인류가 만든 화려한 문명은 바로 그 문명을 창조하기 위해 피땀을 흘린 수많은 근로 대중의 노동이 밑받침되었다. 그런 노동을 무시하고 정신이 어떠니 하면서 고상한 체하는 인간은 굉장히 허구적이다. 자본주의에서 물건은 시장에서 판매되는 상품(commodities)으로 전환되고 자본과 노동이 결합하여 상품을 생산한다. 그런데 생산도구가 자본의 형태로 전환되면서 자본을 소유하는 자본가가 출현했다. 자본가는 오로지 자본을 사용하여 노동자에게 노동을 하도록 명령하고 관리하는 정신작용만을 수행한다. 노동자는 정신이 배제된채 지시된 노동행위만을 수행한다. 자본가의 정신작용이 노동자의 탈정신화된 육체노동을 지배하는 방식이 성립되는 것이다. 이처럼 자본주의 시스템에서 노동이 자본의 지배를 받고 그 고유한 의미와 지위를 상실하게 되는 원인을 분석한 사람이 바로 칼 마르크스이다. 자본가들이 생산을 하는 이유는 생산된 상품을 시장에 내다팔아 더 많은 잉여가치, 즉 이윤을 얻기 위해서이다. 여기서 자본가는 노동자들에게 노동의 대가로 노동자들이 생산한 상품을 대가로 지불하지 않고 화폐로 지불하는 방식을 사용한다. 그 이유는 노동자가 자신이 생산한 대가를 상품으로 지급받을 경우 착취당한다는 사실을 즉시 인식할 수 있기 때문이다. 예를 들어 길동이라는 노동자가 한 달에 100벌의 옷을 생산하는데 노동의 대가로 배추 70포기를 받는다고 가정하자. 시장에서 길동이는 옷 한 벌과 배추 한 포기를 대등하게 교환할 수 있다. 그러면 길동이는 자신이 생산한 옷 100벌 중에서 30벌이 어디론가 사라진다는 사실을 바로 알아챈다. 그런데 만약 노동의 대가를 화폐로 지급하면 길동이는 자신의 생산물이 무엇인지, 그리고 그 생산물의 가치만큼 대가를 지급받는 것인지를 바로 알아챌 수가 없다. 그리고는 자본가는 길동에게 "노동의 대가로 지불되는 화폐가 바로 당신이 생산한 옷과 같은 것이다."라고 설명한다. 이 결과 길동이 자본가로부터 지불받는 화폐임금은 즉시 길동에게는 생산물인 옷과 같게 느껴진다. 일종의 '물신숭배(fetishism)' 현상이다. 이것은 자본주의 생산양식이 만들어내는 화폐의 신비로운 효과이다. 예컨대 수백만 원짜리 명품 핸드백을 소유한 사람이 자신의 가치를 그 핸드백에 일치시키는 몰아감이 이를 나타낸다. 그런데 이런 물신숭배는 인간에게 무서운 복수를 한다. 왜냐하면 노동자들이 그들의 손으로 만들어낸 상품들이 노동자의 손을 떠나 독립적인 세력이 되어 거꾸로 인간을 지배하는 현상이 발생하기 때문이다. 헤겔은 이런 현상을 '소외(alienation)'라고 불렀다. 예를 들어 사람들은 스마트폰이 구체적인 인간이 창조적 행위를 통해 만들어낸 노동의 산물이라는 사실을 망각한다. 그저 스마트폰이 만들어낸 세상을 우상시하면서 그 세상에서 배제되는 것을 두려워하며 그에 매달린다. 마치 인간이 신을 만들어 냈지만 인간이 그 신의 세계에 매달리는 모습과 유사하다.

이런 노동 소외는 니체(Friedrich Nietzsche, 1844~1900)가 실존주의 철학을 통해서 말하고자 했던 바와 맥락이 이어진다. 니체는 현대 대중사회에서 인간은 외적 규범의 노예에 불과하다고 질타했다. 자본주의 사회에서 인간에게 주어진 외적 규범은 '합리성'이다. 합리성은 인간이 자신의 쾌락의 극대화를 추구할 때 달성된다는 공리주의에 기초한다. 그래서 우리는 쾌락, 즉 부(wealth)의 축적을 향해 노동한다. 부자가 되는 것은 우리에게 지상 최대의 목적이 된다. 이를 비판하거나 회의를 갖는 것은 낙오자로 낙인찍히며, 모두가 폭풍우를 피하듯 하나의 방향으로 나아간다. 그래서 니체는 이런 군중의 모습을 '짐승의 무리(herde)'라고 불렀다. 일렬로 나란히 줄지어 하늘을 날아가는 새떼와 하루 종일 동일한 방식으로 꽃과 집을 오가는 벌떼의 모습에서 나타나는 특징은 "남과 같은 방식으로 행동한다."는 점이다. 이런 동물의 본성이 인간 사회에 그대로 투영될 때 인간은 노동의 의미를 잃어버린다. 모두가 동일한 행복(=선)을 쫓아가고 동일한 고통(=악)을 회피한다면 그 선과 악의 기준은 누가 세운 것인가? 공리주의는 최대다수의 최대행복이 선이고 이의 반대가 악이라는 선과 악의 이분법을 만들었다. 그런 선과 악의 이분법 하에서 인간이 오직 돈을 벌기 위한 노동을 할 때 노예(slave)와 무엇이 다를까? 니이체는 인간의 삶을 가로막고 결국 인간을 소외의 늪에 빠트리는 모든 외적 장애에 대해서 이야기했다. 노예는 명령이라는 외적 자극에 의해서만 수동적으로 움직인다. 그러나 귀족은 행동을 하기 위해 외적 자극을 필요로 하지 않으며 내부에서 치밀어 오르는 충동에 자신을 내맡긴다. 이 귀족이 완전한 정신의 세계에 도달할 때 그는 초인이 된다. 초인은 세상이 만들어 놓은 관념과 우상에 맞서고 안락함을 벗어던진 존재이다. 초인은 끊임없이 자신과 싸우며, 온갖 부정과 부패, 부도덕과 불공정의 시대에 맞선다. 니체는 이렇게 말하며 초인을 열망했다.

"인간이 보기에 원숭이는 어떤 존재란 말인가? 웃음거리뿐 아니라 고통스러운 수치일뿐, 그리하여 초인에게도 인간은 역시 웃음거리가 아니면 고통스러운 수치를 뿐이로다." (출처: 니체의 저서 「차라투스트라는 이렇게 말했다」)

공무원을 전체 조직(시스템)의 도구로 보는 학문적 관점은 20세기 초 과학적 관리론의 등장으로 촉발되었다. 조직을 보는 학문적 관점은 '고전이론 ⇨ 신고전이론 ⇨ 현대이론'의 3단계를 거쳐서 발전되어 왔다. 고전이론은 구조를 이루는 인간을 하나의 기계 부품으로 보며 구조의 합리화와 물질적 보상체계를 강화해서 조직의 능률성을 제고할 수 있다고 본다. 이런 고전이론은 1911년 미국에서 등장한 과학적 관리론을 출발점으로 하며 이후 윌슨을 중심으로 한 고전적 행정이론 및 같은 시대에 독일에서 등장한 관료제이론을 모두 포괄한다.

신고전이론은 실증주의 시각에서 고전이론의 가설이 실제 조직에서 옳은지를 직접 검증하면서 등장했다. 특히 호오손 실험(Hawthorn experiment)은 조직을 단순한 기계가 아니라 감정의 요인이 들어 있는 인간 협동체계로 보도록 관점의 대전환을 만들었다. 이 실험은 미국 시카고 교외의 서부 전기회사(Western Electric Company) 호오손 공장에서 하버드 대학의 메이요(A. Mayo)와 뢰슬리스버거(Roethlisberger) 교수의 지도 아래 1924년부터 1932년까지 8년간에 걸쳐 행해졌다. 이 실험 결과 직원들이 물질적(금전적) 보상과 생산성 향상 사이에 매우 약한 인과관계를 보였으며, 오히려 인간적 요소(대인관계, 만족감 등)와 비공식적 규칙에 대해 매우 민감한 반응을 보인 것으로 나타났다. 이에 따라 직원(개인)은 단순히 기계 부품이 아니라 인격적 존재이므로 내부 환경에서 조직 구성원의 지지를 받아야 생산성이 높아질 수 있다고 주장했다. 이를 위해 "조직의 과업목표는 도덕적이어야 한다."고 하면서 조직에 환경적 요소를 일부 도입했다.

과학적 관리론은 종업원이 돈, 물질과 같은 경제적 이득만을 추구한다고 보는데 반해, 인간관계론은 종업원이 타인과의 관계, 존경의 욕구 등 사회적 욕구를 추구한다고 본다는 점에서 다소 차이가 있다. 그러나 두 이론은 모두 종업원이 욕구의 내용만 다를 뿐, 자신의 욕구만을 추구하고 조직의 목표는 무관심하다고 본다. 고전이론에서는 조직 목표를 설정하고 이의 달성방법에 관한 정보와 의사결정을 기계의 중앙통제장치에 해당하는 최고관리층이 독점한다. 이처럼 과학적 관리론과 인간관계론은 환경과 단절된 폐쇄체제의 조직에서 구성원들이 자신의 이익극대화를 추구하는 존재라고 가정하여 개인을 조직목표 달성을 위한 도구로 본 점에서 일맥상통한다.

▼ 그림 13-1 **고전이론의 조직모형**

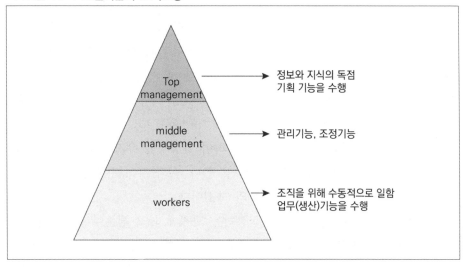

그러나 효율성을 바라보는 시각에서 2개의 이론은 차이를 보인다. 고전이론은 겉으로 드러나는 회계적 비용(투입)과 생산액(산출)만을 계산해서 산출/투입 비율의 최소화를 달성해야 한다고 주장했다. 이것을 기계적 능률성 또는 대차 대조표적 능률성이라고 부른다. 이에 반해 신고전이론은 인간적 요소 또는 질적 요소를 고려한 능률성을 추구해야 한다고 보았다. 조직의 산출에 단순히 생산액만이 아니라 개인의 만족감(성취감) 같은 인간적 요소를 포함해야 한다. 또한 신고전이론은 조직의 제도화를 통한 영속성을 중시했다. 고전이론이 조직을 단순히 특정 목적을 달성하기 위한 수단이라고 보고 있는데 그렇다면 조직은 목적달성과 동시에 소멸되어야 할 것이다. 신고전이론은 이런 점을 비판하면서 조직은 하나의 제도이며 환경의 변화에 따라 스스로 소멸되는 것을 방지하기 위한 적응체제라고 보았다. 특히 셀즈니크(P. Selznick)는 조직이 환경에 적응하는 현상으로서 '적응적 흡수(Cooptation)'라는 개념을 사용하였다. 예를 들어 공해물질을 배출하는 기업이 사외이사로 환경운동가를 영입하는 경우, 환경운동가가 기업의 매출 증가에는 기여하지 못하지만 환경의 압력을 막아내어 영속성을 유지하려는 적응현상이다.

사람은 조직의 도구에 불과한 것일까? 이에 대한 의문으로 조직을 탐색하는 시도는 20세기에 현대적 조직이론으로 등장했다. 1950년대 이후 개인과 독립된 전체의 특성을 발견하려는 '구조기능주의' 연구법이 사회과학계에 확산되었다. 이를 시발점으로 하여 조직을 인간과 독립된 하나의 유기체(기계가 아님)로 보는 시각이 성립되었다. 이런 관점에서는 조직의 공식적 요인과 비공식적 요인의 존재를 인정하고 물리적 요인, 사회적 요인 그리고 조직과 환경의 상관관계 등을 중시하는데 이것을 '통합적 조직관'이라고 부른다. 유기체로서의 조직은 곧 '체제'로서의 속성을 갖는다. 체제(system)은 부분의 합과 다른 전체로서의 고유한 성질 – 이것을 '시너지 효과'라고 부른다 – 을 갖고 있다. 특히 체제는 feed-back을 통해 부의 엔트로피를 습득하여 항상성을 유지하려 하기 때문에 환경과 지속적인 상호작용과 신축적 반응을 한다. 이와 같이 전체론적 관점에서 조직을 분석하는 시각이 현대조직이론의 핵심이다.

유기체로서 조직은 환경과 상호작용하는 과정에서 그 생존이 결정된다. 따라서 조직과 환경 간 관계에서 그 결정권을 어느 쪽이 갖고 있는지에 따라 '임의론'과 '결정론'으로 구분된다. 임의론은 인간의 행동이 개인의 자유의사(free will)에 의해 결정된다고 가정한다. 이에 비해 결정론은 인간의 행동이 그가 처한 환경에 의해 지배된다고 가정한다.

▼ 그림 13-2 현대조직이론의 유형

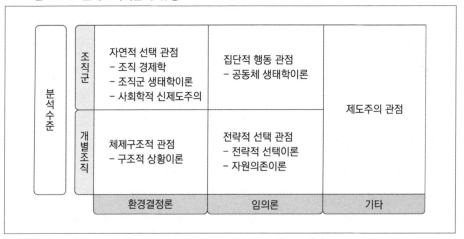

임의론에 속하는 이론들을 알아보자.

1. 전략적 선택이론(Strategic choice theory)

이 이론은 "환경이 전략을 결정하고, 다시 전략이 구조를 결정한다."고 본다. 조직이 주어진 환경 하에서 조직의 목표를 달성하는 방법은 다양하며(동일귀착성(equifinality)의 원리라고 말한다), 여러 대안들 중에서 특정 대안의 선택은 관리자의 자율영역에 속하는 사안으로서 관리자의 전략적 선택에 따라 결정된다. 환경에 적합한 적절한 구조를 전략적으로 선택하여 설계하는 과정이 중요하며 이것이 조직의 효과성을 결정한다. 예컨대 기업의 초창기에는 한정된 제품을 생산하는 소규모 조직이므로 집권적 구조를 선택하지만, 생산·판매 확대에 따라 기능조직 형태로 발전하고, 또한 외부의 공급업체 간 관계에 불확실성이 커지면 수직적 통합(예 계열화)으로 대응한다. 사업 규모가 더욱 확장되어 자율성과 효율성의 요구가 강해지면 이에 대응하여 제품별 사업구조를 형성한다.

2. 자원의존이론(Resource dependency theory)

이 이론은 조직이 환경에 존재하는 자원을 획득하는 능력을 여타 조직에 비해 더 많이 확보할수록 조직의 효과성이 높다고 본다. 따라서 조직이 적극적으로 필수적인 자원을 획득하기 위한 전략(예 공급망관리)을 개발해나간다고 보기 때문에 "임의론"이다. 조직이 환경에 대한 통제능력을 갖고 있음을 부각하여 조직이 내부 정치적 의사결정과정을 거쳐 환경에 대해 전략적으로 대응한다고 본다. 조직은 필요한 자원을 환경이나 환경 내의 다른 조직에 의존해야 한다. 그러나 조직은 가능한 한 환경에 대한 의존도를 최소화하여 자율성을 최대한 확보하기 위해 환경에 영향력을 행사하려 하고 핵심적 자원을 통제하는 환경 내 다른 조직들의 요구에 적극적으로 반응한다. 예컨대 기업들은 외부에서 원료나 부품을 조달하기 위해 공급망을 관리(Supply Chain Management)하거나 거래기업과의 인수·합병 및 권력행사 등을 통해 안정적 지배관계를 형성한다.

3. 공동체생태학이론(Community ecology)

이 이론은 개별조직 차원을 넘어 조직 전체의 거시적 관점에서 조직 간 네트워크를 고려한다. 조직이 상호간에 호혜적인 관계를 형성하는 이유는 필요성, 불균형, 호혜성, 안정성, 정당성, 효율성 등 6가지가 있다. 이러한 요인들이 상호작용하여 조직이 상호 간 네트워크를 형성하여 환경에 적응해 나간다는 이론이다. **예** 보험회사들은 하나의 조직군을 형성하여 정부규제, 소비자의 태도 등에 대해 보험료 책정 및 보험상품군 구성 등에서 공동의 전략을 개발하여 구사한다.

다음으로 결정론에 속하는 이론들을 알아보자.

1. 구조적 상황이론

1970년대 이후 자원난 시대에 조직이 환경에 적응하는 문제가 중요시되면서 등장하였다. "조직이 어떤 특성을 가질 때 환경에 가장 적합한 적응력을 갖게 되는가?"에 초점을 두고 연구하였으며 "상황변수(환경·기술·규모)와 조직특성변수(조직구조·관리체계·관리과정)의 조합이 조직의 효과성을 결정한다."고 주장한다. 예컨대 우드워드(J. Woodward)는 주문생산기술(**예** 병원)과 연속생산기술(**예** 자동차 생산공장의 컨베이어벨트)을 사용할 경우 전문화의 필요성에 따라 '유기적 구조'가 적합한 반면, 의류 등 대규모 생산기술(**예** 단순제품 생산공장)을 사용할 경우 '기계적 구조'가 적합하다는 연구결과를 제시했다. 이것은 조직 효과성을 극대화하기 위한 '유일한 최선의 방법(One best way)'이 존재한다는 고전이론의 관점을 비판하고 상황에 따른 다양한 구조 선택이 조직의 성공요인이라는 사실을 의미한다.

2. 조직경제학

'조직경제학'은 개인이 비용을 절감하고 이익극대화를 달성하기 위해 만드는 '계약 꾸러미'가 조직의 본질이라고 보는 연구법이다. 따라서 개인을 경제적 인간으로 가정하고 시장에서 불확실성의 증가로 인한 비용증가에 대응하여 개인들이 이익극대화를 위해 경쟁적으로 내부조직(=제도)를 만들게 된다고 주장한다. 개인은 노동이나 상품의 거래 행위를 수행하기 위해 '시장(market)'과 '계층제(hierarchy)' 중에서 선택할 수 있다. 특히 환경의 불확실성과 정보비대칭성이 커지고 거래 당사자들이 속임수 등 기회주의(이기주의)적 태도를 보일 경우 시장에서 거래비용은 증가한다. 따라서 개인은 거래비용을 줄이기 위해 시장보다는 조직을 만들어 구속적 계약(**예** 명령) 방식으로 거래하려는 경향이 커진다. 이때 '시장에서의 거래비용'과 '관료제의 내부비용'을 서로 비교하여 전자가 더 크면 '조직통합'을 하고, 후자가 더 크면 '시장 거래'를 선택한다. 즉 내부조직은 불확실성이 높은 환경에서 의사결정자의 제한된 합리성을 경제화(economize)시켜주는 존재인 것이다. 이 이론이 결정론인 이유는 환경의 불확실성이 내부조직화 여부를 결정하는 외부 변수로 작용하며 인간은 이에 수동적으로 선택행위를 한다고 가정하기 때문이다.

3. 조직군 생태학이론

이 이론은 1970년대 등장하였으며 생물학의 자연도태이론(natural selection theory)을 조직에 적용하여 조직군 안에서 어떤 조직이 선택되고 어떤 조직이 도태되는가의 이유를 환경과의 적합성 때문이라고 본다. 즉 조직의 성공과 생존 여부를 결정하는 핵심 요인이 조직 자신의 행동이 아니고 오직 환경의 선택이라고 보는 극단적인 "환경결정론"이다. 예컨대 공룡이 죽어 소멸한 원인이 기후변화로 인한 먹이 부족 때문인데, 이 뚱뚱한 공룡들은 거대한 몸집을 줄이는 전략적 행동을 하지 못하고 환경의 선택을 받지 못해 멸종한 것이다. 이런 관점에서 보면 우리나라의 1960년대 개발환경에서 재벌기업군이 형성된 것은 대기업 조직의 적응력보다는 정치, 사회적 환경의 변화가 재벌구조를 선택한 것이라고 해석된다. 또한 조직은 대규모화되면서 '구조적 타성(structural inertia)'에 빠지게 되기 때문에 환경에 적응할 능력을 상실하여 도태되는 것이다.(**예** 매몰비용, 변화에 대한 저항, 규칙의 제약, 정보능력의 제한 등)

현실 세계에서 인간이 조직의 도구로 전락할 가능성은 조직을 어떻게 편제하는지에 따라 영향을 받는다. 이런 조직의 편제 방식은 크게 다음 2가지 기준으로 구분된다.

첫째, 기계적 구조와 유기적 구조의 편제방식이다. 이것은 조직을 기계처럼 만들 것인가, 생물체처럼 만들 것인가를 기준으로 나눈 것이다. 기계적 구조는 한마디로 조직을 기계처럼 구성한다. 기계는 세분화되고 설계도에 따라, 즉 엄격한 규칙에 따라 일사분란하게 움직인다. 감독자가 소수 부하들을 엄청나게 감시하여 쥐어짜듯 부려먹는다. 높은 계층으로 밑바닥부터 최고관리층까지 많은 계층을 만드는 것이 중요한 특징이다. 그리고 직원들은 부품처럼 개별적으로 움직이기 때문에 일처리에 팀웍이란 없다. 이것은 조직구조가 기계처럼 고정되어 있어서 규칙적으로 주어진 업무를 효율적으로 처리하는 데에는 매우 유리하다. 커피 자판기를 생각해 보시라. 돈을 투입하면 그 돈에 적합한 상품을 즉시 산출해 내는 것이므로 매우 효율적이다. 그러나 환경이나 투입이 불규칙적으로 변하면 이런 기계적 구조는 맥을 못추고 바보가 된다. 이것의 반대가 유기적 구조다. 유기적 구조는 생물체처럼 환경의 변화에 적응해 가는 데 초점을 두고 조직구조를 매우 유동적인 형태로 구성하는 것이다. 따라서 적은 규정과 낮은 공식화(업무의 표준화), 권한의 분산화 등을 특징으로 한다. 기업이건 정부건 모두 고객에 대한 최적의 서비스 제공을 목표로 하며, 그때그때 문제해결능력이 중시된다. 기계적 구조와 유기적 구조의 두 개 형태는 조직의 크기와는 무관하며, 어느 쪽이 더 크다고 말할 수 없다.

둘째, 기능구조와 사업부제구조의 편제방식이다. 우선 기계적 구조와 기능구조는 다른 것이란 점을 주의하시라! 기계에는 수많은 부품들이 제각기 전문화된 기능을 수행하면서 전체의 한 부분으로 들어가 있다. 이처럼 조직을 수평적·수직적으로 세분해서 기계처럼 일사분란하게 만든 것이 기계적구조다. 그러므로 기계적 구조에서는 각 부분들이 할 기능이 명확하고 이 부분들의 성과를 측정해 제대로 했는지 못했는지를 따져서 책임 규명하는 것이 쉽다. 그런데 기능구조란 조직을 짤 때 작업의 특성이 같은 것들끼리 모아서 부분들을 만드는 것이다. 예를 들어 돈 관리하는 일은 회계부로 모으고 물건 만드는 것은 생산부로, 물건 판매하는 일은 영업부로, 이런 식으로 만든다. 그런데 이 경우 생산부에 여러 사람이 역할을 나누어 생산하는데 최종적으로 만든 상품, 예컨대 A브랜드 승용차에 하자가 있어 소비자들이 리콜을 요청한다면 이 하자에 대한 책임소재를 분명히 하기 어렵다. 따라서 기능구조는 개인들의 성과책임규명이 어렵다. 이에 반해 기계적 구조는 개인들의 성과측정과 책임규명이 쉽다(가능하다). 이처럼 기능구조는 고전적 조직이론이 중시한 기계적 조직으로서 계층제 구조와 전문화의 원리를 기준으로 조직 전체의 업무를 공동기능별로 부서화한 구조이며 「U형 조직(Unitary Form, 단일화된 조직)」이라고도 부른다. 기능구조는 기능과 역할을 기준으로 부서를 만들기 때문에 일하면서 서로 공통적 기능과 역할의 사람들끼리 같은 부서에 속하므로, 갈등이 적고 협력이 잘된다. 그래서 개인 간 조정 필요성이 낮다. 이런 조직은 하나의 단위체로만 그 기능을 발휘할 수 있으며 어떠한 하부기구도 독자적으로 존재할 수 없다. 따라서 규모가 확대될 경우 각 전문화된 부서가 정보의 집중과 격차로 인해 조정비용이 증가하고 강요된 상호 의존성으로 인해 혼란이 가중된다. 이런 조직에서는 구성원들이 기회주의적으로 부서 자체의 하위 목적 추구에 몰두하여 조직 전체의 전략적 결정이 어렵고 조직 목표에 혼란이 증가한다.

이에 반해, 사업구조는 조직의 산출물(생산물)을 기준으로 사업부서화하는 산출물구조이며 「전략사업단위」 또는 「M형 조직(Multidivisionalized Form, 복합적 구조)」라고도 부른다. M형 조직은 생산 상품별로 준기업화된 사업부문들로 구성하고 중앙 본점은 자원배분기능만을 수행한다. 각 사업부별로 생산, 영업, 회계 등 필요한 기능을 통합해서 가지고 있기 때문에 목표의 혼란을 방지하고 각 부서의 이익 추구 행위도 생산 목적에 흡수할 수 있다. 다국적 기업은 이런 M형 구조를 가지고 있다. 사업구조는 자기 완결적 기능단위로 조직화한 것이므로 각 전략사업단위 안에서 기능 간 조정이 쉽고 환경 변화에 신축적으로 대응할 수 있다. 그리고 사업단위별로 자원이 배분되고 각 산출물을 기준으로 성과평가가 용이하므로 상호 경쟁과 책임소재 규명이 쉽다. 그러나 사업구조는 사업부 내 기능 조정은 쉽지만 각 사업부의 독립성이 커서 사업부 간 조정은 어렵다.

조직경제학은 '거래비용이론'과 '주인-대리인이론'의 2가지 큰 흐름으로 구분된다. 시장에서 거래가 과다한 거래비용이 발생하면 이를 조직 내부의 거래로 전환시키는 것이 합리적 선택이다. 그러나 내부조직화를 통해 거래하는 경우에도 조직이 대규모화 되면 일정한 관리비용뿐만 아니라 거래비용은 증가한다. 윌리암슨(O. Williamson)은 이러한 조직 내부 거래에서 발생하는 거래비용을 줄이기 위한 방법으로 전통적 U형 구조를 효율적인 M형 구조로 대체할 것을 제안했다. 이를 'M형 가설'이라고 부른다. M형 조직은 대규모화되어도 전통적 조직과 달리 기능이 중첩되어 있어 부문 간 조정이 원활하며 사업부 내에서 일의 흐름에 따라 완결적 수행이 이루어지고 거래비용이 감소한다. M형 조직은 오스트롬(V. Ostrom)이 주장한 다중공공관료제(다조직적 구조)나 구조적 상황론자인 민츠버그(Mintzberg)가 제안한 분화형태조직(divisionalized form; 수직적으로는 분권, 수평적으로는 분화)과 유사하다.

▼ 그림 13-3 U형 구조(패션 제조판매기업)

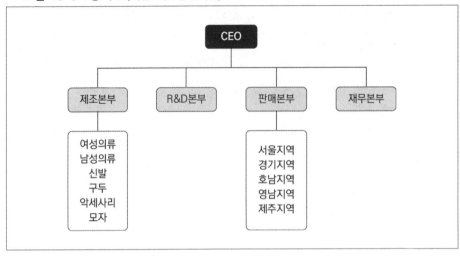

▼ 그림 13-4 M형 구조(자동차 제조판매기법)

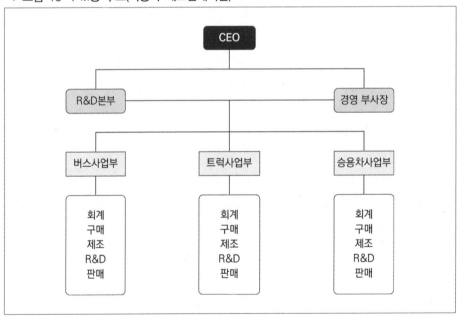

　　이처럼 조직을 어떻게 바라보고, 편제하는지가 관료제 안에서 공무원의 노동 소외에 영향을 미친다. 이런 조직에 대한 관점과 구조를 넘어서서 조직과 개인을 통합하려는 시도가 '동기부여전략'이다. 동기부여는 조직 내에서 구성원이 스스로 일하고자 하는 심적 요인을 찾아내서 이를 강화시키려는 관리전략이다. 그런데 여기에는 인간 심리에 대한 규범이 지배하고 있다. 인간은 사회가 정한 욕구를 충족시키려는 수동적 존재라는 전제가 바로 이것이다. 'Maslow의 욕구 계층 5단계설'은 이 전제를 가장 극명하게 보여준다. 그림 13−5의 욕구 5단계 는 거의 모든 사회과학 서적에 등장할 만큼 확산되어 있다.

▼ 그림 13−5 매슬로의 5단계 욕구계층

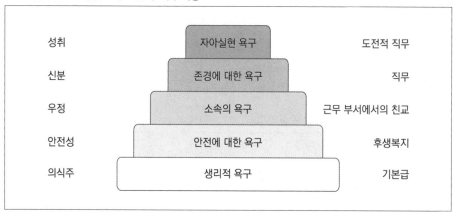

성취	자아실현 욕구	도전적 직무
신분	존경에 대한 욕구	직무
우정	소속의 욕구	근무 부서에서의 친교
안전성	안전에 대한 욕구	후생복지
의식주	생리적 욕구	기본급

그러나 이 모형은 매슬로(A. H. Maslow)가 정신병자를 대상으로 한 여러 가지 일화를 기초로 해서 만들어낸 가설에 불과하다. 그럼에도 현대 조직에서 동기부여 전략이 어떠하든 근본적으로 인간은 위의 욕구를 충족시키기 위한 존재로 바라본다. 이것은 조직이건 개인이건 더 높은 성과와 생산성은 '선'(good)이라는 인식에 기초하고 있다. 왜 생리적 욕구가 존경에 대한 욕구보다 더 하등의 욕구이어야 하는가? 왜 안전에 대한 욕구가 충족되어야 자아실현욕구를 추구할 수 있는가? 조직 관리자들은 이런 의문에 대한 고민을 해야 한다. 또한 성과 지상주의적 관리가 초래하게 되는 어두운 면, 즉 소외와 스트레스와 같은 문제에 대해서 관심을 두어야 한다. 그래야만 '영혼 없는 공무원'이란 말이 더 이상 나오지 않는다.

공직의 안정성

철밥통의 두 번째 속성인 '안정성'은 공무원의 튼튼한 신분보장에서 나온다. 공무원의 신분보장이란 '공무원이 잘못이 없는 한 그의 의사에 반하는 신분상의 불이익 처분을 당하지 않는 것'을 말한다. 우리나라는 계급제와 직업공무원제를 공직제도의 근간으로 채택함으로써 공무원의 신분은 법에 의하여 철저하게 보장된다. 1990년대 이후 신공공관리적 정부개혁에 따라 '고위공무원단제, 개방형 직위, 공모직위' 등 경쟁적 요소를 강화하는 인사제도를 도입했지만 강한 신분보장의 근본 틀은 바뀌지 않은 상태이다.

▼ 표 13-1 인사제도별 신분보장 수준의 비교

특징	계급제	폐쇄형 임용	직업공무원제	직위분류제	개방형 임용	실적주의	엽관주의
신분보장 수준	강함	강함	강함	약함	약함	강함	약함
관료에 대한 민주적 통제	약함	약함	약함	강함	강함	약함	가능

공무원에 대한 강력한 신분보장은 「헌법」과 「국가공무원법」에 의거하고 있다.

- 헌법 제7조 2항 : 공무원의 신분과 정치적 중립성은 법률이 정하는 바에 의하여 보장된다.
- 국가공무원법 제68조(의사에 반한 신분 조치): 공무원은 형의 선고, 징계처분 또는 이 법에서 정하는 사유에 따르지 않고는 본인의 의사에 반하여 휴직·강임·면직을 당하지 않는다. 다만, 1급 공무원과 제23조에 따라 배정된 직무등급이 가장 높은 등급의 직위에 임용된 고위공무원단에 속하는 공무원은 그러하지 아니하다.

위의 법률 규정은 법률이 정한 사유가 아니면 임명권자 등 관리자가 부하 직원에 대해 불이익한 인사 조치를 할 수 없다는 사실을 말해 준다. 민간 기업에서는 업무 능력, 경영 부진 등의 사유로 관리자가 부하 직원에 대한 불이익한 인사 조치를 취할 수 있는 현실과 너무나도 대조적이다. 극단적으로 말하면 각 부처 장관이 수백 명의 부하 공무원 중에서 단 한 명도 무능력이나 실적 부진 등을 사유로 해고 등 불이익한 인사처분을 할 수 없다. 이런 상황에서 공무원은 스스로 위험한 결정을 내리려 하지 않기에 '영혼 없는 존재'가 된다.

법률이 정한 경우에 해당되어 공무원에게 불이익한 인사 조치를 하는 경우에도 그 요건은 매우 까다롭다.

첫째, 「휴직」은 공무원이 재직 중 일정한 사유로 직무에 종사할 수 없는 경우에 면직시키지 아니하고 일정기간 동안 신분을 유지하면서 직무에 종사하지 않아도 되도록 조치하여 공무원의 신분을 보장하려는 제도이다. 휴직의 기간은 병역복무 및 외국기관 고용의 경우를 제외하고는 사유에 따라 3개월 내지 2년으로 규정되어 있다. 휴직은 강제로 휴직시키는 직권휴직과 공무원이 스스로 원해서 하는 청원휴직이 있다. 이 중 직권휴직 사유는 (1) 신체 및 정신 상의 이유로 장기요양이 필요할 때, (2) 병역법에 따른 병역복무를 마치기 위해 징집 또는 소집된 때, (3) 노동조합 전임자로 종사하게 된 때 등 3가지로 엄격하게 제한된다. 관리자가 조직 운영의 필요에 따라 공무원을 강제로 휴직시키는 권한은 완전히 박탈되어 있다. 공무원이 휴직기간이 끝난 후 30일 이내에 복귀 신고를 하면 당연히 복직된다.

둘째, 「직위해제」는 본인의 무능력 등으로 인한 처벌적 의미를 가진 보직해제이며 복직이 보장되지 않는다. 직위해제는 징계처분보다 절차가 간편해 현실적으로 징계수단으로 남용되기도 한다. 직위해제된 자는 공무원으로서의 신분을 유지하나 직위를 부여하지 않으므로 직위해제 기간을 경력으로 인정하지 않으며, 직위해제기간 중 봉급·연봉월액을 감액 지급한다. 직위해제된 자에게 감액된 것이지만 보수를 지급한다는 점에서 '무노동 무임금의 원칙'에 어긋난다. 또한 직위해제 사유 중에서 '직무수행 능력이 부족하거나 근무성적이 극히 나쁜 자'라는 사유는 주관적 요인이어서 상급자가 하급자를 정치적 목적으로 억압하는 수단으로 남용될 가능성이 있다.

셋째, 「공무원의 퇴직(면직)」은 공무원 관계를 소멸시키는 임용행위이다. 공무원이 스스로 원해서 퇴직하는 경우(의원면직, 명예퇴직, 조기퇴직)와 달리 강제로 퇴직시키는 경우(직권면직, 당연 퇴직, 징계면직)에는 신분보장과 충돌가능성이 존재한다. 강제퇴직 중에서 '직권면직'은 공무원이 일정한 사유에 해당된 경우에 본인의 의사와 무관하게 임용권자가 일방적으로 면직처분을 하는 것이다. 이것은 「국가공무원법」상 공무원에 대한 징계에 해당되지 않으면서 가장 강력한 불이익 처분이 된다. 그래서 국가공무원법에서는 직권면직사유를 총7개의 세부적 사유로 엄격히 제한하고 있다. 이 중에서 '직제와 정원의 개폐 또는 예산의 감소 등에 의하여 폐직 또는 과원(過員)이 되었을 때(감원)'가 임용권자의 재량적 판단이 가능해 가장 문제시 될 수 있다. 그러나 그간 수많은 조직개편의 역사에서 정부의 정원과 예산은 계속 증가해 왔으므로 이 직권면직 사유는 사실상 무력화되어 있다. 심지어 정부는 이런 사유로 직권면직 당한 경우에 정부의 사정에 의한 강제적 퇴직이므로 3년 이내에 경력경쟁채용시험 자격을 부여하고 일정한 경우 우선 채용할 수 있도록 의무화하였다. 참으로 공직이 신의 직장이 될 수밖에 없다.

전체 공무원 중에서 행정직 공무원이 매우 높은 선호도를 보인다. 그 이유는 업무의 난이도나 근무 여건이 상대적으로 더 좋다는 장점이 작용하지만 정년제도의 차이도 한몫한다. 우리나라 정년제도는 '연령정년'을 근간으로 한다. 국가공무원법은 우리나라 모든 공무원의 정년을 만 60세로 정하고 있다. 그러나 일부 군인에게 적용되는 '근속정년제'는 공직 임용 후 일정한 근속연한이 지나면 자동 퇴직하는 제도이다. 또한 경찰공무원, 소방공무원, 군인 등에 한정하여 적용하고 있는 '계급정년제도'는 공무원이 일정한 기간 동안 동일한 직급에서 승진하지 못하고 머물러 있는 경우에 그 공무원을 자동적으로 퇴직하게 하는 제도이다. 군인, 경찰, 소방직 공무원이 열악한 근무 환경에 시달리면서도 정년제도에서 여타 직류에 비해 차별적 대우를 받고 있다. 우리나라 정부는 행정직에게 천국이다.

공무원의 철밥통을 위협하는 「징계」는 실제로 날카로운 칼일까 아니면 솜 방망이일까? 징계는 공무원의 위법 또는 부당한 행위에 대해 징벌을 부과하는 처분을 말한다. 국가공무원법은 공무원에 대한 징계사유를 다음 3가지로 명시하여 제한하고 있다.

1. 이 법 및 이 법에 의한 명령에 위반하였을 때
2. 직무상의 의무에 위반하거나 직무를 태만한 때

3. 직무의 내외를 불문하고 그 체면 또는 위신을 손상하는 행위를 한 때

위의 징계 사유에 따르면 공무원의 업무 성과의 실패(부실)를 징계 사유로서 명확하게 규정하지 않는다. 의무 위반과 직무 태만의 기준은 업무성과 실패의 기준과 다른 범주에 속한다고 보아야 한다. 기업에서는 기업 경영이 부실해서 대규모 적자가 발생하거나 도산 위기에 처하면 주주총회에서 대표이사를 해임하는 의결을 할 수 있다. 이에 반해 공무원이 나랏돈을 함부로 쓰고 사업을 부실하게 운영한 과오에 대한 처벌의 수단은 사실상 막혀 있다고 볼 수 있다. 표 13−3 비위통계표와 같이 1년간 총 2,057건의 징계 중에서 강제로 퇴직시키는 파면과 해임은 200여 건으로 약 10%에 불과하며, 감봉과 견책이 총 1,400여 건으로 70% 이상을 점유하고 있다. 이처럼 공무원 징계는 솜방망이 처벌에 불과하다.

▼ 표 13-2 **공무원 징계의 종류와 내용**

징계수준	징계종류	세부 내용
중징계	파면	강제퇴직시키는 처분으로서, 5년간 공직취임이 제한된다.
	해임	징계로 해임된 경우는 3년 동안 임용될 수 없다.
	강등	1계급 아래로 직급을 내려서 임용한다. 공무원 신분은 유지하나 3개월간 직무에 종사할 수 없고 그 기간 중 보수의 전액을 감액하며 18개월간 승급 정지
	정직	1개월 이상 3개월 이하의 기간으로 정하고, 그 기간 중 공무원의 신분을 유지하지만 직무에 종사하지 못하고 보수의 전액을 감액하며 18개월간 승급정지
경징계	감봉	1개월 이상 3개월 이하 기간 동안 보수의 1/3을 감액하며 12개월간 승급 정지
	견책	잘못에 대하여 훈계하고 회개하게 한다. 6개월간 승급 정지

▼ 표 13-3 **2018년도 국가공무원 징계종류별 비위통계 (출처: 2019년 인사혁신처 통계연보)**

비위유형	합계	성실의무위반	복무위반	직장이탈금지위반	비밀엄수의무위반	청렴의무위반	품위유지의무위반	영리겸직금지위반	정치운동금지위반	집단행위금지위반	기타
합계	2,057	486	25	36	23	98	1,331	12	1		45
파면	67	4		2	3	23	24				11

해임	141	21	1	4	1	2	95	2			15
강등	64	7	1	1		4	48	2			1
정직	370	54	1	1	3	20	286	2			3
감봉	631	154	9	11	6	24	419	2	1		5
견책	784	246	13	17	10	25	459	4			10

흔히 공무원의 보수가 박봉이라는 인식이 널리 퍼져 있다. 과연 그럴까? 박봉 여부는 단순히 정부와 기업 간 월급의 금액만을 비교해서 판단할 수 없으며, 일의 강도(난이도)를 고려해야만 한다. 일반적으로 기업의 업무강도는 정부에 비해 몇 배는 더 강하다. 특히 기업에서 임직원들은 생존 자체가 보장되지 않는다. 우리나라는 상위직은 연봉제, 하위직은 호봉제가 적용된다. 호봉제는 기본급이 직급과 근무연한(연공)을 기준으로 결정되므로 연공급 및 직무급 중심이면서 여기에 성과급이 가미되어 있다. 우리나라 공무원 정원과 보수는 법령에 의해 엄격하게 통제된다. 정원은 「국가공무원 총정원령」(행정안전부 관장)에 의해서, 그리고 보수는 「공무원 보수규정」(인사혁신처 관장)에 의해 관리한다. 이의 변경 요청 시 해당 부서뿐만 아니라 행정안전부, 인사혁신처 및 기획재정부와의 협의가 필요하다. 실제로는 공무원 보수를 기획재정부가 주관하여 결정하기 때문에 공무원노조가 개입할 여지는 거의 없다. 만약 법령이나 예산에 의해 결정되는 공무원의 보수 등에 대한 단체협약을 공무원노조와 사용자 간에 체결하여도 이 단체협약은 효력이 없다.

공무원의 보수는 기본급인 '봉급'과 업무 및 직책에 따라서 다양하게 부가되는 '수당'으로 이루어져 있다. 정부가 '공무원 보수'라고 공표하는 봉급표는 말 그

보수(임금)체계의 유형과 보수액 결정방법

• 연공급(seniority−based pay): 개인의 학력, 연령, 근속연수 등의 인적요소를 기준으로 임금수준을 결정하는 임금체계
• 직무급(job−based pay): 직무평가에 의하여 각 직무의 상대적 가치를 평가하고 이에 따라 등급화된 직무등급에 의거하여 임금수준을 결정하는 임금체계. 직무급은 동일노동에 대한 동일임금의 원칙을 관철하려는 제도
• 성과급(performance−based pay): 근로자가 근무 수행한 내용과 결과를 측정하여 도출한 성과나 능률을 기준으로 임금을 결정하는 임금체계

대로 계급별로 적용되는 기본급을 표로 나타낸 것이며 실제 지급되는 임금은 이 기본급에 20~30% 정도의 수당을 더 받는다. 호봉체계에 따른 봉급표는 11개의 직종별로 다르게 설정되어 있으며 봉급 외에 18종의 수당과 각종 복리후생비가 부가되어 지급된다. 이처럼 복잡한 호봉체계와 수많은 수당으로 얽혀 있어서 봉급은 보수에서 차지하는 역할이 매우 제한적이다. 정부는 매년 공무원 보수 인상률을 발표하는데 이는 '봉급'을 기준으로 한 것이어서 본질을 외면한 축소 공개의 측면이 강하다. 인사혁신처가 발표한 2019년도 공무원 평균 연봉은 6,264만 원이었다. 또한 연봉제와 성과급제를 운영하고 있지만 실제로 직무성과에 상응하는 보수지급은 이루어지지 않고 있다. 사실상 호봉에 따라 보수가 올라가는 연공급을 주축으로 하고 있다.

공무원의 보수와 정원에 대한 법령의 통제를 우회적으로 피해가는 제도가 바로 「총액인건비제도」이다. 이것은 예산 당국은 각 부처별 인건비 예산의 총액만을 관리하고, 각 행정기관(중앙행정기관, 지방자치단체)이 당해 연도에 편성된 총액 인건비 예산의 범위 안에서 기구, 정원, 보수, 예산 등의 운영에 관해 자율적으로 결정하여, 그 결과에 책임을 지는 제도이다. 핵심은 각 부처가 총액인건비 범위 내에서 정원의 3% 범위 내 자율 증원할 수 있다는 사실이다. 이 제도는 인건비를 기본항목과 자율항목으로 나누어 각 부처에게 자율항목에 대한 상당히 자유로운 운영권을 부여하여 예산의 효율적 운영을 도모하려는 취지로 2007년에 도입되었다. 지방자치단체는 2014년부터 「기준인건비제」로 명칭을 바꾸어 운영하고 있다. 결국 명칭이 어떻든 중앙정부와 지방자치단체가 인건비의 탄력적 운영을 명목으로 무분별한 기관 증설과 직위 남발을 감행할 수 있다. 더욱이 정부에서 상위직 쏠림 현상이 심해 허리보다 머리가 큰 기형적 조직 형태가 나타나고 있다.

공무원이 철밥통이 되는 현상의 뿌리는 정부의 독점구조이다. 독점은 경쟁이 없다. 경쟁은 생명체에게 부패를 막아주며 새로운 변화를 창출해낸다. 따라서 경쟁이 없는 정부는 부패해서 죽어간다. 1980년대 이후 서구 국가들은 정부에 경쟁의 칼날을 들이대는 개혁을 단행했다. 그 선두에 선 나라가 영국과 뉴질랜드다. 영국은 1979년 대처수상의 개혁이 시작된 이후 지금까지 보수와 진보 양 진영에서 번갈아 집권했지만 시장지향형 정부개혁의 방향은 일관되었다. 특히 영국에서 1988년에 시행한 「Next Steps정책」은 전 세계로 확산되었다. 이 정책은 정부의 정책결정기능을 중앙에 두고 정책집행 기능을 사업소에 위임하여 자율적으로 운영하는 「책임운영기관제(Executive Agency)」를 말한다. 한마디로 사업운영적 기관에게 자유로운 인사권과 재정권을 부여하고 이에 따른 책임을 묻는 독립채산제기관이다. 영국에서는 전체 중앙공무원의 약 70%가 책임운영기관에서 근무하고 있다. 또한 1991년에 시장성 평가(Market Testing) 정책을 도입해 정부가 직접 수행할 기능과 그렇지 않은 기능을 구분해 후자에는 기업적 공급방식을 확대하는 조치를 단행했다. 뉴질랜드는 1984년에 집권한 노동당(Lange 수상)이 신공공관리론에 입각한 광범위한 개혁을 단행했다. 특히 각 부처의 사무차관에게 대폭적인 재량권을 위임하고 명칭도 기업처럼 최고경영자(Chief Executive)라 정하여 성과에 근거한 기업형 관리를 추진했다. 이처럼 1990년대 이후 선진국들의 신공공관리적 정부혁신은 첫째, 정책결정 기능과 정책집행 기능을 분리한다는 원칙과 둘째, 전략기능을 강화하는 반면, 부수적인 기능은 민간위탁(out-sourcing)한다는 데 방점이 놓여 있다. 이런 전략은 정부가 스스로 독점을 깨지 못하면 공멸할 것이라는 절박감에서 나온 것이다. 이것은 민간부문에서 잃어버린 권리를 찾으려는 시민운동과도 맞물려 있다. 미국에서는 1978년 과도한 재산세율을 인상하는데 시민들이 반발하여 재산세율의 인상을 금지하는 조례인 「Preposition 13」을 제정하였다. 이처럼 공공부문의 비대화와 낭비를 막기 위해 국민이 나서서 정부의 독점권을 깨고 공공재 공급을 민간이 분담하려는 권리회복(복권화)이 일어났다. 이제 정부는 민간 기업과 경쟁해야 한다. 한국도 1997년 외환위기 이후 기업형 관리기법을 정부에 적용하려는 각종 개혁을 추진해 오고 있다. 고위공무원단제, 정책실명제, 책임운영기관제, 복식부기 및 발생주의회계, 공기업의 민영화 등 그 종류도 수십 가지에 이른다. 그럼에도 정부의 재정적자와 국가부채는 천문학적 규모로 늘어나고 정부조직은 팽창한다. 과연 한국 정부가 기업과 경쟁하겠다는 의지가 있는 걸까? 더 나아가 정부는 기업의 의미와 본질을 알기나 하는 걸까? 아니라면 그 모든 것은 쇼에 불과하다.

오늘날 대한민국을 비롯한 선진 자본주의 나라들이 누리는 물질적 풍요를 창출해낸 원동력은 '기업'이다. '기업'이란 영어 단어 'company'는 11세기 이탈리아 피렌체에서 'Compagnia'라는 가족단위 출자회사로 처음 만들어졌다. Compagnia는 "빵을 나누어 먹다."라는 뜻의 라틴어인데 빵이라는 물질과 이 물질을 나누어 이득을 보는 행위를 표현하는 합성어이다. 이처럼 기업 즉

Compagnia는 본질적으로 사람이 아니라 물질을 중심으로 하고 그 물질을 통해 이득을 나누어 갖는 '자본'과 '인간 노동'의 결합체이다. 돈을 벌 수 있는 물질과 기술이 상환 부담이 없는 자본을 무한히 조달하여 수익을 만들어내는 꿈의 무대가 바로 주식회사이다. 역사적으로 주식회사는 17세기 초 유럽의 영국, 네덜란드, 프랑스에서 설립된 '동인도회사(The East Indian Company)'에서 시작되었다. 많은 사람들이 '동인도회사'라고 하면 국가가 인도를 식민지로 경영한 정부기관 또는 군대 정도로 생각하지만 사실은 전혀 다르다. 이 동인도회사는 국가로부터 인·허가를 받아 식민지 개척을 핵심 사업으로 하는 주식회사였다. 이 동인도회사라는 주식회사가 망망대해를 건너 낯선 땅 인도, 동남아시아, 아프리카에서 전쟁을 하고 향료를 가져와 무역해서 엄청난 돈을 벌었다. 그렇게 번 돈(또는 약탈?)이 유럽에서 산업혁명을 촉발한 원시자본이 되었다. 17세기 북유럽 사람들은 중세 천년의 오랜 빈곤을 탈출하려는 몸부림으로 무작정 목숨을 건 항해 길에 도전했고 살기 위해 더 나아가 큰 이득(돈 벌이)을 찾아 식민지를 개척했다. 이 목숨을 건 '사업'(또는 '전쟁')에 국가나 관료, 군대와 같은 공적인 조직이 아니라 민간 조직이 독자적인 '법인'이란 형태로 뛰어들었다. 망망대해에서 동쪽으로 무작정 배를 타고 가면 황금과 향료가 넘쳐나는 신대륙이 있을 거라는 꿈을 가슴에 품은 수많은 금발의 젊은이들은 '기업경영인'의 첫 모습이었다. 16세기에 유럽의 항해술은 당시 선진국이었던 중국 명나라의 나침판과 항해지도를 어깨너머로 배워서 가져온 낙후된 수준이었고, 낯선 땅에서의 전염병과 원주민과의 피바람 부는 전투 등 이 모든 것이 유럽인에게 드넓은 바다로 나가는 것은 곧 죽음을 의미했다. 그러나 당시 동양에서 가져온 향료는 금값이었다. 이 엄청난 모험사업에 필요한 큰 배와 물자와 인력을 조달하기 위해서는 엄청나게 큰 돈(자본)이 필요했고 왕과 귀족 그리고 신흥 자본가(부르주와)들이 오직 돈벌이를 위해 거대한 돈을 투자했다. 이 투자금은 「주식」이라는 형태로 모집되었고 주식은 잘게 쪼개어져서 매매되었다. 또한 투자자의 「유한(limited) 책임」이라는 제도가 창작되었는데 이것은 본질적으로 '주주의 무책임성'을 의미한다. 즉, "주주의 유한책임"이라는 말은 주주는 주식 대금을 납입할 책임만 지고 그 외 일체의 책임은 면제된다는 뜻이다. 이처럼 주식회사는 첫째, 국가에 종속되지 않은 독자적인 물적 자원으로서의 '법인' 제도, 둘째, 기업의 물적 자원을 지분 단위로 잘게 쪼개 매매하고 이익 배당을 받는 '주식' 제도, 셋째, 기업 경영자의 불법행위나 경영실패로 인한 부도에 대하여 주주는 납입한 자본만 날리면 그뿐 아무런 책임도 지지 않는다는 '주주의 유한책임' 이 3가지 제도를 장착함으로써 꿈의 세계로 비상하게 되었다. 역설적으로 인류 역사에서 해외 대원정의 시작은 근대 유럽이 아니라 중국 대륙의 명나라에서 출발했다. 그 유명한 정화의 대원정은 콜롬부스의 대원정이 있었던 1492년보다 무려 약 100년이나 앞선 1405년에 이루어졌고, 정화가 이끌었던 원정군의 규모와 힘은 유럽의 원정대와 비교하면 항공모함 대 나룻배 수준으로 월등했다. 정화의 원정군은 최대 3,500척의 함대와 병사와 선원 등 약 3만여 명에 달하는 대규모 군단이었다. 그럼에도 불구하고 역사의 중심축이 15세기 이후 중국에서 유럽으로 급격하게 기울어진 것은 정화의 대원정이 철저히 국가조직으로 운영되어 그저 명나라 황제가 명령한 지시를 따르는 관료주의적 성과를 거두는 데서 멈추어버렸으며, 정화의 사망 후 더 이상 발전을 이루지 못하고 퇴행의 길로 떨어졌기 때문이다. 이에 반해 유럽은 점차 해상활동과 식민지 개척이 국가조직이 아닌 주식회사의 형태로 나아가면서 돈벌이에 목숨을 건 젊은 유럽인들이 엄청난 금·향료·노예를 유럽으로 가져와 팔았고 이게 더 큰 돈벌이를 위한 기업의 진화를 유발하여 장차 산업혁명의 도화선이 되었다. 기업은 시장에서 가치를 창출하기 위해 존재한다. 이 가치가 이윤을 만들어낸다. 시장에서 어떤 기업이 초과가치를 창출한다는 것은 반드시 누군가 그만큼 손실을 보고 있다는 것을 뜻한다. 내가 1,000원을 벌면 누군가는 반드시 1,000원을 잃어버린 것이고, 반대로 내가 1만 원의 손실을 본 경우에는 반드시 누군가가 1만 원의 초과가치를 창출했다는 것을 말한다. 이처럼 기업자본주의는 태생적으로 내가 살면 타인이 죽는 살벌한 제로-섬(zero-sum)게임이고 죽고 살기의 정글이다. 그래서 자본은 망하지 않고 돈벌이를 제대로 할 수 있는 경영자인지 아닌지, 오직 단 하나의 잣대만을 사용해 주식회사의 꿈의 무대에 오를 기업경영자를 선택해야 한다. 이 '돈벌이'라는 잣대 이외에 '정치'와 '도덕'이라는 이질적인 잣대로 투자하는 자본이 있다면 이 꿈의 무대는 침몰한다. 특히 자본과 기업경영자의 결합에 국가권력이 개입하고 조종한다면 그 주식회사는 더 이상 주식회사의 DNA를 상실하고 기업의 탈을 쓴 국가권력조직으로 전락한다. 이런 국가권력조직이 결코 인류의 발전과 풍요를 이끌지 못하고 퇴행과 빈곤으로 내리막길을 달렸던 실증을 정화의 대원정 이외에도 소련의 붕괴와 북조선 세습왕조를 통해서 우리는 본다. 아직도 "노동자가 주인인 기업"이라는 허상에 매혹

되고 있는가? 아니면 "국가권력이 정한 공익이 기업의 이익창출 구조를 지배해야 경제민주화가 달성된다."는 망상을 추종하는가? 조지 오웰(George Orwell)의 「동물농장」(1945년)과 아서 케스틀러(Arthur Koestler)의 「한낮의 어둠(Darkness at Noon)」(1940년)이 낱낱이 고발하는 전체주의의 악몽을 지금이라도 읽어보라. 조지 오웰은 대중이 권력에 의해 선동되어 결국 권력의 광포에 소모품으로 전락해 나가는 모습을 폭로한다. 그리고 케스틀러는 '역사발전'이라는 논리가 혁명의 희생자들을 만들어내고 결국은 모두를 희생시켰다고 고발한다. 스탈린과 마오쩌둥의 무모한 평등주의 모험이 수천만 명을 굶겨 죽였다. 한국에서도 최저임금 인상, 징벌적 세금폭탄으로 노동자의 인간적인 삶을 보장하겠다는 허망한 평등주의가 횡횡한다. 정부는 유치원 수업료로 명품백을 구입한 유치원 원장을 마녀사냥으로 몰아서 결국 사유재산인 유치원을 국가통제의 손아귀에 떨어트리는 「유아교육법」 개정을 소위 '엄마부대'의 환호성 속에서 자행했다. 아무리 '사립유치원에 대한 공공성 강화'라는 자극적인 말로 본질을 가려도 이 트로이목마의 결말은 하향평준화된 저질의 유치원에 나의 아이를 맡겨야 하는 비극이다. 전 국민의 노후 보장용 쌈짓돈인 국민연금이 '적극적 주주권' 행사라는 구호를 내걸고 경제민주화에 나서는 모습은 더욱 가관이다. 총 적립금이 약 700조 원으로 세계 3대 연금의 규모인 국민연금이 세계 유례가 없이 주주권을 이용해 대기업들의 경영에 간섭하겠다고 나섰다. 현재 국민연금은 삼성전자 등 19개 국내 대기업의 최대주주이며, 2019년 한해 주식투자금이 124조 6천억 원에 달한다. 케스틀러는 인류 역사에서 진보는 지식과 기술의 향상이었을 뿐 결코 도덕심(윤리)의 진보는 없다고 갈파했다. 누가 누구를 도덕적으로 심판하겠다는 것인지? 태양의 과도한 자외선이 암을 유발한다고 해서 태양을 없애버린다면 지구는 어찌될까? 인류가 수 백 년 동안 엄청난 희생을 치루고 마침내 만들어낸 이상향 '주식회사'가 지금 파퓰리즘의 악령에 휩싸이고 있다.

제14장

왜 나랏돈은 눈먼 돈이 될까?

정책분석의 한계, 재정제도의 허점

탐관오리(貪官汚吏), 사리사욕만을 취하는 부정한 관료. 조선왕조 500년을 관통하는 대명사다. 손가락에 흙 한 번 묻히지 않고 평생 관직이라는 허세로 민중 위에 군림하며 탐욕의 뱃살을 찌우기에 급급했던 양반들. 국민 문학인 「춘향전」의 주인공 이몽룡이 암행어사가 되어 고향 마을에 돌아와 간악한 사또에게 써준 한 편의 시는 탐관오리 밑에서 신음하는 백성의 고통을 절절하게 그려낸다.

"금 술잔의 아름다운 술은 일만 백성의 피요……."

로 시작되는 이 시는 이미 중국에 유사한 시 구절이 있었던 것으로 보아 중국과 조선의 부패가 동급이었음을 상징한다. 이 시에서 백성의 피는 물론 세금을 뜻한다. '세(稅)'는 벼 '禾(화)'와 변할 '兌(태)'로 만들어진 것으로 보아, 세금은 곡식에서 일부분을 빼내서 공동체 운영경비로 전환했던 데에서 기원했다. 이처럼 세금은 공동체 구성원들이 먹고 남을 만큼의 잉여물자가 있어야 저항이 없다. 그러나 조선왕조나 현재 정부가 서민들의 주머니를 털어내는 모습은 한마디로 '약탈'이다. 조선 멸망의 뿌리는 공산주의다. 양반은 상공업에 종사하는 것이 금지되었고 평민은 토지를 소유할 수 없다. 그 누구도 재화를 만들고 유통할 욕망이 잘려나간 불모의 땅이었으니 양반조차 끼니를 거르는 가난에 허덕여야 했다. 여기에 토지세인 전정, 병역인 군정, 구휼미인 환곡 등 3정의 문란이 몰락에 불을 질렀다. 조선후기 전체 인구의 70%가 넘는 양반들은 세금과 병역 면제의 특권을 누리면서도 일하지 않는 기생충이었고, 농민과 노비들에게 모든 짐을 떠넘겼으며, 심지어 복지제도였던 구휼미를 가지고 고리대로 장난질을 쳤다. 17세기 후반 서자 출신 박제가는 「북학의」에서 놀고먹는 사대부가 전 국민의 절반이 넘는 현실을 개탄하면서, 사대부를 없애버리자는 혁명론을 제안했다. 같은 시대에 박지원은 소설 「양반전」에서 무위도식하는 양반들이 자신의 신분을 돈 받고 팔아먹는 현실을 풍자했다. 그러나 이 선구자들의 개혁론은 거대한 기득권에 막혀 헛된 메아리로 그쳤다. 그로부터 몇십 년 후인 1840년 세상의 중심이었던 청나라가 오랑캐 영국의 대포 앞에 맥없이 무너지는 아편전쟁이 터졌다. 이 혼돈의 장을 바라본 조선과 일본은 전혀 다른 길로 나갔다. 조선의 사대부들은 "아편전쟁은 중국의 변방에서 일어난 소동일 뿐이다."라는 반응이었지만, 일본은 메이지유신을 통해 일본식 문명개화를 추진했다. 구한말 고종이 스스로 지킬 힘도 없이 '중립 외교'에 집착하다가 결국 일본의 식민지로 전락한 것은 역사적 필연이었다. 1905년 국권을 빼앗기는 을사조약에 대처하는 고종의 태도는 황당하다. 을사조약에 "황실의 안녕과 존엄에 손상 없도록 한다."는 내용이 빠져 있으니 넣도록 하자는 신하의 말에 고종이 "참으로 좋다."고 답하며 승인했다.(1905년 12월 16일 「고종실록」) 흔히 을사5적이라며 을사조약 체결에 주도적인 역할을 한 관료들을 역적으로 비판한다. 그러나 고종이 파멸의 순간에도 부여잡고자 했던 것은 국민의 운명이 아니라 낡아빠진 전제왕권이었다. 1899년에 제정된 대한제국 헌법 「대한국국제(大韓國國制)」는 '황제가 법률 제정, 집행권부터 체결 및 선전포고권까지 몽땅 행사한다'고 정했다. 고종이 그리도 바라 마지않던 절대전제권은 국권 상실로 내몰리는 부메랑이 되었다. 조선의 멸망은 눈먼 나랏돈이 만들어낸 비극이다. 조선 후기 3정의 문란은 끝내 동학혁명으로 이어졌다. 동학혁명군이 수차례에 걸쳐 정부에 요구한 폐정개혁안에서 일관된 조항이 '탐관오리의 척결과 봉건적 수취체제의 개혁'이었다. 그러나 고종은 동학혁명의 주역 전봉준을 교수형에 처함으로써 변혁의 요구를 거부했다. 이런 조선의 부패DNA는 대한민국에 그대로 전승되었다. 정부재정문란, 공적연금문란, 공기업경영문란은 한국판 3정 문란이 아닐까? 지금 정부가 일자리를 만들겠다면서 내놓는 대책들은 황당한 수준이다. '일자리 정부'를 표방하며 54조 원이나 퍼부었지만, 실업률은 계속 악화되고 있다. 산과 전통시장 화재 감시원, 불 켜진 강의실 소등을 하는 국립대 에너지 절약 도우미, 산재보험 가입확대 홍보요원, 제로페이(zero pay) 홍보요원 등 두 달짜리 시한부 일자리를 국가예산으로 5만 9,000개 창출하겠다는 것이 현 정부의 일자리정책이다. 나랏돈이 줄줄 새는 구멍은 도처에 널려 있다. 매년 수십조 원에 이르는 국고보조금은 빙산의 일각일 뿐이다. 엄청난 무기 구입비, SOC건설비 등 정부가 직접 구매하는 과정에서도 썩은 돈은 넘쳐난다. 거의 매일 언론에서 터져 나오는 관료와 정치인의 부패와 나랏돈 탕진은 이제 일상사가 되어 놀랍지도 않다. 그 원인을 둘러싸고 말싸움도 심하다. 공직자의 부패한 심성 때문인지 대중의 선동에 놀아나는 파퓰리즘 때문인지 말이다.

1891년 미국에서 남부 지역 농민이 주축이 되어 'People's Party'가 창당되었고 그 당원들을 'populist'라고 불렀다. 이들은 노동자의 권익을 옹호하기 위해 누진소득세와 거대기업의 담합금지 등의 정책을 내세웠지만, 공화당과 민주당의 거대세력과 미국인들의 반공산주의 여론에 막혀 20년 만에 해체되었다. 그러나 미국의 이웃나라 아르헨티나는 이 파퓰리즘으로 몰락했다. 한때 남미의 강국이었던 아르헨티나는 1945년부터 시작된 페론정권의 친노동자정책에 대중들이 열광하면서 공짜 돈의 수렁에 빠져들었다. 대학교육을 공짜로 받을 수 있는 것은 물론 임금 인상률을 노동자의 투표로 결정하기까지 했다. 생산(성장)이 따르지 않는 복지는 결국 물거품으로 끝나는 법. 아르헨티나가 저장해 놓은 금괴가 바닥나자 결국 페론은 쫓겨났다.

이 파퓰리즘이 지금 한국을 장악하고 있다. 기초연금, 아동수당, 청년수당 등 공짜 돈이 2020년 한 해에만도 54조 원 넘게 살포된다. 실업급여도 1년에 약 10조 원에 달하지만 실업자의 재취업률은 오히려 떨어지는 꼴이 도덕적 해이의 끝판으로 치닫는다. 상황이 이러니 나랏돈을 못 먹는 사람은 바보라는 말이 당연하게 나온다. 눈먼 나랏돈의 원인은 오직 '효율성'을 기준으로 사용처를 정하고 그 성과에 대한 엄격한 '신상필벌'을 가하는 「감시 체제(monitoring system)」가 망가졌기 때문이다.

1. 줄줄 새는 정부의 돈주머니

정부는 돈을 조달해서 사용하는 수단으로 크게 '예산'과 '기금'이라는 두 가지의 돈주머니를 만들어 놓았다. 예산은 일반회계예산과 특별회계예산으로 구분된다. 예산은 「국가재정법」에 의해 세부적인 규제를 받고 국회에 의해 비교적 세밀한 심의를 받는다. 이에 비해 기금은 국회의 심의를 받기는 하지만 자유롭게 운영할 여지가 커서 여전히 통제의 사각지대에 놓여 있다. 그래서 기금은 정부의 숨은 돈(쌈짓돈)으로 지칭된다. 우리가 흔히 보는 '국민연금'이나 '고용보험' 등이 모두 '기금'으로 운영된다. 특히 정부가 100% 민간보험기금인 국민연금을 직접 통제하면서 위험한 주식투자와 대기업 경영개입을 자행하고 있다.

국민연금, 국내주식투자 8조 손실…10월 하락분 반영되면 더 커질듯

[화이트페이퍼 2018.11.01.일자 기사]

국민연금이 올해 들어 국내 주식 투자로 약 8조 원 가량 손실을 본 것으로 나타났다. 31일 국민연금 기금운용본부는 이날 공개한 '자산군별 포트폴리오 운용 현황 및 수익률(8월)' 자료에서 올해 8월 말 현재 국민연금이 보유한 국내 주식 자산이 123조 6,020억 원으로 작년 말(131조 5,200억 원)보다 7조 9,180억 원 감소했다고 밝혔다. 문제는 국내 증시가 10월 들어 13% 정도 하락했지만 이에 대한 손실 여부가 수익률에 반영되지 않았다는 것이다. 때문에 10월 한 달 중에만 올해 손실을 넘는 약 2배인 16조 원 손실을 볼 수 있을 것이란 분석도 나오는 상황이다.

각 부처들은 사용이 자유로운 돈주머니인 기금을 늘리려는 성향이 강해서 기금 숫자가 한때 100개가 넘기도 했다. 최근에 통폐합 작업이 이루어져 2019년 기준으로 기금 숫자는 총 67개이다. 이에 반해 기금의 운용규모는 지속적으로 큰 폭으로 증가해 왔으며, 기금 운용규모가 2017년에 615.3조 원으로 일반회계 총계인 275조 원의 약 2배에 달한다. 현재 국가재정법은 예산과 기금을 모두 국회의 심의 의결을 거치도록 의무화하고 있다. 그러나 기금은 집행단계에서 예산에 비해 자율성과 탄력성이 더 넓게 허용된다. 기금은 주요 항목 지출 금액의 20~30%의 범위 안에서는 국회의 승인을 받지 않고서 자율적으로 변경해 집행할 수 있다.

기금이나 특별회계는 정부가 특정한 사업을 운영하기 위한 목적으로 사용하는 돈주머니이다. 정부가 운영하는 사업들이 대부분 적자를 발생시키기 때문에 기금과 특별회계에서 돈이 모자라면 일반회계에서 충당해 버린다. 정부는 일반회계예산, 특별회계예산과 기금의 돈주머니들에서 서로 돈을 이리 보냈다가 다시 저리 보냈다가 이동시키는 '내부거래'를 자주 매년 운영한다. 즉 돈이 남는 주머니(주로 일반회계)에서 돈이 모자라는 주머니(주로 특별회계와 기금)로 돈을 이동시키는 것이다. 마치 영화「내부자」에서 내부자들끼리 거래를 하는 것과 유사하다. 예컨대 '남북협력기금'의 2020년도 예산은 총 1조 2,056억 원이며 남북 간 철도·도로 연결사업 등에 사용된다. 이런 적자투성이 사업에 돈을 쏟아 붓지만,

기금이라는 사각지대에서 벌어지는 일이어서 통제가 어렵다는 게 문제다.

정부가 돈을 사용하다 모자라면 내부거래 말고도 아예 외부에서 돈을 빌려와 쓸 수도 있다. 이것을 보전수입(보전거래)이라고 부른다. 보전수입은 어느 회계나 기금의 입장에서 자체수입이나 내부거래수입으로 필요한 돈을 조달하지 못해서 그 밖의 다른 방법으로 돈을 메우는 수입을 말한다. 여기서 어느 회계나 기금이 돈을 조달하는 방법으로는 민간으로부터 빌리는 경우(국채발행 또는 차입)가 있고, 남는 돈을 민간에 빌려주었다가 나중에 다시 회수하는 경우가 있다. 정부는 2020년 적자국채를 60조 2천억 원어치 발행(국채발행한도 130조 원)하여 조달된 돈을 주로 기금 사업을 통해 지출한다. 이처럼 적자투성이의 기금사업은 밑 빠진 독에 물 붓는 식으로 재정낭비가 자행되는 통로다. 현재 태양광사업에 농어촌상생기금, 신용보증기금, 복권기금 등이 총동원되고 여기에 서울시 등 지자체까지 자체 기금을 들고 나서서 나랏돈을 빼먹는 복마전이 벌어지고 있다.

예산과 기금으로 돈이 들어오고 나가는 과정은 1년 단위로 반복된다. 이를 '예산주기'라고 부른다. 예산은 정부가 돈을 어떻게 조달하고 지출할 것인가를 계획하는 과정을 말한다. 즉 예산은 수입과 지출의 양쪽을 모두 포함한다. 예산의 수입 측면은 세금과 국채를 통해서 이루어진다. 세금 징수는 국세청이, 국채발행은 기획재정부가 담당하고 있다. 그래서 국세청과 기획재정부는 정부의 목줄을 쥐고 있는 기관이다.

예산에서 돈이 들어오는 측면은 '총수입'을, 돈을 사용하는 지출 측면은 '총지출'을 기준으로 계산된다. 과거에는 정부가 발표하는 예산은 일반회계 중심이었으나 2005년 이후에는 '총지출'을 발표하고 있다. 기획재정부가 발표한 2020년 정부예산안에 의하면 총수입은 482조 원이고, 총지출은 513.5조 원이다. 총지출규모는 "정부의 모든 지출"이므로 예산과 기금을 모두 포함해 계산하고 회계 간 내부거래와 보전거래를 뺀 값으로 계산한다. 또한 총지출은 정부의 실질적인 재정활동을 파악하기 위한 개념이기 때문에 정부의 금융성 활동을 수행하는 신용보증기금 등의 금융성기금과 외국환평형기금은 포함하지 않는다. 이렇게 계산한 값은 일반회계의 일반지출, 특별회계의 일반지출, 기금의 일반지출을 모두 더한 값과 일치한다. 그리고 수입의 측면에서도 총수입은 내부거래와 보전지출을 제외해서 계산한다.

- 총지출=일반회계 예산+특별회계 예산+기금－회계간 내부거래－보전거래
- 총수입=일반회계 수입+특별회계 수입+기금수입－회계간 내부거래－보전거래

　이처럼 정부가 '총지출'이란 기준으로 재정규모를 공개하기 때문에 국민들은 내부거래와 보전거래를 알기 어렵다. 정부는 회계 주머니 사이에 돈이 이동하는 내부거래는 정부가 실제로 예산을 외부(민간)로 지출한 것이 아니기 때문에, 진정으로 정부가 돈을 지출한 규모는 이런 내부거래의 중복된 금액을 제거해야 정확해진다고 설명한다. 예컨대, 일반회계에서 3,000억 원을 특별회계에 전출하고, 이를 수입으로 전입한 특별회계에서도 3,000억 원을 지출한다면, 실질적인 정부지출은 특별회계에서 지출된 3,000억 원뿐이지만 세출예산 총계는 일반회계에서 3,000억 원과 특별회계의 3,000억 원을 각각 합산한 6,000억 원이 되므로 정부 지출규모가 실제 대비 3,000억 원만큼 과다하게 산출된다.

　그러나 내부거래와 보전거래는 정부가 돈을 사용하는 내막을 밝히는 중요한 정보이다. 왜냐하면 각종 특별회계와 기금은 특정한 공공사업을 운영하는데 공익성을 이유로 대부분 적자 사업이 되므로 적자난 만큼 일반회계에서 돈을 보충해 주어야 한다. 일반회계의 주요 수입원은 국세이다. 세금이 특별회계와 기금의 낭비적 사업으로 얼마큼 흘러 들어가는지를 밝히는 것은 눈먼 나랏돈을 막는 예비조치이다. 따라서 이를 포함한 돈의 사용 내역, 즉 예산총계를 함께 공개하는 것이 필요하다. 예산총계란 일반회계와 특별회계가 1년간 수입을 거두어들이고 사용하여 지출한 모든 돈을 합한 금액이다. 물론 수입 또는 지출의 어느 한쪽의 합계로만 계산해야 한다. 총계(gross)란 '모든 것을 합하다'라는 뜻이다. 따라서 예산총계에는 한 회계가 다른 회계에 자금을 넘겨주는 내부거래 및 국채상환, 여유자금운용을 나타내는 보전지출까지도 모두 포함하여 계산된다.

2. 제멋대로 결정되는 정부의 총지출한도(envelope)

　이렇게 도출된 정부의 총지출 규모는 어떻게 결정될까? 바로 이것이 눈먼 돈을 막기 위한 '거르는 기능(filtering)'의 핵심이다. 우리나라는 2005년부터 각 부처가 얼마의 돈을 사용하는 것이 타당한지를 거시적으로 결정하는 '총액배분

자율편성제도(top-down budgeting)를 운영하고 있다. 「국가재정법」제29조에 "기획재정부 장관은 제7조에 따른 국가재정 운용계획과 예산편성을 연계하기 위하여 제1항의 규정에 따른 예산안 편성지침에 중앙관서별 지출한도를 포함하여 통보할 수 있다."라고 정해서 각 부처의 지출한도(envelope)를 중앙예산기관이 통보한다는 것이 바로 이 제도의 근거가 된다. 그런데 이 '지출한도(envelope)'를 기획재정부장관이 정하는 것이 아니고 대통령이 주재하는 국무회의에서 결정하며, 기획재정부는 각 부처에 이것을 통보(알려준다)하는 역할만을 수행한다. 이처럼 중앙예산기관이 실질적으로 부처별 한도를 결정하는 역할을 하지 못하면서 이 예산제도의 실효성이 떨어져 버렸다. 오히려 우리나라는 외국과 달리 중앙예산기관(기획재정부)이 직접 예비타당성 조사를 수행해서 각 부처의 예산 편성에 깊숙하게 개입하는 현상이 나타난다. 더 나아가 엄격한 3권 분립을 지향하는 대통령제를 채택하고 있음에도 대통령 측근 국회의원들이 정부 주요 부처에 소위 '실세 장관'에 임명되어 해당 부처의 '예산 지출한도'를 권력의 논리로 결정짓는 작태가 벌어진다. 이것은 선진국에서 발전한 'top-down budgeting'의 취지를 완전히 무시한 역주행이라 볼 수 있다. 미국과 캐나다 등에서 실시한 'top-down budgeting(하향식 예산편성제도)'은 중앙예산기관이 각 부처별 예산 상한선을 정하여 총괄적인 규모로 재원을 배분한 후 각 부처는 배정된 재원 범위 내에서 예산을 편성하고 중앙예산기관이 이를 최종 조정하는 제도이다. 특히 캐나다에서는 일명 '봉투예산(지출통제예산, EEP: Expenditure Envelope Budget)'이라고 해서 5년짜리 중기재정지출구상에 의거하여 중앙부처 장관들로 구성되는 '우선순위설정 및 계획위원회'에서 예산의 전체규모와 '주요 부문별 배분규모(=envelope)'를 결정하고, 각 부문별 예산규모 내에서 각 부처가 예산을 편성하여 제출한다. 이를 통해 중앙예산기관은 중기재정계획(MTEF) 수립과 부처별 지출한도 설정 등의 기획기능에 집중하고, 예산 집행기능은 각 부처에 자율성을 부여한다. 그리고 예산 편성을 단위 사업(프로그램) 중심으로 실시해서 사업 타당성을 기준으로 사업의 우선순위를 결정해 나간다. 여기에 더하여 각 부처별로 예산절감목표를 강제로 할당하고 지출효율화 노력으로 절감된 예산 또는 불용예산을 다음 연도로 이월하여 해당부처에서 사용할 수 있는 '효율성배당제도(efficiency dividend)'를 운영한다. 이처럼 지출통제예산제도는 예산결정과정을 단순화시켜 의사결정비용을 감소시킬 수 있다. 이것은 각 부처에 예산 사용의 재량권을 대폭 부여하고 각 부처가 알아서 사용하며 그 결과에 대해 책임지는 구조이기 때문이다. 의사결정은 무엇인가를 선택하기 위해 문제를 구체화하고 대안을 개발해 비교분석하는 절차를 거치는데 '의사결정비용'이란 이런 제반 과정에서 소요되는 시간과 노동력 등의 비용을 말한다. 기존의 품목별 예산제도는 각 부처 예산의 세부적인 지출 항목까지 시시콜콜하게 중앙예산기관이 예산을 통제하였기에 의사결정비용을 크게 증가시키는 문제가 있다. 그런데 정부가 품목별 예산제도의 문제점을 극복하기 위해 프로그램예산제도 등 선진국의 발전된 제도를 이식하여 운영하고 있지만 실제로는 기획재정부가 각 중앙행정기관 예산의 세부 내용을 틀어쥐고 군림하는 고질병은 여전하다.

3. 정권 입맛대로 노는 「예비타당성제도」

예산에 대한 거르는 기능을 수행하는 또 하나의 핵심 장치는 '예비타당성조사 제도(약칭 '예타')'이다. 이 제도는 예산 낭비를 막기 위해 500억 원 이상이고 국고지원규모가 300억 원 이상인 신규 사업에 대한 예산 편성 또는 기금운용계획 수립을 위하여 사전적으로 사업타당성 조사를 거치도록 의무화한 제도이다(국가재정법 제38조). 이 조사는 예산 편성 시 신규 사업의 채택 여부를 결정하는 핵심 열쇠 역할을 한다. 그런데 이 제도를 기획재정부가 주관하여 운영하고 있다는 점에서 상당한 부작용이 초래될 가능성이 크다. 왜냐하면 이 방식은 예산 편성 과정에서 부처의 자율성보다는 기획재정부의 역할이 크게 작용하게 만들어, 기재부가 각 부처의 모든 세부사업에 대해 사실상 원점에서 재검토하고 있어서 거시적 건전성 관리 기능 등이 취약해질 수 있기 때문이다. 예비타당성조사는 다음과 같이 진행된다.

첫 단계로, 각 부처가 조사 대상사업을 기획재정부에 제출하면 기획재정부는 조사 대상사업을 선정한다. 기획재정부는 각 부처의 요구가 없더라도 직권으로 조사 대상사업을 선정할 수 있으며, 국회도 예비타당성조사의 실시를 요구할 수 있다.

두 번째 단계로, 대상사업에 대해 '경제성', '정책적 사항', '기술성' 및 '지역균형발전' 등의 요소를 종합적으로 고려하여 다기준 분석의 일종인 계층화분석법(AHP: Analysis Hierarchy Process)을 활용하여 분석한다. 정보화사업과 국가연구개발사업의 경우는 기술성 분석을 포함한다. 단, 사업의 주요 내용이 건설사업인 경우 기술성 분석을 수행하지 않을 수 있다.

　세 번째 단계로, 경제성을 평가하는 비용편익분석(B/C)과 객관적으로 정량화하기 어려운 정책성·지역균형발전 등을 측정하는 계층화분석법(AHP) 등을 복합적으로 고려해 사업타당성 여부를 최종 결정한다. 사업타당성 평가를 위한 기준치는 B/C비율이 1.0 이상인 경우와 AHP 종합평점이 0.5 이상이며 이 값을 넘는 경우 사업 타당성이 있다고 인정한다. 그런데 정부가 예비타당성 조사의 평가결과를 자의적으로 조정하거나 정치적으로 결정해 버리고 있다는 의혹이 여러 곳에서 제기되고 있다. 아래 기사를 보자.

경제성 낮아도 밀어붙이기… SOC에 10년간 18조 '눈먼 돈'

• 2019년 10월 12일자 파이낸셜뉴스

지난 10여 년간 경제성이 떨어져도 사업적격 판정을 받은 철도·도로 등 사회간접자본(SOC) 대형국책사업에 투입된 예산이 무려 18조 원을 넘은 것으로 나타나 혈세 낭비 논란이 일고 있다.

2010~2018년 실시된 철도 및 도로사업 112건에 대한 예비타당성조사에서 비용편익분석(B/C)이 기준치인 1.0 미만임에도 예과를 통과한 사업은 26건(조건부 포함), 총 사업비는 18조 6,400억 원으로 집계됐다. 비록 예타를 통과하지 못했지만 추후 지역균형발전 명목으로 예타를 면제받은 사업 5건, 총 사업비 6조 6,300억 원까지 더하면 25조 원을 넘는 규모다.

　지금 전국의 자치단체들과 각 중앙행정기관은 기획재정부로부터 대규모 지역개발사업의 승인을 받기 위해 예비타당성 조사에 사활을 걸고 있다. 당연히 정치적 입김이 작용할 공산이 크다. 이처럼 예비타당성 조사가 정치적 흥정을 위한 노리개로 전락할 수 있다는 우려는 점차 현실로 나타나고 있다. 2019년에 정부는 예비타당성조사 면제 대상이 되는 23개 사업에 24조 1,000억 원을 풀겠다고 발표했는데 그 대부분이 현안 사업으로 요청하는 대규모 토목건설 SOC사업에 집중되어 있다. 지금 정부는 예비타당성조사 면제 이유로 지역균형발전을 내세우고 있지만 실제로는 선거를 위한 선심용 돈 풀기라는 비판이 거세다. 또한 정부는 동 제도를 개선한다는 명목으로 2019년 4월 개편안을 발표하였다. 이 개편안에 따르면, 정책적 타당성 및 지역균형발전 평가 비중이 확대되면서 정무

출처: 기획재정부 보도자료

적 판단이 예타 결과에 큰 영향을 미칠 수 있다는 우려가 높다. 따라서 정책적 타당성, 지역균형발전 등에 대한 명확한 기준을 확립하고 예타 과정 및 결과의 공개 확대를 통해 예타 결정의 정당성을 강화하는 조치가 필요하다.

예비타당성조사에서 비용/편익분석과 계층화분석법은 공공투자사업의 투자 여부를 결정하는 중요한 기준으로 사용된다. 「비용 – 편익분석(Cost – Benefit Analysis)」은 어떤 사업(프로그램)을 추진하는 데 소요되는 총비용(total costs)과 그 사업을 통해 얻을 것으로 예상되는 총편익(total benefits)을 화폐단위로 계산 해서 비교하는 방법이다. 예컨대 정부가 수력 발전 댐을 건설하는 프로그램을 비용 – 편익분석으로 분석할 경우, 이런 댐 건설을 위해 투입되는 가변적인 비용 과 그를 통해 얻을 것으로 기대되는 가변적인 편익을 모두 화폐가치(가격)로 표 현해서 비용과 편익을 '직접' 비교한다. 이를 통해 최소한의 비용으로 최대한의 편익, 즉 순편익(=편익 – 비용)의 극대화(경제적 합리성)를 추구한다. 그런데 비용 /편익분석에서 가장 큰 난제는 비용과 편익을 어떻게 계산하는지이다. 위 사례 에서 댐 건설 비용에 포함시킬 항목들과 댐 건설 후 기대되는 편익의 크기가 가 변적이어서 불확실하다. 예를 들어 댐의 유지관리비, 댐 건설로 인한 홍수예방 편익의 크기 등의 비용과 편익은 보는 사람의 관점에 따라 달라진다. 실제로 현장에서 비용편익분석을 적용할 때 비용과 편익의 항목에 '내부/외부적인 것, 직접/간접적인 것, 유형/무형의 것'을 모두 망라해서 화폐로 계산한다. 그러나 실질적으로 발생하는 비용과 편익만을 계산하고 단순히 화폐적인 현상에 불과한 것은 제외해야 한다. 예컨대 정부가 도로 건설사업 분석시 정부에 납부하는 세금과 투자자금의 이자 지불액은 비용에서 제외해야 한다. 그러나 민간기업이 투자의사결정 시에는 세금과 이자가 모두 비용에 포함된다. 또한 도로 건설 시 도로 주변 땅값이 상승한 것과 통행량 증가로 주유소 등 인근 상점의 매출이 증가하는 것은 단순한 소득이전에 불과하므로 '편익'에 포함하지 않는다. 이처럼 비용/편익분석은 숫자로 표현하여 명확하다는 장점이 있지만 계산 과정에서 정부가 자의적(주관적)으로 조작할 여지가 많다. 정부가 B/C비율을 조작하면 엄청난 나랏돈이 눈먼 돈이 되어 버린다. B/C분석에서 투자사업이 수익성이 있는지 여부를 판단할 때 '할인율' 또는 '내부수익률'의 2가지 기준을 사용한다.

(1) 할인율

투자사업의 경우 비용은 시작 시점(현재 시점)에 크게 들어가고 수익은 비용을 투자한 이후에 미래에 연차적으로 또는 일회성으로 발생하게 된다. 예를 들어 철수가 제과점 사업을 한다면 현재 시점에 1,000만 원을 비용으로 투자하고 수익은 내년부터 매년 110만 원씩 10년간 발생한다고 가정하자. 이때, 미래에 발생하는 수익인 연간 110만 원을 10년간 수익으로 모두 더한 1,100만 원이 현재시점에서의 총수익이라 하면 틀린다. 왜냐하면 미래의 100만 원이 현재의 100만 원과 그 가치가 결코 같지 않기 때문이다. 그래서 미래 수익을 현재가치로 계산해야 하는데 이를 위해 사용하는 것이 할인율이다. 할인율은 이자율을 거꾸로 계산해서 찾아낸다.

이자는 현재 돈을 사용하지 않고 미래에 받을 때 추가되는 대가이다. 예를 들어 내가 100만 원을 지금 사용하지 않고 1년 동안 저축하면 10%의 이자를 받는다고 가정하자. 이때 이자 계산식은 100만 원×0.1＝10만 원이다. 따라서 지금 100만 원을 저축하여 1년 후에 받을 총금액(＝원금＋이자)은 100만 원×(1＋0.1)＝110만 원이 된다. 이것을 거꾸로 생각하면 1년 후 110만 원의 현재가치는 100만 원이 되며 이것을 구하는 계산식은 100만 원＝110만 원／(1＋0.1)이다. 이때 0.1을 「할인율」이라고 한다. 이처럼 「할인(discount)」이란 미래가치를 현재가치로 환산하는 작업이며 할인율은 미래가치와 현재가치가 같게 만들어주는 비율을 말한다.

$$P = A \times [\frac{1}{(1+i)^n}]$$

여기서, P: 현재가치, A: 미래가치, n: 기간, i: 할인율

할인율을 이용한 이러한 투자결정 원리는 고전경제학파가 주장한 것이다. 시장에서 생산된 상품은 소비와 투자를 통해 구매된다. 소비는 소비재를, 투자는 자본재를 구매하는 행위이다. 소득에서 소비하고 남은 부분을 저축이라고 부른다. 이 저축된 돈이 투자로 이어져서 공동체 전체적인 자본재 구입량이 결정되는데 이를 안내하는 것이 '이자율'이다. 즉 소비하고 남아서 남에게 빌려줄 수 있는 돈의 양(=저축, 이것을 '대부자금의 공급'이라 부른다)과 이 대부자금을 빌려오려는 희망구매량(=투자, 이것을 '대부자금의 수요'라 부른다)에 의해 이자율이 결정된다. 이자율은 자금의 수요와 공급이 균형에 이르게 만드는 가격 역할을 한다. 이것을 「대부자금설(Loanable Funds Theory)」이라 말한다. 이처럼 이자율은 저축과 투자라는 실물변수에서 결정되는 실물 현상이라고 본다. 이렇게 결정된 이자율로 사업의 편익을 할인한 편익의 현재가치와 비용을 비교해서 투자의사결정을 내린다. 예비타당성조사에서 편익(B)과 비용(C) 비율(ratio)이 1보다 커야 사업타당성을 인정한다. 'B/C비율'은 편익을 비율로 나눈 값이며, B : C=B/C=B ÷ C 로 계산된다. ▣ 편익이 80억 원이고 비용이 100억 원이면 B/C비율은 0.8이라서 손해 보는 사업이다. 반면에 편익이 100억 원이고 비용이 80억 원이면 B/C비율은 약 1.3이며 이 사업은 수익성이 있는 사업이다. 이에 비해 '순현재가치법(NPV)'은 '편익-비용=순편익'으로 계산하여 이 순편익이 0보다 크면 수익성이 있고 반대로 0보다 작으면 손해 보는 사업이라고 판단한다.

(2) 내부수익률

경제 불황으로 인해 불확실성이 높아지면 '저축=투자'를 이끌어내는 이자율이 제 기능을 하지 못한다. 저축은 가계가 결정하고 투자는 기업이 결정하여 각기 다른 경제주체가 다른 동기로 행동하므로 양자가 일치하는 것은 매우 어렵

다. 케인즈는 이자율이 실물변수인 저축과 투자 시장이 아니라 명목변수인 화폐 시장에서 결정되기 때문에 이자율의 결정이란 화폐적 현상이며 이자는 일정기간 유동성을 포기한 대가라고 보았다. 이를 「유동성 선호설(Liquidity Preference Theory)」이라고 부른다. 유동성(Liquidity)이란 특정 자산을 필요할 때 얼마나 쉽게 현금으로 전환할 수 있는지를 말한다. 예를 들어 부동산은 현금화하는데 어려움이 커서 유동성이 낮은 자산이고, 주식과 금은 현금화가 쉬워서 유동성이 높다. 현금은 유동성이 가장 큰 자산으로서 유동성 자체이다. 케인즈는 사람들이 돈을 재화 거래의 수단 이외에 돈으로 돈을 버는 용도로 사용한다고 보았다. 이처럼 현금의 큰 유동성을 포기하고 유동성이 작은 주식과 채권 등 유가증권을 구매해서 수익을 얻으려는 '투기적 동기'에 의한 화폐수요가 매우 크다. 그런데 경제 불황이 심화되면 사람들은 불안감을 느껴서 화폐로 도피하는데, 그 이유는 경기침체로 주식가격이 하락할 것으로 예상하여 주식을 모두 팔아버리고 유동성이 큰 현금으로 바꾸려 한다. 한국에서 전쟁 위기감이 고조되면 사람들이 주식·부동산 등 실물자산을 팔고 현금 보유를 늘리는 것도 같은 맥락이다. 이런 상황에서 정부가 경기침체를 극복하기 위해 통화량을 아무리 늘려도 모두 투기적 동기에 의한 현금 보유로 흡수되기 때문에 이자율은 내려가지 않는다. 이런 상태를 '유동성함정(liquidity trap)'이라고 부른다. 유동성함정에 빠지면 이자율이 내려가지 않고 투자도 늘어나지 않기 때문에 생산이 감소하여 비자발적 실업이 더욱 증가하는 악순환이 발생한다. 이처럼 이자율이 무기력화 된 상황에서는 이자율을 할인율로 사용할 수 없다. 즉 미래 수익을 현재가치로 환산해 주는 할인율이 주어지지 않는다. 이 경우 '할인율'에 대신해서 '내부수익률'을 사용할 수 있다.

명목변수 & 실물변수

'명목(nominal)'은 화폐의 크기로 표시되는 양(**예** 월급 200만 원, 영화티켓 1만 원)이다. '실물(real)'은 실제로 존재하는 양(**예** 월급 닭 20마리, 이자 쌀 10kg)이다. 화폐는 양이 변하기 때문에 명목은 그 가치가 변하는 데 반해, 사물은 그 존재량이 시간흐름에 따라 변하지 않으므로 실물은 그 가치가 변하지 않는다. 국민소득, 이자율 등 변수를 화폐단위로 표현한 것을 '명목변수(nominal variable)'라고 부르고, 그 가치를 일정하게 유지하도록 조정하여 표현한 것을 '실물변수(real variable)'라고 부른다.

내부수익률은 '투자의 한계효율(MEI: Marginal Efficiency of Investment)'이라고도 부른다. 위 사례에서 철수가 1,000만 원짜리 오븐기 1대를 추가적으로 더 구입해서 빵의 생산량을 늘리려고 한다고 가정하자. 그런데 철수가 오븐기 1대를 더 설치해서 얻을 수 있는 빵 판매 수입금액이 1년에 110만 원이고 새로 구입하는 오븐기의 감가상각이 10년 동안 진행된다고 가정하자. 감가상각 기간이 10년이라는 것은 이 오븐기가 10년 동안 사용된 후 폐기된다는 것을 말한다. 철수가 오븐기를 사용하여 10년간 얻을 수 있는 기대수입은 총 1,100만 원이다. 그런데 향후 10년간 발생하는 매년도의 기대수입 110만 원을 현재가치로 환산해주는 작업을 해야 한다. 이런 환산작업은 이자율로 할인(discount)해서 환산하게 되는데 결국 이자율이 높을수록 현재가치는 적어진다. 이처럼 기업가가 한 단위의 자본을 투자해서 얻을 수 있는 예상 수익률을 「자본의 한계효율(MEC)」이라 부른다. 자본도 하나의 상품이므로 사용량이 늘어날수록 수익성이 낮아지는 한계생산 체감의 법칙을 따른다. MEC가 이자율과 같아지는 수준에서 균형자본사용량이 결정되는데 이때의 MEC를 「내부수익률」이라 부른다. 내부수익률은 "투자사업의 원금이 매년 얼마만큼의 비율로 원금 수익금을 만들어 낼 것인가 하는 예상 수익률"이라고 정의된다. 즉 내부수익률은 미래의 예상 수익률이다. 누가 예상하는 것일까? 당연히 '투자가(사업가)'이다. 미래는 불확실성 때문에 미래를 정확하게 예상하는 것은 매우 어려우며 투자가의 주관성(투자의욕, 미래전망, 기분 등)이 깊숙하게 개입된다. 내부수익률이 투자가의 예상수익률이란 말을 더 쉽게 풀어보면 "철수가 현재 100억 원을 투자해서 향후 10년간이 사업 내구연한일 때 내부수익률이 9%라는 것은 10년간 매년 9% 복리의 수익을 만들어낸다는 것"을 말한다. 이것은 내부수익률이 일종의 "손익분기점(break even) 상태의 수익률"과 밀접하게 연관된다는 사실을 말한다. 손익분기점이란 예를 들어 철수가 위 음식점 사업에서 시작 시점에 1,000만 원을 투자하고 매년 110만 원 수익이 발생할 때(여기서 추가로 비용은 발생하지 않는다고 가정함) '총비용 1,000만 원=총 수익의 현재가치의 총합'이 되는 순간의 수익률이다. 이걸 '필수수익률'이라고 말하는데, 내부수익률이 필수수익률보다는 커야지만 투자하기로 결정할 수 있다. 사업가가 동일한 투자 사업에 대해 상황에 따라 다른 예상 수익률을 적용한다는 의미이다. 결국 투자는 사업가의 주관적 판단 − 이걸 '동물적 충동(animal spirit)'이라 말했다 − 이 투자 규모를 결정한다.

내부수익률 = 예상되는 수입흐름의 현재가치 ÷ 투자금액(비용)

위 식에서 '예상되는 수입흐름의 현재가치'에는 이자율과 투자가의 주관적 예상이 작용하여 불확실성이 높다. 우선 이자율이 높으면 미래 예상 수입의 현재가치가 적어진다. 이 결과 현재의 투자비용(오븐기 구입비용 1,000만 원)에 비해 예상되는 수입흐름의 현재가치를 모두 더한 금액(투자의 한계수익)이 상대적으로 적어지게 된다. 따라서 이자율이 높을수록 내부수익률의 비율은 떨어지며 결과적으로 투자가 줄어든다. 정부가 시장에서 투자를 촉진하기 위해 기준금리를 떨어트리는 이유가 바로 여기에 근거한다. 그러나 기업가 입장에서 투자에 따른 예상수입의 크기는 상당히 주관적인 측면이 작용한다. 위의 예에서 철수가 빵의 시장에 대해 비관적으로 본다면 향후 10년간 예상되는 수입금액은 매년 110만 원이 아니라 80만 원이나 50만 원 등으로 더 작게 평가되고 결국 투자가 어렵게 된다. 따라서 미래의 불확실성으로 인해 예상 수익이 낮게 평가되어서 내부수익률이 떨어질 경우 이를 상쇄해주기 위해 이자율이 충분히 하락해야만 투자하겠다는 의사결정이 이루어질 수 있게 된다.

▼ 그림 14-1 투자의 한계효율곡선

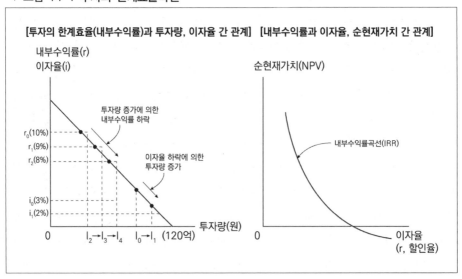

그림 14-1에서 내부수익률은 투자량에 대해 감소하는 함수의 관계에 있다. 여기서 주의할 것은 투자량이 독립변수이고 내부수익률이 종속변수라는 점이다. 따라서 투자량이 늘어나면 내부수익률은 떨어지고, 반대로 투자량이 감소하면 내부수익률은 올라간다. 투자량이 $I_2 \rightarrow I_3 \rightarrow I_4$로 증가함에 따라 내부수익률은 $10\% \rightarrow 9\% \rightarrow 8\%$로 하락한다. 이런 상황에서는 기업들이 투자를 꺼려한다. 따라서 이런 예상수익의 감소를 상쇄할 만한 장치가 필요한데 바로 이것이 이자율이다. 이자율이 $3\%(i_0)$에서 $2\%(i_1)$로 내려가면 기업 입장에서 자본 조달 비용이 감소하므로 투자량은 I_0에서 I_1으로 늘어난다. 내부수익률과 다르게, 이자율이 독립변수이고 투자량은 종속변수이다. 따라서 이자율이 내려가면 투자량이 증가하고 반대로 이자율이 올라가면 투자량이 감소한다. 그런데 케인즈는 불확실성이 높아 유동성함정에 빠진 상황에서는 이자율이 이런 역할을 제대로 수행하지 못한다고 지적했다. 이처럼 이자율이 고장난 상황에서는 사업가의 투자 사업에 대한 미래 예상수익에 대한 주관적 판단이 투자를 늘리는 데 중요한 변수로 작용한다. 따라서 정부가 규제 완화, 법인세 인하 등의 조치를 해서 경영환경이 개선되면 사업가들의 동물적 충동이 자극되어 투자가 늘어날 수 있다.

내부수익률은 몇 가지 오류를 내포하고 있다. 사업이 종료한 후 또 다시 변이된 사업 유형에서 복수의 내부수익률이 존재할 수 있다. 왜냐하면 이미 종료된 사업과 새로 시작하는 변형된 사업은 서로 다른 사업이므로 투자가가 이 두 사업에 대해 서로 다른 수익률을 예상하는 것은 지극히 당연하다. 그러나 이런 문제가 내부수익률의 사용에 한계로 작용한다.

내부수익률과 사회적 할인율이 일치하지 않는 경우가 많다. 사회적 할인율은 정부가 공공투자사업의 투자여부 의사결정과정에 적용하기 위해 만들어낸 할인율인데, 일반적으로 시장 이자율보다는 더 낮게 책정한다. 할인율이 낮으면 낮을수록 미래의 예상 수익금의 현재금액이 더 커지게 된다. 예컨대 예상 수익금이 단 1번 1년 후에 100만 원이 발생하는 사업이 있다고 가정하자. 할인율이 10%와 5%인 경우를 비교해 보자.

- 10%인 경우: 예상수익금의 현재금액은 100만 원 ÷ (1 + 0.1) = 약 90만 원
- 5%인 경우: 예상 수익금의 현재금액은 100만 원 ÷ (1 + 0.05) = 약 95만 원

따라서 5%인 경우가 10%인 경우에 비해 예상 수익금의 현재금액이 더 크므로 할인률을 낮게 설정하면 그만큼 사업의 수익성을 낙관적으로 평가하게 된다. 그래서 수익률이 낮은 공공투자사업에서는 기업의 민간투자사업에 비해 상당히 낮은 사회적 할인률을 적용한다. 그만큼 공공사업에 투자되는 돈은 눈먼 돈이 될 가능성이 크다.

[내부수익률과 투자의사결정 사례]

서울시청이 3년간 수익을 발생하는 공공프로젝트에 100억 원을 투자하려 한다. 그리고 이 투자사업은 1년 차에 10억 원, 2년 차에 20억 원, 마지막 3년 차에는 투자 원금 100억 원과 수익 30억 원이 들어온다. 서울시청은 이 투자 원금 100억 원을 조달하기 위해서 3년 만기 공채를 발행하고 이 공채의 3년 간 이자 지불액은 원금의 20% 금액이다. 이때 이 투자사업의 내부수익률을 구해보자.

내부수익률은 '현재 현금 투자액＝미래 현금 유입액의 현재가치'가 성립하도록 만들어주는 수익률(할인율)이다. 내부수익률(m)을 구하는 계산식은 다음과 같다.

$$100억 \ 원 = 10억 \ 원/(1+m)^1 + 20억 \ 원/(1+m)^2 + 130억 \ 원/(1+m)^3$$

위 식의 오른쪽 항은 투자 후 3년 간 현금 유입액을 현재가치로 전환하기 위해 내부수익률(m)로 할인하는 것을 뜻한다. 계산기를 사용하여 위 계산식을 풀면 '내부수익률(m)＝18.85%'이다. 이 투자사업을 위한 투자원금 100억 원을 조달하는 데 드는 비용(이자율)이 20%이다. 따라서 이 투자사업의 기대수익률(18.85%)이 자금조달비용(20%)보다 작으므로 이 투자사업에 대한 투자를 포기하는 것이 합리적 결정이 된다. 만약 서울시청이 공채 발행 방법보다 더 낮은 비용(예: 15%)을 지불하는 다른 방법으로 자금 조달이 가능하다면 이 투자사업을 실행할 수 있다.

m ＞ r ⇨ NPV ＞ 0 투자한다

m ＜ r ⇨ NPV ＜ 0 투자를 포기한다

m = r ⇨ NPV = 0 무차별하다(투자 여부를 결정하지 않는다)

여기서,　 m: 내부수익률, r: 이자율

위와 같이 공공사업의 타당성을 판단하는 데 고려하는 변수들을 모두 숫자로 표현할 수 있다면 B/C분석이 유용하다. 그러나 의사결정의 목표, 평가기준이 여러 개이고 숫자로 표현하기 어려운 경우에 사업의 타당성 분석을 위해 개발된 기법이 「계층화분석법(Analytical Hierarchy Process: AHP)」이다. 이것은 의사결정에 필요한 다수의 속성을 여러 개의 계층으로 분해한 다음 각 계층별로 복수의 평가기준이나 대안들을 설정하여 네트워크 형태로 구조화하고 이들이 상위계층의 평가기준들을 얼마나 만족시키는지 대안을 둘씩 짝을 지어 쌍대비교한 다음 대안들의 선호도를 숫자로 전환하여 종합적으로 평가하는 방법이다. 1970년대 사티(Thomas L. Saaty) 교수가 개발했다. 현재 우리나라 정부는 공항, 지하철, 도로 등의 대규모 건설사업에 대한 예비타당성조사를 위해 비용편익분석과 함께 이 기법을 가장 많이 사용하고 있다. 예를 들어 정부가 저소득층에게 나누어줄 스마트폰을 구입하기 위한 의사결정을 한다고 가정하자. 스마트폰 평가요소를 '디자인, 가격, 브랜드'의 3가지를 선정하면 이것을 상대 평가하여 중요도를 산출한다. 이처럼 AHP는 불확실성을 나타내는데 확률(probability) 대신에 중요도(priority)를 사용한다. 중요도란 사람들에게 무엇이 중요한가에 대한 상대적 중요성을 말한다. 중요도를 산출하는 방식은 3가지 평가기준들을 둘씩 짝을 지어 평가하는 이원비교를 시행한다. A사, B사, C사 등 3개 회사의 제품을 3가지 평가요소를 쌍대비교해서 중요도를 결정한다(표 14-1). 가로축 변수에 대한 세로축 변수의 중요도를 1, 3, 5, 7, 9 등 홀수로 점수를 부여하고 이를 기하평균으로 합산하여 상대적 중요도를 백분율(%)로 표시한다. 기하평균($\sqrt{ab}$)은 산술평균($(a+b)/2$)에 비해 최고값과 최저값의 차이가 적어서 자료값을 더 작게 왜곡시킬 수 있다. 디자인은 가격에 비해 3배, 브랜드에 비해 7배 중요하며, 이 값을 표준화(normalize)하여 상대비중을 계산한다.

▼ 표 14-1 AHP에 의한 스마트폰 평가요소의 중요도 평가

구분	점수	디자인	가격	브랜드	기하평균	중요도
점수		1	2	3		
디자인	1	1	3	7		
가격	2	1/3	1	7		
브랜드	3	1/7	1/7	1		
합계						1.00

　　이런 방식은 인간의 논리구조를 그대로 정책결정에 적용하는 것이다. 사람은 복잡한 현상을 그 구성요소별로 나누어 계층구조(hierarchy)를 형성한다. 그리고 유사한 사물들을 짝을 이루어 서로 비교하여 중요도(priority)를 결정한다. 최종적으로 전체를 시스템으로 보고 논리적 과정을 통해 판단을 내린다. 물론 여기에는 논리적 일관성(logical consistency)이 전제되어야 한다. 세상을 몇 개의 변수로 확정할 수 있을 정도로 확실하다면 이 기법은 매우 유용할 것이다. 그러나 현실은 매우 불확실하며 몇 개의 변수로 우선 순위를 결정하는 과정에서 자의적 결정이 개입될 가능성이 높다.

4. 허울 좋은 민자유치 사업

　　또 하나 나랏돈의 거대한 누수구멍이 민간투자사업이다. 요즘 우리나라에서 건설되는 도로, 항만, 지하철 등의 대부분이 민간자본에 의해 추진되고 있다.

홍남기 "연내 12조 6,000억 규모 민자사업 조기착공할 것"

• 2019.03.13 화이트페이퍼

홍남기 부총리 겸 기획재정부 장관이 "2020년 이후 착공 예정이던 13개 12조 6,000억원 규모의 민자사업을 추진 시기를 앞당겨 연내 착공할 것"이라고 밝혔다. 그는 또 현재 53개인 민간투자 대상시설을 사회기반시설로 대폭 확대해 민간투자 대상이 아니던 영역에서 1조 5,000억 원 이상의 시장을 창출하겠다고 강조했다.

우리나라는 1994년 「사회간접자본시설에 대한 민간자본유치촉진법(이하 민자유치법)」을 제정했고 이어서 1997년 민간제안방식 및 MRG(Minimum Revenue Guarantee)제도를 도입했다. 이후 조세지원을 하는 SOC채권이나 인프라펀드의 설립 근거를 마련하는 등 제도개선과 함께 현행 「사회기반시설에 대한 민간투자법(이하 민자유치법 또는 민투법)」으로 법명칭을 변경했다. 특히 2005년 기존 SOC 시설위주에서 생활기반시설까지 민간투자 대상을 확대하였으며, 이들 시설에 적용 가능한 사업방식으로 임대형 민자사업(BTL)을 새로 도입했다. 2009년부터 임대형 민자사업(BTL)은 국회에 제출하여 BTL 한도를 사전 의결 받도록 하였고, 민자사업 운영현황 전반을 국민에게 공개하고 종합평가를 실시하도록 의무화하였다. 또한 부정당업자에 대한 제재도 국가계약법 제도를 준용하도록 규정했다. 그러나 나랏돈이 눈먼 돈이 되는 허점은 여전히 남아 있다. 바로 '최저수입보장'(MRG)과 관련해서다. 수익형민자사업(BTO)은 '최저수입보장'(MRG)과 결합할 경우 일정 수익이 안 나면 그것을 정부예산에서 채워줘야 한다. 예를 들어 민자로 도로를 건설한 후 통행료가 비싸면 이용자의 부담이 늘어나고, 통행료가 저렴해 적자가 나면 세금으로 메워주어야 한다. 이래도 저래도 국민의 돈은 나간다. 정부가 MRG를 민간제안사업은 2006년에, 정부고시사업은 2009년에 폐지했지만 소급적용이 안되기 때문에 이미 계약한 건은 모두 MRG적용을 받는다. 정부는 MRG를 대신해서 '투자위험분담제도'를 새로 도입했다. 이 제도는 정부가 추진하였을 경우 원가수준(투자원금＋국채이자)을 투자분담금이라고 하여 수입이 이 기준에 미달 시는 그 차액을 정부가 지급하여 주고, 수입이 이 기준을 초과하면 기정부지급금을 한도로 회수한다는 새로운 사업모델 방식으로 정부고시사업에만 적용하게 된다. 아무튼 나랏돈이 줄줄 샐 가능성이 크다. 정부는 민자사업의 타당성을 높인다는 목적으로 민자 적격성 조사제도를 운영하고 있다. 이 제도는 민간이 제안한 사업 중 총사업비 2,000억 원 이상인 민간투자사업에 대해, 민자 적격성 조사를 실시해 사업 타당성을 검증하는 제도이다. 한국개발연구원(KDI)의 공공투자관리센터(PMAC)에서 조사를 수행하는데 이 역시 기획재정부가 총괄한다. 기획재정부가 정부의 재정사업뿐만 아니라 각 부처가 시행하는 민자사업까지 모두 타당성 결정의 칼자루를 쥐고 흔드는 격이다. 기획재정부의 무소불위 권한이 초래할 돈 낭비와 부패가 우려된다.

1. 수익형 민자사업(BTO: Build－Transfer－Operate): 민간이 재원을 마련하여 시설을 설계·건설(Build)하고 정부에 해당 시설을 기부채납(Transfer)한 후 정부로부터 관리운영권(Operate)을 부여받아 이용료 수입으로 투자금을 회수하는 방식 **예** 대형토목사업

2. 임대형 민자사업(BTL: Build－Transfer－Lease): 민간이 재원을 마련하여 시설을 설계·건설(Build)하고 정부에 해당 시설을 기부채납(Transfer)한 후 정부로부터 시설임대료(Lease)를 정기적으로 지급받음으로써 투자금을 회수하는 방식 **예** 도로건설사업, 학교나 군부대 건설공사

3. 소유귀속형민자사업(BOT: Build－Own－Transfer): 시설물의 준공 후 일정기간 민간사업시행자에게 소유권을 인정하여 사업시행자가 이 기간 동안 수익을 확보할 수 있도록 보장. 다만 일정한 기간이 만료되면 시설물의 소유권이 국가 또는 지방자치단체에 귀속되는 방식

4. 독자소유형민자사업(BOO: Build－Own－Operate): 시설물의 준공 후 영구적으로 민간사업시행자에게 소유권을 인정하여 사업시행자가 수익을 확보할 수 있도록 보장

5. 허술한 문지기, 국회의 예산심의

나랏돈을 거르는 단계에서 가장 큰 권한과 막중한 책임을 가진 기관은 국회이다. 국가의 예산은 1년 단위로 '예산의 편성－심의－집행－결산' 과정이 순환적으로 이루어지는 연속적이면서 매년 중첩되어 진행된다. 그래서 이를 '중첩된 예산주기(scrambled budget cycle)'라고 부른다. 국회는 정부의 세입과 지출을 면밀히 검토하고 승인하는 막강한 권한을 행사한다. 의회의 예산 심의권은 민주주의 투쟁의 역사와 맥을 같이 한다. 절대왕정 시대에 왕이 시민의 재산을 빼앗고 나랏돈을 함부로 쓰는 것에 반기를 든 최초의 사건이 13세기 영국에서 일어났다. 당시 존왕의 전횡에 저항한 귀족들이 들고 일어나서 1215년 「Magna Carta(대헌장)」라는 합의서를 왕과 함께 체결했다. 대헌장 제12조는 "왕국의 의회(the common council)에 의하지 않고서는 왕국 내에서 어떠한 군역대납금(scutage) 또는 공과금(aid)을 부과하지 않는다."고 규정하여 최초로 조세법률주

의를 천명했다. 이후 영국은 1706년 하원의 의사규칙을 제정하여 정부가 제출한 예산은 「지출승인법안(Appropriation Bill)」의 형식으로 의결한 후 동 법안에 대해 국왕의 재가를 받아 「지출승인법(Appropriation Act)」으로 변경되어 법률로 성립한다. 미국은 1776년 독립선언 후 1787년 헌법제정 당시부터 조세법률주의와 예산법률주의를 도입하였다. 프랑스도 1790년 프랑스 혁명을 통해 조세법률주의를 확립하였다. 의회의 예산심의권은 의회가 행정부에 대해 재정동의권을 부여하는 재정민주주의의 실현과정이며, 민주주의 국가에서 의회의 대 행정부 통제의 핵심적인 수단이다. 이런 역사적 투쟁 과정을 거쳐 만들어진 의회의 예산심의권이 한국에서는 어떻게 운영되고 있을까? 현실은 암담하다. 국가재정법은 정부가 예산을 편성해서 회계연도 개시 120일 전까지 국회에 제출하도록 규정하고 있다. 따라서 정부는 대략 9월초까지 예산안을 국회에 제출하며 이때부터 연말까지 예산안 심의가 진행된다.

▼ 표 14-2 국회의 예산심의 과정

예산 심의 과정	시기	내용
국정감사 실시	9월~10월	예산심의 자료 수집 등을 위한 국정감사
정부 예산안 제출	9월 2일까지 헌법 제54조	국회의 정부예산에 대한 통제
정부의 시정연설	국회법	본회의에서 정부(대통령)의 시정연설
예비심사	국회법	16개의 소관 상임위원회별 예비심사
종합심사	국회법	예산결산특별위원회
전원위원회 심사	국회법	
본회의 심의 의결	12월 2일까지 헌법 제54조	토론, 의결
정부이송	국회법	

예산 심의 과정에서 가장 핵심적 역할을 하는 단계는 상임위원회별 예비심사와 예산결산특별위원회의 종합심사이다. 국회가 예산안을 수정할 권한은 매우 제한되어 있다. 즉, 국회가 예산안의 세부내용에 대해 폐지 및 삭감권만을 갖고 증액 시에는 행정부의 동의를 얻어야 한다. 미국과 일본에서 의회가 예산안에 대해 자유롭게 폐지 및 삭감 이외에 증액도 할 수 있다는 점과 대조적이다. 이처럼 한국에서는 행정부가 국회의 예산 증액 결정에 대한 사전 동의권이라는 엄

청난 칼자루를 쥐고 있기 때문에 지역구 사업 예산을 조금이라도 더 따내려는 국회의원들이 상임위 예산심사에서 예산을 적극적으로 삭감하는 것은 애시 당초 불가능하다.

또한 상임위원회의 예비심사에서 '감액'한 결정은 예결위를 구속하지만, '증액'한 결정은 예결위를 구속하지 않는다. 따라서 상임위는 각 부처 예산안을 심사함에 있어 예결위에 대해 구속력이 있는 감액에 대해서는 신중하게 보수적으로 접근하게 되고 예결위에 대한 구속력이 없는 증액에 대해서는 적극적인 태도를 취하는 경향이 있다. 소위 '쪽지 예산'이라고 해서 국회의원들이 자신의 지역구 사업 예산을 추가하는 행태가 여기서 발생한다.

> 국회법 제84조: 예결위는 상임위에서 삭감한 세출예산 각 항의 금액을 증액하거나 새 비목을 설치할 경우에는 소관 상임위원회의 동의를 받아야 한다.

예결위는 다분히 정치적인 심사를 진행하고 나랏돈의 효율적 운영과는 상당히 거리가 먼 행태를 보인다. 예결위가 50명 이내 위원들로 구성되고 임기가 1년에 불과하기 때문에 각 당의 대리 역할에 그친다. 예결위는 대체로 상임위의 예산심사결과를 일부 삭감 조정하는 데에서 결론을 내리고 승인하는데, 삭감예산의 경우도 대부분 사업성 예산이 아닌 예비비, 외화예산, 국채이자상환액 등과 같은 비사업성 예산이 주류를 이루며 삭감의 폭도 일반회계 예산의 약 1% 이내로 매우 적다. 예결위의 계수조정작업(부별심사를 위해서 세입·세출예산액을 일치시키는 작업)은 11~12명으로 구성된 소위원회에서 수행하는데, 그 결정권한이 막강하다. 그런데 2000년 개정된 「국회법」(제57조 5항)은 "소위원회의 회의는 공개한다. 다만 소위원회의 의결로 공개하지 아니할 수 있다."고 규정하고 있다. 예결위 마음대로 비공개를 결정하니 그 내막을 국민이 알 수 없다. 이래저래 나랏돈은 눈먼 돈이 될 소지가 크다. 예산안은 최종적으로 본회의에서 의결해서 확정된다. 본회의는 형식성이 강하며, 예산의 경우 본회의에서 수정된 사례가 거의 없다. 주먹구구식 예산심의를 고치기 위해 예결위를 상설의 상임위원회로 바꾸어야 한다는 지적이 자주 제기된다. 예결위가 예산심사 기간 동안에만 짬짬이 짧게 가동되어 졸속 심사를 초래하기 때문이다. 그러나 여당과 야당을 막론하고 정치인은 예산절감을 위한 동기가 없으며 오직 자신의 지역구 예산 확보 등 떡고물 챙기기에만 혈안이 되기 때문에 이런 논의는 공염불이 되어 버린다.

우리나라에서 예산은 여당과 야당의 정치적 흥정 대상에 불과하다. 그래서 연말이면 예산안 의결을 놓고 여야가 멱살을 잡고 싸우는 장면이 연례행사처럼 언론에 보도된다. 그래서 2013년부터 「예산안 자동상정(부의)제도」라는 것을 만들었다. 이 제도는 예산심의 관련 위원회에서 매년 11월 30일까지 심사를 마치지 못한 때에는 그 다음날에 자동적으로 본회의에 예산안이 부의(상정)된 것으로 보는 제도이다. 또한 국회의장은 예산안을 소관 상임위원회에 회부할 때에도 심사기간을 정할 수 있으며, 상임위원회가 이유 없이 그 기간 내에 심사를 마치지 않은 때에는 이를 바로 예산결산특별위원회에 회부할 수 있다. 그러나 여당과 야당 모두 예산을 정치적 관점에서만 바라볼 뿐 경제적 효율성에는 전혀 무관심하다. 경제는 엉망인데 매년 예산이 눈덩이처럼 불어나는 이유는 여기에 있다.

6. 허술한 신상필벌

그러면 나랏돈에 대한 신상필법(rewarding & punishing)은 어떨까? 정부는 재정성과관리제도를 운영하여 나랏돈을 사용해서 나타난 성과를 평가하고 있다. 국가재정법은 재정사업에 대한 성과평가를 다음의 3단계로 규정하고 있다.

첫째, 재정성과목표관리제도(performance monitoring)는 매년 부처별로 전략목표 – 프로그램목표[성과목표] – 단위사업 체계를 바탕으로 성과지표를 사전에 설정한 후 이에 따라 성과를 평가하고 재정운영에 환류하는 방식이다. 예산과 기금을 모두 대상으로 하며, 기획재정부장관이 총괄 운영한다.

둘째, 재정사업자율평가제도는 각 부처가 매년 부처별 주관사업을 자율적으로 평가하여 성과관리해 나가는 제도이다. 말 그대로 각 부처가 자기 사업의 운영 성과를 스스로 평가하기 때문에 고양이가 자기 목에 자기가 방울을 다는 격이다.

셋째, 재정사업심층평가제도는 재정운용과정에서 문제가 제기된 주요 사업의 운영성과를 심층적으로 분석·평가하여 향후 재정운영에 반영하기 위해 실시하는 제도이다. 이것은 재정위험관리위원회(위원장: 기획재정부장관)에서 심층평가대상을 선정하고 평가계획이 확정되면 심층평가자문단을 중심으로 종합평가 분석을 수행한다. 결국 기획재정부가 운영을 총괄한다.

이와 같이 각 부처의 나랏돈 사용 결과에 대해 평가하는 권한을 기획재정부가 움켜쥐고 있다. 객관적이고 효율적인 평가가 어려운 문제는 권한의 독점에서 비롯된다.

나랏돈을 잘 사용한 경우에 상을 주는 제도는 어떨까? 이와 관련된 제도가 '예산성과금제도'이다. 이것은 예산 지출을 절약하거나 국고수입을 증대시킨 경우 그 성과의 일부를 기여자에게 인센티브로 지급하는 제도이다. 국가사무에 대한 예산성과금제도는 역시 기획재정부가 운영한다. 국가사무에 대해 지출이 절약되었거나 특별한 노력으로 수입이 증대된 경우 이에 기여한 자가 신청할 수 있다. 소관 중앙관서에 설치된 자체 예산성과금심사위원회의 심사를 거쳐 중앙관서의 장이 기획재정부로 매년 1월 말까지 신청한다. 지방사무와 관련된 예산성과금제도는 지방재정법에 따라 각 지방자치단체가 운영한다. 공무원뿐 아니라 지방 예산절감에 기여한 지역주민에게까지 예산성과금을 확대 지급하고 있다. 이러한 예산성과금제도는 민간기업의 스톡옵션이나 특별 상여금 등의 성과촉진 기법을 공공부문에 적용한 것이다. 그러나 정부에는 주식이란 제도가 없어서 공무원이 기업의 직원처럼 업무 성과를 통해 큰 보상을 받을 길은 없다. 정부에도 업무성과 우수자에게 각종 상여금을 지급하고 있지만 이 역시 각 부서가 나누어 먹는 고질적 병폐가 사라지지 않고 있다. 아무튼 나랏돈 사용에 대한 신상필벌 제도에 허점들이 도처에 있다. 결국 줄줄 새는 나랏돈을 막을 수 있는 최후의 보루는 '납세자'이다. 그러면 한국의 납세자들은 혈세를 스스로 지킬 수 있는 수단을 가지고 있을까? 지난 2000년 하남시민들이 하남 국제환경박람회 예산 낭비를 이유로 환수소송을 제기한 사건을 계기로 2006년부터 「주민소송제」를 시행하고 있다. 그러나 현재의 주민소송제는 자치단체의 위법한 재무회계행위에 한정해서 소를 제기할 수 있고 일정 수 이상의 주민이 집단으로 감독관청에 감사청구를 미리 해야 한다는 번거로운 전제조건(주민감사 전치주의)을 붙여 놓았다. 실제로 시민들이 재판과정에서 재무회계행위의 위법성에 관한 엄격한 요건을 입증하기도 어렵고 만약 패소 시 소송비용을 떠안아야 한다. 사정이 이러니 그동안 고작 43건의 소가 제기되는 것에 그쳤고 그중 승소사례도 1건에 불과해 유명무실화되어 버렸다. 그럼에도 정부는 모순적인 제도를 고치기는커녕 소송남발이 우려된다는 이유로 중앙행정기관에 대한 「국민소송」을 결사 저지하고 있다. 더군다나 다수 이해관계자의 대표자가 집단 전체를 위한 소를 제기하는 「집단소송제」를 2005년부터 시행하면서 오직 '증권분야'에 한정하고 있다. 1년에 500조 원이 넘는 엄청난 돈을 국민 호주머니에서 빼앗아 물 쓰듯 써버리면서 그 불법하고 부실한 사용에 대해 국민이 이를 추적해 환수해 낼 장치를 원천봉쇄해 버렸다. 더군다나 부자에 대한 징벌적 세금 부과는 곧 정의의 치켜세움이라는 허구적 담론이 한국 사회를 지배하고 있다. 프랑스 대혁명, 미국의 독립전쟁 그리고 한국의 동학혁명 등 인류 역사의 크고 작은 혁명들은 권력자의 부당한 세금 착취에 대한 민초들의 분노에서 폭발했다. 과연 정부의 돈 씀씀이는 정의를 향하고, 부자의 돈벌이는 천박한 욕망의 표출일 뿐인가? 일평생 치열한 투자가의 삶을 살다 간 유럽 증권계의 위대한 유산, 앙드레 코스톨라니(Andre Kostolany)는 저서 「돈, 뜨겁게 사랑하고 차갑게 다루어라」('미래의 창' 출간, 2015년)에서 돈을 벌기 위한 투자 행위는 '지적인 도전행위'였다고 술회한다. 돈은 시장에서 무수한 도전자들이 자신을 불태우는 뜨거운 노동을 통해 창조된다. 정부는 시장이 만들어 낸 거대한 잉여가치에 얹어진 보조장치에 불과하다. 일평생 돈 벌기 위해 비즈니스의 차디찬 바닥에서 굴러본 적이 없는 소수의 권력자들이 돈 버는 사람들을 향해 도덕적 훈계를 하고 세금으로 처벌하는 이 땅의 거꾸로 선 자본주의는 파산으로 치달리는 급행열차이다. 진정한 좌파는 치열하게 돈을 벌어 따뜻한 공동체를 위해 세금으로 기부하는 납세자들이다. 그래서 "내 심장은 왼쪽에서 뛰고 있소. 그런데 내 머리는 오른쪽에 있고, 내 지갑은 오래 전부터 미국에 있다오."라는 코스톨라니의 고백이 가슴을 울린다.

7. 시한폭탄이 된 국가의 화폐발행권

눈먼 나랏돈의 근원은 국가의 화폐발행권에 기인한다. 국가는 결코 파산하지 않는다. 국가는 통화를 찍어내서 쓰면 되기 때문이다. 귀하의 지갑에 들어 있는 1만 원짜리 지폐는 '통화', 영어로 'currency'일뿐이고 결코 '돈(화폐)' 영어로 'money'는 아니다. 돈의 본질은 가치의 저장수단이다. 가치의 저장수단이란 어떤 물건을 구매하기 위한 구매력이 시간과 장소의 변화와 상관없이 변하지 않는 속성을 말한다. 현실의 1만 원짜리 지폐가 돈이 아닌 이유는 그 지폐의 구매력이 수시로 변화하며 또 '0(無)'이 될 수 있기 때문이다. 물론 모든 나라에서 그 정부가 발행한 지폐의 구매력을 정부 스스로 보증한다. 그러나 정부가 보유한 자산은 통화의 지급보장을 해 주기에는 턱없이 작다. 인류가 오랜 세월동안 "돈(money)"이라고 사용해 온 것은 바로 "금"과 "은"이다. 금과 은은 실물과 가치 면에서 1:1의 대응관계를 갖고 그 교환비율이 변하지 않는다. 이에 비해 통화(currency)는 실물과 그 교환비율이 수시로 변한다. 우리가 일상생활에서 사용하는 옷, 음식, 집, 자동차 등의 생산물이 '실물(real things)'이고 통화는 '명목(nominal thing)'이다. 실물의 크기가 클수록 국가경제의 규모는 커지고 국민들의 소득도 더 커질 수 있다. 그러나 명목이 커졌다고 해서 사람들이 부자가 되는 것은 아니다. 지금 서울 강남지역 아파트 가격이 수십 억 원에 달한다. 과연 이 아파트 소유자들의 부(wealth)가 늘어난 것일까? 오히려 늘어난 것은 종합부동산 세와 양도세 징수액일 뿐이며, 가격의 상승은 통화량 증가로 인한 숫자의 거품에 불과하다.

지금 우리가 사용하는 지폐와 동전은 모두 한국은행이 다른 자산으로 교환 해주지 못하는 '불환지폐'이다. 따라서 정부가 불환지폐를 과도하게 발행하면 인플레이션이 발생하며, 이것은 정부가 국민의 재산을 은밀하게 훔쳐가는 것과 같은 효과를 발휘한다. 이와 같이 정부가 불환지폐를 자체 신용만으로 무제한 적으로 발행하는 권한을 갖게 된 것은 18세기 프랑스 혁명을 계기로 근대국가 시대에 시작된 제도이다. 그 이전에 오랫동안 운영되어 온 금본위제도 하에서 는 정부에게 불환지폐 발행권한을 부여하지 않았다. 위험하기 때문이다. 정부가 불환지폐, 즉 통화를 마구 찍어내면 인플레이션이 발생한다. 미국은 2008년 금 융위기에 직면해서 5조 달러가 넘는 대규모 '양적완화', 영어로 "Quantitative Easing"를 단행했다. 헬리콥터를 사용해 상공에서 달러통화를 마구 뿌리는 현상 을 말한다. 지금 전 세계적으로 자본주의 국가들이 통화를 마구 찍어내서 뿌리 고 있다. 한국도 그 예외는 아니다. 인류의 역사를 돌이켜 보면 불환지폐를 마 구 찍어낸 국가는 모두 처참한 종말을 맞이했다. 바로 70여 년 전에 독일의 바 이마르 공화국이 1차 대전 패배로 영국과 프랑스에게 전쟁배상금을 지불하기 위해 마르크화폐를 마구 찍어내서 지불하다가 결국 파산하게 되고, 그 결과 히 틀러가 주동한 나치정권이 집권하였다. 일반적으로 국민의 총수입 대비 평균 식료품 구입비의 비중이 40%를 넘으면 국민들이 정치체제를 변혁시키는 혁명 을 일으킨다. 최근 우리나라에서 일어나고 있는 반정부집회는 단순한 부패에 대한 반발이 아니다. 서민들의 실질 수입이 줄어들면서 양극화가 심화되어 사회구조를 뒤엎으려는 혁명의 시도라고 볼 수 있다. 인플레이션의 주범은 정부이다. 우리나라의 총통화량(M2 = 현금 + 예금, 언제든지 현금화가 가능한 자금)은 약 2,800조 원에 달한다(2019년 기준). 지금 폭증하는 가계부채와 국가부채가 이런 통화량 남발에 부채질하고 있다. 그럼에도 정부는 "인플레이션은 경제 성장, 디플레이션은 경기 침체"라는 믿음을 국민들에게 주입한다. 물론 이 믿음은 '케인즈 경제학'의 가르침에서 나온다. 소위 필립스곡선으로 알려진 케인즈류의 처방은 다음과 같다.

> "경제 성장과 물가 안정이라는 두 개의 바람직한 목표는 동시에 추구
> 할 수가 없다. 하나를 추구하려면 다른 쪽을 희생해야 하는 두 마리 토끼
> 같은 것이다."

따라서 정책 결정자는 상황에 따라 금리 인하나 재정 지출 확대 등의 '성장' 위주 정책을 할 것인지 금리 인상과 긴축 재정 등의 '안정' 위주 정책을 할 것인지를 선택해야 한다는 엄숙한 결론을 도출한다. 물론 정부 탓만은 아니다. 국민들은 경기 불황이 닥치면 정부가 당장 나서서 경기를 살려내라고 아우성친다. 그러면 정부는 적자재정을 펴고 금리인하를 단행해서 화폐를 시중에 마구 풀어버린다. 그래서 "인플레이션의 주범은 민주주의이다."라는 비판이 아주 옛날부터 나온 것이다. "민주주의란 가난한 자들이 부자들을 벗겨먹기 위해 숫자로 밀고 들어오는 정치 체제이다."라는 식의 비난이 고대 그리스 시대부터 현대에 이르기까지 지배적인 관점으로 자리 잡았다. 요즘 전 세계적으로 번지는 파퓰리즘(populism)도 그 연장선 위에 있다.

8. 화폐환상과 양털 깎기: 정부가 '가난'을 만들다.

그러면 서민들이 투표권을 볼모로 정부에게 재정적자, 즉 화폐발행을 남발시키도록 협박해서 이득을 보았을까? 재정적자와 인플레이션의 소용돌이 속에서 서민들이 얼마큼의 이득과 손실을 보았는지 정확하게 측정하기는 어렵다. 그렇지만 이런 민주주의의 가증스런 화폐남발을 주도한 교주 케인즈의 논리를 통해 그 진위를 추정해 볼 수는 있다. 1930년대 대공황이 몰고 온 대규모 실업과 디

플레이션에 케인즈는 획기적인 처방을 내렸다. 정부가 돈을 마구 풀라는 것이다. 그럼 케인즈가 재정지출 확대와 이자율 인하를 통해 고용이 증가하고 국민소득이 확대된다고 과감하게 말할 수 있는 근거는 무엇이었나? 케인즈의 일반이론을 전통 고전경제학과 비교해서 차이 나는 부분을 부각시켜 아주 단순화시키면 「화폐환상(Money Illusion)」이 수면 위로 떠오른다. 화폐환상이란 사람들이 실질가치보다는 명목가치를 중심으로 경제행위를 하는 것을 말한다. 예컨대, 철수가 자신의 화폐임금(명목임금: W)이 전년도 200만 원에서 금년에 240만 원으로 20% 올랐고 물가도 똑같이 20% 상승하였을 때 실질임금에는 전혀 변동이 없는데도 불구하고 명목가치인 화폐임금에만 집착하여 철수가 임금이 20% 상승한 것이라고 좋아하면서 노동의 공급(노동시간)을 늘리게 되는 현상이다. 그는 단기적으로 노동공급이 화폐임금에 의해 영향을 받되 노동자들은 화폐임금의 감소를 받아들이지 않는다(임금의 하방경직성)고 보았다. 노동의 초과공급, 즉 실업이 존재할 때 화폐임금의 하방경직성으로 화폐임금이 일정수준에 고정되어 있으면 실제 고용량은 노동의 수요에 의해서 결정된다. 노동의 수요는 노동의 한계생산물가치(VMP)에 의하여 결정된다. 한계생산물가치(VMP)는 생산물 가격(P)과 노동의 한계생산물(MP)을 곱한 값이며 따라서 이에는 물가수준이 반영된다. 결국 고용자는 물가수준을 고려하여 노동자들의 고용규모를 결정한다는 것이다. 이에 반해 노동의 공급은 화폐임금(W)에 의하여 결정되며 노동자들은 물가수준(P)을 생각하지 아니하고 자신의 노동공급 여부를 결정한다. 노동의 공급이 실질임금(W/P)이 아닌 화폐임금(W)에 의존한다는 것은 노동자들이 「화폐환상(Money Illusion)」을 가지고 있음을 의미한다. 또한 고용자들은 실질임금에는 변화가 없으면서 물가 상승으로 인해 한계생산물가치(VMP)가 커지므로 고용을 늘리게 된다. 따라서 경제전체적으로 고용규모가 증대되고 그 결과 국민소득은 증대하게 되는 것이다. 그림 14-2 (a)에서와 같이 화폐임금이 W_0로 주어져 있다면 P_0의 물가에서 노동의 수요는 $P_0 \times MP_0$로 나타나므로 고용량은 L_0만큼이 된다. 이 L_0의 고용량은 그림 (b)와 같은 생산함수를 통해서 Y_0만큼을 생산한다. 이것을 물가(P)와 총공급량(Y)의 관계로 표시하면 (c)의 K점이 된다. 이에 다른 모든 조건들이 동일할 때 물가가 P_0에서 P_1으로 증가하면, 다시 말해 인플레이션이 발생하면 노동의 한계생산물가치가 $P_0 \times MP_0$에서 $P_1 \times MP_1$으로 증가하여 노동의 한계생산물가치곡선, 즉 노동의 수요곡선이 우측으로 이동한다. 그 결과 L_1만큼의 노동이 새로이 고용된다. 이 L_1의 고용량은 (b)의 생산함수를 통하여 Y_1만큼을 생산하게 된다. 이것을 물가와 총 공급량의 관계로 표시하면 (c)의 S점이 된다. 따라서 시장에 광범위한 실업이 존재할 때 인플레이션을 일으키면 고용량이 증가하여 총생산량이 확대되고 경제는 성장한다. 그 과정에서 노동자는 실질임금의 하락이라는 손실을 당하지만 이 손실을 알아채지 못한다. 자신도 모르는 사이에 '양털 깎기'를 당하는 것이다.

▼ 그림 14-2 노동자의 화폐환상과 총생산량 증가

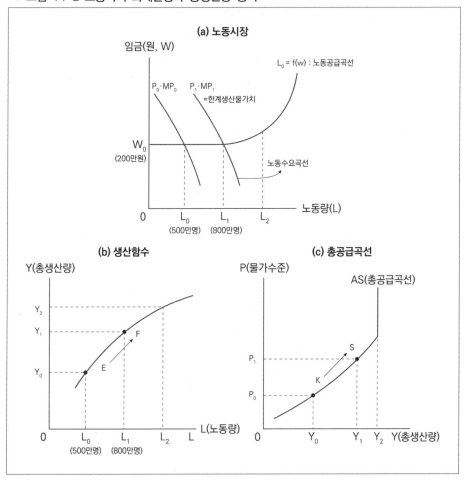

결국 케인즈는 누구도 뒤집을 수 없는 화폐환상을 가정하고 이를 통해 경제가 성장할 수 있다고 주장했다. 그러면 케인즈의 이론을 금융자본가와 국가가

왜 그토록 적극적으로 받아들였는가? 바로 화폐환상 때문이다. 화폐환상이 있을 때 급속한 통화팽창, 즉 인플레이션을 유발하여 고용을 증대하고 경제를 성장시킬 수 있다. 단기간에 급속한 인플레이션을 유발할 수 있는 능력은 국가만이 가지고 있다. 즉 국가는 재정지출 확대와 통화팽창을 통해 노동자들을 환상 속에 빠트리고 절묘하게 경제를 확대시켜 나갈 수 있는 것이다. 1930년대의 뉴딜정책이나 지금 각국에서 벌어지고 있는 대규모 적자재정과 글로벌 초저금리는 바로 화폐환상이라는 모래탑 위에 세워지고 있다. 각 국가들은 엄청난 통화팽창을 만들어 내면서 멈추어선 성장엔진을 돌린다. 그 엔진은 화폐환상, 즉 임금노동자의 손실을 연료로 태우면서 앞으로 전진할 것이다.

　　재정적자와 인플레이션이 금융자본가의 계략에 의해 자행되는 역사를 파헤친 「화폐전쟁」(쑹훙빙 저)이란 책이 한때 유행했다. 우리는 18세기 미국의 건국자들이 정부에게 자유로운 화폐발행권을 부여하는 것에 왜 그토록 위기감을 가졌는가를 되돌아보아야 한다. 나랏돈을 지킬 최후의 보루는 국민 자신에게 있다. 미국 캘리포니아주에서는 1978년 「Preposition13」(주민발안)을 제정하여 재산세 상한선을 정하고 소득세율과 재산세율 인상 시 주민 2/3의 동의를 받도록 의무화했다. 이런 조치는 당시 급증하는 주재정의 증가를 억제하기 위해 주민들이 조직적으로 조세저항운동을 진행하여 쟁취한 성과였으며, 이에 따라 재산세 세입이 57%만큼 감소하고, 주정부는 공무원 임금삭감 등의 개혁정책을 추진하였다. 그러나 한국은 조세저항은커녕 정부의 불법한 재정지출에 대한 국민소송 제도조차 없다. 태양광사업비리와 같은 대규모 재정지출에 대해 다음 정권이 보복 차원에서 파헤치는 방법은 결국 정치적 쇼로 끝나기 마련이다. 정부가 재정 적자를 남발하고 대규모 공공사업을 부실하게 추진할 경우 이에 대해 국민이 직접 원고가 되어 소를 제기하고 책임자 처벌을 단행해야 한다. 지금 한국에 몰아닥친 세계 최저의 출산률은 눈먼 나랏돈에 퍼붓는 저주의 서곡일 뿐이다.

제15장

공짜 버스와 택시가 시골길을 달리는 이유는?
지방자치의 허상

버스와 택시를 공짜로 탈 수 있다면 사람들이 시골에 가서 살까? 인구감소로 인한 지역 소멸의 공포를 해소하기 위한 대안치고는 무척 황당하다. 탁상행정의 전형이라 하겠다. 정부는 진정 사태의 본질을 못 보는 걸까 아니면 일부러 회피하는 걸까?

'소멸 위기' 지자체, 인구 유출 막으려 교통 복지에 예산 집중

• 2018년 1월 12일자 조선일보
버스 50원, 택시 100원… 이래도 우리 마을 떠날 건가요

전북 부안군 변산면 모항마을 주민들은 시내버스로 읍내를 왕복할 때 9,800원을 요금으로 냈다. 이 마을 주민들을 위해 올해부터 '50원 버스'가 달린다. 버스요금 50원은 30여년 전 수준으로, 사실상 공짜에 가까운 파격적인 혜택이다. 요금 인하에 따른 버스 회사의 손실금 10억 7,600만 원은 군이 전액 보전해준다. (중략) 전남도는 광역지자체로는 처음 2014년 '100원 택시'를 도입했다. 4년간 216만 명이 이용했다. 정부는 오는 3월 이 100원 택시 제도를 전국 군 단위 82곳, 시 단위 78곳에서도 적용할 예정이다.

2014년 일본에서 마스다히로야는 저서 「지방소멸」로 폭로해서 일본을 발칵 뒤집어 놓았다. 일본도 한국 못지않게 수도 도쿄로 모든 인구와 돈이 집중되는 소위 '극점사회'이다. 지방에서 태어나 성장한 젊은이들은 도쿄로 몰려들고, 도쿄는 이런 젊은이를 '값싸게 쓰고 버리는' 소모성 노동 시스템을 가동한다. 그래서 저소득의 굴레에 빠진 젊은이는 결혼도 출산도 할 수 없어 도쿄의 출산율은

떨어지고 노인층이 비대화되는 기형적 인구구조로 빠져든다. 그는 현재의 인구 감소 추세대로라면 일본의 절반, 896개 지방자치단체가 소멸한다고 경고한다. 한국의 위기는 오히려 일본보다 더 심해서 세계 2위의 대도시권 인구집중도를 자랑(?)한다. 수도권은 인구의 블랙홀이다. 5천 만 명이 넘는 인구 중 절반이 전국면적(99,720㎢)의 약 11.8%(면적은 11,745㎢)에 불과한 수도권(서울, 경기, 인천)에 몰려 산다.

▼ 그림 15-1 대도시권 인구집중도 순위와 선거제도

대도시권 인구집중도 순위와 선거제도

자료: List of metropolitan areas by population
자료: https://en.wikipedia.org/wiki/List_of_metropolitan_areas_by_population

no.	국가 이름	인구수	대도시권 이름	인구수	대도시권 인구집중도 순위	비율	인구기준 Year	국회의원 선거제도	
1	아랍에미리트	9,682,088	Dubai-Sharja	5,300,000	1	54.74%	2015	간접선거	다수제
2	한국	51,801,449	Seoul	25,514,000	2	49.25%	2016	병립형	비례제
3	네덜란드	17,084,000	Randstad	8,219,380	3	48.11%	2016	개방형	비례제
4	칠레	18,197,000	Santiago	6,683,852	4	36.73%	2012	폐쇄형	비례제
5	페루	32,933,835	Lima	9,886,647	5	30.02%	2015	폐쇄형	비례제
6	대만	23,537,000	Taipei-Keelur	7,045,488	6	29.93%	2013	병립형	비례제
7	일본	127,185,000	Tokyo	37,832,892	7	29.75%	2016	병립형	비례제
8	아르헨티나	44,689,000	Buenos Aires	13,074,000	8	29.26%	2010	폐쇄형	비례제
9	필리핀	106,512,074	Manila	24,650,000	9	23.14%	2018	병립형	비례제
10	사우디아라비	34,140,662	Riyadh	7,739,570	10	22.67%	2016	기타	다수제

한국에서 시골은 경쟁에서 뒤처진 낙오자나 노동 능력을 상실한 노인들이 삶을 정리하는 저승길 대합실이라는 이미지가 팽배하다. 통념에 도전하는 것은 어렵다. 그러기에 "잠시 쉬어가도 괜찮아."라는 모토로 우리에게 살포시 다가서는 영화「리틀 포레스트」는 용감하다. 좋게 말하면 시냇물처럼 잔잔하고 나쁘게 말하면 시시껄렁한 이 영화는 시골에 사는 게 바보가 아니라고 도시인들에게 속삭인다. 공무원시험에 떨어지고 심신이 지쳐버린 젊은 처자 혜원이 고향 시골집에 무작정 내려와 제 손으로 밥해먹고 옛 친구들과 소소한 어울림을 보내는 밋밋한 영상이 주축을 이룬다. 텃밭에서 재배한 야채를 따서 감자빵을 해먹고 옥

구슬처럼 빨갛게 익은 곶감을 처마에 걸고 친구와 다정하게 논두렁을 걷는다. 손에 땀을 쥐게 하는 사건이나 허를 찌르는 반전이 전혀 없는 이 지루할 법한 영화가 2018년에 개봉되어 꽤 오랫동안 사람들의 시선을 끌어 모으고 있다. 그 비법은 '시골의 재발견'이랄까. 치열한 경쟁의 늪 도시에서 지친 영혼들이 구름처럼 잠시 머물다 가는 시골. 마치 투우장의 소에게 마지막 일전을 앞두고 숨고르기를 할 수 있는 케렌시아 같은 내음을 물씬 풍긴다. 그래서 이 영화는 말한다. 도시에서 일회용 소모품처럼 버려진 내가 나의 창조력을 발견하는 곳이 시골이라고. 영화 제목 '리틀 포레스트'의 일본 원작명 「小森(코모리 - 작은 숲)」이 뜻하는 것처럼 시골은 도시의 욕망을 치유해주는 작은 병원으로 다가선다. 행복은 럭셔리한 샹들리에 불빛이 아니라 툇마루에 쏟아지는 햇살에 있다는 영화의 발칙한 속삭임이 이채롭다.

요즘 정보의 홍수 속에 시골 생활에서 불편한 대중교통, 치안의 부재, 문화생활의 빈곤, 농사의 버거운 육체노동 등에 대한 정보는 어느 정도 도시인들에게도 알려져 있다. 그럼에도 많은 도시인들은 그런 단점의 편린들을 상쇄할 그 무엇(+α알파)이 분명 시골에 존재할 것이라는 기대감을 갖고 있다. 하지만 시골은 도시인들의 그런 근거 없는 기대감을 여지없이 물거품으로 만드는 늪이다. 돈이, 그리고 그 돈의 생산수단으로서 권력이 이 목가적인 시골을 뒷골목 조폭집단 못지않게 잔인하고 치열한 밑바닥으로 내동댕이치고 있다. 이런 시골의 은밀한 내면을 낱낱이 그리고 삶의 경험에서 우러나듯 진하게 말하는 책이 소설가 마루야마겐지의 「시골은 그런 것이 아니다(2014년)」이다. 물안개가 아스라이 피어오르는 시골의 아침 들녘, 그러나 저자는 말한다. "풍경이 아름답다는 건 환경이 열악하다는 뜻이다."라고. 콩 반 쪽도 나누어먹는 시골 이웃의 훈훈한 인심을 꿈꾸는 그대에게 저자는 말한다. "고독은 시골에도 따라 온다."라고. 이처럼 저자는 얄밉도록 그러나 거부할 수 없는 조언을 던진다. "어떻게든 되는 시골 생활은 없다."라고. 시골에서 벤처농업으로 성공한 청년농부와 찬란한 인생 2막을 연 귀농인의 삶을 그려내는 TV다큐프로그램이 넘쳐나고, 출산비 지원 같은 공짜 남발로 인구감소를 막아보려는 편협한 전시행정이 득실대는 이 혼돈의 시대에 도시인들이 시골생활에 대해 품는 동경은 어찌 보면 자연스럽다. 허나 시골집 10채 중 적어도 2~3채는 빈집으로 흉물스럽게 방치되는 것이 현실이다. 현실만큼 강한 진실은 없다. 필자도 근 10년 가까이 경기도 이천, 여주 지역의 시골마을에서 귀촌생활을 하면서 이런 시골 삶의 현장을 온몸으로 체험했다. 시골에도 도시 못지않게 자본과 권력이 지배하고 시골 사람들은 이를 향한 욕망의 도가니에 그들의 삶을 밀어 넣는다. 도시인들은 TV 프로그램에 자주 등장하듯이 시골 마을 이장이 순박하고 봉사하는 삶을 살 것이라고 기대한다. 그러나 우리는 마을 이장을 중심으로 시골 마을이 어떻게 권력과 눈먼 나랏돈의 부스러기를 먹으려고 이리저리 헤매는 하이에나 무리가 되어 가는지 그 진짜 모습을 보아야 한다. 수많은 귀농·귀촌인들이 시골의 원주민들과 부딪치는 갈등이 단순히 정서적 이질감 때문이라기보다 원주민들이 흘러들어온 외지인들을 돈벌이의 수단으로 악용하려는 저급한 동기에서 발원한다. 한국 시장경제에서 농업은 수십 년 간 폐기처분 단계를 거쳐 무늬만 산업인 뿌리 째 썩어버려서, 시골은 더 이상 농업을 온전한 생계수단으로 의존할 수 없다. 그래서 시골의 원주민들은 생존과 더 나아가 부의 축적 수단으로 외지에서 몰려드는 귀농·귀촌인들과 각종 공해유발 사업 공장을 통통하게 살찐 먹잇감으로 노려본다. 왜 그토록 수많은 사람들이 시골로 갔다가 다시 도시로 회귀하는 최악의 선택으로 내몰리는지, 그 이유는 여기에 도사리고 있다. 시골은 이제 도시에서 오래 일하다가 은퇴 후의 편안한 여생을 누릴 수 있는 곳도 아니며, 또는 살인적 취업난에 질려 막연한 대박의 희망을 품고 과감히 도전하는 청년들의 블루칩도 아니다. 불편한 진실이지만 거부할 수 없는 현실이다.

시골과 지방의 붕괴, 그 원인은 무엇일까? 정부는 수도권밀집 현상을 타개하기 위해 정부청사 등 공공시설들을 지방 특히 시골지역으로 강제 이전시키고 있다. 그러나 이런 시설들의 수도권 집중은 원인이 아니라 결과일 뿐이다. 그간 정부가 지방분권을 이유로 많은 공공기관을 지방으로 이전했지만 지금 이 순간에도 이 기관의 수많은 근로자들이 서울로 출퇴근하느라 새벽부터 밤늦게까지 버스와 기차를 타고 먼 길을 오간다. 수도권 단일극점의 원인은 이곳에 집중된 '권력' 때문이다. 대한민국 「헌법」 제1조 2항은 "대한민국의 주권은 국민에게 있고, 모든 권력은 국민으로부터 나온다."라고 천명하고 있다. 그러나 현실은 전혀 다르다. 권력은 5천만 국민으로부터 나오는 것이 아니라 소수 권력자로부터 나온다. 그리고 서울은 모든 권력이 만들어지고 가동되는 핵심부이다. 바로 이것이 이 땅의 지방이 형해화되고 죽어가는 원인이다. 우리 사회에는 지방에 대한 오도된 관념이 지배하고 있다. "한국처럼 좁은 국토를 가진 나라에서 지방자치는 불필요하다."라는 신념 말이다. 과연 한국에서 지방자치는 거추장스런 걸림돌에 불과한 것인가?

고도의 지방자치를 구현하고 있는 미국과 영국은 지역의 자율과 분권을 향한 치열한 투쟁의 역사를 가지고 있다. 「주민자치」라는 모형으로 발전된 영국의 지방자치는 6~11세기의 앵글로색슨 시대에 등장한 '패리쉬(Parish)' 자치를 근간으로 하여 국민국가 형성과정에서 유래했다. 패리쉬는 소규모 지역 단위로 성직자가 수장이 되고 주민들이 참여하여 도로 보수, 빈민 구제 등 지역 사업을 자율적으로 운영하던 기초지방정부이다. 중세 유럽의 국왕은 각 지역 통치자들인 영주들과 쌍무적 계약관계에 의해 권력을 나누어야 했기 때문에 절대 권력자가 되지 못했다. 중세 후반기 잉글랜드에서는 국왕의 힘이 컸지만 발달한 의회를 통해 지방 세력이 국왕의 전제권력을 일정부분 억제하였는데, 13세기 「마그나카르타」를 통해 군주의 조세징수를 제한하는 등 세력균형을 형성하였다. 14세기에 국왕이 각 지역 단위로 사법권 행사의 주체가 될 '치안판사'를 지방에 파견했는데 대부분 지방의 봉건귀족과 신흥지주가 치안판사를 역임했다. 산업혁명 과정인 1601년에 「구빈법」(Poor Law)의 시행으로 지방정부가 사회보장 업무를 시행하였으며 지방정부가 사법적 영역을 넘어 지방행정 전반을 관장하게 되었다. 이처럼 영국에서는 지방정부가 중앙정부와 대립하지 않고 독자적으로 지방행정을 수행하여 국가와는 상대적으로 분리 독립되는 전통을 확립했다. 그러나 한편으로는 영국이 제국으로 통일되는 과정에서 중앙과 지방의 투쟁이 격화되었다. 앵글로색슨(Anglo-Saxon)계가 주축인 영국은 17세기까지 유럽의 변두리 나라에 불과했다. 그러나 18세기에 들어 잉글랜드와 스코틀랜드, 웨일스, 북아일랜드가 하나로 연합하여 오늘날의 '영국'으로 탈바꿈했다. 국가에도 규모의 경제가 작용한다. 통합된 영국은 빅토리아 여왕이 통치하던 19세기에 이르러 '해가 지지 않는 나라'라는 말이 상징하듯 세계 1위의 패권국으로 발돋움했다. 이러한 영국의 거대 제국을 향한 성장의 뒷면에는 지방과의 피비린내 나는 전쟁의 역사가 점철되어 있다. 영화 「브레이브 하트」는 이런 중앙권력의 폭정에 저항하는 지방의 처절한 싸움을 한 편의 시처럼 그려냈다. 우리에겐 전쟁 속에서 피어난 장미꽃처럼 멜깁슨과 소피마르소의 넘을 수 없는 사랑이 깊은 여운을 남겼지만. 1300년 중반 경 스코틀랜드 국왕이 후사가 없이 죽으면서 스코틀랜드 귀족 간에 왕위쟁탈전이 벌어지고 이 틈을 타 잉글랜드의 에드워드 1세는 스코틀랜드를 무력으로 정복하려 한다. 잉글랜드는 스코틀랜드인의 씨를 말살하기 위해 영주들에게 관할지역에서 결혼하는 처녀들의 첫날밤을 가질 수 있는 권리를 부여하고 월레스(멜깁슨 역)는 이에 저항하다 사랑하는 아내를 잃는다. 아내의 죽음 앞에 결연히 일어선 월레스가 잉글랜드의 잔학한 폭정에 저항하는 전사로 거듭나는 변모의 과정이 내밀한 언어와 영상으로 펼쳐진다. 스코틀랜드 귀족 브루스가 월레스에게 귀족들과의 타협을 권하자 월레스는 "당신들은 성과 땅을 지키기 위해 살지만 우리는 자유를 얻기 위해 싸운다."고 답하며 거절한다. 역사가들은 이 영화가 지나치게 주인공을 미화하기 위해 역사를 왜곡했다고 비판한다. 그러나 역사는 승자의 기록에 불과하다. 그렇기에 죽음을 넘나드는 전투에서 결국 패해 잉글랜드군에 붙잡혀 단두대에서 죽음을 앞에 두고 월레스가 외친 한 마디, "Freedom!"은 그 어떤 역사보다 진실하다. 이처럼 영국이란 통일 국가가 형성되는 과정에서 각 지역의 주민들이 자유와 인권을 수호하기 위해 스스로 통치하는 공동체를 지키려 하면서 중앙과 지방이 격돌했다. 이런 구도는 1775년 아메리카 대륙의 13개 식민지주가 연합해 영국에 독립을 쟁취하기 위한 전쟁에 분연히 일어선 것과 일치한다. 1776년 선포된 미국 「독립선언서」가 밝힌 "모든 사람이 평등하며, 권력은 왕이 아니라 자연법에 의거한 민중으로부터 나오며, 부패한 정부에 저항하는 것은 시민의 권리이기 이전에 의무이다."라는 생각은 세상을 뒤집어 놓았다. 이처럼 영국과 미국에서 자유를 수호하기 위한 최후의 보루는 지역의 작은 공동체였다. 국가가 이 지역 공동체를 폭정으로 억압할 때 지역은 저항하고 그 국가를 해체했다. 영·미인들은 개인과 소규모 자치공동체에 과세권 같은 핵심적인 권한을 부여하고 국가는 외교·국방권 등의 형식적인 권한만을 가져야 하며, 국가의 중앙통제권을 최소한으로 억제하고 지방자치단체의 권한과 자율성을 최대한으로 확대할 것을 요구한다. 그래서 영국과 미국은 주민등록번호라는 것이 없고 국가가 개인을 통제하려 들면 국민이 국가를 없애버리려 한다. 이들에게 '주민자치'의 권리는 하늘, 즉 자연법이 준 천부인권이며, 결코 국가가 "불쌍하니 너 먹어라"하고 준 선물이 아니다. 더 나아가 지역 공동체가 '참여'해서 나중에 국가를 만들고 국가는 지역 공동체가 요구하는 일을 수행하는 도구 정도라고 해석된다. 이게 바로 영·미인들의 지배적 세계관인 '다원주의(pluralism)'와 일맥상통한다. 다원주의는 개인과 지역 공동체가 가장 중요한 사회적 실체이며 국가는 동창회 같은 '협회(association)'에 불과하기 때문에, 개인과 소규모 공동체의 참여와 힘의 균형에 의해 국가의 의사결정이 이루어진다고 본다.

미국은 건국 과정에서 주민이 참여하여 지역 단위의 공동체를 만들고 이것이 확대되어 지역 국가인 주(state)가 형성되었다. 그리고 이 주(state)들이 연합하여 연방국가(United States)를 만들었다. 주(state)는 외교권과 전쟁수행권을 제외하고 모든 통치권을 가진 하나의 독립된 국가이다. 원칙적으로 주(state)와 연방(federal)은 대등하다. 주(state) 아래에는 광역도시구인 카운티(county)가 300여 개 있고, 이와 별개로 시(city)나 타운(town), 버러(borough) 등 기초자치단체가 약 2만 개 있다. 카운티는 광역단위에서 사법 영역과 아동, 치안 등을 관장하지만 기초자치단체에 대해 상·하 관계가 아니라 상호 독립적이다.

그런데 미국에서 판례법으로 확립된 '딜런의 원칙(Dillon's rule)'이란 것이 있는데, 이는 주정부와 지방정부 간 관계를 계층제적 관계로 파악하는 1868년 미국 Iowa주 대법원 판례를 말한다. 이에 따르면 지방정부는 주정부의 창조물이며 주가 명시적으로 부여한 권한이나 그러한 권한에 필연적으로 함축되어 있는 권한만을 행사해야 하고 주정부는 지방정부를 폐지할 수 있다. 얼핏 보면 주정부가 지방정부에 대해 우월적 지위를 갖는 것으로 오해할 수 있지만 실제 모습은 그렇지 않다. 주(state)가 county, city 등의 지방정부들을 창조하지만 실제로 지방정부의 설치 여부, 기관구성 형태, 권한의 범위, 비용 부담 등을 해당 지역 주민들이 참여하여 결정하고 주(state)는 그 결정된 내용을 최종 승인하는 방식으로 운영된다. 그리고 '보충성의 원칙(principle of subsidiary)'이 확립되어 있는데, 이것은 "하위정부에서 할 수 있는 사무는 상위정부에서 관여하지 않는 것이 바람직하다."는 원칙을 말한다. 지방정부 우선이 관철된다.

영·미계와 달리 유럽대륙에서는 절대주의 국가시대를 거치면서 「단체자치」라는 독특한 방식을 발전시켰다. 프랑스 등 절대국가는 왕권신수설에 입각해 태초에 '국가'가 먼저 존재한다고 보았다. 이 국가는 단순한 개인의 연합체가 아니라 리바이어턴처럼 거대한 실체다. 이 국가가 힘이 커지고 영토가 넓어지면 혼자 모든 사람을 통치할 수 없기 때문에 그 하부 기관에 권한을 위임해 관리하는데 이렇게 만들어진 하부기관이 '지방자치단체'라고 본다. 따라서 국가가 필요에 의해 법률로 지방자치단체를 만들어 이것을 '법인'으로 지정하고 이 법인들이 법률적으로 주어진 위임권을 행사하는 것이다. 이때 각 지방자치단체들은 스스로 처리해야할 고유사무와 국가가 시키는 위임사무를 엄격히 구분해서 운영한다. 따라서 단체자치는 국가와 지방자치단체 간에 권한을 어느 정도 배분하는 가를 법률로 정하고 그 법률의 수준이 '집권과 분권'의 정도를 결정한다. 프랑스는 역사적으로 중앙집권체제에서 분권체제로의 이행을 거쳐 왔다. 프랑스는 14세기 루이 14세 때부터 중앙정부에 상비군과 관료제를 정비하고 지방에 국왕의 직할 관료로서 지방장관을 파견하여 통치했다. 1789년 시민혁명을 거치면서 지방에 대한 효율적인 분할통치의 필요성이 나타났고, 19세기 초 나폴레옹시대에 지방장관을 'prefects(지사)'라는 이름으로 전환하여 강력한 중앙집권적 통치체제를 형성했다. 광역지방자치단체인 데파르망(Department)을 설치하고 산하에 기초자치단체인 꼬민(Commune)을 직접 지휘 감독하는 통합형 체제를 구축했다. 1789년 프랑스 혁명 시부터 꼬민의 지방자치단체장이 데파르망과 중앙정부의 의원을 겸직하는 시스템이 정착되어 하의상달식 의사결정구조도 통합적으로 정착했다. 그러나 프랑스는 1982년 「꼬민, 데파르망, 레종의 권리와 자유에 관한 법률」을 제정하여 주민자치형으로 전환을 추진하고 있다. 이와 같이 주민자치는 주민에 의한 자치라는 민주주의 원리에 기반을 두고 있고, 단체자치는 중앙정부가 지방자치단체에게 기능을 부여하면서 권한도 부여한다는 의미가 강하다.

우리나라 지방자치제도는 전통적으로 대륙계의 영향을 받아 단체자치적 성격이 강했다. 그러나 2차 대전 이후 주민자치적 요소를 많이 가미하여 현재는 혼합적인 성격을 갖고 있다. 독립세제도와 예시적 열거방식의 사무배분제도를 채택한 것은 주민자치적 요소를 가미한 것이다. 현재 지방자치단체는 그림 15-2와 같은 계층구조를 형성하고 있다. 지역면적과 인구수를 기준으로 광역자치단체와 기초자치단체로 나누어진다. 현재 17개의 광역자치단체(특별시·광역시·도·특별자치시·특별자치도)와 226개의 기초자치단체(시·군·구)가 있다.

각 자치단체는 단체장(도지사, 시장, 군수, 구청장)과 지방의원(도의원, 시의원, 구의원)으로 구성된다. 단체장과 지방의원은 4년 주기로 모두 주민의 직접 선거에 의해 선출된다. 그런데 이 선거가 지방자치를 죽이고 있다. 바로 「정당공천제」 때문이다. '공천'은 '공적 추천'의 약칭인데 정당이 선거 후보를 추천하는 것을 말한다. 그런데 우리나라의 공천은 실제로는 '사적 추천', 즉 당의 실권을 움켜쥔 자가 제멋대로 밀실에서 결정해버린다. 지방선거에서 최종 선출되는 단체장이 243명, 광역의원은 지역구＋비례대표＝786명, 기초의원은 지역구＋비례대

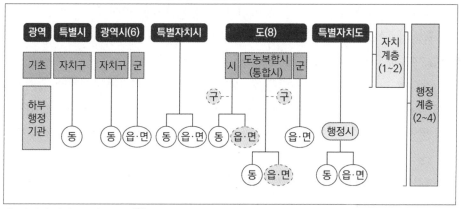

▼ 그림 15-2 우리나라 지방자치단체의 계층구조

| 광역 | 특별시 | 광역시(6) | 특별자치시 | 도(8) | 특별자치도 |

* 광역단체에 설치된 구(예 서울특별시 강남구)는 자치단체이지만, 인구 50만 이상의 기초단체인 시(예 성남시 등)에 설치하는 구(예 분당구)는 지방자치단체가 아니다.

표＝2,894명이니 총 3,923명이 뽑힌다. 4년마다 엄청난 판돈이 걸린 정치로또의 장터가 열린다. 한국 정당은 당 대표를 정점으로 특정 계파가 권력을 움켜쥐고 전권을 휘두르는 조폭 조직 같은 구조를 지니고 있다. 그래서 돈과 세력을 동원해 당 대표가 되면 거의 자연스럽게 대통령 후보가 되며, 한 번 떨어져도 계속 출마하면 언젠가는 대통령으로 당선될 가능성이 높다. 그래서 당선 가능성 높은 후보가 보스(Boss)가 되어 그 밑에 엄청난 졸개들이 따라붙는 뇌물의 경제공동체가 형성된다. 한국의 정치판은 당대표－국회의원－단체장－지방의원의 완벽한 피라미드 구조를 형성하고 있다. 단체장과 지방의원에 당선되기 위해서는 정당의 공천이 필수적이고 이를 지역구 국회의원이 전권을 행사한다. 당연히 단체장과 지방의원은 국회의원의 노리개 그 이상도 이하도 아니다.

우리와 완전히 대척점에 있는 나라가 미국이다. 미국에서 정당의 공천을 당원과 국민들이 100% 결정한다. 미국의 대표적인 정당인 공화당과 민주당에는 대변인은 있어도 당 대표라는 것이 아예 없다. 정당의 주인은 당원이기 때문에 당 대표가 불필요하다고 여겨진다. 미국 선거제도는 주(state)마다 주의 법률로 정해지지만 대체로 'primary election'이라는 예비선거(공천선거)가 대세이다. 이것은 당원 또는 일반 유권자들이 직접 현장에서 비밀투표를 해서 그 당의 후보자(공천자)를 지명하는 방법이다. 모든 국민은 선거자격 나이 18세가 되면 공화당이나 민주당 아니면 무소속으로 선거관리위원회에 등록해야 하며 이를 근거로 지지정당의 후보를 공천할 자격이 생긴다. 물론 primary election에는 누구나 출마할 수 있으며 누군가가 전권을 가지고 출마 후보자를 결정할 수 없다. 출마자는 당원과 국민들과 수많은 대화(town hall meeting)을 거쳐 최종 후보자가 결정된다. 이 과정에 돈이나 뒷배(연줄)가 개입될 여지가 없다. 그래서 계파가 생기지 않으며 당선된 공직자는 당원과 국민에 충성한다. 지방자치단체장과 지방의원의 선거에 대해 주요 도시 중 80% 이상이 정당공천을 금지하고 있다. 따라서 지방선거에서도 정당의 후보와 선거에서 최종 당선자를 완전히 국민들이 투표로 결정한다.

그러면 자치단체가 스스로 법규를 제정할 권리는 어떨까? 중앙정치의 노리개로 전락한 자치단체 구성원들이 제대로 된 권한을 가지지 못하는 것은 필연적이다. 지방정부가 법규를 제정할 수 있는 권한을 '자치입법권'이라고 말한다. 법규는 국민에게 구속력을 발휘하는 일반적 규범을 뜻한다. 지방정부가 제정하는 법규에는 '조례'와 '규칙'이 있다.

※ 헌법 제117조 ① 지방자치단체는 주민의 복리에 관한 사무를 처리하고 재산을 관리하며, 법령의 범위 안에서 자치에 관한 규정을 제정할 수 있다.

※ 지방자치법 제22조(조례) 지방자치단체는 법령의 범위 안에서 그 사무에 관하여 조례를 제정할 수 있다. 다만, 주민의 권리 제한 또는 의무 부과에 관한 사항이나 벌칙을 정할 때에는 법률의 위임이 있어야 한다.

※ 지방자치법 제23조(규칙) 지방자치단체장은 법령이나 조례가 위임한 범위에서 그 권한에 속하는 사무에 관하여 규칙을 제정할 수 있다.

※ 지방자치법 제24조(조례와 규칙의 입법한계) 시·군 및 자치구의 조례나 규칙은 시·도의 조례나 규칙을 위반하여서는 아니 된다.

우리나라 자치입법권은 '법령의 범위 내'라는 매우 엄격한 제한에 구속된다. 그리고 '죄형법정주의 원칙'에 따라 조례와 규칙으로 형벌을 정하지 못하기 때문에 그 실효성이 떨어진다. 더욱이 '조세법률주의 원칙'에 따라 조례와 규칙으로는 세금에 관해 규정할 수 없고 세금 이외 금전적 부담이나 의무를 주민에게 부과하는 것도 불가능하다. 실제로 조례에 대한 위헌 판결 사례를 보면 그 한계를 직시할 수 있다. 2005년 우리 농산물 사용을 명시한 급식조례에 대한 대법원의 '급식

조례 위헌판결'은 조례가 WTO규범에 위반되었다는 이유로 위헌 결정된 사례이다. 2012년 '지방의원에 보좌관을 두는 조례의 위헌판결'은 보좌관 설치는 신분상 중대한 변경을 초래하기 때문에 법률로 정할 사항이어서 위헌 결정된 사례이다. 이처럼 조례와 규칙으로 정할 수 있는 범위가 극히 제한되어 있기 때문에 지방자치에 관한 주요 내용을 법률로 정해버린다. 예컨대 전국 총243개 지방자치단체의 종류와 권한이 법률(지방자치법)에 획일적으로 결정되어 있다. 주민 스스로 단 한 개의 자치단체를 설치하거나 폐지할 수 있는 권한이 전혀 없다. 이에 더해 주민이 자치단체의 운영 경비에 대해 관여하거나 얼마의 세금을 부담할 것인가를 스스로 결정할 수도 없다. 오직 국회가 법률로 모든 것을 결정해 버린다.

그러나 이에 비해 미국은 서부개척시대에 각 지역에 주민들이 정착하면 주민들 스스로 보안관 등 주요 행정책임자를 직접 선출하고 치안, 교육 등 행정서비스 운영에 필요한 비용을 자치단체 단위로 재산세를 걷어 충당하는 자율적 통치의 전통을 확립했다. 따라서 미국에서 자치단체를 만들 경우 주 정부와 해당 지역 주민 공동체가 협의하여 자치단체의 관할 구역, 기관구성 및 비용부담 등을 결정한다. 이런 내용을 결정한 문서를 '헌장(charter)'이라고 부른다. 미국은 건국 초기부터 주 정부는 지방정부에 권한을 부여하여 법인체로 창조하는 '자치헌장제(Charter System)'가 정착되었다. 자치헌장에는 선택헌장(Optional Charter), 분류헌장(Classified Charter), 일반헌장(General Charter), 특별헌장(Special Charter) 등의 다양한 유형이 있다. 선택헌장은 지방자치단체가 선택하여 채택하지만 분류헌장, 일반헌장, 특별헌장은 주의회가 지정하여 채택된다. 그런데 19세기 후반부터 지역 주민이 자주적으로 헌장을 만드는 '홈룰헌장(Homerule Charter)'이 추진되었다. 이 'Home rule'은 1875년 처음 도입되었으며 1980년대 홈룰운동을 통해 점차 확대되어 현재 40개 이상 주에서 채택하고 인구 50만 이상 도시의 약 80%가 홈룰을 가지고 있어서 가장 보편적인 헌장방식이다.

우리나라에서 대통령이 바뀌면 정부는 의례적으로 지방분권을 주창하고 이를 위해서 대폭적으로 자치단체에게 권한을 이양하겠다고 발표한다. 그러나 이것은 말잔치에 그친다. 우리나라 정부가 '단체자치'를 명목으로 지방자치단체라는 것을 그저 중앙정부가 법률로 만들어놓은 행정 편의적 도구로 바라보기 때문이다. 우리나라 「지방자치법」은 사무배분에 관해 「포괄적 예시주의(principle of universality)」 방식을 사용하는데, 이것은 지역적 사무는 모두 지방자치단체에 속하는 것이라고 포괄적인 규정을 정하면서 이에 해당하는 사무의 예시를 구체적으로 나열하는 방식이다. 이때 예시는 그저 예시에 불과하고 중앙정부가 이에 관해 특별법을 제정해 지방사무를 제한하고 국가사무를 정하는 편법이 난무한다. 그 결과 지방정부의 권한은 상당히 축소된다. 이에 더해, 국가와 지방자치단체 간, 단체위임사무와 고유사무 간의 기능배분원칙이 모호하다는 문제점도 크다. 예컨대 과거에 대법원은 호적사무를 자치단체의 고유사무로 판결하였다. 한편 민법이 개정되어 민법상의 호주제도가 폐지됨에 따라 기존의 호적법을 폐지하고 호적제도를 대체하는 새로운 가족관계 등록 제도를 마련하기 위하여 「가족관계의 등록 등에 관한 법률」을 제정(2008년 시행)하였다. 동법에서는 '가족관계등록사무'를 국가사무로 하여 대법원이 그 사무를 관장하되, 그 등록사무 처리에 관한 권한을 시·읍·면의 장에게 위임하며(기관위임사무), 사무처리에 소요되는 비용은 국가가 부담하도록 규정하고 있다. 이처럼 중앙정부가 맘대로 특정 사무를 지방 고유사무에서 국가사무로 바꾸어버릴 수 있는 횡포가 난무한다.

이런 점에서 영·미계의 사무구분 방식인 「개별적 지정주의」를 도입할 필요가 있다. 이것은 지방정부는 중앙정부와 권한배분에 관한 협상을 하면서 개별적으로 지정한 기능과 권한을 지방정부가 수행하며 그 권한은 중앙정부의 권한 범위를 넘을 수 없다는 원칙을 말한다. 이것을 'Ultra Vires Rule(월권금지의 법칙)'이라고도 부른다. 언뜻 보기에 이런 개별적 지정주의가 지방정부의 권한을 상당히 제한하고 축소할 것처럼 보이지만 현실은 다르다. 미국은 50개 주가 합의하면 연방정부를 폐지할 수도 있다. 그리고 50개 주 아래에 수많은 지방자치단체들이 있는데, 이 지방자치단체들은 주정부가 개별적으로 지정한 권한을 행사하며 주정부와 독립적으로 권한과 책임을 갖고 있는 어엿한 지방정부이다.

우리나라에서 중앙정부가 자치단체를 통제하는 힘은 자치력을 거의 질식사시킬 수준이다. 우선 중앙정부가 지자체를 통제하는 방법에는 다음 3가지이며 그 대상 사무는 통제 방법에 따라 다르다.

1. 시정명령: 자치사무, 단체 및 기관 위임사무

시정명령은 단체장의 명령처분이 '법령 위반, 현저히 부당, 공익을 해치는 경우' 등 불법 부당의 문제가 심각한 경우에는 중앙정부가 그 명령 처분이 자치사무이든 위임사무이든 모든 사무에 대해서 시정명령할 수 있는 제도이다.

2. 직무이행명령: 단체 및 기관 위임사무

직무이행명령은 단체장이 위임받은 중앙정부 사무를 명백히 게을리할 경우 중앙정부가 단체장에게 열심히 하라고 명령하는 제도이다. 따라서 자치사무는 해당 지방자치단체가 자율적으로 알아서 수행하는 사무이므로 중앙행정기관이 지방자치단체에게 이래라 저래라 명령할 수 없다. 그러나 중앙정부는 법률로 자치사무를 얼마든지 위임사무로 바꿀 수 있기에 이런 제한도 허구적이다.

3. 재의요구권: 자치사무, 단체 위임사무

재의요구권은 지방의회의 의결이 '법령 위반 또는 현저한 공익 해침'의 경우에 중앙정부가 지방의회에게 그 의결을 다시 의결하도록 요구하는 것이다. 지방의회는 국가의 고유 사무인 '기관위임사무'에 대해서는 의결할 수 없으므로 당연히 '기관 위임사무'는 재의요구권 대상에서 제외된다. 재의요구권은 다음 두 가지 방식으로 행사될 수 있다. 첫째, 자치단체장이 직접 독자적으로 지방의회의 의견을 재의 요구하는 경우에는 의결사항이 ① 월권 ② 법령위반 ③ 현저한 공익 침해의 경우에만 가능하다. 둘째, 중앙행정기관이 지방자치단체장에게 재의 요구권을 행사하도록 요청해서 재의 요구하는 경우에는 지방의회의 의결이 ① 법령위반 ② 현저한 공익 침해의 경우에만 행사 가능하다. 이 경우 "월권"이 요건에 없다는 점에서 두 방식은 다르다. 만약 재의요구사항을 지방의회가 재의결하였는데, 단체장과 감독기관이 이 재의사항을 법령위반이라고 판단할 때 대법원에 제소하거나 집행정지 신청을 할 수 있다. 따라서 단체장과 감독기관은 지방의회의 의결권을 무력화시킬 수 있다.

자치권의 무력화는 자치단체 안에서 단체장이 지방의회에 대해 갖는 우월적 권한에서도 비롯된다. 지방자치법은 단체장과 지방의회가 상호 견제와 감시를 하기 위해 「기관대립형」 방식을 채택하고 있다. 그러나 단체장의 지방의회에 대한 우월적 권한을 곳곳에 만들어 놓았다. 그 대표적인 것이 '선결처분권'과 '재의요구권 및 제소권'이다. 선결처분권은 자치단체장이 긴급한 상황에서 지방의회의 사전 의결을 받지 않고 먼저 처분을 하고 나중에 지방의회의 사후 승인을 받도록 하는 제도이다. 특히 예산에 관해서 지방의회가 예산을 회계연도 개시일까지 확정하지 않고 지연시키는 경우 자치단체장이 예산을 선결 처분, 즉 미리

	1. 시정명령권	2. 직무이행명령권	3. 재의요구권	4. 지도감독권
대상	1) 단체장의 명령처분이 ① 법령위반, ② 현저히 부당, ③ 공익 침해 2) 자치사무＋위임사무 모두 가능 (단, 자치사무는 ①에 한정)	1) 단체장이 ① 위임사무 관리집행을 명백히 게을리하는 경우 2) 단체위임사무＋기관위임사무	1) 지방의회 의결이 ② 법령위반, ③ 현저한 공익 침해인 경우 (①'월권'은 불가함) 2) 자치사무＋단체위임사무 가능(단, 기관위임사무는 지방의회 의결 불가)	1) 일반적인 지도감독 ⇨ 자치사무(X), 위임사무(O) 2) 법령위반 사항에 대한 감사, 보고요구. 서류·장부·회계 감사 ⇨ 자치사무(O), 위임사무(O)
절차	1) 기간을 정해 서면으로 시정 명령 2) 만약 단체장이 이 기간내 이행하지 않으면 주무부장관이 직접 취소·정지 가능 3) 해당 단체장은 취소·정지에 대해 이의 있을 경우 자치사무의 경우에만 대법원에 15일 이내 제소가능	1) 기간을 정해 서면으로 이행 명령 2) 만약 단체장이 이 기간 내 이행하지 않으면 지자체가 그 비용을 부담하여 대집행, 행정·재정상 조치 가능 3) 해당 단체장은 이행명령에 대해 이의 있을 경우 대법원에 15일 이내 제소가능	1) 단체장은 20일 이내 지방의회에 재의요구해야 함(필수·의무사항) 2) 지방의회에서 재적의원 과반수 출석, 출석의원 2/3 이상 찬성 재의결로 확정 3) 단체장은 재의결 사항이 법령위반 시 대법원에 20일 이내 제소가능 4) 감독기관이 제소지시나 직접 제소 및 집행정지신청 가능	

지출해버리고 예산집행 후에 지방의회의 사후 승인을 받을 수 있다. 물론 선결처분한 내용을 지방의회에서 사후 승인을 받아야 한다는 제약이 있다. 이것은 중앙정부에서 운영하는 '준예산'과 유사하다. 준예산은 헌법에서 규정하고 있다. 준예산은 국회가 회계연도 개시일인 1월 1일 전날까지도 예산안을 확정하지 않은 경우에 행정부가 헌법에서 정한 일정한 용도의 예산을 자율적으로, 즉 국회의 승인 없이 지출할 수 있는 제도이다.

이처럼 「기관대립형」, 특히 시장의 권한이 상대적으로 강한 「강시장형 (Strong Mayor-Council Form)」 하에서는 단체장이 독재권력을 휘둘러 지방의회를 허수아비로 전락시키는 폐단이 발생할 수 있다. 그래서 미국에서는 단체장의 권한을 약화시키는 「약지장형(Weak Mayor – Council Form)」의 일종인 「시지배인제도(City Manager System)」를 많은 도시정부가 채택하고 있다. 이것은 단체장은 정치적 역할만을 수행하고 지방의회가 선임한 시지배인(City Manager)이 기업의 CEO처럼 전권을 갖고 행정을 책임지는 방식이다. 더 나아가 지방의회가 모든 행정권을 장악하게 하는 「기관통합형」인 「위원회형(Commission Form)」을 전체 카운티(County)의 약 70% 이상이 채택할 정도로 활성화되어 있다. 위원회형에서는 의회 의장이 단체장을 겸직하며 의회의 분과위원회가 입법·행정권을 모두 행사한다. 이러한 다양한 기관 구성 방식은 주민의 대표기관인 지방의회가 단체장과 중앙정부에 종속되는 것을 막기 위한 창의적 시도들이다. 전국 모든 지방자치단체를 군대조직처럼 법률(지방자치법)에 의해 획일적인 형태로 만들어 버리는 한국에서 지방자치가 공염불이 되는 것은 필연이다.

우리나라 자치권을 무력화시키는 원인은 "큰 것이 더 좋다."라는 대중의 편견에서도 나온다. 소규모 자치단체를 통폐합해서 좀 더 큰 자치단체로 확대하려는 시도가 '개혁'이라는 명분으로 자행된다. 규모의 경제(economy of scale)에 따르면 자치단체의 규모를 더 크게 만들어 운영하는 '광역행정'은 효율성을 높일 수 있을 것처럼 보인다. 특히 새뮤얼슨(Paul A. Samuelson)은 공공재 성격상 시민들의 선호파악이 불가능하므로 공공재는 분권적 배분체계가 비효율적이고, 중앙정부에 의한 전국적 수준의 공급이 더 바람직하다고 주장한다. 이런 사무엘슨의 이론을 비판하고 제기된 것이 공공선택론 분야의 「티부가설(Tiebout Hypothesis)」이다. 이것은 주민들이 지역(지방자치단체) 간에 자유롭게 이동할 수 있기 때문에 지방공공재에 대한 주민들의 선호가 표시되며, 따라서 지방공공재 공급의 적정 규모가 결정될 수 있다는 가설이다. 개개인들은 '발에 의한 투표(voting with feet)'를 행사하여 자신들의 선호에 맞는 지방정부를 택할 수 있다는 가정에 근거한다. 티부는 지방정부는 중앙정부와 달리 주민의 선호에 따른 선택이 가능하며, 선택결과 비슷한 선호를 가진 사람들이 살게 되고 지방공공재 수준이 적정 수준이 된다고 주장한다. 실제로 소득수준이 비슷한 사람들끼리 모여 사는 강남, 분당 등의 사례를 보아도 이 가설은 상당히 설득력을 가진다. 결국 독자적인 조세 징수와 지방공공재에 대한 의사결정을 내릴 수 있는 분권화된 체제가 더 효율적인 자원배분(파레토 효율성)을 이룰 수 있다는 매우 획기적인 관점이다.

이처럼 지방공공재의 공급에 관해 단순히 규모의 경제라는 단일 잣대(기준)에 의존해 판단할 수는 없다. 그러면 중앙정부와 지방정부 간에 공공재를 공급하기 위한 자원(돈)을 배분하는 수준과 방식은 어떻게 결정되어야 할까? 이에 관한 대표적인 이론이 오우츠(W. Oates)의 「분권화 정리」이다. 오우츠(W. Oates)는 중앙정부와 지방정부 간의 재정역할의 분담수준에 관한 일반원칙을 다음과 같이 제시했다.

> '지역공공재의 생산을 어느 정부가 담당하든 동일한 비용이 든다면 각 지방정부가 스스로의 판단에 의해 그 지역의 적합한 양의 지역공공재를 공급하는 것이 중앙정부에 의한 공급보다는 효율적이다'

그림 15−3에서 C곡선은 공공재 공급의 지역단위가 덜 세분화될수록 주민선호를 반영하지 못해 발생하는 손실(비용)이 체증하는 것을 나타내는 그래프이

▼ 그림 15-3 오우츠(Oates)의 최적지역규모 결정원리

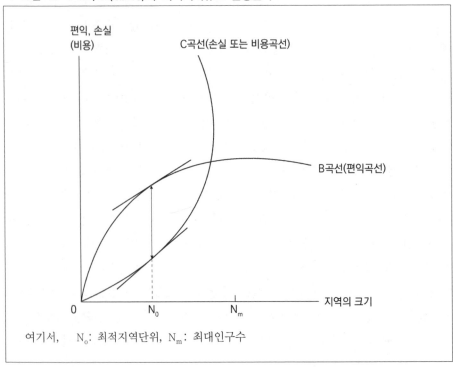

여기서, N_0: 최적지역단위, N_m: 최대인구수

다. B곡선은 공공재공급의 의사결정단위가 커져서 규모의 경제로 인해 발생하는 비용상의 이득이 체감하는 형태의 그래프이다. 공공재 공급의 최적규모는 바로 C곡선과 B곡선의 차이가 최대가 되는 점이 된다. 이 모형의 시사점은 (1) 공공재의 한계비용(비용곡선의 접선의 기울기)과 한계편익(편익곡선의 접선의 기울기)이 일치하도록 적정한 구역을 설정해야 한다는 것과 (2) 지방정부는 상품소비세와 같이 이동성을 야기하는 조세보다는 재산세처럼 이동성을 야기하지 않는 조세를 부과하는 것이 바람직하다는 사실이다.

지방자치를 질식시키는 힘은 돈의 왜곡된 흐름에서도 드러난다. 우리나라는 중앙정부가 더 많은 돈을 거머쥐고 자치단체에 돈을 뿌려서 이들을 통제권 밑에 두는 피라미드 구조로 이루어져 있다. 중앙정부는 전체 조세 수입의 약 80%를 국세로 확보하여 이 중 약 1/3을 지방자치단체와 지방교육청에 재원을 보조하고 있다.

▼ 표 15-2 중앙정부-지방자치단체-지방교육청 간 재원배분

구분	조세	예산액	지출액
국가(중앙정부)	78%	56%	44%
지방정부	22%	34%	43%
지방교육재정	–	10%	13%
합계	100%	100%	100%

중앙정부가 지방자치단체에 돈을 지원하는 채널은 다음 5가지 제도를 통해서 운영된다.

1. 지방교부세

지방교부세제도는 국가가 지방자치단체의 재정을 조정하기 위하여 국세 수입 중에서 일정 비율로 지방자치단체에 교부하는 제도이다. 내국세 총액의 일정 비율로 지원 금액을 정하므로 '지방교부세'라 지칭하지만, 조세는 아니고 일종의 세입공유(local revenue-sharing) 방식이다. 이처럼 지방교부세는 본질적으로 의존재원이 아님에도 불구하고 정부가 의존재원으로 간주하여 운영하고 있다는 점에서 본질을 왜곡하는 것이다. 지방교부세 규모(예산편성기준)는 2018년 43조

7,831억 원, 2019년 52조 4,600억 원, 2020년 52조 3,053억 원으로 기준 지방재정수입 중에서 약 40%의 큰 비중을 차지한다. 그런데 중앙정부는 자치단체의 세금징수 실적 등을 평가해 우수단체에는 교부세를 추가지원하고 태만한 단체에는 교부세를 삭감하는 등 처벌을 시행하고 있다. 현재 교부세가 대부분 중앙정부의 보조사업에 충당되고 있는 마당에 중앙정부가 교부세라는 목줄을 거머쥐고 자치단체를 길들이고 있다. 지방교부세는 표 15-3과 같이 4가지 유형으로 구성된다.

▼ 표 15-3 지방교부세의 유형

종류	보통교부세	특별교부세	부동산교부세	소방안전교부세
개념	재정력 지수 1 이하의 자치단체에 교부	보통교부세 산정 시 반영 못한 사정, 지방재정여건 변동, 예기치 못한 재정수요 등을 고려해 교부	부동산 보유세제개편에 따른 재원 감소의 보전과 지역 균형발전 도모를 위해 교부	소방 및 안전시설 확충, 안전관리 강화를 위해 교부
재원	일정 내국세 총액의 19.24% 중 97%	일정 내국세 총액의 19.24% 중 3%	종합부동산세 전액	담배 부과 개별소비세의 20%
용도	일반재원	특정재원	일반재원	특정재원

지방교부세는 일정 내국세 총액의 19.24%를 보통교부세와 특별교부세로 나누어 지급한다. 이 중 97%를 차지하는 보통교부세는 '지방재정력지수'를 기준으로 속칭 가난한 자치단체에 지원된다. 그런데 배분기준으로 사용되는 '지방재정력지수'가 권한 남용을 초래할 가능성이 높다. 왜냐하면 이 지수는 지방자치단체가 기본적인 행정수요를 자율적으로 해결할 잠재력을 갖고 있는가를 파악하는 지표인데 이를 계산하는 공식이 결정권자인 행정안전부의 재량에 따라 얼마든지 달라질 수 있기 때문이다. 소위 "귀에 걸면 귀걸이, 코에 걸면 코걸이"가 될 수 있는 것이다.

$$지방재정력\ 지수 = \frac{기준재정수입액}{기준재정수요액}$$

특별교부세는 행정안전부가 자치단체에게 사용 용도를 지정하여 자금을 지원한다는 점에서 교부세의 취지에 부합되지 않는다. 이 역시 중앙정부가 자치단체를 예속화시키는 도구로 악용될 여지가 있다. 그리고 부동산 투기 억제라는 정책적 목적을 달성하기 위한 종합부동산세를 국세로 신설해서 지방세인 재산세를 위축시켰음에도 불구하고 이를 다시 부동산교부세라는 명목으로 자치단체에 지원 자금으로 지급하는 방식도 모순적이다. 담배에 부과되는 개별소비세 총액의 20%를 떼어내 자치단체에 지급하는 소방안전교부세도 문제투성이다. 세월호 사건이 터진 직후인 2014년 12월 여당인 새누리당과 야당인 새정치민주연합은 담뱃세를 2,000원 인상하고, 이 가운데 신설되는 국세 개별소비세의 20%를 소방안전교부세로 하기로 전격 합의했다. 이에 따라 정부는 국민들에게는 '금연 유도'라는 명목을 내세우면서 세수를 증대시키기 위해 2015년 1월 담배 1갑당 594원의 개별소비세를 신설했고 이와 함께 담배소비세를 366원 인상해 담뱃세를 1,591.9원으로 올렸다. 지금 담배에는 국민건강증진부담금, 담배소비세, 개별소비세, 지방교육세, 부가가치세 등 총 5가지의 세금이 따라붙는다. 그리고 휘발유에 따라 붙는 세금도 소비자 가격의 약 60%에 육박한다. 한마디로 서민 등골 휘게 만드는 세금이다. 이토록 빈부격차를 악화시키는 담배 개별소비세를 만들어 소방안전시설 확충에 사용하겠다는 정부의 꼼수는 거의 막장 수준이다. 소방안전시설은 지방자치단체가 스스로 해결할 지역공공재의 성격이 강하다. 세월호 사건도 중앙정부가 모든 권한을 틀어쥐면서 관리 소홀이 부른 참사이다. 중앙정부는 소방, 안전, 여객운송규제 등 주민 일상생활의 모든 것을 규제하는 늘어진 팔을 고통스럽더라도 잘라내야 한다.

2. 국고보조금

국고보조금(treasury grants-in-aid)은 중앙정부가 지방자치단체와 민간(개인, 기업, 단체, 비영리법인)에게 특정한 사업을 수행하도록 촉진하기 위해 비용의 용도를 지정하여 대가없이(무상으로) 지급하는 재정보조이다. 정부가 특정 사업을 지원할지 여부를 재량적으로 판단해 지급여부를 결정하기 때문에 중앙정부의 지방정부와 민간에 대한 통제와 감시는 더욱 강화된다. 국고보조금은 2020년 86조 1천억 원으로 중앙정부 총지출 대비 약 17%의 큰 비중을 차지하며, 최근 수년 동안 10% 이상 가파르게 증가하고 있다. 특히 고정비 성격의 의무지출인

사회복지분야 보조금이 전체 국고보조금의 1/2 이상이며, 자치단체들은 기초노령연금, 의료급여 등 경상보조에 국고보조금과 지방비를 결합해 지출하느라 허리띠를 졸라매야 하는 지경이다.

▼ 그림 15-4 국고 보조금 추이

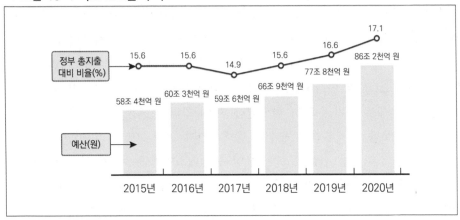

국고보조금은 자치단체가 중앙정부 각 부처에 신청하면 해당 장관이 최종 결정해서 돈을 지급하는 방식으로 운영된다. 그러니 각 지자체는 '우선 따 놓고 보자'는 지대추구 현상이 극심하게 나타난다. 이 돈은 전체 지방재정의 15~30%에 해당하는 목줄을 쥐고 있어서 자치단체가 중앙정부에 대한 예속화를 더욱 심화시킨다. 또한 각 부처가 독자적으로 국고보조사업을 만들어 칸막이 식으로 운영하기 때문에 사업 중복이 심하고 각 부처에 분산적으로 신청하기 위한 행정낭비가 심각한 수준이다. 이런 큰 규모의 돈이 자치단체에 살포되면서 대부분 지방비를 일정 비율 사용하도록 의무화하는 매칭(matching)방식을 적용하고 있는데 이것은 지자체의 자주재정권을 심각하게 침해한다. 최근 5개년간 지자체가 지방비를 의무적으로 부담한 비율이 30%를 넘는다. 또한 국고보조금은 전용이 금지되어서 집행 잔액을 반환해야 하므로 자치단체가 이 돈을 절약해야 할 인센티브가 전혀 없다.

3. 지방소비세

지방소비세는 지방세이긴 하지만, 국세인 부가가치세의 11%를 특별시, 광역시, 도에 지역별 소비지출 정도 등을 감안하여 대통령령으로 정하는 안분기준 및 안분방식에 따라 나누어주는 일종의 공동세이다. 한마디로 국세의 일부를 지방세로 넘겨주는 것이다. 그런데 정부는 향후 자치단체에 지급할 때 '조건부 분할 지급' 방식을 사용하겠다고 발표했다. 즉 현행 세율 11%를 2020년부터 21%까지 단계적으로 올리면서 예상되는 지방소비세 확충분(총 8조 5,000억 원으로 추정) 중 42.6%를 차지하는 3조 6,000억 원은 일률적으로 배분하지 않고 '중앙정부가 지자체에 이양하는 사업에 지방소비세를 사용해야 한다'는 조건을 달아 2020년부터 3년간 나눠서 지급할 예정이다. 결국 지자체를 중앙정부 사업 수행의 도구로 사용하겠다는 의지의 표명이다.

4. 지방교육재정교부금

지방교육재정교부금은 교육의 균형 있는 발전을 도모하기 위하여 내국세 총액의 20.46%를 국가가 지방자치단체(시·도교육감)에 총액으로 교부하는 자금이다. 이 돈은 교육감이 교육기관 및 교육행정기관을 설치·운영하는 용도로 사용한다. 이 돈은 보통교부금과 특별교부금으로 이루어지며, 보통교부금은 내국세 총액의 20.46% 중 97%+교육세 일부, 그리고 특별교부금은 내국세 총액의 20.46% 중 3%로 이루어진다. 그런데 2012년에 처음 실시된 누리과정이 교육재정교부금을 통해 지원되면서 사회적으로 큰 갈등을 야기한 바 있다. 누리과정은 영유아들에게 유치원과 어린이집에서 통합적 교육을 제공하는 제도인데 이에 소요되는 비용을 어떻게 충당할 것인가가 문제시되었다. 당초 정부가 누리과정의 예산 부담을 시·도교육청에 일방적으로 떠넘기면서 「지방교육자치에 관한 법률」에 규정된 교육감의 '예산안 편성 및 제출권'을 침해한다는 반발이 제기되었다. 결국 이 갈등은 정부가 누리과정 예산 전액을 국고로 지원하기로 정책을 전환하면서 해소되었다. 이에 따라 중앙정부가 지원하는 누리과정 예산은 2017년 8,600억 원(전체 비용 중 41.2%)에서 2018년에 2조 586억 원(전체 비용의 100%), 2019년에 1조 9,812억 원, 2020년 3조 7,846억 원으로 증가하였다.

▼ 그림 15-5 국가, 지방, 지방교육재정의 자금 흐름도

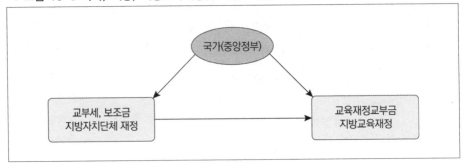

5. 지역발전특별회계

　　지역발전특별회계는 정부가 특별회계라는 특정한 사업용 돈 주머니를 사용해서 지역의 균형발전을 위해 쓰이는 예산이다. 2004년에 제정된 「국가균형발전특별법」에 근거하여 '국가균형발전특별회계'를 설치·운영하였으며, 2009년 법 개정으로 '지역발전특별회계(약칭 '지특회계')'로 전환하여 운영하고 있다. 지특회계는 국고보조금의 문제점을 극복하기 위한 명목으로 매년 10조 원 이상의 큰 돈을 전국에 살포하는 채널인데 이것 또한 그 내막을 알 수 없는 복마전이다. 왜냐하면 기획재정부(약칭 '기재부')가 거의 전권을 휘두르면서 각 지자체에 돈을 배분하는데 그 기준과 예산 내역을 전혀 공개하지 않기 때문이다. 소위 지역갈등을 우려하기 때문이다. 지특회계는 세종특별자치시 계정, 제주특별자치도 계정, 생활기반 계정 및 경제발전 계정 등 4개로 구성된다. 생활기반 계정은 각 기초·광역자치단체가 자율편성 해 주무부처에 예산을 신청한 뒤 부처가 이를 바탕으로 기재부에 예산을 요구하는 방식이다. 이에 비해 경제발전 계정은 중앙정부의 각 부처가 자치단체 경계를 넘는 광역 단위의 사업을 편성하는 식이다. 하지만 두 계정 모두 기재부와 각 해당 부처의 결정에 따라 예산 배분이 정해진다는 점에서는 같다. 지특회계의 최근 9년간 예산 변화 추이를 보면 서울과 경기도가 각각 131.8%, 69.6%의 큰 폭으로 증가한 데 반해 제주, 전남, 광주 지역은 오히려 감소한 것으로 나타났는데, 수도권이 다른 지역에 비해 이토록 더 크게 증가한 것은 지역균형의 취지에 역행한다. 또한 지특회계의 주요 사업이 도로 건설에 치중되어 있어서 토건사업이 지역균형 취지에 맞지 않는다는 비판도 제기된다.

구분	2008년	2016년	증감률
서울	349억원	915억원	131.8%
부산	2,399억원	3,053억원	27.3%
대구	1,677억원	2,185억원	30.3%
인천	1,423억원	2,210억원	55.2%
광주	1,639억원	1,422억원	−13.2%
대전	908억원	1,095억원	20.6%
울산	111억원	1,219억원	9.7%
세종		829억원	
경기	6,378억원	1조 820억원	69.6%
강원	7,402억원	8,792억원	18.8%
충북	5,420억원	6,527억원	20.4%
충남	8,632억원	8,812억원	2.1%
전북	8,867억원	9,318억원	5.1%
전남	1조 6,165억원	1조 6,093억원	−0.4%
경북	1조 1,291억원	1조 7,688억원	56.7%
경남	1조 176억원	1조 1,692억원	14.9%
제주	4,049억원	3,708억원	−8.4%
계	8조 7,939억원	10조 6,387억원	21.0%

자료: 충남연구원(지방재정 365, 각 지자체 예산자료를 통해 재구성, 예산기준)

이와 같이 중앙정부가 자의적으로 자치단체에 돈을 뿌리는 근원에는 허약한 지방세 구조에 기인한다.

▼ 표 15-5 과제주체별 지방세 유형

과세주체		보통세(9개)		목적세(2개)
광역자치단체	특별시세·광역시세	담배소비세, 자동차세, 지방소득세, 주민세	지방소비세, 취득세, 레저세	지방교육세, 지역자원시설세
	도세	등록면허세		
기초자치단체	시·군세	담배소비세, 자동차세, 지방소득세, 주민세	재산세	×
	자치구세	등록면허세		

우선 중앙정부 우위의 세원 배분으로 인해 지방세원 자체가 매우 빈약하여 충분한 세수(稅收) 확보가 어렵다. 국세와 지방세 비율이 약 80 : 20로 대단히 불균형적이다. 이 결과 지방재정 중에서 지방세의 비중은 약 35%에 그친다. 또한 지방세는 취득세와 같은 자산거래과세 중심이어서 세수의 안정성이 약하다. 취득세(등록세를 통합)는 주로 부동산의 매매를 통한 취득에 대해 과세되므로 경기 침체나 부동산 투기규제의 여파로 취득세 징수금액은 급감한다. 현재 취득세가 전체 지방세 수입에서 차지하는 비중은 약 30%에 달하지만, 재산세는 약 9.5% 정도를 차지하고 있어 상당히 낮다. 서구 주요국가의 지방자치단체 수입에서 일반적으로 재산세가 가장 큰 비중을 차지하는 것과 대조적이다. 더 가관인 것은 한국에서 재산세를 권력자가 서민들의 지갑을 털어내는 제1의 도구로 사용하고 있다는 사실이다. 2005년 노무현 정부는 재벌을 겨냥한 '종합토지세'를 없애고, 서민들을 겨냥한 '종합부동산세'를 국세로 신설하면서 토지분 재산세를 주택분 재산세에 슬쩍 끼워 넣어 재산세를 대폭 강화했다. 이런 과잉 이념화된 세금 수탈과 부동산 죽이기는 문재인정부에서 더욱 가속 페달을 밟고 있다. 정부는 2019년에 "한국의 부동산 보유세율이 미국에 비해 낮다."고 주장하면서 보유세 부담 상한을 150%에서 300%로 확대하고 종합부동산세 최고세율을 2%에서 4%로 높였다. 또한 과세표준인 공시가격 비율도 80%에서 100%까지 올려 나간다. 그런데 이런 조치가 재산 소유자에 대한 '징벌'로서 가해지는 것이고 칼끝은 오로지 강남집값 때려잡기에 집중된다. 미국에서 재산세(property tax)는 county, city, borough 등 지방자치단체별로 천양지차이며, 많은 지역의 재산세율이 한국보다 더 높다. 그러나 미국에서 많이 걷어 들인 재산세는 대부분 그 지역의 학교, 도서관, 경찰서, 소방서 등 공공시설의 설치·운영비로 사용된다. 그래서 재산세율이 높은 지역의 공공서비스가 낮은 지역에 비해 우수하다. 또한 자치단체가 재정 운영을 부실하게 하면 파산 선고를 받을 수도 있다. 한마디로 자치단체는 지역주민이 자기 돈 내고 운영하는 사업체와 같으며 이때 징수하는 재산세는 시장의 논리로 결정된다. 이런 역사적 유래와 경제논리를 무시하고 세금을 오직 빈자를 선동하기 위한 정치 공학적으로만 접근하는 정부의 정책은 가히 폭력적이다. 지금 서민들은 하나의 주택에 종합부동산세와 재산세의 이중 폭탄을 맞으며 등골이 휘고 있다. 좌·우 이념을 떠나 세금 강탈은 모든 정부의 공통된 속성이다. 그리고 조세법률주의에 따라 오직 법률로서만 세목과 세율을 결정할 수 있고 조례나 규칙으로는 할 수 없다는 한계가 있다. 자치단체가 조례로 지방세를 만들 수 없다는 것은 사실상 자치를 포기하겠다는 말과 같다. 일부 세목의 세율을 자치단체가 자율적으로 조정할 수 있는 탄력세율이 도입되었지만 이것도 매우 제한적으로만 인정되며 그 범위도 좁아서 실효성이 떨어진다.

▼ 표 15-6 전국 지방세 징수금액 추이

구분	2014년	2015년	2016년	2017년	2018년
금액(백만 원)	62,629,009	71,911,330	76,513,486	81,483.661	85,480,490

이런 왜곡된 지방재정 구조는 지방정부의 '재정자립도'를 약 50%대 수준으로 추락시키며, 도시지역과 농촌지역 간 재정력 격차도 매우 심각한 수준이다.

▼ 그림 15-6 지방정부 총세입의 재원구성(2018년도 예산 기준)

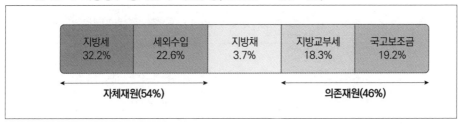

재정자립도란 자치단체가 스스로 살림을 꾸릴 수 있는 능력을 나타내는 지표이며, 재정자립도가 높을수록 재정운영의 자립능력이 우수함을 뜻한다.

재정자립도 산정공식

- 지방재정자립도(%) = 자체수입 ÷ 자치단체 예산규모 × 100
- 자체수입: 지방세(지방교육세 제외) + 세외수입
- 자치단체 예산규모: 자체수입 + 의존재원(지방교부세, 조정교부금, 보조금) + 지방채 및 예치금회수

▼ 표 15-7 전국 지방재정자립도 추이

연도	2014년	2015년	2016년	2017년	2018년
(%)	51.9	54.02	55.06	54.76	54.12

이처럼 낮은 지방재정자립도로 인해 자치단체는 세출구조상 인건비 등 고정적으로 지출해야 되는 경상적 경비 비중이 매우 높다. 이로 인해 지방자치단체가 투자적 성격을 띤 사업을 추진하기 위한 예산은 제약될 수밖에 없다. 이런 현상은 도시에 비해 시골지역의 지자체(군)로 갈수록 심해진다. 또한 중앙정부가 대통령 공약 등의 이유로 파퓰리즘적 복지예산 부담을 보조금 매칭방식으로 지자체에 전가시키면서 지자체의 사회복지 예산 비중이 증가하여 SOC 등 지역생활 환경 개선에 대한 투자는 더욱 어려워지고 있다.

결국 돈 가뭄에 시달리는 자치단체는 빚을 내어 돈을 쓰는 벼랑 끝으로 내몰리고 있다. 바로 지방채의 남발이 그것이다. 지방채란 지방자치단체가 재정수입의 부족분을 조달하기 위해 정부 또는 민간을 대상으로 차입·발행하는 채무증서(유가증권의 일종임)를 말한다. 물론 사회간접자본(도로, 항만, 주택 등)과 같은 자산을 형성하는 투자비에 지방채를 발행하여 재원을 충당함으로써 수익자부담원칙을 구현하고 세대 간의 공평성을 제고한다는 장점은 있다. 그러나 지방선거를 의식해 단체장이 득표극대화를 위한 선심용 사업을 남발할 경우 재정파탄을 초래할 수 있다는 점에서 문제가 심각하다. 현재 「지방자치법」과 「지방재정법」(11조의2)에 규정된 법률에 의하지 않고는 자치단체가 지방채를 발행할 수 없도록 제한하고 있다. 과거에는 자치단체가 지방채를 발행하기 위해서는 행정안전부의 승인을 받도록 규제했지만, 2005년 「지방자치법」 개정과 2006년 「지방재정법」 개정으로 행정안전부장관의 기채승인제는 폐지되었다. 현재 자치단체는 전년도 예산의 10% 이내에서 자율적으로 지방채를 발행할 수 있지만, 이 범위를 초과하거나 외채를 발행하는 경우에는 여전히 지방의회 의결을 거치기 전에 행정안전부장관의 사전 승인을 받아야 한다.

지방재정법상 지방채 발행 조건
㉠ 공유재산의 조성 등 소관 재정투자사업과 그에 직접적으로 수반되는 경비의 충당
㉡ 재해예방 및 복구사업
㉢ 천재지변으로 발생한 예측할 수 없었던 세입결함의 보전
㉣ 지방채의 차환(빚을 갚기 위해 빚을 내는 행위)

이처럼 자치단체가 직접 지방채를 발행하기 위해서는 법률에서 정한 까다로운 조건을 충족해야만 한다. 따라서 자치단체장들은 이런 제약을 피하기 위하꼼수를 벌이는 부작용이 나타나고 있다. 바로 공기업을 통한 우회적인 빚잔치다. 현행 「지방공기업법」에 따르면 공사 형태 지방공기업은 순자산액의 10% 범위 내에서 단체장의 승인을 얻어 사채를 발행할 수 있다. 단, 이런 요건을 충족한 경우에도 직전 연도 총부채 비율이 예산의 80% 이상인 경우, 그리고 최근 3년 이상 계속하여 당기순손실이 발생한 경우 및 사채발행 예정액이 100억 원 이상인 경우에는 행정안전부장관의 승인을 받도록 제한하고 있다. 그러나 이런 제약 조건은 단체장이 우회수단을 사용해 여지없이 무력화시킬 수 있다. 그래서 지방공기업의 빚잔치는 커져만 가고 있다.

73조 빚더미, '부실 늪' 빠진 지방공기업
• 2016년 4월 6일자 MBC 뉴스
1만 6,627%. 얼마 전 민간에 넘어간 태백관광개발공사의 부채 비율입니다. 지방 공기업의 부채 문제 이렇게 심각합니다. 자치단체장의 공약에 따라 무리한 투자를 하거나 지자체의 재정 부담을 대신 떠안아 빚더미에 오른 곳이 적지 않습니다. 전국 334개 지방 공기업의 부채는 73조 원. 현재 정부의 청산명령을 받은 곳은 2곳입니다.

통계청이 발표한 '2019년 6월 인구동향'에 따르면 2018년 합계출산율(15~49세 가임여성이 평생 낳을 것으로 기대되는 평균 출생아 수)이 0.98명으로 사상 처음 1명 밑으로 떨어졌다. 한국은 전 세계 국가 중에서 유일하게 합계출산율 0명대인 나라가 되었다. 정부가 지난 13년 동안 저출산 예산에 쏟아 부은 돈만 무려 143조 원이다. 그러나 그 돈은 흔적도 없이 사라지고 출산율은 계속 추락하고 있다. 방사능 오염으로 곧 망할 것처럼 보이는 일본의 2018년 출산율이

1.42이며 과거에도 1.2 이하로 떨어진 적이 없다. 출산율 추락의 근본 원인은 단 하나, 먹고사는 문제다. 세금은 잔뜩 늘어만 가고 정부는 세금을 물 쓰듯 날려먹으며, 집값은 천정부지로 오르는데 취업절벽에 허덕이는 청춘들이 어찌 결혼해서 애를 낳겠는가? 그런데 정부는 기본소득이니 하면서 세금 뜯어다가 무차별 살포해서 표를 사려는 파퓰리즘에 빠져 있다. 더군다나 지자체들은 인구감소와 경기침체를 극복한다는 명목으로 각종 축제를 남발하고 있다. 현재 전국 지자체가 벌이는 각종 축제와 행사는 약 1만 5천 개가 넘는다. 그런데 2017년 기준 사업비 3억 원 이상 전국 축제 행사가 총 472건이며, 이들의 전체 수지는 총 부담액 4,372억 4,700만 원 대비 수익금(보조금＋행사 수익)이 818억 1,300만 원으로 부담액 대비 수익이 20%도 안 되는 빚잔치이다. 더 가관인 것은 화천군 산천어 축제에서 관광객들이 잡는 산천어는 타 지역의 양식장에서 공수해서 강에 풀어 놓는 것이다. 그리고 함평군의 나비축제가 시작된 1999년 인구가 4만 8,300명이었는데 2019년 인구가 3만 3,400명으로 그 사이 30%가 줄었다. 이와 같이 가난한 자치단체들이 중앙정부에서 지원 받은 돈으로 개발사업이나 축제에 펑펑 쓰는 이유를 논리적으로 설명하는 이론이 있다.

첫째, 「끈끈이 효과(flypaper effect)」이다. 끈끈이 효과라는 명칭은 마치 파리가 끈끈이에 계속 달라붙는 것처럼, 돈이 최초에 목격했던 부분(사적 부문 또는 공공부문)에 달라붙어 있는 것같이 여겨지기 때문이다. 이것은 자치단체가 중앙정부로부터 교부금의 형태로 받는 돈이 동일한 금액의 자치단체 소득증가에 비해 더 많은 공공재 지출로 이어지는 현상을 말한다. 예컨대, 지방자치단체가 지방세 등을 통해 사적 소득 100만 원을 증가시킨 경우 공공지출을 10만 원만 증가시키는 데 반해 교부금으로 받은 100만 원은 공공지출을 70만 원 증가시키는 현상이다. 이것은 중앙정부가 자치단체에서 돈의 사용용도를 제한하지 않는 '무조건교부금'이나 '비대응교부금'을 지급하는 경우에도 실제로는 이 돈이 공공서비스의 추가적 생산을 하는 데 상당부분 사용되기 때문이다. 이런 현상은 결국 지방정부 관료들의 예산극대화 동기와 관련된다. 예산극대화를 원하는 관료들이 중앙정부로부터 교부금을 받았다는 사실을 주민들에게 정확하게 알리지 않고 공공재 생산을 위한 지출을 늘리는 데 써 버린 결과 끈끈이 효과가 나타난다. 왜 자치단체들이 각종 축제와 행사를 남발하고 적자 투성이의 SOC 건설에 투자하는지를 잘 설명한다.

둘째, 지역 단위로 벌어지는 정치의 특징을 설명하는 이론 중에 「성장기계이론(growth machine theory)」은 이런 지자체의 돈 살포를 잘 설명해준다. 이것은 어떤 하나의 공간, 장소를 상품으로 간주하여 지역 주민이 성장 연합을 구성해서 지역이라는 상품의 교환가치를 극대화하려는 정책을 추진한다는 이론이다. 지역 공간은 '사용가치(쾌적한 사용 가능 정도)'와 '교환가치(임대료, 지대, 부동산 매매가격)'를 갖고 있다. 지역의 개발계획으로 인해 교환가치의 상승으로 이익을 얻는 사람들이 일종의 강력한 '성장연합(growth coalition)'을 형성하고 정책결정권자에게 로비하여 개발계획수립을 촉구한다. 성장연합은 도시공간의 교환가치를 증진시키려는 지역적 이익집단의 연합을 말한다. 예를 들어 특정장소에 국한된 자본 형태로서의 임대업자, 부동산 개발업자, 금융기관, 건설업 종사자, 지역 언론, 대학 등이 연합에 참여한다. 성장연합에서 특히 중요한 것이 시장상인이다. 사용가치의 주요 향유자인 봉급생활자들은 정치에 무관심한 반면, 시장상인은 여론 형성을 주도하고 다수의 사람들을 성장연합 논리에 포섭한다. 바로 이 때문에 선거철마다 정치인들이 재래시장에서 상인들을 만나 민생체험 쇼를 연출하는 것이다. 이 결과 지역공간의 교환가치를 높이는 쪽으로 정책이 형성되고 도시 전체가 거대한 성장기계(growth machine)로 작동하게 된다.

성장기계이론에서 한 단계 발전한 것이 「레짐이론(regime theory)」이다. 도시정치에는 서로 다른 목표를 달성하기 위한 집단들, 즉 '레짐(regime)'이 형성된다. 스톤(Clarence.N.Stone)은 "어떻게 다양하고 파편화된 다원주의적 도시정치양상이 장기적인 관점에서는 특정도시의 일관성 있는 공공정책 수행을 가능하게 하는가?"라는 도시정치에 관해 질문을 제기했고 이에 대한 답을 다음과 같이 제시했다. "다양화된 도시정치권력의 분절화 가운데서도 무언가 체계적 권력의 존재를 상정할 수 있으며 이들 체계적 권력의 실체를 찾아내는 과정이 바로 도시 레짐분석이다." 이처럼 레짐이론은 권력현상을 통제와 복종이 아닌 목표달성과 행위능력 획득이라는 시각에서 본다. 레짐(Regime)은 정부 결정에 영향을 미치는 제도적 접근이 가능한 집단을 말한다. 이들은 공공기관의 일원일 수도 있지만 민간인인 경우도 있다. 레짐은 일종의 정책네트워크라고 볼 수 있다. 레짐이 만들어지는 원인은 도시정부의 공식적 정책결정자가 참여적 민주정치를 어느 정도 수용할 필요성이 높기 때문이다. 레짐이론에 따르면 자치단체들이 지역축제와 SOC 개발에 돈을 투자하는 결정을 내리는 것은 지역 개발을 통해 이득을 얻는 개발레짐이 강하게 영향을 미치기 때문이라고 본다.

많은 자치단체들이 '기초'에서 '광역'으로, '군'에서 '시'로 법적 지위 상승을 위해 온갖 노력을 다한다. 그래서 이에 성공하면 "경축! OO시(광역시) 승격"이라고 대대적으로 홍보한다. 자치단체의 법적 성격 변화에 불과한 것을 왜 시민들이 축하해야 하나? 더 많은 정원(인력)과 예산을 차지하여 누릴 공무원들만의 축하거리일진데 왜 더 큰 금액의 세금고지서를 받아야 할 시민들이 축하해야 할까? 미국은 이미 1930년대부터 지방자치단체 파산제도를 도입해 지금까지 약 500여 개가 넘는 자치단체들이 파산선고를 받았다. 이에 비해 한국은 「지방재정 진단제도」라는 것을 운영하고 있지만 자치단체들이 정치논리에 의해 움직이기 때문에 미국과 같이 재정실패에 대한 법적 책임을 묻는 것은 딴 세상 일이다. 정부는 틈만 있으면 지방분권을 확대하기 위해 지방자치법을 개정하겠다고 말한다. 그러나 지방분권이라는 용어 자체부터가 문제이다. 권한을 나누어 준다는 시혜적 개념으로서 분권은 사실상 자치와 거리가 멀다. 자치는 지역민들이 자유를 수호하기 위한 투쟁을 통해 얻어지는 것이다. 지방자치의 핵심장치는 최소한 다음 3가지를 갖추어야 한다.

1. 자치재정권을 확립하기 위해 '조세법률주의'를 폐지하고 지방세의 종목과 세율을 지방자치단체가 정할 수 있어야 한다.
2. 지방자치단체의 파산선고제를 도입해 부실경영에 대한 법적 책임을 부과할 수 있어야 한다.
3. 지방자치단체의 기관구성형태, 공무원 수 및 지방의원 수를 주민이 투표로 결정하고 지역 주민이 스스로 모든 권한을 행사하고 책임을 부담해야 한다.

이런 알맹이는 없고 그저 껍데기만으로 지방자치를 하겠다는 것은 허구일 뿐이다. 공짜 버스와 택시를 운영하면 사람들이 시골에 와서 살 것이라는 환상이 지배하는 한, 영화 「브레이브 하트」에서 월레스가 외친 "Freedom!"은 없다.

제16장

국가가 부도날까?

재정적자와 국가부채, 부실한 권력통제장치

"가난한 사람들은 더 가난해지고 실업이 일상이 되는 세상, 그런 세상
으로 가서는 안 됩니다."

1997년 IMF(국제통화기금) 금융 위기를 그려낸 영화 「국가부도의 날」에서
한국은행 통화정책팀장 한시현의 말이다. 그녀는 국가부도 일주일 전에 이를 예
감하고 국민들에게 알릴 것과 IMF 지원을 막아야 한다는 것 그리고 자력으로
국가부도를 이겨내야 한다는 자신의 신념을 위해 투혼을 불사르는 작은 영웅으
로 등장한다. 그러면서 우리가 겪은 1997년 외환위기가 외국의 손을 빌려 한국
경제의 취약한 부분을 잘라내려는 소수 권력층의 음모로 몰고 간다. 물론 IMF총
재의 무지막지한 시장개방 요구 장면을 공포스러운 분위기로 에워싸면서 분열
적인 스포트라이트를 비춘다. 악마의 숨결처럼. 이 영화는 '국가부도'라는 낯선
상황을 시종일관 선과 악의 대결구도라는 밑그림으로 채색했고 그 위에 소시민
들의 일상을 긴장감 있게 담았다. 1950년 6.25전쟁 이후 한국민의 삶을 가장 크
게 뒤흔들었던 외환위기 사건. 그 사건의 무게감으로 이 영화는 어느 정도 사람
들의 이목을 집중시키는 데 성공했다. 그러나 그 성공을 위해서 이 영화가 저지
른 진실의 파괴는 결코 가볍지 않다. 물론 영화는 픽션이기에 어쩔 수 없다지만
불과 20여 년 전에 일어난 범국민적 재난에 대한 재연 치고는 너무나 엉터리다.
재무부와 청와대 고위 관료 몇 명이 밀실야합으로 판을 벌렸으며 그 부도의 날
이후 덮친 우리 삶의 추락을 잔학한 IMF와의 비정상적 결탁이 몰고 왔다는 음
모론이 여전히 대다수 국민들에게 그럴듯하게 다가선다. 그만큼 그날의 진실에
사람들이 목말라하고 있다는 반증이다. 세상이 혼탁할수록 음모론이 득세한다.

그러나 역사적 사건을 음모론이 제대로 해명한 사례는 거의 없다.

1997년 우리가 겪은 외환위기의 본질은 'Global Imbalance'에 있다. 미국은 세계 제1위의 채무국이다. 미국 부채는 2020년 1월 기준 23조 달러이며 GDP 대비 105%를 훌쩍 넘어섰다. 이것은 우리 돈으로 2경 7천조 원 정도인데, 대한민국을 55년 동안 운영할 예산과 거의 맞먹는 큰돈이다. 미국은 1992년부터 지금까지 약 30년 동안 지속적으로 경상수지 적자를 기록했고 그 비율 역시 늘어나고 있다. 또한 미국은 1960년대부터 현재까지 5개년만 제외하고 항상 재정적자를 기록했다. 이 정도면 미국은 빚을 내서 빚을 갚아야 하는, 사실상 파산해야 할 살림살이다. 그럼에도 미국이 세계 최고의 번영을 누리는 것은 기축통화인 달러 발행권을 갖고 있으며 세계의 공장 중국에서 값싼 상품을 수입해 쓸 수 있기 때문이다. 이런 메카니즘은 다음과 같다. 정부는 과도하게 큰 재정적자를 일으켜서 '정부저축[= 세금(T) - 정부지출(G)]'이 줄어들게 된다. 또한 미국은 달러가 기축통화이기 때문에 필요한 상품을 사기 위해 단지 달러를 찍어내면 된다. 그러니 누가 힘들게 노동해서 돈 벌려고 하겠는가? 당연히 민간에서도 소비를 늘리고 저축을 줄여서 '민간저축[국민총소득(Y) - 세금(T) - 소비(C)]'이 줄어든다. 따라서 '정부저축'과 '민간저축'의 합인 '총저축[국민총소득(Y) - 소비(C) - 정부지출(G)]'이 줄어들게 된다. 이는 대부자금시장에서 공급 감소로 이어진다. 대부자금(자본) 시장에서 대부자금의 수요와 공급이 균형을 이루어 이자율이 결정된다. 만약 총 저축량이 줄어들면 대부자금의 공급이 감소하게 되므로 대부자금 공급곡선이 좌측으로 이동하면서 실질이자율이 상승한다. 미국의 실질이자율이 상승하면 외국자본들이 모두 미국으로 유입되게 된다. 물론 이러한 투자는 모두 경상수지가 아니라 자본금융계정에서 금융계정 항목에 직접투자나 외국인포트폴리오투자 항목에 속한다. 이쪽 부분은 흑자가 난다. 국제수지는 균형을 맞추기에 자본금융계정이 흑자가 나면 경상수지는 적자가 생긴다. 결론적으로 미국 내로 자본유입이 많아져서 달러가치가 상승한다. 달러가치가 상승하면 미국의 환율은 하락하게 된다. 달러가치 상승은 당연히 미국의 수출에 있어서 가격경쟁력이 떨어지기에 수출은 감소시키고 수입은 증가시킨다. 이는 경상수지 적자로 이어진다. 지금 트럼프행정부가 중국과의 무역전쟁을 벌이는 이유도 이와 직결된다. 2000~2017년 사이 미국의 누적 경상수지 적자 규모는 9조 1,000억 달러 수준이었다. 같은 기간 중국·독일·일본 등 대표적인 흑자국들의 경상수지 흑자

총합이 8조 9,000억 달러인 것과 비교하면 엄청난 수준이다. 미국이 매년 5,000억 달러가 넘는 무역적자를 보이면 이것을 중국, 일본, EU, 한국 등이 무역흑자로 나누어 갖는다. 이 국가들은 무역흑자로 벌어들인 달러로 엄청난 외환보유고를 쌓아놓고 이를 기초로 국부펀드(Sovereign Fund)를 운용한다. 외환보유액의 순위를 보면 중국이 1위(전 세계 외환보유고의 약 30%)로 2019년 4월 기준 약 3조 950억 달러에 육박하고 한국은 2019년 8월 기준 약 4,031억 달러로 9위를 기록했다. 바야흐로 세계에 달러가 넘쳐흐르는 것이다. 미국에 수출해서 엄청난 달러를 벌어들인 국가들은 항상 남아도는 달러 처리에 고민을 하게 된다. 역설적이게도 달러를 국내에 쌓아두기만 하면 그 나라는 망한다. 엄청난 인플레이션이 발생하기 때문이다. 이러한 달러는 은행에서 또다시 신용창조의 절차를 거쳐 거대한 유동성을 만들어낸다. 우리나라의 경우 가계자금이 약 1,000조 원이고 연기금의 총합이 약 800조 원이나 된다. 지금 지구상을 떠도는 유동성 현금은 약 500조 달러가 넘으며 이중 고수익을 노리고 전 세계를 헤집고 다니는 자금이 약 150조 달러가 넘는다. 결국 전 세계에 투자전쟁이 벌어지는 것이다. 그리고 이 투자전쟁의 최전선에 '헤지펀드(hedge fund)'라는 전사가 활약하고 있다. 헤지펀드는 100명 이하의 소수 투자자들끼리 도박성이 큰 파생금융상품을 통해 초단기 투자를 하는 투기자본이다. 그들은 하이에나처럼 전 세계를 돌아다니며 탐욕스럽게 투자한다. 주식, 채권, 파생상품, 부동산, 원자재, 곡물 등 그 대상을 가리지 않는다. 헤지펀드의 대부 조지 소로스(George Soros, 1930~)는 1993년 영국 파운드화에 투자해 10억 달러를 벌어들여 세계적 외환투기자의 반열에 올랐다. 이후 전 세계적인 외환 폭락사태에서 헤지펀드는 배후세력으로 지목되어 왔다. 1990년대 말 한국을 비롯한 동남아시아 국가들의 외환위기는 사실상 남아도는 달러를 잘 처리하지 못해서 발생한 것이다.

그러면 미국이 베짱이 같이 달러 지폐를 인쇄해서 놀고먹는 세계 경제구조가 이토록 오랫동안 지속되는 이유가 뭘까? 그 뿌리를 캐보면 미국 중심의 금융자본주의가 똬리를 틀고 앉아 있다. 이 문제를 가장 탁월한 시각으로 분석한 학자가 바로 노드 런던대의 피터 고완(Peter Gowan) 교수이다. 「세계 없는 세계화(원제: Global Gamble)」에서 그는 미국이 총성 없이도 글로벌 패권 프로젝트를 밀고 갈 수 있는 배경으로 달러와 월스트리트의 힘을 지목하고 있다. 미국이 세계 평화를 지키는 경찰국가를 자임하면서도 결코 포기하지 않는 것이 있다. 바로 패권국가의 지위다. 이 패권국가 지위에 도전하는 어떤 국가나 세력도 미국에겐 악(evil)으로 낙인찍히고 전쟁을 불사한다. 이라크 전쟁도 이로 인한 것이고 지금 전개되는 미중 무역전쟁도 근원은 패권싸움이다. 우리나라 외환위기의 배후에 대한 해답도 여기서 찾아야 한다. 미국 중심의 금융 자본주의 체제는 2차 세계대전 이후 브레튼우드체제의 성립을 통해 시작된다. 이의 이론적 기초를 제공한 사상이 바로 신자유주의이다. 브레튼우드체제는 1944년 연합국 44개국이 체결한 「브레튼우드협정(Bretton Woods Agreements)」에 의해 성립한 국제간 경제협력체제를 말한다. 브레튼우드협정의 목적은 각 국가 화폐 간 교환비율을 고정시키는 고정환율제를 정착시키는 데 있었다. 이 당시 많은 국가들이 2차 대전의 발발 원인으로 1차 세계대전 이후 각 국가의 경쟁적인 평가절하로 인한 무역전쟁을 지목했다. 이에 따라 각 국가의 화폐를 다른 나라의 화폐와 교환하는 비율인 환율을 국가가 독단적으로 바꾸는 것을 방지하는 것이 시급한 과제라는 국제적인 공감대가 형성되었다. 브레튼우드체제에 의해 오랫동안 국제 화폐제도의 근간이었던 금본위제가 폐지되었고 그 대신 고정환율제를 채택하였다. 이렇게 만들어진 고정환율제는 달러를 기축통화(key currency)와 준비통화(reserve currency)로 지정하였다. 기축통화인 달러는 금과의 교환비율을 고정시킨 상태에서 다른 나라 화폐와 달러와의 교환비율을 고정시키는 방식을 제도화했다.

▼ 그림 16-1 브레튼우드체제와 달러 기축통화제

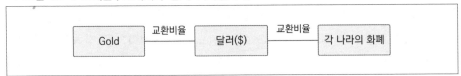

이때 설정된 교환비율은 금 1온스당 35달러로 고정시켰고 각 국가의 화폐를 이에 연동시켰다. 그리고 각 나라들은 국제수지가 구조적 불균형에 처한 경우에만 환율을 변동할 수 있도록 허용하였다. 브레튼우드체제 하의 고정환율제도는 달러의 가치가 안정적이고 미국이 금의 최대 보유국이었던 1940년대의 경제적 상황을 그대로 반영한 것이었다. 이런 고정환율제를 지지하기 위한 기구로 IMF(국제통화기금)과 World Bank(세계은행) 및 IBRD(국제개발기구)를 설립하였다. 이 당시 어느 나라의 화폐를 기축통화로 할 것인가에 대한 의견이 브레튼우드협정 체결과정에서 첨예하게 대립하였다. 결국 미국의 달러화가 기축통화로 결정되어 협정에 반영되었다. 이 브레튼우드 회의에 영국의 대표로 참여했던 케인즈는 영국 파운드화를 기축통화로 하려던 자신의 목적을 달성하는 데 끝내 실패하고 말았다. 케인즈는 이에 실망하고 영국으로 돌아와 자신의 고향으로 가는 열차 안에서 하염없이 눈물을 흘렸고 결국 그는 이 불행한 사건을 끝으로 수년 후에 여생을 조용히 마감했다는 일화가 지금도 전해진다.

2차대전 후 신흥 공업국으로 부상한 독일과 일본의 상품이 미국 시장을 장악하면서 미국의 무역적자가 커져갔고 국내에선 복지정책의 확대로 재정적자가 증가했으며, 엎친 데 덮친 격으로 미국은 베트남 전쟁의 장기화로 늪에 빠져 허우적댔다. 이에 따라 달러의 국제적 신뢰도가 떨어지면서 각 국가들이 달러를 금으로 바꾸어 줄 것을 미국에 요구하였다. 그러나 미국은 외국이 보유한 달러를 금으로 교환해주기 위한 금 보유고가 바닥나면서 결국 1973년에 달러−금태환 정지를 선언했다. 즉 달러와 금의 태환(=교환) 조건을 폐지하겠다는 선언이며 이것을 '닉슨독트린'이라고도 부른다. 이후 1973년에는 미국이 먼저 시장 수요공급에 따라 환율이 변동되는 변동환율제로 전환하면서 다른 나라들도 점차적으로 변동환율제의 채택을 확대해나갔다. 변동환율제를 채택하면 외환의 과도한 수급 불균형으로 인해 해외의 경제 상황이 국내로 파급되는 것을 차단할 수 있는 장점이 있다. 그러나 변동환율제의 채택으로 외환투기자본(Hot Money)이 성장하여 단기 차익을 노린 투기 자본이 국경을 넘나들면서 각 나라의 금융시스템을 교란시킬 위험이 커진다. 1997년의 한국의 외환위기도 투기자본이 이익을 환수해가는 과정에서 발생한 것이라고 볼 수 있다. 미국은 금과의 연결고리를 끊어버린 이후 '달러 발행권(조폐권)'의 칼날을 마구 휘두르며 전 세계에 달러를 살포하고 있다. 그리고 금과의 연동 대신 달러를 중동산 석유 결제수단으로 세워놓음으로써 달러의 패권적 지위를 더욱 강화했다. 이처럼 미국의 금융자본을 중심으로 하여 성립한 「달러−월스트리트체제(DWSR: Dollar−Wall Street Regime)」는 금융자유화와 달러조폐권을 통해 월가가 세계금융의 중심지로 전환하는 데 중심적인 역할을 수행했다. 1980년대 이후 전 세계적으로 파생금융상품이 범람(현재 약 50조 달러)하고 있는 것도 이러한 금융자본주의를 대변하는 것이다. 2008년에 발생한 월가의 금융위기도 과도한 파생상품이 내포한 주택 관련 부실채권과 맞물려서 투자금융기관들을 도산으로 몰고 간 사건이다. 피터 고완이 강조하듯 미국 헤게모니는 DWSR 때문에 가능하며, 또한 미국은 DWSR을 위해 자신의 헤게모니를 활용한다. 미국 정부가 DWSR의 형성-유지-강화에 개입하는 것은, 미국 헤게모니에 있어 DWSR이 가지는 결정적 역할 때문이다. 함포를 갖고 식민지 정복을 할 수 없는 현대에 있어 DWSR은 미국의 군함 역할을 충실하게 수행하는 셈이다. '세계의 공장'으로 떠오른 아시아-일본을 제압하기 위한 정치적이고 경제적인 목적을 가진 위기의 전개 과정에서 미국 재무부, 월스트리트, IMF와 세계은행(WB)의 상호협력은 이제는 많이 알려진 것이기는 하지만, 가히 범죄적인 수준이며, 그 연장선상에서 한국의 외환위기가 있는 것이다. 우리는 경제위기가 일상화된 긴 터널을 지나고 있다. 이 난국을 돌파하기 위해서는 시장 개방과 외국자본에게 제한 없는 접근을 허용하는 우리 경제의 세계화만이 유일한 길이라는 담론이 우리사회를 지배하고 있다. 더 나아가 '친미국'과 '친중국'의 어느 하나로의 선택만이 한국호의 생존을 위한 보증수표라는 환상이 범람한다. 그러나 이런 믿음은 '글로벌(global)'의 본질이 미국과 중국의 '패권적(헤게모니)' 이익을 위한 전 세계적 이익 수탈 시스템이란 진실을 왜곡시킨다. 결국 이것은 민족 감성을 착즙하여 본질을 왜곡하려는 저급한 통치술에 불과하다. 미국이 천문학적 국가부채를 인질 삼아 소비의 천국을 구축했듯이, 중국 역시 가공할 국가부채를 남발하여 세계 공장으로서 기지를 구축했기에 이 위험천만한 글로벌 불균형은 언제든지 폭발할 수 있는 시한폭탄에 불과하다. 미국과 중국의 패권경쟁에 끼인 한국이 빚더미 위에서 돌리는 폭탄주의 마지막 독배를 들이키는 어리석음을 범하지 말아야 한다.

2차대전 이후 자본, 노동, 상품의 국가 간 자유로운 이동을 가속화시켜 온 신자유주의는 1980년대 레이건 대통령에게서 그 모순을 적나라하게 드러냈다. 신자유주의의 대표선수 레이건 대통령이 1980년대에 구소련과의 스타워즈(우주전쟁)로 엄청난 국방비를 소모하면서 미국은 재정적자와 무역적자의 수렁에 빠졌다. 이를 타개하기 위해 레이건 대통령은 환율을 조정하는 특단의 대책을 꺼내들었다. 바로 1985년 미국, 영국, 일본, 독일, 프랑스 5개국 재무장관이 체결한 「플라자합의」였다. 핵심내용은 다른 주요 화폐에 대한 환율을 통제하면서 평가절하하는 것이었다. 이에 따라 일본은 환율을 1달러 : 250엔에서 1달러 : 149엔으로 크게 절상했다. 또한 미국은 1987년에 일본에 압력을 행사하여 일본은행의 금리를 인하하도록 요구했고 이에 따라 일본은 2.5%까지 금리를 인하했다. 이토록 짧은 시간동안 발생한 환율의 극단적인 변화는 일본의 수출기업들에게 치명적인 타격을 입혔다. 그리고 일본의 저금리정책으로 인해 수출에서 손실을 본 기업들과 개인들이 저리 자금을 이용하여 부동산과 주식에 집중적으로 투자해서 자산버블현상이 발생했다. 이 상황에서 일본의 개미들은 환상에 빠졌다. 많은 일본인들은 당시 "엔화가 강해졌다." 또는 "일본 국력이 발전했다."는 증거라고 착각했다. 이들은 강한 엔화를 가지고 미국의 토지와 건물을 사들였다. 이 당시 미국은 저금리 정책으로 인해 엄청난 부동산 거품에 직면했는데 다행히도 일본 개미들이 미국 부동산을 사들여주는 덕분에 거품 붕괴의 위기를 모면했다. 이러한 일본개미들이 환상에서 깨어난 것은 1990년이다. 일본 주식시장과 부동산시장이 일제히 폭락했다. 바야흐로 잃어버린 10년이 시작된 것이다. 이런 과정을 통해 미국 제조업은 경쟁력을 회복하였고 1990년대의 IT 혁명을 통한 전성기를 구가할 수 있었다. 미국은 환율정책과 금융정책을 통해 일본을 길들이려 했으며 일본은 미국이 원하는 대로 일본 경제의 모든 것을 갖다 바쳤다. 이것이 바로 미국 금융제국주의의 진수이며 신자유주의의 모습이다. 이 장면 어디에도 아담스미스가 외쳤던 '시장이 모든 것'이라는 자유방임은 없다. 오직 자본의 이익을 위해 국가가 나서서 깡패짓이라도 해내는 것이 신자유주의의 본모습이다.

그런데 '국가부도'라는 말 자체가 모순이다. 엄밀히 말해서 '부도(default)'란 개인이나 기업이 약속어음을 발행한 후 만기 지급일까지 현금을 입금하지 않는 것을 뜻한다. 물론 연장 유예기간을 두지만 결국 약속불이행은 부도이다. 부도는 곧 어음지급정지와 같다. 이 같은 부도를 초래한 개인이나 기업은 해당 빚을 끝내 갚지 못하면 결국 파산(bankruptcy)의 길로 들어서서 소멸하게 된다. 그러나 국가(정부)는 개인이나 기업과 본질적으로 다르다. 국가는 채권국과 협상해서 얼마든지 기한을 연장할 수도 있고 채무이행을 거절하는 선언을 단행할 수도 있다. 어쨌거나 국가가 기업처럼 파산해서 소멸할 수는 없다. 식민지로 전락하지 않는 한 말이다. 한국은 1997년 당시 단기 외채를 상환할 외화가용자원, 즉 달러가 부족해서 IMF에 단기 융자를 신청한 것이다. 말 그대로 정부가 IMF에 융자 신청한 것일 뿐이며 국가부도가 아니다. 그런데 이것을 정치적으로 악용하는 세력들이 이 사건을 마치 국가부도로 몰고 간 것이다. 이런 몰이해는 근본적으로 외환보유고에 대한 착각에서 비롯된다. 당시 국내 금융기관들이 자본시장개방을 끼고 서로 경쟁적으로 저리로 해외자금을 단기자금으로 차입해 인도네시아, 태국 등의 해외기업들에게 장기 대출하여 이자소득을 벌고 있었다. 하지만 동남아시아의 외환위기가 덮치면서 국내 금융기관들이 동남아시아에 빌려준 대출자금 회수가 어려워지고 여기에 외국 투자자들이 국내 금융기관에 빌려준 단

기 자금을 회수하면서 국내 달러에 대한 무차별적인 수요 증가로 인해 국내 외
환보유고가 불과 2~3개월 만에 급속히 바닥으로 추락한 것이다.

▼ 표 16-1 외환보유액 추이   (단위:억 달러)

	1996	1997.1	2월	3월	4월	5월	6월	7월	8월	9월	10월	11월	12월
외환보유액	332.4	309.7	297.6	291.5	298.3	319.0	333.2	336.7	311.4	304.3	305.1	244.0	204.1
해외점포 예치금	38.2	38.2	80.1	80.1	80.1	80.1	80.1	80.1	80.1	80.1	80.1	169.4	113.3
가용외환 보유액	294.2	271.5	217.5	211.4	218.2	238.9	253.1	256.6	231.3	224.2	223.0	72.6	88.7

자료: 대한상공회의소, 「IMF시대 한국경제의 전망과 과제」, 1997.12.27

　　외환보유고(foreign-exchange reserves)는 한마디로 말해서 "한국 정부 달러
많아요. 걱정하지 말아요."하고 쌓아둔 돈이다. 즉 투자, 무역 및 여행을 통해 국
내에 유입한 각국의 화폐를 달러로 환산하여 합계한 수치를 말한다. 그러면 "외
환보유고는 무조건 많은 것이 좋다."는 이 상식이 옳은가? 정부가 외환보유고를
늘리기 위해서는 달러 등 대외자산을 사들여야 하는데 이 때 '한국 돈'이 필요하
다. 정부는 바로 이 실탄의 한국 돈을 마련하기 위해 '외국환평형기금 채권(＝외
평채)'을 발행해 돈을 만들어낸다. 외평채도 국채이니까 만기가 되면 이자를 지
급해야 한다. 외평채 잔액이 현재 약 200조 원이 넘는 규모이므로, 한국 정부가
1년에 약 1조 원 내외의 이자를 지불한다. 이 이자로 내는 돈은 세금을 그냥 허
공에 날리는 것이다. 그리고 국제수지 흑자로 인해 외환시장에서 달러의 초과공
급이 발생하면 환율 하락(＝평가절상)의 우려가 커진다. 따라서 정부는 환율 방
어를 위해 외환(달러)을 매입하는 정책을 사용한다. 이처럼 정부가 원화를 풀어
서 달러를 사들이면 국내 통화량이 증가하여 인플레이션이 발생한다. 그래서 이
번엔 물가관리를 담당하는 한국은행이 '통화안정기금 채권'이라는 채권을 발행
해서 시중의 돈(원화)을 흡수한다. 따라서 한국은행은 통화안정증권을 산 사람들
에게 이자를 지불해야 한다. 또한 이 채권은 통화안정이 목적이기 때문에 보통
은 한국은행 금고에 넣고 잠가 버리며, 결국 시중에 그만큼의 돈이 없어지게 된
다. 결국 외환보유고는 너무 많아도 골치 아프고 너무 작아도 위험하다. 단지 외
환보유고가 바닥을 드러냈다고 해서 이것이 곧 국가부도와 등치시키는 것은 엄
청난 잘못이다. 당시 정부는 1,700억 달러의 막대한 외채가 남아 있고, 외환보유

고는 300억 달러 수준이라고 발표했다. 그러나 정작 정부가 IMF로부터 지원받기로 합의한 금액은 총 350억 달러였다. 그리고 정부는 2001년 8월 IMF 구제금융 차입금 195억 달러 전액을 조기상환했다고 자찬의 광고를 했다. 한국은 1997년에 이미 1,000억 달러가 훌쩍 넘는 수출 실적과 국민 1인당 GNP(국민총생산) 1만 달러를 기록했다. 엄청난 매출을 기록하면서 작은 어음을 결재하지 못해 부도가 나는 것을 흑자부도라고 말한다. 국가가 흑자 부도나는 것은 말 그대로 어불성설이며 공무원의 무능함을 적나라하게 보여준다. 350억 달러의 급전을 IMF로부터 끌어오는 대가로 희생된 우리 삶의 추락은 비극적이다. 과연 350억 달러가 그토록 큰 금액인가? "통일이 대박이다."라는 종교적 신념으로 한국이 북한에게 퍼준 돈은 그보다 더 많다. 이 북한 퍼주기의 끝이 국가부도일 가능성이 높다. 2019년 한국의 1인당 명목 GDP(국내총생산)는 3만 1천 937달러로 세계 31위다(IMF통계 기준). 한국의 GDP규모(1조 7천억 달러)가 전 세계에서 11위인 데 비해 1인당 GDP는 31위로 현저하게 차이가 난다. 한국은 결코 부자 나라가 아니다. 전 세계에서 가난한 나라이면서 인구 규모가 큰 3개의 나라는 중국(15억 명), 인도(13억 명), 아프리카(12억 명)이다. 이들 3개 지역의 인구를 모두 합하면 약 40억 명이 된다. 이 인구수는 전 세계 인구의 약 2/3를 차지한다. 이들을 제외한 세계인구는 약 30억 명이며 이들 인구의 1인당 GDP는 약 2만 달러 수준이다. 그러므로 한국은 이 30억 인구 중에서 중간 수준에 불과하다. 더군다나 한국은 자살률 1위이며 국민의 행복지수는 OECD국가에서 최하위를 기록한다. 이런 한국이 세계에서 가장 가난한 북한과 통일하면 어떻게 될까? 북한의 1인당 GDP는 1,000달러도 안 되는 열악한 수준이다. 지금의 한국경제 상황에서 북한주민 2천5백만 명이 남한으로 일자리를 찾아서 내려온다면 한국경제는 쓰나미에 휩쓸려나갈 것이다. 귀하가 만약 통일 대박을 꿈꾼다면 귀하의 지갑에서 절반의 돈을 세금으로 내줄 각오를 먼저 해야 할 것이다.

과연 국가가 부도날까? 우리가 염려하는 '국가부도'는 '일시적인 채무불이행이 아니라 자산보다 부채가 훨씬 더 많은 상태'를 말한다. 자산은 수익을 만들어내는 재화나 권리이기 때문에 많을수록 좋다. 이에 비해 부채는 갚아야 할 의무이므로 적을수록 좋다. 벌어들이는 수입보다 써버리는 지출이 더 많으면 적자가 되고 이것은 빚을 유발한다. 그러면 우리나라 정부는 얼마나 쓰고 벌어들이는가? 2020년 정부 총지출 예산은 512조 3,000억 원이다. 2019년 예산(469억 6,000

억 원)보다 42조 7,000억 원(전년 대비 9.3% 증가) 많다. 반면 2020년 총수입은 482조 원으로 이는 2019년 대비 1.2% 증가한 수준이다. 적자를 보는 구조다. 때문에 정부는 2019년 33조 8,000억 원이던 적자국채 발행한도를 2020년에는 60조 2,000억 원으로 늘렸다. 이처럼 정부의 재정지출은 폭발적으로 증가하고 나라 빚은 눈덩이처럼 불어난다. 정부가 벌어들이는 '수입'과 돈을 쓰는 '지출' 간의 차이를 수지(balance)라고 하는데 이 수지 개념으로 재정을 관리하는 것이 통합재정이다. 수입이 지출보다 더 큰 경우를 '흑자'라고 하고 반대로 지출이 수입보다 더 큰 경우를 '적자'라고 한다. 재정의 모든 수입(=자체수입+내부거래 수입+보전수입의 합)과 모든 지출(=일반지출+내부거래지출+보전지출의 합)은 궁극적으로 항상 같다. 그러나 정부의 모든 수입과 지출이 일치한다고 해서 재정 수지가 균형상태에 있다고 판단해서는 안 된다. 이것은 가계나 기업이 지출하다가 모자라면 빚을 내서 사용하는데, 이런 차입금(=보전수입)까지 합한 수입이 지출과 같다고 해서 수지 균형 상태는 아니라는 원리와 같다. 또한 우리나라 법정예산은 중앙정부예산과 지방정부예산으로 구분되고 중앙정부예산은 일반회계, 기타특별회계, 기업특별회계로 구분되며 중앙정부 소속 각종 기금은 예산 외로 처리되어 국가전체의 총체적 재정활동 규모 파악이 어렵다. 따라서 정부 재정규모를 정확히 파악하기 위해서는 예산과 기금을 통합한 통합예산 작성이 필요하다. 정부가 공식적으로 예산을 편성해서 국회에 제출하는 정부예산회계는 총세입과 총세출의 구조로 작성된다. 표 16-2와 같이 정부예산회계를 통해서는 수지 차를 알 수 없다.

▼ 표 16-2 정부예산회계   (단위: 조 원)

세입	세출
조세수입 300	일반행정비 250
세외수입 50	고정자산 120
융자회수 70	융자지출 90
국채발행 80	국채상환 40
합계 500	합계 500

재정규모: 500조원
재정 수지차: 500-500=0원

따라서 외부 차입금을 제외한 순계 기준으로 파악하는 통합재정에서는 바로 통합재정수지를 파악할 수 있다. 보전재원만큼 수지차를 표시하기 때문이다.

▼ 표 16-3 통합재정 (단위: 조 원)

세입	세출
조세수입 300 세외수입 50	일반행정비 250 고정자산 120 순융자지출 20
합계 350	합계 390

보전재원(국채 순발행액) 40, 통합재정규모 430
재정수지차 350 - 390 = △40(적자)

▼ 그림 16-2 재정수지와 보전재원의 관계

재정수지가 적자(-)이면 보전재원은 (+)로 표시됨	⇨ 재정적자를 차입이나 국채발행 등으로 보전했음을 말한다.
재정수지가 흑자(+)이면 보전재원은 (-)로 표시됨	⇨ 재정흑자를 차입금 상환 및 국채상환에 사용했음을 말한다

그리고 총지출 규모와 통합재정 규모는 일치하지 않는다. 왜냐하면 양자는 내부거래 및 보전지출을 제외한다는 점에서는 같지만, 융자거래와 기업특별회계 산정 방식에서 차이가 있다. 우리나라 정부는 민간 기업 등에게 돈을 빌려주는 융자거래를 하고 있으며, 특별한 목적 사업을 위한 기업특별회계를 설치운영하고 있다. 통합재정에서는 기업특별회계 규모를 산정할 때 영업수입과 영업지출의 크기를 비교해서 전자가 더 큰 경우에는 차감액을 통합재정 수입으로 계상하고, 후자가 더 큰 경우에는 차감액을 통합재정 지출로 계상한다. 반면에 총지출에서는 영업지출 총계 규모를 그대로 기업특별회계 규모로 계상한다. 따라서 총지출 규모는 통합재정 규모보다 항상 더 크다.

총지출 규모	일반회계 + 특별회계예산 + 기금 − 내부거래 − 보전지출
	기업특별회계 계상방법: 영업 지출을 총계 규모로 계상
통합재정 규모	일반회계 + 특별회계 + 기금 − 내부거래 − 보전지출 − 융자 회수
	기업특별회계 계상방법: 영업 지출을 순계 규모로 계상

그런데 통합재정수지는 재정건전성을 나타내는 기준이 될 수 없다. 2017년 우리나라 통합재정수지는 24조 원 흑자이며 2016년 대비 7조 1,000억 원 증가했다. GDP 대비 흑자 비율도 1.0%에서 1.4%로 증가했다. 이것만 보면 우리나라 재정 건전성이 상당히 양호한 것처럼 보인다. 그러나 여기에는 중요한 함정이 도사리고 있다. 이것은 국민연금기금 등 사회보장성 기금이 통합재정의 흑자 폭을 늘려주는 착시효과에 기인한다. 사회보장성 기금은 현재 시점에서는 막대한 적립금의 증가로 큰 폭의 흑자를 실현하고 있지만 미래에는 연금 지급액 증가로 인해 적자로 전환될 가능성이 매우 높다. 심지어 머지않아 기금 자체가 고갈될 것으로 예상된다. 따라서 이런 사회보장성 기금의 수지를 현재 시점에서 재정수지에 그대로 반영할 경우 재정수지의 진정한 상태를 왜곡할 수 있다. 그래서 우리나라는 재정수지를 측정하는 방법으로 '관리재정수지'를 병행해서 사용하고 있다. '관리재정수지'란 재정건전성의 명확한 판단을 위해 통합재정수지에서 사회보장성기금(국민연금기금, 사학연금기금, 고용보험기금, 산재보험기금) 수지를 제외한 수치를 말한다. 재정이 경제에 미치는 영향은 통합재정수지를 기준으로, 재정건전성은 관리대상수지를 기준으로 판단하는 것이 바람직하다.

▼ 표 16-4 통합재정수지(중앙정부 기준)와 관리재정수지의 추이　　　　　(단위: 조 원)

구분	2009	2010	2011	2012	2013	2014	2015	2016	2017
통합재정수지	−17.6	16.7	18.6	18.5	14.2	8.5	−0.2	16.9	24.0
(GDP 대비, %)	−1.5	1.3	1.4	1.3	1.0	0.6	0.0	1.0	1.4
관리재정수지	−43.2	−13.0	−13.5	−17.4	−21.1	−29.5	−38.0	−22.7	−18.5
(GDP 대비 %)	−3.8	−1.0	−1.0	−1.3	−1.5	−2.0	−2.4	−1.4	−1.1

출처: 기획재정부「한국통합재정수지」, 기획재정부 「나라살림 예산개요」

우리나라의 채무와 부채의 크기는 얼마나 될까? 채무(debt)는 다른 사람에게서 빌린 돈으로서 갚아야 할 의무가 있는 금전을 말한다. 이에 비해 부채

(liabilities)는 내가 언젠가는 갚아야 할 의무가 있지만 그 이행기한과 금액이 정확하게 확정되지 않은 것까지를 모두 포함한 넓은 개념이다. 예를 들어 4대강 사업을 한다고 수자원공사가 진 빚, 전기요금을 인하해서 한국전력이 진 빚, 고속도로를 건설하고 저렴한 통행료를 받아서 한국도로공사가 진 빚은 공기업의 빚이기 때문에 정부의 채무는 아니다. 그러나 공기업이 이 빚을 못 갚으면 지급보증을 한 정부가 대신 갚아야 하므로 현재 시점에서 정부의 부채가 된다. 이와 같이 부채는 회계의 자산, 부채, 자본의 관계에서 사용되는 개념이며 화폐단위로 표시된 법적 의무를 말한다. 현재 우리나라가 사용하는 국제통화기금(IMF)의 기준은 "정부가 차입의 주체로서 원리금 상환의무를 부담하는 확정채무"를 「국가채무」로 본다. 정부보증채무는 확정채무가 아닌 우발채무이므로 채무의 범위에 속하지 않는다. 단, 정부보증채무 중에서 대지급 이행이 확정된 채무는 국가채무에 포함된다. 또한 통화안정증권 차입과 같은 통화당국(한국은행)의 채무는 국가채무에서 제외된다. 국가채무는 일반정부에 한정되기 때문에 공기업채무는 국가채무에 포함되지 않는다.

우리나라 국가채무(금전채무)의 범위(국가재정법 제91조)

1. 국가의 회계 또는 기금이 발행한 채권
   단, 재원의 조성 및 운용방식 등에 따라 실질적으로 국가의 회계 또는 기금으로 보기 어려운 회계 또는 기금으로서 대통령령이 정하는 회계 또는 기금을 제외한다.
2. 국가의 회계 또는 기금의 차입금
3. 국가의 회계 또는 기금의 국고채무부담행위
4. 그 밖에 제1호 및 제2호에 준하는 채무로서 대통령령이 정하는 채무(국가보증채무 중 정부의 대지급(代支給) 이행이 확정된 채무)
* 정부의 대지급 이행이 확정되지 않은 보증채무는 국가채무에 포함되지 않음

※ 국가채무에서 제외되는 대상
   1. 재정증권 또는 한국은행으로부터의 일시차입금
   2. 국가의 회계 또는 기금이 인수 또는 매입하여 보유하고 있는 채권
   3. 국가의 다른 회계 또는 기금으로부터의 차입금
* 지방재정법 시행령 제108조 지방정부의 채무범위 : ① 지방채증권, ② 차입금, ③ 채무부담행위, ④ 보증채무 부담행위

"국가채무비율이 40%를 넘어도 되는가?"라는 논쟁이 우리나라에서 자주 벌어진다. 그러나 이것은 말장난에 불과하다. 우선 국가재정법이 정한 국가채무의 범위에서 공기업 등 공공기관 및 지방공기업의 채무를 제외하고 있는데, 선진국에 비해 이 공공 분야의 빚이 엄청나게 많아서 보증자인 정부가 결국 그 빚을 떠안아야 하기 때문이다. 그리고 국가채무는 크게 2가지로 구분되는데 첫째, 정부가 쓸 돈이 부족해서 국채를 발행해 조달하는 적자성 채무와 둘째, 외환시장 조정용 국채처럼 그 빚만큼 대응 자산(예 달러화)을 얻게 되는 금융성 채무가 있다. 우리나라 국가채무에서 '적자성 채무 : 금융성 채무의 비율'은 대체로 6 : 4 수준이다(2017년 국가채무 660조 2,000억 원, 적자성 채무 374.8조 원, 금융성 채무 285.4조 원). 따라서 단순히 국가채무 비율이 얼마인가 보다는 채무의 내용이 얼마나 나쁜가가 더 중요하다. 정부는 한국의 국가채무비율이 미국, 일본 등 선진국에 비해 낮은 수준이라고 자랑하는데, 세계 최고의 기술력과 자산을 보유하고 최고 수준의 복지국가를 만든 나라와 단순 비교하는 것도 허망하다.

우발채무(contingency debt)

보증채무의 경우 주채무자가 채무를 상환하지 못하는 경우에만 보증채무자가 채무 상환의 의무를 부담하게 되는데 이러한 경우의 채무를 우발채무라고 한다.

현재 우리나라 국가채무는 아래와 같다.

- 국가채무 = (국채잔고 + 차입금잔고 + 국고채무부담행위 + 지방정부채무) − 지방정부의 대중앙정부채무
- 2017년 기준 국가채무(중앙정부 채무) = 627조 4,000억 원(GDP 대비 국가채무비율은 36.9%)
- 2017년 기준 중앙정부 채무 + 지방정부 채무 = 660조 2,000억 원(GDP 대비 국가채무비율은 38.5%)

정부는 재정적자 상태가 되면 모자라는 돈을 어디선가 빌려와야 한다. 이 경우 정부가 한국은행에서 돈을 빌리면 한국은행이 그만큼 화폐를 더 발행해야 하므로 시중에 통화량이 증가하여 인플레이션이 발생한다. 독일 바이마르정부가 1차대전 패배로 진 거액의 채무를 마르크 화폐 발행으로 충당하는 바람에 초인플레이션에 시달렸고 이 결과 히틀러 나치당의 집권을 초래했다. 히틀러는 전후 채무의 무효를 선언했고 독일 국민의 전폭적인 지지를 받았다. 우리나라 정부가 이런 인플레이션 공포를 피하고 빚을 내기 위해 가장 긴요하게 사용하는 방법이 바로 국채발행이다. 적자국채를 발행하면 곧바로 국가부채가 증가한다. 「국채」란 국가의 재정수지상의 세입부족액을 보전하고 수지균형을 도모하기 위해 국가가 공공자금관리기금의 부담으로 발행하는 공채를 말한다. 「차환용 국채」는 부채를 갚기 위해(국채의 원리금 상환을 위해) 발행하기 때문에 이로 인해 국가부채가 증가하지는 않는다. 그러나 이것 역시 아랫돌 빼서 윗돌 끼워 넣기에 불과하다. 국채의 발행에는 국회의 동의를 받도록 법률에서 제한하고 있다. 그러나 관료와 정치인은 모두 자기 이익을 추구하기 때문에 빚내서 돈 쓰자는 데에는 여야가 합일한다. 우리나라 국채는 아래와 같은 4가지 종류로 발행된다.

1. 국고채권(외화표시 외국환평형기금채권과 양곡증권은 국고채권에 통합되었음): 국가 재정정책을 수행하는 데 필요한 자금을 조달하고자 공공자금관리기금에서 발행하는 채권. 국고채권은 국채 중에서 가장 비중이 크고 가장 활발하게 거래되고 있다.
2. 국민주택채권: 1, 2, 3종으로 구분, 임대주택 건설 및 전세자금 대출지원 등 서민 주거생활을 안정시키는 데 사용하고자 국민주택기금의 부담으로 발행하는 채권이다.
3. (단기)재정증권(treasury bills): 국고금 출납과 금융통화에 관한 정책의 효

율적 수행을 목적으로 기획재정부장관이 금융통화운영위원회의 자문을 거쳐서 일반회계·특별회계 또는 국고여유자금 조정계정의 부담으로 발행한다. 상환기간은 발행일로부터 1년 이내이며, 국고여유자금 조정계정의 부담으로 발행한 것을 제외하고는 당해 연도 세입으로 상환해야 한다. 재정증권 발행액은 국가채무에서 제외된다.

4. 보상채권: '공익사업을 위한 토지 등의 취득 및 보상에 관한 법률'에 근거하여 발행하는 채권이다.

▼ 표 16-5 연도별 국고채 발행규모 (단위: 조 원)

구분	2016년	2017년	2018년	2019년(A)	2020년(B)	(B-A)
총발행액	101.1	100.8	97.4	101.7	130.2	+28.5
순증가액	31.8	29.8	20.3	44.5	70.9	+26.4
적자국채	33.0	20.0	15.0	34.3	60.2	+25.9
차환용국채	69.3	71.0	77.1	57.2	59.3	+2.1

자료출처: 기획재정부

정부가 국채 이외에 빚을 내는 방법에는 차입금과 국고채무부담행위의 두 가지 방법이 사용된다.

첫째, 차입금은 정부가 한국은행, 민간기금 또는 국제기구 등으로부터 법정 유가증권을 발행하지 않고서 직접 차입하는 자금을 말한다. 차입금에는 국가 또는 지방자치단체가 회계연도 내의 일시적인 현금 부족분을 조달하기 위한 일시차입금과 중앙정부 및 지방자치단체가 외국정부 등과 공공차관협약을 체결하여 도입하는 자금인 차관(해외차입금) 두 가지가 사용된다.

둘째, 국고채무부담행위는 정부가 외상공사를 발주하거나 재해복구를 위해 채무보증을 하는 등 사전에 국회의 의결을 받아서 빚을 부담하는 행위를 말한다.

그러면 우리나라의 부채는 얼마일까?

국가부채 = 국공채 발행액 등 국가가 반드시 갚아야 하는 직접적인 채무 + 공적연금 충당액, 공기업부채 등 미래상황에 따라 변제여부와 규모가 달라질 수 있는 빚

우리나라 국가부채는 1,555조 8,000억 원(2017년 회계연도 국가결산 기준)에 달한다. 그런데 이 국가부채 금액 중에서 약 50%에 달하는 845조 8,000억 원이 공무원·군인 연금충당부채이다.

정부가 이런 연금충당부채를 계산해서 공적 의무로서 발표하기 시작한 것도 그리 오래되지 않았고, 외환위기 이후 진행된 정부의 회계제도 개혁에 따라 이루어졌다. 우리나라는 2007년에 「국가회계법」을 제정하여 2009년부터 중앙정부 일반회계, 특별회계, 모든 기금을 기존 현금주의와 단식부기 회계처리방식에 추가하여 발생주의와 복식부기 방식으로 회계처리하고 재무제표를 작성해 오고 있다. 또한 「지방재정법」을 개정하여 별도의 「지방정부회계기준」을 제정함에 따라 2007년부터 지방자치단체 예산회계에 발생주의를 전면 도입하였다. 발생주의 복식부기 회계는 국가 자산의 가치와 부담해야 할 부채를 포괄적으로 제시하는 방식이다. 과거의 현금주의회계에서는 퇴직 전까지는 정부 입장에서 아직 현금유출이 없기 때문에 공무원연금을 비용으로 인식하지 않는다. 그러나 발생주의회계에서는 현금 지급이 아니라 연금 지급의 원인이 되는 공무원 고용이 시작되면 연금 지급이라는 경제적 사건을 발생시키는 원인이 발생한 것이므로 공무원 고용 시 연금에 해당하는 부채를 비용으로 인식하여 처리한다. 연금충당부채란 퇴직 공무원과 군인에게 줄 미래 연금액을 현재가치로 환산한 금액을 말한다. 이것은 원칙적으로 연금기금에서 지급해야 하는 것이지만 해당 연금이 고갈될 경우에는 국가가 대지급하도록 관련 법률에 규정해 놓았다. 공무원과 군인의 연금가입자들이 기금에 내는 돈(기여금)에 비해 이들에게 기금에서 지불하는 연금지급액이 급속도로 늘면서 그 부족분을 세금으로 메워야 한다. 이것은 2018년에 전체 국가부채 증가분인 122조 7,000억 원(전년 대비 8.6% 증가) 중에서 76%를 차지했다.

▼ 표 16-6 국가채무와 국가부채의 범위와 구성

구분	국가채무	국가부채
근거 법령	국가재정법	국가회계법
인식 기준	현금주의	발생주의
포괄 범위	일반회계, 특별회계, 중앙관서의 장이 관리하는 기금	일반회계, 특별회계, 모든 기금
분류 기준	국채, 차입금, 국고채무부담행위	유동부채, 고정부채, 기타 부채

경제가 어려우면 대다수 국민들은 분노하면서 정부의 대책을 요구한다. 투표장에서 강력한 힘을 발휘하는 서민들의 복지에 대한 요구에 정치인들이 편승한다. 바야흐로 파퓰리즘이 난무한다. 그래서 정부는 온갖 수단을 총동원하여 시장에 돈을 살포한다. 물론 그 돈은 고스란히 국가부채에 쌓인다. 폭증하는 국가부채는 위험하지 않을까? 정부는 다음과 같은 통계를 들이대면서 전혀 문제없다고 말한다.

OECD 주요국 GDP 대비 국가부채비율(2017년 기준)

한국: 37.9%, 미국: 104.2%, 영국: 117.0%, 일본: 237.1%, 독일: 71.4%,
프랑스: 98.3%, OECD 평균: 110.9%

☞ 우리나라의 GDP 대비 국가부채비율은 일본과 미국보다 낮은 상태이다.

과연 이게 진실일까? 다음 신문기사를 보자.

시사저널 2018년 11월 16일자 기사

예산정책처 분석에 따르면, 우리나라 국가재무제표상 총부채가 총자산보다 빠르게 증가하면서 순자산은 마이너스로 전환될 수 있다. 충당부채를 고려하지 않는 국민연금과 사학연금의 투자증권을 제외할 경우 순자산은 이미 마이너스 상태인 것으로 추산됐다. 예산정책처는 연금 충당부채를 인식하지 않아 총자산에 대응하는 연금 충당부채계정이 없는 국민연금과 사학연금의 장단기 투자증권을 자산계정에서 차감해 재계산했다. 그랬더니 지난해 국가재무제표상 순자산은 -118조 원으로 추산됐다. 순자산이 마이너스라는 건 국가가 보유한 자산을 모두 매각해도 부채를 다 갚지 못한다는 의미로 국가재정 상황이 안심할 수 있는 수준이 못 된다는 것을 보여주는 결과다.

가계와 기업은 큰 빚을 지고 부도가 나면 그야말로 길거리로 나앉는다. 졸지에 실업자 신세로 전락하고 기아의 구렁텅이로 떨어진다. 그러나 정부는 전혀 다르다. IMF 위기 때에도 국민들에게는 금 모으기 운동이라는 희한한 쇼를 벌이면서도 정작 외환위기의 책임을 지고 사퇴한 공무원은 단 한명도 없었다. 공무원과 정치인의 보수는 계속 올랐고 조직은 팽창했다. 물론 이를 땜질하기 위해

세금은 왕창 올랐다. 정부는 재정건전성을 확보하기 위해 표 16-7의 제도를 시행하고 있다고 말한다.

▼ 표 16-7 우리나라의 재정건전성 확보제도

구분	국가재정법 시행(2007년) 이후 제도
재정지출 국민감시제 시행	국민 누구나 불법 재정지출에 대해 관계 부처 장관에게 시정 요구 가능
추가경정예산 편성 요건 강화	자연재해, 경기침체·대량실업 발생 등 불가피한 경우로 제한
세계잉여금 사용 순서 규제	국가채무 상환에 의무적으로 사용 후 잔액을 추경 재원으로 사용
국가채무관리계획 수립 및 국회제출	정부는 매년 국가채무관리계획을 수립해 10월 초 국회 제출
조세감면관리제도	• 국세 감면 한도제 도입 • 조세지출예산서 작성 및 국회 제출

그러나 여기에는 알맹이가 빠져 있다. 대표적인 알맹이가 정부가 함부로 돈 씀씀이를 늘릴 수 없도록 금지 한도를 설정하는 제도이다. 이래야 재정적자를 함부로 늘리지 못하고 그러면 국가부채를 줄일 수 있다. 이를 실현하기 위한 제도가 「Pay-Go Rule」이다. 이것은 정부가 새로운 돈 씀씀이(의무지출)를 도입할 때 반드시 그에 상응하는 씀씀이(의무지출)를 줄이거나 부족한 돈을 보충하기 위한 세금을 늘리는 대책을 법제화하는 것이다. 예를 들어 노인연금 인상조치로 향후 연간 약 2조 원의 의무지출 증가가 예상될 경우, 이의 보전을 위해 법인세를 인상하는 방안이다. 미국은 적자재정을 해소하는 방안으로서 예산항목을 '재량적 지출'과 '의무적 지출'로 구분하고, 전자에는 지출상한선을 적용하고, 후자에는 Pay-Go Rule을 적용하고 있다. 그러나 우리나라는 이 제도를 아직 도입하지 않고 있다. 그만큼 재정적자를 줄이는 데 관료와 정치인의 저항은 거세다. 국민들만 죽어나가는 꼴이다. 이런 꼴불견은 국회에서 세칭 '재정건전화법'의 입법을 번번이 하지 못하는 현실에서 드러난다. 정부는 이미 2016년에 「재정건전화법」 제정안을 입법예고하였으나 시간만 질질 끌다가 결국 법제정은 실패하였다. 그러다가 최근 언론에서 국가부채 문제가 불거지자 다시 동법률안의 입법이 추진되고 있다. 하지만 이 법률이 입법화되길 기대하기는 어려울 듯하다.

2016년도 「재정건전화법 제정안」 입법예고 핵심 내용
① 재정준칙 도입(재정총량 관리): 채무 및 수지준칙
* 채무준칙: 국가채무 ≤ GDP 대비 45%(5년마다 관리목표 재검토 가능)
* 수지준칙: 관리재정수지 적자 ≤ GDP 대비 3%
② Pay-go 제도 강화(재정수반 법안 제출 시 재원조달방안 첨부 의무화)

국가부도의 위험성을 알리는 경고장치가 바로 국가재무제표이다. 예를 들어 국가부채를 계산하는 데 있어서 발생주의 회계를 적용한 후 지출시기와 금액이 불확실한 공무원·군인연금 충당부채와 우발부채 등 잠재적 성격의 부채까지 포함한 국가부채를 나타내주기 때문이다. 국민들이 발생주의를 정확하게 아는 것은 국가부도를 막기 위한 준비 작업이다. 자산(asset)은 '미래에 돈을 벌 수 있게 해 줄, 지금 당장 내가 갖고 있는 물건이나 권리'이다. 사업은 자산을 운영하는 것이며 돈을 벌기 위해 수많은 경제적 거래(예 원재료 구입, 상품 판매, 임대료와 인건비 지급 등)를 한다. 이 자산을 구입하기 위한 돈은 크게 두 가지 원천으로부터 나온다. 하나는 사업가 자신의 재산으로부터 나오는 '자본(owner's equity)'이고 다른 하나는 은행 등 타인에게서 빌려오는 '부채(liabilities)'이다. 따라서 자본이나 부채는 자산이 누구의 것인지를 표시해 두는 것이다. 즉 '현금 ――― 차입금' 이런 식으로 표시하는 것이다. 이게 바로 복식(dual)이며 복식의 원리에 의해서 작성하는 것이 「재무상태표」이다. 「재무상태표」는 일정 시점에 있어서 기업이나 정부의 재산 증감상태를 표현하는 것이며 어느 시점에 작성하더라도 그림 16-2의 회계등식은 항상 성립한다.

▼ 그림 16-3 회계등식(대차대조표 등식)

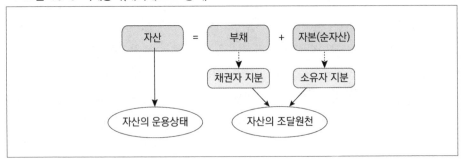

이때 자산=부채＋자본의 3가지 거래요소들은 가장 상위의 계정(account) 과목들이고 그 밑으로 무수히 많은 계정 과목들이 있다. 계정의 양식은 T자 모양을 사용하기 때문에 T계정이라 부른다. T계정은 중앙을 기준으로 왼쪽을 차변, 오른쪽을 대변이라 부른다. 회계거래가 발생하면 동일금액이 항상 차변기입과 대변기입이 함께 이루어지며 바로 이것이 거래의 이중성(duality)이다. 예컨대, 철수가 7천만 원을 출자하고 5천만 원을 차입하여 피자판매점 영업을 시작한 사건의 경우에 회사에 현금이라는 자산이 총 1억 2천만 원 만큼 증가하였고 또한 자본금이 7천만 원, 차입금이 5천만 원 만큼 증가하였다. 이를 T계정으로 나타내면 그림 16-4와 같다. 이러한 거래의 이중성에 의해 전체 거래의 차변 합계액과 대변 합계액은 항상 일치하게 되는데 이것을 「대차평형의 원리」라고 부른다.

▼ 그림 16-4 대차평형의 원리와 거래 8요소

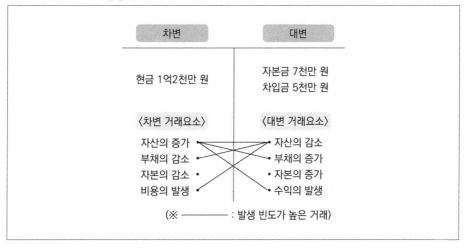

사업을 운영하면 반드시 자산의 증감이 발생한다. 이때 자산의 증감을 만들어내는 원인으로는 '수익'과 '비용'이 있다. 수익을 통해서는 자산이 증가하는데 대표적인 것이 매출이다. 비용을 통해서는 자산이 감소하는데 대표적인 것이 임금(인건비)이나 임대료 등이다.

기업이나 정부가 일정기간 동안 영업(또는 운영)을 잘했는가 못했는가 하는 영업성과는 그 기간 동안 발생한 모든 수익을 합한 총수익과 모든 비용을 합한 총비용을 비교해서 차감액인 순이익(마이너스인 경우 순손실)을 계산해서 알 수 있다. 이것은 「손익계산서(Income statement)」로 나타나며 '총비용＋순이익＝총수익'의 등식을 사용하여 작성한다.

그런데 수익과 비용을 측정하여 기록하는데 그 기준 시점을 언제로 하느냐가 매우 중요한 문제로 부각된다. 예를 들어 A기업이 새로 개발한 스마트폰을 미국시장에서 치열한 경쟁을 뚫고 개척하기 위해 대대적인 홍보비(예 500억 원)를 2019년 한 해에 집중적으로 지출한다고 가정하자. 이 경우 이 마케팅 결과는 수년에 걸쳐 단계적으로 나타난다. 이런 상황에서 현금주의 방식으로 수익과 비용을 인식하면 손익계산서 상으로 2019년에 큰 폭의 적자가 기록될 수밖에 없으며 다음 해부터는 홍보비가 들지 않아 순이익이 급증하는 문제가 발생한다. 이 경우 발생주의 방식에 따르면 미리 지출된 홍보비를 자산으로 인식하고 매년마다 기간별로 홍보비를 50억 원씩 10년간 분담해 비용으로 처리해 기간별 수익－비용 귀속을 이루어낼 수 있다. 현금주의는 수익은 현금을 받을 경우에만 인식하고, 비용은 현금이 지출될 경우에만 인식하는 기준이다. 즉 '현금의 수입＝수익', '현금의 지출＝비용'이 된다. 이런 현금주의의 한계를 극복하기 위해 등장한 것이 바로 발생주의이다. 발생주의는 영어로 'Accrual Basis of Accounting'이다. 여기서 'Accrual'이란 '누적해서 발생한 증가액'을 말한다. 따라서 영업 기간이 경과함으로써 누적된 수익을 동일한 원칙에 의해 비용을 인식함으로써 수익과 비용을 서로 연결하는 '연결 원칙(matching principle)'이 핵심이다. 이처럼 발생주의는 수익과 비용을 발생기준으로 인식하는데 수익은 획득(실현)된 시점에서 인식하고, 비용은 발생된 시점에서 인식한다. 바로 이런 특징 때문에 발생주의는 산업자본주의 단계에서 본격적으로 사용되기 시작했다. 단순히 물건을 싸게 매입해서 더 비싼 가격으로 팔아 매출차익을 얻으면 충분한 상업자본주의 단계에서는 현금의 유출입을 기준으로 한 현금주의 회계가 매우 정확하고 유용하다. 그러나 산업자본주의 단계에서는 기업들이 상품을 제조하기 위해 대규모 토지와 공장건물, 기계장치 등을 매입해서 오랜 기간 동안 사용해서 매년 단계적으로 수익을 발생시키는 사업을 운영한다. 이 경우 사업용 부동산과 고가의 기계장치들을 구입 연도에 모두 비용으로 인식해 계상하면 손익계산서 상 당해 연도에 큰 순손실이 발생한 것으로 나타난다. 이것은 사업성과를 주기적으로 공표해서 주주 등 이해관계자들로부터 감시를 받아야 하는 경영자 입장에서 무능한 경영자로 낙인찍힐 우려가 커서 고통스러운 일이 된다. 그래서 발생주의 회계에서는 이런 영업용 토지와 공장 및 기계장치들을 비용이 아닌 자산으로 인식한 후에, 매년 매출 수익이 발생하는 만큼 이에 대응하여 단계적으로 나누어 비용으로 인식하는 방법을 쓴다. 예를 들어 현금을 아직 못 받았으나 기간의 경과로 수익의 획득과정이 완료되었으면 수익으로 인식하고(예 미수이자), 현금이 지출되었더라도 비용이 발생되지 않았으면 비용으로 계상하지 않는다(예 선급비용). 따라서 재무상태표에서 발생주의를 나타내는 계정에는 'prepaid, accrued, receivable, payable, deferred' 등이 있으며 이것들은 현금주의에서는 사용되지 않는다. 발생주의는 복식부기와 결합되며, 사업적 성격이 강한 회계부문에 적용된다.

그러나 발생주의가 만병통치약은 아니다. 아무리 큰 기업이라 하더라도 결국 현금이 없으면 결국 부도난다. 기업이든 정부든 최종적으로 지급 결제 수단으로 사용할 것은 오직 현금뿐이다. 발생주의 손익을 인위적으로 만들어내는 데 집중하다가 현금 유동성이 위험수준으로 떨어져 흑자 도산하는 기업들도 간혹 나타난다. 그럼에도 기업과 정부 모두 원칙적으로 회계처리는 발생주의에 의거해서 한다. 발생주의의 최대 약점은 '분식회계(회계조작)'의 가능성이다. 예를 들어 임금 등이 비용으로 계상되지 않고 자산으로 전환되는 경우에 소위 회계조작이 발생할 수 있다. 어떤 지출이 생겼을 때 이것을 바로 비용으로 처리할 것인지 아니면 일단 다른 자산으로 전환한 것으로 처리하여 아직 전체 자산의 감소(=비용 발생)가 발생하지 않은 것으로 볼 것인지가 특히 문제가 된다. 따라서 발생주의를 사용하여 회사가 실적을 어느 정도 조작할 수도 있다. 예를 들어 감가상각비를 매년 얼마만큼의 금액을 배분할 것인지도 회사가 자의적으로 판단할 여지가 있다. 그리고 회사가 외상매출금 중에서 돈이 떼일 가능성을 고려하여

'대손충당금'을 설정하는데 이를 조작해 실적을 부풀리거나 축소할 수 있다. 또한 창고에 쌓아놓은 재고자산에 대한 평가손실과 감모손실도 조작할 여지는 충분히 있다. 결국 현금주의와 발생주의, 어느 제도이든 그 성패는 운영하는 사람의 문제로 회귀한다.

우리나라 정부회계는 세입세출을 계산하는 예산회계와 정부 재무상태를 기록한 재무회계를 병행하는 이원적 운영(Dual System)을 하고 있다. 즉 정부 재무제표 작성은 기존 예산회계를 대체하는 것이 아니라 이를 보완하여 재정의 책임성, 효율성, 투명성을 제고하며 통합재정정보를 제공하는 데 목적이 있다. 우리나라 중앙정부(국가)회계의 재무제표는 '재정상태표, 재정운영표, 순자산변동표, 주석'이며, 지방자치단체는 여기에 현금흐름표를 추가하여 작성하고 있다. 「재정상태표(보고서)」는 재무보고실체의 당해 사업연도말의 자산·부채·순자산의 상황을 나타내는 것으로 기업회계의 '재무상태표'와 유사하며, 특정시점의 저량(Stock)정보를 나타낸다. 재정상태표의 작성등식은 '자산＝부채＋순자산'이다. 정부회계에서는 '자본' 개념이 존재하지 않으므로 '순자산' 개념으로 대체하여 사용한다.

▼ 표 16-8 ○○시 재정상태표(2019년도 말)

(차변)   (대변)

자산		2019	2018	부채 및 순자산	2019	2018
유동자산				유동부채		
고정자산	투자자산					
	일반유형자산			고정부채		
	사회간접시설					
	유산자산			순자산		
	무형자산					

「재정운영표」는 재무보고실체의 당해 사업기간 동안의 수익 및 비용의 발생상황을 체계적으로 보여주는 보고서이며, 기업의 '손익계산서'와 유사하다. 일정기간의 유량(flow)정보를 나타낸다.

▼ 표 16-9 ○○시 재정운영표(2019년 1월 1일~12월 31일)

(차변)   (대변)

비용	2019	2018	수익	2014	2013
• 인건비 • 운영비 • 이전경비 • 기타경비 • 상각비 ---------- • 운영차액			• 자주재원수익 • 의존재원수익(경상분) • 이전수익 • 기타수익		

　　기업의 재무제표는 독립된 제3의 회계법인이 회계감사를 하도록 의무화되어 있다. 이와 비슷하게 정부의 재무제표를 감사원이 회계검사하고 있다. 회계검사는 공공기관의 수입·지출의 결과에 관한 기록을 제3의 기관(타인)이 확인·검증하여 그에 대한 비판적 의견(검사보고서)을 제시하는 행위이다. 그러나 감사원장을 대통령이 임명하기 때문에 감사원의 독립성은 한계가 있다. 이런 문제점을 해결하기 위해서 국회에 의한 회계검사가 도입되어야 한다.

　　공무원이 국가부도의 위기를 사전에 알고도 국민에게 알리지 않을 경우 그 누구도 처벌받지 않는다. 그 이유는 우리나라의 부패 관련 처벌법과 국민의 안이한 부패인식에 기인한다. 국제투명성기구가 발표하는 부패지수에 의하면 우리나라 부패 수준은 OECD 국가들 중에서 하위권에 위치한다. 한국은 공직자 부패를 방지하고 처벌하기 위해 아래와 같이 엄청나게 많은 법률과 제도를 만들어 시행하고 있다. 그러나 민주주의를 규정한 헌법의 조문이 많고 처벌이 강하다고 해서 그 나라의 민주주의 수준이 당연히 높아지는 것은 아니다.

우리나라 공직자 윤리규범

1. 행정적·자율적 윤리규범: 공무원 윤리헌장(대통령훈령, 1980년), 공무원 윤리강령(대통령령, 2003년)
2. 법적·타율적 윤리규범: 헌법(1948년), 국가공무원법(1949년), 공직자윤리법(1980년), 공직선거법(1994년), 부패방지 및 국민권익위원회 설치운영법(2001년)

위와 같은 공직자 윤리규범들은 원칙적으로 법칙론에 입각하고 있으며, 따라서 결과보다는 동기에 초점을 두고, 부도덕한 동기의 실현을 사전에 제어하는 데 중점을 둔다. 여기서 인간의 내면에 숨어 있는 '동기(motive)'를 과연 누가 알 수 있느냐는 한계가 드러난다. 이런 한계는 '더러운 손(dirty hand)의 딜레마'와 관련된다. 이것은 공무원이 비록 자신의 윤리관으로는 수용할 수 없는 결정일지라도, 대표성을 지닌 공무원 입장에서는 수용할 수밖에 없는 수많은 정당하지 않은 결정을 표현하는 말이다. 예컨대 가난한 노점상을 단속해야 하는 공무원, 나쁜 경제여건을 좋다고 말하는 고위 경제관료 등이 이에 해당한다. 이런 상황에서 공무원이 내린 결정에 대해 법적 책임성을 부과하는 것은 적절하지 않다는 논리이다. 그러나 만약 관료와 정치인들이 내세우는 동기가 거짓이라면 어쩔 것인가? 그래서 공직자의 동기를 객관적으로 증명하여 진위를 가리고 거짓에 대해서 엄격한 처벌을 가하는 제도적 장치가 필요하다. 그러나 「공직자윤리법」과 「부패방지법」에는 이런 장치가 전혀 없다.

공직부패는 사회구성원의 관용도(부패의 용인가능성)라는 기준으로 사회체제에 명백하고 심각한 해를 끼치는 흑색부패(예 뇌물수수죄)와 그 외에 사회에서 용인되는 회색부패(예 촌지, 소액규모의 접대, 소액 선물) 및 백색부패(예 선의의 거짓말) 등 세 가지로 분류된다. 그런데 우리나라 부패방지 관련 법률은 모두 흑색부패에 한정해서 처벌하고 있다는 것이 심각한 문제이다. 이런 문제점에 대한 해결방안으로 2016년에 속칭 「김영란법」이라 일컫는 「부정청탁 및 금품 등 수수의 금지에 관한 법률」이 시행되었다. 동법률은 공직자 등이 직무 관련성, 대가성과 관계없이 1회에 100만 원(연간 300만 원)을 초과하는 금품 등을 받으면 무조건 3년 이하 징역 또는 3천만 원 이하의 벌금을 부과하도록 해 강력한 처벌을 한다. 여기에 이해충돌 방지 규정을 명시했는데, 공직자 자신이나 친지와 관계 있는 업무를 맡아서는 안 되며, 고위공직자와 인사담당자 가족의 소속기관 채용을 금지하고 있다. 그러나 동법은 농민들의 수입 촉진을 명분으로 농수산물, 가공품의 선물 상한을 5만 원에서 10만 원으로 높이는 등 초기의 엄격성은 점차 무너져 가고 있다.

국가부도의 위기를 막아내기 어려운 허점은 도처에 도사리고 있다. 청탁과 뇌물의 순환 고리로 형성되는 거대한 부패공동체는 국민들에게 낯익다. 물론 정부는 주식백지신탁제(blind trust)를 시행해서 뇌물 고리를 차단한다고 해명한다.

이 제도는 재산공개대상자와 기획재정부 및 금융위원회의 고위공무원단 소속 공무원과 4급 이상 공무원 본인 및 그 이해관계자(배우자, 직계 존·비속) 모두가 보유한 주식의 총가액이 3천만 원 초과 시 의무적으로 매각하도록 강제하는 제도이다. 한마디로 공직자의 도덕적 해이와 이해충돌을 방지하겠다는 것이다. 그러나 주식백지신탁심사위원회의 심사 결과 해당 공직자의 직무와 그 보유 주식 간 직무관련성이 없다고 결정되면 주식보유가 가능하다. 역시 눈가리고 아웅하는 식이다.

소금은 세상의 부패를 막는다. 이런 소금 같은 사람을 '내부고발자(whistle blower)'라고 부른다. 한국과 같이 제도화된 부패가 만연한 사회에서는 공식적인 부패방지제도가 제대로 작동하기 어렵기 때문에 비공식적 통제장치인 내부고발제가 파괴력이 크다. 한국은 2011년 「공익신고자보호법」을 제정하여 공공기관이나 기업에서 벌어진 부정과 비리를 국민권익위원회나 수사기관, 감독기관에 신고하는 사람을 보호하고 있다. 그러나 동법은 공익신고 대상을 '건강, 안전, 환경, 소비자이익, 공정경쟁' 등 5가지에 관해서만 인정하고 있기 때문에 정부와 기업 내의 횡령, 배임, 탈세와 분식회계, 차명계좌를 통한 비자금 조성과 같은 비리 및 건축·노동 비리는 공익신고대상에서 제외하고 있다. 이처럼 내부고발이 조직의 배신자라는 사회적 편견을 넘어서 사회의 소금으로 자리 잡기 위해서 우리가 넘어야 할 장벽은 높다.

공직부패를 방지하는 이상적 해결책은 공직자 스스로 책임의식을 가지고 직무를 수행하는 것이다. 공무원의 행정책임이 중시되기 시작한 때는 행정권이 강화된 행정국가(정치행정일원론) 시기이다. 행정책임은 주관적 책임과 객관적 책임으로 구분된다. 첫째 주관적 책임(responsibility)은 공무원이 전문가로서의 직업윤리와 책임감에 기초하여 확보되는 행정책임을 말한다. 둘째, 객관적 책임(accountability)은 공식적인 각종 제도적 통제를 통해 국민에 의해 표출된 국민의 요구를 충족시켜 주기 위해 정부와 공무원들이 임무를 수행하게 하는 타율적 수동적인 행정책임을 말한다. 이 두 가지의 행정책임 중에서 공직자가 내면적인 직업적 책임을 강화하는 것이 영혼 없는 공무원이 회자되는 한국 사회에서 바람직하다. 그러나 그것은 한낱 꿈에 불과할지도 모른다. 그래서 파이너(H.Finer)는 전통적인 주관적 책임론이 공직자의 자의성에 의존하여 행정의 민주성을 훼손할 것이라고 비판하였다. 결국 외부의 통제장치가 결여된 채 공직자의 직업적 양심에만 호소하는 것은 새로운 독재주의를 초래할 것이다. 그래서 권력 그 자체로부터 자유로운(독립된) 통제장치가 필요한 것이다.

한국에서 공직부패의 뿌리는 「제왕적 대통령제」로 상징되는 대통령의 전제적 독재 권력에 숨어 있다. 이런 독재 권력을 은폐하기 위한 수단으로 악용되는 것이 '국무총리'이다. 우리 헌법은 형식적으로는 대통령제를 채택하고 있으나 총리가 내각을 통할하는 내각제적 요소를 포함하고 있어서 겉으로는 대통령의 권력을 분산시키는 것처럼 보인다. 현행 국무총리는 대통령의 보좌기관이며 대통령의 명을 받아서 내각을 통할하기 때문에 인사권 등 실질적인 권한을 행사하는데 근본적인 한계가 있다. 이 때문에 역대 총리는 대통령의 권위에 눌려 대독총리로 전락하거나 국정을 운영하여야 할 내각이 대통령의 수발이나 드는 비서 노릇을 하는 폐단이 벌어져 왔다. 현행 헌법 하에서 "국무총리가 국무위원 임명제청권과 해임 건의권을 행사할 수 있다."고 규정하고 있지만, 국무총리가 대통령의 제1보좌기관이라는 위상이 존재하는 한 이런 인사권 규정은 무의미하다. 한때 대통령이 국무총리에게 인사권한을 대폭 위임하는 '책임총리제'의 도입이 정치권에서 논의되었지만 논의만 무성할 뿐 성사되지 못했다. 따라서 제왕적 대통령제의 폐단을 해결하기 위해서는 국무총리를 폐지하고 비대한 대통령 권한을 대폭 축소하든가 아예 내각제로 바꾸든가 개헌을 해야 한다.

대통령은 행정수반으로서 모든 행정조직을 통제하는 시스템을 장악하고 있다. 이를 위해 매우 정교한 통제장치인 '교차기능조직'을 운영하고 있다. 「교차기능조직(교차통제조직)」은 정부전체에 적용될 통제기준을 설정하여 운영기관들로부터 보고를 받고 활동을 감사하며 동의권과 협의권 등을 사용해 계선기관의 일정한 의사결정에 대한 사전적 통제를 수행한다. 예컨대 행정안전부는 정원·조직관리, 기획재정부는 예산편성, 국무조정실은 정부업무평가, 인사혁신처는 인사관리, 조달청은 물자관리, 법제처는 법령지원, 문화체육관광부는 국정홍보 등의 통제역할을 담당한다. 대통령은 이보다 더 강력한 통제장치를 사용하는데, 대통령 직속으로 감사원과 국민권익위원회라는 독립통제기관을 운영하고 있다. 이두 개의 기관은 일반 행정계층제로부터 분리되어 상당한 자율성을 지니며 행정에 대한 통제작용을 주된 임무로 하는 '두상조직'에 해당된다. 「두상조직(overhead unit)」은 행정기관의 지위가 높고 대통령에게 직접 보고하는 의사전달통로를 가지는 조직이다. 결국 이들 기관의 장을 대통령이 임명하기 때문에 역시 대통령의 전제적 권력을 누가 통제하는가의 딜레마에 빠진다. 우리 사회에서 권력형 비리에 대한 특별검사 이슈가 일상화되는 이유도 바로 여기에 있다. 가장 진보된 행정통제장치는 「옴부즈만제도(ombudsman system, 호민관)」이다. 이 제도는 옴부즈만이 잘못된 행정에 대해 관련 공무원의 설명을 요구하고, 필요한 사항을 조사해 민원인에게 결과를 알려 주며, 언론을 통해 공표하는 등의 활동을 하는 제도로서 행정부에도 완전히 독립한 기관이라는 점이 특징이다. 스웨덴은 1809년 처음으로 옴부즈만제도를 헌법에 채택하였으며 이후 주로 북유럽에서 발전하여, 영국·이스라엘·뉴질랜드 등의 나라에서 채택하고 있다. 우리나라는 아직 옴부즈만제도를 도입하지 않았다. 일반적으로 옴부즈만은 비위자를 처벌하는 권한을 가지나, 행정기관이나 법원의 결정이나 행위를 무효 또는 취소하거나 변경할 권한은 가지고 있지 않기 때문에 '이빨 없는 감시견(watchdog without teeth)'이라는 비판을 받는다. 어찌 보면 이 제도는 법적 처벌의 목적보다는 사회적·정치적으로 이슈를 제기하여 해결하려는 노림수가 강하다. 또한 옴부즈만의 권한으로서 조사권과 시찰권은 대부분의 국가에서 인정하고 있으나 소추권은 인정하지 않는 것이 일반적이다. 이것은 소추권을 독점적으로 행사하는 검찰청 기능과의 중복문제에 따른 것으로 보인다. 특히 우리나라는 국가만이 형사사건에 관하여 소를 제기하고 이를 수행할 수 있는 국가소추주의를 채택하고 있기 때문에 이와의 충돌 문제는 더욱 심하다. 최근 정치권의 극한 투쟁을 야기한 「고위공직자범죄수사처」 설치문제의 근원에는 바로 이 국가소추주의의 문제가 내재되어 있다. 검찰청의 독립 문제는 공직자 부패 방지를 위한 최대의 숙제이다. 따라서 검찰청 못지않게 그 이상으로 고위공직자범죄수사처가 최고 권력으로부터 독립성이 담보되지 않는다면 이런 시도는 그래서 위험하다. 「고위공직자범죄수사처 설치 및 운영에 관한 법률」(2019년)은 대통령이 공수처장에 대한 임명권을 행사하고 공수처는 수사권과 기소권을 모두 행사할 수 있으며, 수사기관이 진행 중인 수사를 공수처에 의무적으로 이첩하도록 규정하고 있다. 검사 30~60명의 작은 조직이지만 고위공직자 감시·통제에 관한 절대적 권력을 지닌 공수처는 무소불위의 괴물이 될 수밖에 없다. 공수처라는 독침을 장착한 대통령의 권력을 국민이 통제하지 못한다면 그 결말은 폭군이 지배하는 지옥이 될 것이다.

국가를 유기체의 관점에서 보든 기계적 관점에서 보든 국가는 강제적 조세징수권에 올라 서 있는 일종의 매트릭스다. 그 매트릭스는 진짜일수도, 가짜일수도 있다. 그러나 중요한 것은 국가부도는 기업부도와 본질적으로 다르다는 사실이다. 기업이 부도나면 경영자가 법적 책임을 지고 감옥에 가거나 전 재산을 날려야 한다. 그러나 국가가 부도날 경우 정치인과 공무원은 오히려 무사하고 국민만 지옥으로 추락한다. 조세징수권은 지구 위에서 가장 큰 수익창출원이며 이를 담보로 한 무책임한 국가부채 남발에 대한 책임을 지게 되는 자는 국민이기 때문이다. 이 가련한 국민이 집단행동의 딜레마라는 운명의 덫에 걸려 국가부도의 위기 앞에서 이러지도 저러지도 못하고 있다. 그래서 2,500년 전 소크라테스는 길 위에서 대중들에게 "너 자신을 알라."며 무지(無知)에서 깨어나라고 호소했나 보다. 그의 제자 플라톤이 재산을 소유하지 않는 철인이 통치계급이 되어야 한다고 한 말이 2천여 년이 흐른 지금에도 큰 울림이 있다. 지배층이 지독하게 이기적인 나라, 대한민국. 대다수 국민들은 "먹고 살기 바쁜데 무슨 정치?"라며 아수라 같은 정치와 정부를 외면한다. 더 나아가 부자의 돈을 빼앗아 빈자에게 나누어 주는 로빈훗 같은 정부를 꿈꾼다. 그러나 그 무관심과 근거 없는 희망의 끝은 비열하고 탐욕스런 무리에게 지배받는 파멸이다. 누군가가 나를 위해 더 좋은 세상을 공짜로 만들어 줄 것이라는 믿음만큼 허망한 것은 없다.

색인

(ㄱ)

간접세 / 281
감봉 / 373
감정이입(empathy) / 180
강등 / 373
강제배분법 / 342
견책 / 373
경징계 / 373
계층화분석법 / 397
계획예산제도 / 306
공익신고자보호법 / 467
과정평가 / 339
관청형성모형 / 252
교차보조 / 56
구성 타당성 / 322
구성정책 / 278
구조-기능주의 / 206
국고보조금 / 429
규제의 피라미드 / 109
규제정책 / 278
규칙 / 420
균형성과평가제도 / 347
기회균등원리 / 266
끈끈이 효과 / 438

(ㄴ)

내부거래 / 385
내적 타당성 / 323
누진세 / 282

(ㄷ)

다면평가제 / 343
단절적 시계열 설계 / 328
당연퇴직 / 372
더러운 손의 딜레마 / 466
던레비(Patrick J. Dunleavy) / 252
델파이 / 298
도구적 이성 / 185
도시레짐이론 / 439
도표식 평정척도법 / 341

(ㄹ)

로그롤링 / 279

(ㅁ)

민영화 / 55

(ㅂ)

바우처 / 57, 58
배분정책 / 277
법인소득세 / 280
법적·제도적 권위 / 356
보수 / 374
보전거래 / 385
보충성의 원칙 / 417
부가가치세 / 280
부정청탁 및 금품 등 수수의 금지에 관한
    법률 / 466
브룸(V. Vroom)의 선호·기대이론 / 162
비경합성 / 42
비례세 / 282

비배제성 / 42
비실험 / 329
비용-편익분석 / 389
비판(criticization) / 185

(ㅅ)
상상(imagination) / 190
상호주관성(inter-subjectivity) / 180
성 주류적 관점 / 312
성 중립적 관점 / 312
성과급 / 374
성과주의예산제도 / 311
성인지 예산제도 / 312
성장기계이론 / 439
소득세 / 279
수단적 행정가치 / 337
신뢰성 / 324
신분보장 / 370
실천(praxis) / 185

(ㅇ)
에로우(K.Arrow) / 295
역진세 / 282
연공급 / 374
연역법 / 155
영기준예산제도 / 307
영역해체(deteritorialization) / 191
예산안 심의 / 401
예산안 자동상정(부의)제도 / 403
오스트롬(E. Ostrom) / 221
올슨 / 109
옴부즈만제도 / 469
외적 타당성 / 323
우발채무 / 454

(ㅈ)
자치입법권 / 420
재분배정책 / 278
재정 / 383

재정건전성 / 459
재정사업심층평가제도 / 403
재정사업자율평가제도 / 403
재정상태표 / 464
재정성과관리제도 / 403
재정성과목표관리제도 / 403
재정증권 / 455
전달기관 / 252
전통적 권위 / 356
점증모형 / 309
정부업무평가기본법 / 340
정직 / 373
제1종 오류 / 335
제2종 오류 / 335
제3종 오류 / 335
조례 / 420
조직경제학 / 364
주식백지신탁제 / 466
준실험 / 326
준조세 / 281
중징계 / 373
지방재정력지수 / 428
지방채 / 436
지역발전특별회계 / 432
직권면직 / 372
직권휴직 / 371
직무급 / 374
직무분석 / 344
직무평가 / 344
직위해제 / 371
직접세 / 281
진실험 / 326
징계 / 372
징계면직 / 372

(ㅊ)
차등원리 / 266
차등조정의 원리 / 266
차입금 / 456

저자 염오봉

1964년 서울 출생이다. 성균관대학교 행정학과(학사)를 거쳐 서울대학교 행정대학원에서 석사를 마치고 박사 과정을 수료했다. 제35회 행정고시에 합격하여 감사원 부감사관으로 근무했고 2000년 가을 벤처창업의 열풍 속에서 (주)데이콤의 영입을 받아 기업인으로 전신했다. 2007년 대통령 선거에서 여권의 정동영 후보의 중소기업정책 자문역을 수행하면서 당시 파격적인 정책으로 평가된 '중소기업 사회복무제'라는 공약을 개발하여 후보의 대표 공약으로 발표되기도 했다. 안양대학교의 겸임교수를 역임하면서 오랫동안 대학생들에게 행정학을 가르쳤고 유튜브를 통해 행정학 강의를 제공하여 5만 뷰가 넘는 인기를 얻기도 했다. 현재 (주)시대고시에서 공무원 수험생들을 위해 행정학 교재를 집필하며 강의하고 있다. 2008년에 경기도 성남시 모란 지역에서 비영리민간단체 '꼴찌없는글방'을 설립하여 소외된 청소년들을 위한 교육프로그램을 운영해 왔고, 2010년 2월에 KBS TV '동행' 프로그램에 소개되기도 했다. 2014년에 경기도 이천의 농촌 지역에 '칸트스쿨'이라는 이름으로 약 1,000평 규모의 자연 친화형 교육시설을 설치하여 아동 청소년을 위한 대안교육에 힘쓰며 인문학을 강연하고 있다.

정부의 두 얼굴
- 정부에 대해 풀리지 않는 16가지 의문 -

초판발행	2020년 3월 10일
지은이	염오봉
펴낸이	안종만·안상준
편 집	김민경
기획/마케팅	조성호
표지디자인	조아라
제 작	우인도·고철민
펴낸곳	(주)**박영사**
	서울특별시 종로구 새문안로3길 36, 1601
	등록 1959. 3. 11. 제300-1959-1호(倫)
전 화	02)733-6771
f a x	02)736-4818
e-mail	pys@pybook.co.kr
homepage	www.pybook.co.kr
ISBN	979-11-303-0922-4 93350

정 가   19,800원